W0389512

Ulfig · Lexikon der philosophischen Begriffe

ALEXANDER ULFIG

# LEXIKON DER PHILOSOPHISCHEN BEGRIFFE

BECHTERMÜNZ

Alle Rechte vorbehalten
© Bechtermünz Verlag GmbH, Eltville am Rhein 1993
Gesetzt aus der Janson (Linotype)
Satz und Layout: Meco Verlags GmbH, Dreieich
Lektorat: Frank D. Geck
Gesamtherstellung: Mohndruck Graphische Betriebe GmbH, Gütersloh

ISBN: 3-86047-040-X

# Vorwort

Philosophie gilt heute immer noch als die Königin der Wissenschaften, als die Grundlagenwissenschaft, in der grundbegriffliche und methodologische Fragen der Einzelwissenschaften behandelt werden. In praktischen Angelegenheiten des Lebens kann uns Philosophie heute Orientierungshilfen und Anweisungen zum Handeln geben.

Die Relevanz der Philosophie, besonders in Zeiten des gesellschaftlichen, politischen und kulturellen Umbruchs, steigt. Angesichts der Veränderungen und Probleme in der heutigen Welt wächst das Bedürfnis nach einer Auseinandersetzung mit den traditionell von der Philosophie behandelten Fragestellungen.

In einer nachmetaphysischen Zeit kann es jedoch keinen letzten Sinn, keine absolute Wahrheit und kein übergreifend-vollständiges System geben. Aufgabe der Philosophie ist es, in einem kritischen Diskurs Probleme zu identifizieren und Problemlösungsvorschläge anzubieten. Dieser Diskurs wird vor dem Hintergrund der reichen geschichtlichen Überlieferung des abendländischen Denkens geführt.

Philosophisches Denken vollzieht sich in Begriffen. Sie bilden das Grundgerüst der Philosophie. Daher ergibt sich die Notwendigkeit, philosophische Begriffe zu klären.

Das vorliegende Lexikon verfolgt mehrere Anliegen: Es dient der ersten Information über die philosophische Begrifflichkeit, die Teildisziplinen, Richtungen, Methoden und Schulen der Philosophie, Konzeptionen und Meinungen der behandelten Denker usw.. Darüber hinaus soll es jedoch in den Prozeß des philosophischen Denkens einführen und zum Selbstdenken anregen. Das Lexikon ist für jeden philosophisch Interessierten geeignet, sowohl für professionell mit der Philosophie Beschäftigte als auch für philosophische Laien. Die meisten Begriffe werden im historischen und systematischen bzw. problembezogenen Zusammenhang expliziert. Besonderer Wert wurde auf Verständlichkeit und Klarheit der einzelnen Artikel gelegt.

Die Literaturangaben zu den einzelnen Artikeln wurden auf den neuesten Stand der Forschung gebracht, so daß der weitergehend Interessierte sehr schnell zur aktuellen Literatur findet.

Das Verfassen eines philosophischen Werkes hängt von einem bestimmten Vorverständnis des Autor ab. Dieses Vorverständnis fließt in die Konzeption und Gestaltung des Werkes ein. Eigentlich ist jegliches Tun immer schon vorgeprägt und insofern selektiv – dies kann als eine erste philosophische Einsicht betrachtet werden.

Für die Abfassung eines Lexikon ergibt sich daher von selbst, daß thematische Richtlinien und Schwerpunkte gesetzt werden. Nichtsdestotrotz wurde versucht, eine möglichst große Objektivität und thematische Spannweite zu erreichen.

Ich hoffe, daß das Lexikon dem Leser Hilfe und Anregung bietet und ihn zu einer weiteren Beschäftigung mit der Philosophie führt.

Alexander Ulfig, Frankfurt am Main, im Mai 1992

Hinweis zur Benutzung des Lexikons:
Wörter und Begriffe im fortlaufenden Text, die in einem eigenen Lexikonartikel erklärt werden, sind durch KAPITÄLCHEN hervorgehoben. Die Verweishand ☞ bedeutet soviel wie „Siehe, Siehe auch, Siehe unter". *Die Red.*

# A

## Abbildtheorie:

Eine auf die antiken Philosophen Leukipp und Demokrit zurückgehende Lehre, derzufolge die Erkenntnisse die Wirklichkeit nur *abbilden* bzw. widerspiegeln; das Erkannte ist eine *Abbildung* (Spiegelung) dessen, was erkannt werden kann. Die A. setzt voraus, daß das OBJEKT der Erkenntnis nicht vom erkennenden SUBJEKT erzeugt wird, sondern getrennt und unabhängig vom erkennenden Subjekt besteht. Der Erkennende hat dann die Aufgabe, den Gegenstand der Erkenntnis in Urteilen zu erfassen. Eine Aussage ist nach dieser Theorie nur dann wahr, wenn sie mit dem zu erkennenden Sachverhalt übereinstimmt.

Es gibt unterschiedliche Arten der A.. Nach Demokrit und anderen Atomisten (☞ATOMISMUS) trennen sich von den Dingen stoffliche (aus Atomen bestehende) Bilder, die von der menschlichen Seele bzw. vom Subjekt aufgenommen werden. Die Dinge existieren unabhängig von der Seele. Das Subjekt nimmt also die stofflich-atomaren Bilder auf und findet sie in seiner Seele wie in einem Spiegel wieder. Es besteht eine Übereinstimmung zwischen Ding und Abbild in der Seele.

Im englischen EMPIRISMUS wird die These vertreten, daß die Ding-Qualitäten in uns psychische Abbilder (Vorstellungen oder Gedanken) hervorrufen. Locke spricht in diesem Zusammenhang von Sinnesqualitäten.

Im Rahmen der marxistischen Erkenntnistheorie wird die A. als WIEDERSPIEGELUNGSTHEORIE behandelt. Auch im LOGISCHEN EMPIRISMUS und anderen Teilen der ANALYTISCHEN PHILOSOPHIE werden einige Motive der A. aufgenommen, so z. B. beim frühen Wittgenstein; im „Tractatus" sind Sätze bzw. Teile davon als Abbilder der Wirklichkeit aufzufassen. ☞WAHRHEIT, WAHRHEITSTHEORIEN

Lit.: E. Müller, Das Abbildungsprinzip, 1912; W. Windelband, Einleitung in die Philosophie, 1914; J. Hirschberger, Geschichte der Philosophie 1, 1952; L. Wittgenstein, Tractatus logico-philosophicus, 1922; F. v. Kutschera, Grundfragen der Erkenntnistheorie, 1982.

## Abduktion:

Ein von Ch. S. Peirce eingeführter logischer Schlußmodus, der als dritte Möglichkeit des syllogistischen Schließens (☞SYLLOGISMUS) neben DEDUKTION und INDUKTION besteht. In dem deduktiven Syllogismus wird von der Regel und dem Fall auf das Resultat geschlossen; in dem induktiven

Syllogismus von dem Fall und dem Resultat auf die Regel. Neben diesen beiden üblichen Schlußweisen ist formal eine dritte Schlußweise denkbar: der Schluß von dem Resultat und der Regel auf den Fall – dieser Schluß wird A. genannt. Beispiel: Alle Kartoffeln aus diesem Sack sind braun (Regel). Diese Kartoffeln sind braun (Resultat). Diese Kartoffeln sind aus diesem Sack (Fall). Die A. ist keine ANALYTISCHE Schlußweise wie die Deduktion, sondern wie die Induktion eine SYNTHETISCHE.

Lit.: Ch. S. Peirce, Collected Papers, 1960.

## Aberglaube:

Glaube an übernatürliche Ereignisse, die wissenschaftlich bzw. rational nicht erklärt werden können. Der A. ist meist ein Überrest vergangener Naturauffassungen und überholter Religionsformen. Zum Aberglauben zählt man u. a. Hexerei, Zauberei, Alchemie, Astrologie, Chiromantie (Handlesekunst), Gespensterglauben, Okkultismus, Parapsychologie.

## Abgeschiedenheit:

In der Mystik Meister Eckarts Ausdruck für die Abwendung von allem Weltlichen, Kreatürlichen, Geschöpflichen und den dadurch erreichten Zustand der Gottähnlichkeit (Gottförmigkeit) des Menschen. A. ist die höchst Tugend; sie übertrifft Liebe, Demut und Barmherzigkeit, weil sie keinen Bezug auf Weltliches, Kreatürliches hat. Der Mensch zieht sich von der Welt zurück und erreicht dadurch seinen Seelengrund, auf dem er Gott begegnet. Die A. ist die Begegnungsstätte von Gott und Mensch.

Lit.: Meister Eckart, Deutsche Werke 5, 1963; E. Schäfer, Meister Eckeharts Traktat „Von Abgeschiedenheit", 1956.

## Ableitung:

In der formalen Logik die Gewinnung eines Satzes durch logisches Schließen (☞SCHLUSS, FOLGERUNG) aus einem oder mehreren vorgegebenen Sätzen. Eine A. führt nicht zur Bestimmung der Wahrheit oder Falschheit des abgeleiteten Satzes.

Lit.: W. K. Essler/R. F. Martinez, Grundzüge der Logik I, $^{4}$1991; W. K. Essler/E. Brendel/R. F. Martinez, Grundzüge der Logik II, $^{3}$1987.

## Absicht:

Das bewußte Erstreben einer bestimmten Wirkung durch den Handelnden: der Handelnde tut etwas *mit Absicht*. Der Begriff der A. wird in der gegenwärtigen Theorie des Handelns (☞HANDLUNG, HANDLUNGSTHEORIE) oft bedeutungsgleich mit dem Begriff der INTENTION gebraucht.

Lit.: G. Meggle (Hg.), Analytische Handlungstheorie, 1985.

**Absolut** (von lat. *absolutum*, ‚das Losgelöste', ‚das Absolute'): Losgelöst von allen Bedingungen, Beziehungen und Beschränkungen, frei von jeder Bindung und Abhängigkeit; daher unbedingt, unbezüglich, uneingeschränkt, unabhängig, vollkommen, für sich seiend, aus sich bestimmt (Gegensatz: RELATIV). A. ist das, was ohne Bezug auf ein anderes ist, gilt bzw. definiert werden kann. Da alles Endliche (☞ENDLICHKEIT) und Relative verursacht und daher auf eine Ursache bezogen ist, muß das A. ursachlos und unendlich sein. In der Philosophie, besonders in der METAPHYSIK, wurde immer wieder nach dem *absoluten*, von der Bestimmung durch anderes losgelösten, nicht hintergehbaren, nicht begründungsfähigen und nicht begründungsbedürftigen Ursprung für das Endliche und Relative gefragt. Dieser Ursprung – der letzte Grund alles Seins – wurde als das A. bezeichnet.

In der platonischen Philosophie wurde das A. als die Selbstgenügsamkeit (☞AUTARKIE) der IDEE des Guten, in der aristotelischen Philosophie als die Selbstgenügsamkeit des ersten UNBEWEGTEN BEWEGERS bestimmt. Im christlichen Denken wurde das A. als das Durch-sich-selbst- und Von-sich-selbst-Sein (☞ASEITÄT), das allein dem welttranszendenten Gott zukommt, gedacht (das A. wurde unter dem Einfluß der christlichen Lehre oft mit Gott identifiziert).

Nach Kant kann das A. als das *Übersinnliche* in der theoretischen Philosophie nicht erkannt werden; nur in der praktischen Philosophie ist eine rein formal bleibende Erfahrung des A. möglich; Kant spricht in diesem Zusammenhang von der absoluten SITTLICHKEIT, d. h. von dem KATEGORISCHEN IMPERATIV oder dem SITTENGESETZ. Fichte faßt das A. als das reine produzierende ICH, d. h. als den überindividuellen Kraftgrund des Einzelwesens, Schelling als die *absolute Vernunft* (☞VERNUNFT), die ursprüngliche Einheit von SUBJEKT und OBJEKT, von NATUR und GEIST. Die Gegensätze von Subjekt und Objekt, Natur und Geist, Realem und Idealem werden im A. aufgelöst.

Bei Hegel ist das A. der sich selbst entwickelnde, zu sich selbst kommende Geist, die höchste Weltvernunft; es ist der Geist, der sich zur Natur als seinem Anderen entäußert und in der Geschichte zu sich selbst als dem *absolutem Wissen* kommt. Der *absolute Geist* ist die höchste Entwicklungsstufe des Geistes, auf der er sich selbst als Geist weiß und erfaßt.

Lit.: I. Kant, Kritik der reinen Vernunft, 1781, ²1787; F. W. Schelling, Darstellung meines Systems, 1801; J. G. Fichte, Darstellung der Wissenschaftslehre, 1801; G. W. F. Hegel, Wissenschaft der Logik, 1812; J. Heiler, Das Absolute, 1921; J. Möller, Der Geist und das Absolute, 1951; G. Huber, Das Sein und das Absolute, 1955; W. Cramer, Das Absolute und das Kontingente, 1959; W. Cramer, Die absolute Reflexion, 1967.

**Abstammungslehre:** ☞DESZENDENZTHEORIE

**Abstrakt** (von lat. *abstrahere*, ‚abziehen'):
rein begrifflich, von den konkreten Dingen abgelöst, begrifflich-anschaulich; A. heißt alles rein Gedachte bzw. rein Begriffliche im Gegensatz zum unmittelbar Wahrgenommenen, Angeschauten, Erlebten und Gefühlten, d. h. im Gegensatz zum KONKRETEN. Im philosophischen Sinne ist A. das Ergebnis eines denkerischen Abstraktionsprozesses (☞ABSTRAKTION) gewonnene ALLGEMEINE. Im Gegensatz zum Konkreten, das unmittelbar anschaulich, individuell ist, fungiert das *Abstrakte* als das losgelöste, unanschauliche, formale, überindividuelle und nur denkerisch gewonnene Begriffliche; A. ist alles Begriffliche (☞BEGRIFF) im Gegensatz zu allem Nichtbegrifflichen. ☞ALLGEMEINBEGRIFF

Lit.: W. Wundt, Zur Geschichte und Theorie der abstrakten Begriffe, Kleine Schriften II, 1910-11; H. Hempel, Konkretum und Abstraktum als sprachliche Kategorien, in: Kantstudien 48, 1956-57; W. Künne, Abstrakte Gegenstände, 1983.

**Abstraktion** (lat. ‚Abziehung'):
der Denkvorgang des Absehens von individuellen Merkmalen der anschaulich gegebenen Dinge und der Heraushebung des Allgemein-Begrifflichen. Die A. ist sowohl der Prozeß der Gewinnung allgemeiner BEGRIFFE (das *Abstrahieren*) als auch das Ergebnis dieses Prozesses bzw. Vorgangs (der allgemeine Begriff). Die A. kann als das Mittel bzw. Medium der Begriffsbildung betrachtet werden. Der Begriff „Stuhl" z. B. wird gebildet, indem man die allen Stühlen gemeinsamen Merkmale isoliert und heraushebt und von allen anderen individuellen Merkmalen, die diesem oder jenem Stuhl zufällig zukommen, absieht, *abstrahiert*. Durch zunehmende A. wird ein Begriff immer allgemeiner; d. h. die A. verkleinert den Inhalt und vergrößert den Umfang des Begriffs.
In der Geschichte der Philosophie spielt die von Aristoteles entwickelte *Abstraktionstheorie* eine entscheidende Rolle. Aristoteles versucht, die Gewinnung abstrakter Begriffe aus dem Umgang mit konkreten, einzelnen Gegenständen zu erklären. Es wird z. B. der abstrakte Begriff „Viereck" im Umgang mit anschaulichen, konkreten (etwa auf dem Strand gezeichneten) Vierecken gewonnen. Aristoteles geht es dabei nicht nur um das bloße Herausstellen eines Merkmals aus dem sinnlich-anschaulich Gegebenen, sondern auch darum, unwesentliche Merkmale der konkret-anschaulichen Vierecke von den wesentlichen zu unterscheiden. Nur die letzteren zeichnen den abstrakten „Viereck" aus. In dem *Abstraktionsprozeß* wird also auch das Wesenhafte (☞WESEN) erfaßt. Diesen Vorgang nennt Aristoteles *Aphairesis* (griech. ‚Wegnahme'). Gleichzeitig kommt es zu einem Übergang vom KONKRETEN, Speziellen zum ALLGEMEINEN; diesen Übergang bezeichnet man als *Epagoge* (griech. ‚Heranführung'). Die aristotelische Abstraktionstheorie wurde auf verschiedene Weise in der Scholastik (spezi-

ell bei Thomas von Aquin) weiterentwickelt. In der neueren Philosophie wird der Begriff der A. u. a. in der PHÄNOMENOLOGIE Husserls und der Philosophie P. Lorenzens behandelt (☞KONSTRUKTIVISMUS).

Lit.: Aristoteles, Metaphysik; Thomas von Aquin, Summa theologiae I; W. Worringer, Abstraktion und Erfahrung 1911; P. Gohlke, Die Theorie der Abstraktion bei Plato und Aristoteles, 1914; E. Husserl, Logische Untersuchungen, 1900-01; G. Siewerth, Die Abstraktion und das Sein nach der Lehre des Thomas von Aquin, 1958; P. Lorenzen/O. Schwemmer, Konstruktive Logik, Ethik und Wissenschaftstheorie, 1975; W. Künne, Abstrakte Gegenstände, 1983.

**Absurd** (von lat. *absurdus*, ‚falsch tönend', ‚mißtönend'):
ungereimt, sinnlos, widersinnig, unsinnig, widerspruchsvoll, der menschlichen Vernunft widersprechend, vernunftwidrig. Als A. werden widerspruchsvolle Begriffe (z. B. „viereckiger Kreis") und eindeutig falsche Aussagen bezeichnet. Eine Behauptung *ad absurdum* führen heißt, aus dieser Behauptung nach korrekten Schlußregeln etwas Falsches folgern und damit die Sinnlosigkeit (den inneren Widerspruch) einer Behauptung nachzuweisen.
*Das Absurde* wurde in der EXISTENZPHILOSOPHIE zum zentralen Begriff. Bei Camus ist das Absurde der Ausdruck für das Erlebnis der Sinnlosigkeit und Widersprüchlichkeit der menschlichen Existenz; es gibt kein absolutes Wesen (keinen Gott), keinen übergreifenden Sinn mehr. Daher erfährt der Mensch seine eigene Existenz und die ihm umgebende Welt als sinnlos. Der Widerspruch der menschlichen Existenz besteht zwischen der Suche nach Sinn und dessen Ausbleiben. Camus fordert den Menschen auf, gegen das Absurde zu revoltieren, obwohl er weiß, daß diese Revolte sinnlos ist. Der Mensch, der gegen das Absurde revoltiert, bejaht die Sinnlosigkeit der menschlichen Existenz. Im Aushalten und im Akzeptieren der Sinnlosigkeit und in der Revolte gegen das Absurde besteht für Camus die einzige Grundlage des menschlichen Glücks. Der Mensch muß lernen, ohne Sinn und ohne letzte Absicht zu leben.

Lit.: A. Camus, Der Mensch in der Revolte, 1953; ders., Der Mythos von Sisyphos, 1956; A. Éspian de la Maestre, Der Sinn und das Absurde, 1961.

**Abulie** (griech.):
Willenlosigkeit, krankhafte Willensschwäche.

**Achtung:**
A. taucht als philosophischer Terminus in Kants ethischen Schriften auf (☞ETHIK). In der praktischen Philosophie Kants werden Entscheidungen und Handlungen eines Menschen nur dann als moralisch bezeichnet, wenn der Mensch aus eigener Verantwortung und aus Freiheit handelt. Im Falle des autonomen (moralischen) Handelns (☞AUTONOMIE) bejaht der freie

Wille (☞WILLENSFREIHEIT) das vernunftmäßig erschaute Moralgesetz. A. heißt für Kant „das Bewußtsein der freien Unterwerfung des Willens unter das (Vernunft-)Gesetz". Die A., die Kant als GEFÜHL bezeichnet, darf niemals Beweggrund einer Handlung sein. Eine Handlung kann nicht moralisch sein, wenn man sie nur dann vollzieht, um in sich das Gefühl der A. hervorzurufen. Zur A. vor dem Gesetz gehört die A. vor dem Träger des Gesetzes, vor der sittlichen Person (☞SITTLICHKEIT,). Bei Kant heißt A. auch Anerkennung der AUTONOMIE der anderen Personen, die Anerkennung ihrer Würde.

Lit.: I. Kant, Grundlegung zur Metaphysik der Sitten, 1785; ders., Kritik der praktischen Vernunft, 1788; ders., Kritik der Urteilskraft, 1790; ders., Metaphysik der Sitten, 1797; K. Löwith, Das Individuum in der Rolle des Mitmenschen, 1962.

**Actio** (lat. ‚Wirken', ‚Tätigkeit'):
eine der aristotelischen KATEGORIEN. A. bedeutet das Wirken eines Seienden, nicht nur eines belebten Seienden. In der scholastischen Philosophie unterscheidet man im Anschluß an Aristoteles zwischen *actio immanens* und *actio transiens*. *Actio immanens* bezeichnet das Wirken nach innen (‚innen bleibendes Wirken'), auf sich selbst (z. B. Denken, Beschließen). *Actio transiens* bezeichnet das Wirken nach außen (‚hinübergehendes Wirken'), auf einen anderen Gegenstand (z. B. Bewegen, Herstellen eines anderen Gegenstandes).

Lit.: Aristoteles, Metaphysik; ders., Nikomachische Ethik; H. Weiss, Kausalität und Zufall in der Philosophie des Aristoteles, 1942.

**Actus** (lat.):
AKT, Aktualität, Wirklichkeit, Vollzug. Gegenbegriff: POTENZ.

**Actus purus** (lat. ‚reines Wirken'):
reine, stofflose Wirklichkeit und Wirksamkeit; A. bezeichnet die IDENTITÄT von SEIN und Wirken, eine von allen Möglichkeiten (☞POTENZ) reine Wirklichkeit; eine solche Wirklichkeit ist deshalb ewiger, unendlicher Geist.
Im Anschluß an Aristoteles wurde der Begriff in der scholastischen Philosophie (☞SCHOLASTIK) zur Bestimmung Gottes, der in seiner Wirklichkeit und Wirksamkeit durch nichts anderes beeinträchtigt ist, verwendet: Gott ist in der scholastischen Philosophie A. p., der keine Potentialität in sich birgt; Gott ist das, was er sein kann; alle seine Möglichkeiten sind verwirklicht. Daher ist Gott die reine Wirklichkeit und Wirksamkeit ohne Potentialität.

Lit.: Aristoteles, Metaphysik; Thomas von Aquin, Summa theologica I.

**Adäquat** (von lat. *adaequare*, ‚gleichnamig'):
gleichkommend, angemessen, übereinstimmend, genau entsprechend. Eine Vorstellung, ein Begriff, ein Abbild ist a., wenn sie mit der Gelegenheit, auf die sie sich beziehen, übereinstimmen bzw. diese in wesentlichen Hinsichten richtig, zutreffend darstellen.

**Adaequatio intellectus et rei** (lat.):
Angleichung von Denken und Sache; die Übereinstimmung zwischen der Erkenntnis eines Gegenstandes und diesem Gegenstand selbst bzw. zwischen Beschreibung und von der Beschreibung unabhängiger Wirklichkeit. Die Formel A. wurde durch Thomas von Aquin zur Bestimmung des Begriffs des WAHRHEIT eingeführt. Sie lautet bei Thomas von Aquin: „Veritas est adaequatio intellectus et rei" (‚Wahrheit ist die Angleichung von Denken und Sache'); Wahrheit wird als *Korrespondenz* zwischen Denken und Sache bestimmt. ☞ WAHRHEITSTHEORIEN, ABBILDTHEORIE

Lit.: Thomas von Aquin, Von der Wahrheit, 1986.

**Adäquationstheorie:** ☞ WAHRHEITSTHEORIEN, ABBILDTHEORIE, WAHRHEIT

**Ad hominem** (lat. ‚auf den Menschen hin'):
*Ad hominem* demonstrieren oder argumentieren meint, nicht rein sachlich, sondern im Hinblick auf die Denkweise eines bestimmten Menschen oder einer Gruppe von Menschen argumentieren. Die Vorstellungen, Bedürfnisse, Geschichte, persönliche Eigenschaften eines Menschen bestimmen ganz oder partiell den Inhalt und die Vorgehensweise der Argumentation. Ad hominem zu argumentieren, führt nicht zur Wahrheitsfindung.

**Adiaphoron** (griech., ‚nicht Unterschiedenes'):
Gleichgültiges, Belangloses, Mittelding; in der Philosophie der Kyniker und Stoiker sind alle äußeren Güter wie Ehre und Unehre, Reichtum und Armut, Gesundheit und Krankheit, Lust und Schmerz, Leben und Tod gleichgültige Dinge, *Adiaphora*. Adiaphora sind Mitteldinge zwischen dem einzig wahren Gut und dem einzigen Übel; das einzig wahre Gut ist die Tugend, das einzige Übel das Laster.

Lit.: O. Rieth, Grundbegriffe der stoischen Ethik, in: Problema 9, 1933.

**Ad infinitum** (lat.):
Ins Unendliche.

**Ad oculus demonstrieren** (lat.):
Anschaulich erklären.

**Adjunktion** (von lat. *adiunctio*, ‚Anreihung'):
Begriff aus der JUNKTORENLOGIK; die Verbindung zweier Aussagen zu einer neuen Aussage: „p oder q". Diese Verbindung wird durch den zweistelligen JUNKTOR „oder" (Symbol: v) geleistet. Im Gegensatz zur DISJUNKTION ist dieses „oder" nicht das ausschließenden „oder" („oder auch"). Die Wahrheitstafel der A. sieht folgendermaßen aus:

| A | B | AvB |
|---|---|---|
| w | w | w |
| w | f | w |
| f | w | w |
| f | f | f |

**Advaita** (sanskr. ‚ohne ein zweites', ‚Nichtzweiheit'):
Zweitlosigkeit, Nichtzweiheit, All-Einheit; in der indischen Philosophie Ausdruck für 1) die Einheit des Seins und 2) für die Alleinheitslehre. ☞BRAHMAN

Lit.: K. Camman, Das System des Advaita nach der Lehre Prakasatmans, 1965.

**Affekt** (von lat. *affectus*, ‚Empfindungszustand'):
Gemütsbewegung, durch Gefühlsbetonung und Abreaktion gekennzeichnete Seelenzustände. In der griechischen Philosophie wird mit dem Ausdruck A. der ganze Bereich der Gemüts- und Gefühlszustände bezeichnet. Aristoteles versteht unter A. alle seelischen Zustände, die mit Lust und Schmerz verbunden sind, wie Zorn, Angst, Begierde, Freude usw. Die Affekte sind nach Aristoteles weder gut noch schlecht; sie sind natürliche, vorgegebene Zustände des Menschen, die nicht unterdrückt, sondern beherrscht werden müssen. Aristoteles fordert die Mäßigung der Affekte. In der Philosophie der STOA kommt es zu einer Abwertung der Affekte; sie sind unvernünftige und widernatürliche Gemütsbewegungen, die bekämpft werden müssen; der Mensch muß sich von ihnen befreien, um die Seelenruhe (☞ATARAXIE) zu erreichen. Dennoch gibt es für die Stoiker „gute" Affekte, die in Übereinstimmung mit der Vernunft auftreten; zu ihnen gehören: Vorsicht, Freude, vernünftiges Wollen. Zu den „schlechten" Affekten, von denen sich der Stoiker befreien muß, gehören: Lust, Begierde, Schmerz, Furcht. In der Scholastik wird im Anschluß an Aristoteles zur Mäßigung der Affekte aufgefordert; sie sind weder gut noch schlecht; sie

gehören, soweit sie sich im Einklang mit der Vernunft befinden, zu den Tugenden; befinden sie sich nicht im Einklang mit der Vernunft, so gehören sie zur Sünde. Die christliche Asketik (☞ASKESE) forderte, die Affekte zu unterdrücken, weil sie den Menschen zum Sündhaften verleiten. In der Renaissance kommt es zu einer Aufwertung der Affekte; ohne starke Affekte kann keine schöpferische Leistung vollbracht werden. In der Philosophie Spinozas dagegen muß sich der erkennende Mensch von den behindernden Affekten befreien, um so ungehindert den Weg zur Gottesliebe zu bestreiten. Bei Kant sind Affekte vernunftwidrig; insofern bleibt er in der stoischen Tradition. Kant unterscheidet terminologisch zwischen Affekten und LEIDENSCHAFTEN. Diese Unterscheidung ist für die Anthropologie und Psychologie des 19. Jahrhunderts sehr folgenreich. In der nachkantischen Philosophie konzentriert man sich auf die Analyse der Leidenschaften. Die Affekte werden heute vorwiegend in der Psychologie behandelt.

Lit.: Bernecke, Geschichte des Affektenbegriffs, 1915; W. Dilthey, Die Affektenlehre des 17. Jahrhunderts, Ges. Schriften II, 1923; G. Mall, Konstitution und Affekt, 1935; H. M. Gardiner u. a., Feeling and Emotion, 1937; A. Levi, French Moralists, 1964.

**Affirmation** (von lat. *affirmatio*):
Bejahung, Zustimmung (Gegensatz: ☞NEGATION).

**Affirmativ:**
bejahend. Eine *affirmative* Aussage ist eine bejahende Aussage, sie hat die Form: S ist P; dem SUBJEKT (S) wird ein PRÄDIKAT (P) zugesprochen: z. B.: „Der Tisch ist weiß“.

**Affizieren** (von lat. *afficere*):
erregen, beeinflussen, etwas reizen. Bei Kant affizieren die Gegenstände die Sinne und rufen dadurch die *Erkenntnismöglichkeit* hervor. Kant will das Zustandekommen von Erfahrungswissen erklären. Alle Erkenntnis von Gegenständen ist letztlich auf die ANSCHAUUNG angewiesen. Damit aber Anschauung überhaupt vonstatten gehen kann, ist es unerläßlich, daß der Gegenstand das Erkenntnisvermögen auf gewisse Weise affiziert.

Lit.: I. Kant, Kritik der reinen Vernunft, 1781, [2]1787.

**Agape** (griech.):
Liebe, Nächstenliebe. In der Abgrenzung gegenüber dem /Eros bedeutet A. das Zufriedensein bzw. das Sich-zufrieden-Geben mit den Dingen, eine freie Entscheidung für das Einfache. A. ist ein zentraler Begriff in der Philosophie Plotins.

Lit.: Plotin, Enneaden; J. B. Lotz, Die drei Stufen der Liebe: Eros, Philia, Agape, 1971.

**Agens** (von lat. *agere*, ‚in Bewegung setzen'; Pl. ‚Agentien'): treibende Kraft, wirksames Prinzip, wirkendes Wesen.

**Aggregat** (von lat. aggregare, ‚zur Herde scharen'):
Anhäufung von Teilen zu einem Zusammenhang, jedoch ohne eine innere STRUKTUR; A. entsteht durch bloßes Aneinander- oder Aufeinanderlegen von Teilen ohne ein inneres verbindendes Prinzip. Bei Kant ist die Erfahrung (und die Erfahrungserkenntnis) kein bloßes A. von Wahrnehmungen, sondern ein durch Begriffe und Grundsätze A PRIORI geordnetes, strukturiertes Ganzes.

**Agnosie** (griech.):
Unwissenheit, das Nichtwissen, der Anfang des Philosophierens bei Sokrates, das Ende des Philosophierens bei den Skeptikern.

**Agnostizismus** (vom griech. *agnostos*, ‚unerkennbar', ‚unbekannt'):
die Lehre von der Unerkennbarkeit des absoluten, wahren Seins, im weitesten Sinne von der Unerkennbarkeit der Wahrheit, der Wirklichkeit, des Übersinnlichen, des Göttlichen, des Metaphysischen überhaupt. Daher leugnet der A. die METAPHYSIK als Wissenschaft. Der A. kann als eine philosophische Grundhaltung angesehen werden, die eine Antwort auf die Fragen der Metaphysik nach WESEN, GOTT, GRUND, SINN des Seienden, dem ABSOLUTEN, dem GANZEN für unmöglich hält. Erkenntnis muß für den A. auf die ERFAHRUNG, das faktisch Gegebene, das Innerweltliche bezogen sein; das TRANSZENDENTE (☞TRANSZENDENZ) kann daher nicht angemessen erkannt werden.
In der Philosophie der Neuzeit findet sich der A. als Ablehnung der theoretischen Erkennbarkeit Gottes und der Wirklichkeit an sich in der kantischen Philosophie (☞KRITIZISMUS), als Leugnung der philosophischen Erkennbarkeit Gottes in der früheren Phase der dialektischen ☞THEOLOGIE. Eine besondere Form des A. findet man in der Philosophie des POSITIVISMUS bzw. LOGISCHEN EMPIRISMUS; diejenigen Wörter (z. B. deskriptive TERME), die nichts sinnlich-empirisch Gegebenes in der Welt bezeichnen, werden für unsinnig erklärt (☞SINNKRITERIEN). Das Problem der Unerkennbarkeit des Seins, Gottes, Absoluten usw. wird von einem Problem der ERKENNTNISTHEORIE zu einem Sprachproblem (☞ANALYTISCHE PHILOSOPHIE).

Lit.: D. Hume, Eine Untersuchung über den menschlichen Verstand, 1748; L. Wittgenstein, Tractatus logico-philosophicus, 1922; R. Carnap, Überwindung der Metaphysik durch logische Analyse der Sprache, in: Erkenntnis 2, 1931; H. J. Ayer, Language, Truth und Logic, 1936; H. Fischer, Glaubensaussagen und Sprachstruktur, 1972.

## Ähnlichkeit:

Zwei Gegenstände sind *ähnlich*, wenn sie in einigen Merkmalen übereinstimmen (wenn sie in allen Merkmalen übereinstimmen, sind sie gleich). Dinge können nur dann verglichen werden, wenn es zwischen ihnen Ähnlichkeiten gibt. Die Ä. spielt im Erkenntnisprozeß eine wichtige Rolle; der Übergang von dem Erkannten zum noch Unerkannten ist nur dann möglich, wenn zwischen beiden etwas vorhanden ist, was dem bereits Erkannten ähnlich und somit bereits teilweise erkannt ist.

Lit.: L. Klages, Der Geist als Widersacher der Seele, 1929.

## Akademie :

die von Platon in Athen 385 v. Chr. gegründete Philosophenschule, die in der Antike Vorbild für andere (☞PERIPATETIK, STOA) wurde. Die platonische A. wird in drei Phasen gegliedert: 1) alte A. von Speusippos bis Krates; 2) mittlere A. von Arkesilaos bis Hegesinos; 3) neue A. ab Karneades. 529 n. Chr. wurde die A. von Kaiser Justinian geschlossen. 1459 gründete Cosimo von Medici in Florenz eine neue Platonische A., an der griechische Denker lehrten. Sie bestand bis 1521. In der Neuzeit ist A. der Sammelname für wissenschaftliche Gesellschaften bzw. Gelehrtenvereinigungen.

Lit.: H. Cherniss, Die ältere Akademie, 1966.

## Akkulturation:

Kulturübertragung, Überlagerung von Kulturen, Kulturübernahme; ein Begriff aus der Ethnologie. Beispiele für religiöse A.: im Christentum wurden einige Elemente aus dem BUDDHISMUS übernommen (Glocke, Rosenkranz); im Islam wurden einige Elemente aus dem Christentum übernommen (die Kanzel).

Lit.: W. Rudolph, Akkulturation und Akkulturation-Forschung, in: Soziologus 14, 1964.

**Akosmismus** (vom griech. *akosmos*, „ungeordnet‘„weltlos‘):
Weltlosigkeit; philosophische (metaphysische) und religiöse Lehre, die der gesamten Wirklichkeit, d. h. der Gesamtheit der endlichen und bewegten seienden Gegenstände, eine selbständige Existenz abspricht. „Wirklich“ im absoluten Sinne ist nur Gott bzw. ein transzendentes Wesen (☞TRANSZENDENZ); die Welt ist nur eine unselbständige Erscheinungsform des absoluten SEINS. A. ist nach Hegel der PANTHEISMUS Spinozas, weil darin Gott die einzige Wirklichkeit ist; der Welt der endlichen und bewegten Einzeldinge kommt keine wahre Wirklichkeit, keine absolute Realität zu. Akosmistische Lehren, die die absolute Realität der Welt leugnen, sind z. B.: die

metaphysischen Systeme der Eleaten (☞ELEATISMUS), Spinzozas, Berkeleys, Fichtes, Schopenhauers; die Lehre von der Nichtigkeit der Welt in der indischen und CHRISTLICHEN PHILOSOPHIE.

Lit.: K. Fischer, Spinozas Leben, Werke und Lehre, in: Geschichte der neueren Philosophie 2, 1946.

**Akribie** (griech.):
Genauigkeit, Gründlichkeit.

**Akroamatisch** (vom griech. *akroamatikos*, ‚hörbar'):
zum Hören bestimmt. A. nannte man Schriften des Aristoteles, die aus zusammenhängenden Vorträgen entstanden sind. Bei der akroamatischen Lehrmethode hört der Schüler nur zu.

**Akt** (von lat. *actus*, ‚das Getriebenwerden', ‚Tätigkeit', ‚Wirklichkeit'):
Handlung, Tätigkeit; in der aristotelischen und scholastischen Philosophie ist der A. der Faktor des Wirklich-Werdens eines bestimmten, endlichen Seienden, während die POTENZ (griech. ‚dynamis') die unbestimmte MÖGLICHKEIT der Verwirklichung eines Seienden ist. Im Gegensatz zur Potenz oder Möglichkeit heißt der A. als das „im Wirken Befindliche" (griech. ‚energeia') auch die entfaltete Wirklichkeit selbst.
Für Aristoteles und Thomas v. Aquin sind A. und Potenz die beiden Grundmodalitäten des Seins, die jedes endliche Seiende auszeichnen und mit deren Hilfe u. a. das Problem des Werdens philosophisch geklärt werden kann. A. ist die gegenwärtige Entfaltung aller Vermögen, die verwirklichte Gegenwart. Im Gegensatz zum A. ist die Potenz das bloße Etwas-werden-Können, das Angelegtsein auf etwas hin, der Zustand der Unentfaltetheit, die Möglichkeit zur Wirklichkeit, die auf die Aktualisierung wartet bzw. des Verwirklichers, des Aktes, bedarf.
In der Bewußtseinsphilosophie (☞BEWUSSTSEIN) werden Akte als Bewußtseinsvorgänge bestimmt. Brentano macht die Unterscheidung zwischen A. und Inhalt; im Vorstellungsakt ist unser Bewußtsein auf etwas Gegenständliches gerichtet. In der PHÄNOMENOLOGIE Husserls ist der A. ein intentionales Moment (☞INTENTION, INTENTIONALITÄT) innerhalb der Erlebnisse; der Bewußtseinsakt bezieht sich (ist gerichtet) auf etwas Gegenständliches. Für M. Scheler gibt es emotionale Akte (☞EMOTION), die sich auf WERTE beziehen .
Im weitesten Sinne sind Akte seelische und geistige Vorgänge bzw. Vollzüge bestimmter Art, z. B. Denkakte (☞DENKEN), Willensakte (☞WILLE), Erinnerungsakte (☞ERINNERUNG), emotionale Akte (☞EMOTION). In der Sprechakttheorie haben Akte eine ganz besondere Funktion und Struktur (☞SPRECHAKT).

Lit.: Aristoteles, Metaphysik; F. Brentano, Psychologie vom empirischen Standpunkt I, 1874; E. Husserl, Logische Untersuchungen, 1900-01; L. Feutscher, Akt und Potenz, 1933; L. Lavelle, De l'acte, 1937; J. Stallmach, Dynamis und Energeia, 1959; J. R. Searle, Sprechakte, 1971.

**Aktion** (lat.):
Handlung, Tätigkeit, Tat.

**Aktivismus** (lat.):
Lehre bzw. Anschauung, nach der die Tat und die Praxis höher stehen als reine theoretische Betrachtung; es mußt von der theoretischen Betrachtung zur Tat, von der THEORIE zur PRAXIS übergegangen werden (so z. B. bei Kant, Fichte, Marx, Nietzsche, Sartre, Marcuse). Für den A. ist ein Verhalten charakteristisch, das auf die Umgestaltung der bestehenden Verhältnisse gerichtet ist.

**Aktivität** (vom franz. *activité*, ,Tatkraft'):
tätiges Verhalten.

**Aktualismus:** ☞ AKTUALITÄTSTHEORIE

**Aktualitätstheorie:**
die Lehre, daß ein beharrendes, unveränderliches SEIN nicht möglich ist, daß alle Wirklichkeit, alles Sein vielmehr im ewigen, unaufhörlichen Werden und Wirken, im lebendigen Geschehen, im Tun besteht (z. B. bei Heraklit, Fichte, Hegel, Nietzsche, Bergson) (Gegensatz: ESSENTIALISMUS bzw. SUBSTANTIALISMUS). Die *metaphysische A.* besagt, daß alles Sein nur auf Akte, Tätigkeit zurückgeführt wird; dabei wird die Annahme einer dem Seienden bzw. der Wirklichkeit zugrunde liegenden SUBSTANZ abgelehnt. Die *psychologische A.* (Hume, Beneke, Fechner, Wundt) vertritt den Standpunkt, daß die Seele nicht als die den seelischen Akten zugrunde liegenden Substanz, sondern als abstrakter Begriff für *seelisches Geschehen*, für die Einheit der seelischen Prozesse zu verstehen ist.

Lit.: W. Wundt, Grundriß der Psychologie, 1896.

**Akzidens** (von lat. *accidentia*):
das Hinzukommende, Unwesentliche, Wechselnde, Zufällige, das unselbständige Seiende (Gegensatz: ESSENZ, SUBSTANZ); die wechselnde, zufällige Eigenschaft eines Dinges im Gegensatz zur beharrenden Substanz. In der aristotelischen METAPHYSIK ist A. dasjenige, „was einem Gegenstand zwar zukommt (...), aber weder notwendig, noch in den meisten Fällen (so zukommt)". Aristoteles unterscheidet neun Klassen von Akzidenzien: Qua-

lität, Quantität, Relation, Ort, Zeit, Lage, Zustand, Tun, Leiden. Auch Thomas von Aquin unterscheidet das A. von seinem Träger (der Substanz). Das A. ist auch das unwesentliche, zufällige Merkmal eines Dinges im Gegensatz zu den Wesensmerkmalen (☞ATTRIBUT), die alle Exemplare einer Art auszeichnen und deren WESEN (Essenz) bestimmen.

Lit.: Aristoteles, Metaphysik VII; Thomas von Aquin, De ente et essentia; L. Beur, Metaphysik, 1935; J. de Vries, Denken und Sein, 1937; E. Coreth, Metaphysik, 1964.

**Akzidentiell:**
zufällig, hinzukommend, unwesentlich.

**Aletheia** (griech. ‚Wahrheit“, ‚Unverborgenheit“):
die Bezeichnung für WAHRHEIT in der griechischen Philosophie.
☞WAHRHEITSTHEORIEN

**Alethiologie** (vom griech. *aletheia*, ‚Wahrheit‘):
die Lehre von der WAHRHEIT.

**Alienation:** ☞ENTFREMDUNG

**All** (griech. ‚pan‘, lat. ‚universum‘):
Bezeichnung für die Gesamtheit alles Seienden, alles Wirklichen; alles, was ist; die Welt im ganzen (Weltall).

**Allbeseelungslehre:** ☞PANPSYCHISMUS

**Allaussage:**
Eine Aussage, die mit Hilfe des ALLQUANTORS gebildet wird. Symbolisch kann die Aussage auf folgende Weise dargestellt werden: $\bigwedge_x F(x)$ (Lies: Für alle x aus einem Bereich M gilt: x hat F.). Beispiele: 1) Alle Menschen sind sterblich. 2) Jede gerade Zahl ist durch 2 teilbar. 3) Alle Schimmel sind weiß.
☞PRÄDIKATENLOGIK

**Alles fließt** (griech. ‚*panta rhei*‘):
Grundsatz der Philosophie Heraklits; gemeint ist: es gibt kein beharrendes, starres SEIN, sondern nur WERDEN und Vergehen, Bewegung und Veränderung (☞AKTUALITÄTSTHEORIE).

Lit.: H. Diels, Die Fragmente der Vorsokratiker, [18]1979.

**All-Einheit:**
die Einheit des ALLS; alles Seiende bzw. das SEIN wird als einheitliches

Ganzes verstanden. Der Begriff der A. findet sich z. B. in der Philosophie der VORSOKRATIKER (speziell der Eleaten; ☞ELEATISMUS) und im NEUPLATONISMUS (Plotin.). ☞PANTHEISMUS, MONISMUS

Lit.: H. Diels, Die Fragmente der Vorsokratiker, 181979.

**Allgegenwart** (lat. ‚omnipraesentia'):
Attribut, Eigenschaft Gottes; das aktuelle Gegenwärtigsein, die Anwesenheit (Gegenwart) Gottes in allen Dingen. Bei Thomas von Aquin ist die A. Gottes die Ursache für das Sein der geschaffenen Dinge. In einigen Strömungen der christlichen Philosophie wird behauptet, daß den geschaffenen Gegenständen, den Kreaturen, ihr Wesen (ihre Bestimmung) durch die A. Gottes gegeben ist.

Lit.: Thomas von Aquin, Summa theologica I; C. Nink, Philosophische Gotteslehre, 1948; M. Rast, Welt und Gott 1952.

**Allgemeinbegriff:**
Bezeichnung für einen BEGRIFF, der durch ABSTRAKTION gewonnen wird und auf eine ganze Klasse von Gegenständen zutrifft (z. B. Tisch, Pflanze, Primzahl). Allgemeinbegriffe sind alle Art-, Gattung-, Klassenbegriffe. Der A. wird häufig im vom INDIVIDUALBEGRIFF unterschieden.

Lit.: J. E. Heyde, Die Objektivität des Allgemeinen, 1965; W. Stegmüller, Glaube, Wissen und Erkennen, 1965.

**Allgemeine,** das:
dasjenige, was verschiedene Einzeldingen gemeinsam ist. Das A. wird im Unterschied zum BESONDEREN, das nur ein einzelnes Ding betrifft, bestimmt. Sokrates stellt als einer der ersten die Frage nach dem Allgemeinen; er versucht, das A. in Form von DEFINITIONEN zu erfassen. Auch Platon bemüht sich darum, Definitionen für Ausdrücke wie „gerecht" und „tapfer" zu geben; damit wird bestimmt, was das A. (das Gemeinsame) z. B. an verschiedenen gerechten und tapferen Handlungen ist. Für Platon ist das A. das eigentliche, wirkliche SEIN (☞IDEE, IDEENLEHRE). Das Besondere ist nur durch Teilnahme am Allgemeinen, an den Ideen, wirklich. Aristoteles bestimmt das A. als „das, was seiner Natur nach mehreren Gegenständen zukommt"; es ist selbst nichts Substanzielles (☞SUBSTANZ), es besitzt keine eigene Wirklichkeit, sondern wird als eine Beschaffenheit von etwas bestimmt; es wohnt den einzelnen Gegenständen als deren FORM inne. Das Besondere besteht nur dadurch, daß das A. sich in ihm verwirklicht. Das A. ist bei Aristoteles die Bedeutung eines prädikativen Ausdrucks (☞PRÄDIKAT, PRÄDIKATION); es drückt sich im BEGRIFF aus. Das Wissen, das allgemeingültig ist (☞ALLGEMEINGÜLTIGKEIT) und in der Wissenschaft eine Rolle

spielt, kann erst beim Übergang vom Einzelnen zum Allgemeinen (☞INDUKTION) gewonnen werden.
Im UNIVERSALIENSTREIT des Mittelalters wurde die Frage, in welchem Sinne das A. existiert, sehr kontrovers diskutiert. Die *Realisten* (☞REALISMUS) behaupteten, daß das A. substantiell ist und unabhängig von uns existiert; die *Nominalisten* (☞NOMINALISMUS) vertraten den Standpunkt, daß das A. nur im INTELLEKT (als Stiftung, Produkt unseres Verstandes) existiert.
Im sog. *modernen Universalienstreit* wird u. a. die Frage gestellt, ob es einen Funktionsunterschied zwischen singulären und generellen TERMINI gibt, d. h. – traditionell formuliert – zwischen Namen, die für einzelne Gegenstände stehen und prädikativen Ausdrücken, die für das A. stehen.

Lit.: R. J. Aaron, The Theory of Universals, 1952; J. M. Bochenski, A. Church, N. Goodman, The Problem of Universals, 1956; J. P. Schobinger, Vom Sein der Universalien, 1958; W. Stegmüller (Hg.), Das Universalien-Problem, 1978.

**Allgemeingültigkeit:**
die Gültigkeit einer Aussage unabhängig von zufälligen Bedingungen ihrer Äußerung; meistens bezogen auf generelle Aussagen (☞ALLAUSSAGE) und die Gültigkeit genereller Aussagen betreffend. Viele philosophische und wissenschaftliche Aussagen stellen den Anspruch auf A.. Daher ist die A. ein Kriterium wissenschaftlicher und vieler philosophischer Aussagen.

**Allheit** (Totalität):
die Vielheit als Einheit betrachtet; eine KATEGORIE der QUANTITÄT in Kants Kategorientafel.

Lit.: I. Kant, Kritik der reinen Vernunft, 1781, $^{2}$1787.

**Allmacht** (lat. ‚omnipotenz'):
unbegrenzte Macht Gottes: seine Eigenschaft, alles bewirken zu können, was möglich ist.

Lit.: Th. Blatter, Die Macht und Herrschaft Gottes, 1962.

**Allquantor:**
einer der beiden QUANTOREN neben dem EXISTENZQUANTOR. Symbol für den A.: $\bigwedge$ (lies: für alle). Mit Hilfe des A. werden Allaussagen gebildet. Symbolische Darstellung der Allaussage: $\bigwedge_x F(x)$ (lies: für alle x aus M gilt: x hat F). Zum A. gehört meist die Angabe eines Bereichs M (Variabilitätsbereich), in dem die Gegenstandsvariable x variiert.

**Alltagssprache:** ☞ORDINARY LANGUAGE PHILOSOPHY

**Allwissenheit** (lat. ‚Omniszienz‘):
Eigenschaft Gottes, alles zu erkennen; das Erkennen Gottes ist unendlich, es umfaßt alles auf die vollkommenste Weise.

Lit.: R. Pettazzoni, Der allwissende Gott, 1960.

**Alogisch** (vom griech. *alogos*):
nicht logisch, unlogisch, vernunftlos, vernunftwidrig, sinnwidrig, den Gesetzen der Logik widersprechend.

**Als-Ob:** ☞FIKTION

**Alternation:**
in der traditionellen Logik: die Ersetzung eines Urteils durch ein anderes ohne Änderung des Sinnes (z. B. „Paris ist die Hauptstadt Frankreichs“ und „Die Hauptstadt Frankreichs ist Paris“).

**Alternative**
(von neulat. *alternativus*, ‚von einem zum anderen wechseln‘):
1) die Wahl zwischen zwei Möglichkeiten; 2) in der traditionellen Logik Bezeichnung für sinngleiche Aussagen (☞ALTERNATION); 3) in der traditionellen Logik Bezeichnung für zweigliedrige disjunktive Urteile (z. B. „S ist entweder P oder Q“); 4) in der JUNKTORENLOGIK wird gelegentlich die ADJUNKTION bzw. DISJUNKTION „p oder auch q“ auch als A. bezeichnet.

**Altruismus** (von lat. *alter*, frz. *autrui*, ‚der Andere‘):
Selbstlosigkeit, Uneigennützigkeit; Bezeichnung für selbstloses Denken und Handeln; gegenüber dem EGOISMUS eine Haltung, in der das Wohl der anderen gefordert und das eigene zurückgehalten wird. Der A. als sittliche MAXIME wurde zum ersten Mal von A. Comte formuliert („Vivre pur autrui“, ‚für den anderen leben‘).

Lit.: T. Nagel, The Possibility of Altruism, 1970; R. P. Milo (Hrsg). Egoism und Altruism, 1973; J. v. Kempski, Zur Problematik altruistischer Maximen, in: Zeitschrift für philosophische Forschung, 30, 1976.

**Ambiguität** (von lat. *ambigere*, ‚nach zwei Seiten treibend‘):
Zweideutigkeit.

**Ambivalenz** (von lat. *ambo*, ‚beide‘, und *valentia*, ‚Stärke‘):
Doppelwertigkeit, bezogen speziell auf Gefühlsäußerungen; z. B. Zuneigung und Abneigung zugleich, Liebe und Haß zugleich.

**Amoralismus** (von lat. *amoralis*, ‚unsittlich'):
Sammelbezeichnung für unterschiedliche Positionen, die das Aufstellen bzw. die Geltung von universalen (allgemeingültigen) Normen ablehnen. Im Gegenzug versuchen sie, Einstellungen, Anschauungen bzw. Orientierungen zu entwerfen, die nicht moralischer bzw. ethischer Natur sind, so z. B. die griechischen Sophisten (☞SOPHISTIK), die Vertreter des Machiavellismus oder Nietzsche.

Lit.: F. Nietzsche, Jenseits von Gut und Böse, 1886.

**Amor dei** (lat. ‚geistige Liebe zu Gott'):
Spinozas Bezeichnung der höchsten Tugend bzw. der höchsten Erkenntnisstufe, der Liebe zu Gott.

Lit.: Spinoza, Ethik, 1677.

**Amor fati** (lat. ‚Liebe zum Schicksal'):
für Nietzsche eine Formel zur Bezeichnung des höchsten Zustands, den ein Philosoph erreichen kann, der höchstgesteigerten Lebensbejahung.

**Amphibolie** (vom griech. *amphibolos*, ‚von zwei Seiten beschossen'):
Zweideutigkeit, Doppeldeutigkeit; als *transzendentale A.* oder *A. der Reflexionsbegriffe* bei Kant die „Verwechslung des empirischen Verstandesgebrauchs mit dem transzendentalen"; zu dieser Verwechslung kommt es, wenn Begriffe, die nur für Verstandesobjekte Gültigkeit haben, auf Gegenstände der Sinne angewendet werden (☞TRANSZENDENTAL, EMPIRISCH).

Lit.: I. Kant, Kritik der reinen Vernunft, 1781, ²1787.

**Analogia entis** (lat., ‚Verhältnisgleichheit des Seienden'):
in der SCHOLASTIK, speziell bei Thomas von Aquin, Ausdruck für die Gleichnishaftigkeit des endlichen, vergänglichen, geschaffenen SEINS der Schöpfung zum ewig göttlichen Sein; das vergängliche, endliche Sein hat an dem Sein des Schöpfers teil; daher gibt es zwischen den beiden Seinsarten eine Ähnlichkeit; jedes endliche Seiende ist Gott ähnlich, aber in unvollkommener Weise. Erkenntnisse über Gott sind dem Menschen möglich, wenn auch nur in analoger, unvollkommener Weise. ☞ANALOGIE

Lit.: E. Przywara, Analogia entis, 1932.

**Analogie** (vom griech. *analogon*, ‚nach Verhältnis'):
eine besondere Art der Ähnlichkeit; die Bezeichnung für die Übereinstim-

mung zweier oder mehrerer Gegenstände bzw. Sachverhalte bezüglich bestimmter Eigenschaften bzw. Merkmale. Die A. wird als eine mehrstellige Relation aufgefaßt.

Lit.: H. Höffding, Der Begriff der Analogie, 1924; Verschiedene Beiträge zum Begriff der Analogie in: Dialectica 17, 1963.

**Analogien der Erfahrung:**
in Kants „Kritik der reinen Vernunft" drei „Grundsätze des reinen Verstandes", die aller ERFAHRUNG vorausgehen, APRIORISCH sind; es sind die Grundsätze „der Beharrlichkeit der Substanz", „der Zeitfolge nach dem Gesetzt der Kausalität" und „des Zugleichseins, nach dem Gesetz Wechselwirkung, oder Gemeinschaft".

Lit.: I. Kant, Kritik der reinen Vernunft, 1781, ²1787.

**Analogieschluß:**
ein Schluß von der Übereinstimmung oder Ähnlichkeit (☞ANALOGIE) zweier Gegenstände (Systeme) bezüglich bestimmter Merkmale auf die Übereinstimmung oder Ähnlichkeit in anderen Merkmalen.

**Analogon** (griech.):
analoger Gegenstand (☞ANALOGIE); das einem anderen Analoge, Ähnliche.

**Analyse** (griech. *analysis*, ‚Auflösung'):
die Auflösung eines Ganzen in seine Teile. In der Philosophie bezeichnet A. die Vorgehensweise, bei der Gedanken, Sachverhalte usw. in ihre Teilinhalte zergliedert werden; die Teilinhalte werden im einzelnen herausgehoben und so explizit (ausdrücklich) erkannt (Gegensatz: SYNTHESE). Der Vollzug der A. wird als *analysieren*, die Verfahrensweise als *analytische Methode* bezeichnet.
Den Begriff A. findet man in der Philosophie in verschiedenen Kontexten: BEGRIFF, ANALYTISCH, ANALYTIK, ANALYTISCHE PHILOSOPHIE.

Lit.: H. Scholz, Mathesis universalis, 1961; R. Hönigswald, Abstraktion und Analyse, 1961; E. v. Savigny, Analytische Philosophie, 1970.

**Analytik** (vom griech. *analytike* (*techne*), ‚die Kunst der Analyse'):
bei Aristoteles die Kunst der Gedanken- bzw. Begriffszergliederung, die Logik; sein logisches Hauptwerk, die Lehre vom Schließen und Beweisen, nannte Aristoteles „Analytik", Zergliederung des Denkens bzw. Begriffs. In Kants „Kritik der reinen Vernunft" ist die „transzendentale Analytik" neben der „transzendentalen Dialektik" (☞DIALEKTIK) einer der beiden Teile der „transzendentalen Logik" (☞LOGIK). Die „transzendentale Analytik" ist die

„Zergliederung unseres gesamten Erkenntnisses a priori in die Elemente der reinen Verstandeserkenntnis". Die „transzendentale Analytik" trägt nach Kant „die Elemente der reinen Verstandeserkenntnisse und die Prinzipien vor, ohne welche überall kein Gegenstand gedacht werden kann". Die APRIORISCHEN „Elemente der reinen Verstandeserkenntnis" sind Begriffe (KATEGORIEN) und Grundsätze des reinen Verstandes, die aller möglichen Erfahrungserkenntnis zugrunde liegen (☞TRANSZENDENTAL).
In der *Analytik des Daseins* versucht Martin Heidegger, die Strukturen unseres vorwissenschaftlichen, vorphilosophischen, lebensweltlichen Handelns und Verstehens offenzulegen (☞DASEINSANALYTIK).

Lit.: Aristoteles, Organon; I. Kant, Kritik der reinen Vernunft, 1781, $^{2}$1787; M. Heidegger, Sein und Zeit, 1927.

## Analytisch:

auflösend, zergliedernd; Sätze (Aussagen, Urteile) sind analytisch (auch: analytisch wahr), wenn ihre Wahrheit nur aufgrund von Definitionen und logischen Festlegungen bestimmt werden (z. B. „Junggesellen sind unverheiratete Männer"). Nach Kant gibt es neben den analytischen Urteilen die SYNTHETISCHEN. Für Kant stand fest: „Analytische Urteile sagen im Prädikat nichts, als das, was im Begriff des Subjekts schon wirklich, obgleich nicht so klar und mit gleichem Bewußtsein gedacht war". *Analytische Urteile* sind nach Kant solche Urteile, bei denen das PRÄDIKAT im Subjektbegriff (☞SUBJEKT) schon enthalten ist. Der Subjektbegriff muß zergliedert werden (☞ANALYSE), um das gesuchte Prädikat zu finden. Analytische Urteile erweitern nicht unsere Erkenntnis; sie verdeutlichen nur, was wir schon wissen und sind deshalb *erläuternd*; sie sind Erläuterungsurteile, weil sie nur Prädikate angeben, die im Subjekt bereits enthalten sind. Für Kant ist ein analytisches Urteil z. B. der Satz: „Alle Körper sind ausgedehnt"; denn die Definition von „Körper" heißt: im Raum sein, ausgedehnt sein. Analytische Urteile setzen die Gültigkeit des SATZES VOM WIDERSPRUCH voraus.
Nach Frege ist eine Aussage analytisch, wenn sie aus AXIOMEN mittels von DEFINITIONEN und logischen SCHLÜSSEN deduziert wird (☞DEDUKTION), z. B. Sätze der Arithmetik. Axiome sind für Frege wahre Sätze.
Quine kritisiert die Unterscheidung analytisch/synthetisch. In der Alltagssprache können Begriffe nicht ausdrücklich definiert werden. So läßt sich für die Umgangssprache eine Einleitung in analytische und synthetische Sätze nicht streng vornehmen. Die Unterscheidung analytisch/synthetisch ist nur unter bestimmten theoretischen Bedingungen sinnvoll; ein Satz kann unter bestimmten theoretischen Bedingungen analytisch sein, unter anderen theoretischen Bedingungen synthetisch.

Lit.: I. Kant, Kritik der reinen Vernunft, 1781, $^{2}$1787; G. Frege, Die Grundlagen der Arithmetik, 1884; R. Carnap, Die logische Syntax der Sprache, 1934; W. V. O. Quine, Zwei Dogmen des Empirismus, in: ders., Vom logischen Standpunkt, 1979; ders., Wort und Gegenstand, 1980.

**Analytische Philosophie** (auch: sprachanalytische Philosophie): Bezeichnung für unterschiedliche, seit dem Beginn des 20. Jh. verbreitete philosophische Strömungen. Die *Erste Philosophie* ist nicht mehr die Untersuchung der NATUR bzw. des WESENS der Gegenstände bzw. des Seienden und auch nicht die Besinnung auf die Inhalte unseres BEWUSSTSEINS, sondern die REFLEXION auf die Sprache, auf die Bedeutung bzw. den Sinn von sprachlichen Äußerungen (K.-O. Apel). Die linguistische Wende (engl. ‚linguistic turn') ist aufs engste mit dem Namen Wittgenstein verbunden. Im „Tractatus" formuliert Wittgenstein einen der folgenreichsten Sätze der neueren Philosophie: „Der Gedanke ist der sinnvolle Satz". Denken bzw. Bewußtsein wird mit Sprache identifiziert; Sprache ist damit nicht mehr das Mittel für die Thematisierung des Bewußtseins, sondern das zentrale „Thema und Medium" des Philosophierens (Apel). Nach E. Tugendhat ist „mit der sprachanalytischen Philosophie eine Art des Philosophierens angesprochen, die glaubt, die der Philosophie vorgegebenen Probleme lösen zu können (...) auf dem Wege einer Analyse der Sprache". Maßgebend für alle Varianten der a. P. ist also das Verfahren der SPRACHANALYSE; philosophische Probleme sollen mit Hilfe der Sprachanalyse geklärt werden. Das große Verdienst der sprachanalytischen Philosophie liegt darin, daß sie aus vielen APORIEN der Bewußtseinsphilosophie hinausführt; sie liefert z. B. wichtige Argumente gegen den SOLIPSISMUS wendet sich gegen traditionelle erkenntnistheoretische Modelle (☞ERKENNTNISTHEORIE), wie z. B, das SUBJEKT-OBJEKT-PROBLEM, entlarvt einige philosophische Probleme als SCHEINPROBLEME. Im Verlauf der sprachanalytischen Diskussion wird nicht nur die LOGIK und SEMANTIK, sondern auch die PRAGMATIK zur zentralen philosophischen Disziplin. Kennzeichnend für die sprachanalytische Philosophie ist auch, besonders in ihrer Frühphase, eine prinzipielle Wendung gegen die METAPHYSIK; es sollen eindeutige Kriterien zur Überprüfung des *sinnvollen* Gebrauchs von Sätzen gefunden werden. Zum zentralen Anliegen der sprachanalytischen Philosophie wurde, besonders in der Frühphase, die *logische Analyse der Sprache*. Darunter versteht man zunächst die Zerlegung eines komplexen Satzes in seine Elementar-Sätze (☞LOGISCHER ATOMISMUS). Darüber hinaus sollen in der logischen Analyse der Sprache die *logischen Formen* sprachlicher Ausdrücke und ganzer Sätze aufgedeckt werden; damit sollen die Grundlagen für den Aufbau einer exakten Wissenschaftssprache geschaffen und philosophische (meist metaphysische) Probleme gelöst werden. Es zeigt sich dabei, daß viele philosophische Probleme durch den unkritischen Gebrauch von Sprache erzeugt werden (☞SINNKRITERIUM). Die zwei wichtigsten Richtungen der analytischen Philosophie sind: die ORDINARY LANGUAGE PHILOSOPHY (Philosophie der Gebrauchs- oder Umgangssprache) und die IDEAL LANGUAGE PHILOSOPHY (Philosophie der idealen Sprache).

Die wichtigsten Vertreter der analytischen Philosophie sind: G. Frege, G. E. Moore, B. Russell, L. Wittgenstein, R. Carnap, G. Ryle, P. Strawson, W. V. O. Quine, J. Austin, J. R. Searle, D. Davidson, H. Putnam. Die a. P. findet ihre Anwendung in fast allen Disziplinen der Philosophie, besonders in der LOGIK, ERKENNTNISTHEORIE, WISSENSCHAFTSTHEORIE, ETHIK.

Lit.: R. Carnap, Der logische Aufbau der Welt, 1928; L. Wittgenstein, Tractatus logico-philosophicus, 1922; L. Wittgenstein, Philosophische Untersuchungen, 1933; K. O. Apel, Transformation der Philosophie I, 1973; E. v. Savigny, Die Philosophie der normalen Sprache, 1969; ders., Analytische Philosophie, 1970; E. Tugendhat, Vorlesungen zur Einführung in die sprachanalytische Philosophie, 1976.

**Anamnesis** (griech.):
Erinnerung, Wiedererinnerung; bei Platon der Erkenntnisakt, in dem sich die SEELE an die IDEE erinnert; die menschliche Seele hat im Zustand der Präexistenz (im Zustand vor dem Eingang der Seele in einen Leib bzw. Körper) in der übersinnlichen Welt die Ideen geschaut und erinnert sich jetzt (während des Aufenthalts der Seele im Körper) in der Begegnung mit einem sinnlich gegebenen Einzelding an die einst geschauten Ideen. Die Ideen sind dabei die Urbilder der sinnlich gegebenen Dinge; das sinnlich Gegebene veranlaßt uns nur, uns an das schon Geschaute zu erinnern. Alles Lernen und Erkennen ist nach Platon Wiedererinnerung, A..

Lit.: Platon, Menon; ders. Phaidon; C. E. Huber, Anamnese bei Platon, 1964.

**Anarchismus** (vom griech. *an-archia*, ‚Herrschaftslosigkeit')
Lehre von einer Gesellschaft, in der jede Autorität, Hierarchie, jede Machtausübung, jegliche Herrschaftsform und Staatlichkeit abgelehnt und die AUTONOMIE und FREIHEIT der einzelnen Individuen gefordert werden. Im A., der als eine Form der UTOPIE bezeichnet werden kann, wird jegliche staatliche Gewalt bzw. staatlicher Zwang abgelehnt. Die gesellschaftlich-soziale Ordnung soll im A. durch den freiwilligen Zusammenschluß der Individuen erfolgen. In der Neuzeit wird die Lehre des A. von W. Godwin theoretisch formuliert; M. Stirner entwickelt in Deutschland eine individualistischen, A. M. Bakunin einen kollektivistischen, P. A. Kropotkin einen kommunistischen A. (☞INDIVIDUALISMUS, KOLLEKTIVISMUS, KOMMUNISMUS). Bei Tolstoj findet man einen religiösen A.. In der modernen Wissenschaftstheorie vertritt P. Feierabend einen erkenntnistheoretischen A., in dem die unbegrenzte Methodenfreiheit gefordert wird.

Lit.: K. Diehl, Über Sozialismus, Kommunismus und Anarchismus, 1920; P. Ramus, Das anarchistische Manifest, 1927; P. Feierabend, Wider den Methodenzwang, 1981.

**Andere,** der:
oft mit „Du“ und „Mitmensch“ synonym gebrauchter Ausdruck. In der

PHÄNOMENOLOGIE Husserls findet man eine terminologisch ausgearbeitete Theorie des Anderen; für Husserl ist der A. ein Begriff, unter den sowohl die anderen Menschen als auch das reine alter ego (TRANSZENDENTALES EGO) fallen. In M. Heideggers DASEINSANALYSE ist das „Mitsein mit Anderen" („Fürsorge") eine der Wesenszüge des Daseins. In der Dialogik M. Bubers (☞DIALOG) ist der A. ein zentraler Begriff. In der Ich-Du-Beziehung begegnet uns der A. auf eine unmittelbare Weise; Ich und der A. konstituieren sich gegenseitig aus dem „Zwischen".

Lit.: M. Heidegger, Sein und Zeit, 1927; M. Buber, Die Schriften über das Dialogische Prinzip, 1954; E. Husserl, Cartesianische Meditationen und Pariser Manuskripte, hg. v. S. Strasser, 1963; M. Theunissen, Der Andere, 1965; B. Waldenfels, Das Zwischenreich des Dialogs, 1971.

## Angeborene Ideen:

Begriffe, Vorstellungen, Erkenntnisse, die mit Hilfe der sinnlichen ERFAHRUNG nicht erworben werden können (z. B. mathematische und logische Axiome, ethische Werte, Ideen wie die Unendlichkeit, Vollkommenheit, Unsterblichkeit und Gott); sie gehören zu der Ausstattung des Menschen und sind als Anlage vorhanden. Die Lehre von den angeborenen Ideen, die mit der vom A PRIORI nicht identifiziert werden darf, findet ihre Ausprägung bei Descartes. Er gründet die wahre Erkenntnis auf *idea innatae* (eigentlich „eingeborene" Ideen). Der Rückgang auf die sinnlich vermittelte Erfahrung genügt nicht, um die Entstehung bestimmter Ideen zu erklären; z. B. ist die sinnliche Erfahrung der Unendlichkeit nicht möglich. Nach Descartes müssen Ideen wie Unendlichkeit, Vollkommenheit oder Gott immer schon im Menschen angelegt, „angeboren" sein.
Leibniz faßt die angeborenen Ideen als ein Vermögen auf, das aktiviert werden muß. Locke und Kant lehnen die Lehre von angeborenen IDEEN ab.

Lit.: R. Descartes, Principia philosophiae, 1644; F. Rose, Die Lehre von den eingeborenen Ideen, 1901.

## Angst:

zentraler Begriff der EXISTENZPHILOSOPHIE. Kierkegaard macht die folgenreiche Unterscheidung zwischen A. und Furcht; Furcht ist stets auf eine bestimmte Drohung bzw. drohendes Objekt bezogen; die A. ist auf etwas Unbestimmtes, letztlich auf das NICHTS bezogen. Für Kierkegaard ist A. der Ausdruck der Freiheit („Schwindel der Freiheit"); in der A. drückt sich die Gesamtheit der menschlichen Natur aus.
In der Philosophie Martin Heideggers ist die A. ein EXISTENZIAL (☞DASEINSANALYSE), eine Grundbefindlichkeit; sie ist für das menschliche Dasein bestimmend, insofern sie dem Dasein u. a. die Möglichkeit „zum eigentlichen Sein" eröffnet; die A. ist eine der Weisen der Selbstergreifung des Menschen durch sich selbst; sie holt das Dasein aus der Verfallenheit an

das *Man* heraus und bringt es vor es selbst als seine eigenste Möglichkeit. Die A. nimmt in Heideggers Konzeption verschiedene Formen an, die jedoch alle miteinander zusammenhängen; so spricht er von der A. vor dem Ergreifen der eigensten Möglichkeiten, sodann der A. vor dem „Ausgesetztsein", der „Geworfenheit" in die Welt, der A. vor dem Tode und schließlich der A. vor dem Nichts.
Bei Sartre erfährt der Mensch die A. in seiner Freiheit, das Sein (besonderes sein eigenes Sein) zu negieren; der Mensch erkennt in der A., daß sein Tun und Denken durch äußere oder innere Ursachen nicht determiniert ist; der Mensch kann sich nur selbst in seiner Freiheit determinieren.
In der Tiefenpsychologie, besonders in der PSYCHOANALYSE Freuds, wird A. als ein psychisches PHÄNOMEN betrachtet; A. als krankhafter Zustand ist Ausdruck von (unbewußten) Konflikten, die in der Kindheit bzw. im Sozialisationsprozeß des Individuums angesiedelt sind.

Lit.: S. Kierkegaard, Der Begriff Angst, 1844; M. Heidegger, Sein und Zeit, 1927; S. Freud, Hemmung, Symptom, Angst, 1917; A. Silva-Tarouca, Die Logik der Angst, 1953.

**Animismus** (von lat. *anima*, ‚Seele'):
Glaube an die Beseeltheit der ganzen Natur (bei primitiven Völkern); im metaphysischen Sinne die Lehre, daß die Seele das Prinzip des Lebens ist.

**Anmut:** ☞ GRAZIE

**Annahme:**
Ein Satz, durch den ein Gedanke oder ein Sachverhalt zum Ausdruck gebracht wird, nicht aber schon als wahr oder falsch beurteilt wird. Meist gleichbedeutend mit HYPOTHESE.

Lit.: A. Meinong, Über Annahmen, 1902.

**Anomalie** (vom griech. *a*, ‚nicht', und *nomos*, ‚Gesetz'):
Abweichung von einer Regel, Norm oder einem Gesetz.

**Anschauung:**
im engeren Sinne ein unvermitteltes, gegenwärtiges, sinnliches Vernehmen eines einzelnen und wirklichen Dinges. Die A. als eine Quelle der ERKENNTNIS bezeichnet sowohl den Vorgang des Anschauens als auch das Ergebnis des Anschauens, das Angeschaute. Vor Kant wurde A. meist synonym mit INTUITION (Wesens-Anschauung, geistige Schau der Wesenheiten). Kant hebt hervor, daß die A. an die SINNLICHKEIT gebunden werden muß; nur wenn ein Gegenstand vorhanden ist, der mit den Sinnen angeschaut wird, ist A. möglich. Dieser Gegenstand kann außerhalb des

BEWUSSTSEINS vorkommen; dann wird die *äußere Anschauung* angesprochen; er kann aber ein Bewußtseinsinhalt sein; dann wird die *innere Anschauung* angesprochen. Die A. wird als *rezeptiv* (aufnehmend) aufgefaßt, weil sie auf den Gegenstand der A. angewiesen ist. Die Einheit des angeschauten Gegenstands (Objekts) wird durch das Zusammenspiel von Sinnlichkeit und VERSTAND gestiftet. Kant behauptet: „Vermittels der Sinnlichkeit also werden uns Gegenstände gegeben, und sie allein liefern uns Anschauungen; durch den Verstand aber werden sie gedacht und von ihm entspringen Begriffe". Alles Denken bezieht sich bei Kant auf A.; erweiternde Erkenntnis (☞SYNTHETISCH) kann nur durch das Zusammenspiel von A. und BEGRIFFE zustande kommen. „Anschauungen ohne Begriffe sind blind. Begriffe ohne Anschauungen sind leer". Rein begriffliche Erkenntnis ist stets erläuternd (☞ANALYTISCH); sie erweitert nicht unsere Erkenntnis. Die auf A. gegründete Erkenntnis liefert uns synthetische Urteile. Kant unterscheidet jedoch zwischen der *empirischen Anschauung* und der *reinen Anschauung*. Die empirische Anschauung, von der bis jetzt die Rede war, bezieht sich auf die durch die Sinne oder Empfindungen vermittelten, wirklich gegebenen Gegenstände, die reine Anschauung ist A PRIORI; die reinen ANSCHAUUNGSFORMEN liegen der empirischen Anschauung zugrunde.

In der Geschichte der Philosophie findet man weitere Bedeutungen von A.: 1) *intellektuelle A.* (übersinnliche Erfahrung des absoluten Wesens der Dinge, eine Anschauung ohne Vermittlung der Erfahrungserkenntnis), 2) *produktive A.* (nicht rezeptiv, sondern hervorbringend; sie wird Gott zugeschrieben), 3) *kategoriale A.* (Erfassen von logisch-mathematischen Sachverhalten), 4) *Wesens-A.* (geistige Schau der Wesensgebilde; INTUITION).

Lit.: I. Kant, Kritik der reinen Vernunft, 1781, $^{2}$1787; W. Cramer, Das Problem der reinen Anschauung, 1937; K. Reich, Anschauung als Erkenntnisquelle, in: Zeitschrift für philosophische Forschung I, 1947; W. Flach, Zur Prinzipienlehre der Anschauung, 1. Bd., 1963.

## Anschauungsformen:

Bei Kant sind RAUM und ZEIT A.. Die A. strukturieren die sinnlich vermittelten Daten; diese Formen sind nicht selbst etwas Sinnliches, sondern sind als Ordnungsformen der sinnlichen Anschauungen oder der Empfindungen A PRIORI gegeben. Die A. sind a priori, weil sie als die Bedingungen der Möglichkeit der ERFAHRUNG gelten, ihr zugrunde liegen; die Erfahrung wird durch die A. konstituiert. Die A. gehören also mit den KATEGORIEN und den regulativen IDEEN zur apriorischen Grundausstattung des Verstandes bzw. der Vernunft. Mit Hilfe dieser Grundausstattung können die von uns aufgenommenen Daten geordnet werden.

Lit.: I. Kant, Kritik der reinen Vernunft, 1781, $^{2}$1787.

**An sich:**
1) als es selbst, ein Seiendes ist an sich, wenn es ohne Bezug auf die Unterscheidungsleistungen des erkennenden SUBJEKTS gegeben ist, wenn ein Seiendes also kein Resultat der Erkenntnisleistungen eines Subjekts ist; 2) als solches; Bezeichnung dafür, wie ein Seiendes in seinem WESEN ist (ohne seine hinzukommenden Bestimmungen).
Bei Platon zeichnen sich die IDEEN dadurch aus, daß sie im Unterschied zu den Einzeldingen an sich sind; das Ansichsein kann hier als das selbständige Sein bestimmt werden; es existiert getrennt von der Erkenntnisfähigkeit des Menschen (☞IDEENLEHRE). Bei Aristoteles und in der Scholastik kommt der Ansichsein-Charakter der SUBSTANZEN zu. Das, was einem Gegenstand a. s. ausmacht, ist sein WESEN, die Substanz (Form); das Seiende verwirklicht sich gemäß seinem Wesen, dem ihm eigenen Möglichkeiten. Kant unterscheidet zwischen DING AN SICH und ERSCHEINUNG; das Ding an sich kann in der theoretischen Philosophie nicht erkannt werden; nur die Erscheinungswelt ist für den auf sinnliche ANSCHAUUNG angewiesenen Verstand des Menschen erkennbar. Die Verbindung zwischen dem Seienden als solchem und unserem (theoretischen) Erkennen ist bei Kant gerissen.
Für Hegel ist das Ansichsein das Stadium der IDENTITÄT, des Ausgangs, des Unmittelbaren, bloß Möglichen und Abstrakten. Vom *Ansichsein* führt die Entwicklung des Absoluten zum *Fürsichsein* (Stadium der Differenz, der Nicht-Identität, des Gegensatzes); das *Anundfürsichsein* bezeichnet das Stadium der Vermittlung zwischen Ansichsein und Fürsichsein (☞DIALEKTIK).
In der Philosophie Sartres ist das „An-sich-Sein" das Grundmerkmal des SEINS im Gegensatz zum „Für-sich-Sein". Das An-sich-Sein (der Dinge) kommt allem zu, nicht aber dem Menschen. Das menschliche Sein wird als das Für-sich-Sein bestimmt. Der Mensch stellt das Sein in Frage; er negiert das Für-sich-Sein als das Prinzip der Negativität (☞NICHTS).

Lit.: Platon, Symposion; ders., Nomoi; Aristoteles, Metaphysik; I. Kant, Kritik der reinen Vernunft, 1781, [2]1787; Hegel, Phänomenologie des Geistes, 1812; J. P. Sartre, Das Sein und das Nichts, 1952.

**Antagonismus** (griech. *antagonizesthai*, ‚gegeneinander kämpfen'): Widerstreit, Gegensatz.

**Antecedens** (von lat. *antecedere*, ‚vorgehen'):
Prämisse, Grund, Bedingung, Ursache (Gegensatz: KONSEQUENZ). In einem URTEIL „wenn A, dann B", wird A das A. genannt, B die Konsequenz.

**Anthropologie** (vom griech. *anthropos*, ‚Mensch', und *logos*, ‚Lehre'):
allgemein Lehre bzw. Wissenschaft vom Menschen. Man unterscheidet zwischen naturwissenschaftlich-medizinischer bzw. naturwissenschaftlich-

biologischer, soziologischer, ethnologischer, theologischer, philosophischer A. und Kulturanthropologie.
Die philosophische Anthropologie ist keine besondere, eigenständige philosophische Einzeldisziplin; sie ist vielmehr eine breit angelegte Besinnung auf den Menschen, seinen Unterschied zum übrigen Seienden, auf seine Stellung in der gesamten Wirklichkeit und seine Beziehung zur Welt. Da sich der Mensch zur gesamten Welt verhält, geht er mit ein in die Deutungen aller Weltphänomene. Die philosophische A. knüpft oft an die einzelwissenschaftlichen Aussagen über den Menschen an; besonders wichtig sind hier die Ergebnisse aus den traditionellen Naturwissenschaften, der Psychologie, Geschichtswissenschaft und aus den Sprachwissenschaften. Anhand der Ergebnisse der Einzelwissenschaften wird versucht, ein Menschenbild zu entwerfen. Die Fragen, die in der A. gestellt werden, sind u. a. die nach der Freiheit, Individualität, Sozietät, Geschichtlichkeit des Menschen. Kant formuliert zum ersten Mal die Aufgabe einer philosophischen A.; er stellt die Frage: „Was ist der Mensch?".
Bei Kierkegaard, Feuerbach und Nietzsche finden wir weitere Versuche einer Grundlegung der philosophischen A.. Max Scheler (angeregt durch Nietzsche) versucht, die philosophische A. als die Grunddisziplin der Philosophie zu begreifen; alle Fragen der Philosophie drehen sich um den Menschen. Anregungen erhielt die philosophische A. in der Gegenwart durch H. Plessner, A. Gehlen, W. Dilthey (☞LEBENSPHILOSOPHIE), E. Rothacker, M. Heidegger (☞EXISTENZPHILOSOPHIE).

Lit.: M. Scheler, Die Stellung des Menschen im Kosmos, 1928; M. Scheler, Menschen und Geschichte, 1929; B. Groethuysen; Philosophische Anthropologie, 1931; P. L. Landsberg, Einführung in die philosophische Anthropologie, 1960; W. E. Mühlmann, Geschichte der Anthropologie, 1968.

## Anthropomorphismus

(vom griech. *anthropomorphos*, ‚menschengestaltig'):
Vermenschlichung; die Projektion menschlicher Eigenschaften und Denk- und Handlungsweisen auf nicht menschliche Dinge und Wesen; z. B. in der griech. Mythologie die Übertragung menschlicher Eigenschaften auf Götter.

## Anthroposophie

(vom griech. *anthropos*, ‚Mensch', und *sophia*, ‚Weisheit'):
Weisheit vom Menschen; eine von Rudolf Steiner propagierte Art der Theosophie; die A. vertritt den Standpunkt, daß durch ein *geistiges Schauen* ein Wissen vom Übersinnlichen, von höheren Welten erlangt wird; durch methodische Schulung soll das übersinnliche Wesen des Menschen und der Welt erfaßt werden.

Lit.: R. Steiner, Mikrokosmos und Makrokosmos, 1958.

## Anthropozentrisch

(vom griech. *anthropos*, ‚Mensch', und *kentron*, ‚Mittelpunkt'):
A. wird eine Anschauung genannt, derzufolge der Mensch im Mittelpunkt der Welt steht; der Mensch ist das Ziel bzw. der Zweck des Weltgeschehens.

Lit.: K. Sapper, Das Element der Wirklichkeit und die Welt der Erfahrung. Grundlinien einer anthropozentrischen Naturphilosophie, 1924.

## Antinomie (griech.):

Selbstwiderspruch; Widerspruch zwischen zwei Behauptungen, die je für sich Gültigkeit beanspruchen, sich aber gegenseitig ausschließen. Kant unterscheidet in der „transzendentalen Antithetik" (in der „Kritik der reinen Vernunft") vier Antinomien, die jeweils aus einer *Thesis* (Behauptung) und einer *Antithesis* (Gegenbehauptung) bestehen: 1) Die Welt hat einen Anfang in der Zeit und ist räumlich begrenzt: Die Welt ist sowohl in Ansehen der Zeit als auch des Raumes unendlich. 2) Jede zusammengesetzte Substanz besteht aus einfachen Teilen. – Es existiert nichts Einfaches in der Welt. 3) Es gibt Willensfreiheit. – Alles in der Welt geschieht nach Gesetzen der Natur. 4) Es gibt ein schlechthin notwendiges Wesen. – Es existiert kein schlechthin notwendiges Wesen.
Die Beweise in den ersten beiden A. setzen voraus, daß die Welt ein AN SICH existierendes Ganzes sei. Diese Voraussetzung ist aber falsch. Auf die Welt als DING AN SICH können die ANSCHAUUNGSFORMEN Raum und Zeit nicht angewendet werden (nur auf die Welt als Inbegriff der Erscheinungen). Bei beiden Antinomien sind sowohl Thesis als auch Antithesis falsch. Im Falle der dritten und vierten A. können Thesis und Antithesis alle beide wahr sein, wenn die Thesis auf Dinge an sich und die Antithesis auf Erscheinungen bezogen wird. Die A. sind also Kant zufolge „Widersprüche, in die sich die Vernunft bei ihrem Streben, das Unbedingte bedingt (d. h. vergegenständlichend, weil mit endlichen Verstandeskategorien) zu denken, mit Notwendigkeit verwickelt". A. entstehen durch die Verwechslung des Verstandes mit dem Vernunftgebrauch.
In der modernen Logik spielen die *logischen* und die *semantischen A.* eine besondere Rolle. Unter den logischen ist die sog. *Russellsche A.* von Bedeutung (auch mengentheoretische A. genannt), unter den semantischen die sog. *Tarskische A.*.

Lit.: I. Kant, Kritik der reinen Vernunft, 1781, $^{2}$1787; A. Kulenkampff, Antinomie und Dialektik, 1970; W. Stegmüller, Das Wahrheitsproblem und die Idee der Semantik, 1968.

## Antithese (vom griech. *antithesis*, ‚Entgegensetzung'):

Gegenbehauptung; eine der THESE konträre Behauptung. ☞ DIALEKTIK

**Antizipation** (von lat. *ante*, ‚vor', und *capere*, ‚nehmen'):
Vorwegnahme, Vorgriff; im weitesten Sinne die Vorwegnahme von etwas, was erst später kommt oder kommen sollte; die vorläufige Anerkennung der Wahrheit eines Satzes in der Annahme einer späteren Begründung bzw. Rechtfertigung. In der stoischen und epikureischen Philosophie (☞STOA, EPIKUREISMUS) bezeichnet A. ein unreflektiertes, vorwissenschaftliches, praktisches Wissen; sie bezeichnet die Fähigkeit, die sinnliche Wahrnehmung nach allgemeinen Merkmalen zu ordnen. Bei Kant heißt es: „Man kann alle Erkenntnis, wodurch ich dasjenige, was zur empirischen Erkenntnis gehört, a priori erkennen und bestimmen kann, eine Antizipation nennen". A. der Wahrnehmung nennt Kant Aussagen über Empfindungen, die für „jede Empfindung, als Empfindung überhaupt (ohne daß eine besondere gegeben sein mag)" gelten und daher für jede konkrete Empfindung A PRIORI, „vorwegnehmend", behauptet werden können. Die reinen Bestimmungen im Raum und in der Zeit kann man Antizipationen der Wahrnehmung nennen (☞ANSCHAUUNGSFORMEN), weil sie dasjenige a priori vorstellen, was immer A POSTERIORI in der Erfahrung gegeben ist.
In der Philosophie von K. O. Apel, J. Habermas u. a. werden mit dem Begriff der A. bestimmte Unterstellungen der ARGUMENTATION charakterisiert; es wird eine ideale Kommunikationssituation vorweggenommen, „antizipiert" (☞DISKURS, KOMMUNIKATION).

Lit.: I. Kant, Kritik der reinen Vernunft, 1781, ²1787; K. O. Apel, Transformation der Philosophie, Bd. II, 1973; J. Habermas, Theorie des kommunikativen Handelns, Bd. I, 1981.

**Apathie** (vom griech. *apatheia*, ‚Unempfindlichkeit'):
Die in der Philosophie der STOA geforderte Affektfreiheit, Unempfindlichkeit, Gemütsruhe, seelische Untererschütterlichkeit. Bestimmte AFFEKTE wie Schmerz, Lust und Begierde verhindern das glückselige, vernunftbestimmte Leben (☞EUDÄMONIE), andere wie Freude, Vorsicht und Wohlwollen fördern es. Die „schlechten" Affekte sollen durch Erkenntnis ausgeschaltet werden. Der Gedanke der A. wird in einer abgewandelten Weise in der Neuzeit von Spinoza und Kant vertreten.

Lit.: W. Stempel, Die Therapie der Affekte bei den Stoikern und Spinoza, 1969.

**Apeiron** (griech):
das Unbegrenzte, Unendliche, Undurchdringliche; nach Anaximander der unbegrenzte Urstoff aller Dinge; aus diesem Urstoff gehen alle Dinge durch Ausscheidung hervor und lösen sich in ihm wieder auf.

Lit.: H. Diels, Die Fragmente der Vorsokratiker, 181979.

**Aphairesis** (griech. ‚das Wegnehmen'): ☞ABSTRAKTION

**Apodiktisch** (vom griech. *apodeiktikos*, ‚dem Beweis dienend'):
unbedingt richtig, unbedingt gewiß, nicht widerlegbar; viele logische Sätze werden apodiktisch genannt (☞AXIOM). Für Descartes ist die Gewißheit, Unbezweifelbarkeit des Ich (☞COGITO ERGO SUM) a.. Ähnlich spricht Husserl von dem apodiktischen Charakter der Erkenntnis des TRANSZENDENTALEN EGO. Evidente Sätze werden als a. bezeichnet (☞EVIDENZ).

**Apokastasis** (griech.):
Wiederkunft; Wiederherstellung des ursprünglichen Zustands aller Dinge; die Welt soll periodisch wieder zu ihrem Urzustand zurückkehren. Der Gedanke taucht in der Philosophie bei den Pythagoreern, Heraklit, bei den Stoikern und in einer besonderen Form bei Nietzsche auf.

**Apologetik** (vom griech. *apologia*, ‚Verteidigung'):
Die Verteidigung der christlichen Lehre vor den Angriffen der nicht christlichen Gelehrten; die *Apologeten* sind christliche Philosophen des 2. und 3. Jh. n. Chr., die die Überlegenheit der christlichen Lehre gegenüber heidnischen Lehren nachzuweisen versuchten. Zu den bekanntesten Apologeten gehörten Justinus, Clemens, Origenes und Tertullian.

Lit.: J. Brunsmann, Lehrbuch der Apologetik, 12, 1924-26.

**Apologie** (vom griech. *apologia*, ‚Verteidigung'):
Verteidigung, Verteidigungsschrift. Unter dem Titel „A." verfaßten Platon und Xenophon Schriften über die Verteidigungsrede des Sokrates, der von den Athenern angeklagt und zum Tode verurteilt wurde.

Lit.: Platon, Apologie.

**Apophantisch** (vom griech. *apophansis*, ‚Enthüllung'):
behauptend; apophantische Rede (griech. ‚logos apophantikos') ist behauptende Rede; ein apophantischer Satz ist ein Aussage- bzw. Behauptungssatz (☞AUSSAGE, BEHAUPTUNG, SPRECHAKT) im Unterschied zum Frage-, Aufforderungs-, Wunsch- oder Befehlssatz.

Lit.: Aristoteles, Organon.

**Aporie** (vom griech. *aporia*, ‚Weglosigkeit'):
Ausweglosigkeit bei der Lösung eines Problems, die entweder in den Sachen selbst oder in den Begriffen, mit denen die Sachen gefaßt werden, gründet.

Die A. bildet bei Sokrates, Platon, Aristoteles und in der Scholastik den Ausgangspunkt des philosophischen Fragens. Die *Aporetik* ist so die Kunst, schwer lösbare Probleme zu bewältigen; sie ist die Beschäftigung mit Aporien. Bei den Skeptikern (☞SKEPSIS) bildet die A. das Endergebnis des philosophischen Fragens.

Lit.: G. Thines, L'aporie, 1974.

**A posteriori** (lat. ‚vom Späteren her'):
in der Philosophie der SCHOLASTIK heißen a posteriori jene Beweise, die von der Wirkung oder Eigenschaft auf die Ursache bzw. das Wesen schließen. Bei Kant heißt a posteriori jene Erkenntnis, die in der Wahrnehmung, in der ERFAHRUNG gründet, aus der Erfahrung entsteht; Erkenntnisse a posteriori sind EMPIRISCHE, weil ihre Quelle in der Erfahrung liegt (Gegensatz: A PRIORI). Die synthetischen Urteile a posteriori sind die meisten Urteile der empirisch ausgerichteten Naturwissenschaften.

Lit.: I. Kant, Kritik der reinen Vernunft, 1781, [2]1787.

**Apperzeption** (vom neulat. *adpercipere*, ‚hinzuwahrnehmen'):
Auffassung; eine Vorstellung, die im Unterschied zur PERZEPTION (bloßes Haben von Vorstellungen) vom Bewußtsein und seinen Leistungen begleitet wird.

Für Leibniz ist die A. eine bewußte, klare Vorstellung im Unterschied zu unbewußten Vorstellungen; Apperzeptionen sind deutliche, vom Bewußtsein begleitete Perzeptionen. Kant unterscheidet zwischen der *empirischen* und der *transzendentalen A.*. Empirische A. ist „das Bewußtsein seiner selbst nach den Bestimmungen unseres Zustandes bei der inneren Wahrnehmung"; unter empirischer A. versteht Kant also eine psychische Tätigkeit. Diese empirische oder psychologische A. wird in Kants Erkenntnistheorie von der *reinen*, transzendentalen A. abgegrenzt. Die reine, transzendentale A. faßt Kant als das Vermögen, die Einheit aller Verstandes- und Vernunfterkenntnis zu stiften. Die reine A. liegt logisch (nicht zeitlich) der empirischen A. zugrunde. Die Vorstellung bezieht sich auf das SUBJEKT des Erkennens; in der Bezugnahme auf diese Vorstellung wird das ICH als Subjekt des Erkennens bewußt; die reine, transzendentale A. ist das „Ich denke", das jede Erkenntnis begleitet und so alle Erkenntnisse zur Einheit des Bewußtseins bringt, die Einheit aller Erkenntnisse stiftet und gewährleistet. Der Begriff der A. wurde durch Herbart und Wundt in die Psychologie aufgenommen.

Lit.: I. Kant, Kritik der reinen Vernunft, 1781, [2]1787; W. F. Schoder, Die transzendentale Einheit der Apperzeption Immanuel Kants, 1959; P. F. Strawson, Die Grenzen des Sinns, 1981.

**A priori** (lat. ‚vom Früheren her'):
von vornherein; unabhängig von der ERFAHRUNG gültig (Gegensatz: A POSTERIORI). In der Scholastik heißen a priori jene Beweise, die von der Ursache (von dem Früheren) auf die Wirkung (das Spätere) bzw. vom WESEN auf die Eigenschaften schließen.
Seit Kant heißt a priori jede Erkenntnis, deren Gültigkeit von der Erfahrung nicht abhängt. Die Merkmale einer Erkenntnis a priori sind NOTWENDIGKEIT und ALLGEMEINGÜLTIGKEIT. A priori sind ANALYTISCHE Urteile. Darüber hinaus sind es Sätze, die sich auf dasjenige beziehen, was vor der Erfahrung liegt bzw. Erfahrung erst möglich macht, d. h. auf die „Bedingungen der Möglichkeiten von Erfahrung"; es sind die ANSCHAUUNGSFORMEN (Zeit und Raum), die KATEGORIEN und die Vernunftbegriffe (☞IDEE); diese Bestandteile unseres Erkenntnisvermögens machen die Erfahrung erst möglich; daher können sie ihrerseits nicht in der Erfahrung gründen. Kant behauptet, daß auch *synthetische Urteile* a priori möglich sind (☞SYNTHETISCH); diese Urteile erweitern im Gegensatz zu analytischen unser Wissen.
In der Philosophie nach Kant wird das Apriori in verschiedenen Zusammenhängen behandelt. In der PHÄNOMENOLOGIE Husserls werden die Inhalte und Leistungen der reinen Subjektivität (☞TRANSZENDENTALES EGO) als apriorisch aufgefaßt. Im Anschluß an Husserl spricht man von dem „A. der LEBENSWELT"; damit sind bestimmte vortheoretische, vorwissenschaftliche Voraussetzungen gemeint, die der wissenschaftlichen Theorienbildung und dem wissenschaftlichen Forschen genetisch zugrundeliegen. Auch im KONSTRUKTIVISMUS spricht man von der Entstehung bestimmter wissenschaftlicher Verfahren aus den lebensweltlichen Praktiken.
K.-O. Apel spricht im Rahmen der Sprachpragmatik (im Anschluß an Kant) von dem „Apriori der Kommunikationsgemeinschaft"; er bezeichnet damit diejenigen notwendigen pragmatischen Universalien (☞PRÄSUPPOSITION), die jeder kommunikativen Verständigung immer schon vorausliegen (☞TRANSZENDENTALPRAGMATIK, UNIVERSALPRAGMATIK).

Lit.: I. Kant, Kritik der reinen Vernunft, 1781, ²1787; H. Delius, Untersuchungen zur Problematik der sog. synthetischen Sätze a priori, 1963; K. O. Apel, Transformation der Philosophie II, 1973; P. Lorenzen, Lehrbuch der konstruktiven Wissenschaftstheorie, 1987.

**Apriorismus** (von lat. *a priori*, ‚vom Früheren her'):
Sammelbezeichnung für Positionen, die von der Möglichkeit eines Apriori (☞A PRIORI) ausgehen. Als eine frühe Gestalt des A. kann Platons Wiedererinnerungslehre (☞ANAMNESIS) verstanden werden; die in der Präexistenz erschauten Ideen gelten als Urbilder der seienden Dinge und als Bedingung der Erkenntnis.
Eine weitere Form des A. findet man in Kants Philosophie (☞TRANSZEN-

DENTALPHILOSOPHIE); ANSCHAUUNGSFORMEN, KATEGORIEN und Vernunftbegriffe (☞IDEE) sind apriorische Voraussetzungen der Erkenntnis der Gegenstände der Erfahrung.
In der neueren Philosophie kann man z. B. im Falle der PHÄNOMENOLOGIE Husserls und im Falle des KONSTRUKTIVISMUS von einem A. sprechen; im Konstruktivismus werden Wissenschaften (wissenschaftliche Verfahren und Praktiken) aus der als nichthintergehbar bestimmten LEBENSWELT (lebensweltlichen Praktiken) abgeleitet bzw. begründet.

Lit.: J. Mittelstraß, Erfahrung und Begründung, in: ders., Die Möglichkeit von Wissenschaft, 1973.

**Äquivalenz** (lat.):
Gleichwertigkeit; man spricht von *inhaltlicher Ä.*, wenn zwei Aussagen SYNONYM sind. In der JUNKTORENLOGIK spricht man von der *materialen Ä.*; sie ist eine junktorenlogische (☞JUNKTOR) Aussageverknüpfung (Symbol: A ↔ B); sie ist genau dann wahr, wenn A und B zugleich wahr oder falsch sind. Die Wahrheitstafel für die Ä. sieht folgendermaßen aus:

| A | B | A ↔ B |
|---|---|---|
| w | w | w |
| w | f | f |
| f | w | f |
| f | f | w |

**Äquivok** (lat.):
doppelsinnig; Wörter, die zwei oder mehrere Bedeutungen haben, heißen äquivok, z. B. „Bank" als Sitzbank und als Finanzinstitut.
Eine *Äquivokation* tritt auf, wenn ein äquivoker Ausdruck in mehr als einer Bedeutung gebraucht wird.

**Arbeit:**
im weitesten Sinne jede menschliche Tätigkeit, sei es körperlicher oder geistiger Art, die zur Herstellung von Gütern und Eintreten von Situationen führt. In der antiken Philosophie bezeichnet der Begriff A. alle Tätigkeiten, die als „unfrei" gelten, von Sklaven ausgeführt werden; besonders alle körperlichen Tätigkeiten. A. dient dem Herstellen von äußeren Gegenständen. Dagegen galten alle wissenschaftlichen, philosophischen, kultischen und politischen Betätigungen nicht als A.. Die als A. bezeichnete Tätigkeit hat nach Aristoteles ihren Zweck außerhalb ihrer selbst; die wissenschaftliche bzw. politische Betätigung als Vorrecht der Freien hat ihren Zweck in sich

selbst; sie gehört zur praktischen Betätigung und führt zum glückseligen Leben.
Zu Beginn der Neuzeit wird A. im Sinne der Produktion von Gütern aufgefaßt. A. führt zur Entfaltung der dem Menschen eigenen Fähigkeiten, zur Naturbeherrschung und zur allgemeinen Verbesserung der Lebensverhältnisse. Der neuzeitliche Mensch sieht in der A. den Weg zur Gestaltung und Kontrolle des Lebens.
Für Marx bedeutet die A. einerseits die unmittelbare Verwirklichung des Menschen (sie macht das *Wesen*, die Eigenart des Menschen aus und führt zur Entfaltung der ihm eigenen Anlagen), andererseits die unmittelbare ENTFREMDUNG des Menschen; unter den Bedingungen der kapitalistischen Produktionsverhältnisse können die Menschen ihre Kräfte nicht entfalten. Erst in einer zukünftigen Gesellschaft, in der das Privateigentum aufgehoben wird, erhält die A. ihren eigentlichen Sinn.
In der Nationalökonomie ist A. einer der drei Produktionsfaktoren neben Kapital und Boden. Der Begriff der A. wird in der zeitgenössischen Philosophie meistens im Zusammenhang mit biologischen, soziologischen, kulturkritischen Fragestellungen untersucht. Bis heute maßgebend ist die Unterscheidung zwischen der *physischen* und der *geistigen A.*.

Lit.: Aristoteles, Nikomachische Ethik; ders., Politik; K. Marx, Zur Kritik der politischen Ökonomie, 1859; H. Arendt, Vita activa oder vom tätigen Leben, 1960; A. Barzel, Der Begriff der Arbeit in der Philosophie der Gegenwart, 1973.

**Arché** (griech. ‚Anfang'):
bei den VORSOKRATIKERN der Anfang, das PRINZIP, der Urgrund (☞GRUND). Als A. im Sinne eines Urstoffs, aus dem alles entsteht und in das alles eingeht, bezeichnet Thales das Wasser, Anaximander das Unendliche (☞APEIRON), Anaximenes die Luft, Empedokles die vier ELEMENTE, Heraklit das Feuer, Demokrit die ATOME. Als A. im Sinne einer Grundgesetzlichkeit (eines Gesetzes, nach dem die gesamte Wirklichkeit geordnet ist und das gesamte Geschehen gesteuert wird) bezeichnet Anaxagoras die Weltvernunft (☞NOUS), die Pythagoreer die ZAHL, Heraklit den Kampf der Gegensätze, Empedokles die Liebe und den Streit. Ob das SEIN des Parmenides als Stoff oder Gesetz aufzufassen ist, ist bis heute nicht eindeutig zu beantworten. Bei Platon ist A. die IDEE des Guten, Ursprung, Ursache, Wesen, das Grundprinzip des Seins bzw. Seienden und die Bedingung für die Erkenntnis des Seins bzw. des Seienden. Alles Seiende leitet sich von der Idee des Guten ab. Aristoteles definiert A. als „das erste, von woher etwas ist oder wird"; A. wird hier sowohl im Sinne von Urstoff (☞CAUSA) als auch im Sinne von Prinzip verstanden.

Lit.: Aristoteles, Metaphysik; H. Lumpe, Der Terminus „Arche" von den Vorsokratikern bis auf Aristoteles, in: Archiv für Begriffsgeschichte I, 1955.

**Archetypus** (vom griech. *archetypon*, ‚das zuerst Geprägte'):
Urbild, Urform, Urmuster; Kant unterscheidet in der „Kritik der Urteilskraft" den *intellectus archetypus* (das schauende Denken Gottes) vom *intellectus ectypus* (dem menschlichen Denken, das auf Nachbilder angewiesen ist). In der Tiefenpsychologie C. G. Jungs dient der Begriff A. zur Kennzeichnung ursprünglicher Wahrnehmungs- und Handelns-Bereitschaften des *kollektiven Unbewußten*. Die Archetypen äußern sich in Mythen, Märchen, Phantasien, Träumen, Bildern und Wahnideen.

Lit.: C. G. Jung, Gestaltungen des Unbewußten, 1950.

**Areté** (griech.):
Vortrefflichkeit, Vorzüglichkeit, Tauglichkeit; in der griechischen Philosophie eine der Haupttugenden. „A." meint die Entwicklung der dem Menschen eigenen Anlagen im Sinne der Vervollkommnung; diese Entwicklung ist von der Vernunft geleitet und vor dem Hintergrund des gemeinsamen Lebens in der Polis möglich. Die A. hat also auch eine gesellschaftsbildende Funktion. Sie gilt als die Voraussetzung für das Erreichen der Glückseligkeit. Nach Platon ist die Erkenntnis der IDEEN, besonders der höchsten Idee (Idee des Guten) die Voraussetzung für die A.. Die A. spielt eine zentrale Rolle in der aristotelischen Tugendlehre (☞TUGEND).

**Argument** (von lat. *argumentum*, ‚Beweis'):
Beweisgrund, auf den eine Behauptung zurückgeführt werden muß, um bewiesen bzw. begründet zu werden. ☞ARGUMENTATION, BEWEIS

**Argumentation** (von lat. *argumentatio*, ‚Beweisführung'):
eine Art der KOMMUNIKATION, in der versucht wird, die Dialogpartner zur Akzeptanz einer Äußerung zu bewegen. Argumentationen werden in Argumentationslehren oder im 20. Jh. in *Argumentationstheorien* behandelt. In der Antike, der Renaissance und der Zeit des Humanismus wurde die Argumentationslehre zur RHETORIK gerechnet (bei Aristoteles wird die Argumentationslehre in der Topik abgehandelt). In der Scholastik wird die Argumentationslehre als Theorie der richtigen und schlüssigen Argumente aufgefaßt und in der LOGIK abgehandelt. Auch in der aristotelischen Logik (☞SYLLOGISTIK) findet man Elemente einer Argumentationslehre. Im 18. und 19. Jh. wurde die Argumentationslehre in die Rhetorik aufgenommen. Im 20. Jh. hat sich der Standpunkt durchgesetzt, daß das Instrumentarium der formalen Logik nicht ausreichen, um die verschiedenen Argumentationsweisen zu erklären. Es wurden erweiterte, über die formale Logik hinausgehende Argumentationstheorien vorgeschlagen. Den Schwerpunkt dieser Theorien bildet die Aufklärung der allgemeinen Merkmale von Argu-

mentation. Dabei wurden Einsichten aus der RHETORIK, PRAGMATIK (C. S. Peirce, C. W. Morris), der Theorie der SPRECHAKTE (J. L. Austin, J. R. Searle) aufgenommen. Die wichtigsten zeitgenössischen Argumentationstheorien wurden von S. Toulmin, C. Perelman und J. Habermas vorgelegt. ☞DISKURS

Lit.: S. Toulmin, Der Gebrauch von Argumenten, 1975; C. Perelman/L. Olbrechts-Tyteca, La nouvelle rhetorique, 1958; J. Habermas, Theorie des kommunikativen Handelns, Bd. I, 1981.

**Aristotelismus:**
Sammelbezeichnung für philosophische Positionen, die an die Lehre des Aristoteles anknüpfen. In der klassischen Antike wurde der A. in der peripatetischen Schule vertreten, sodann in der nachklassischen Zeit in der arabischen (Averroes) und jüdischen (Maimonides) Philosophie weiter entwickelt. In der SCHOLASTIK des 13. Jhs. (Albertus Magnus, Thomas von Aquin) wurde der A. durch christlich-theologische Elemente beeinflußt. Der A. wurde von den Jesuiten (besonders Suarez) rezipiert und in der Neuscholastik weiterentwickelt. Auf diese Weise wurde der A. zur offiziellen katholischen Schulphilosophie. In der protestantischen Neuscholastik (Melanchton) blieb sein Einfluß beschränkt. Im 19. Jh. kam es – motiviert durch die Aristoteles-Interpretation Hegels – zu einer Aristoteles-Renaissance (Trendelenburg, Brentano, Hartmann). Der A. taucht heute in verschiedenen Formen auf.

Lit.: P. Petersen, Geschichte der aristotelischen Philosophie im protestantischen Deutschland, 1921; P. Moraux, Der A. bei den Griechen, Bd. I, 1973; H. Flashar (Hg.), Ältere Akademie, Aristoteles, Peripatos, 1983.

**Art** (lat. *species*):
allgemein das einer Anzahl von INDIVIDUEN Gemeinsame; der Artbegriff ist in der traditionellen Logik ein Begriff, der die gemeinsamen Merkmalen der INDIVIDUALBEGRIFFE und seinerseits zusammen mit anderen Artbegriffen gemeinsame Merkmale hat; aus dem Artbegriff kann dann ein noch höherer Begriff, der der GATTUNG, gebildet werden. Bezieht sich der Artbegriff auf niedere Begriffe, so kann er selbst in einigen Fällen zum Gattungsbegriff werden. Die Bestimmung der Art wird meist (traditionell) in einer DEFINITION angegeben.

Lit.: R. Löther, Die Beherrschung der Mannigfaltigkeit, 1972.

**Aseität** (von lat. *a se*, ‚von sich aus‘):
das In- und Durch-sich-selbst-sein, das Von-sich-her-sein; in der SCHOLASTIK die Grundeigenschaft Gottes, der nicht in einem anderen, sondern in sich selbst gründet (☞ABSOLUT); die Selbständigkeit, Unbedingtheit, Unabhängigkeit Gottes, aber auch der SUBSTANZ (bei Spinoza), des WIL-

LENS (bei Schopenhauer) und des UNBEWUSSTEN (bei E. v. Hartmann).

Lit.: W. Brugger, Theologia Naturalis, ²1964.

**Askese** (vom griech. *askesis*, ‚Übung'):
enthaltsame Lebensweise, Unterdrückung sinnlicher Begierden, Verzicht auf sinnliche Lust; durch die A. soll die Seele gereinigt werden. Verschiedene Ausprägungen der A. findet man in der Philosophie der STOA, beim Apostel Paulus, im christlichen Mönchtum und in der christlichen Mystik. Max Weber spricht von der *innerweltlichen A.*; damit ist gemeint, daß durch die Ablehnung der religiösen A. Kräfte freigesetzt werden, die für die berufliche Arbeit gebraucht werden.

Lit.: H.-E. Hengstenberg, Christliche Askese, 1952; M. Weber, Wirtschaft und Gesellschaft, 1922; B. Lohse, Askese und Mönchtum in der Antike, 1969.

**Assertorisch** (von lat. *assertio*, ‚Aussage'):
assetorische Urteile sind URTEILE, in denen etwas behauptet wird; sie haben die Form S (SUBJEKT des Satzes) ist P (PRÄDIKAT des Satzes) oder S ist nicht P.

**Assoziation** (von lat. *associare*, ‚sich verbinden mit'):
Verbindung, Vergesellschaftung; in der Psychologie die Verknüpfung von zwei Vorstellungen, so daß eine Vorstellung, wenn sie auftritt, eine andere nach sich zieht.

**Ästhetik**
(vom griech. *aistetike*, ‚die die Sinne betreffende Wissenschaft'):
eine der Grunddisziplinen der Philosophie; im ursprünglichen Sinne des Wortes die Lehre (Wissenschaft) von der sinnlichen Wahrnehmung bzw. Anschauung; in einem weiteren Sinne die Lehre von dem Schönen (☞SCHÖNHEIT), sowohl Naturschönen als auch Kunstschönen; in einem noch weiteren Sinne die Theorie der KUNST. Ansätze zur Ä. findet man in der Antike bei den Pythagoreern (in Zahlenverhältnissen zum Ausdruck kommende Harmonie als Merkmal des Schönen), bei Platon (die Idee des Wahren, Guten und Schönen), Aristoteles (Theorie des Drama und der poetischen Künsten). Im Mittelalter wird die Idee der Einheit des Wahren, Guten und Schönen mit der Vorstellung Gottes verbunden. In der Renaissance, im Humanismus und in der französischen Klassik wird die antike Ä. modifiziert und erweitert, in England des 17. und 18. Jh. die psychologische Betrachtung des Schönen inauguriert (E. Burke). In Deutschland des 18. Jh. wird das Wort Ä. vom A. G. Baumgarten als philosophischer Begriff geprägt; bei Baumgarten werden die vollendete sinnliche ERSCHEINUNG und

die vollkommene sinnliche ANSCHAUUNG unter dem Titel „Schönheit" gefaßt; das Wort „Ä." bezeichnet hier die Theorie des Natur- und Kunstschönen. Kant begründet die Ä. als eigenständige Disziplin vom subjektiven ästhetischen Geschmacksurteil (☞GESCHMACK); subjektive Geschmacksurteile beanspruchen nur die Allgemeingültigkeit im Unterschied zu objektiven Erkenntnisurteilen; die letzteren können als allgemeingültig erwiesen werden. Schiller bestimmt das Ästhetische als das „Reich des Spiels" und des „schönen Scheins"; die Schönheit ist der „einzig mögliche Ausdruck der Freiheit in der Erscheinung". Für Solger und die romantische Ä. (F. Schlegel, Jean Paul) werden das ästhetische Genie und die ästhetische Ironie zum Gegenstand der ästhetischen Betrachtung. Hegel als Vertreter des DEUTSCHEN IDEALISMUS weist der Ä. ihren Ort innerhalb eines philosophischen Systems zu. Kunst, Religion und Philosophie sind Gestalten des ABSOLUTEN GEISTES. Das Schöne ist das „sinnliche Scheinen der Idee"; in der Kunst haben wir es „mit einer Entfaltung der Wahrheit zu tun". Hegel behauptet jedoch, daß der „Gedanke und die Reflexion" die „schöne Kunst überflügelt" haben. Für Hegel ist die Philosophie die höchste Gestalt des Geistes. Dagegen erhebt Schelling die Kunst zum Höchsten. Für Schopenhauer ist das Schöne die versinnlichte Idee, die Erlösung vom Weltschmerz bringt. Im ausgehenden 19. Jh. spielt die Problematik des Ästhetischen bzw. des Schönen in fast allen philosophischen Konzeptionen eine wichtige Rolle (z. B. bei S. Kierkegaard, K. Marx, F. Nietzsche). Danach wurde bis in die Gegenwart eine Fülle von ästhetischen Positionen ausgearbeitet; zu den wichtigsten gehören: die *psychologische* Ä. (Groos, Th. Lipps), die Ä. als *Formwissenschaft* (Fechner, R. Zimmermann), die *materiale* Ä. (G. Lukács, W. Benjamin, Th. W. Adorno); ästhetische Konzeptionen findet man in der HERMENEUTIK (H.-G. Gadamer), in der EXISTENZPHILOSOPHIE (K. Jaspers, M. Heidegger, J. P. Sartre), im STRUKTURALISMUS (R. Barthes), in der KYBERNETIK (M. Bense), der SEMIOTIK (Ch. Morris, U. Eco), im PRAGMATISMUS (J. Dewey), in der ANALYTISCHEN PHILOSOPHIE (N. Goodman, A. C. Danto).

Lit.: A. G. Baumgarten, Aesthetica I-II, 1750-1758; I. Kant, Kritik der Urteilskraft, 1790; Hegel, Vorlesungen über die Ästhetik, hg. v. H. Glockner, Bd. 13; R. Ingarden, Das literarische Kunstwerk, 1931; C. W. Morris, Aesthetics and the Theory of Signs, 1939; K. Gilbert/H. Kuhn, A History of Aesthetics, 1939; M. Heidegger, Der Ursprung des Kunstwerkes, in: ders.: Holzwege, 1963; R. Barthes, Mythen des Alltags, 1964; N. Goodman, Sprachen der Kunst, 1973; Th. W. Adorno, Ästhetische Theorie, 1970; M. Bense, Einführung in die Informationsästhetik, 1970; B. Jauß, Ästhetische Erfahrung und literarische Hermeneutik, 1977; J. Zimmermann, Sprachanalytische Ästhetik, 1980; M. Seel, Die Kunst der Entzweiung, 1985.

**Ästhetik, transzendentale:** ☞TRANSZENDENTALE ÄSTHETIK

**Ästhetizismus:**
eine Einstellung, die den ästhetischen WERT (☞ÄSTHETIK) als den höch-

sten schätzt; das *Schöne* wird höher als z. B. das Wahre oder Gute angesehen. Ä. ist die philosophische Deutung der Wirklichkeit unter dem ästhetischen Wertmaßstab; z. B. wird die Welt als *Kunstwerk* oder *Schauspiel* betrachtet. Der Ä. taucht in einer besonderen Form z. B. bei F. Nietzsche auf.

Lit.: G. Ferreti, L'estetismo, 1940.

**Ataraxie** (vom griech. *ataraxia*):
Seelenruhe, Gelassenheit, Gleichmut, Unerschütterlichkeit der Seele, seelische Ausgeglichenheit; bei Epikur (☞EPIKUREISMUS) und in der Philosophie der STOA das Ziel des vernünftigen Lebens, auch die Voraussetzung der EUDÄMONIE. ☞APATHIE

**Atheismus** (vom griech. *atheos*, ‚ohne Gott'):
Gottlosigkeit; Der A. verneint entweder die Existenz Gottes (*radikaler A.*) oder bestreitet bloß die Erkennbarkeit Gottes (*agnostizistischer A.*). In der Philosophie kann A. auch den konsequenten Verzicht auf die Verwendung von Gottesbegriffen bedeuten; der *Atheist* kann ohne Bezugnahme auf ein göttliches Wesen philosophieren; er verzichtet auf jegliche Aussagen über Gott.
Verschiedene Formen des A. findet man schon in der antiken Philosophie, z. B. bei den Sophisten (☞SOPHISTIK), Epikur (☞EPIKUREISMUS), den früheren Kynikern (☞KYNISMUS) und bei den Skeptikern (☞SKEPSIS). Der neuzeitliche A. verbindet sich mit einer Religionskritik (so z. B. bei den französischen Materialisten). Einen ausgeprägten A. findet man bei L. Feuerbach; für ihn ist Gott nur das Objekt der Übertragung der menschlichen Fähigkeiten und Wünsche. Karl Marx lehnt den Gottesglauben und jegliche Religion radikal ab (☞MARXISMUS).
In der zeitgenössischen Philosophie, besonders im sog. POSITIVISMUS oder in der ANALYTISCHEN PHILOSOPHIE wird im Sinne der SPRACHKRITIK die Verwendung der theologischen Begriffe analysiert.

Lit.: L. Feuerbach, Das Wesen des Christentums, 1841; K. Marx, Kritik der Hegelschen Rechtsphilosophie, 1844; F. Mauthner, Der Atheismus und seine Geschichte im Abendland, 4 Bde., 1920-23.

**Ätiologie** (vom griech. *aitia*, ‚Ursache', und *logos*, ‚Lehre'):
die Lehre von den Ursachen.

**Atman** (sanskr. ‚Selbst', ‚Seele'):
in der indischen Philosophie Bezeichnung für die unsterbliche Seele des Menschen, die eine Einheit mit der Weltseele (☞BRAHMAN) bildet (☞VEDANTA).

**Atom** (vom griech. *atomos*, ‚unscheidbar', ‚unteilbar'):
das Unteilbare; der kleinste, unzerlegbare Bestandteil der MATERIE. Die philosophische Lehre von den A. heißt *Atomistik* (☞ATOMISMUS). In den modernen Naturwissenschaften spricht man eher von der *Atomtheorie*. Dalton hat den A.-Begriff in die Chemie eingeführt; jedem chemischen Element entspricht eine spezifische Atomart. Der A.-Begriff wird auch in der modernen Physik behandelt. A. haben sich als nicht unteilbar erwiesen; sie sind in die Elementarteilchen zerlegbar.

Lit.: W. Büchel, Philosophische Probleme der Physik, 1965; C. F. v. Weizsäcker, Die Einheit der Natur, [3]1972.

**Atomismus** (auch *Atomistik*)
philosophische Lehre, derzufolge alle Dinge aus ATOMEN bestehen. Atome sind bei Leukipp und Demokrit (später bei Epikur und Lukrez) die kleinsten, unzerlegbaren Bestandteile der MATERIE; sie sind stofflich gleichartig und unterscheiden sich nur geometrisch durch Gestalt, Größe, Lage und Anordnung; sie bewegen sich im unendlichen leeren Raum. Im A. wird alles Geschehen auf die Vereinigung und Trennung der Atome zurückgeführt. Der A. wurde im 17. Jh. von P. Gassendi vertreten und in der modernen Chemie und Physik in einer abgewandelten Form weiterentwickelt. Die naturwissenschaftliche *Atomtheorie* ist jedoch vom philosophischen A. zu trennen. ☞ATOM, LOGISCHER ATOMISMUS

Lit.: Lukrez, De rerum natura; A. van Melsen, Atom gestern und heute, 1957; L. L. Whyte, Essay on Atomism, 1961.

**Attribut** (von lat. *attributum*, ‚das Zugeteilte'):
die wesentliche EIGENSCHAFT eines Gegenstandes (einer SUBSTANZ); die unwesentliche Eigenschaft heißt AKZIDENS. Nach Descartes ist das DENKEN A. der Seele, die AUSDEHNUNG A. des Körpers. Für Spinoza hat die göttliche Substanz unendlich viele Attribute, von denen uns nur zwei bekannt sind: Denken und Ausdehnung.

Lit.: Spinoza, Ethik, 1677.

**Aufheben:** ☞DIALEKTIK

**Aufklärung:**
allgemein eine Kultur- und Geistesbewegung, die das Ziel verfolgt, auf Tradition und Autorität zurückgreifende Ansichten (z. B. religiöser oder politischer Art) einer kritischen, sich an der AUTONOMIE der menschlichen Vernunft orientierenden Prüfung zu unterziehen und diese Ansichten, falls sie der Prüfung nicht standhalten, zu revidieren bzw. durch andere, am

Maßstab der Vernunft entwickelte Überzeugungen zu ersetzen. Kants klassisch gewordene Definition der A. lautet: „Aufklärung ist der Ausgang des Menschen aus seiner selbst verschuldeten Unmündigkeit. Unmündigkeit ist das Vermögen, sich seines Verstandes ohne Leitung eines anderen zu bedienen. Selbstverschuldet ist diese Unmündigkeit, wenn die Ursache derselben nicht am Mangel des Verstandes, sondern der Entschließung und des Mutes liegt, sich seiner ohne Leitung eines anderen zu bedienen".
Die wichtigsten Merkmale der A. sind: Kritik an der durch Tradition und Autorität vermittelten Überzeugungen, an den geltenden Normen; Glaube an den evolutionären Fortschritt der Menschheit; Glaube an die *Autonomie der Vernunft*. Die menschliche Vernunft ist auf sich selbst angewiesen; sie kann die allgemeingültigen Strukturen ihrer selbst, des menschlichen Lebens und der Natur erkennen. Die ersten Formen der A. findet man in der Antike, z. B. bei den Sophisten (☞SOPHISTIK).
Im engeren Sinne wird als A. der Prozeß bezeichnet, der vom 16. bis 18. Jh. in Europa stattgefunden hat; in England hat die A. einen eher religiösen und politischen (seit dem 16. Jh.), in Frankreich (seit dem 17. Jh.) einen moralkritischen und gesellschaftlichen Charakter; in Deutschland (seit dem 18. Jh.) hat sie den Charakter der Besinnung des Einzelnen auf sich selbst (in der Philosophie und der Literatur).
Formen des aufklärenden Denkens in der Philosophie findet man z. B. im RATIONALISMUS, EMPIRISMUS, NATURALISMUS, POSITIVISMUS, MATERIALISMUS, SKEPTIZISMUS. Hauptvertreter der A. sind: Bacon, Hobbes, Locke, Hume (in England), Bayle, Voltaire, d'Alembert, Rousseau, Montesquieu, Diderot (in Frankreich), Holbach, Wolff, Lessing, Kant (in Deutschland).

Lit.: I. Kant, Was ist Aufklärung?, 1784; E. Cassirer, Die Philosophie der Aufklärung, 1932; M. Horkheimer/Th. W. Adorno, Dialektik der Aufklärung, 1947; F. Valjavec, Geschichte der abendländischen Aufklärung, 1961; H. Dieckmann, Studien zur europäischen Aufklärung, 1974.

**Ausdehnung** (lat. *extensio*):
im allgemeinen Sinne die körperliche Raumerfüllung. Bei Descartes ist A. das Grundmerkmal der Körperwelt; die Gegenstände werden aufgeteilt in ausgedehnte (☞RES EXTENSA) und geistige (☞RES COGITANS) (☞DUALISMUS). Bei Locke ist die A. eine primäre QUALITÄT der Körper, bei Kant als Raum eine APRIORISCHE ANSCHAUUNGSFORM.

**Auslegung:** ☞HERMENEUTIK

**Aussage:**
ein Satz, der behauptet werden kann; ein Behauptungssatz. Mit einer A. (☞BEHAUPTUNG) wird der GELTUNGSANSPRUCH auf WAHRHEIT erhoben. In der SPRACHPHILOSOPHIE (☞ANALYTISCHE PHILOSOPHIE) hat sich

die Einsicht durchgesetzt, daß man an Aussagen und anderen sprachlichen Ausdrücken das bloße ZEICHEN (graphisch oder phonetisch) von seiner BEDEUTUNG unterscheiden muß. Zeichen der Aussagen sind Aussagesätze, die Bedeutungen der Aussagen werden oft als PROPOSITIONEN bzw. propositionale Gehalte bestimmt. Unterschiedliche Aussagesätze können ein und dieselbe Proposition ausdrücken. In einem einfachen, elementaren Aussagesatz wird einem (oder einigen) Gegenstand ein Prädikat zugesprochen (z. B. „Das Haus ist klein", „Das Wetter ist schön", „Sokrates ist ein Mensch"). In der zeitgenössischen Philosophie fragt man meistens nach der Wahrheit bzw. Falschheit einer A.. Dabei ist die Frage wichtig, unter welchen BEDINGUNGEN Aussagen wahr bzw. falsch sind. Die Verbindung von zwei oder mehreren Aussagen mittels JUNKTOREN wird in der JUNKTORENLOGIK behandelt. Die Verbindung vieler Aussagen zu einer neuen A. mittels des ALLQUANTORS wird in der PRÄDIKATENLOGIK behandelt.

Lit.: G. Frege, Funktion, Begriff, Bedeutung, hg. v. G. Patzig, ⁶1986; R. Carnap, Die logische Syntax der Sprache, 1934; L. Linsky (Hg.), Semantics and the Philosophy of Language, 1952; W. V. O. Quine, Wort und Gegenstand, 1980.

**Aussagenlogik:** ☞JUNKTORENLOGIK

**Außenwelt:**
im weitesten Sinne die Gesamtheit der vom BEWUSSTSEIN bzw. von der INNENWELT des Seelischen unabhängigen Gegebenheiten; im engeren Sinne die Welt außerhalb des Leibes. In der ERKENNTNISTHEORIE wird die Frage gestellt, ob es eine unabhängige, vom erkennenden SUBJEKT existierende A. gibt. Diese Frage wird im erkenntnistheoretischen IDEALISMUS verneint, im erkenntnistheoretischen REALISMUS bejaht; vom LOGISCHEN EMPIRISMUS wird die Frage als SCHEINPROBLEM angesehen.

Lit.: B. Russell, Our Knowledge of the External Word, 1914; R. Zimmermann, Der Skandal der Philosophie und die Semantik, 1981.

**Autarkie** (vom griech. *autarkeia*, ‚Selbstgenügsamkeit'):
Selbstgenügsamkeit, äußere und innere Unabhängigkeit; in der STOA und bei Epikur die Unabhängigkeit des Menschen von äußeren Umständen und AFFEKTEN, die als eine Voraussetzung für die Glückseligkeit (☞EUDÄMONIE) gilt.
In der politischen Philosophie heißt A. die politische und ökonomische Unabhängigkeit eines Landes.

**Autokratie** (vom griech. *autokrator*, ‚sein eigener Herr'):
uneingeschränkte Machtfülle, Alleinherrschaft, Selbstherrschaft. In der antiken Philosophie eine der Herrschafts- bzw. Staatsformen.

**Autonomie** (vom griech. *autos*, ‚selbst', und *nomos*, ‚Gesetz'): Eigenständigkeit, Eigengesetzlichkeit. In der Ethik wird bei Kant die A. des WILLENS gefordert; sie ist „die Beschaffenheit des Willens, dadurch derselbe ihm selbst (unabhängig von aller Beschaffenheit der Gegenstände des Wollens) ein Gesetz ist". Kant fordert die Freiheit des Sittlichen (☞SITTLICHKEIT), des Wollens von aller Fremdbestimmung (☞HETERONOMIE); die A. ist oberstes Prinzip der Sittlichkeit: „das moralische Gesetz drückt nichts anderes aus als die Autonomie der reinen praktischen Vernunft". Der Mensch verpflichtet sich, die sittlichen Gesetze seines Handelns aus der Vernunft zu bestimmen. Der sittlich handelnde Menschen beansprucht die Allgemeingültigkeit des von ihm anerkannten sittlichen Gesetzes; in jeder vergleichbaren Situation muß jedes andere vernünftige Wesen zum selben Resultat gelangen, wenn es aus Vernunft denkt und handelt (☞KATEGORISCHER IMPERATIV). Die Übernahme der Verantwortung im Denken und Handeln ist eine Aufgabe des Menschen im Sinne der A.
In der Politik bezeichnet „A." die Möglichkeit eines Staates, sich seine Gesetzte selbst zu geben; in diesem Sinne ist die A. ein Merkmal des souveränen Staates (Eigenstaatlichkeit).

Lit.: I. Kant, Grundlegung zur Metaphysik der Sitten, 1785; ders., Kritik der praktischen Vernunft, 1788.

**Autorität** (von lat. *auctoritas*, ‚Ansehen'):
Überlegenheit von Personen oder Institutionen, die eine Anerkennung ihrer vorrangigen Stellung und ein Befolgen ihrer Anweisungen erwarten. A. kann in unterschiedlichen Formen auftreten, so z. B. aufgrund einer bestimmten Position im Staat, eines Bildungsniveaus, der Sachkompetenz, der Festlegung einer bestimmten sozialen Rolle usw..
Der Begriff der A. taucht schon in der Antike auf. Er war hier verbunden mit dem politischen Status bzw. Prestige. Im Bereich der Bildung, Wissenschaft und Philosophie werden meist die *Weisen* als A. bezeichnet. Im Mittelalter galten die mit der christlichen Lehre verbundenen Personen, Institutionen, Schriften und Wahrheiten als A. In der Periode der AUFKLÄRUNG kommt es zu einer Kritik an der Überlieferung und an den (meist kirchlichen) A. Die menschliche Vernunft gilt jetzt als Maßstab des kritischen Denkens und Handelns (☞KRITIK); Erkenntnisse müssen kritisch überprüft und von allen nachvollzogen werden. Im Bereich des Politischen wird mit dem Auftauchen der demokratischen Ideale die politischen A. in Frage gestellt. In der Philosophie des 19. und 20. Jh. spielt der Begriff der A. im Bereich der politischen Theorie bzw. Sozialtheorie eine Rolle. In der KRITISCHEN THEORIE wird vor dem Hintergrund der Ausbreitung des Totalitarismus der *autoritäre Charakter* einer Analyse unterzogen. Die Infragestellung der A. gehört zu einem Stadium der menschlichen Emanzipa-

tion. In der HERMENEUTIK Gadamers wird eine *Rehabilitierung der A.* propagiert; im Prozeß des Verstehens soll auch die Überlieferung und damit auch die A. eine konstitutive Bedeutung haben.

Lit.: H. Barth, Das Problem der Autorität, 1929; H.-G. Gadamer, Wahrheit und Methode, 1960; Th. Eschenburg, Über Autorität, 1965; H. Marcuse, Studien über Autorität und Familie, in: Ideen zu einer kritischen Theorie der Gesellschaft, 1969.

**Axiologie** (vom griech. *axios*, ‚Wert', und *logos*, ‚Lehre'):
Wertlehre. ☞WERT

**Axiom** (vom griech. *axioma*, ‚Geltung', ‚Forderung'):
Grundsatz, erster Satz (auch erstes Prinzip); im weitesten Sinne ein Satz, der unmittelbar einleuchtend (☞EVIDENZ), unableitbar und voraussetzungslos ist; ein A. ist eines Beweises weder fähig noch bedürftig, dient aber als grundlegende Voraussetzung (*Grundsatz*) für jeden Beweis. *Logische Axiome* sind z. B. der SATZ DER IDENTITÄT, der SATZ DES WIDERSPRUCHS, der SATZ DES AUSGESCHLOSSENEN DRITTEN, der SATZ DES GRUNDES. *Mathematische Axiome* sind z. B.: Jede Größe ist sich selbst gleich; durch einen Punkt läßt sich in einer Ebene zu einer Geraden nur eine Parallele ziehen (das Parallelenaxiom) u. a.. Alle anderen Sätze sollen aus den Axiomen durch logisches Schließen (☞SCHLUSS, FOLGERUNG) gewonnen werden; Axiome sollen wahre Sätze sein, daher stellt ein axiomatisches System absolut sicheres Wissen dar. Als Vorbild für ein axiomatisches System dient die euklidische Geometrie. Axiome werden auch in den neuzeitlichen Naturwissenschaften (z. B. Physik) formuliert, z. B. die Newtonsche Axiome der Mechanik: Trägheitsgesetz, dynamische Grundgleichung, Wechselwirkungsgesetz. Spinoza versucht, die Ethik nach dem Vorbild der euklidischen Geometrie zu begründen. Kant bestimmt die Axiome als „synthetische Grundsätze a priori, sofern sie unmittelbar gewiß sind". Nach Kant sind nicht alle Wissenschaften einer AXIOMATIK fähig (z. B. die Geometrie, aber nicht die Philosophie).
Seit Mitte des 19. Jhs. wird die EVIDENZ als Eigenschaft von Axiomen aufgegeben. Axiome können vereinbart werden (☞KONVENTIONALISMUS).

Lit.: P. Hilbert, Grundlagen der Geometrie, 1899; ders., Axiomatisches Denken, in: Gesammelte Abhandlungen III, 1935; F. Austenda, Axiomatische Philosophie, 1962.

**Axiomatik:**
die Lehre von Postulaten und Ableitungen, sofern dabei von einem *Axiomensystem* ausgegangen wird; ☞AXIOM.

# B

## Barmherzigkeit:

Gottes wesentliche Eigenschaft; die vom Gott aus freier Gnade geschenkte Liebe. Die Pflicht der B. wird nach dem Vorbild der göttlichen B. in die urchristliche Unterweisung aufgenommen; sie ist als Tugend eine Form der Liebe und meint die durch Mitleid hervorgerufene, tätige Hilfsbereitschaft.

Lit.: F. Marx, Zur Geschichte der Barmherzigkeit im Abendlande, 1907.

## Basissatz:

die von K. R. Popper geforderte Aussage über beobachtbare Vorgänge; sie bilden die Grundlage EMPIRISCHER Theorien; die Basissätze stehen nicht APODIKTISCH fest; sie erheben eine Anspruch auf Intersubjektivität. Sie können im Prinzip korrigiert und falsifiziert werden (☞FALSIFIKATION).

Lit.: K. R. Popper, Logik der Forschung, 1935.

## Bedeutung (engl. ‚*meaning*'):

ein Grundterminus der Sprachphilosophie (☞ANALYTISCHE PHILOSOPHIE); im weitesten Sinne dasjenige, worauf ein sprachliches Gebilde bzw. Zeichen verweist; das, was ein solches Gebilde ausdrückt. Die Bedeutungslehre bzw. Bedeutungstheorie heißt SEMANTIK. In der ABBILDTHEORIE wurde das Verhältnis von sprachlichem Gebilde (bzw. Zeichen) und dem, was es bedeutet, speziell zwischen NAME (Eigenname) und benanntem Gegenstand, analog zum Verhältnis zwischen BILD und Abgebildetem verstanden; das Bild gilt als Abbild eines Gegenstandes; der Gegenstand existiert real und unabhängig vom Bild; die Wörter sind Namen für Gegenstände, die unabhängig von der Sprache existieren. Man spricht hier vom *Bedeutungsrealismus*. In anderen Konzeptionen betrachtet man die Bedeutungen nicht als unabhängig existierend, sondern als die vom Denken erzeugten Inhalte (☞BEGRIFF).

Entscheidend für die Bedeutungslehre waren die Arbeiten von G. Frege. Frege unterscheidet zwischen der B. und dem SINN eines sprachlichen Gebildes (Carnap unterscheidet zwischen EXTENSION und INTENSION). Der Sinn der Wörter „der Abendstern" und „der Morgenstern" ist verschieden: der Abendstern ist derjenige Stern, der abends als erster aufgeht; der

Morgenstern ist derjenige, der morgens als letzter untergeht. Die B. dieser beiden Wörter ist gleich; die B. von „der Abendstern“ und von „der Morgenstern“ ist die Venus bzw. der Gegenstand (hier ein Planet) Venus. Wörter gelten bei Frege als Namen für unabhängige Gegenstände. Die Bedeutung eines Namens ist der Gegenstand; die Bedeutung eines ganzen Satzes ist dessen WAHRHEITSWERT; der Sinn eines ganzen Satzes ist der GEDANKE.

Wittgenstein vertritt im „Tractatus“ eine besondere Form der ABBILDTHEORIE; Namen bezeichnen Gegenstände, Sätze beziehen sich auf Sachverhalte. Die Gegenstände werden im Sachverhalt durch die RELATIONEN verbunden. Die Relationen bilden die logische Struktur der Welt. Die B. eines Namens ist der von ihm bezeichnete Gegenstand, die B. eines *Elementarsatzes* ist sein Wahrheitswert. Gegen diese Auffassung wendet sich Wittgenstein in seiner Spätphilosophie. Er stellt die *Gebrauchstheorie* der B. auf (☞GEBRAUCH): „Die Bedeutung eines Wortes ist sein Gebrauch in der Sprache“. Die Bedeutung eines Wortes kann nur durch seinen Gebrauch in einem bestimmten SPRACHSPIEL ermittelt werden. Ein Wort kann seine Bedeutung nur in einem Sprachverwendungskontext erhalten. Wie ein Wort verwendet wird, wird durch Regeln festgelegt. Diese Regeln sind nicht privat; es gibt keine Privatsprache. Die B. von sprachlichen Ausdrücken ist immer schon intersubjektiv (☞INTERSUBJEKTIVITÄT); das Sprechen ist eine sozial bestimmte, durch Regel geleitete Tätigkeit; Sprache ist ein Handlungsfundament. ☞PRAGMATIK, IDEAL LANGUAGE PHILOSOPHY, ORDINARY LANGUAGE PHILOSOPHY

Lit.: R. Carnap, Bedeutung und Notwendigkeit, 1972; L. Linsky (Hg.), Semantics and the Philosophy of Language, 1952; C. K. Ogden/I. A. Richards, The Meaning of Meaning, 1956; W. V. O. Quine, Wort und Gegenstand, 1980; F. v. Kutschera, Sprachphilosophie, 1971; L. Wittgenstein, Philosophische Untersuchungen, 1953; G. Frege, Funktion, Begriff und Bedeutung, hg. v. G. Patzig, [6]1986; H. Putnam, Die Bedeutung von ‘Bedeutung’, 1979; H. J. Schneider, Bedeutung, in: J. Mittelstraß (Hg.), Enzyklopädie Philosophie und Wissenschaftstheorie I, 1980.

**Bedeutungslehre** (auch „Bedeutungstheorie“): ☞SEMANTIK

**Bedingung** (lat. ‚conditio‘):
im weitesten Sinne das, wovon etwas anders (das Bedingte) abhängt. Den Begriff „B.“ verwendet man in der Philosophie in verschiedenen Kontexten. Vielen Verwendungsweisen des Begriffs ist gemeinsam, daß sie mit der Form „weil B, daher A“ zusammenhängen; B bezeichnet hier die B. von A. Als *hinreichende B.* (lat. *conditio per quam*) bezeichnet man den Vordersatz einer einfachen IMPLIKATION. Auch von den PRÄMISSEN oder ANTEZEDENTIEN einer logischen IMPLIKATION oder FOLGERUNG wird gesagt, daß sie als Bedingungen gelten. Der Nachsatz einer einfachen Subjunktion (materialen Implikation) wird als *notwendige B.* (lat. *conditio sine qua non*)

bezeichnet. Notwendig und hinreichend ist eine Bedingung, wenn sowohl $A \rightarrow B$ als auch $B \rightarrow A$ (also $A \leftrightarrow B$) Geltung hat.
Auch in den Naturwissenschaften wird die Frage nach den Bedingungen gestellt; als Bedingungen werden meist Eigenschaften von Situationen bezeichnet; wenn diese Eigenschaften vorliegen, haben bestimmte Ereignisse bestimmte Wirkungen; solche Bedingungen heißen *Randbedingungen.* Die Ereignisse, die unter den Randbedingungen bestimmte Wirkungen haben, nennt man *Anfangsbedingungen.*
Eine besondere Art der Analyse von Bedingungen findet man bei Kant und in der an Kant anschließenden Philosophie. Kant fragt nach den „Bedingungen der Möglichkeit der Erkenntnis" (☞TRANSZENDENTAL). B. meint hier eine Voraussetzung bzw. ein Vermögen, das erst die ERFAHRUNG ermöglicht; solche Bedingungen sind die ANSCHAUUNGSFORMEN, die Verstandesbegriffe (☞KATEGORIE) und die Vernunftideen (☞IDEE).
Der Begriff „B." spielt in weiteren Kontexten eine bedeutende Rolle, z. B. in der EXISTENZPHILOSOPHIE, LEBENSPHILOSOPHIE, ANTHROPOLOGIE (es wird hier nach den Bedingungen der menschlichen Existenz, des menschlichen Lebens, nach Vermögen, die den Menschen auszeichnen und sein „Wesen" ausmachen, gefragt), und im MARXISMUS (hier werden die ökonomisch-gesellschaftlichen Bedingungen des sozialen Lebens analysiert). K.-O. Apel fragt in der Diskurstheorie (☞DISKURS) nach notwendigen, nicht hintergehbaren Bedingungen der Möglichkeit und Gültigkeit des sinnvollen Argumentierens. Wenn wir sinnvoll argumentieren, so nehmen wir dabei immer schon bestimmte PRÄSUPPOSITIONEN des Argumentierens in Anspruch (☞TRANSZENDENTALPRAGMATIK, UNIVERSALPRAGMATIK).

Lit.: I. Kant, Kritik der reinen Vernunft, 1781, $^{2}$1787; G. Frege, Logische Untersuchungen, hg. v. G. Patzig, 1966; W. Stegmüller, Probleme und Resultate der Wissenschaftstheorie und Analytischen Philosophie I, 1969; K.-O. Apel, Transformation der Philosophie I-II, 1973; G. H. v. Wright, Causality and Determinism, 1974.

**Bedürfnis:**
das Wort „B." bezeichnet im allgemeinen Sinne das Gefühl eines Mangels und die Notwendigkeit, diesen Mangel aufzuheben.
In der Philosophie der STOA wird die Unterdrückung der B. propagiert; als Ideal gilt die Bedürfnislosigkeit (☞ASKESE). Bei Kant finden wir (ohne systematische Klärung des Begriffs) die Forderung, daß die SITTLICHKEIT ihre AUTONOMIE den Bedürfnissen gegenüber zu behaupten hat. Für Fichte hängt die Bestimmung der Menschheit mit der Entwicklung aller ihrer Anlagen und Bedürfnisse zusammen. Hegel will die Entstehung der bürgerlichen Gesellschaft aus den Bedürfnissen der einzelnen begreifen („System der Bedürfnisse"); durch die Entwicklung der Bedürfnisse kann sich der Mensch aus dem tierischen Zustand einfacher Naturbedürfnisse befreien;

die subjektive Selbstsucht soll in „den Beitrag der Befriedigung der B. aller Andren" umschlagen. Der B.-Begriff wird auch im MARXISMUS positiv verwendet. „Jeder nach seinen Fähigkeiten, jedem nach seinen Bedürfnissen"; auf diese Weise soll nach Marx das Sozialprodukt verteilt werden. Für Nietzsche gilt: „Unsere Triebe sind es, die die Welt auslegen; unsere Triebe und deren Für und Wider".
H. Marcuse wendet sich gegen die Vorherrschaft der falschen B.; es sind diejenigen Bedürfnisse, die in der bürgerlichen Gesellschaft „harte Arbeit, Aggressivität, Elend und Ungerechtigkeit verewigen".

Lit.: I. Kant, Mutmaßlicher Anfang der Menschengeschichte, 1786; G. W. F. Hegel, Grundlinien der Philosophie des Rechts, 1821; K. Marx, Kritik des Gothaer Programms, MEW 19; H. Marcuse, Der eindimensionale Mensch, 1967; A. Gehlen, Der Mensch, 1971; K. M. Meyer-Abich/D. Birnbacher (Hg.), Was braucht der Mensch, um glücklich zu sein?, 1979.

## Befindlichkeit:

ein Begriff aus der DASEINSANALYSE Martin Heideggers; B. ist die Grundstimmung des Menschen; sie ist ein EXISTENZIAL. Die B. ist eine Weise des IN-DER-WELT-SEINS, ist ein Modus, in dem das menschliche Dasein die Welt erschließt und sich immer schon in der „Gestimmtheit" in der Welt „befindet". Die Gestimmtheit der B. konstituiert nach Heidegger existenzial die „Weltoffenheit des Daseins".

Lit.: M. Heidegger, Sein und Zeit, 1927.

## Begierde:

im weitesten Sinne das leidenschaftliche Verlangen nach etwas (☞LEIDENSCHAFT). In der (klassischen) Psychologie heißt B. meist ein Trieberlebnis, bei dem das Ziel bzw. Objekt bereits klar im Bewußtsein vorhanden ist. In der Philosophie hat das Wort „B." (auch Begehren) unterschiedliche Bedeutungen. Für Platon ist B. ein unbeherrschtes Verlangen bzw. Streben im Gegensatz zum vernünftigen Wollen und Handeln. Auch in der STOA wird B. als ein unvernünftiges Streben angesehen; neben den erworbenen B. gibt es natürliche (z. B. nach Nahrung und Schlaf). Epikur (☞EPIKUREISMUS) fordert zwar die Befriedigung der B., aber nur, wenn dies der Vernunft nicht widerspricht. Kant bestimmt die „habituelle sinnliche B." als *Neigung*, das „Begehren ohne Kraftanwendung zur Hervorbringung des Objekts" als *Wunsch*. Als andere Formen der B. bzw. des Begierens können der *Wille zum Leben* (A. Schopenhauer), der *Wille zur Macht* (F. Nietzsche), die schöpferische Energie (H. Bergson) angesehen werden.

Lit.: A. Schopenhauer, Neue Paralipomena, 1890-95; F. Nietzsche, Also sprach Zarathustra, 1883-85; H. Bergson, Denken und schöpferisches Werden, 1948; J. De Finanze, Etre et agir, 1945; J. Lotz, Das Urteil und das Sein, 1957.

## Begriff:

im weitesten Sinne eine Allgemeinvorstellung; der B. stellt das ALLGEMEINE, d. h. das, was vielen Gegenständen gemeinsam ist, dar; er ist das Ergebnis einer ABSTRAKTION; es wird in einem Denkvorgang von besonderen Merkmalen eines Gegenstandes abgesehen, die dann nicht mehr zu dem vom Begriff umfaßten Gemeinsamen, Allgemeinen gehören. Die Begriffe bilden das Grundgerüst des Denkens. In der Geschichte der Philosophie werden unterschiedliche Bestimmungen von „B." entwickelt. In der Begriffslehre der Antike und des Mittelalters enthält der B. das Gemeinsame aus vielen einzelnen Seienden, das *Wesen* (griech. ‚eidos', ‚ousia'; lat. ‚idea', ‚essentia'). Der Allgemeinbegriff wird durch die Abstraktion von den einzelnen, konkreten Gegenständen gewonnen. Aus den einzelnen Gegenständen soll das Wesen gewonnen werden (unwesentliche Eigenschaften sollen also von wesentlichen Eigenschaften getrennt werden). Bei Sokrates werden die Begriffe als allgemeine Bestimmungen von etwas betrachtet; sie sollen im Laufe eines Dialogs, einer Unterredung gewonnen werden (☞MÄEUTIK). Bei Platon existieren die Begriffe getrennt von den Einzelgegenständen; in Dialogen, in Rede und Gegenrede, kommt es zur Herauskristallisierung des Begriffsinhalts (☞IDEE, IDEENLEHRE). Nach Aristoteles müssen die Begriffe durch einen Denkvorgang (griech. ‚aphairesis') erzeugt werden. Diese klassische Begriffslehre wurde erstmals im NOMINALISMUS (☞UNIVERSALIENSTREIT) angegriffen; Allgemeinbegriffe sind gemäß der nominalistischen Lehre allgemeine Namen für viele ähnliche Gegenstände; sie werden vom Menschen erzeugt; sie sind also gedankliche und in der Sprache ausgedrückte Gebilde; Begriffe existieren nicht getrennt vom menschlichen Verstandesvermögen. In der Neuzeit (seit Descartes) ist die Unterscheidung zwischen *Stamm-Begriffen* (reinen, apriorischen, Primär- oder Urbegriffen) und *empirischen Begriffen* (sekundären, gemischten Begriffen) von großer Bedeutung. Im englischen EMPIRISMUS wird behauptet, daß alle Begriffe aus der sinnlichen Erfahrung gewonnen werden; alle Begriffe sind daher Erfahrungsbegriffe. Im RATIONALISMUS wird behauptet, daß die Erkenntnis der Stamm-Begriffe mittels einer besonderen geistigen ANSCHAUUNG geschieht. Bei Kant kann nur das Zusammenspiel von DENKEN und Anschauung Begriffe erzeugen; Anschauung kann für ihn nur sinnlich sein; der B. ist unanschauliche Vorstellung. Kant spricht von *empirischen Begriffen* (Erfahrungsbegriffen), den *reinen Verstandesbegriffen* (☞KATEGORIE), die nicht auf ERFAHRUNG beruhen, und *reinen Vernunftbegriffen* (☞IDEE). Die reinen Verstandesbegriffe liegen der Erfahrung zugrunde und ermöglichen sie erst, die reinen Vernunftbegriffe ordnen und leiten den gesamten Erkenntnisapparat; reiner Verstandesbegriff ist die die Anschauung ordnende Verstandesregel; er bezieht sich unmittelbar auf die Anschauung. Der Vernunftbegriff (Idee) regelt die Begriffe in Richtung auf eine von ihm ent-

worfene TOTALITÄT. „Anschauung ohne Begriffe sind blind, Begriffe ohne Anschauungen sind leer"; so formuliert Kant das Verhältnis von Anschauung und Begriff. Bei Hegel ist der B. das sich selbst verstehende Wesen der Erscheinung; die dialektische Selbstbewegung des Begriffs ist die Entwicklung des Geistes und zugleich die Entwicklung der Weltgeschichte (☞DIALEKTIK). In der Romantik tritt nun neben dem bis dahin vorherrschenden Allgemeinbegriff, der das Allgemeine zum Ausdruck bringt, der INDIVIDUALBEGRIFF auf, der den unvergleichbaren, einmaligen, einzigartigen *Charakter* einer Persönlichkeit, eines Kunstwerks, eines Ereignisses, einer geschichtlichen Epoche ausdrücken soll.
Einen innovativen Schub erhielt die Begriffslehre durch die Ausbreitung der modernen Logik. In ihr wurde die Unterscheidung zwischen Begriffsumfang (☞EXTENSION) und Begriffsinhalt (☞INTENSION) bzw. die von G. Frege eingeführte Unterscheidung zwischen SINN und BEDEUTUNG besonders wichtig. Die Abstraktion, die bei der Begriffsbildung eine entscheidende Rolle spielt, wird jetzt nicht als ein Denkvorgang bzw. ein mentaler Vorgang, sondern als eine logische Operation angesehen. Gemäß der in der modernen Logik vertretenen extensionalen Auffassung werden Begriffe als Namen für Klassen von Gegenständen aufgefaßt. Die Extension des B. „Facharbeiter" ist die Klasse (bzw. Menge) aller Facharbeiter. Bei Frege ist die I. eines Begriffswortes der von diesem Wort ausgedrückte B.. Begriffe können vollständig durch ihre Extension bestimmt werden (*Extensionalitätsthese*).

Lit.: Platon, Laches; ders., Menon; ders., Theaitet; Aristoteles, Metaphysik; I. Kant, Kritik der reinen Vernunft, 1781, $^{2}$1787; G. Frege, Funktion, Begriff, Bedeutung, hg. v. G. Patzig, $^{6}$1986; I. Stenzel, Sinn, Bedeutung, Begriff, 1969; P. F. Strawson, Subjekt und Predicate in Logic and Grammar, 1974.

**Begriffsinhalt:** ☞INTENSION

**Begriffsrealismus:** ☞REALISMUS

**Begriffsumfang:** ☞EXTENSION

**Begründung:**
im allgemeinen Sinne die Angabe von Gründen für eine Aussage oder eine Handlungsnorm. Nach der für die Logik maßgebenden Auffassung sollen nur deduktive BEWEISE als allgemeingültige B. betrachtet werden; B. wird im Sinne von Beweis aufgefaßt. Demgegenüber hat H. Albert betont, daß ein Begründungsverfahren, das sich ausschließlich am Modell des deduktiven Beweisens hält, zum folgenden Trilemma (*Münchhausen-Trilemma*) führt: es führt entweder in einen unendlichen REGRESS oder es führt in einen Zirkel (☞CIRCULUS VITIOSUS) oder es setzt seine obersten Sätze

(☞AXIOME) willkürlich fest. K.-O. Apel betont, daß der am Modell des logisch-mathematischen Beweises orientierte Begründungsbegriff aufzugeben ist. Die von Kant aufgeworfene transzendentale Begründungsfrage (die Frage nach den normativen Bedingungen der Möglichkeit von diskursiver Verständigung) kann wieder aufgenommen werden. B. erscheint dann primär nicht als Ableitung von Sätzen aus Sätzen in einem logischen Satz-System, sondern als Beantworten von *Warum-Fragen* jeglicher Art im Rahmen des argumentativen DISKURSES. Daraus ergibt sich als Methode der LETZTBEGRÜNDUNG die Möglichkeit der Reflexion auf notwendige, nicht hintergehbare PRÄSUPPOSITIONEN des Argumentierens, die derjenige, der argumentiert – also auch die Frage nach der B. stellt und sie positiv oder negativ beantwortet –, immer schon *pragmatisch* anerkannt haben muß. ☞TRANSZENDENTELPRAGMATIK

Lit.: H. Albert, Traktat über kritische Vernunft, 1968; F. Kambartel, Theorie und Begründung, 1973; H. Lenk, Metalogik und Sprachanalyse, 1973; K.-O. Apel, Das Problem der philosophischen Letztbegründung im Lichte einer transzendentalen Sprachpragmatik, in: B. Kanitscheider (Hg.), Sprache und Erkenntnis, 1976; Philosophie und Begründung, hg. v. Forum für Philosophie Bad Homburg, 1987.

## Behauptung:

ein SPRECHAKT; die Verwendungsweise von Sätzen als AUSSAGEN im Unterschied zum Auffordern, Befehlen, Bitten, Fragen usw.. Eine B. erhebt den Anspruch auf Wahrheit. In der traditionellen Logik (Aristoteles) sind Behauptungen ASSERTORISCHE Urteile, die wahr oder falsch sein können. *Behauptungssatz* heißt die B. einer Aussage als wahr oder begründet. *Behauptungszeichen* ist ein von G. Frege eingeführtes Zeichen zur Kennzeichnung einer behaupteten Aussage: „$\vdash$p“ heißt „Die Aussage p ist als wahr behauptet“; das Behauptungszeichen: „$\vdash$“.

Lit.: G. Frege, Begriffsschrift, 1879; J. R. Searle, Sprechakte, 1971.

## Behaviorismus (vom engl. *behaviour*, ‚Verhalten‘):

eine besonders in den USA verbreitete Richtung in der Psychologie. Die Behavioristen lehnen die Methode der Selbstbeobachtung ab und konzentrieren sich auf die Beschreibung des äußeren Verhaltens von Lebewesen (Menschen und Tieren) unter bestimmten Umständen. Das Verhalten soll aber nicht innerseelisch „verstanden“ werden (vom äußeren Verhalten soll nicht auf seelische bzw. mentale Vorgänge geschlossen werden). Alle Bewußtseinsvorgänge werden aus der Untersuchung ausgeschlossen. Im B. steht daher die Untersuchung von Reiz und Reaktion im Mittelpunkt. Die Psychologie soll damit den Rang einer Naturwissenschaft erlangen. Im Unterschied zur Physiologie soll im B. das Verhalten des ganzen Individuums betrachtet werden und nicht die Funktion einzelner Organe. Die Statistik als Prüfungsinstrument des methodischen Vorgehens wird vom B. in Anspruch genommen. Der B. hat sich in der oben beschriebenen strengen Form nicht durchgesetzt. In der neueren Entwicklung werden seelische Erlebnisgehalte in die Forschung aufgenommen. Die wichtigsten Vertreter des B. sind: W. McDougall, E. C. Folman, J. B. Watson, B. F. Skinner, C. L. Hull.

Lit.: W. McDougall, Psychologie, 1947; E. C. Tolman, Purposive Behaviour in Animals and Man, 1932; B. F. Skinner, Science and Human Behaviour, 1953.

**Bejahung:** ☞AFFIRMATION

**Beobachtung:**
im weitesten Sinne das bewußte Wahrnehmen eines Gegenstandes, Sachverhaltes, Ereignisses. In den Erfahrungswissenschaften tritt als grundlegendes Verfahren die methodische B. auf. Die B. spielt also in den Naturwissenschaften (z. B. Physik, Chemie, Biologie) und auch in den Sozialwissenschaften eine wichtige Rolle. In der Philosophie wurde die Bedeutung der B. erst in der neueren Zeit hervorgehoben. In der antiken Philosophie hat die B. keinen eigenen methodischen Status; sie wird meist im Zusammenhang mit den Begriffen WAHRNEHMUNG, sinnliche ANSCHAUUNG, sinnliche ERFAHRUNG verwendet. Die B. ist ein Bestandteil der Erkenntnis; die wahre Erkenntnis spielt sich jedoch im Bereich des reinen Denkens bzw. Wissens ab. Dies ändert sich in der Neuzeit, und zwar mit dem Auftauchen der Erfahrungswissenschaften. Die B. tritt auf als wesentlicher Bestandteil des Experiments; durch wiederholte B. werden bestimmte Regelmäßigkeiten und Gesetzmäßigkeiten festgehalten.
Die B. spielt eine wichtige Rolle in der modernen Wissenschaftstheorie. Auf B. gründen sich nach R. Carnap die PROTOKOLLSÄTZE, aus denen durch INDUKTION HYPOTHESEN, Regeln und Gesetze abgeleitet werden können. Ein *Protokollsatz* gibt über eine gegenständliche Wahrnehmung einen objektiven historischen Bericht ab, der sodann zu verifizieren ist (☞VERIFIKATION). R. Carnap und B. Russell unterscheiden darüber hinaus eine *Beobachtungssprache* von einer *theoretischen Sprache*. In der Beobachtungssprache werden Gegenstände oder Vorgänge mittels beobachtbarer Eigenschaften (rot, warm) und Beziehungen (z. B. kleiner, heißer) beschrieben; in der theoretischen Sprache sind TERME enthalten, die sich auf nicht beobachtbare Gegenstände (z. B. magnetische Felder, Atome) beziehen. Die theoretischen Terme können nicht mittels der Beobachtungssprache definiert werden.

Lit.: R. Carnap, Über Protokollsätze, in: Erkenntnis 3, 1932-33; O. Neurath, Protokollsätze, in: Erkenntnis 3, 1932-33; B. Russell, Inquiry into Meaning and Truth, 1940.

**Bereich:** ☞MENGE

**Beschreibung** (lat. ‚descriptio'):
eine Art der „Erfassung" von Gegenständen und Sachverhalten. In den neuzeitlichen empirischen Erfahrungswissenschaften spielt das Verfahren der B. eine wichtige Rolle; es soll die charakteristischen Merkmale der wahrnehmbaren Gegebenheiten festlegen; zusammen mit der ERKLÄRUNG soll die B. zur Erkenntnis des Gegenstandes führen. Die B. hält sich an die Sachverhalte (Tatsachen), die Erklärung sucht nach Gründen bzw. Ursachen. Wilhelm Dilthey unterscheidet in seiner Verstehenspsychologie zwischen dem naturwissenschaftlich kausalen Erklären von Naturgegebenheiten und der B. der geschichtlichen Gegebenheiten des geistigen Lebens in den Geisteswissenschaften. Die B. als Methode spielt eine wichtige Rolle in der PHÄNOMENOLOGIE Edmund Husserls; in der *reinen B.* (in der WESENSSCHAU) werden die Wesenheiten der Erscheinungen erfaßt. Mittels der B. soll die Sphäre der reinen Subjektivität erschlossen werden. Im LOGISCHEN EMPIRISMUS wurde die Bedeutung der B. in der Theorie der PROTOKOLLSÄTZE hervorgehoben. In der Spätphilosophie Wittgensteins gilt: „Alle Erklärung muß fort, und nur B. an ihre Stelle treten"; in der B. des sprachlichen Handelns zeigen sich bestimmte Zusammenhänge und Regularitäten von SPRACHSPIELEN.

Lit.: E. Mach, Populär-wissenschaftliche Vorlesung, 1896; W. Dilthey, Ideen über eine beschreibende und zergliedernde Psychologie, Ges. Schriften 5, 1957; E. Husserl, Ideen zu einer reinen Phänomenologie und phänomenologischen Philosophie 1, 1950; L. Wittgenstein, Philosophische Untersuchungen, 1933; F. D. Newman, Explanation by Description, 1968.

**Besondere,** das:
dasjenige, was nur auf ein einzelnes zutrifft, im Unterschied zum ALLGEMEINEN, das mehreren Gegenständen gemeinsam zukommt. ☞SINGULÄR

**Besonnenheit:**
bei den antiken Griechen Bezeichnung für die Selbstbeherrschung des Menschen gegenüber Göttern und seinen Mitmenschen. Für Sokrates und Platon ist die B. ein Zustand der Seele, in dem die Begierden und Affekte unter dem Diktat der Vernunft stehen. Bei Platon gehört die B. neben Gerechtigkeit, Tapferkeit und Weisheit zu den vier Kardinaltugenden. Für Aristoteles ist die B. ein Zustand, in dem Vernunft und Begierden sich im Einklang befinden (in der bloßen Beherrschtheit werden die Begierden nur unterdrückt). In der SCHOLASTIK wurden die antiken Bestimmungen der B. weitgehend übernommen.

Lit.: Platon, Gorgias; ders., Politeia; Aristoteles, Nikomachische Ethik.

**Besorgen:** ☞DASEINSANALYSE

**Bestätigung:**
der Begriff der B. wurde von R. Carnap als Ersatz für den Begriff der VERIFIKATION EMPIRISCHER Aussagen eingeführt. Eine empirische Aussage bzw. eine HYPOTHESE kann dadurch bestätigt werden, daß sie mit ERFAHRUNG, spezielle mit Beobachtungen, übereinstimmt. Die B. ist aber nicht endgültig. Die nächste Beobachtung, die vollzogen wird, kann die Aussage bzw. die Hypothese widerlegen; die Menge der für eine absolute B. erforderlichen Beobachtungen erscheint als theoretisch unabschließbar. Wiederholte Beobachtung kann jedoch die Wahrscheinlichkeit für das Zutreffen der Hypothese erhöhen. Eine Hypothese kann daher aufgrund ihrer B. nicht als wahr, sondern immer nur als wahrscheinlich oder bewährt (☞BEWÄHRUNG) gelten.

Lit.: R. Carnap, Logical Foundations of Probabilitiy, 1962; R. Carnap/W. Stegmüller, Induktive Logik und Wahrscheinlichkeit, 1959; W. K. Essler, Induktive Logik, 1970; W. Lenzen, Theorien der Bestätigung wissenschaftlicher Hypothesen, 1974.

**Bewährung:**
der Begriff der B. wurde von Popper eingeführt. Nach Popper können HYPOTHESEN durch Beobachtungssätze (☞BEOBACHTUNG) nicht deduktiv verifiziert werden (☞VERIFIKATION). Sie können nicht absolut bestätigt (☞BESTÄTIGUNG) werden; sie können sich nur bewähren. Besonders relevant ist dabei die Überprüfung der Hypothesen bzw. Theorien. Eine Hypothese kann durch Überprüfung widerlegt werden. Eine Hypothese hat sich bewährt, wenn sie nicht widerlegt wurde. Je kleiner der Widerlegungserfolg, umso größer der *Bewährungsgrad* einer Hypothese.

Lit.: K. R. Popper, Logik der Forschung, 1935; H. Lenk, Neue Aspekte der Wissenschaftstheorie, 1974; W. Lenzen, Theorien der Bestätigung wissenschaftlicher Hypothesen, 1974.

**Bewandtnis:** ☞DASEINSANALYSE

**Beweger, unbewegter:** ☞UNBEWEGTER BEWEGER

**Bewegung:**
im weitesten Sinne jede Veränderung; im modernen Sprachgebrauch die stetige Ortsveränderung eines Körpers; die B. ist ein zentraler Begriff der Physik und der Philosophie. Der philosophische Bewegungsbegriff ist schon für die Vorsokratiker zentral. Für Parmenides haben die sich in B., im WERDEN befindenden Gegenstände einen minderen Seinsstatus. Auch die Erkenntnis der sich bewegenden Gegenstände hat einen minderen Status. Was sich bewegt, ist Schein. Die eigentliche Wahrheit kommt dem unver-

änderlichen, unbewegten, ewigen SEIN zu. Die von Parmenides entwickelte Lehre beinhaltet eine statische Vorstellung vom Sein. Dagegen liegt für Heraklit in B., Veränderung bzw. im Werden das wesentliche Merkmal der gesamten Wirklichkeit. Für Platon ist B. ein Merkmal derjenigen Gegenstände, die sinnlich wahrgenommen werden können, d. h. ein Merkmal der Erscheinungen. Diese Gegenstände unterliegen der ständigen B. bzw. Veränderung. Daher können sie nicht wahrheitsgemäß erkannt werden. Das Sein der veränderbaren Gegenstände hat einen untergeordneten Status. Den veränderbaren Gegenständen stehen die unveränderlichen, wahrhaft seienden, im höchsten Maße wirklichen IDEEN (☞IDEENLEHRE) gegenüber. Aristoteles sieht die B. als Verwirklichung bzw. Aktualisierung von Möglichkeiten eines Seienden (☞AKT, POTENZ). B. hängt mit Verursachung zusammen; alles sich Bewegende muß von einem anderen bewegt werden. Dies kann aber bedeuten, daß die Reihe der Ursachen einer B. ins Unendliche führt. Um dies zu vermeiden, nimmt Aristoteles eine erste, alle Bewegung hervorbringende Ursache an, die selbst unbewegt ist (☞UNBEWEGTER BEWEGER). Im Mittelalter wurde der antike Bewegungsbegriff aufgenommen und teilweise modifiziert. Erst im 17. Jh., mit dem Aufkommen der neuzeitlichen Naturwissenschaften, kommt es zu einer Wandlung des Bewegungsbegriffs (im Anschluß an die Arbeiten Galileis); im naturwissenschaftlich-physikalischen Sinne heißt B. die in der ZEIT stattfindende Ortsveränderung eines Körpers. Diese Ortsveränderung geschieht im Rahmen eines Systems von anderen Körpern.

Lit.: E. Fink, Zur ontologischen Frühgeschichte von Raum, Zeit und Bewegung, 1957; W. Wieland, Die Physik des Aristoteles, 1962; Fr. Kaulbach, Der philosophische Begriff der Bewegung, 1965.

## Beweis:

im weitesten, wissenschaftlichen Sinne jedes Aufzeigen eines Sachverhalts; hier kann ein B. auch durch einen *Aufweis* erfolgen, sei es unmittelbar, wenn das Behauptete demonstriert wird, oder mittelbar, wenn bestimmte Anzeichen des Behaupteten dargelegt werden; im engeren Sinne ein Verfahren, bei dem die Gültigkeit eines Satzes durch seine Ableitung aus anderen (bereits als gültig anerkannten) Sätzen aufgezeigt werden soll; im strengen Sinne also der SCHLUSS aus wahren und gewissen Vordersätzen, bei dem ein weiterer wahrer und gewisser Folgesatz gewonnen werden soll. Der *strenge* oder *deduktive B.* ist eine Ableitung eines Satzes aus vorgegebenen, als wahr anerkannten Sätzen, also AXIOMEN mittels logischer Schlüsse. Ein deduktiver B. besteht aus einem oder mehreren deduktiven Schlüssen (☞DEDUKTION, FOLGERUNG). Beim *induktiven B.* kann ein Satz nicht aus Vordersätzen abgeleitet werden, sondern es werden aus dem Satz selbst Folgesätze abgeleitet; hier werden Tatbestände als Beweisgründe angegeben; diese Beweisgründe gehen aus dem betreffenden Satz hervor. Beim *direkten B.*

wird der Satz als Schlußsatz aus seinen Vordersätzen (Prämissen) abgeleitet; bei dieser Beweisart wird der Beweissatz aus den Beweisgründen unmittelbar (direkt) bewiesen. Beim *indirekten B.* wird das Gegenteil des Satzes widerlegt, um diesen Satz als gültig zu beweisen. Ein Beweis ist falsch, wenn die Beweisgründe falsch sind (materialer Fehlschluß) oder wenn die Anleitung formal nicht gültig ist (formaler Fehlschluß). Wenn Beweise solche Fehler enthalten, so begeht man *Beweisfehler*, die wichtigsten von ihnen sind der *Zirkelbeweis* (lat. ‚circulus vitiosus'), bei dem der zu beweisende Satz schon als Beweisgrund benutzt wird, und die *Erschleichung* (lat. ‚petitio percipii'), die einen noch unbewiesenen Satz als Beweisgrund voraussetzt. Weitere Beweisfehler sind die *Umkehrung* (griech. ‚hysteron proteron'), bei der bewiesen wird, daß B A impliziert und nicht A B, sowie der *falsche Anfang* (griech. ‚proton pseudos'), beim bereits am Anfang des Beweises ein falscher Satz steht.

Lit.: H. Klotz, Der philosophische Beweis, 1967; E. W. Beth, Aspects of Modern Logic, 1970; B. Strecker, Beweisen, 1976; B. L. Tapscott, Elementary Applied Symbolic Logic, 1976.

## Bewußtsein:

1) das Wissen von etwas (*Gegenstandsbewußtsein*, *Sachbewußtsein*; ☞INTENTIONALITÄT); 2) das Wissen um den Vollzug des Wissens (*Aktbewußtsein*, *Wissen des Wissens*; /Reflexion); 3) das Wissen um den Träger dieses Vollzugs (☞SELBSTBEWUSSTSEIN, ICH, SUBJEKT, SUBJEKTIVITÄT). In einem weiteren, eher in der Psychologie verwendeten Sinne heißt B. das Wissen von inneren, seelischen Erlebnissen oder Vorgängen.
In der Antike und im Mittelalter ist der Begriff des B. noch nicht terminologisch fixiert. In die deutsche philosophische Terminologie wird der Begriff im 17. Jh. von Christian Wolff als Lehnübersetzung des lateinischen ‚conscientia' eingeführt. Der Begriff des B. ist in der Neuzeit seit Descartes zentral; das B. ist das Medium und der Gegenstandsbereich der Philosophie; in der Form des ‚ego cogito' (☞COGITO ERGO SUM) ist es das von jeder sinnlichen Materialität befreites, unbezweifelbares Fundament der Erkenntnis und des Wissens. B. ist das sichere Wissen von den inneren Zuständen (☞REFLEXION). Als Folge des Rückgangs auf das Bewußtsein kommt es zur Aufteilung der Welt in die *denkende Substanz* und die *ausgedehnte Substanz*. Das B. wird zur SUBSTANZ.
Für Locke und Hume ist B. das Haben bestimmter Inhalte und das Wissen um diese Inhalte (innere Erlebnisse). Beide lehnen jedoch im Gegensatz zu Descartes den Gedanken einer denkenden Substanz ab. Das ICH ist vielmehr ein Bündel von Vorstellungen. Kant unterscheidet zwischen dem *empirischen B.* („das Bewußtsein seiner selbst nach den Bestimmungen unseres Zustandes bei der inneren Wahrnehmung") und dem *transzendentalen B.* oder *Bewußtsein überhaupt*, das das Prinzip der objektiven Erkenntnis ist.

Das transzendentale B. ist die Bedingung der Möglichkeit aller Erkenntnis; es liegt jeder ERFAHRUNG voraus; das in der ANSCHAUUNG gegebene Mannigfaltige soll in der Erkenntnis zur SYNTHETISCHEN Einheit verbunden werden; damit das eintritt, muß nicht nur die bewußte Begleitung der Einzelvorstellungen (*empirisches B.*), sondern auch die *Identität des Bewußtseins* in diesen Einzelvorstellungen selbst vorgestellt werden (*transzendentales B.*); die Inhalte des empirischen Bewußtseins müssen in einem einigenden Selbstbewußtsein verbunden werden. Das transzendentale B. bedingt also das empirische B.; andererseits jedoch ist das transzendentale B. auf die Sinngegebenheiten des empirischen B. angewiesen. Hegel begreift das B. und seine Stufen als Erscheinungen des absoluten GEISTES, der zu sich selbst kommen und sich selbst begreifen will. Bei Marx ist B. der Inbegriff der geistigen Tätigkeiten; darüber hinaus spricht Marx vom *Klassenbewußtsein* (☞MARXISMUS) und dem *falschen Bewußtsein* (☞IDEOLOGIE). Die Vertreter des HISTORISMUS (besonders Wilhelm Dilthey) sprechen vom *geschichtlichen* bzw. *historischen B.*; hiermit sind bestimmte Bedingungen unseres historischen bzw. geschichtlichen VERSTEHENS gemeint. Der Bewußtseinsbegriff spielt eine entscheidende Rolle im NEUKANTIANISMUS und in der PHÄNOMENOLOGIE E. Husserls. Husserl bestimmt das B. als „B. von etwas" (☞INTENTIONALITÄT), als den transzendentalen Erfahrungsrahmen. Durch die phänomenologische REDUKTION und die EPOCHÉ wird das Reich des reinen Bewußtseins aufgedeckt. Die Analyse des Bewußtseins steht im Mittelpunkt der Phänomenologie. Im 19. und 20. Jh. wird der Bewußtseinsbegriff bzw. die Bewußtseinsphilosophie (das Medium und das zentrale Thema dieser Philosophie ist das B.) immer mehr kritisiert; dies geschieht nachdrücklich im Übergang von der Bewußtseinsphilosophie zur Sprachphilosophie (PARADIGMA). In den meisten der heute einflußreichen philosophischen Richtungen (ANALYTISCHE PHILOSOPHIE, HERMENEUTIK, EXISTENZPHILOSOPHIE, LOGISCHER EMPIRISMUS, PRAGMATIK) wird versucht, die Bewußtseinsphilosophie zu überwinden. Der Bewußtseinsbegriff wird noch im Rahmen der sprachanalytischen Philosophie des Geistes untersucht; man konzentriert sich hier auf die Analyse der Verwendungsweisen des Wortes „B.".

Lit.: R. Descartes, Meditationen über die erste Philosophie, 1641; G. W. Leibniz, Monadologie, 1710; I. Kant, Kritik der reinen Vernunft, 1781, $^2$1787; G. W. F. Hegel, Phänomenologie des Geistes, 1807; K. Marx, Deutsche Ideologie, 1845/46; Th. Lipps, Selbsbewußtsein, Empfindung und Gefühl, 1901; W. Dilthey, Der Aufbau der geschichtlichen Welt in den Geisteswissenschaften, 1910; E. Husserl, Cartesianische Meditationen und Pariser Vorträge, hg. v. S. Strasser, 1963; G. Ryle, Der Begriff des Geistes, 1969; H. Lübbe, Bewußtsein in Geschichten, 1972; H. Klement (Hg.), Bewußtsein. Ein Zentralproblem der Wissenschaften, 1975.

## Bild:

ein Bedeutungsträger (☞ZEICHEN, SEMIOTIK), der auf etwas verweist. Das

B. kann auf ein Ur-B. oder Vor-B. verweisen. Es stellt sich die Frage nach der Übereinstimmung zwischen dem Vor- bzw. Ur-B. und dem B. bzw. Abbild. Der B.-Gedanke spielt eine wichtige Rolle in der platonischen Philosophie. Die sinnlich wahrnehmbaren Einzelgegenstände werden als Abbilder der ewigen IDEEN bestimmt; Ideen sind dann die Urbilder der Einzelgegenstände. Ohne die Urbilder gibt es keine Abbilder; gleichwohl gibt es Urbilder ohne die Abbilder; die Urbilder existieren getrennt von den Abbildern. Zwischen Abbild und Urbild besteht das Verhältnis der Teilhabe (☞METHEXIS); die Abbilder existieren, weil sie teil an den Urbildern, den Ideen haben (☞IDEENLEHRE).
In der christlichen Philosophie wird oft die Auffassung vertreten, daß Gott das Ebenbild des Menschen ist. In der neuzeitlichen Philosophie wird der B.-Gedanke in verschiedenen Kontexten gebraucht, so z. B. bei Francis Bacon, Kant, Fichte und bei Wittgenstein. ☞ABBILDTHEORIE, SYMBOL, FORM

Lit.: L. Wittgenstein, Tractatus logico-philosophicus, 1922; E. Stenius, Wittgensteins Traktat, 1969; ders., Die Bildtheorie des Satzes, in: Erkenntnis 9, 1975; W. Stegmüller, Eine modelltheoretische Präzisierung der Wittgensteinschen Bildtheorie, in: ders., Aufsätze zu Kant und Wittgenstein, 1970.

## Bildung:

die geistig-intellektuelle Ausformung des Menschen und der Prozeß, der den Menschen zu dieser Ausformung führt. Die Sophisten (☞Sophistik) vertraten ein Bildungsideal, daß sich am Gedanken der Selbstbefreiung des Einzelnen, der AUTONOMIE des Denkens (☞AUFKLÄRUNG), des In-Frage-Stellens der Autorität, und der kritischen Überprüfung des Wissens (im Kontext von politischen, religiösen und sittlich-moralischen Fragen) orientiert. Das wichtigste Instrumentarium zur Durchführung der politischen Freiheiten war für die Sophisten die RHETORIK. Für Platon dagegen war entscheidend, daß der Mensch den IDEEN gemäß denkt und handelt; der Mensch soll sich an die Ordnung des Weltganzen angleichen; die wohlgeordnete Struktur des ganzen Kosmos soll mit der Struktur des menschlichen Denkens und Handelns identisch sein. Das Wort „B." erhielt seine heute übliche Bedeutung erst im späten 18. Jh. ; es bezeichnete damals den gesamten Prozeß der geistigen-intellektuell-moralischen Entwicklung im Gegensatz zu den damaligen Erziehungsmethoden. Man unterscheidet heute die Allgemein-B. von der Spezial-B. Das Bildungsideal ist je nach Nation, Kulturkreis, sozialem Status, Religionszugehörigkeit usw. verschieden.

Lit.: Th. Litt, Das Bildungsideal der deutschen Klassik und die moderne Arbeitswelt, 1955; E. Lichtenstein, Der Ursprung der Pädagogik im griechischen Denken, 1970; G. Böhme, Die philosophischen Grundlagen des Bildungsbegriffes, 1976.

## Biologismus:

Oft abwertend gebrauchte Sammelbezeichnung für unterschiedliche Positionen, die die gesamte Wirklichkeit, auch das Geistige, ausschließlich unter biologischen Gesichtspunkten betrachten. Biologische Prozesse bzw. Vorgänge liegen anderen, z. B. geistigen Prozessen bzw. Vorgängen zugrunde.

Lit.: J. S. Huxley, Evolution, The Modern Synthesis, 1942; G. Ewald, Der biologisch-anthropologische Aufbau der Persönlichkeit, 1959; J. Monod, Zufall und Notwendigkeit, 1970.

## Bios (griech.):

das LEBEN

## Böse, das:

ein Begriff, der nicht präzise zu bestimmen ist; er spielt meist in religiösen Zusammenhängen eine Rolle und wird dort im Gegensatz zum GUTEN gestellt. Das B. ist der Inbegriff dessen, was schlechthin abzulehnen, verworfen werden muß, was zum Unglück und Leiden führt. In einem ontologisch-metaphysischen Sinne wird das B. (als Gegensatz zum Guten) durch einen Mangel am Sein charakterisiert. Das B. hat also einen im ontologischen Sinne niedrigeren Seinsstatus bzw. gar keinen Seinsstatus (das B. als die Nichtigkeit schlechthin). In der Gnosis und anderen christlichen Konzeptionen wird das B. als ein Prinzip bestimmt, das gleichartig mit dem Prinzip des Guten auftaucht. Zwischen den beiden Grundprinzipien besteht ein unversöhnlicher Gegensatz. Im Judentum und im Christentum herrscht die Auffassung, daß der Mensch durch seinen Willen zur Gotteswerdung das B. in die Welt eingeführt hat. ☞THEODIZEE

Lit.: P. Häberlin, Das Böse, 1960; K. Lorenz, Das sogenannte Böse, 1965; I. Beck, Das Problem des Bösen und seine Bewältigung, 1976.

## Brahman (sanskr. ‚heilige Macht'):

in der indischen Philosophie Bezeichnung für das Prinzip der Welt, den Urgrund alles Seins. Das B. schafft, trägt und erhält alles.
☞BRAHMANISMUS

## Brahmanismus (‚Lehre der Brahmanen', der Priester):

eine Vorform des Hinduismus (etwa 600 v. Chr. bis 400 n. Chr.); die Welt entwickelt sich gemäß dem BRAHMAN aus einer nicht geschaffenen und nicht vergänglichen Urmaterie (Prakriti) und wandelt sich in diese Urmaterie wieder zurück. Die sechs *Systeme* des B. sind: Mimansa und Vedante, Sankhya und Yoga, Vaischeschika und Nyaya. Zur Erlösung aus dem Kreis der Wiedergeburten führt die Erkenntnis der Einheit von ATMAN (die unsterbliche Seele des Menschen) und BRAHMAN (das Prinzip der Welt, die Weltseele).

Lit.: W. Ruben, Die Philosophie der Upanischaden, 1947; E. Franwallner, Geschichte der indischen Philosophie I, 1953; J. Gonda, Die Religionen Indiens, 1960.

**Buddhismus:**
Weltreligion (entstanden um 500 v. Chr.); benannt nach dem Religionsstifter Buddha (sanskr. ‚der Erwachte', ‚der Erleuchtete'); der B. ist eine Erlösungsreligion bzw. eine Heilslehre. Entscheidend sind die vier Wahrheiten: 1) das menschliche Leben ist Leiden (es gibt keinen festen Grund, keinen Halt); 2) die Ursache des Leidens ist der Durst, die Begierde, das Streben nach Lust, die Unwissenheit; 3) dem Leiden kann man entgehen; das Ziel ist die Läuterung der Seele, das Aufgehen in das NIRWANA, die Befreiung vom Leid; 4) der Weg zur Befreiung vom Leid ist der *achtteilige Pfad*, auf dem bestimmte Forderungen gestellt werden. Zu den ethischen Forderungen gehören z. B.: die Enthaltsamkeit, die Liebe, die Gewaltlosigkeit. Die buddhistische Lehre entwickelte sich in die zwei wichtigsten Richtungen: die Selbsterlösungslehre *Hinajana* (sanskr. ‚kleines Fahrzeug'), die der ursprünglichen Lehre am nächsten steht, und *Mahajana* (sanskr. ‚großes Fahrzeug'). Der B. erlosch um 1200 in Vorderindien, hat noch eine Wirkung als Hinajana in Ceylon und Hinterindien, als Mahajana in China, Korea, Japan, Tibet und in der Mongolei.
Der B. hat eine große Wirkung auf die europäische Philosophie ausgeübt, z. B. bei Schopenhauer. Meist wird der Unterschied zwischen dem logischen, dem Satz des Widerspruchs unterliegenden, Denken des Abendlandes und dem paradoxen Denken des B. hervorgehoben. Das paradoxe Denken, in dem die logischen Gesetze außer Kraft gesetzt werden, soll zur Erleuchtung führen.

Lit.: H. v. Glasenapp, Der Buddhismus in Indien und im Fernen Osten, 1963; E. Conze, Der Buddhismus, Wesen und Entwicklung, 1953; E. Frauwallner, Die Philosophie des Buddhismus 1957; D. Schlingloff, ie Religion des Buddhismus, 1962-63.

# C

**Cartesianismus** (auch Kartesianismus):
eine im Anschluß an die Lehre René Descartes' im 17. und 18. Jh entstandene philosophische Strömung. Charakteristisch für den C. sind folgende Elemente: 1) der Ausgang des Philosophierens von der Selbstgewißheit des Bewußtseins (☞COGITO ERGO SUM); 2) der Wechsel von der ONTOLOGIE zur BEWUSSTSEINSPHILOSOPHIE; 3) der DUALISMUS von DENKEN und KÖRPER bzw. Seele und Leib (☞LEIB-SEELE-PROBLEM); 4) die rationalistische mathematische Methode. Der C. war einflußreich im Rahmen der sog. *Logik von Port Royal* (A. Arnauld, P. Nicole), der Cartesianischen Physik (J. Rohault) und der Cartesianischen *Zwei-Substanzen-Lehre*; er spielte eine wichtige Rolle im OKKASIONALISMUS. Im 18. Jh. verliert der C. mit dem zunehmenden Einfluß der modernen Physik und des EMPIRISMUS an Bedeutung. Er bleibt jedoch im Zusammenhang mit der Empirismuskritik bis hin zu Edmund Husserl (☞PHÄNOMENOLOGIE) einflußreich.

Lit.: F. C. Bouillier, Histoire de la philosophie cartésienne I-II, 1854; R. Specht, Commercium mentis et corporis, 1966; R. A. Watson, The Downfall of Cartesianism (1673-1712), 1966.

**Causa** (lat.):
Ursache, Grund (griech. ARCHÉ); die Ursache für das Vorhandensein eines Seienden bzw. für die Ausformung des Seienden. Im Anschluß an Aristoteles werden in der Scholastik folgende vier Ursachen unterschieden: 1) die *causa materialis* (‚Materialursache'), das Material, der Stoff, das, woraus ein Ding entsteht; 2) die *causa formalis* (‚Formalursache'), die Form, die Gestalt, das, wodurch ein Ding seine Eigenschaften erhält; 3) die *causa effiziens* (‚Wirkursache'), die Wirkung, der Effekt, das, was ein Ding durch Wirken hervorbringt; 4) die *causa finalis* (‚Finalursache'), der Zweck, das um dessentwillen ein Ding hervorgebracht wird. In der Scholastik werden die ersten beiden Ursachen als *causae internae* (‚innere Ursachen'), die dem Einzelding inhärent sind, bestimmt; die zwei anderen Ursachen werden als *causae externae* (‚äußere Ursachen'), die außerhalb des Einzeldings vorhanden sind, bestimmt.
Weitere Ursachen, die in der abendländischen Geschichte eine wichtige Rolle spielen, sind: *causa cognoscendi* (‚Ursache des Erkennens'), *causa essendi* (‚Ursache des Seins'), *causa exemplaris* (‚Urbildursache' als IDEE), *causa sui* (‚Ursache seiner selbst'; Bezeichnung für Gott), *causa aequat effectum* (‚die

Ursache ist der Wirkung gleich'); *causae occasionales* (,gelegentliche Ursachen').

Lit.: Aristoteles, Metaphysik; Thomas von Aquin, Summa theologiae I; R. Specht, causa cognoscendi, in: Historisches Wörterbuch der Philosophie I, 1971.

**Chaos** (griech. ,Leere des Weltraums'):
der ungeordnete Weltzustand; in der antiken Philosophie der ungeordnete, formlose Urzustand des Weltstoffs vor der Bildung zum geordneten KOSMOS. Für Aristoteles ist C. der Inbegriff des *leeren Raumes*, der vor der Entstehung der materiellen Dinge vorhanden war. In der christlichen Philosophie des Mittelalters, bei Thomas von Aquin, wurde die Existenz eines ungeordneten, formlosen Stoffes vor der Schöpfung geleugnet; unter C. wird hier im Anschluß an Aristoteles der leere Raum verstanden, in dem sich die Schöpfung der Welt aus dem Nichts ereignete (☞CREATIO EX NIHILO). In der Neuzeit, besonders seit dem Auftauchen der neuzeitlichen Naturwissenschaften glaubt man nicht mehr an einen chaotischen Zustand bei der Entstehung der Welt. Die Naturgesetze haben eine Ordnungsfunktion. Nur vereinzelt, besonders im Rahmen der spekulativen Naturphilosophie, wird noch der Gedanke des C. vertreten. Im Rahmen der politischen Theorie wird C. oft als politische Unordnung, als das Fehlen der staatlichen Sanktionierung, Regulierung und der staatlichen Autorität bezeichnet.

Lit.: H. Gunkel, Schöpfung und Chaos in Urzeit und Endzeit, 1895; F. Lämmli, Vom Chaos zum Kosmos I-II, 1962.

**Charakter:**
ein einigermaßen konstant bleibendes Gepräge eines Menschen, im gewissen Sinne das Zentrum seiner moralisch-sittlichen Persönlichkeit. Man spricht nicht nur vom C. eines Menschen, sondern auch von dem eines Dinges oder Ereignisses; C. meint hier die bestimmte Eigenart eines Dinges oder Ereignisses. Kant unterscheidet zwischen dem *empirischen* und dem *intelligiblen C.* des Menschen. Der empirische C. ist wandelbar; er steht unter den Bedingungen der sinnlichen Welt, er ist in die Reihe der Naturursachen eingebunden, ist dem Kausalgesetz (☞KAUSALITÄT) unterworfen; alle von ihm bestimmten Handlungen sind naturgesetzlich bedingt wie alle übrigen Naturgeschehnisse. Der intelligible C. entspricht der den Naturgesetzen nicht unterworfenen SITTLICHKEIT des Menschen; er steht nicht unter den Bedingungen der sinnlichen Welt und ist dem Kausalgesetz nicht unterworfen. Eine Handlung, die vom empirischen C. bestimmt ist, ist naturnotwendig; eine Handlung, die vom intelligiblen C. bestimmt ist, ist frei.

*Charakterologie* (auch *Charakterkunde*) ist die Lehre von Struktur und Entwicklung des C. und von seiner Rolle für die Gesamtpersönlichkeit; auch die

Lehre von der Gesamtpersönlichkeit. Die Charakterologie wird in der Gegenwart als Teil der ANTHROPOLOGIE betrachtet; der C. soll in seiner Entwicklung zur Gesamtpersönlichkeit angesehen werden. Die wichtigsten Vertreter einer systematischen Charakterkunde sind Ludwig Klages und Ph. Lersch.

Lit.: I. Kant, Kritik der reinen Vernunft, 1781, $^{2}$1787; Ph. Lersch, Aufbau der Person, $^{6}$1966; L. Klages, Grundlagen der Charakterkunde, 1920; ders., Vorschule der Charakterkunde, $^{8}$1942; F. Künkel, Einführung in die Charakterkunde, $^{13}$1961; W. Arnold, Person-Charakter-Persönlichkeit, $^{2}$1962.

**Charisma** (griech. ‚Geschenk'):
der Begriff „C." wurde terminologisch durch Max Weber geprägt; er bezeichnet die Begnadung bestimmter Persönlichkeiten mit großen, außergewöhnlichen, außeralltäglichen Fähigkeiten („Gnadengaben") gegenüber einer verehrenden Gemeinschaft bzw. Anhängerschaft. Weber unterscheidet drei Herrschaftstypen: die *traditionale*, die *legale* (bzw. *rationale*) und die *charismatische Herrschaft*; die letzte basiert auf einer „charismatischen Legitimitätsgeltung". Neben dem *eigentlichen*, d. h. persönlichen C. gibt es nach Weber das *gentile C.* (die Gnadengaben haften an der Blutslinie der Familie, Sippe oder Dynastie) und das *Amts-C.* (hier sind die Gnadengaben einem besonderen Amt eigen). Weber unterscheidet also zwischen *charismatisch*, *erbcharismatisch* und *amtscharismatisch*.

Lit.: M. Weber, Wirtschaft und Gesellschaft, 1922.

**Chiffre** (vom arab. *sifr*, franz. *chiffre*, ‚Zahlzeichen'):
verborgenes Zeichen, Geheimzeichen; Kant spricht von der „C.-Schrift" als der Geheimschrift, „wodurch die Natur in ihren schönen Formen zu uns spricht". Ähnlich verstehen den Begriff „C." Hamann, Schiller, Goethe, Novalis, Schelling. In der neueren Philosophie wird der Begriff von Karl Jaspers verwendet. Für ihn ist C. das Geheimzeichen der TRANSZENDENZ; sie ist Bedeutungsträger, der uns den Weg zur unseren Existenzialität und zur Transzendenz aufzeigt.

Lit.: I. Kant, Kritik der Urteilskraft, 1790; K. Jaspers, Chiffren der Transzendenz, $^{1}$1977; ders., Der philosophische Glaube angesichts der Offenbarung, 1962.

**Chiliasmus** (vom griech. *chilioi*, ‚tausend'):
der Glaube an ein tausendjähriges Reich, der sich auf die Offenbarung des Johannes (20, 4) stützt; das tausendjährige Reich soll als ein Reich der Glückseligkeit und Gerechtigkeit zwischen der zweiten Wiederkehr Christi und dem endgültigen Ende der Welt liegen. Für Augustinus hat das tausendjährige Reich bereits mit Christus begonnen. Der C. wurde im Mittelalter bei Joachim v. Floris und bei den Wiedertäufern, in der Neuzeit im

Pietismus aufgegriffen. Kant kritisierte den C.; er lenkt von den konkreten Aufgaben der Gestaltung einer gerechten Zukunft auf Erden ab. Der C. kann als eine utopisch-eschatologische Strömung innerhalb der christlichen Glaubenslehre betrachtet werden.

Lit.: H. Bietenhard, Das Tausendjährige Reich, [2]1955; N. Cohn, Das Ringen um das 1000jährige Reich, 1961.

**Chorismos** (griech. ,Trennung'):
Bezeichnung für das Verhältnis zwischen den IDEEN und den Einzeldingen in Platons Philosophie; die Ideen existieren nach Platon getrennt von den konkreten Einzeldingen; die Welt des Seienden bzw. des Seins ist in die Welt der ewigen, sinnlich nicht wahrnehmbaren Ideen und die Welt der sinnlich wahrnehmbaren, konkreten aufgeteilt. Aristoteles verwendet den Begriff des C., um Platons Ideenlehre zu charakterisieren. Die Verbindung zwischen der Ideenwelt und der Welt der konkreten Einzeldinge wird bei Platon mittels des Gedankens der TEILHABE (auch METHEXIS) vollbracht; die konkreten Einzeldinge haben an den Ideen als ihren Urbildern teil; nur so sind sie seiend, haben an der Realität teil. ☞IDEENLEHRE

Lit.: P. Natorp, Platons Ideenlehre, 1903; E. Hoffmann, Platon, 1950; H. Meinhardt, Teilhabe bei Platon, 1968.

**Christliche Philosophie:**
die Philosophie, die von der christlichen Religion geprägt ist bzw. in einem engen Verhältnis zur christlichen Glaubenslehre steht. Entscheidend für das Verhältnis von Philosophie und christlicher Religion ist die von Thomas von Aquin getroffene Unterscheidung zwischen dem philosophischen Denken und Philosophie auf der einen Seite und Glauben und der den Glauben auslegenden Theologie auf der anderen Seite; philosophisches Denken und Philosophie stützen sich auf das *lumen naturale*, das natürliche Licht der Vernunft; Glaube und die den Glauben auslegende Theologie stützen sich in erster Linie auf das *lumen supranaturale*, das übernatürliche Licht der göttlichen Offenbarung. Die göttliche Offenbarung kann für den Menschen nur im Glauben erfahren werden. Deshalb können christliche Glaubensinhalte nicht als Fundamente eines philosophischen Gedankengebäudes angesehen werden; in der Philosophie können die im Denken erfaßten Inhalte (nicht die im Glauben erfahrbaren Inhalte) als Fundamente eines Gedankengebäudes verwendet werden. Die wichtigsten Strömungen der christlichen Philosophie sind: die PATRISTIK, die SCHOLASTIK und der Neuthomismus. In all diesen Strömungen wurde versucht, zwischen dem philosophischen Denken und dem theologischen Denken zu vermitteln.
Die oben erwähnte christliche Philosophie im engeren Sinne bzw. die offizielle christliche Philosophie der katholischen und evangelischen Kirche muß

von dem Einfluß des christlichen Denkens bzw. der Theologie auf philosophische Konzeptionen, die in einem gewissen Sinne primär nicht als christlich zu bezeichnen sind, unterschieden werden; so spielen Elemente des christlichen Denkens bei fast allen großen philosophischen Entwürfen der Neuzeit eine wichtige Rolle (z. B. bei Descartes, Leibniz, Kant, Hegel, Heidegger u. a.).

Lit.: J. Maritain, Von der christlichen Philosophie, 1935; E. Frank, Philosophische Erkenntnis und religiöse Wahrheit, 1951; W. Tritsch, Christliche Geisteswelt, 2 Bde., 1954-57; W. Kamlah, Christentum und Geschichtlichkeit, 1958; E. Coreth SJ, W. M. Neidel, G. Pfligersdorffer (Hg.), Christliche Philosophie, 3 Bde., 1987-1990.

**Circulus vitiosus** (lat. ‚fehlerhafter Kreis'):
Zirkelbeweis; ein Beweisfehler, bei dem die zu beweisende Aussage für den BEWEIS bereits vorausgesetzt wird. Auch bei DEFINITIONEN spricht man von einem C. v. (*Zirkeldefinition*), wenn im Definiendum bereits das Definiens vorkommt.

**Cogito ergo sum** (lat. ‚ich denke, also bin ich'):
der unbedingt gewisse Grundsatz der Philosophie Descartes'; in methodischer Hinsicht ist dieser Grundsatz das Ergebnis eines radikalen, von Descartes vollzogenen ZWEIFELS an der eigenen Erkenntnisfähigkeit (das, was mir durch die Sinne vermittelt ist, kann mich täuschen; es bildet daher kein sicheres Fundament bzw. keine sichere Quelle der Erkenntnis). Descartes will ein letztes, nicht hintergehbares Fundament der Erkenntnis findet. Er zweifelt zunächst an der sinnlichen Wahrnehmung und an dem im Traum Erlebten; wenn man auch an allem zweifelt, so kann man nicht daran zweifeln, daß man zweifelt und als Zweifler existiert; die Tatsache, daß man zweifelt und daher denkt und daher überhaupt *ist*, bzw. *existiert*, kann nach Descartes sinnvollerweise nicht bezweifelt werden. Auch ein „Täuschergeist", der die Welt so eingerichtet hat, daß ich mich täuschen kann, kann mich von der Gewißheit des C. e. s. nicht abhalten. Daher ist der Satz C. e. s. absolut gewiß (☞GEWISSHEIT); er ist der Ausdruck der unmittelbaren Selbstgewißheit des Denkenden und gilt als der sichere Ausgangspunkt aller weiteren Erkenntnis.
Die Frage, ob der Satz als ein Schluß (wegen des *ergo*, ‚also') oder im Sinne einer bloßen EVIDENZ zu verstehen ist, ist bei Descartes nicht völlig geklärt und wird bis heute kontrovers diskutiert. Mit dem Satz C. e. s., der sich auf das Denken bzw. auf das Bewußtsein (Selbstbewußtsein) bezieht, wird die Wende von der ONTOLOGIE zur Bewußtseinsphilosophie (☞BEWUSSTSEIN) eingeleitet. Der in diesem Satz ausgedrückte Gedanke der Selbstgewißheit des Erkennenden wurde für die Bewußtseinsphilosophie und die Theorien der SUBJEKTIVITÄT (z. B. in der PHÄNOMENOLOGIE Edmund

Husserls) maßgebend. Seitens der sprachanalytischen Philosophie wurde gegen den Fundamentalcharakter des C. e. s. bzw. gegen die These von der Nichthintergehbarkeit des C. e. s. der Einwand vorgebracht, daß auch schon beim Zweifel und bei der Formulierung des C. e. s. eine Sprache vorausgesetzt ist; wir müssen schon die Bedeutung der einzelnen Wörter kennen, um den Zweifel zu vollziehen und zu verstehen. Bei der Formulierung des C. e. s. verwenden wir Wörter, die intersubjektiv verbindliche Bedeutungen haben.

Lit.: R. Descartes, Discours de la méthode, 1637; ders., Principia philosophiae, 1644; ders., Meditationen über die erste Philosophie, 1641; H. Scholz, Über das Cogito ergo sum, in: Kant-Studien 36, 1931; W. Röd, Zum Problem des Premier Principe in Descartes' Metaphysik, in: Kant-Studien 51, 1959-60; J. Hintikka, Cogito ergo sum: Inference or Performance?, in: Philos. Rev. 71, 1962; A. Kemmerling, Eine reflexive Deutung des cogito, in: K. Cramer u. a. (Hg.), Theorie der Subjektivität, 1987.

## Coincidentia oppositorum

(lat. ‚Zusammenfallen der Gegensätze'):
bei Nikolaus von Kues das Zusammenfallen der Gegensätze in Gott. Gott erfaßt alles, auch alle Gegensätze; er hat alle gegensätzliche Eigenschaften zugleich. Dagegen ist das menschliche Erkennen begrenzt; es geschieht als fortlaufendes Vergleichen und Messen und gelangt auf diese Weise zu immer weiteren Gegensätzen. Der Mensch kann die absolute Wahrheit nicht erkennen, denn sie ist das Zusammenfallen der Gegensätze (z. B. fällt der Kreis bei unendlich werdendem Durchmesser mit der Gerade, seinem *Gegensatz*, zusammen). Das Zusammenfallen der Gegensätze ist für den Menschen, für seinen Verstand, unfaßbar. Die Lehre von der C. o. hatte einen Einfluß auf G. Bruno (☞PANTHEISMUS), bei Hamann und Schelling.

Lit.: N. v. Kues, De docta ignorantia. D. Mahnke, Unendliche Sphäre und Allmittelpunkt, 1937; E. Kanitz-Huber, Die coincidentia oppositorum als Grenzbegriff, 1954; K. Jaspers, Nikolaus Cusanus, 1964.

**Common sense** (engl. ‚allgemeiner Sinn', ‚Gemeinsinn'):
Gemeinsinn, auch *gesunder Menschenverstand*; ein in die Philosophie von der Schottischen Schule eingeführter Begriff; philosophische Probleme sollen vor dem Hintergrund der vorphilosophischen, vorwissenschaftlichen Alltagspraxis betrachtet werden. Die Alltagserfahrungen bilden den Ausgangspunkt des philosophischen und wissenschaftlichen Forschens. Alltagsüberzeugungen haben einen bestimmten Einfluß auf das philosophische Denken, sie bilden im gewissen Sinne das Fundament des philosophisch-wissenschaftlichen Denkens (☞LEBENSWELT). Unproblematisch akzeptierte Alltagsüberzeugungen sollen von den Philosophen anerkannt werden. Die besondere Rolle dieser Überzeugungen für die Philosophie muß hervorgehoben werden. Die Philosophie des C. s. gewann besonders in der angelsächsischen Welt an Bedeutung (C. S. Peirce, G. E. Moore). Ihre

Wirkung dauert bis heute an.

Lit.: N. Isaacs, The Foundation of Common Sense, 1949; S. A. Grave, The Scottish Philosophy of Common Sense, 1960; T. Martin, The Instructed Vision, 1961; M. J. Adler, The Time of Our Lives, 1970.

**Conclusio** (lat.): ☞FOLGERUNG

**Conditio sine qua non** (lat. ‚Bedingung, ohne welche nicht'):
in der traditionellen Logik Bezeichnung für eine notwendige BEDINGUNG.

**Consensus** (lat. ‚Übereinstimmung'):
„C. gentium, C. omnium": Übereinstimmung der Völker bzw. aller; Übereinstimmung aller Menschen im Hinblick auf eine bestimmte Auffassung. In der STOA, bei Cicero und in der Schottischen Schule wurde der C. gentium als Beweis benutzt (☞GOTTESBEWEISE).

**Consequens** (lat. ‚folgend'):
in der traditionellen Logik die Bezeichnung für den Schlußsatz eines SYLLOGISMUS.

**Contradictio** (lat.): ☞WIDERSPRUCH.

**Contradictio in adiecto** (lat. ‚Widerspruch im Beigefügten'): Bezeichnung für das Vorliegen eines begrifflichen Widerspruchs, der durch das Zusammenfügen zweier entgegengesetzter Termini entsteht, z. B. „hölzernes Eisen", „kleine Größe", „schwarzer Schimmel", „rundes Viereck".

**Creatio continua** (lat. ‚fortlaufende Schöpfung'):
meist synonym mit „Werdender Gott"; die unaufhörliche SCHÖPFUNG im Gegensatz zum einmaligen Schöpfungsakt.

**Creatio ex nihilo** (lat. ‚Schöpfung aus dem Nichts'):
Bezeichnung für den göttlichen Akt der SCHÖPFUNG der Welt aus dem Nichts. Der Gedanke der C. e. n. ist für eine bestimmte Strömung der christlichen Philosophie maßgebend. Bei Platon entsteht der geordnete KOSMOS aus dem ungeordneten Stoff (☞CHAOS). Auch in den biblischen Schöpfungsberichten, die sich an der altorientalischen Mythologie orientieren, ist von dem vor der Entstehung der Welt bestehenden, ungeordneten Stoff die Rede. Gott unbedingt und ohne Voraussetzung; seiner Schöpfung, also der Welt kann nur er selbst vorausgehen. Es kann demnach nicht Materielles bzw. Substanzielles vor der Schöpfung geben. Dem Schöpfungsakt kann nichts vorausgehen. Daher die Rede von der Schöpfung aus dem Nichts.

Lit.: T. Haecker, Schöpfer und Schöpfung, 1934; M. Doerne, Christlicher Schöpfungsgedanke, 1950;

G. May, Schöpfung aus dem Nichts, 1979.

**Credo ut intelligam** (lat. ‚ich glaube, um zu wissen'):
eine von Anselm von Canterbury in Anlehnung an Augustinus geprägte Wendung, in der die für die SCHOLASTIK kennzeichnende Vorrangstellung des Glaubens gegenüber dem Denken bzw. Wissen ausgedrückt wird. Die strikte Trennung und die Hierarchisierung der beiden Erkenntnisquellen Glauben und Denken wird jedoch nicht von Anselm, sondern erst später, in der Hochscholastik, vollzogen.

# D

**Daimonion** (griech. ‚göttliches Wesen'):
für Sokrates eine Art innerer, göttlicher Stimme, eine moralische Instanz, die es erlaubt, das Gute vom Schlechten bzw. nicht Richtigem zu unterscheiden.

Lit.: Platon, Apologie.

**Darwinismus:**
die von Ch. Darwin entwickelte Abstammungslehre, derzufolge der Kampf ums Dasein unter den Lebewesen zu einer Auslese (Selektion) führt; diejenigen Lebewesen, die wegen unvorteilhafter Eigenschaften den Kampf nicht bestehen, sterben aus; diejenigen Lebewesen, die wegen vorteilhafter Eigenschaften und Fähigkeiten den Kampf bestehen, sich durchsetzen („survival of the fittest"), erhalten ihre Art; diese vorteilhaften Eigenschaften werden durch Vererbung auf die weiteren Generationen übertragen, so daß es im Laufe der Zeit zu immer größeren Änderungen in der organischen Welt kommt, die bis zur Bildung neuer Arten führen können (*Zuchtwahlprinzip*).

Lit.: Ch. Darwin, Die Entstehung der Arten durch natürliche Zuchtwahl, 1859; J. Dewey, The Influence of Darwinism on Philosophy, 1910; T. F. Glick (Hg.), The Comparative Reception of Darwinism, 1974.

**Dasein:**
in der deutschen Aufklärungsphilosophie (Chr. Wolff, A. G. Baumgarten) die Übersetzung des lateinischen Terminus „existentia"; D. meint hier das wirkliche Vorhandensein (Daß-Sein) bzw. die Wirklichkeit im Gegensatz zu bloßem Gedachtsein bzw. Möglichsein.
In der Philosophie des 18. Jh. wird das D. eines Gegenstandes als die Verwirklichung seines Wesens (☞AKT, POTENZ) bestimmt, die von äußeren Ursachen bewirkt wird. Das D. eines Gegenstandes ist einerseits zwar etwas vom Denken Unabhängiges und insofern etwas Eigenständiges; es ist aber andererseits ein besonderer Fall des Allgemeinen, es ist ein Sonderfall dessen, was zum eigentlichen, begrifflich gedachten Wesen eines Gegenstandes gehört. Dem begrifflich gedachten Wesen wird durch das D. keine zusätzliche wesentliche Bestimmung zugesprochen. Zwar wird im D. eine Verbindung von Bestimmungen verwirklicht; das D. selbst ist aber keine eigene Bestimmung; es ist „nur" der unvorhersehbare, unberechenbare Fall mög-

licher Bestimmungen. In der rationalistisch orientierten Philosophie ist daher das D. eines Gegenstandes der unvorhersehbare Spezialfall seines begrifflich gedachten Wesens und seiner Möglichkeiten.
Gegen die rationalistische Auffassung des D. wendet sich z. B. ab Mitte des 19. Jh. die EXISTENZPHILOSOPHIE; das begrifflich gedachte Wesen der Dinge steht hier nicht im Mittelpunkt der Überlegungen. Aus der Endlichkeit und Zufälligkeit des menschlichen D. entsteht für den konkreten Menschen die Frage nach dem Sinn seines D.. Der Allgemeinbegriff des Menschen ist hier kein Thema mehr.
In der Philosophie Martin Heideggers bezeichnet D. den konkreten Menschen, insofern dieser dasjenige ausgezeichnete Seiende ist, das ein Seinsverhältnis und ein Verständnis seiner selbst hat, dem es also „um es selbst geht". Das D. verhält sich zu sich selbst, es hat ein Verständnis seiner selbst, indem es sich zu seinem Sein ja schon entschieden hat. Das Selbstverständnis des D., das sich zu seinem Sein ja schon entschieden hat, macht das *existenzielle* Verständnis seiner selbst aus. Für Heidegger liegt das *Wesen* des D. in seiner EXISTENZ (☞DASEINSANALYTIK). Der Begriff „D." spielt eine wichtige Rolle auch bei anderen Existenzialisten (K. Jaspers, J. P. Sartre).

Lit.: Chr. Wolff, Ontologia, 1730; M. Heidegger, Sein und Zeit, 1927; J. P. Sartre, Das Sein und das Nichts, 1962; N. Hartmann, Zur Grundlegung der Ontologie, 21948; K. Jaspers, Philosophische Logik I (Von der Wahrheit), ²1958.

**Daseinsanalytik** (auch „Analytik des Daseins"):
eine von Martin Heidegger in „Sein und Zeit" dargelegte Analytik, in der bestimmte Strukturen bzw. Wesensmomente des Daseins aufgezeigt werden. Im Mittelpunkt dieser Analytik steht nicht ein erkenntnistheoretisches, weltloses Subjekt (E. Husserl), sondern der konkrete Mensch in allen seinen Weltbezügen; die D. soll also die Struktur des Daseins, d. h. aber auch die Struktur unseres vorphilosophischen, vorwissenschaftlichen, vortheoretischen (im gewissen Sinne auch vorbegrifflichen), lebensweltlichen Handelns und Verstehens, offenlegen (☞LEBENSWELT). Diese Analytik steht aber im Dienste der *Seinsfrage*, der Frage nach dem „Sinn von Sein" (der Frage, um die es Heidegger eigentlich geht); der Sinn von Sein kann nur auf dem Boden einer Analytik des Daseins vernommen werden (☞FUNDAMENTALONTOLOGIE). Die „Grundverfassung des Daseins" ist für Heidegger das IN-DER-WELT-SEIN; das Dasein ist immer schon mit der Welt vertraut; es existiert in der Offenheit einer Bewandtnisganzheit, im besorgenden Umgang mit Seiendem; wir sind mit lebensweltlichen Phänomenen immer schon vertraut, aber diese Vertrautheit ist uns zunächst nicht bewußt und unthematisch; erst die D. soll sie freilegen, bewußt thematisieren, begrifflich explizieren. Die Grundbestimmungen des Daseins nennt Heidegger EXISTENZIALIEN. Zu den wichtigsten Existenzialien

neben dem In-der-Welt-sein gehören: SORGE, ANGST, BEFINDLICHKEIT, STIMMUNG, VERSTEHEN, REDE.

Lit.: M. Heidegger, Sein und Zeit, 1927; K. O. Apel, Dasein und Erkennen, 1950; C. F. Gethmann, Verstehen und Auslegung, 1974; F. W. v. Herrmann, Subjekt und Dasein, 1974; Th. Rentsch, Heidegger und Wittgenstein, 1985.

## Dauer:

im weitesten Sinne das Fortbestehen der Gegenstände in der Zeit. Die D. ist der zentrale Begriff in der Philosophie von Henri Bergson. Für Bergson ist die Wirklichkeit des Lebens und Erlebens, die aller anderen Wirklichkeit vorangestellt ist, weder zählbar noch meßbar noch räumlich; sie ist die *reine D.* (‚durée pure'). Die D. ist weder Kontinuum, noch eine aus unterschiedenen Elementen bestehende Mannigfaltigkeit; jedes Kontinuum und jede aus unterschiedenen Elementen bestehende Mannigfaltigkeit ist bereits ein Produkt des ordnenden, verräumlichenden Verstandes. Die D. kann nicht mit dem Verstand, der unterscheidet, analysiert, mißt und zählt, sondern nur in der INTUITION erfaßt werden.

Lit.: H. Bergson, Durée et simultanéité, 1922; G. Bachelard, La dialectique de la durée, 1950; G. Pflug, Henri Bergson, 1959.

## Deduktion (von lat. *deducere*, ‚herbeiführen'):

auf traditionelle Weise bestimmt: die Ableitung des Besonderen aus dem Allgemeinen (Gegensatz: INDUKTION); auf moderne Weise bestimmt: die Ableitung einer Aussage B (Konklusion) aus anderen Aussagen A 1,..., A n (Prämissen). Deduktive Ableitungen übertragen im Gegensatz zu induktiven Schlüssen die Wahrheit der Prämissen auf die Konklusion. Sie sind mit anderen Worten wahrheitserhaltend. Sind die Prämissen (A1,...., An) wahre Aussagen, z. B. AXIOME, so ist auch die Konklusion B wahr. ☞FOLGERUNG

Lit.: ☞FOLGERUNG

## Definition (von lat. *definito*, ‚Umgrenzung'):

allgemein die Bestimmung bzw. Festlegung der Bedeutung von Begriffen. Eine D. besteht aus dem *Definiendum* (das zu Definierende) und dem *Definiens* (das Definierende). In der traditionellen Definitionslehre wird zwischen der *Realdefinition* und der *Nominaldefinition* unterschieden. Die Realdefinition soll das WESEN von etwas bestimmen. Die Nominaldefinition soll die genaue Bedeutung eines Sprachzeichens bzw. Regeln des Sprachgebrauchs festlegen.

Zu weiteren Definitionstypen zählen z. B.: die *Feststellungsdefinition*, in der die herrschende Verwendung von sprachlichen Ausdrücken festgelegt wird (Feststellungsdefinitionen findet man in Wörterbüchern); die *ostensive D.*

(auch *deiktische* oder *Hinweisdefinition* genannt), in der die Verwendung eines Prädikats durch Hinweis auf entsprechende Beispiele (und auch Gegenbeispiele), denen der Prädikat zukommt, geklärt wird; die *operationale D.*, in der ein Begriff durch das entsprechende Meßverfahren bestimmt wird.
Die wichtigsten *Definitionsfehler* sind; 1) die D. ist zu eng; 2) die D. ist zu weit; 3) die D. enthält ein Widerspruch; 4) die D. ist unklar formuliert; 5) die D. enthält eine negative Formulierung; 6) das Definiens kommt bereits im Definiendum vor (*Zirkeldefinition*, ☞CIRCULUS VITIOSUS).

Lit.: F. v. Kutschera, Elementare Logik, 1967; W. K. Essler, Wissenschaftstheorie I (Definition und Reduktion), 1970; E. v. Savigny, Grundkurs im wissenschaftlichen Definieren, 1970; R. Kleinknecht, Grundlagen der modernen Definitionslehre, 1979.

**Deiktisch** (vom griech. *deiknynnai*, ‚zeigen'):
deiktische Ausdrücke sind hinweisende Ausdrücke, wie z. B. „hier", „dort", „dies"; mit ihrer Hilfe werden erste prädikative Unterscheidungen (☞PRÄDIKAT) eingeführt; diese Unterscheidungen bleiben auf der Stufe der Benennung situationsabhängig. Die Einführung der ersten prädikativen Unterscheidungen bzw. Ausdrücke geschieht auf dem Wege exemplarischer Bestimmung; man spricht hier von der *deiktischen Definition* (auch *ostentative* oder *Hinweisdefinition* genannt), z. B.: Dies hier ist ein Tisch.

**Deismus** (von lat. *deus*, ‚Gott'):
eine Religionsauffassung, derzufolge es zwar einen persönlichen, übernatürlichen Gott gibt, aber (im Gegensatz zum THEISMUS) keine Eingriffe dieses Gottes nach der Schöpfung auf die Welt stattfinden; Gott erschuf zwar die Welt, er hat aber keinen weiteren Einfluß auf das Weltgeschehen. Der D. leugnet die Wunder und jede übernatürliche OFFENBARUNG, propagiert eine *natürliche Religion* bzw. eine auf den menschlichen Verstand gegründeten Vernunftreligion und lehnt den christlichen Ausschließlichkeitsanspruch ab. Der D. ging im 17. Jh. von England aus und griff bald auf Frankreich über, wo er in der 2. Hälfte des 18. Jhs. seine größte Bedeutung erlangte. Die Anhänger des D. nennt man *Deisten*. Die Hauptvertreter des D. sind: Herbert von Cherbury, Toland, Tindal, Collins, Bolingbroke in England, Voltaire, Rousseau und die Enzyklopädisten in Frankreich; Reimarus, Lessing, Mendelssohn in Deutschland. Der D. kann als die Vernunftreligion der AUFKLÄRUNG angesehen werden.

Lit.: G. V. Lechler, Geschichte des englischen Deismus, 1841; M. Rast, Welt und Gott, 1952.

**Demiurg** (griech. ‚Werkmeister'):
bei Platon die Bezeichnung für den weltbildenden Gott, der im Hinblick auf die IDEEN (☞IDEENWELT) den chaotischen Raum (☞CHAOS) zum geord-

neten KOSMOS gestaltet. Für Plotin ist der D. die Weltseele; für Numenios der die Materie gestaltende zweite Gott zwischen dem höchsten (übersinnlichen) ersten Gott und dem dritten, der die Welt selbst ist. Bei den Gnostikern (☞GNOSIS) ist der D. der Schöpfer bzw. Bildner der Sinnenwelt, der sich von dem höchsten, in Christus geoffenbarten Gott unterscheidet. Der D. selbst bedarf der Erlösung durch den höchsten Gott.

Lit.: K. Murakawa, Demiurg, in: Historia 6, 1957; W. Ullmann, Demiurg, in: Historisches Wörterbuch der Philosophie II, 1972.

**Demokratie** (griech. ‚Volksherrschaft'):
die Staatsform, bei der ein Staat gemäß dem Willen des Volkes regiert wird. Platon unterscheidet im Anschluß an Herodot drei grundlegende Herrschaftstypen: *Monarchie* (die Herrschaft des Einzelnen), *Aristokratie* (die Herrschaft der Auserwählten) und die D. (die Herrschaft des Volkes). Die Verfallsformen dieser Herrschaftstypen sind nach Platon: *Tyrannis, Oligarchie* und *Ochlokratie*; dieses Verfallsformen sind durch den Zustand der Gesetzlosigkeit charakterisiert. Für Platon kann nur die Alleinherrschaft des „Philosophenkönig" die Gesetzeslosigkeit aufheben und die Gerechtigkeit als den höchsten Zweck der politischen Herrschaft garantieren. Platons Position kann also als antidemokratisch aufgefaßt werden. Aristoteles konzentriert sich auf die genaue Untersuchung der drei Herrschaftstypen; er gibt jedoch keinem von ihnen den Vorzug; unter bestimmten Bedingungen kann Gerechtigkeit durch jede von ihnen verwirklicht werden. Eine philosophische Legitimation der D. findet man z. B. bei J. Locke; er formuliert und begründet das Prinzip der Volkssouveränität (alle politische Gewalt geht vom Volke aus) (SOUVERÄNITÄT) und andere Prinzipien des demokratischen Staates (z. B. die Gewaltenteilung).

Lit.: Platon, Politeia; Aristoteles, Politik; J. Locke, Zwei Abhandlungen über die Regierung, 1690; W. Walter, Die sozial-ethische Definition der Demokratie, 1962; H. Laufer, Die demokratische Ordnung, 1966; W. D. Narr/F. Naschold, Theorie der Demokratie, 1971; U. Matz (Hg.), Grundprobleme der Demokratie, 1973; W. Hennis, Die mißverstandene Demokratie, 1973; W. Becker, Die Freiheit, die wir meinen, 1982.

**Denken:**
im weitesten Sinne jede geistige Tätigkeit des Menschen, bezogen auf VORSTELLUNGEN, BEGRIFFE und URTEILE; das D. wird meist im Gegensatz zum Fühlen (☞GEFÜHL), Empfinden (☞EMPFINDUNG) und allen sinnlichen Tätigkeiten (☞SINNLICHKEIT) bestimmt. In der traditionellen Psychologie wird das Seelenleben aufgeteilt in: Denken (im engeren Sinne), Fühlen und Wollen. In der *Denkpsychologie* werden die Entstehung und der Verlauf der Denkprozesse in ihrem Zusammenhang mit der gesamten seelischen bzw. psychischen Verfassung des Menschen untersucht.
In der Philosophie wird nach den Grundprinzipien, den logischen Struktu-

ren und den Grenzen des D. gefragt. Traditionell ist die LOGIK die Wissenschaft von den Strukturen, Normen und Prinzipien bzw. Gesetzen des D.. Zu den wichtigsten Funktionen des D. werden traditionell gezählt: Trennen, Verbinden, Unterscheiden, Vergleichen, Urteilen. In der Philosophie wird der Begriff des D. oft durch andere Begriffe benannt; in der griechischen und lateinischen Tradition durch Dianoia (☞DIANOETISCH), LOGOS, NOESIS, NOUS, „intellectus", RATIO, in der neuzeitlichen Tradition durch BEWUSSTSEIN, GEIST, VERNUNFT, VERSTAND. Für John Locke ist D. eine selbständige, „innere" Tätigkeit. In der kantischen Erkenntnistheorie wird zunächst das D. (bzw. der Verstand) und die Sinnlichkeit (bzw. Anschauen) einander gegenübergestellt: „Die Sache der Sinne ist, anzuschauen; die des Verstandes, zu denken. Denken aber ist: Vorstellungen in einem Bewußtsein zu vereinigen". Sodann hebt Kant das Zusammenspiel von D. und Sinnlichkeit hervor; „Anschauungen ohne Begriffe sind blind, Begriffe ohne Anschauungen sind leer". G. W. F. Hegel spricht von dem *absoluten D.* als dem spezifisch philosophischen D., in dem die Gegensätze aufgehoben und überwunden werden können (☞DIALEKTIK). In der Philosophie wurde immer wieder auf die Abhängigkeit des D. von der SPRACHE hingewiesen (schon bei Platon, dann bei Kant und Hamann); dies geschieht um so nachdrücklicher in der modernen Sprachphilosophie (☞ANALYTISCHE PHILOSOPHIE); die Kritik der reinen Vernunft (Kant) wird zur Kritik der sprachlichen Vernunft (z. B. bei Wittgenstein) radikalisiert (☞SPRACHKRITIK). Sprache ist nicht nur das Medium, in dem sich das D. ausdrückt, sondern das Grundelement bzw. das Fundament des D.. In diesem Zusammenhang ist die Frage von Bedeutung, ob es D. ohne Sprache gibt. Eine viel diskutierte und sehr umstrittene These besagt, daß D. und Sprache identisch sind.

Lit.: Platon, Theaitet; I. Kant, Kritik der reinen Vernunft, 1781, [2]1787; G. W. F. Hegel, Wissenschaft der Logik, 1812-1816; O. Selz, Zur Psychologie des produktiven Denkens und des Irrtums, 1922; J. König, Sein und Denken, 1937; Th. Litt, Denken und Sein, 1948; G. Ryle, Der Begriff des Geistes, 1969; P. Lorenzen, Methodisches Denken, 1968; H. H. Price, Thinking and Experience, [2]1970; J. Mittelstraß/M. Riedel (Hg.), Vernünftiges Denken, 1978.

## Denotation:

J. S. Mill versteht unter der D. eines Namens die Gegenstände, denen der Name als prädikativer Ausdruck (☞PRÄDIKAT) zukommt. Ein Eigenname (☞NAME) („singular name") bezeichnet („denotes") nach Mill genau einen Gegenstand, ein Allgemeinname („general name") bezeichnet 1) mehrere Gegenstände und zugleich 2) die Klasse dieser Gegenstände. Die beiden letzten Fälle werden heute unterschieden. B. Russell übersetzt den Terminus „D." mit „BEDEUTUNG" im Sinne Freges. N. Goodman verwendet den Terminus nicht nur im Zusammenhang mit wortsprachlichen Symbolen. So denotiert z. B. ein Porträt den Porträtierten, die Abbildung einer Katze einer bestimmten Rassen (z. B. in einem Biologie-Buch) die einzelnen Katzen dieser Rasse.

Lit.: J. S. Mill, System der deduktiven und induktiven Logik, 1843; B. Russell, On Denoting, Mind 14, 1905; N. Goodman, Sprachen der Kunst, 1973.

## Deontologie

(vom griech. *to deon*, ‚das Erforderliche', und *logos*, ‚Lehre'"):
die Lehre von dem, was sein sollte. In der *deontischen Logik* werden die logischen Beziehungen zwischen normativen Urteilen untersucht; in ihr werden sprachliche Äußerungen im Hinblick auf ihren normativen Charakter betrachtet. In der *deontologischen Ethik* geht es um eine besondere Art der Begründung bzw. Rechtfertigung von Normen. Die kantische Ethik wird als eine deontologische Ethik betrachtet. Fragen des (praktischen) Sollens werden streng von denen des theoretischen Seins unterschieden. Im theoretischen Sein werden uns Dinge als Erscheinungen „gegeben". Im praktischen Sollen wird uns im Lichte des SITTENGESETZES ein bestimmtes Handeln „aufgegeben".

Lit.: I. Kant, Kritik der praktischen Vernunft, 1788; J. Bentham, Deontology, or The Science of Morality, 1834; W. D. Ross, Foundation of Ethics, 1939; D. H. Nowell-Smith, Ethics, 1954; W. K. Frankena, Analytische Ethik, 1963.

**Deskription** (von lat. *describere*, ‚beschreiben'): ☞BESCHREIBUNG

**Deskriptiv** (von lat. *describere*, ‚beschreiben'):
beschreibend; deskriptiv sind Sätze, die im Unterschied zu PRÄSKRIPTIVEN und NORMATIVEN Sätzen verwendet werden.

**Deszendenztheorie** (von lat. *descendere*, ‚herabsteigen'):
Abstammungslehre; in der D. wird der Standpunkt vertreten, daß zwischen den Lebewesen und ihren Arten verwandtschaftliche Beziehungen bestehen und die differenzierter und komplexer gebauten Lebewesen sich aus einfacheren Lebensformen im Laufe der Zeit entwickelt haben. Entscheidend für die D. waren die Arbeiten von Charles Darwin (☞DARWINISMUS). Zu weiteren Hauptrichtigungen der D. gehören: 1) die Katastrophentheorie Cuviers (mehrmals vorhandene Arten gehen zugrunde und entstehen wieder neu), 2) die Umwelt- oder Anpassungslehre (es gibt ein passives Angepaßtwerden und ein aktives Sichanpassen und Sichdurchsetzen der Arten); 3) die Erblichkeitslehre (die Hauptträger des Abstammungswandels haben eine gegenüber den Einflüssen der Umwelt weitgehend immune Erbanlage, die sich nur durch Verbindung verschiedener Erbanlagen bei Geschlechtszeugung ändern kann). Die D. ist angewiesen auf die Erkenntnisse der ver-

gleichenden Anatomie, der Physiologie, Entwicklungsgeschichte, Paläontologie und Vererbungswissenschaft.

Lit.: O. Kuhn, Deszendenztheorie, 21951; W. Zimmermann, Evolution, 1954; B. Rentsch, Neuere Probleme der Abstammungslehre, 21954; ders., Biophilosophie auf erkenntnistheoretischer Grundlage, 1968.

**Determinismus** (von lat. *determinare*, ‚abgrenzen', ‚bestimmen'):
im weitesten Sinne die Auffassung, daß die gesamte Wirklichkeit bzw. Teile der Wirklichkeit (z. B. Natur, Geschichte, menschliches Handeln) durch bestimmte Faktoren (z. B. Gott, Naturgesetze, Gesetze der Geschichte) eindeutig festgelegt, bestimmt ist; im engeren Sinne die Auffassung, daß menschliches Handeln ebenso kausal-gesetzmäßig (☞KAUSALITÄT) bestimmt (determiniert) ist wie das Naturgeschehen (Gegensatz: INDETERMINISMUS); da der menschliche Wille stets durch äußere oder innere Ursachen bestimmt (determiniert) ist bzw. dem Kausalprinzip unterliegt, kann es keine WILLENSFREIHEIT bzw. keine menschliche FREIHEIT überhaupt geben.
Das menschliche Handeln und Denken kann durch unterschiedliche Faktoren determiniert sein. Es können bestimmte physische bzw. biologische Prozesse sein, denen das menschliche Denken und Handeln unterliegt, ferne psychische Prozesse (bedingt z. B. durch neurotische Störungen); schließlich sind gesellschaftliche bzw. soziale Faktoren von großer Bedeutung (familiäre Beziehungen, gesellschaftlicher Status, Rollenverhältnisse usw.).

Lit.: F. Gonseth, Determinismus und Willensfreiheit, 1948; G. H. v. Wright, Causality and Determinism, 1974; K. Lehrer (Hg.), Freedom and Determinism, 1976; J. Earman, A Primer on Determinism, 1986; B. Rensch, Probleme genereller Determiniertheit allen Geschehens, 1988.

**Deutscher Idealismus:**
eine besondere Form des IDEALISMUS. Der d. I. ist mit den Namen Fichte, Schelling und Hegel verbunden. Er kann als eine Reaktion auf Kants TRANSZENDENTALPHILOSOPHIE gedeutet werden. Nach Fichte setzt sich das ICH selbst in einem ursprünglichen Akt der Freiheit (☞TATHANDLUNG); zugleich, ebenfalls in diesem Akt, setzt es das Nicht-Ich (Natur, Welt); es begründet in sich sogar die Differenz von Ich und Nicht-Ich. Das Ich ist daher nach Fichte der Grund des Wissens und der Welt. Schelling kritisiert den Gedanken des einseitigen Setzens des Nicht-Ich durch das Ich; dabei wird die Bedeutung der Natur nicht angemessen gesehen. Gegen den *subjektiven I.* Fichtes wendet sich Schelling in seinem *objektiven Idealismus.* Parallel zu der Selbstsetzung des Ich kommt es zur Entstehung des Ich aus der Natur. In seiner Spätphilosophie entwickelt Schelling die Konzeption einer IDENTITÄTSPHILOSOPHIE, die er auch als *absoluten Idealismus* bezeichnet; in einem ursprünglichen, absoluten, göttlichen Urgrund fallen Subjekt

und Objekt, Geist und Materie, Denken uns Sein zusammen; dieser Urgrund, der als eine ursprüngliche Einheit der Gegensätze zu begreifen ist, hat einen geistigen Charakter. Erst aus dieser Einheit gehen die Gegensätze (Subjekt-Objekt usw.) hervor. Auch Hegels Philosophie kann als *objektiver Idealismus* (bzw. *absoluter Idealismus*) bezeichnet werden, der einige Züge der Schellingschen Identitätsphilosophie zunächst in sich aufnimmt. Hegel versteht die Idee als „Identität des Begriffs mit seiner Realität". Die Idee entfaltet sich in einem dialektischen Prozeß als Natur und Geist (☞DIALEKTIK). Auch die Natur selbst wird als die „Selbstbewegung des Begriffs" bestimmt und von der Tätigkeit des absoluten Geistes betroffen. Im absoluten Geist fallen Natur und Idee zusammen; Idee und Natur (und andere Gegensätze, z. B. Geist-Materie, Subjekt-Objekt) werden in einem dialektischen Prozeß (im Medium des absoluten Geistes) zu einer Einheit. Gedanken des d. I. fanden Einlaß in fast alle Bereiche der Philosophie, z. B. GESCHICHTSPHILOSOPHIE, LOGIK, ETHIK, RECHTSPHILOSOPHIE, RELIGIONSPHILOSOPHIE, ÄSTHETIK, NATURPHILOSOPHIE. Der d. I. kann als der Höhepunkt der idealistischen Philosophie betrachtet werden.
☞SELBSTBEWUSSTSEIN, SUBJEKTIVITÄT, SPEKULATION.

Lit.: J. G. Fichte, Wissenschaftslehre, 1794-95; F. W. Schelling, System des transzendentalen Idealismus, 1800; ders., Über das Wesen der menschlichen Freiheit, 1809; G. W. F. Hegel, Phänomenologie des Geistes, 1807; Ders., Wissenschaft der Logik, 1812-16; Ders., Enzyklopädie der Wissenschaften, 1817; N. Hartmann, Die Geschichte des deutschen Idealismus, $^{2}$1960; D. Henrich, Fichtes ursprüngliche Einsicht, 1967; W. Schultz, Die Vollendung des deutschen Idealismus in der Spätphilosophie Schellings, $^{2}$1975; E. Tugendhat, Selbstbewußtsein und Selbstbestimmung, 1979.

## Deutung:

im weitesten Sinne INTERPRETATION, ERKLÄRUNG, sinnstiftende bzw. sinnerschließende Betrachtung.

## Dezisionismus

(von lat. *decidere*, ‚abschneiden', *decisio*, ‚Abkommen', ‚Entscheidung'): Bezeichnung für Positionen, die eine Rechtfertigung, Begründung bzw. Überprüfung von normativ gehaltvollen Aussagen nicht zulassen. Unter *praktischem D.* versteht man die Ablehnung der Begründung von bestimmten für unser Handeln erforderlichen Entscheidungen. Unter *theoretischem D.* versteht man die Auffassung, daß eine solche Begründung, z. B. wegen der Unmöglichkeit, oberste Werte oder Normen zu begründen, unmöglich sei.

Für Carl Schmitt, einen der wichtigsten Vertreter des D., wird jede Normsetzung auf eine letztlich willkürliche Entscheidung zurückgeführt. Die Geltung der Normen beruht nicht auf ihrer Legitimität, sondern auf der Durchsetzung der Normen durch den Herrschenden. Für Max Weber basieren letzte Wertorientierungen auf Entscheidungen, die nicht mehr begründet sind.

Lit.: H. Hofmann, Dezision, Dezisionismus, in: Historisches Wörterbuch der Philosophie II, 1972; O. Schwemmer, Dezisionismus, in: J. Mittelstraß (Hg.), Enzyklopädie Philosophie und Wissenschaftstheorie I, 1980.

**Dharma** (sanskr. ‚tragendes Prinzip'):
in der indischen Philosophie die Bezeichnung für Recht, Gesetz, Tugend, Lehre; Bezeichnung für die im VEDA festgeschriebenen religiösen Pflichten (das Gesetz des richtigen Lebens); die Befolgung dieser Pflichten führt zur Erlösung vom Leiden; im BUDDHISMUS gelten die D. als Faktoren des Seins, aus denen die Wirklichkeit (Gegenstände der Welt, Dinge und Lebewesen) zusammengesetzt ist.

Lit.: M. u. W. Geiger, Pali Dharma, 1920; P. Hacker, Dharma im Hinduismus, in: Zeitschrift für Missionskunde und Religionswissenschaft 49, 1965.

**Dialektik** (vom griech. *dialektike*, ‚die Kunst der Unterredung'):
in der Antike die Kunst der Unterredung. Bei Sokrates und Platon die Methode von Rede und Gegenrede; das Verfahren, durch Rede und Gegenrede die Begriffe bzw. das Wesen der Dinge schrittweise zu ermitteln. Für Platon ist die D. darüber hinaus die oberste Wissenschaft vom eigentlichen, wahren Seienden, d. h. von den IDEEN (☞IDEENWELT); sie ist die Methode der Wahrheitsfindung (es soll das wahre Sein der Dinge gefunden werden); Platon untersucht in der D. auch die Verbindung zwischen den einzelnen Seinsstufen und bestimmten Eigenschaften der Seele. Bei den Sophisten (☞SOPHISTIK) gilt die D. im Gegensatz zu Platon (dem es um die Wahrheitsfindung geht) als das Instrument der Überredung (z. B. vor dem Gericht oder in der Volksversammlung). Bei Aristoteles wird die D. in den Gesamtzusammenhang des „Organon" eingeordnet und dort im Gegensatz zum syllogistischen und demonstrativen Beweis („Analytik") angesehen; D. erscheint dann als eine Argumentationsform, die bloß die Wahrscheinlichkeit beansprucht. Von der Stoa bis ins 16. Jh. ist D. die Bezeichnung für die übliche (Schul-) Logik. Seit dem Ende des 16. Jh. unterteilt man die Logik in Analytik (Lehre von logisch notwendigen Schlüssen) und D. (Lehre von den bloß wahrscheinlichen Schlüssen). Für Kant ist die D. eine „Logik des Scheins", die es beansprucht, mittels der ANSCHAUUNGSFORMEN und der reinen Begriffe (☞KATEGORIE), die für den Bereich der Erscheinungen gelten, Aussagen über Gott, Unsterblichkeit der Seele, das Ganze der Welt an sich, Freiheit usw. zu machen; die „Logik des Scheins" ist also die Lehre von den unabdingbaren Widersprüchen (☞ANTINOMIE), in die sich die Vernunft verstrickt, wenn sie ihre Erkenntnisse nicht an der Erfahrung ausweist. Kants *transzendentale D.* ist eine „Kritik des dialektischen Scheins", eine „Kritik des Verstandes und der Vernunft in Ansehung ihres hyperphysi-

schen Gebrauchs"; in der „transzendentale D." will Kant die unversöhnlichen Widersprüche (Antinomien) aufzeigen, in die sich die Vernunft verstrickt, wenn sie – wie oben bereits erwähnt wurde – die Anschauungsformen und die Begriffe A PRIORI auf die letzten Fragen über Gott, Mensch und Welt anwendet.

Für Hegel, dessen Philosophie als *die* dialektische Philosophie gilt, ist D. die „eigene wahrhafte Natur der Verstandesbedingungen, der Dinge und des Endlichen überhaupt"; sie ist „Natur des Denkens selbst". Anders formuliert: sie ist „die wissenschaftliche Anwendung der in der Natur des Denkens liegenden Gesetzmäßigkeit und zugleich diese Gesetzmäßigkeit selbst"; die D. ist die Bewegung der Vernunft, die das Sein, die Wirklichkeit selbst ist; die Wirklichkeit selbst wird als dialektische Bewegung von Begriffen aufgefaßt (Identität von Denken und Sein); die D. ist also die Bewegung der Wirklichkeit und zugleich die des menschlichen Denkens, das als spekulatives Denken einen Anteil an dieser Bewegung hat. Die D. als Bewegung des Denkens meint VERMITTLUNG (z. B. von Subjekt und Objekt, Denken und Sein), d. h., das dialektische Denken schließt in sich die Dimension des WIDERSPRUCHS, des Gegensatzes in sich ein. In der „Wissenschaft der Logik" werden die „Selbstbewegung des Begriffs" und der notwendige Fortgang von einem Begriff zum nächsten dargestellt; jede Begriffssetzung (*Thesis*) treibt aus sich ihren Gegensatz (*Antithesis*) hervor; beide werden in einem höheren, allgemeineren Begriff bzw. einer höheren Einheit (*Synthesis*) aufgehoben bzw. aufbewahrt. Hegels D. ist nicht nur das Prinzip der Logik, sondern zugleich auch das Prinzip der Natur und der geschichtlichen Entwicklung. Karl Marx modifiziert die Hegelsche D.; er lehnt ihre spekulativ-metaphysischen Momente ab und versucht, die Hegelsche D. auf die kapitalistische Gesellschaftsordnung anzuwenden; er begründet den *dialektischen Materialismus* (☞MATERIALISMUS).

Theodor W. Adorno vertritt die Konzeption einer *negativen D.*; sie ist gegen jede prinzipiell auf eine Identität von Gegensätzen (z. B. eine Identität von Subjekt und Objekt, von Denken und Sein) hinauslaufende und daher positive D.-Konzeption gerichtet. Adorno geht es um das „Begriffslose", das Heterogene, das dem identifizierenden Begriff sich Entziehende oder Entzogene, um das „Nichtidentische". Das Begriffslose kann niemals gefaßt werden; doch das dialektische Denken kann sich dem Begriffslosen als dem Heterogenen „anschmiegen". Die negative D. ist kein einlösbares Programm, sondern eine permanente Aufgabe.

Elemente des dialektischen Denkens haben in verschiedenen Bereichen eine wichtige Bedeutung, so z. B. in der Wissenschaftstheorie (z. B. bei Karl Popper), der kritischen Gesellschaftstheorie (z. B. bei H. Marcuse, M. Horkheimer u. a.; KRITISCHE THEORIE), der *dialektischen Theologie* (☞THEOLOGIE), der HERMENEUTIK und RHETORIK. In diesen Bereichen werden jeweils verschiedene D.-Begriffe verwendet.

Lit.: Platon, Sophistes; Aristoteles, Organon; I. Kant, Kritik der reinen Vernunft, 1781, $^{2}$1787; G. W. F. Hegel, Phänomenologie des Geistes, 1807; ders., Wissenschaft der Logik, 1812-1816; ders., Enzyklopädie der philosophischen Wissenschaften, 1817; K. Marx, Das Kapital, 3 Bde., 1867-94; J. Stenzel, Studien zur Entwicklung der Platonischen Dialektik von Sokrates zu Aristoteles, $^{2}$1931; J. Kofler, Geschichte und Dialektik. Zur Methodenlehre der dialektischen Geschichtsbetrachtung, 1955; R. Heiss, Wesen und Formen der Dialektik, 1959; T. W. Adorno, Negative Dialektik, 1966; K. R. Popper, Was ist Dialektik?, in: E. Topitsch (Hg.), Logik der Sozialwissenschaften, 1967; W. Becker, Hegels Begriff der Dialektik und das Prinzip des Idealismus, 1969; A. Kulenkampff, Antinomie und Dialektik, 1970; R. Bubner/K. Cramer/R. Wiehl (Hg.), Hermeneutik und Dialektik, Aufsätze I-II, 1970; R. Bubner, Dialektik und Wissenschaft, 1973; A. Diemer, Elementarkurs Philosophie: Dialektik, 1976; U. Steinvorth, Eine analytische Interpretation der Marxschen Dialektik, 1977; C. Hubig, Dialektik und Wissenschaftslogik, 1978; H. Schnädelbach, Dialektik und Diskurs, in: ders., Vernunft und Geschichte, 1987.

**Dialektischer Materialismus:** ☞MATERIALISMUS

**Dialektische Theologie:** ☞THEOLOGIE

**Dialog** (vom griech. *dialogos*, ‚Gespräch', ‚Unterredung'):
im weitesten Sinne Gespräch, Unterredung, Wechselrede. Das sokratisch-platonische Werk hat die Form von Dialogen; diese Dialoge haben eine bestimmte Struktur, eine bestimmte „Logik"; in ihnen drückt sich die besondere Art des Philosophierens aus; in Rede und Gegenrede wird nach der Wahrheit gesucht; im Verlauf eines D. werden allgemeine Bestimmungen, Begriffe gebildet (z. B. Begriff der Gerechtigkeit, der Tugend usw.) Seit der Antike ist der D. auch eine literarische Kunstform.

Im 20. Jh. spielt der Begriff des D. in der sog. *dialogischen Philosophie* (auch *Dialogik* genannt) eine wichtige Rolle; der D. wird als eine zwischenmenschliche Beziehung angesehen, in der sich *Ich* und *Du* unmittelbar begegnen. Die *Ich-Du-Beziehung* ist für Martin Buber (1878-1965), einer der Hauptvertreter der Dialogik, fundamental und nicht weiter ableitbar. Der Mensch kann sein eigentliches Wesen nur in einem Verhältnis zu einem anderen Menschen erfahren. Für Buber gilt: „Nicht durch ein Verhältnis zu seinem Selbst, sondern nur durch ein Verhältnis zu einem anderen Selbst kann der Mensch selbst werden". Die Dialogpartner „entstehen" aus dem Ereignis der Begegnung. Buber spricht von der gleichursprünglichen Entstehung des Ich aus dem Du und des Du aus dem Ich. Die Ich-Du-Beziehung zeichnet sich durch Unmittelbarkeit aus; zwischen den Beziehungsgliedern gibt es keine „Begrifflichkeit", kein „Vorwissen" und keine „Phantasie". Das Du ist kein Mittel zum Zweck, es wird als Person anerkannt, seine Freiheit wird ernst genommen. Bei Buber und auch bei anderen Denkern der Dialogik findet man stark religiöse (aus dem Judentum und Christentum stammende) Motive. So entspringt für Buber jede Du-Begegnung aus dem interpersonalen „Zwischen", dessen alleinige Wirklichkeit das Sein Gottes ist. Gott ist

die „Mitte“, in der die einzelnen Begegnungen gründen; in jeder Du-Begegnung spricht mich das „ewige Du Gottes“ an.
Weitere Hauptvertreter der dialogischen Philosophie sind: H. Cohen, F. Rosenzweig, F. Ebner. Vorläufer der dialogischen Philosophie waren im 19. Jh. Jacobi und Feuerbach. Der Begriff „D.“ spielt in der zeitgenössischen Logik (*dialogische Logik*) und Wissenschaftstheorie eine gewisse Rolle (z. B. bei P. Lorenzen, K. Lorenz).

Lit.: H. Cohen, Religion der Vernunft aus den Quellen des Judentums, 1919; F. Rosenzweig, Stern der Erlösung, 1921; F. Ebner, Das Wort und die geistigen Realitäten, 1921; M. Buber, Ich und Du, 1923; M. Theunissen, Der Andere, 1966; B. Casper, Das dialogische Denken, 1967; H. H. Schrey, Dialogisches Denken, 1970; B. Waldenfels, Das Zwischenreich des Dialogs, 1970.

**Dialogphilosophie:** ☞ DIALOG

**Dianoetisch** (vom griech. *dianoia*, ‚Vernunft‘):
vernunft- bzw. denkgemäß, auf die Vernunft bzw. den Verstand bezogen. Aristoteles spricht von den *dianoetischen Tugenden*: Wissen bzw. Wissenschaft (‚episteme‘), Kunst, Können (‚techne‘), Klugheit, Einsicht (‚phronesis‘), Verständlichkeit (‚synosis‘), Weisheit (‚sophia‘), Wohlberatenheit (‚eubulia‘); sie sind Tugenden, die der Mensch als denkendes Wesen im Erkenntnisprozeß und in der Suche nach Wahrheit erwerben kann.

Lit.: Aristoteles, Nikomachische Ethik.

**Dichotomie** (griech. ‚Zweiteilung‘):
Zweiteilung; in der traditionellen Logik die Einteilung nach zwei Gesichtspunkten; dabei wird ein Gegenstandsbereich in zwei Teile zerlegt, die im Verhältnis der DISJUNKTION stehen. Jeder Gegenstand muß entweder zu dem einen oder zu dem anderen Teil gehören. Beispiel: Menschen lassen sich in Philosophen und Nicht-Philosophen einteilen. ☞ DIHAIRESIS

Lit.: T. Ziehen, Lehrbuch der Logik auf positivistischer Grundlage mit Berücksichtigung der Geschichte der Logik, 1920.

**Differentia specifica** (lat. ‚artbildender Unterschied‘):
in der traditionellen Logik bzw. Definitionslehre Bezeichnung für dasjenige Merkmal, das eine ART im Unterschied zu anderen Arten derselben Gattung hat; dieses Merkmal bzw. diese Eigenschaft charakterisiert somit eindeutig eine Art relativ zur vorgegebenen Gattung. Anders ausgedrückt: der Artbegriff wird mit Hilfe der D. s. relativ zu einem nächst-allgemeineren Gattungsbegriff bestimmt. In der traditionellen Definitionslehre gehört daher zur DEFINITION eines Artbegriffs die Angabe des nächsthöheren Gattungsbegriffs („genus proximum“) und der für die zu definierende Art

charakteristische D. s..

Lit.: Aristoteles, Metaphysik.

**Differenz, ontologische:** ☞ONTOLOGISCHE DIFFERENZ

**Dihairesis** (griech. ‚Zerlegung'):
die von Platon entwickelte Methode der Begriffseinteilung; sie soll die Definition eines bestimmten Begriffs durch seine Einordnung unter höhere, allgemeinere, ihn umfassende und bestimmende Begriffe ermöglichen; mit Hilfe der D. werden Unterschiede aufgezeigt, durch die sich eine GATTUNG in ihre ARTEN bzw. ein allgemeiner Begriff in speziellere Begriffe zergliedert. Die D. verwendet das Verfahren der DICHOTOMIE in Anspruch, um den zu untersuchenden Begriff zu bestimmen.

Lit.: Platon, Sophistes; J. Stenzel, Zahl und Gestalt bei Platon und Aristoteles, [3]1959; ders., Studien zur Entwicklung der platonischen Dialektik von Sokrates bis zu Aristoteles, [3]1961.

**Dilemma** (griech. ‚zweiteilige Annahme'):
im weitesten Sinne Ausweglosigkeit; die schwierige Lage, in der man sich befindet, wenn man zwischen zwei unerwünschten Alternativen wählen muß, eine Zwangslage („Zwickmühle"). Das D. ist eine der Schlußfiguren der SYLLOGISITIK.

**Ding:**
im weitesten Sinne GEGENSTAND; so aufgefaßt, ist D. gleichbedeutend mit „Etwas"; danach gibt es konkrete Dinge (z. B. Tisch, Stuhl) und abstrakte Dinge (z. B. Tapferkeit, Zahl, Gott). In der Alltagssprache gelten als Dinge die konkreten, sinnlich-wahrnehmbaren Einzelgegenstände, die als zählbare Individuen erscheinen. Platon unterscheidet zwischen Dingen (griech. ‚pragmata'; lat. ‚res'), die als Gegenstände bzw. Objekte der THEORIE gelten, und Handlungen (griech. ‚praxeis'; lat. ‚actiones'), die als Gegenstände der PRAXIS angesehen werden. Für Aristoteles ist das D. der Träger von Eigenschaften. Descartes unterscheidet zwischen den denkenden Dingen (RES COGITANS) und den ausgedehnten Dingen (RES EXTENSA).
Weitere D.-Bestimmungen, die in der abendländischen Philosophie eine wichtige Rolle gespielt haben, sind: 1) das Ding ist die Einheit der Mannigfaltigkeit des in den Sinnen Gegebenen; 2) das D. ist die Einheit von Materie und Form; es ist der geformte Stoff.
In der Spätphilosophie Heideggers wird das D. als das „Geviert" bestimmt, also als dasjenige Seiende, darin Himmel und Erde, Götter und Menschen ineinanderspielen; es versammelt in sich die wesenhaften Bezüge der Welt. ☞DING AN SICH

Lit.: Aristoteles, Metaphysik; A. Grote, Die Welt der Dinge, 1948; M. Heidegger, Holzwege, 1949; ders., Das Ding, in: ders., Vorträge und Aufsätze, 1954; P. F. Strawson, Einzelding und logisches Subjekt, 1972; M. Heidegger, Die Frage nach dem Ding, 1962.

**Ding an sich:**
in Kants „Kritik der reinen Vernunft" Bezeichnung für die unabhängig vom erkennenden SUBJEKT bestehende, hinter den erkennbaren ERSCHEINUNG liegende Wirklichkeit; das D. a. s. kann nicht erkannt werden, weil alles, was erkannt werden kann, vom erkennenden Subjekt mitgeformt ist; wir erkennen die Welt nur so, wie sie uns im Medium von ANSCHAUUNGSFORMEN, KATEGORIEN und Vernunftbegriffen (IDEEN) „erscheint". Kant unterscheidet daher den erkennbaren, durch unsere Anschauungsweise bestimmten Erscheinungen und dem D. a. s. (als „Grund der Erscheinungen"), welches außerhalb und unabhängig von unserer Anschauungsweise besteht. Die Erscheinungen bestehen dagegen „für uns". Das D. a.s. ist aber als das, was erscheint, notwendige Voraussetzung der Erscheinung. Das D. a.s. ist also für uns („denkbar, aber in keiner Weise erkennbar"). Es ist für Kant ein Begriff, der zur Abgrenzung unserer durch Sinne vermittelten Gegenstandserkenntnis von der geistigen, auf der *intellektuellen Anschauung* basierenden Erkenntnis der Dinge dient. Deshalb nennt Kant das D. a. s. auch NOUMENON (Verstandesgegenstand, Gedankending) im Gegensatz zum PHAENOMENON (Sinnesgegenstand, Sinnending, Erscheinung).
Lit.: I. Kant, Kritik der reinen Vernunft, 1781, $^{2}$1787; G. Prauss, Kant und das Problem der Dinge an sich, 1974.

**Disjunkt** (von lat. *disiungere*, ‚trennen'):
zwei Bereiche werden disjunkt genannt, wenn es kein Element gibt, das sowohl zum einen als auch zum anderen Bereich gehört.

**Disjunktion** (von lat. *disiungere*, ‚trennen'):
in der Aussagenlogik (JUNKTORENLOGIK) die Zusammensetzung zweier Aussagen zu einer neuen Aussage mittels des zweistelligen JUNKTORS „entweder... oder" (Symbol: >-<). Dabei wird „entweder... oder" auch als „ausschließendes Oder" bezeichnet (im Gegensatz zur ADJUNKTION).
Die Wahrheitstafel für die D. sieht folgendermaßen aus:

| A | B | A >-< B |
|---|---|---|
| w | w | f |
| w | f | w |
| f | w | w |
| f | f | f |

**Diskurs** (lat. ‚das Hin- und Herlaufen‘):
für Jürgen Habermas „die durch Argumentation gekennzeichnete Form der Kommunikation (...), in der problematisch gewordene Geltungsansprüche zum Thema gemacht und auf ihre Berechtigung hin untersucht werden“. Der D. ist also ein Vorgehen, bei dem in einer argumentativen Form (☞ARGUMENTATION) strittig gewordene Geltungsansprüche (☞GELTUNG) von bestimmten sprachlichen Äußerungen bzw. Handlungen überprüft werden; dabei soll ein universaler, d. h. für alle sinnvoll Argumentierenden gültiger KONSENS erzielt werden. Habermas unterscheidet zwei Formen der KOMMUNIKATION (oder der „Rede“): *kommunikatives Handeln* und *D.*. Im kommunikativen Handeln wird die Geltung von sprachlichen Äußerungen (und Handlungen) naiv vorausgesetzt; hier werden Informationen (handlungsbezogene Erfahrungen) ausgetauscht. Im D. werden die im kommunikativen Handeln erhobenen Geltungsansprüche thematisiert (es werden hier keine Informationen ausgetauscht); hier „suchen wir ein problematisiertes Einverständnis, das im kommunikativen Handeln bestanden hat, durch Begründung wiederherzustellen“. Der D. soll der Begründung problematisierter Geltungsansprüche von Meinungen und Normen dienen. Im D. werden nach Habermas Handlungszwänge und Geltungsansprüche „virtualisiert“. Bei der „Virtualisierung der Handlungszwänge“ sollen alle Motive außer dem einer kooperativen Verständigungsbereitschaft außer Kraft gesetzt werden; darüber hinaus sollen Fragen der Geltung von denen der GENESIS getrennt werden. Bei der „Virtualisierung von Geltungsansprüchen“ soll gegenüber den Gegenständen des kommunikativen Handelns (Dingen, Ereignissen, Personen, Äußerungen) ein „Existenzvorbehalt“ angemeldet werden. Die Sprecher treten in Diskursen aus „Handlungs- und Erfahrungszusammenhängen“ heraus; es kommt dabei für Habermas zu einer „Entkoppelung” der Kommunikation von der Motivation.
Für H. Schnädelbach sind Diskurse Kommunikationsformen, mit denen wir uns auf andere Kommunikationsformen beziehen, bzw. Handlungsformen (Formen des kommunikativen Handelns), mit denen wir uns auf andere Handlungsformen beziehen. Diskurse sind sozusagen spezielle Formen des kommunikativen Handelns: „Der D. ist umgangssprachliche Kommunikation in einer von Zwängen der Interaktion freigesetzten Form“ (Habermas). Nach J. Habermas und K.-O. Apel ist jede Äußerung (Aussage, Handlung) mit einem Geltungsanspruch verknüpft. Nicht alle Geltungsansprüche können jedoch bei Habermas diskursiv durch Argumente eingelöst werden. Diskursiv eingelöst werden können nur folgende Geltungsansprüche: 1) der Geltungsanspruch auf Wahrheit von Äußerungen, mit denen wir uns auf etwas in der objektiven Welt („als der Gesamtheit aller Entitäten, über die wahre Aussagen möglich sind“) beziehen; 2) der Geltungsanspruch auf

Richtigkeit von Äußerungen, Handlungsnormen bzw. Handlungen, mit denen wir uns auf etwas in der sozialen Welt („als der Gesamtheit aller legitim geregelten interpersonalen Beziehungen“) beziehen; 3) der Geltungsanspruch auf Verständlichkeit bzw. Wohlgeformtheit von symbolischen Ausdrücken; hier geht es um die Rekonstruktion von sprachlichen Regelns und eine Explikation der Bedeutung von Äußerungen. Der Geltungsanspruch auf Angemessenheit von Wertstandards kann in der „ästhetischen Kritik“ rechtfertigt werden; Argumentationen, die der Rechtfertigung von Wertstandards dienen, erfüllen nicht die Bedingungen von Diskursen; auch der Geltungsanspruch auf Wahrhaftigkeit von Expressionen kann nicht diskursiv eingelöst werden; er kann in der „therapeutischen Kritik“ thematisiert werden. Der Wahrheitsanspruch bezieht sich auf etwas in der für alle Menschen gleichermaßen erfahrbaren objektiven Welt, der Geltungsanspruch auf Richtigkeit auf eine gemeinsame soziale Welt von Normen; diese Normen können von jedem vernünftigen Menschen beurteilt werden. Auch mit dem Geltungsanspruch auf Verständlichkeit beziehen wir uns auf ein gemeinsames Sprachsystem. Mit dem Geltungsanspruch auf Wahrhaftigkeit bezieht sich dagegen ein Sprecher nicht auf eine gemeinsame Welt, sondern auf seine nur ihm zugänglichen Erlebnisse (auf seine subjektive Welt).

Habermas unterscheidet entsprechend den drei universalen Geltungsansprüchen zwischen dem *theoretischen D.*, dem *praktischen D.* und dem *explikativen D.* K. O. Apel spricht von dem *argumentativen D.*, in dem reflexiv die notwendigen Bedingungen der Möglichkeit und Gültigkeit des sinnvollen Argumentierens ermittelt werden. Die universalen Geltungsansprüche der Rede sollen im nicht hintergehbaren, transzendentalen „Sprachspiel des argumentativen Diskurses“ begründet werden (☞TRANSZENDENTALPRAGMATIK). Anwendungsgebiete der Diskurstheorie sind ETHIK, RECHTSPHILOSOPHIE, Politik.

Lit.: J. Habermas, Vorbereitende Bemerkungen zu einer Theorie der kommunikativen Kompetenz, in: ders./N. Luhmann, Theorie der Gesellschaft oder Sozialtechnologie, 1971; ders., Wahrheitstheorien, in: H. Fahrenbach (Hg.) Wirklichkeit und Reflexion, 1973; K. O. Apel, Transformation der Philosophie, 1977; J. Habermas, Theorie des kommunikativen Handelns I, 1981; K. O. Apel, Diskurs und Verantwortung, 1988.

**Diskursiv** (von lat. *discurrere*, ‚auseinanderlaufen‘):
als diskursiv wird in der philosophischen Tradition dasjenige Denken bezeichnet, das Schritt für Schritt vorgeht, das von einer Vorstellung zu einer anderen Vorstellung logisch fortschreitet und das Ganze (das ganze Gedankengebilde) aus seinen Teilen aufbaut. Das diskursive Denken ist im Gegensatz zur intuitiven Erkenntnis (☞INTUITION) von jedem nachvollziehbar. D. wird oft synonym zu „begrifflich“ aufgefaßt.

**Disparat** (von lat. *dispar*, ‚ungleich', ‚unvereinbar'):
in der philosophischen Tradition heißen Begriffe disparat, die keine gemeinsamen Merkmale haben.

**Disposition** (von lat. *dispositio*, ‚Anordnung'):
Anordnung, Planung, Gliederung; in der traditionellen Logik bzw. Erkenntnistheorie Bezeichnung für die planmäßige Anordnung von Gedanken; in der Physiologie und Psychologie Bezeichnung für ererbte oder erworbene Anlage, Fähigkeit, auch Geneigtheit, Gemütsstimmung, Veranlagung, seelische Verfassung.

**Dinstinktion** (von lat. *distinctio*, ‚Unterscheidung'):
in der mittelalterlichen und frühneuzeitlichen Philosophie: begriffliche Unterscheidung.

**Division** (von lat. *divisio*, ‚Teilung'):
in der traditionellen Logik die Einteilung bzw. Zerlegung eines Gattungsbegriffs in seine Artbegriffe.

**Docta ignorantia** (lat. ‚gelehrte Unwissenheit'):
bei Nikolaus von Kues Bezeichnung für die Gotteserkenntnis als die höchste Stufe der Vernunftserkenntnis; das Wissen um die Unbegreiflichkeit Gottes; das Wissen um das Nichtwissenkönnen hinsichtlich des eigentlichen Wesens Gottes. Nach Nikolaus von Kues zeichnet sich das menschliche Wissen durch seine Gegensätzlichkeit aus; das menschliche Denken führt zu paradoxen, sich widersprechenden Inhalten. Die Vernunft entdeckt auf dem Wege zur Gotteserkenntnis, daß die Gegensätze des menschlichen Denkens im Bereich der göttlichen Vernunft nicht bestehen, sondern „zusammenfallen" (☞COINCIDENTIA OPPOSITORUM). Der menschliche Verstand kann das Göttliche nicht erfassen. Die höchste Stufe der menschlichen Erkenntnis ist die Einsicht in die eigene Unwissenheit.

Lit.: Nikolaus von Kues, De docta ignorantia, 1440; J. Ritter, Docta ignorantia. Die Theorie des Nichtwissens bei Nicolaus Cusanus, 1927; K. H. Volkmann-Schluck, Nicolaus Cusanus, 1957; K. Jaspers, Nicolaus Cusanus, 1964.

**Dogma** (griech. ‚Meinung', ‚Lehrsatz'):
ein Lehrsatz, dessen Gültigkeit nur im Glauben hingenommen wird; ein D. gilt unanfechtbar; in der Theologie ein Glaubenssatz, der nicht bewiesen, überprüft bzw. rational begründet werden kann, aus dem aber andere Sätze abgeleitet werden. Die Dogmen bilden die Grundlage einer Glaubenslehre.

**Dogmatismus** (vom griech. *dogma*, ‚Meinung', ‚Lehrsatz'):
im allgemeinen Sinne die Auffassung, derzufolge es grundlegende Behauptungen (z. B. Lehrsätze, Glaubenssätze) gibt (☞DOGMA), die nicht bewiesen, überprüft bzw. für alle nachvollzogen werden können. Im D. wird versucht, sich jeder Kritik zu entziehen und an den aufgestellten Dogmen festzuhalten. In der Philosophie ist der D. ursprünglich der Gegensatz zum SKEPTIZISMUS. Für Kant ist D. die „Anmaßung, mit einer reinen Erkenntnis aus Begriffen... allein fortzukommen. Dogmatismus ist also das dogmatische Verfahren der reinen Vernunft ohne vorangehende Kritik ihres eigenen Vermögens". Dogmatisch ist also eine Philosophie, in der die Bedingungen der menschlichen Erkenntnis nicht kritisch geprüft werden (☞KRITIK, KRITIZISMUS); der Dogmatiker versucht, mittels der Begriffe und Grundsätze A PRIORI, aus reiner Vernunft das Übersinnliche zu erkennen; er hält die Vernunftprinzipien für Beweise metaphysischer Sätze über Gott, Welt und Mensch. Als D. gilt für Kant also der RATIONALISMUS und jede Metaphysik, die ohne eine Erkenntniskritik auskommen will.

Lit.: I. Kant, Kritik der reinen Vernunft, 1781, ²1787; W. Nicke, Dogmatismus, in: Historisches Wörterbuch der Philosophie II, 1972.

**Doppelte Wahrheit:**
Bezeichnung für eine Position der christlichen Philosophie, derzufolge eine Behauptung (vom philosophischen Standpunkt aus betrachtet) wahr und zugleich (vom theologischen Standpunkt aus betrachtet) falsch sein kann (und umgekehrt); philosophische Vernunft- bzw. Erkenntniswahrheit und theologische Offenbarungs- bzw. Glaubenswahrheit sind daher zwei eigenständige Disziplinen.

Lit.: A. Hufnagel, Zur Lehre von der doppelten Wahrheit, in: Tübing. theol. Quart. 136, 1956.

**Doxa** (griech. ‚Meinung'):
in der antiken Philosophie eine meist auf sinnlicher Wahrnehmung basierende subjektive Meinung. Platon unterscheidet zwischen der bloßen MEINUNG (D.) und dem WISSEN (griech. ‚episteme'). D. ist die auf die Welt der Erscheinungen bezogene, zufällige MEINUNG.

Lit.: Platon, Theaitet; ders., Politeia.

**Dualismus** (von lat. *duo*, ‚zwei'):
Zweiheitslehre, die Annahme einer Zweiheit; die Bezeichnung für philosophische und religiöse Lehren, in denen zwei voneinander unabhängige

Prinzipien, Zustände, Weltanschauungen, Denkweisen, Erkenntnisprinzipien, Mächte, Substanzen, Seinsbereiche angenommen werden (Gegensätze: MONISMUS, PLURALISMUS). Solche Prinzipien, Zustände usw. können entweder als einander entgegengesetzt oder als einander ergänzend angesehen werden. Zu den dualistischen Begriffspaaren in der Geschichte der Philosophie gehören: Welt der Ideen und Welt der sinnlich wahrnehmbaren und veränderlichen Dinge bei Platon (☞IDEENLEHRE), FORM und MATERIE, POTENZ und AKT (Aristoteles), DENKEN und AUSDEHNUNG, Leib und Seele (☞LEIB-SEELE-PROBLEM) (Descartes), DING AN SICH und ERSCHEINUNG (Kant). Weitere dualistische Begriffspaare sind: Geist und Materie, Geist und Natur, Gott und Welt, Gott und Teufel, Subjekt und Objekt (SUBJEKT-OBJEKT-PROBLEM), Sinnlichkeit und Verstand, Freiheit und Naturnotwendigkeit, Glauben und Wissen, Gut und Böse, Sein und Seiendes, Diesseits und Jenseits, Reich des Lichtes und Reich der Finsternis, Naturwissenschaft und Geisteswissenschaft. Man unterscheidet: einen *metaphysischen* (z. B. Welt der Ideen und Welt der sinnlich wahrnehmbaren und unveränderlichen Dinge), *religiösen* (z. B. Gott und Teufel), *erkenntnistheoretischen* (z. B. Sinnlichkeit und Verstand), *naturphilosophischen* (z. B. Leib und Seele), *ethischen* (z. B. Gut und Böse) und *methodischen D.* (z. B. Naturwissenschaft und Geisteswissenschaft).

Lit.: A. Vierkaudt, Der Dualismus im modernen Weltbild, $^{2}$1923; H. Precht, Das wissenschaftliche Weltbild und seine Grenzen, 1960; K. R. Popper/J. C. Eccles, Das Ich und sein Gehirn, 1982; W. D. Hart, The Engines of Soul, 1988.

**Dynamis** (griech. ‚Kraft', ‚Vermögen', ‚Möglichkeit'):
ein wichtiger Begriff in der aristotelischen Philosophie (meist im Gegensatz zu ENERGEIA verwendet); D. wird von Aristoteles definiert als „der Ursprung einer Veränderung in einem anderen oder als ein anderes"; D. ist das Vermögen, Veränderung eines anderen Gegenstandes oder seiner selbst herbeizuführen. ☞AKT, POTENZ

Lit.: Aristoteles, Metaphysik; J. Stallmach, Dynamis und Energeia, 1959.

**Dynamismus** (vom griech. *dynamis*, ‚Kraft', ‚Möglichkeit', ‚Vermögen'):
Bezeichnung für philosophische Lehren, für die alle Wirklichkeit als ein Spiel von Kräften auftritt bzw. in diesem Kräftespiel gründet. Im *metaphysischen D.*, der auf Heraklits Lehre („panta rhei"; griech. ‚alles fließt') zurückgeht, wird der Standpunkt vertreten, daß in der Veränderung, im WERDEN das Wesen der Welt besteht. Bei Leibniz sind die MONADEN krafterfüllte Einheiten, seelische und unräumliche Krafteinheiten. Der D. spielt in einigen Willenstheorien (z. B. bei H. Bergson, A. Schopenhauer, F. Nietzsche) eine wichtige Rolle. Der *naturphilosophische* bzw. *physikalische D.*

wurde von R. G. Boscovich begründet; für ihn ist die Materie aus punktuellen Kraftzentren aufgebaut, zwischen denen abstoßende und anziehende Kräfte wirken. Für den *psychologischen D.* (W. Wundt) ist die Seele ein Kräftebündel.

Lit.: E. Dungern, Dynamische Weltanschauung, 1921; J. Reinke, Das dynamische Weltbild, 1926; M. Jammer, Concepts of Force, 1957.

# E

**Ego, transzendentales:** ☞TRANSZENDENTALES EGO

**Egoismus** (von lat. *ego*, ‚ich'):
im allgemeinen Sinne Ichliebe, Eigenliebe, Selbstsucht, eigennützige Haltung (Gegensatz: ALTRUISMUS); eine Haltung, in der alle Werte, Zwecke, Ziele usw. auf das eigene Ich rückbezogen werden; in der Philosophie eine moralische Haltung, derzufolge das entscheidene und das zentrale Beurteilungskriterium für Handlungen bzw. das zentrale Motiv des Handelns die Verfolgung eigener Zwecke ist; dabei tritt die Verfolgung anderer, gemeinsamer Zwecke in den Hintergrund. Kant unterscheidet zwischen dem *logischen*, *ästhetischen*, *metaphysischen* und *moralischen E.*. Nach Kant ist der moralische Egoist derjenige, „welcher alle Zwecke auf sich selbst einschränkt, der keinen Nutzen worin sieht als in dem, was ihm nützt, auch wohl als Eudämonist bloß im Nutzen und der eigenen Glückseligkeit, nicht in der Pflichtvorstellung den obersten Bestimmungsgrad seines Willens setzt". Für den logischen Egoisten ist es nicht nötig, sein Urteil auch am Verstande anderer zu prüfen; diese Einstellung nennt man in der zeitgenössischen Philosophie den *methodischen Solipsismus* (K.-O. Apel). Für Schopenhauer gilt: „Die Haupt- und Grundtriebfeder im Menschen wie im Tier ist der E., d. h. der Drang zum Dasein und Wohlsein".
Wird der E. als eine moralischen Grundhaltung angesehen (so z. B. bei Max Stirner, der einen unbeschränkten E. vertritt), so erscheint er als eine Spielart des EUDÄMONISMUS oder HEDONISMUS. Er kann aber auch als eine biologische bzw. anthropologische Eigentümlichkeit („Selbstsucht") betrachtet werden, die, wie z. B. von Kant betont, überwunden werden muß.

Lit.: I. Kant, Anthropologie in pragmatischer Hinsicht, 1798; A. Schopenhauer, Die Welt als Wille und Vorstellung, 1819, [3]1859; M. Stirner, Der Einzige und sein Eigentum, 1844; B. Williams, Egoismus und Altruismus, in: ders., Probleme des Selbst, 1978; J. Mittelstraß, Egoismus, In: ders. (Hg.), Enzyklopädie Philosophie und Wissenschaftstheorie I, 1980; J. Österberg, Self and Others, 1988.

**Egozentrisch** (von lat. *ego*, ‚ich'; und *„centrum"*, ‚Mittelpunkt'):
ichbezogen; egozentrisch ist ein Mensch, der alles Tun und Denken auf sein eigenes Ich bezieht und alles von sich aus betrachtet. *Egozentrik* (Ichzentriertheit, Ichbezogenheit) ist eine Haltung, die die eigene Person als

Mittelpunkt alles Geschehens ansieht und alle Erfahrungen, Geschehnisse usw. nur in ihrem Bezug auf die eigene Person beurteilt; im Unterschied zum EGOISMUS ist die Egozentrik nicht auf das Handeln, sondern auf das Begreifen und Verarbeiten des Erlebten ausgerichtet.

**Eidetik** (vom griech. *eidetike* (*episteme*), ‚Wissenschaft vom Geschauten'): in der PHÄNOMENOLOGIE Edmund Husserls die Lehre von den Wesenheiten (☞WESEN), die Wesenslehre. Für Husserl sind *eidetische Wissenschaften* diejenigen Wissenschaften, die es mit der Wesenserkenntnis der Phänomene zu tun haben. Dagegen haben es die Tatsachenwissenschaften eben mit der Tatsachenerkenntnis zu tun. Das zentrale Thema der Husserlschen E. ist das Erfassen der Wesenheiten mit Hilfe der *eidetischen Variation* (☞WESENSSCHAU).

**Eidos** (griech. ‚Urbild', ‚Gestalt', ‚Wesen', ‚Begriff', ‚Idee'): in der griechischen Philosophie das WESEN von etwas; bei Platon die IDEE (☞IDEENLEHRE); bei Aristoteles die FORM (als Wesenheit der SUBSTANZ). In der Philosophie Husserls wird der Terminus E. synonym mit dem Begriff des Wesens verwendet; die Lehre von den Wesenheiten heißt EIDETIK; die Methode des Erfassens der Wesenheiten heißt *eidetische Variation* (☞WESENSSCHAU).

**Eigenname:** ☞NAME

**Eigenschaft:**
allgemein die Bestimmung eines Gegenstandes. In der philosophischen Tradition wird E. als das, was einem Gegenstand zukommt, bestimmt. Etwas hat die Eigenschaft, das und das zu sein. Man unterscheidet in der Philosophie zwischen *wesentlichen Eigenschaften* (☞ATTRIBUT), ohne die ein Gegenstand nicht bestehen kann (bzw. nicht das ist, was er ist), und *unwesentlichen Eigenschaften* (☞AKZIDENS), ohne die ein Gegenstand weiter bestehen kann. Beispiel für eine wesentliche E.: Der Mensch ist ein vernünftiges Wesen. Beispiel für eine unwesentliche E.: Der Tisch ist weiß.

Lit.: R. Carnap, Meaning und Necessity, Bedeutung und Notwendigkeit, 1972; W. Stegmüller, Probleme und Resultate der Wissenschaftstheorie und Analytischen Philosophie II/1, 1970.

**Einbildungskraft:**
im allgemeinen Sinne die Fähigkeit, Vorstellungen bzw. Erlebnisse umzuformen und auf eine schöpferische Weise neue Vorstellungen zu bilden. Bei Kant heißt E. in Anlehnung an Leibniz allgemein „das Vermögen, einen Gegenstand auch ohne dessen Gegenwart in der Anschauung vorzustellen". Kant unterscheidet zwischen der *reproduktiven E.* und der *produktiven E.*.

Die reproduktive E. ist eine Art der Erfahrung von Gegenständen, die empirisch-psychologisch zu bestimmten ist; sie unterliegt dem empirischen Gesetzen der ASSOZIATION. Die produktive E. dagegen ist Kraft ihrer SPONTANEITÄT selbst gesetzgebend; sie bringt durch ihre synthetische Einheitsfunktion das Mannigfaltige der ANSCHAUUNG zur anschaulichen Vereinigung; sie bewirkt also eine APRIORISCHE Verbindung alles Mannigfaltigen der Anschauung und ermöglicht so ERFAHRUNG und ERKENNTNIS. Daher wird die produktive E. bei Kant auch als TRANSZENDENTALE E. bezeichnet. Die E. ist also das Vermögen, das zwischen Sinnlichkeit und Verstand vermitteln kann. Ähnlich gilt die aristotelische „Phantasie" als eine Vermittlungs- bzw. Verbindungsinstanz zwischen Wahrnehmung und Denken.
Die E. spielt etwa seit Leibniz eine wichtige Rolle in der Theorie der Ästhetik. Der schon von Kant im erkenntnistheoretischen Kontext aufgezeigte produktive Aspekt tritt ins Zentrum der ästhetischen Betrachtungen (besonders im DEUTSCHEN IDEALISMUS). E. ist hier das Vermögen bzw. die Fähigkeit, „spontan" (nicht rezeptiv-passiv) aus Vorstellungen und Erlebnissen, Erinnerungen und Gedanken, schöpferisches Neues zu bilden.

Lit.: I. Kant, Kritik der reinen Vernunft, 1781, [2]1787; ders., Kritik der Urteilskraft, 1790; R. Schmidt, Kants Lehre von der Einbildungskraft mit besonderer Rücksicht auf die Kritik der Urteilskraft, 1924; K. Homann, Zum Begriff der Einbildungskraft nach Kant, in: Archiv für Begriffsgeschichte 14, 1970.

**Eine,** das: ☞EINHEIT

**Einfachheit:**

Teillosigkeit; das Einfache ist dasjenige, das nicht aus Teilen zusammengesetzt ist; es hat keine Teile, in die es sich auflösen könnte; daher kommt ihm die Unteilbarkeit zu. Das Einfache ist also ungeteilt und unteilbar. Die E. kann als eine Art der EINHEIT eines Seienden verstanden werden. In der griechischen Philosophie wird mit E. das wahre SEIN, das das eigentliche Wesen des Seienden ausgezeichnet; so spricht z. B. Parmenides von der absoluten E., die in sich jegliche Verschiedenheit und Vielheit ausschließt, wenn er das wahre „Sein" als ein ewig bestehendes Ganzes, Zusammenhängendes, als Eins charakterisiert; das wahre Sein ist unteilbar und ununterbrochen, es ist in diesem Sinne einfach.
Das *Prinzip der E.*, das in der Wissenschaftstheorie eine wichtige Rolle spielt, besagt, daß von mehreren konkurrierenden Theorien zur Klärung eines Sachverhaltes die einfachste unter ihnen bevorzugt werden soll. Dabei muß nicht die einfachste Theorie bzw. die einfachste Erklärung die richtige sein.

Lit.: H. Diels, Die Fragmente der Vorsokratiker 1, [18]1979; H. Heimsoeth, Die sechs großen Themen der abendländischen Metaphysik und der Ausgang des Mittelalters, [5]1965; R. Carnap, Logical Foundations of Propability, [2]1962.

## Einfühlung:

die Fähigkeit, sich in die Erlebniswelt anderer Menschen hineinzuversetzen; die E. kann als die Voraussetzung für das Verstehen anderer Personen angesehen werden. Im psychologischen Zusammenhang ist E. die Projektion der eigenen seelischen Erlebnisse auf die äußeren Sachverhalte. In der sog. *Einfühlungstheorie* wird behauptet, daß die Qualitäten von Gestalten nicht Eigenschaften der wahrgenommenen Gestalten seien, sondern Erlebnisse des Wahrnehmenden, die er in die Gegenstände projiziert. Eine wichtige Rolle spielt der Vorgang der E. in derHERMENEUTIK; E. meint hier das Sichhineinversetzen in die Gedanken- und Gefühlswelt der anderen Personen. E. hat hier also einen quasi-methodischen Charakter; sie dient als ein Medium des Verstehens. Zu den wichtigsten Vertretern der Theorie der E. gehört Th. Litt. ☞VERSTEHEN

Lit.: Th. Litt, Leitfaden der Psychologie, 1906; ders., System der Ästhetik, 2 Bde., 1906; W. Worringer, Abstraktion und Einfühlung, [4]1948; W. Perpeet, Historisches und Systematisches zur Einfühlungsästhetik, in: Zeitschrift für Ästhetik und allgemeine Kunstwissenschaft 11, 1966.

## Einheit:

1) numerische E.; das Einzelne der Zahl nach; 2) die Wesens-E.; die Zusammenfassung einer Vielheit bzw. Mannigfaltigkeit zur E.. E. ist zusammen mit dem Begriff des Einen seit Parmenides einer der wichtigsten Begriffe der Metaphysik. In der philosophischen Tradition wurde E. auf verschiedene Weise und in verschiedenen Zusammenhängen begrifflich gefaßt (meistens in einem Verhältnis zur Vielheit), so z. B. als WESEN, Allgemeinheit (☞ALLGEMEINE, das), GESTALT, GANZHEIT, STRUKTUR, WELT, vor allem jedoch als SEIN. In der Philosophie wurde versucht, die E. in einem höchsten *Einen*, in einem absoluten Prinzip bzw. in einem höchsten Seienden zu begründen. Daher wurde das Eine als der erste und letzte Grund alles Seienden aufgefaßt. Das Eine wird in der philosophischen Tradition ebenfalls auf verschiedene Weise begrifflich erfaßt: als das wahre, höchste Sein, als IDEE, LOGOS, NOUS, GEIST, GOTT. Für Parmenides ist das Sein ein ewig bestehendes Ganzes, Zusammenhängendes; es wird als Eins bestimmt; das Viele, Geteilte, Unterschiedene ist nur Täuschung. Bei Platon ist das Eines-Sein, das Nichtzusammengesetztsein, Nichtgeteiltsein, ein Merkmal jeder Idee; das Zusammengesetztsein, Geteiltsein, das Vielheit-Sein ist ein Merkmal der sinnlich wahrgenommenen Gegenstände (☞CHORISMOS, IDEENLEHRE). Plotin, der Hauptvertreter des Neuplatonismus, spricht von dem göttlichen *Einen* (griech. ‚to hen'), aus dem alles herausfließt (☞EMANATION); es garantiert die E. des Nous, die Vielheit der Weltseele bzw. des Weltgeistes, die Vielheit der Einzelseelen und somit die E. der Welt. In der scholastischen Philosophie (besonders bei Thomas von Aquin) wird das Eine (lat. ‚unum') als eine Eigenschaft von Seiend-Sein

überhaupt bestimmt (☞TRANSZENDENTALIEN). „Eines" und „seiend" sind daher Begriffe, die ausgetauscht werden können: „ens et unum convertuntur".

In der neuzeitlichen Erkenntnistheorie wird der Aspekt einer synthetischen E. der Mannigfaltigkeit in einem gegebenen Ganzen betont, so z. B. in der Monadenlehre von Leibniz (☞MONADE) und in Kants Lehre von der „synthetischen E. der APPERZEPTION". Für Kant ist die „E. des Bewußtseins" als synthetische E. der Apperzeption die Bedingung der E. der ERFAHRUNG. Für Hegel ist die ganze Philosophie nichts anderes als das Studium der Bestimmungen der E. (☞DIALEKTIK).

In der modernen Wissenschaftstheorie spielt der Begriff der E. im Zusammenhang mit dem Programm einer Einheitswissenschaft eine wichtige Rolle (☞LOGISCHER EMPIRISMUS); es wurde versucht, eine wissenschaftliche Einheitssprache zu konstruieren; dabei galt die Sprache der Physik als Vorbild (R. Carnap).

Lit.: Platon, Parmenides; I. Kant, Kritik der reinen Vernunft, 1781, [2]1787; H. Rickert, Das eine, die Einheit und das Eine, [2]1924; G. Martin, Einleitung in die allgemeine Metaphysik, 1957; W. Theiler, Einheit und unbegrenzte Zweiheit von Platon bis Plotin, in: J. Mau/E. G. Schmidt (Hg.), Isonomia, 1964; P. Hadot/ K. Flasch/E. Heintel, Eine (das), Einheit, in : Historisches Wörterbuch der Philosophie II, 1971.

**Einheitswissenschaft:** ☞LOGISCHER EMPIRISMUS

**Einsicht:**
eine Art des unmittelbaren Erfassens bzw. Verstehens von Sinnzusammenhängen.

**Einsquantor:** ☞EXISTENZQUANTOR

**Einzelne,** das:
in der traditionellen Philosophie Bezeichnung für den konkreten Träger einer Wesenheit (☞WESEN) in seiner Besonderheit, etwa diesen Tisch oder diesen Menschen Martin. Als Gegensatz zum E. kann die Wesenheit bzw. das ALLGEMEINE angesehen werden. Die Wesenheit ist verschiedenen Trägern gemeinsam; sie kann im Absehen bzw. in der Abstraktion von jedem bestimmten Träger erfaßt werden. ☞BESONDERE, das, INDIVIDUUM, INDIVIDUATION, INDIVIDUALBEGRIFF.

**Einstellig:**
ein PRÄDIKAT wird einstellig genannt, wenn er immer nur einem Gegenstand zu- oder abgesprochen wird, z. B.: der Tisch ist weiß (symbolisch dargestellt: SεP. ☞MEHRSTELLIG

**Eklektizismus** (vom griech. *eklegein*, ‚auswählen‘):
1) (abwertend) unorginelles, unschöpferisches Verfahren, bei dem fremde Gedanken übernommen oder zu einem Gedankengebäude gebildet werden; 2) (nicht abwertend) philosophischer Standpunkt, demzufolge durch Auswahl von Positionen aus verschiedenen fremden (meist früheren) Gedankengebäuden ein eigenes Gedankengebäude aufgestellt wird. Als Eklektiker galten in der Antike z. B. Karneades, Antiochos von Askalon und Cicero, in der Neuzeit z. B. C. A. Crusius, C. Garve und V. Cousin.

**Ekstase** (vom griech. *ekstasis*, ‚aus sich gestellt sein‘):
Zustand der Verzückung, des Außer-sich-seins; bei Philon das vollständige Aufgehen in Gott, die Vereinigung mit Gott; bei Plotin und ähnlich bei den orientalischen und christlichen Mystikern (z. B. Eckart, Suso, Böhme, Tauler) die Vereinigung der menschlichen Seele mit Gott, ein Zustand des Geistes, in dem es zum Schauen bzw. zur unmittelbaren Erkenntnis Gottes kommt.

Lit.: Th. Achelis, Die Ekstase in ihrer kulturellen Bedeutung, 1902; P. Beck, Die Ekstase, 1906.

**Elan vital** (franz. ‚Urkraft‘):
Lebensdrang, von Henri Bergson eingeführte Bezeichnung für die metaphysische Urkraft, die Lebenskraft.

**Eleatismus:**
Bezeichnung einer auf die Lehre des Parmenides von Elea (Unter-Italien) zurückgehenden philosophischen Richtung, die im Gegensatz zum HERAKLITEISMUS von einem einheitlichen, unveränderlichen, ewigen, wahren *Sein* ausgeht. Diesem Sein steht die veränderliche, sinnlich wahrnehmbare Welt gegenüber, über die keine gesicherte Erkenntnis, sondern nur trügerische MEINUNG (☞DOXA) möglich ist; der Einheit, Unveränderlichkeit und Ewigkeit des Seins wird das WERDEN der Welt gegenübergestellt. Die Veränderung, Bewegung (Werden) und die Vielheit der Dinge werden uns nur durch die Sinne vorgetäuscht. Im Grunde gibt es daher kein Werden, sondern nur das wahre Sein. Der wichtigste Grundsatz der *Eleaten* lautet: Das Sein ist und das Nicht-Sein (bzw. das Werden) ist nicht. Das Denken, nicht die sinnliche Anschauung, führt zur Erkenntnis des wahren Seins. Deshalb sind dem eleatischen Standpunkt zufolge Sein und Denken (Denken als Erkennen des Seins) eins.Zu den wichtigsten Vertretern des eleatischen Schule (im 6. und 5. Jh. v. Chr.) zählen außer Parmenides noch Xenophanes, Zenon aus Elea und Melissos aus Samos.

Lit.: H. Diels, Die Fragmente der Vorsokratiker I, [18]1979; E. Zeller, Die Philosophie der Griechen in ihrer geschichtlichen Entwicklung, [7]1963; W. Schadewaldt, Die Anfänge der Philosophie bei den Griechen, 1978.

**Element** (von lat. *elementum*, ‚Grundstoff'):
in der antiken Naturphilosophie der letzte, nicht weiter zerlegbare Bestandteil der Wirklichkeit; ein Urstoff, aus dem alle Stoffe zusammengesetzt sind. Bei Thales galt als Urelement Wasser, bei Anaximenes Luft, Parmenides galten Feuer und Wasser, Heraklit Feuer und seine Erscheinungsformen Luft, Wasser, Erde als Elemente. Empedokles, der eigentliche Begründer der Elementenlehre, unterschied vier Elemente: Feuer, Luft, Wasser, Erde, durch deren Zusammensetzung nach bestimmten Verhältnissen alle Dinge entstehen. Als fünftes E. kommt später bei den Pythagoreern und Platon der Äther hinzu.
Erst im 17. Jh. wurde der moderne Begriff des chemischen Elements entwickelt; E. ist hier ein Grundstoff, der chemisch nicht weiter in andere Stoffe zerlegt werden kann. Man kennt heute über 100 Elemente.
Als E. gilt aber nicht nur ein Grundstoff; in der Erkenntnistheorie wird der letzte, nicht begründbare Satz (z. B. „Elemente" des Euklid), in der Logik und Mengenlehre der konstituierende Bestandteil einer Menge als E. bezeichnet.

Lit.: Lumpe, Der Begriff „Element" im Altertum, in: Archiv für Begriffsgeschichte 7, 1962; G. A. Seek, Über die Elemente in der Kosmologie des Aristoteles, 1964; G. Freudenthal, Atom und Individuum im Zeitalter Newtons, 1982.

**Elementaraussage** (engl. ‚elementary proposition'):
unter den logisch einfachen Aussagen diejenigen Aussagen, in der einem Gegenstand ein Prädikat zugesprochen wird. Nach Wittgenstein wird in einer E. (bzw. einem *Elementarsatz*) ein einfacher Sachverhalt abgebildet. Eine E. ist wahr, wenn der Sachverhalt besteht. Es gibt einstellige E.; sie haben die Form: SεP (z. B. „Martin ist Philosoph") oder S$\acute{\varepsilon}$P. S bezeichnet dabei das Satzsubjekt, P das Satzprädikat, ε die bejahende Kopula („ist"), $\acute{\varepsilon}$ die verneinende („ist nicht"). Auch MEHRSTELLIGE Prädikate, d. h. Beziehungswörter, können in Elementaraussagen auftreten. Man spricht dann auch von mehrstelligen Elementaraussagen, z. B. „N ist größer als M".

**Emanation** (von lat. *emanare*, ‚herausfließen'):
das Ausfließen der Welt aus der göttlichen Substanz. Im Neuplatonismus ist die Welt eine E. der Gottheit; dabei soll der Gottheit kein Verlust am Sein zugefügt werden und der Unterschied zwischen Gott und Welt aufrechterhalten bleiben. Nach der Emanationslehre (*Emanatismus*) strömt das Niedere aus dem Höheren bzw. aus dem Höchsten. Bei Plotin wird das Höchste als das göttliche *Eine* (☞EINHEIT) bestimmt, aus dem alles in der Art der E., einer Ausstrahlung in den Abstufungen Geist (Nous), Einzelseele, sinnlich wahrnehmbare Welt der Körper herausfließt. Der Emanatismus wird meist als eine Form der pantheistischen Weltsicht (☞PANTHEISMUS)

betrachtet. Als Gegenbegriff zu E. steht der Begriff der CREATIO EX NIHILO, der Schöpfung der Welt aus dem Nichts.

Lit.: H. Jonas, Gnosis und spätantiker Geist, 2 Bde., [3]1964; H. Dörrie, Emanation, in: ders., Platonica minora, 1976.

**Emotion** (von lat. *emovere*, ‚herausbewegen'):
Gemütsbewegung. ☞GEFÜHL

**Emotional:**
gefühlsmäßig, gefühlsbetont. ☞GEFÜHL.

**Emotivismus** (von lat. *emovere*, ‚herausbewegen'):
eine Position der METAETHIK, derzufolge moralische bzw. ethische Ausdrücke keine bloßen Beschreibungen sind; die Bedeutung moralischer bzw. ethischer Äußerungen besteht darin, bestimmte seelische Zustände (Gefühle, Einstellungen) auszudrücken bzw. hervorzurufen. Haben diese seelischen Zustände einen kognitiven Charakter, so hat die entsprechende Äußerung eine deskriptive Bedeutung; haben sie einen moralischen oder ethischen Charakter, so hat die Äußerung eine emotive Bedeutung. Für den E. (besonders in seiner ersten Phase) wird die deskriptive Bedeutung als sekundär bestimmt. Die moralischen bzw. ethischen Äußerungen drücken nicht nur unsere eigenen Gefühle aus; sie können auch dazu dienen, Gefühle der anderen Personen zu beeinflussen. Mittels dieser Äußerungen können wir die Adressaten dahingehend beeinflussen, daß sie eine bestimmte Handlung vollziehen. Mit diesen Äußerungen vollzieht man also auch Handlungen.

Lit.: A. Stroll, The Emotive Theory of Ethics, 1954; C. L. Stevenson, Facts and Values, 1963; J. O. Urmson, The Emotive Theory of Ethics, 1971; A. H. Ayer, Language, Sprache, Wahrheit und Logik, 1970.

**Empfindung:**
in der Alltagssprache oft synonym mit GEFÜHL; in der Psychologie einfacher Bestandteil einer Sinneswahrnehmung (man unterteilt z. B. entsprechend den verschiedenen Sinnesorganen: Gesichts-, Gehör-, Geruchs-, Tast-, Druckempfindung usw.); in ästhetischen Zusammenhängen oft synonym mit GESCHMACK; in der neuzeitlichen Erkenntnistheorie meist Bezeichnung für unmittelbar gegebene Inhalte der Sinne (☞SINNESDATEN) als auch für sinnliche Aufnahme dieser Inhalte (das *Empfinden*). In den empiristischen Positionen (☞EMPIRISMUS) wird der Standpunkt vertreten, daß Empfindungen den allein verläßlichen, sicheren Ausgangspunkt aller Erkenntnis bilden; sie sind Eindrücke von Dingen, die das Subjekt der Erkenntnis in sich vorfindet; die Empfindungen werden vom Subjekt nicht erzeugt. In idealistischen Positionen (☞IDEALISMUS) wird dagegen behauptet, daß Empfindungen allein vom Subjekt erzeugt werden; daher gibt es

nur die durch das Subjekt aufgefaßten Gegenstände.
Descartes unterscheidet zwischen der Welt der E. und der Körperwelt. Aus dem Vorhandensein einiger mentaler Inhalte im Bewußtsein schließt er auf die reale Existenz von Gegenständen. E. werden von den anderen mentalen Zuständen, den Inhalten der EINBILDUNGSKRAFT, geschieden. Kant unterscheidet zwischen der Welt der E. und dem hinter den E. stehenden DING AN SICH. E. werden als subjektive Erscheinungen aufgefaßt, die durch den Verstand (die begriffliche Arbeit des Verstandes) geordnet bzw. geformt werden; so werden E. zu möglichen Gegenständen der Erkenntnis bzw. Erfahrung.

Lit.: I. Kant, Kritik der reinen Vernunft, 1781, $^{2}$1787; E. Mach, Die Analyse der Empfindungen und das Verhältnis des Physischen zum Psychischen, $^{2}$1900; J. Schwertschlager, Die Sinneserkenntnis, 1924; L. Landgrebe, Prinzipien der Lehre vom Empfinden, in: Zeitschrift für philosophische Forschung VIII, 1954; R. Piepmeiner/O. Neumann, Empfindung, in: Historisches Wörterbuch der Philosophie II, 1972; P. Schroeder, Empfindung, in: J. Mittelstraß (Hg.), Enzyklopädie Philosophie und Wissenschaftstheorie I, 1980.

**Empirie** (vom griech. *empeiria*, ‚Erfahrung‘): ☞ERFAHRUNG

**Empiriokritizismus:**
eine von R. Avenarius und E. Mach vertretene erkenntnistheoretische Position, derzufolge die Sinneserfahrung das Fundament der Erkenntnis bildet: Alle metaphysischen Elemente sollen aus dem Erkennen ausgeschieden werden; alle Gegenständlichkeit wird auf psycho-physische Empfindungszustände („Empfindungselemente“) zurückgeführt. Zu solchen Empfindungselementen zählen z. B. Wärme, Töne, Farbe. Der E. fand Resonanz in der physikalischen Phase der Philosophie des sog. *Wiener Kreises* (☞LOGISCHER EMPIRISMUS).

Lit.: R. Avenarius, Kritik der reinen Erfahrung, 1888-1890; E. Mach, Die Analyse der Empfindungen und das Verhältnis des Physischen zum Psychischen, $^{2}$1900; H. Schnädelbach, Erfahrung, Begründung und Reflexion, 1971; R. Haller/F. Stadler (Hg.), Ernst Mach – Werk und Wirkung, 1988.

**Empirisch:**
auf ERFAHRUNG beruhend, erfahrungsmäßig. ☞EMPIRISMUS

**Empirismus** (vom griech. *empeiria*, ‚Erfahrung‘):
Erfahrungsphilosophie; erkenntnistheoretische Position, derzufolge alle Erkenntnis auf ERFAHRUNG zurückgeführt werden soll (Gegensatz: RATIONALISMUS); jedes Erkennen beginnt mit der begriffsfreien, d. h. rein gegebenen Erfahrung und soll durch Erfahrung überprüft werden. Vorläufer des E. waren in der Antike Aristoteles, die Stoiker und die Epikureer, in der Scholastik R. Bacon, in der frühen Neuzeit F. Bacon und Hobbes. Als

Hauptvertreter des *klassischen E.* gelten Locke, Berkeley und Hume. Für Kant sind *Empiristen* diejenigen Philosophen, die die sog. *reinen Vernunfterkenntnisse* als „aus der Erfahrung abgeleitet" verstehen (für Kant sind es Aristoteles und Locke). Die Vertreter des klassischen E. wenden sich gegen die von den Rationalisten vertretene Annahme ANGEBORENER IDEEN; sie gehen davon aus, daß jedes Wissen auf die begriffsfreie Erfahrung zurückgeführt werden kann. Für Locke gibt es keine angeborenen Ideen. Das menschliche Bewußtseins ist vor dem ersten Sinneseindruck nach Locke ein unbeschriebenes, leeres Blatt Papier („Tabula rasa"); es nimmt einfache Ideen, die die AUSSENWELT abbilden, nur durch Erfahrung auf. Locke unterscheidet zwischen der *äußeren Erfahrung*, die durch die Sinne vermittelt ist, und der *inneren Erfahrung*, der Wahrnehmung des Selbst. Die einfachen Ideen werden vom menschlichen Verstand rein passiv aufgenommen; sie sind Elemente, aus denen durch Abstraktion und andere Verstandesoperationen die weiteren, zusammengesetzten Ideen gebildet werden. Der Verstand kann nicht alleine die Ideen erzeugen; er ist auf die Sinnesdaten angewiesen. Ideen (bei Locke als VORSTELLUNGEN aufzufassen) werden aus der Erfahrung gewonnen. Auch für Hume wird jedes Wissen aus der begriffslosen Erfahrung abgeleitet. Die mentalen Zustände bestehen aus Eindrücken und Vorstellungen; die Eindrücke entstehen aus der unmittelbaren sinnlichen Erfahrung; die Vorstellungen entstehen aus den Eindrücken oder aus dem Zusammensetzen der Vorstellungen. Eine besondere Rolle spielt für Hume die Diskussion um den Begriff der KAUSALITÄT. Ein kausaler Zusammenhang zwischen zwei Vorgängen kann nach Hume mit Hilfe der Beobachtung bzw. aus der Erfahrung nicht erwiesen werden; nur die regelmäßige Abfolge der beiden Vorgänge kann beobachtet werden ; es besteht kein logischer Zusammenhang zwischen den beiden Vorgängen (☞INDUKTION). Nur durch die *Gewohnheit* kann geglaubt werden, daß ein Vorgang die Ursache von dem anderen ist. Ein kausaler Zusammenhang kann also nicht bewiesen werden.

In der weiteren Entwicklung des E. versucht Mill, die mathematischen Sätze induktiv aus der Erfahrung zu gewinnen. Über den EMPIRIOKRITIZISMUS entwickelte sich eine moderne, modifizierte Form des E., der LOGISCHE EMPIRISMUS des *Wiener Kreises*.

Lit.: J. Locke, Versuch über den menschlichen Verstand, 1690; G. Berkeley, Eine Abhandlung über die Prinzipien der menschlichen Erkenntnis, 1710; D. Hume, Eine Untersuchung über den menschlichen Verstand, 1748; J. S. Mill, System der deduktiven und induktiven Logik, 2 Bde., 1877; E. Wentscher, Das Problem des Empirismus, 1922; W. V. O. Quine, Zwei Dogmen des Empirismus, in: ders., Vom logischen Standpunkt, 1979; P. K. Feyerabend, Probleme des Empirismus, 1981; L. Krüger, Der Begriff des Empirismus, 1973; M. Benedikt, Der philosophische Empirismus I, 1877; R. S. Woolhouse, The Empiricists, 1988.

**Empirismus, logischer:** ☞LOGISCHER EMPIRISMUS

**Endlichkeit:**
im allgemeinen Sinne die Begrenztheit nach Zeit, Raum, Menge, Zahl usw.. In der antiken Philosophie ist E. (auch Begrenzung) ein „positives" Merkmal der Gegenstände; E. bedeutet Überschaubarkeit, Harmonie, Ordnung. Dagegen ist mit der Unendlichkeit die Unbestimmtheit, Unsicherheit, Unüberschaubarkeit verbunden. Das Endliche ist das vollkommen Geordnete, das Unendliche das Ungeordnete, Unvollkommene (☞APEIRON). In der christlich-mittelalterlichen Philosophie (z. B. bei Thomas von Aquin) ist E. ein ATTRIBUT desjenigen Seienden, das seinen letzten Grund nicht in sich selber, sondern im Gott hat; so ist E. ein Zeichen der Unvollkommenheit dieses Seienden. Gott ist dagegen das schlechthin Unendliche.
In anderen Kontexten wird von der E. des menschlichen Daseins gesprochen, so z. B. in der EXISTENZPHILOSOPHIE oder im Zusammenhang mit der Problematik der GESCHICHTLICHKEIT des Menschen.
Das Problem der raum-zeitlichen E. des Kosmos wird heute in den physikalischen Theorien behandelt. ☞UNENDLICHKEIT

Lit.: H. Kunz, Die Endlichkeit des Menschen, 1950; F. J. v. Rintelen, Philosophie der Endlichkeit, 1951; B. Welte, Im Spielfeld von Endlichkeit und Unendlichkeit, 1967.

**Energeia** (griech. ‚Tätigkeit', ‚Wirklichkeit'):
Grundbegriff bei Aristoteles, oft synonym mit „entelecheia" (☞ENTELECHIE) gebraucht; bezeichnet die Wirklichkeit im Sinne einer verwirklichten Bestimmung; die verwirklichte Kraft im Gegensatz zur bloßen Möglichkeit (☞DYNAMIS) des Stoffes. ☞AKT, POTENZ

Lit.: Aristoteles, Metaphysik; J. Stallmach, Dynamis und Energeia, 1959.

**Ens** (lat. ‚das Seiende'):
das Partizip von lat. „esse" (‚Sein'). Der Begriff bezieht sich in der scholastischen Philosophie nicht so sehr auf das Was-Sein (lat. „res", ‚etwas'), sondern eher auf das Daß-Sein, den Aktcharakter des Etwas-Seienden. Wichtige Unterscheidungen in der Scholastik sind die von *ens rationis* (dasjenige, was nur im Denken existiert) und *ens reale* (dasjenige, was von unserem Denken unabhängig, d. h. wirklich existiert), von *ens a se* (das aus sich Seiende, das von keinem anderen Seienden verursacht ist, das keines Grundes bedarf, um zu sein) und *ens ab alio* (Seiendes, das eines Grundes bedarf, um zu sein, von einem anderen Seienden verursacht ist.

Lit.: Thomas von Aquin, Summa theologiae I.

**Entelechie** (griech. *entelecheia*, ‚etwas, das sein Ziel in sich selbst hat'):
ein bei Aristoteles oft mit ENERGEIA synonym verwendeter Begriff; er

bezeichnet die zielstrebig wirkende Kraft, die nach Vollendung strebende Tätigkeit, aber auch als Prinzip dieser Tätigkeit, die FORM im Stoff; als Form verwirklicht sich die E. im Stoff; sie ist das Prinzip, das die Möglichkeit (☞DYNAMIS) erst zur Wirklichkeit macht. Die E. eines Körpers ist nach Aristoteles die SEELE.
Im VITALISMUS, besonders bei H. Driesch, ist E. der die Entwicklung des Organismus zu seiner Vollendung führender Faktor („Faktor E.").

Lit.: Aristoteles, Über die Seele; G. W. Leibniz, Monadologie. H. Driesch, Philosophie des Organischen, ⁴1928; A. Mittasch, Entelechie, 1952; U. Arnold, Die Entelechie, 1965.

**Entfremdung** (lat. *alienatio*):
ursprünglich ein Begriff aus dem Sachenrecht; er bezeichnet hier die Übergabe einer Sache in fremden Besitz; in naturrechtlichen Theorien des GESELLSCHAFTSVERTRAGS bezeichnet er den Vorgang der Übertragung bestimmter Freiheitsrechte des Individuums auf eine dem Individuum entgegengestellte Macht (z. B. Staat). So verwendet z. B. Rousseau den Begriff der E. in einem vertragstheoretischen Sinn von Entäußerung. Der Begriff der „totalen Entäußerung" bezeichnet die vorbehaltlose, vollständige Entäußerung der natürlichen Freiheitsrechte des Einzelnen an die Gemeinschaft bzw. den Staat im Gesellschaftsvertrag. Bei Hegel heißt E. in der „Phänomenologie des Geistes" der „Verlust der ursprünglichen Freiheit"; E. ist 1) die *unvermittelte Wirklichkeit*, die ihrer wahren Bestimmung, aufgehoben zu werden, entäußert, *entfremdet* ist und 2) das *reine Bewußtsein* als „andere Form der E., welche eben darin besteht, in zweierlei Welten das Bewußtsein zu haben". Das Bewußtsein kann sich für Hegel der eigenen objektiven Allgemeinheit gegenüberstellen und sich so gegen sie entfremden. Darüber hinaus gehört E. zum Wesen der Arbeit (und somit zum Wesen des Menschen); das Produkt der Arbeit löst sich vom Arbeitendem ab und stellt sich ihm gegenüber. Für Feuerbach ist die Religion eine Form der E. des Menschen; in der Religion entfernt sich der Mensch von seiner Realität und projiziert seine Ideale auf das Jenseits und Gott; durch die E. wird er daran gehindert, sein Gattungswesen voll zu verwirklichen. Bei Marx ist E. die Vergegenständlichung, in der der Arbeitende (Produzent) dem Produkt seiner Arbeit fremd gegenübersteht; E. ist das Ergebnis einer bestimmten Entwicklungsstufe der Produktionsverhältnisse, nämlich der der kapitalistischen Produktionsverhältnisse. Im Kapitalismus schafft der Arbeiter Produkte bzw. Werte, die ihm zu fremden Objekten werden, weil sie nicht von ihm, sondern von den Eigentümern von Produktionsmitteln angeeignet werden; der Arbeiter samt seinen Produkten entäußert sich zum Ding als Ware. Arbeit wird bei Marx (im Kapitalismus) als Entäußerung des Wesens des Menschen aufgefaßt. Mit der E. des menschlichen Gattungswesens setzt die E. des Menschen von dem Menschen ein. Die E. soll nach

Marx erst mit der Errichtung der Diktatur des Proletariats und dem Aufbau der sozialistischen Gesellschaft beseitigt werden. Nach Marx wird der Begriff der E. meist in marxistischen und neumarxistischen Theorien behandelt (so spricht z. B. G. Lukács im Anschluß an den Begriff der E. von der *Verdinglichung*).

Lit.: G. W. F. Hegel, Phänomenologie des Geistes, 1807; K. Marx, Ökonomisch-philosophische Manuskripte, 1844; H. Popitz, Der entfremdete Mensch, 1953; H.-H. Schrey, Entfremdung, 1975; I. Fetscher, Grundbegriffe des Marxismus, 1976; J. Israel, Alienation, 1978.

**Enthymem** (griech. ‚Erwägung', ‚Gedanke'):
bei Aristoteles ein Syllogismus (☞SYLLOGISTIK), bei dem eine der beiden Prämissen unausgesprochen bleibt, weil sie im Zusammenhang der Argumentation stillschweigend als gültig vorausgesetzt werden kann. Enthymeme behandelt man in der RHETORIK.

**Entität** (von lat. *ens*, ‚das Seiende', ‚seiend'):
im weitesten Sinne GEGENSTAND.

**Entwicklung:** ☞EVOLUTION

**Entwurf:**
im Rahmen der in „Sein und Zeit" von Martin Heidegger entworfenen Analytik des Daseins (☞DASEINSANALYTIK) Bezeichnung für die im VERSTEHEN erschlossene Ausgelegtheit der Welt. „Der E. ist die existenziale Seinsverfassung des Spielraums des faktischen Seinkönnens. Und als geworfenes ist das Dasein in die Seinsart des Entwerfens geworfen". Das Dasein hat sich ja schon entworfen und ist entwerfend; es versteht sich immer schon aus Möglichkeiten: „Das Verstehen ist, als Entwerfen, die Seinsart des Daseins, in der es seine Möglichkeiten als Möglichkeiten ist". In der Seinsart des Entwerfens vollzieht das Dasein den ihm vorgegebenen Sinnentwurf von Welt. Das Dasein entwirft sich von der Zukunft her, im Denken an den Tod als einer seiner Möglichkeiten.

Lit.: M. Heidegger, Sein und Zeit, 1927.

**Entzauberung:**
der Prozeß der E. ist bei Max Weber eines der wichtigsten Merkmale der abendländischen Kultur: die universal magische Rechtfertigung des sozialen Handelns galt in früheren Zeiten als legitim; heute bedarf es, insbesondere in der okzidentalen Kultur, einer *rationalen* Legimitierung; magisches Handeln orientiert sich primär an der Vermeidung magischer Nachteile; rationales Handeln richtet sich auf das Erreichen festgesetzter Ziele und Zwecke.

Magie hat heute ihre Universalität verloren. Der Prozeß der E. wurde von Weber z. B. anhand der Entstehung einer modernen kapitalistischen Arbeits- und Wirtschaftsethik aufgezeigt.

Lit.: M. Weber, Wirtschaft und Gesellschaft, 1922.

**Epagoge** (griech. ‚Hinaufführung‘):
der Fortgang des Denkens vom Einzelnen zum Allgemeinen.
☞ABSTRAKTION

**Epikureismus:**
Bezeichnung für die Lehre Epikurs und seiner Schule und auch für die Lebenshaltung, die sich an der Philosophie Epikurs orientiert. Im Mittelpunkt des E. steht eine Ethik-Konzeption, die auf den erkenntnistheoretischen SENSUALISMUS und weiterentwickelten ATOMISMUS Demokrits zurückgreift. Das Ziel dieser Konzeption ist die Glückseligkeit; es soll durch die unerschütterliche Seelenruhe, die durch die Erkenntnis der Struktur des Kosmos erlangt wird, erreicht werden (☞ATARAXIE). Im Zentrum des E. steht die Befolgung des Lust-Prinzips; LUST kann erreicht werden, indem Schmerz und Leid vermieden werden. Als Merkmale der epikureischen Haltung gelten: Abwägung der Genüsse, Selbstbeherrschung, keine Furcht vor Göttern und dem Tode, Leugnung der These von der Unsterblichkeit der Seele, ein Leben in Zurückgezogenheit. Zu den wichtigsten römischen Vertretern des E. gehören Lukrez und Horaz.

Lit.: W. Schmidt, Epikur, in: Reallexikon für Antike und Christentum 5, 1960; W. F. Otto, Die Wirklichkeit der Götter, 1963; A. A. Long, Hellenistic Philosophy, 1974.

**Epiphänomen** (griech. *epiphainomenon*, ‚das hinzukommende Zeichen‘):
Begleiterscheinung; oft wird das Bewußtsein als eine bloße Begleiterscheinung physiologischer Prozesse betrachtet (z. B. bei L. Büchner, T. H. Huxley, E. Haeckel, H. Maudsley); dabei wird dem Bewußtsein eine sekundäre Bedeutung zugeschrieben. Im allgemeinen wird meist im MATERIALISMUS das Bewußtsein als ein E. angesehen; eigentlich real sind nur die materiellen Prozesse; auf einer höheren Stufe tritt Bewußtsein als ihre Begleitung auf.

Lit.: W. Nieke, Epiphänomen, in: Historisches Wörterbuch der Philosophie II, 1972.

**Epistemologie** (griech. ‚Wissenschaftslehre‘): ☞ERKENNTNISTHEORIE

**Epoché** (griech. ‚Anhalten‘, ‚Zurückhalten‘):
im antiken SKEPTIZISMUS (z.B. bei Phyrros) die Enthaltung (Zurückhal-

tung) gegenüber sowohl dem theoretischen Erkennen (den Wahrheitsurteilen) als auch gegenüber den praktischen Angelegenheiten des Lebens.
In der PHÄNOMENOLOGIE Edmund Husserls ist die *phänomenologische* oder *transzendentale E.* das Außer-Geltung-Setzen der Wirklichkeit der Welt, die Aufhebung der „Generalthesis der natürlichen Einstellung", die besagt: „Die Welt ist als Wirklichkeit immer da...". Husserl will einen apodiktischen Boden im Sinne der LETZTBEGRÜNDUNG finden; der Sinn und die Geltung der Lebenswelt und der Wissenschaften müssen in einer nicht hintergehbaren Sphäre gründen. Der Phänomenologe will sich in der E. von der Voraussetzung einer vorgegebenen, an sich seienden Welt abwenden, er muß den naiven Weltglauben fallen lassen; jede weltliche Seinssetzung muß mit Hilfe der E. (der Einstellungsänderung) ausgeschaltet werden. Der Wechsel der Einstellung erlaubt dem Phänomenologen, die Welt nur als Leistung der reinen transzendentalen SUBJEKTIVITÄT, des transzendentalen Bewußtseins, des TRANSZENDENTALEN EGO zu verstehen. Und da die Welt aus den Leistungen des Bewußtseins entspringen soll, muß sich mittels der E. dieses Bewußtsein als nicht weltlich (‚extramundan') erweisen. Der Phänomenologe steht sozusagen über der Welt; sie wird für ihn zum PHÄNOMEN. Als Folge der transzendentalen E. hat man die Entgegensetzung: weltloses (extramundanes) Bewußtsein – Welt; das transzendentale Bewußtsein gehört nicht zur Welt. In der E. spaltet sich das Ego in ein transzendentalextramundanes und ein mundanes (weltliches). Dies bedeutet nicht, daß der Mensch in zwei voneinander getrennte Sphären zerfällt. Die E. ist vielmehr ein reflexiv-philosophischer Kunstgriff, mit dessen Hilfe der Phänomenologe die reine Subjektivität (bzw. das reine Bewußtsein oder das transzendentale Ego) von allem Weltlichen reinigt; nur so kann nach Husserl eine apodiktische Basis für die Konstitution bzw. Begründung der Welt gewonnen werden.

Lit.: E. Husserl, Ideen zu einer reinen Phänomenologie, 1913; ders., Cartesianische Meditationen, 1932; E. Ströker, Das Problem der Epoché in der Philosophie Edmund Husserls, 1970; W. Marx, Die Phänomenologie Edmund Husserls, 1987.

## Erfahrung:

eine Erkenntnisquelle, die im unmittelbaren Empfangen eines Gegebenen liegt, im Unterschied zum DENKEN, das die Inhalte der Erfahrung in logisch-begriffliche Beziehung bringt. In der traditionellen Erkenntnistheorie wird zwischen der *äußeren* und *inneren E.* unterschieden: die äußere E. betrifft die sinnlichen Gegebenheiten (alle Sinneswahrnehmung). Innere E. betrifft das Erfassen von Bewußtseinsinhalten und Bewußtseinszuständen (bzw. von seelischen Erlebnissen).
Aristoteles spricht von der E. (griech. ‚empeiria') als von dem im vor-wissenschaftlichen Bereich verankerten „Wissen des Besonderen"; sie ist die

Grundlage aller theoretischen, allgemeinen Erkenntnis. Bei Th. Hobbes und F. Bacon wird zum ersten Mal ein *induktiver* Begriff der E. (☞INDUKTION) in Opposition zur *deduktive* Methode (☞DEDUKTION) entwickelt und zur Gewinnung allgemeiner Aussagen herangezogen: Einzelerfahrungen, die unter bestimmtem Gesichtspunkt übereinstimmen, dienen zur Ableitung GENERELLER Aussagen. Die *induktive Methode* (der Schluß von Einzelerfahrung auf das Allgemeine), spielt in den modernen Naturwissenschaften eine besondere Rolle. Nach Kant fängt alle unsere Erkenntnis mit E. an. Aber die Erfahrungserkenntnis ist nicht ein bloßes Ablaufen von Wahrnehmungen im Bewußtsein; sinnliche Wahrnehmung werden durch die ANSCHAUUNGSFORMEN, Begriffe A PRIORI (☞KATEGORIE) und Vernunftbegriffe (☞IDEE) geordnet und geformt; nur so ist die Gegenstandserkenntnis möglich. Die Begriffe und Gegensätze a priori sind Bedingungen der Möglichkeit der E.; der Verstand ist nach Kant der „Urheber der E."; dies bedeutet, daß ein Apriori der Erfahrungserkenntnis zugrundeliegt. Die E. enthält also zwei Elemente, „nämlich eine Materie zur Erkenntnis aus den Sinnen und eine gewisse Form, sie zu ordnen aus dem inneren Quell des reinen Anschauens und Denkens". Die reinen Verstandesbegriffe dienen dazu, aus subjektiven Wahrnehmungen objektive Erkenntnis zu gewinnen; da Erfahrungsurteile allgemeine Elemente beinhalten, können sie die Dimension beobachtbarer Gegenstände überschreiten. Eine theoretische Erkenntnis des außer der E. Liegenden, z. B. des DINGS AN SICH, kann es nicht geben: „die Möglichkeit der E. ist also das, was allen unseren Erkenntnissen a priori objektive Realität gibt". Im Gegensatz zu der kantischen Konzeption der E. stehen die empiristischen Positionen, vom sog. klassischen Empirismus (Locke, Berkeley, Hume) bis zum LOGISCHEN EMPIRISMUS (Carnap, Reichenbach u. a.); ihnen zufolge ist die E. die einzig in Frage kommende Quelle der Erkenntnis; sie ist die begriffsfreie, theoriefreie, vom Erkenntnissubjekt unabhängige, objektive Basis des Wissens (☞SENSUALISMUS, EMPIRISMUS).

Der Begriff der E. ist auch in anderen Kontexten von Bedeutung: so z. B. in den Naturwissenschaften; hier können Erfahrungen grundsätzlich wiederholt, die Erkenntnissubjekte ausgetauscht werden. In der HERMENEUTIK (besonders bei Heidegger und Gadamer) wird von der durch den geschichtlichen Wirkungszusammenhang vermittelten E. des Verstehenden gesprochen; die Selbsterfahrung des Verstehenden ist also eingebunden in den geschichtlichen Verstehenssprozeß (in hermeneutischen Zusammenhängen wird auch von der *ästhetischen E.* gesprochen). E. Husserl spricht von der *transzendentalen E.*, in der das TRANSZENDENTALE EGO samt seinen Konstitutionsleistungen aufgedeckt (beschrieben) werden soll, und der *vorprädikativen E.*, d. h. der vorbegrifflichen, vorwissenschaftlichen, vortheoretischen E. der LEBENSWELT.

*Erfahrungswissenschaften* werden Wissenschaften genannt, die ihre Erkenntnisse aus der Erfahrung gewinnen (es sind die empirischen Wissenschaften); sie werden traditionell von den Vernunftwissenschaften (z. B. Logik, Mathematik) abgegrenzt.

Lit.: Aristoteles, Metaphysik; I. Kant, Kritik der reinen Vernunft, 1781, [2]1787; J. Volkert, Erfahrung und Denken, [2]1924; E. Husserl, Cartesianische Meditationen, 1932; F. Kambartel, Erfahrung und Struktur, 1968; S. Körner, Erfahrung und Theorie, 1970; H. Schnädelbach, Erfahrung, Begründung und Reflexion, 1971; J. Mittelstraß, Erfahrung und Begründung, in: ders., Die Möglichkeit von Wissenschaft, 1974; H. N. Castaneda, Thinking, Language and Experience, 1989.

**Erinnerung:**
bei Platon die Wiedererinnerung (ANAMNESIS); die E. an die in der Präexistenz geschauten Ideen. In der Neuzeit meist als ein psychischer Zustand betrachtet, bei dem vergangene Vorstellungen auftauchen und bewußt werden.

**Eristik** (vom griech. *eristike (techne)*:
Streitkunst, Disputierkunst bei den Megarikern; der bekannteste von ihnen war Eukleides von Megara, ein Schüler des Sokrates.

**Erkenntnis:**
das begründete WISSEN im Unterschied zum bloßen Meinen (☞MEINUNG) und zum GLAUBEN. Handelt es sich um ein sprachlich vermitteltes, begreifliches Wissen, so spricht man in der philosophischen Tradition von DISKURSIVER E.; handelt es sich dagegen um ein Wissen durch ANSCHAUUNG (nicht durch Erklärung, Beweis usw. vermitteltes Wissen) so spricht man von intuitiver bzw. evidenter E. (nicht INTUITION, EVIDENZ). Man unterscheidet traditionell auch zwischen einer E. A POSTERIORI, die sich auf Anschauung beruft, und einer E. A PRIORI, die es nicht tut; wobei nach Kant auch aposteriorische (empirische) E. mit auf apriorische Bedingungen ihrer Möglichkeit rekurriert. Traditionell wird der Vorgang der E. als Übereinstimmung von Erkennendem und dem zu erkennenden Gegenstand (ADAEQUATIO INTELLECTUS ET REI) bestimmt; die Beziehung zwischen dem erkennenden Subjekt und dem zu erkennenden Gegenstand (Objekt) wird im Kontext des sog. SUBJEKT-OBJEKT-PROBLEMS erläutert. Die Explikation des Begriffs der E. erfolgt in der ERKENNTNISTHEORIE.

**Erkenntnistheorie** (auch „Epistemologie" oder „Gnoseologie"):
eine Disziplin der Philosophie, in der die Frage nach der Entstehung, den Bedingungen, dem Wesen, den Prinzipien, Zielen, Grenzen und der Gültigkeit der ERKENNTNIS gestellt wird. Die Bezeichnung „E." für eine selbständige philosophische Disziplin wird erst um die Mitte des 19. Jh. geprägt;

doch die Fragestellungen, die durch die obigen Fragen angedeutet wurden, begleiten die Philosophie seit ihren Anfängen. Schon Platon stellt die Frage nach der wahren Erkenntnis bzw. dem wahren Wissen (nicht IDEENLEHRE). Das wahre Wissen unterscheidet sich vom bloßen Meinen (MEINUNG) und vom GLAUBEN dadurch, daß es begründbar ist. Dabei geht es Platon nicht um die Erkenntnis des Einzelnen, sondern um die des ALLGEMEINEN, des WESENS. Seit der antiken Philosophie wird die Frage nach der Übereinstimmung zwischen dem Erkenntnisvermögen (Denken) und der objektiven Wirklichkeit (Welt) gestellt (☞ADAEQUATIO INTELLECTUS ET REI); diese Übereinstimmung wird als das Geschehen der WAHRHEIT, deren eigentlicher Ort das URTEIL ist, verstanden. Seit Descartes unterscheidet man im strikt erkenntnistheoretischen Sinne zwischen dem erkennenden SUBJEKT und dem OBJEKT der Erkenntnis (☞SUBJEKT-OBJEKT-PROBLEM). Die antike Unterscheidung zwischen Denken und Sein kann jedoch nicht mit der neuzeitlichen Unterscheidung zwischen Subjekt und Objekt gleichgesetzt werden; die antike Unterscheidung ist eine ontologische (☞ONTOLOGIE); auch Denken wird in das Universum des Seienden einbezogen; eine strikte Trennung zwischen dem erkennenden Subjekt und der objektiven Welt war hier nicht beabsichtigt; statt dessen geht es den antiken Philosophen darum, die Strukturen des Seienden bzw. des Seins (auch des Denkens) zu klären. Diese Strukturen existieren unabhängig von dem sie Erkennendem. Die neuzeitliche Unterscheidung ist eine erkenntnistheoretische; das Subjekt gilt bei vielen Positionen als ein sicheres Fundament der Erkenntnis; es konstituiert, begründet im gewissen Sinne die Welt; im Ausgang vom Subjekt soll die Erkenntnis der Welt der Objekte gewährleistet werden (so z. B. bei Descartes). Der Rückgang auf das erkennende Subjekt markiert die Wende von der METAPHYSIK zur E.. Es stellt sich nun die Frage, welche Erkenntnisquellen bevorzugt werden sollen; im RATIONALISMUS wird das reine Denken als Medium und Quelle der wahren Erkenntnis angesehen, im EMPIRISMUS die sinnliche ERFAHRUNG. Kant versucht, die Standpunkte des Rationalismus und Empirismus miteinander zu verbinden; er stellt ein gegenseitiges Korrelationsverhältnis zwischen reinem Denken und sinnlicher Erfahrung fest (☞ANSCHAUUNG). Das Objekt der Erkenntnis wird bei Kant von dem Erkenntnissubjekt geordnet und geformt; durch die reinen ANSCHAUUNGSFORMEN, die Begriffe A PRIORI (KATEGORIEN) und Grundsätze a priori werden Erkenntnisobjekte geordnet und geformt; die DINGE AN SICH können nicht erkannt werden. Kant fragt nach den Bedingungen objektiv gültiger Erkenntnis; er will „den Ursprung, den Umfang und objektive Gültigkeit" der Erkenntnis a priori festlegen. Entscheidend für Kant ist die Frage nach den Grenzen der Erkenntnis („Erkenntniskritik"; ☞KRITIZISMUS).

Erkenntnistheoretische Probleme wurden nach Kant z. B. im DEUTSCHEN

IDEALISMUS, im MATERIALISMUS, NEUKANTIANISMUS und in der PHÄNOMENOLOGIE behandelt. Die historische Bedingtheit des Erkennens wurde im HISTORISMUS aufgezeigt; E. und HERMENEUTIK treten hier in einen engen Zusammenhang.
Im 20. Jh. wird die E. immer mehr durch die Methode der Sprachanalyse (☞ANALYTISCHE PHILOSOPHIE)) abgelöst; Die *Erste Philosophie* ist nicht mehr die „Reflexion aufs Bewußtsein", sondern die „Reflexion auf die Rede" (Tugendhat, Apel). Sprache ist aber nicht das Mittel für die Thematisierung des Bewußtseins, sondern das zentrale „Thema und Medium" der philosophischen Reflexion (Apel).

Lit.: Platon, Theaitet; R. Descartes, Discours de la méthode, 1637; I. Kant, Kritik der reinen Vernunft, 1781, [2]1787; M. Schlick, Allgemeine Erkenntnistheorie, [2]1925; A. Pap, Analytische Erkenntnistheorie, 1955; A. J. Ayer, The Problem of Knowledge, 1956; A. Wellmer, Methodologie als Erkenntnistheorie, 1967; R. Conrad, Empirische Erkenntnistheorie, 1973; J. Piaget, Abriß der genetischen Epistemologie, 1974; G. Vollmer, Evolutionäre Erkenntnistheorie, 1975; R. M. Chisholm, Erkenntnistheorie, 1979; K. Albert, Allgemeine Erkenntnistheorie, 1982; P. Bieri (Hg.), Analytische Philosophie der Erkenntnis, 1987.

## Erklärung:

im weitesten Sinne die Rückführung von Sachverhalten, Vorgängen, Aussagen auf andere Sachverhalte, Vorgänge, Aussagen. Die E. wird meist im Gegensatz zum Verfahren der BESCHREIBUNG und des VERSTEHENS betrachtet. In der Wissenschaftstheorie geht es um wissenschaftliche E..Hempel und Oppenheim haben ein Schema der E., das HO-Schema (Hempel-Oppenheim-Schema), ausgearbeitet, das eine entscheidende Rolle in der Wissenschaftstheorie spielt. Um einen Sachverhalt oder ein Ereignis („Explanandum", lat. ‚das zu Erklärende') zu erklären, müssen allgemeine Gesetze (oder zumindest ein Gesetz) und Feststellungen von Anfangsbedingungen vorliegen; es werden diejenigen Bedingungen angegeben, unter denen ein Gesetz angewandt wird: Gesetze und Feststellungen von Anfangsbedingungen bilden das *Explanans* (lat. ‚das Erklärende'). Die E. hat die Form einer logischen logischen Ableitung: das Explanandum folgt logisch aus dem Explanans. Neben dieser *deduktiv-nomologischen E.* gibt es nach Hempel und Oppenheim die *induktiv-statische E.*, in der ein Sachverhalt bzw. Ereignis nicht vorhergesagt werden kann.

Lit.: P. Gardiner, The Nature of Historical Explanation, [2]1962; E. Nagel, The Structur of Science, 1961; N. Rescher, Scientific Explanation, 1970; E. Topitsch (Hg.), Logik der Sozialwissenschaften, [7]1971; G. H. v. Wright, Erklären und Verstehen, 1974; C. G. Hempel, Aspekte wissenschaftlicher Erklärung, 1977.

## Erleben:

das unmittelbare Innewerden der eigenen Erlebnisinhalte. Für Wilhelm Dilthey ist E. eine Art, in welcher Realität für eine Person da ist; im E. bilden das Subjekt (bzw. Ich) und das Objekt (bzw. Welt) eine ursprüngliche Einheit. Das E. ist also eine Form des Habens von Realität. Die Art und

Weise, wie der Mensch sein Dasein unmittelbar vorfindet, bezeichnet Dilthey als *Erlebnis.* Doch das E. bzw. das Erlebnis bilden keine objektive Realität, die uns fremd gegenübersteht, die wir vergegenständlichen können: „Das Erlebnis steht nicht als Objekt dem Auffassenden gegenüber, sondern sein Dasein ist für mich ununterschieden von dem, was in ihm für mich da ist". Das E. kann auch vergegenständlicht werden; aber diese Vergegenständlichung ist eine Verwandlung, die erst durch das hinzukommende Denken geschieht. Für Dilthey ist das Erlebnis die kleinste und fundamentalste, nicht hintergehbare Einheit des Lebens (☞LEBENSPHILOSOPHIE); es ist der Mittelpunkt des gesamten Lebenszusammenhanges und zugleich „die Urzelle der geschichtlichen Welt". Die Begriffe Erlebnis, Ausdruck und Verstehen sind bei Dilthey zentral für die Methode der GEISTESWISSENSCHAFTEN. Der Begriff des E. spielt auch für Husserl im Zusammenhang mit der Problematik der INTENTIONALITÄT eine wichtige Rolle; Intentionalität ist eine Weise, in der sich ein Erlebnis als Bewußtsein von etwas auf seinen Gegenstand bezieht.

Lit.: W. Dilthey, Der Aufbau der geschichtlichen Welt in den Geisteswissenschaften, 1910; E. Husserl, Logische Untersuchungen I, 1900; H.-G. Gadamer, Wahrheit und Methode, 1969; K. Sauerland, Diltheys Erlebnisbegriff, 1972; F. Rodi/H.-U. Lessing (Hg.), Materialien zur Philosophie Wilhelm Diltheys, 1984.

**Eros** (griech. ‚Liebe'):
Liebe; in der Orphik universales Weltprinzip; bei Platon in der Schrift „Symposion" (griech., ‚Das Gastmahl') ein Vermittlungsglied zwischen dem bloß Sinnlichen und dem rein Geistigen; der Erkenntnistrieb, der Drang nach dem Schönen, aber auch nach dem Wahren und Guten; E. ist daher der Antrieb zur wahren Erkenntnis, d. h. zum Aufstieg in die Schau der IDEEN (☞IDEENLEHRE). Der Aufstieg geschieht stufenweise: 1) sinnlicher E. zu einem schönen Körper, 2) ästhetischer E. zu allen schönen Gegenständen, 3) ethischer E. zu den schönen Gesetzen und Sitten, 4) geistiger E. zu den schönen Wissenschaften, 5) der E. zu dem Urbild aller Schönheit, zur Idee des Schönen und damit auch zur höchsten Idee des Guten. E. ist also auf der letzten Stufe die Liebe zu den Ideen.
In der christlichen Philosophie hat E. meist eine Mittelposition zwischen Sexus (Geschlechtsliebe) und AGAPE (göttliche Liebe).

Lit.: Platon, Symposion; A. Nygren, Eros und Agape, I-II, $^{2}$1954; A. u. W. Leibbrand, Formen des Eros, I-II, 1972; L. B. Lotz, Die Drei-Einheit der Liebe, 1979; W. H. Müller, Eros und Sexus im Urteil der Philosophie, 1985.

**Erscheinung** (griech. *phainomenon*):
im weitesten Sinne alles, was uns in der sinnlichen Wahrnehmung gegeben ist, das sich unmittelbar Zeigende. Oft wird die E. einem von ihr verschiedenen, sich in der sinnlichen Wahrnehmung nicht unmittelbar zeigenden Sei-

enden unterschieden; die E. ist dann meist ein Ausdruck einer an sich seienden Wirklichkeit. Für Parmenides bildet das, was erscheint, das Reich des Scheins, des Trugs; es unterliegt dem WERDEN bzw. der Veränderung. Demgegenüber ist das SEIN nur im Denken erfaßbar; es erscheint nicht sinnlich. Für Platon sind die sinnlich wahrnehmbaren, veränderlichen Einzeldinge Erscheinungen der nicht-sinnlichen, unveränderlichen IDEEN (☞IDEENLEHRE). Alle Erkenntnis, die nur auf Erscheinungen basiert, galt Platon als unsicher und weniger beständig; auf die Sinneserkenntnis kann man sich nicht verlassen. Sichere Erkenntnis war für Platon nur im Medium der Schau im Hinblick auf die Ideen möglich. Dagegen behaupten die Sophisten, daß nur das, was dem Wahrnehmenden erscheint, sicher ist; auf die E. kann man sich verlassen. Für die englischen Empiristen ist die sinnliche E. bzw. Wahrnehmung für den Erkenntnisvorgang entscheidend; sie ist die Quelle der Erkenntnis. Für Berkeley gilt: „esse est percipi" (lat. ‚Sein ist Wahrgenommenwerden'). Bei Kant werden Erscheinungen durch die Formen des Anschauens und Denkens erfaßt, geprägt und bestimmt; daher gilt: „Alle Erscheinungen liegen also als mögliche Erfahrungen ebenso a priori im Verstande und erhalten ihre formale Möglichkeit von ihm, wie sie als bloße Anschauungen in der Sinnlichkeit liegen und durch dieselbe Form nach allein möglich sind". Jedoch muß der E. etwas entsprechen, auf das sie verweist, was an sich aber nicht E. ist; es ist etwas, das wir zwar nicht erkennen, aber als DING AN SICH denken können; „denn sonst würde der ungereimte Satz daraus folgern, daß E. ohne etwas wäre, was da erscheint". Vom bloßen Schein unterscheidet sich also die E. dadurch, daß sie auf ein Ding an sich verweist. E. und Ding an sich sind bei Kant korrelative Begriffe. ☞PHÄNOMEN

Lit.: Platon, Theaitet; I. Kant, Kritik der reinen Vernunft, 1781, ²1787; H. Barth, Philosophie der Erscheinung, I-II, ²1966; G. Prauss, Erscheinung bei Kant, 1971; H. Arendt, Vom Leben des Geistes I, 1979.

## Erzählung: ☞NARRATIV

## Es:

in der Psychoanalyse Bezeichnung für eine psychische Instanz, die weitgehend unbewußt ist. Freud definiert das E. auf folgende Weise: „Sein Inhalt ist alles, was vererbt, bei Geburt mitgebracht, konstitutionell festgelegt ist, vor allem also die aus der Körperorganisation stammenden Triebe, die hier einen ersten uns in seinen Formen unbekannten psychischen Ausdruck finden". Aus dem E. konstituieren sich die beiden anderen Instanzen, das ICH und das ÜBER-ICH. Das E. ist ein System, in dem nach Freud „das Lustprinzip uneingeschränkt regiert"; die Triebregungen streben nach Befriedigung, die Triebspannungen nach Ausgleich. Das E. ist die primäre Energiequelle für die beiden anderen Systeme. ☞PSYCHOANALYSE

Lit.: S. Freud, Das Ich und das Es, 1922; M. Schnur, Das Es und die Regulationsprinzipien des psychischen Geschehens, 1973.

**Eschatologie** (vom griech. *eschaton*, ‚das letzte', und *logos*, ‚Lehre'): theologische Lehre von den letzten Dingen: vom Reich Gottes, vom Ende der Welt, Jüngsten Gericht, von der Auferstehung der Toten.

Lit.: P. Althaus, Die letzten Dinge, [6]1956; R. Bultmann, Geschichte und Eschatologie, [2]1964.

**Esoterisch** (griech. ‚nach innen zu'):
in der Philosophie im Unterschied zum allgemeinen Sprachgebrauch: streng fachlich, nur für Eingeweihte, Fachleute. Gegensatz: /Exoterisch.

**Esse** (lat. ‚das Sein'): ☞SEIN

**Esse est percipi** (lat. ‚Sein ist Wahrgenommenwerden'):
Hauptformel der Philosophie von George Berkeley; das Sein (bzw. die Existenz) der Gegenstände wird mit dem Wahrgenommenwerden dieser Gegenstände identifiziert. ☞SENSUALISMUS

**Essenz** (von lat. *essentia*, ‚Wesen', ‚Washeit', ‚Wesenheit', ‚Sosein'):
im allgemeinen Sinne des Sosein (☞WESEN) im Gegensatz z. B. zum Dasein (☞EXISTENZ). In der scholastischen Philosophie (bei Thomas von Aquin) der in einer Definition bestimmte Wesenskern von Merkmalen, die allen Gegenständen einer Art eigen sind; die innere Form eines Gegenstandes. E. wird oft synonym mit „quidditas" (lat. ‚Washeit') und „natura" (lat. ‚Natur') verwendet. E. ist also das Wesen eines Gegenstandes, seine innere Form, der Wesenskern, der diesen Gegenstand zum Exemplar einer Art macht.

Lit.: Thomas von Aquin, Summa theologiae I; E. Vollrath, Essenz, essentia, in: Historisches Wörterbuch der Philosophie II, 1972.

**Essenzialismus** (von lat. *essentia*, ‚Wesen', ‚Sosein'):
Sammelbezeichnung für philosophische Positionen, die die ESSENZ (Wesen) der Gegenstände ihrer EXISTENZ (lat. *existentia;* ‚Dasein') voranstellen; die Essenz (das Wesen) der Gegenstände ist die Voraussetzung für ihre Existenz; oder: die Essenz (nicht die Existenz) der Gegenstände bildet die eigentliche, wahre Wirklichkeit der Welt. Für E. Gilson beherrscht der E. die abendländische Philosophie bis Hegel. K. R. Popper spricht von dem *methodologischen E.*; mit diesem Terminus charakterisiert er das sein Platon verbreitete Vorgehen, in der Wissenschaft Wesenheiten zu erfassen und sie mittels Definitionen zu beschreiben. Diesem E. setzt er den *methodologischen*

*Nominalismus* entgegen, demzufolge es in der Wissenschaft nicht um die Erkenntnis der wahren Struktur der Welt geht, sondern um die Beschreibung und Erklärung von Vorgängen unter bestimmten Bedingungen und die Feststellung von Regelmäßigkeiten bzw. Gesetzmäßigkeiten dieser Vorgänge. In der modernen Sprachphilosophie wird der Begriff des E. im Zusammenhang mit der Problematik der Bedeutung von Eigennamen verwendet (S. A. Kripki, H. Putnam) (☞NAME).

Lit.: K. R. Popper, Die offene Gesellschaft und ihre Feinde I-II, 1957-1958; E. Gilson, L'etre et l'essence, 1948; N. U. Salmon, Referenz and Essence, 1981; M. T. Liske, Aristoteles und der aristotelische Essenzialismus, 1985.

**Ethik** (vom griech. *ethos*, ‚Sitte', ‚Gewohnheit'):
eine der Grunddisziplinen der (praktischen) Philosophie (oft auch als *Moralphilosophie* bezeichnet). In der Geschichte der Philosophie haben sich unterschiedliche Bestimmungen des Begriffs „E." und unterschiedliche ethische Konzeptionen ausgebildet. E. als philosophische Disziplin entsteht als Reaktion auf den Sittenverfall (☞SOPHISTIK); die sophistische Aufklärung markiert die Abkehr von der theoretischen (praxisfernen) Betrachtung der Vorsokratiker und eine Hinwendung zu den praktischen Angelegenheiten des Menschen. Die philosophische E., die von Sokrates und Platon initiiert wird, zeichnet sich durch ihre rational-begriffliche Vorgehensweise aus (z. B. die Definition von moralisch relevanten Begriffen, die rationale Begründung von Normen usw.). Bei Sokrates und Platon ist eine Trennung zwischen der theoretischen und der praktischen Philosophie noch nicht streng auszumachen. Das sokratische Verfahren der Begriffsbildung betrifft auch moralisch relevante Begriffe. Für Platon ist die Erkenntnis der IDEEN zugleich auch die Erkenntnis der sittlich-moralischen Ordnung der Welt (☞IDEENLEHRE); als höchste Idee gilt die „Idee des Guten"; ihre Erkenntnis ist auch die Voraussetzung für die gerechte soziale Ordnung, für einen gerechten Staat. Sokrates und Platon stellen die Frage nach dem „guten Leben", das nur in einer Polis möglich ist. Neben der Erkenntnis der Ideen (vor allem der Idee des Guten) und der vernünftigen Eingebundenheit in eine soziale Ordnung gehört auch die Lern- und Lehrbarkeit der TUGEND zum guten Leben.
Aristoteles unterscheidet zwischen der theoretischen und der praktischen Philosophie. Das praktische Wissen bezieht sich auf Werke und Handlungen. Für das Herstellen von Werken wird ein Wissen vorausgesetzt, das als „technisches Können" (☞TECHNIK) bezeichnet wird. Für das Vollziehen und die Beurteilung von Handlungen wird ein praktisches Wissen vorausgesetzt, das Aristoteles „Phronesis" nennt; es meint die Fähigkeit des Handelnden zur Einsicht in die allgemeinen Prinzipien und Gründe des Handelns und die Anwendung dieser Prinzipien auf konkrete Fälle unter der

Maßgabe des obersten Prinzips der praktischen Philosophie – des guten Lebens in der Polis. Das Handeln ist auf sich selbst gerichtet; es ist nicht vorgegebenen Mitteln und Zwecken dienlich. Die Phronesis beinhaltet die Frage nach dem GUTEN, das in der Polis realisiert werden soll. In der praktischen Betätigung verwirklicht sich der Mensch gemäß den ihm (bzw. seinem Wesen) gegebenen Möglichkeiten. Die Entfaltung bzw. Verwirklichung der dem menschlichen Wesen innewohnenden Kräfte führt zum GLÜCK, zum höchsten Gut des Menschen (☞EUDÄMONIE). Wichtig für Aristoteles ist die Analyse der moralisch-sittlichen Vermögen des Menschen, der Bedingungen für die Einsicht in die Tugenden und das tugendhafte Leben.

In der Philosophie der STOA und beim Epikur (☞EPIKUREISMUS) wird die E. von ihrer Einbindung in die sozial-politische Ordnung gelöst. Als Grundlage des moralisch-sittlichen Handelns gilt für die Stoiker die Natur des Menschen, die in die Weltvernunft, in die kosmische Ordnung eingebunden ist. Der Weise denkt und handelt gemäß der Weltvernunft bzw. der kosmischen Weltordnung. Ziel der stoischen E. ist die Glückseligkeit, die durch die APATHIE (‚geistige Unerschütterlichkeit‘) erreicht wird; der Weise ist frei von Neigungen, Leidenschaften, Furcht und zufälligen Umständen. Besonders einflußreich wurden die römischen Stoiker Seneca, Cicero und Marc Aurel. Für Epikur und seine Anhänger wird die Glückseligkeit durch die ATARAXIE (‚Seelenruhe‘) erreicht. Zum Prinzip der Lebensführung wird die LUST als die Vermeidung von Schmerz und Leid (☞HEDONISMUS).

In der Philosophie des Mittelalters werden ethische Probleme vor dem Hintergrund der Glaubenslehre behandelt. Gott gilt als das höchste Gut, aus dem das für den Menschen Gute abgeleitet wird. Die geoffenbarten Wahrheiten, die später in die kirchlichen Dogmen eingehen, gelten als Richtschnur des Handelns. Das sittlich-moralische Handeln des Menschen ist in der von Gott erschaffenen und bestimmten Weltordnung bzw. Weltvernunft begründet. Im Glauben an Gott kann der Mensch das Glück erreichen.

Zu Beginn der Neuzeit löst man sich allmählich von diesen theologischen Elementen. Als Ideal der jetzt entstehenden modernen Wissenschaften gilt die Methode der Geometrie; diese Methode findet ihren Eingang auch in die E.. Spinoza sieht das Ziel des moralischen Handelns in der Befreiung von Affekten und Trieben. Als Instanz für das sittlich-moralische Handeln des Menschen figuriert Gott (bzw. die Liebe zu Gott). Für Thomas Hobbes bildet eine solche Instanz der STAAT; im Naturzustand herrscht ein Krieg aller gegen alle; erst der Staat (mit seinen Institutionen) bzw. der legitimierte Herrscher, der Souverän, kann die sittlich-moralische bzw. gerechte und sichere Ordnung gewährleisten (☞GESELLSCHAFTSVERTRAG). More, Shaftesbury und Hutcheson lehnen die Bindung der E. an die Politik ab. Als

Instanz des Sittlich-Moralischen gilt für sie das *moralische Gefühl* bzw. der *moralische Sinn* (engl. ‚moral sense'). Auch Hume und einige Denker des Empirismus verbleiben mit einigen Modifikationen in dieser Tradition.
Eine der einflußreichsten ethischen Positionen ist bis heute der UTILITARISMUS. Ziel des Utilitarismus ist das größtmögliche Glück der größtmöglichen Zahl der Menschen. Das Kriterium bzw. Prinzip des Handelns, das verallgemeinert werden kann, ist der Nutzen bzw. die Nützlichkeit für das Glück. Der Utilitarismus versucht, den Nutzen des Individuums mit dem Nutzen der Allgemeinheit zu verbinden. Die wichtigsten Vertreter des Utilitarismus sind J. Bentham und J. S. Mill.
Einen wichtigen Einschnitt in der Geschichte der E. bildet Kants E.-Konzeption. Er kritisiert alle Positionen, die eine inhaltliche bzw. materiale Bestimmungen des Guten enthalten (werden solche materialen Bestimmungen angegeben bzw. fragt man nach ihnen, so spricht man von der *materialen E.*) und mit Hilfe dieser Bestimmungen das Sittlich-Moralische begründen. Diese Bestimmungen entsprechen nicht der AUTONOMIE und den Gesetzen der FREIHEIT (☞WILLENSFREIHEIT); sie unterliegen der HETERONOMIE des Willens bzw. den Gesetzen der Natur. Kant formuliert ein formales Prinzip des Sittlich-Moralischen, den KATEGORISCHE IMPERATIV: „Handle so, daß die Maxime deines Willens jederzeit zugleich als Prinzip einer allgemeinen Gesetzgebung gelten könne". Der freie Wille gibt sich autonom das allgemeine Gesetz des Sittlich-Moralischen. Kants E. wird als *formale E.* bezeichnet.
Hegel kritisiert die Hervorhebung der Subjektivität in der kantischen Bestimmung des Sittlich-Moralischen. Er trifft die folgenreiche Unterscheidung zwischen MORALITÄT und SITTLICHKEIT. Die Moralität betrifft den *subjektiven* Willen des Individuums, die Sittlichkeit die *objektive* Verwirklichung des moralischen Wollens in der Geschichte bzw. einer Gemeinschaftsordnung (z. B. im Staat).
Im 19. Jh. wurde Kritik an den Konzeptionen einer allgemeingültigen Grundlegung der E. (Kant) laut, so z. B. bei Schopenhauer, Nietzsche (☞LEBENSPHILOSOPHIE) und Denkern des HISTORISMUS.
Zu Beginn des 20. Jh, entwickelt Max Scheler die Konzeption der *materialen Wertethik*. Er nimmt an, daß es „objektive" WERTE gibt, die sich in unserem subjektiven Wertgefühl ausdrücken. Es gibt eine Hierarchie von Werten, wobei der höchste Wert der des Heiligen ist.
Mit dem Auftauchen der sprachanalytischen Philosophie entsteht eine neue Disziplin der E., die METAETHIK. Hier wird die Bedeutung von moralischen bzw. ethischen Wörtern und die Bedeutung von moralischen bzw. ethischen Sätzen (und auch ganzen Argumenten) untersucht.
Ethische Positionen kantischer Prägung tauchen u. a. im Neukantianismus und in der Diskurstheorie auf (☞DISKURS). Erhebt man nach K.-O. Apel

im Rahmen der sinnvollen Argumentation einen Geltungsanspruch, so hat man damit die moralischen Normen anerkannt, die für eine ideale Kommunikationsgemeinschaft maßgebend sein würden. Die Reflexion auf die notwendigen Bedingungen der Argumentation ist mit der Reflexion auf die Begründung von Normen verbunden.

Lit.: Aristoteles, Nikomachische Ethik; I. Kant, Grundlegung zur Metaphysik der Sitten, 1785; ders., Kritik der praktischen Vernunft, 1788; R. Reininger, Wertphilosophie und Ethik, [3]1947; M. Scheler, Der Formalismus in der Ethik und materielle Wert-Ethik, 1913; H. Reiner, Die philosophische Ethik, 1964; G. E. Moore, Prinzipia Ethica, 1970; G. Patzig, Ethik ohne Metaphysik, 1971; O. Höffe, Praktische Philosophie, 1971; W. K. Frankena, Analytische Ethik, 1972; R. M. Hare, Die Sprache der Moral, 1972; J. Rawls, Eine Theorie der Gerechtigkeit, 1975; J. Habermas, Moralbewußtsein und kommunikatives Handeln, 1983; K. O. Apel, Diskurs und Verantwortung, 1988.

**Ethos** (griech. ‚Sitte', ‚Charakter', ‚Gewohnheit'):
Gesamtheit ethisch-moralischer Normen, Ziele und Werte als Grundlage des Handelns und Wollens; moralische Gesamthaltung, sittliche Grundsätze eines Menschen oder einer Gruppe von Menschen.

**Eudämonie** (vom griech. *eudaimonia*, ‚Glück', ‚Glückseligkeit'):
Glückseligkeit; in der griechischen Philosophie das Ziel allen Handelns; die Erfüllung eines dauerhaften Glücks in einem Leben gemäß der ARETE (Tauglichkeit, Tugendhaftigkeit). Bei Platon ist die Voraussetzung für die E. die Erkenntnis der IDEE des Guten, die Einsicht in die Ideenwelt. Bei Aristoteles gilt als Voraussetzung für die E. die vollkommene Verwirklichung der dem Menschen eigenen gattungsmäßigen, gesellschaftlich-sozialen und individuellen Möglichkeiten (der Mensch hat vor allem die Möglichkeit, sich vernunftgemäß, gemäß dem Logos, zu entwickeln). E. meint daher nicht den Zustand der sinnlichen Lust, sondern den des theoretischen Tätigseins, des theoretischen Betrachtens (☞THEORIE); die sinnliche Lust ist vergänglich, unbeständig und unselbständig; die bei der theoretischen, begrifflich-gedanklich-philosophischen Betätigung gewonnene Lust ist dagegen beständig; sie ist die höchste Lust; darüber hinaus bedarf die theoretische Betätigung keiner Dinge oder anderer Menschen; sie ist als Vernunftbetätigung selbständig, autark. ☞GLÜCK

Lit.: Platon, Politeia; Aristoteles, Nikomachische Ethik.

**Eudämonismus** (vom griech. *eudaimonia*, ‚Glück', ‚Glückseligkeit'):
Bezeichnung für ethisch-philosophische Positionen, die das letzte Ziel und höchste Gut des Menschen im Glücklichwerden bzw. in der Verwirklichung des GLÜCKS sehen. Je nach Auffassung des Glücksbegriffs ergeben sich verschiedene eudämonische Lehren. Der *aretologische E.* (auch *moralischer E.*) (Sokrates, Platon, Aristoteles und die Stoa) sieht im tugendhaften Leben

(☞ARETE), das zur höchsten Erkenntnis führt, das Mittel zur Erreichung des Glücks (☞EUDÄMONIE); der *hedonistische E.* (Epikur, J. Locke, J. Bentham) sieht im dauerhaften Erleben der Lust, der *ontologische E.* (auch bei Aristoteles, Augustinus, Thomas von Aquin) in der Selbstvervollkommnung, in der vollen Entfaltung aller artspezifischen Wesenskräfte bzw. in der Verwirklichung aller artspezifischen Möglichkeiten des Menschen, den Weg zum Erlangen des Glücks. Für den *individuellen* oder *egoistischen E.* (☞EGOISMUS) (Epikur, Th. Hobbes) ist das eigene, individuelle Glück (auch auf Kosten anderer), für den *sozialen* oder *altruistischen E.* (☞ALTRUISMUS) (z. B. J. Bentham) das Glück anderer Menschen der Maßstab richtigen Handelns (☞UTILITARISMUS).

Lit.: M. Heinze, Der Eudämonismus in der griechischen Philosophie, 1883; J. Thyssen, Glückseligkeitsethiken und das Äquivoke des Ethischen, in: R. Wisser (Hg.), Sinn und Sein, 1960; G. Bien (Hg.), Die Frage nach dem Glück, 1978; R. Spaemann, Glück und Wohlwollen, 1989.

**Euthanasie** (vom griech. *eu*, ‚gut', und *thanatos*, ‚Tod'):
Sterbehilfe; 1) in der antiken Tradition glücklicher Tod; die Kunst glücklich zu sterben; 2) die Kunst des Arztes, einem Sterbenden den Sterbevorgang zu erleichtern oder den Tod eines unheilbar Kranken herbeizuführen. Die Problematik der E. wird, besonders nach der Benutzung des Wortes für nationalsozialistische Tötungsprogramme, kontrovers in der philosophischen Ethik erörtert.

Lit.: V. v. Weizsäcker, „Euthanasie" und Menschenversuche, 1947; A. Leist (Hg.), Um Leben und Tod, 1990, P. Singer (Hg.), A Compainon to Ethics, 1991.

**Evidenz** (von lat. *evidentia*, ‚Ersichtlichkeit', ‚Klarheit'):
im allgemeinen Sinne unmittelbare GEWISSHEIT, ein Offenbarsein, Einleuchten, Sichzeigen eines Gegenstandes oder Sachverhaltes und das damit gegebene geistige „Sehen", Einsehen. Die E. steht im Gegensatz zur DISKURSIV-begrifflichen Einsicht. In der philosophischen Tradition wird die E. als Wahrheitskriterium für „erste" Sätze der Wissenschaften, die sog. AXIOME angesehen (☞WAHRHEITSTHEORIEN). D. Hilbert ersetzte jedoch die Forderung nach E. axiomatischer Sätze durch die Forderung nach ihrer Widerspruchsfreiheit.

Eine wichtige Rolle spielt der Begriff der E. in der PHÄNOMENOLOGIE E. Husserls; E. meint hier die *Selbstgegebenheit* eines intentional Vermeinten für ein unmittelbar anschauendes, erfassendes Bewußtsein; sie ist als *unmittelbare E.* das Sichzeigen eines Sachverhalts an sich selbst („originäre Selbstgegebenheit"). Als „Urmodus" der E. gilt für Husserl die Wahrnehmung. Wichtig ist die Unterscheidung zwischen *prädikativer* und *vorprädikativer E.*; Urteile sind immer das Ergebnis einer aktiven Idealisierungsleistung; die

Einsichtigkeit von Urteilen wird daher als prädikative E. bezeichnet; diese ist genetisch fundiert in passiven Erfahrungen von individuellen Gegenständen (vorprädikative bzw. lebensweltliche E.). Gegenüber der Husserlschen These von der Bedeutung der vorprädikativen E. kann heute – im Zusammenhang mit sprachphilosophischen Überlegungen – behauptet werden, daß die Erkenntnis durch E. (sowohl die Wahrnehmungsevidenz von etwas als etwas als auch die E. in der „reinen Anschauung") sprachlich vermittelt ist. Die Rolle der E. wird heute in sprachphilosophischen und wissenschaftstheoretischen Kontexten diskutiert.

Lit.: F. Brentano, Wahrheit und Evidenz, O. Kraus (Hg.), 1974; E. Husserl, Erfahrung und Urteil, hg. v. L. Landgrebe, [4]1972; K. Rosen, Evidenz in Husserls deskriptiver Transzendentalphilosophie, 1977; N. M. L. Nathan, Evidence and assurance, 1980.

**Evolution** (von lat. *evolvere*, ‚entfalten', ‚entwickeln'):
im weitesten Sinne Entwicklung; das allmähliche Hervorgehen eines Zustandes (meist höheren) aus einem hervorgehenden Zustand (meist niedrigeren). Die *Evolutionstheorie* ist eine biologische Entwicklungslehre; der Evolutionsbegriff war in den empirischen Wissenschaften lange auf die Biologie (☞DARWINISMUS, DESZENDENZTHEORIE) beschränkt. Es wird jedoch nicht nur in biologischen Wissenschaften von der E. gesprochen. Man spricht z. B. von der E. der Geschichte, der Gesellschaft, des Kosmos, der Kultur. Der Gedanke der biologischen bzw. naturwissenschaftlichen E. wurde z. B. von Herbert Spencer auf die Ethik Psychologie, Soziologie übertragen. Sieht man in der Entwicklung das oberste Gesetz aller Wirklichkeit und von hier aus die verschiedenen Seinsbereiche als Stufen eines einzigen Entwicklungsprozesses, so spricht man vom *Evolutionismus*. Als Formen des Evolutionismus können verschiedene philosophische Positionen betrachtet werden, z. B.: der dialektische Evolutionismus des absoluten Geistes in der Philosophie Hegels (☞DIALEKTIK), der dialektische bzw. historische Materialismus bei Marx (☞MATERIALISMUS), die schon erwähnte Philosophie H. Spencers, die Philosophie von Theilhard de Chardin, D. de Gros.
In der heutigen Philosophie tritt der Begriff der E. im Kontext der *evolutionären Erkenntnistheorie* (hier geht es um die Anpassung des Gehirns und seiner Erkenntnisstrukturen an die Struktur der Wirklichkeit im Rahmen der biologischen E.) und der Theorien des wissenschaftlichen FORTSCHRITTS.

Lit.: W. Zimmermann, Evolution, Die Geschichte ihrer Probleme und Erkenntnisse, 1953; G. Hegerer, Die Evolution der Organismen I-II, 1967-74; K. R. Popper, Objektive Erkenntnis, [2]1974; G. Vollmer, Evolutionäre Erkenntnistheorie, 1975; R. Siewing (Hg.), Evolution. Bedingungen-Resultate-Konsequenzen, 1978; M. Eigen, Perspektiven der Wissenschaft, 1988.

## Ewigkeit:

1) die unendlich lange Zeitdauer; die sich unendlich in die Vergangenheit und Zukunft erstreckende ZEIT; E. als eine bloße Bestimmung des Zeitbegriffs meint hier die unbegrenzte Dauer, unendliche Dauer, endlose Zeit (*infinite E.*) (☞UNENDLICHKEIT); 2) Zeitlosigkeit; E. in diesem Sinne wird als jenseits von Zeit bzw. zeitlos verstanden; sie untersteht nicht den Bedingungen der Zeit, sie geht den zeitlichen Ereignissen weder voraus noch folgt sie ihnen oder begleitet sie; E. ist hier also keine unendlich lange Dauer oder unendlich lange Zeitstrecke, sondern bedeutet Nichtzeitlichkeit, Zeitlosigkeit. Ewig in diesem Sinne sind z. B.: das SEIN (Parmenides), die IDEE (Platon). In der christlichen Philosophie stellt sich die Frage, wie das Zeitlose (Gott) das Zeitliche (Welt) erschaffen bzw. in es eingreifen kann (☞CREATIO EX NIHILO). Einige christliche Denker versuchen, den Gegensatz zwischen dem Ewigen/Göttlichen und dem Zeitlichen/Weltlichen zu überwinden (Meister Eckart).

Lit.: F. Beemelmans, Zeit und Ewigkeit nach Thomas von Aquin, 1914; E. Wundt, Die Ewigkeit und die Endlichkeit, 1937.

## Existenz (von lat. *existentia*, ‚Dasein‘):

in der Scholastik die Bezeichnung für das DASEIN eines Seienden im Gegensatz zu seinem Sosein (lat. essentia) bzw. für den Umstand, *daß* etwas ist, im Unterschied zur ESSENZ, die angibt, *was* etwas ist (☞WESEN). In der EXISTENZPHILOSOPHIE wird der Begriff der E. aus seinem Bezug zum Wesensbegriff gelöst und bezeichnet hier das konkrete, auf nichts zurückführbare, aus nichts ableitbare, individuelle Dasein des Menschen; die menschliche E. ist in diesem Sinne nicht hintergehbar. Bei Kierkegaard steht der konkret existierende Mensch, der sich zu sich selbst verhält, im Gegensatz zum abstrakt-begrifflichen Wesen des Menschen; E. steht hier also in Opposition zu Essenz. Kierkegaard bestimmt hier den Begriff der E. in Opposition zu der rationalistischen, essentialistischen Philosophie Hegels. Bei Heidegger ist E. die dem menschlichen Dasein eigentümliche Seinsweise; „Das Sein selbst, zu dem sich das Dasein so oder so verhalten kann und immer irgendwie verhält, nennen wir E.“. E. als „Existenz“ (lat. *existere*, ‚hinausstehen‘) ist das Hinausstehen des Menschen in die „Offenheit des Seins“, das „ekstatische“ Innenstehen in der Wahrheit des Seins; sie ist der Zugang zum Sein.

Bei Jaspers ist E. das, was sich zu sich selbst verhält und sich darin auf die Transzendenz bezieht. In den sog. *Grenzsituationen* (Tod, Leiden, Schuld, Kampf) erfahren wir die E.. Für Sartre geht die menschliche E. der Essenz voraus; der Mensch ist auf sich selbst gestellt; er ist zur Freiheit verurteilt. Der Begriff der E. steht im Mittelpunkt der EXISTENZPHILOSOPHIE.

Lit.: S. Kierkegaard, Der Begriff der Angst, 1844; M. Heidegger, Sein und Zeit, 1927; K. Jaspers, Philosophie, 3 Bde., 1932; J. P. Sartre, Das Sein und das Nichts, 1943; F. J. Brecht, Einführung in die Philosophie der Existenz, 1948; H. Knittermeyer, Die Philosophie der Existenz von der Renaissance bis zur Gegenwart, 1952; J. B. Lotz, Sein und Existenz, 1965; W. Janke, Existenzphilosophie, 1982.

## Existenzaussage:

eine Aussage, die mit Hilfe eines EXISTENZQUANTORS gebildet wird. (Symbol: $\bigvee$) Die Existenzaussage kann auf folgende Weise symbolisiert werden: $\bigvee_x F(x)$. Für mindestens ein x aus M gilt: x hat F; z. B.: „Es gibt den Bundeskanzler", „es gibt (mindestens) eine Zahl, die zugleich Primzahl und gerade ist".

Lit.: G. Tschauder, Existenzsätze, 1979; C. J. F. Williams, What is existence?, 1981.

## Existenzial:

in der DASEINSANALYSE von Martin Heidegger die „Seinscharaktere des Daseins"; die Wesensmomente, Strukturen des menschlichen Seins; sie werden von den Wesensstrukturen des nicht-menschlichen, nicht daseinsmäßigen Seienden, den „Kategorien", abgegrenzt. Zu den wichtigsten Existenzialien gehören: IN-DER-WELT-SEIN, SORGE, VERSTEHEN, REDE, BEFINDLICHKEIT, ANGST.

Lit.: M. Heidegger, Sein und Zeit, 1927.

## Existentialismus: ☞EXISTENZPHILOSOPHIE

## Existenzialphilosophie: ☞EXISTENZPHILOSOPHIE

## Existenzphilosophie:

Sammelbezeichnung für philosophische Positionen, die sich primär mit den Problemen der menschlichen EXISTENZ beschäftigen. Die E. wird oft als Gegenbewegung zur rationalistischen bzw. essentialistischen Philosophie (z. B. Hegelscher Prägung) verstanden, in der nicht der einzelne, konkrete Mensch, sondern das abstrakte, allgemeinbegriffliche Wesen des Menschen im Mittelpunkt steht, bzw. in der alles Konkrete, Tatsächliche und Kontingente als Vermittlungsmoment der absoluten Idee begriffen wird (Hegel); die E. stellt dagegen den einzelnen, konkreten Menschen und seine jeweilige Situation in den Vordergrund. Wichtige Anregungen erhielt die E. von der deutschen Romantik, insofern in ihr der Mensch in seiner konkreten Existenz betrachtet und die menschliche GESCHICHTLICHKEIT hervorgehoben wird, der Spätphilosophie Schellings, in der das Problem der Existenz in der Freiheit angesehen wird, der LEBENSPHILOSOPHIE (W. Dilthey,

F. Nietzsche, H. Bergson), HERMENEUTIK, PHÄNOMENOLOGIE und der ANTHROPOLOGIE Max Schelers.

Als Vordenker der E. gilt Kierkegaard; er wendet sich gegen das abstrakt-begrifflich-systematische Denken Hegels; Existieren kann man nicht denken; Existieren heißt, aus der Verzweiflung an der Endlichkeit der Existenz zu sich selbst kommen, sich selbst begreifen, selbst sein. Das Gewahrwerden der E. geschieht durch die existenzielle Grunderfahrung der ANGST. Kierkegaard Begriff der Existenz ist religiös; die Angst wird dem Individuum durch die persönliche, praktische Entscheidung für den Glauben genommen; die Existenz wird im „Selbstsein" vor Gott gesehen.

Die wichtigsten Vertreter der E. sind Karl Jaspers, Martin Heidegger und die französischen Existenzialisten, besonders Jean-Paul Sartre. Bei Jaspers kann die Existenz des Einzelnen nicht in abstrakt-allgemeinen Begriffen erfahren werden; der Einzelne kann seine Existenz nur als je dieser in seiner konkreten, einmaligen Situation aus sich selbst erhellen; die Existenz wird ihm in den sog. „Grenzsituationen" (Tod, Leiden, Schuld, Kampf) bewußt. In der These der „Existenzerhellung" behauptet sich der Einzelne gegen das in der Angst erfahrene Nichts durch die Entscheidung für das eigene „Selbstsein", das „eigentliche Sein". Im Durchgang durch die Grenzsituation öffnet sich dem Einzelnen die TRANSZENDENZ, in der die Existenz gründet. Der Transzendenz entspricht der „philosophische Glaube", der sich im Unterschied zum religiösen Glauben, der auf den anwesenden Gott bezieht, nur auf den verborgenen, abwesenden Gott zu beziehen vermag.

Heidegger wehrt sich dagegen, seine Philosophie als E. zu bezeichnen; in der DASEINSANALYTIK versucht er, bestimmte Wesensstrukturen der menschlichen Existenz (☞EXISTENZIAL) offen zu legen; doch die Analyse des Daseins steht für ihn auf dem Wege zur „Seinsfrage" (der Frage nach dem „Sinn von Sein"); die Daseinsanalyse hat für das eigentliche Thema – eben die Seinsfrage – nur einen vorbereitenden Charakter (☞FUNDAMENTALONTOLOGIE); will man die Seinsfrage genauer ausarbeiten, so muß man laut Heidegger dasjenige, das diese Frage stellt, und das wir, die Fragenden, selbst sind, „durchsichtigmachen". „Dieses Seiende, das wir selbst sind", faßt Heidegger als DASEIN; in den existenzialphilosophischen Analysen werden die Wesensstrukturen des Daseins aufgezeigt. Daher kann Heideggers Philosophie in „Sein und Zeit" als *Existenzialphilosophie* bezeichnet werden, die jedoch im Rahmen einer umfassenden Ontologie betrachtet werden muß. Heideggers Untersuchungen sind für die E. von entscheidender Bedeutung. Wichtig ist z. B. die Unterscheidung zwischen *existenzial* und *existenziell*; das *Existenziale* bezeichnet die Wesensstruktur des Daseins; das *Existenzielle* das faktische und konkrete Handeln und Verstehen eines Menschen; das Existenziale (das Existenzial-Ontologische) liegt im gewissen Sinne dem Existentiellen (Existenziell-Ontischen) zugrunde; was faktisch und

konkret in unseren LEBENSWELT betrachtet werden kann, sind bestimmte Aktualisierungen und Manifestationen der existenzial-ontologischen Strukturen, der EXISTENZIALIEN.
Die französische Ausprägung der E. wird *Existentialismus* genannt. Bedeutendster Vertreter dieser Strömung ist J. P. Sartre. Er leugnet jegliche Transzendenz und betont die Endlichkeit des Menschen. Die Grunderfahrung des heutigen Menschen, für den es keinen übergreifenden Sinn gibt, ist der „Ekel“ am Dasein und das Gefühl der „Absurdität“; angesichts des Fehlens einer übergreifenden Wertordnung ist der Mensch zur Freiheit verurteilt; jede Wertorientierung hat ihren Grund in der menschlichen Freiheit. Der Mensch muß sich den Sinn seiner Existenz selbst setzen. Dennoch sollten wir in der Verantwortung für die anderen handeln. Die einzige Möglichkeit einer Sinngebung der Existenz bietet sich im Engagement (bei Sartre ein politisches Engagement).
Weitere Vertreter des französischen Existenzialismus sind Albert Camus und Maurice Merleau-Ponty. Einen christlichen Existenzialismus vertreten Gabriel Marcel und Emmanuel Mounier. Der französische Existenzialismus hat einen Einfluß auf N. Abbagnano, E. Grassi, R. Guardini, L. Pareysen ausgeübt. Existenzphilosophische Positionen vertreten in Deutschland P. Wust, H. Lipps, E. Grisebach, O. F. Bollnow.

Lit.: S. Kierkegaard, Der Begriff der Angst, 1844; M. Heidegger, Sein und Zeit, 1927; K. Jaspers, Philosophie, 3 Bde., 1932; A. Camus, Der Mythos vom Sisyphus, 1942; J. P. Sartre, Das Sein und das Nichts, 1943; O. F. Bollnow, Existenzphilosophie, $^{6}$1965; M. Reding, Die Existenzphilosophie, 1949; L. Gabriel, Existenzphilosophie von Kierkegaard bis Sartre, 1950; F. Zimmermann, Einführung in die Existenzphilosophie, 1977; W. Janke, Existenzphilosophie, 1982.

**Existenzquantor** (auch „Einsquantor“ oder „Manchquantor“):
neben dem ALLQUANTOR eines der beiden Quantoren der Prädikantenlogik. Der E. wird symbolisiert mit dem Zeichen: $\bigvee$ (lies: „für mindestens ein...“, oder: „es gibt mindestens ein...“). Mit Hilfe des E. werden Existenzaussagen gebildet. Eine Existenzaussage hat dann die symbolische Form: $\bigvee_x F(x)$ (Für mindestens ein x aus einem Bereich M gilt: x hat F). Zum Existenzquantor gehört die Angabe eines Bereichs M (Variabilitätsbereich).

**Exoterisch** (lat. ‚nach außen hin‘):
populär, nicht streng methodisch; für die Außenstehenden, Nichteingeweihten, Laien (Gegensatz: ESOTERISCH).

**Experiment** (von lat. *experimentum* ‚Probe‘, ‚Versuch‘):
geregelte Herstellung von Bedingungen für die Untersuchung der davon abhängigen Erscheinungen mit Hilfe der Gewinnung von Beobachtungen, aus denen sich Gesetzmäßigkeiten erkennen lassen. Als Begründer der expe-

rimentellen Methode gilt in den modernen Naturwissenschaften Galilei. Im E. wird absichtlich in die Natur eingegriffen. Experimente können wiederholt und überprüft werden. Die Durchführung von Experimenten und die Auslegung der Ergebnisse der experimentellen Untersuchungen setzt einerseits ein lebensweltliches Hintergrundwisen (lebensweltliche Praktiken) und andererseits ein bestimmtes theoretisches Wissen voraus. Wichtig ist der Zusammenhang von lebensweltlichem Hintergrund und theoretischen Idealisierungen im E.. ☞LEBENSWELT, THEORIE

Lit.: H. Dingler, Das Experiment, 1928; H. Hörz (Hg.), Experiment, Modell, Theorie, 1982; D. Batens/ J. P .v. Bendgem (Hg.), Theory and Experiment, 1988.

**Experimentum crucis** (lat. ‚Probe des Kreuzes'):
entscheidendes Experiment; die Natur soll auf das „Kreuz", also auf die Folter gespannt werden, um ihre Geheimnisse preiszugeben.

**Explikation** (lat.):
Erklärung, Präzisierung der Bedeutung eines Ausdrucks.

**Explizieren:**
erklären, die Bedeutung eines Ausdrucks präzisieren.

**Explizit:**
„entfaltet", deutlich erklärt, dargestellt (Gegensatz: IMPLIZIT).

**Extension** (von lat. *extensum*, ‚ausgedehnt'):
Umfang, Begriffsumfang; als E. eines Begriffs wird die Klasse aller Gegenstände, die unter diesen Begriff fallen, bezeichnet; z. B.: Die Extension des Begriffs „Handwerker" ist die Klasse (bzw. Menge) aller Handwerker. Die E. einer Aussage ist deren WAHRHEITSWERT. Ein Ausdruck heißt dann *extensional*, wenn seine E. durch die Extensionen seiner Teilausdrücke eindeutig bestimmt ist. Eine Aussageverbindung heißt extensional, wenn der Wahrheitswert der gesamten Aussage durch die Wahrheitswerte der Teilaussagen festgelegt ist. Eine formale Sprache heißt *extensionale Sprache*, wenn sie nur extensionale Ausdrücke enthält. Die von Rudolf Carnap aufgestellte *Extensionalitätsthese* besagt, daß es in der formalen Logik nur extensionale Aussagen gibt; es gibt also keine intensionalen Aussagen (☞INTENSION).

Lit.: R. Carnap, Die logische Syntax der Sprache, 1934; ders., Einführung in die symbolische Logik, 1954; ders., Bedeutung und Notwendigkeit, 1972; W.-K. Ellen, Inhalt und Umfang, 1987.

**Extramundan** (lat.):
nicht-weltlich, außerhalb der Welt; Gott ist nach der theistischen Auf-

fassung extramundan. In der transzendentalen Phänomenologie E. Husserls ist das TRANSZENDENTALE EGO (und auch das „transzendentale Bewußtsein“ bzw. die „reine Subjektivität“) extramundan.

# F

## **Faktizität** (von lat. *factum*, ‚Tatsache'):

Tatsächlichkeit; nach Heidegger ist F. „die Tatsächlichkeit des Faktums Dasein"; er spricht von einer HERMENEUTIK der F. des DASEINS: „Dasein existiert faktisch"; es ist in die Welt hineingeworfen (☞GEWORFENHEIT); gleichwohl entwirft das Dasein sich und die Welt (☞ENTWURF); es ist „geworfener Entwurf".

Lit.: M. Heidegger, Sein und Zeit, 1927.

## **Fallibilismus** (von lat. *fallere*, ‚zu Fall bringen'):

von Charles S. Peirce eingeführte Bezeichnung für erkenntnistheoretische Positionen, für die es keine absolut sichere Erkenntnis, kein irrtumsfreies, absolutes Fundament der Erkenntnis und keine endgültigen Theorien gibt. SYNTHETISCHE Sätze haben einen *hypothetischen* oder *fallibilistischen* Charakter; sie werden aus Induktions- und Abduktionsschlüssen gewonnen (☞INDUKTION, ABDUKTION). Diesen Sätzen, die in den empirischen Wissenschaften gebraucht werden, soll nicht mit besonderer Skepsis begegnet werden (sichere Erkenntnis gibt es nur in der Logik und in der Mathematik); vielmehr sollen in einer kritischen Einstellung die empirisch-hypothetischen Sätze (☞HYPOTHESE) einer ständigen Prüfung unterzogen werden.

Lit.: Ch. S. Peirce, Schriften I, hg. v. K. O. Apel, 1967; H. Albert, Traktat über kritische Vernunft, 1968; K. O. Apel, Fallibilismus, Konsenstheorie der Wahrheit und Letztbegründung, in: Philosophie und Begründung, hg. v. Forum für Philosophie Bad Homburg, 1987.

## **Falsch:**

zusammen mit WAHR ein WAHRHEITSWERT von Aussagen.

## **Falsifikation** (von lat. *falsus*, ‚falsch' und *facere*, ‚machen'):

im allgemeinen Sinne das Herausstellen der Falschheit eines Satzes; die Widerlegung einer empirischen Allaussage durch ein Gegenbeispiel, z. B.: die Aussage „Alle Schwäne sind weiß" wird durch den Aufweiß eines nichtweißen (schwarzen) Schwans widerlegt.

Nach Popper können empirische (synthetische) Aussagen nie endgültig verifiziert (☞VERIFIKATION) werden; sie können aber endgültig widerlegt werden; für eine empirische Aussage ist also nach Popper eine endgültige F., aber nicht eine endgültige Verifikation möglich. Es reicht jedoch nicht aus, zur F. ein Gegenbeispiel, das durch zusätzliche HYPOTHESEN erklärt werden kann, anzugeben. Es muß eine weitere Hypothese angegeben werden, die durch das Gegenbeispiel nicht widerlegt wird. Die weitere Hypothese muß bewährt werden. Die empirischen Aussagen bleiben daher bis zur F. nur bewährte Hypothesen.

Lit.: K. R. Popper, Logik der Forschung, 1935; I. Lakatos, Die Methodologie der wissenschaftlichen Forschungsprogramme, 1982.

**Fatalismus** (von lat. *fatalis*, ‚vom Schicksal bestimmt'):
Schicksalsglaube; eine Auffassung, nach der alles Geschehen vom Schicksal (lat. ‚fatum') vorausbestimmt ist; der menschliche Wille (überhaupt alles menschliche Tun) ist diesem blinden Schicksal, dieser blinden Notwendigkeit, ausgeliefert; es gibt keinen freien WILLEN; das menschliche Handeln ist vorherbestimmt und wird als naturgesetzlich verursacht charakterisiert (☞KAUSALITÄT). Der F. wird jeweils in besonderen Formen z. B. in der STOA und im Islam vertreten.

Lit.: J. Ruhnau, Fatalismus, Historisches Wörterbuch der Philosophie II, 1971.

**Fatum (lat.):**
SCHICKSAL, blinde Notwendigkeit.

**Fehlschluß:**
in der traditionellen Logik Bezeichnung für unzulässige Schlußweisen. Ein absichtlicher F. heißt *Trugschluß*. ☞CIRCULUS VITIOSUS, NATURALISTISCHER FEHLSCHLUSS

Lit.: C. L. Hamblin, Fallacies, 1970.

**Fetischismus** (von lat. *factitius*, ‚künstlich', ‚falsch'):
1) der Glaube an die mit magischen Kräften versehenen Gegenstände, an *Fetische*; 2) die Überbewertung eines Gegenstandes, eines Vorgangs, einer Entwicklung usw.; 3) gestörtes Sexualverhalten, in dem Lust allein durch Berührung oder Besitz von Gegenständen erlangt wird.

**Fideismus** (von lat. *fides*, ‚Glaube'):
Glaubensphilosophie; eine auf dem Glauben an die geoffenbarten Wahrheiten beruhende Lehre; ihr zufolge sind die metaphysischen, moralischen und religiösen Wahrheiten der Vernunft nicht zugänglich; sie können nur im GLAUBEN erfaßt werden.

Lit.: H. Dahm, Fideismus, in: Historisches Wörterbuch der Philosophie II, 1972.

**Fiktion** (von lat. *fingere*, ‚formen', ‚bilden', ‚ersinnen'):
im allgemeinen Sinne Erdichtung; in wissenschaftlichen Zusammenhängen eine Annahme, die grundsätzlich unmöglich, unbeweisbar ist, die aber doch zur Klärung von philosophischen und wissenschaftlichen Sachverhalten bzw. Gedankengängen vorläufig oder für immer nützlich sein kann. Fiktionen sind Denkhilfen bzw. Denkmittel, die jene Bedingungen angeben, unter denen *Erscheinungen* verstanden werden können; Fiktionen sind Aussagen, von denen nicht gesagt werden kann, ob sie wahr oder falsch sind. Als sprachliches Pendant der F. wird meist die Wortverbindung „als ob" angesehen. Als Fiktionen besonderer Art werden von Kant die *Vernunftbegriffe* aufgefaßt; Vernunftbegriffe sind „bloße Ideen, und haben freilich keinen Gegenstand in irgend einer Erfahrung, aber bezeichnen darum doch nicht gedichtete und zugleich dabei für möglich angenommene Gegenstände: Sie sind bloß problematisch gedacht, um, in Beziehung auf sie (als heuristische Fiktionen), regulative Prinzipien des systematischen Verstandesgebrauchs im Felde der Erfahrung zu gründen".
Im Anschluß an Kant entwickelte H. Vaihinger in seiner „Philosophie des Als-Ob" eine umfassende Theorie der Fiktionen (*Fiktionalismus*); die meisten Erkenntnisse, theoretische und religiöse Überzeugungen werden als Fiktionen betrachtet. Vaihinger unterscheidet dabei u. a. zwischen juristischen und praktischen, utopischen und typischen, paradigmatischen, schematischen, abstrakten Fiktionen. Bekannte Fiktionen im allgemeinen Sinne des Wortes sind z. B. die „juristische Person", die absolut gradlinige gleichförmige Bewegung, aber auch Hilfsbegriffe wie „Äquator", „Staatsgrenzen", „Exterritorialität". Literarische Fiktionen sind Aussagen, bei denen nicht gesagt werden kann, ob sie wahr oder falsch sind, weil sie einen Eigennamen bzw. eine Kennzeichnung ohne Referenz enthalten; in der *fiktionalen Rede* beziehen wir uns auf Personen, die in der realen Welt nicht existieren.

Lit.: I. Kant, Kritik der reinen Vernunft, 1781, [2]1787; H. Vaihinger, Die Philosophie des Als-Ob, 1911; B. Fliess, Einführung in die Philosophie des Als-Ob, 1922; J. Woods, The Logic of Fiction, 1974; G. Gabriel, Die Fiktion und die Wahrheit, 1975; D. Lewis, Philosophical Papers, 1983.

**Fiktionalismus:** ☞FIKTION

**Finalität** (von lat. *finalis*, ‚auf das Ziel bezogen'): ☞TELEOLOGIE

**Finalursache** (lat. *causa finalis*): ☞CAUSA

**Folge:**
1) zeitliche Aufeinanderfolge; 2) in der Logik synonym mit Konklusion (☞FOLGERUNG); 3) in der Ethik und Handlungstheorie gehören zu einer

Handlung und ihrer Intention immer auch die möglichen vorhersehbaren oder auch unvorhersehbaren Folgen.

## Folgerung:

zentraler Begriff der formalen Logik. Man unterscheidet 1) einen semantischen und 2) einen syntaktischen Folgerungsbegriff ($\Vdash$, $\vdash$). 1) Aus den Prämissen $A_1, \ldots, A_n$ folgt die Konklusion B ($A_1, \ldots, A_n \Vdash B$), wenn die Wahrheit der Prämissen die Wahrheit der Konklusion sicherstellt, d. h. wenn jede Interpretation, welche die Prämissen erfüllt (wahr macht), auch die Konklusion erfüllt. 2) Hier wird von jeder Interpretation abgesehen. Aus den uninterpretierten Ausgangsformeln $A_1, \ldots, A_n$ wird mit der Hilfe syntaktischer Umformungsregeln, die sich nur auf die äußere syntaktische Gestalt von Ausdrücken beziehen, die Formel B hergeleitet. Beispiel: Ausgangsformeln seien „$p \wedge r$" und „$p \wedge r \rightarrow q$". Durch Anwendung der syntaktischen Umformungsregel $A, A \rightarrow B \vdash B$ kann aus den Ausgangsformeln die Formel „q" hergeleitet (syntaktisch gefolgert) werden. „$\Vdash$" und „$\vdash$" sind metasprachliche Ausdrücke im Gegensatz zur objektsprachlichen Wenn-Dann-Beziehung „$\rightarrow$" (materiale IMPLIKATION).

Lit.: R. Carnap, Die logisches Syntax der Sprache, 1934; F. v. Kutschera, Elementare Logik, 1967; M. Markwald, Einführung in die formale Logik und Metamathematik, 1972; M. M. Richter, Logikkalküle, 1978; W. K. Essler/R. F. Martinez, Grundzüge der Logik I, $^{4}$1991; W. K. Essler/E. Brendel/R. F. Martinez, Grundzüge der Logik II, $^{3}$1987.

## Form (lat.):

zunächst Bezeichnung für den Umriß, das Gepräge, die äußere Gestalt; dann für den inneren Aufbau, das Gefüge, die Ordnung eines Gegenstandes im Gegensatz zu seinem amorphen Stoff (MATERIE); die Ordnung der Begriffe im Gegensatz zum Inhalt oder Gehalt; dann auch Bezeichnung für die Wesensform, Wesensbestimmung, den Begriff. F. wird bei Platon bedeutungsgleich mit IDEE (☞IDEENLEHRE) gebraucht; die *reinen Formen* (Ideen) bilden das wahre Wesen der Dinge; F. bezeichnet das Allgemeine, Unveränderliche und eigentlich Seiende, das als Urbild jenseits der veränderlichen, sinnlich wahrnehmbaren, individuellen Erscheinung liegt. Die Erscheinungen sind nur Abbilder der reinen F.. Bei Aristoteles ist jedes konkret Seiende aus F. und Stoff (Materie) zusammengesetzt (☞HYLEMORPHISMUS); die F. ist dabei das gestaltbildende, zwecksetzende Prinzip, das die passive, strukturlose Materie des jeweiligen Seienden zum Exemplar einer Art gestaltet; sie ist der aktualisierende, Wirklichkeit verleihende Faktor, als auch das Ziel des Werdeprozesses. Anders ausgedrückt: sie ist die zweckmäßig wirkende Kraft, die die Materie (den Stoff) zur Wirklichkeit formt, die bloße Möglichkeit zur Verwirklichung bringt (☞AKT, POTENZ, DYNAMIS, ENTELECHIE). Alles Wirkliche ist nach Aristoteles der geformte

Stoff. Nur der UNBEWEGTE BEWEGER, Gott, bedarf als reine F. keines Stoffes, ist an keine Materie gebunden. Die aristotelische Konzeption der F. wurde von Thomas von Aquin übernommen, der sie zu einer METAPHYSIK der substantiellen (wesenhaften) Formen weiterentwickelt.
Für Thomas von Aquin entspringen WESEN und DASEIN der Gegenstände aus der F.; die Seele ist die F. des Körpers; die rein geistigen Substanzen sind getrennte Formen; Gott ist die reine F. (‚actus purus'). Die neuzeitliche Philosophie kehrt von der objektiven, ontologischen Seinslehre ab; dadurch ändert sich auch die Bedeutung des Begriffs der F.; man kann bei Kant von einer erkenntnistheoretischen Bedeutung des Formbegriffs sprechen: „In der Erkenntnis nenne ich das, was der Empfindung korrespondiert, die Materie derselben, dasjenige aber, welches macht, daß das Mannigfaltige der Erscheinungen in gewissen Verhältnissen geordnet werden kann, nenne ich die F. der Erscheinungen". Die Formen der Anschauung, Raum und Zeit, und die des Denkens (☞KATEGORIE) beziehen sich bei Kant nicht mehr auf ontologische, objektive Seinsverhältnisse, sondern auf im Verstand des Menschen liegende Bedingungen der Möglichkeit von Erfahrung und Erkenntnis. Bei Kant ist F. die apriorische Ordnungseinheit eines Mannigfaltigen der Sinnlichkeit. Die ANSCHAUUNGSFORMEN und die Formen des Denkens (Verstandesformen) sind die APRIORISCHEN Elemente, mit deren Hilfe der Verstand die Sinnesdaten (den Stoff der Sinnlichkeit) formt.

Lit.: Aristoteles, Metaphysik; Thomas von Aquin, Summa theologiae I; I. Kant, Kritik der reinen Vernunft, 1781, $^{2}$1787; J. Geiser, Eideologie oder Philosophie der Formerkenntnis, 1921; E. Cassirer, Philosophie der symbolischen Formen, 3 Bde., 1923-29; H. Friedmann, Die Welt der Formen, $^{2}$1930; E. J. Watkin, A Philosophy of Form, 1935; J. de Vries, Zur Sachproblematik von Materie und Form, Scholastik 33, 1958; W. Wieland, Die aristotelische Physik, $^{2}$1970.

**Formal:**
auf die FORM, nicht auf den Inhalt bezogen.

**Formale Logik:** ☞LOGIK

**Formalursache** (lat. ‚causa formalis'): ☞CAUSA

**Fortschritt:**
die Bewegung bzw. Veränderung vom Unvollkommeneren, Niederen zum Vollkommeneren, Höheren; die Entwicklung in Richtung auf das Bessere, Höhere, Vollkommenere. Das Auftreten des Fortschrittsglaubens ist historisch eng mit der Entstehung der neuzeitlichen Naturwissenschaften und den an sie gestellten Erwartungen hinsichtlich der Beherrschbarkeit der Natur, der Rationalisierung und Technisierung der Welt und Lösbarkeit aller Probleme; in der Philosophie der AUFKLÄRUNG wurde vor dem Hin-

tergrund der bahnbrechenden Entdeckungen und Erfindungen der Naturwissenschaften die unbegrenzte Leistungsfähigkeit der menschlichen Vernunft propagiert. Vom F. kann man hinsichtlich vieler Bereiche sprechen: 1) Auf dem Gebiet der Wirtschaft spricht man vom F. z. B. im Zusammenhang mit der Produktionssteigerung, dem Wachstum des Bruttosozialprodukts, der Hochkonjunktur usw.; 2) auf dem Gebiet der Wissenschaft und Technik im Zusammenhang mit dem Schutz vor Infektionskrankheiten, vor Naturkatastrophen, der durch technisch-wissenschaftliche Forschung erreichten Verbesserung der Lebensbedingungen usw.; 3) Von einem *politisch-geschichtlichen F.* spricht z. B. Kant: die Bestimmung der Menschheit ist nach ihm ein „unaufhörliches Fortschreiten"; die moralisch-praktische Vernunftidee eines kontinuierlichen F. bis ins Unendliche zielt auf die Errichtung einer „vollkommenen Staatsverfassung", auf die Überwindung des Krieges, auf ein weltbürgerliches Zusammenleben aller Menschen und auf ein „gemeingültiges Menschenrecht".

Bei Hegel ist F. nicht nur ein Prinzip des Denkens, sondern des Weltgeschehens überhaupt; F. wird als die notwendige Selbstentfaltung des GEISTES in der Geschichte bestimmt; Geschichte ist „F. im Bewußtsein der Freiheit"; der wahre F. liegt in der Verwirklichung der Einsicht, daß alle Menschen an sich frei sind. Nach K. Marx führt der F., bestimmt durch die Abfolge von Klassenkämpfen, zur Errichtung einer klassenlosen Gesellschaft, des „Reichs der Freiheit".

Heute spricht man vom F. auf dem Gebiet des Politischen im Zusammenhang mit der Problematik der Sicherung von Freiheitsrechten des Einzelnen, der Demokratisierung, sozialen Sicherheit, Chancengleichheit, Abrüstung und des Friedens. 4) Vom *ontogenetischen F.* spricht man in der genetischen Entwicklungspsychologie: das Individuum entwickelt sich stufenweise, wobei die Entwicklungsstufen über Lernprozesse vermittelt werden und allgemeingültig sind; diese Entwicklung wird als F. interpretiert. 5) Vom F. spricht man auch innerhalb der Wissenschafttheorie und der Theorien der Wissenschaftsgeschichte; der Fortschrittsbegriff ist hier bezogen auf die Entwicklungen der wissenschaftlichen Theorien; er wird charakterisiert als die Zunahme des Wissens und seiner Anwendung. Der Erkenntnisfortschritt kann nur dann festgestellt werden, wenn es allgemeine Maßstäbe des wissenschaftlichen Forschens gibt. Bei K. R. Popper ist ein solcher Maßstab, wenn sich Hypothesen besser bewähren (☞BEWÄHRUNG). Dagegen verneint Th. S. Kuhn die These von der Möglichkeit solcher Maßstäbe; er vertritt die These von der Inkommensurabilität (Unvergleichbarkeit) von PARADIGMEN.

Der seit der europäischen Aufklärung herrschende Fortschrittsglaube (bzw. das Fortschrittsdenken) wurde durch die beiden Weltkriege und andere Ereignisse (z. B. Katastrophen jeglicher Art) erschüttert: er wurde (und wird bis heute) immer wieder einer Kritik unterzogen (z. B. von Schopenhauer, Nietzsche, Heidegger, Adorno, Horkheimer, Marcuse).

Lit.: I. Kant, Ideen zu einer allgemeinen Geschichte in weltbürgerlicher Absicht, 1784; ders., Zum ewigen Frieden, 1795; G. W. F. Hegel, Vorlesungen über die Philosophie der Geschichte, hg. v. H. Glockner, 1961; F. Tönnies, Fortschritt und soziale Entwicklung, 1926; M. Horkheimer/Th. W. Adorno, Dialektik der Aufklärung, 1948; H. Kuhn/F. Wiedmann (Hg.), Die Philosophie und die Frage nach dem Fortschritt, 1964; Th. S. Kuhn, Die Struktur wissenschaftlicher Revolutionen, 1967; K. R. Popper, Conjectures and Refutations, $^{3}$1969; H. Lübbe, Fortschritt als Orientierungsproblem, 1975; J. Rohbeck, Die Fortschrittstheorie der Aufklärung, 1987; A. Cesana, Geschichte als Entwicklung, 1988.

## Frage: ☞SPRECHAKT

## Frankfurter Schule: ☞KRITISCHE THEORIE

## Freiheit:

allgemein das Nichtvorhandensein von Zwang, die Selbstbestimmung. Der Begriff „F." taucht in vielen Kontexten auf, z. B. in ethischen, politischen, handlungstheoretischen usw..

In der Antike wird F. im Gegensatz zu SCHICKSAL und NOTWENDIGKEIT bestimmt. Die Menschen sind in ein kosmisches Geschehen eingebunden. Für die F. müssen einige Spielräume gefunden werden. F. wird im Bereich der wahren Erkenntnis und des Praktischen möglich. Nach Aristoteles handelt der praktisch Kluge aus F. (freier Wahl; griech. ‚prohairesis'), indem er sich von den vorgegebenen, „äußeren" Zwecken nicht leiten läßt. Auch der Begriff der politischen F. gewinnt seit Aristoteles an Bedeutung. In der Philosophie der STOA wird F. als Unabhängigkeit von „äußeren" Zwängen und auch von Trieben, Neigungen usw. betrachtet (☞APATHIE, ATARAXIE). Ähnlich ist für Epikur und einige Denker des Neuplatonismus F. die Unabhängigkeit von Zwängen, Neigungen, Trieben usw.; zur F. führt die Vermeidung von Schmerz und Leid.

In der christlichen Philosophie gilt Gott als das Selbstgenügsame, Unbedingte, ABSOLUTE und insofern als freies Wesen. Menschliche F. kann sich nur an der F. Gottes messen; sie ist auf die Gnade Gottes angewiesen. In einigen Strömungen der christlichen Philosophie kann der Mensch in der Erlösung bzw. in der Vereinigung mit Gott die F. erlangen. Eine wichtige Rolle spielt jedoch der Gedanke der Vorherbestimmung des Menschen.

Nach Spinoza ist nur Gott frei, weil er unabhängig von äußeren Zwängen ist. Der Mensch ist dagegen durch seine Neigungen, Triebe und Affekte geleitet; er ist ein Naturwesen.

In der Philosophie der AUFKLÄRUNG versucht man sich von den kirchlichen Vorstellungen zu lösen; die F. des Menschen wird zum Leitideal der Aufklärung und der darauffolgenden Zeit. F. kann im Bereich des Politischen, des Handelns und im Bereich des Sittlich-Moralischen erlangt werden.

Im Bereich des Naturgeschehens kann jedoch keine F. erlangt werden (☞DETERMINISMUS); im Bereich der NATUR herrschen notwendige Gesetze.
Die Unterscheidung von F. im Bereich des Sittlich-Moralischen und Unfreiheit im Bereich der Natur taucht in der Philosophie Kants auf. Der Wille (und damit die Handlungen), der sich auf „äußere“, den Naturgesetzen unterliegende Sachverhalte, Gegenstände, Handlungen usw. bezieht, ist nicht frei. F. gilt als die Bedingung des Willens, der sich seine Gesetze selbst gibt (☞IMPERATIV). Kant spricht von der WILLENSFREIHEIT als von der AUTONOMIE der reinen praktischen Vernunft.
Für die Denker des deutschen Idealismus wird F. zur Grundbestimmung des Menschen; die F. des Menschen wird der Naturgesetzlichkeit bzw. -notwendigkeit gegenübergestellt (z. B. bei Fichte und Schelling). Hegel spricht von der F. des sich in der Geschichte verwirklichenden und zu sich selbst kommenden GEISTES. F. ist nach Hegel die Einsicht in die Notwendigkeit.
Nach Marx ist F. unter den Bedingungen der kapitalistischen Gesellschaft nicht möglich; nur in einer zukünftigen Gesellschaftsordnung, in der die bestehenden Produktionsverhältnisse und die Entfremdung aufgehoben werden, kann die F. (das „Reich der F.“) bzw. Befreiung des Menschen eintreten. Für viele Denker, die in der Tradition des Neumarxismus stehen (Adorno, Marcuse u. a.) ist die Kunst der Ort, an dem die F. möglich ist.
Eine wichtige Rolle spielt der Begriff der F. in der EXISTENZPHILOSOPHIE. Nach Kierkegaard ist die Angst „der Schwindel der F.“. Nach Heidegger gehört F. zur Wesensstruktur des Menschen (☞DASEINSANALYTIK); das menschliche Dasein ist in seiner Existenz begrenzt und endlich (es ist „geworfen“); es entwirft sich jedoch im Hinblick auf seine eigensten Möglichkeiten. Heidegger spricht in diesem Zusammenhang von der „F. zum Tode“. Für Sartre gehört die F. zur Wesensbestimmung des Menschen. Der Mensch ist zur F. „verurteilt“; er handelt aus F. und ist insofern für seine Taten verantwortlich.
In der zeitgenössischen Philosophie wird der Begriff der F. in der POLITISCHEN PHILOSOPHIE und der HANDLUNGSTHEORIE behandelt.

Lit.: Aristoteles, Nikomachische Ethik; I. Kant, Kritik der reinen Vernunft, 1781, $^{2}$1787; ders., Grundlegung zur Metaphysik der Sitten, 1785; J. S. Mill, Über die Freiheit, 1859; J. Simon (Hg.), Freiheit, 1977; H. M. Baumgartner (Hg.), Prinzip Freiheit, 1979; J. Splett (Hg.), Wie frei ist der Mensch?, 1979; H. Krings, System und Freiheit, 1980; E. Moser, Freiheit, 1986.

## Fundamentalontologie

(von lat. *fundamentum*, ‚Grundlage‘, und *Ontologie*, ‚Lehre vom Sein‘): in Martin Heideggers Hauptwerk „Sein und Zeit“ die Bezeichnung für die ONTOLOGIE des menschlichen Daseins. F. bezeichnet die in „Sein und Zeit“ vorgelegte DASEINSANALYTIK; das Dasein ist ein Ort, an dem das

„Sein“ vernommen werden kann; das Dasein hat ein Seinsverständnis; erst auf der Grundlage der F. kann die Frage nach dem „Sinn von Sein“ gestellt werden; der Ontologie muß also die Daseinsanalyse als F. vorgeordnet werden. In der F. wird offengelegt, wie sich das Sein im Dasein bzw. durch das Dasein kundgibt. Die Strukturen des Daseins freizulegen und zu analysieren, heißt, das Vernehmen des „Sinns von Sein“ vorzubereiten. Die F. hat also einen grundlegenden, aber dennoch vorbereitenden Charakter.

Lit.: M. Heidegger, Sein und Zeit, 1927; M. Brelage, Studien zur Transzendentalphilosophie, 1965; C. F. Gethmann, Verstehen und Auslegung, 1974; F.-W. v. Herrmann, Hermeneutische Phänomenologie des Daseins, 1987.

**Funktion** (von lat. *functio*, ‚Verrichtung‘):
Verrichtung, Tätigkeit, Leistung; 1) in der Mathematik ein Abhängigkeitsverhältnis zwischen veränderlichen Größen; die Veränderung der einen Größe hat eine bestimmte Veränderung der anderen Größe zur Folge; $y= f(x)$ heißt: y ist eine F. von x. In der Logik werden oft logische Beziehungen in der Form mathematischer Funktionen dargestellt. 2) In der Physiologie und Psychologie ist F. die Tätigkeitsweise von Organen. 3) Bei Kant ist F. „die Einheit der Handlung, verschiedene Vorstellungen unter einer gemeinschaftlichen zu ordnen“. Das Ergebnis dieser F. sind die Begriffe, durch die Urteile zustande kommen: „Alle Urteile sind Funktionen der Einheit unter unseren Vorstellungen“.

Lit.: I. Kant, Kritik der reinen Vernunft, 1781, ²1787; G. Frege, Funktion, Begriff, Bedeutung, hg. v. G. Patzig, ⁶1986; E. Cassirer, Substanzbegriff und Funktionsbegriff, 1910; P. Schulthese, Relation und Funktion, 1981.

# G

**Ganzheit:**
allgemein das die einzelnen Teile Umfassende, die Beziehungs-Einheit von Teilen; man spricht von G., wenn mehrere Teile so miteinander verbunden sind, daß sie zusammen eine EINHEIT (das Ganze) bilden. G. bedeutet mehr als die Summe der Teile (Aristoteles); sie wird als die Struktur bzw. der Strukturzusammenhang einer Mannigfaltigkeit betrachtet; als ein Gefüge, das die einzelnen Teile ordnet und gliedert. Der einzelne Teil kann nur aus dem Ganzen heraus verstanden werden; entscheidend ist, was die G. aus den Teilen macht, ihre Ordnung, Gliederung und Einheit; die Teile erhalten ihren Teilcharakter aus dem Ganzen heraus. Dies schließt nicht aus, daß sie unter anderen Gesichtspunkten bzw. Umständen ihren Eigenwert behalten. Der Begriff der G., mit dem der GESTALT verwandt, hat als methodischer Begriff in der ersten Hälfte des 20. Jh. in Opposition gegen die mechanistisch-kausalistische und atomistische Methode des 18. und 19. Jh. Eingang in die verschiedensten Wissenschaftszweige gefunden. So wird z. B. in der Biologie der Organismus als G. betrachtet. Nach H. Driesch ist G. als Kategorie „ein geordnetes Etwas, in dem jeder Teil seinen ganz bestimmten Beziehungsort hat". In der Psychologie (z. B. bei Ehrenfels) wandte man sich gegen die Vorstellung, daß Erlebnisse oder das gesamte Seelenleben aus einfachen Elementen (z. B. Empfindungen) bestehen; vielmehr werden sie als Ganzheit betrachtet. Auch Wilhelm Dilthey wendet sich gegen eine atomistische Assoziations- und Elementenpsychologie; er spricht von der G. des ursprünglichen Erlebens. Bei O. Spann ist G. ein zentraler Begriff einer „universalistischen Soziologie"; Gruppen, Gemeinschaften, soziale Gebilde werden als Einheiten betrachtet, in denen und durch welche das Individuum seine Existenz erlangt; die Gesellschaft wird als ein Ganzes betrachtet. Die ganzheitliche Betrachtungsweise wird HOLISMUS genannt.

Lit.: H. Driesch, Das Ganze und die Summe, 1921; F. Krüger, Ganzheit und Form, 1932; ders., Lehre vom Ganzen, 1948; O. Koehler, Das Ganzheitsproblem in der Biologie, 1933; E. Heuß (Hg.), Zur Philosophie und Psychologie der Ganzheit, 1953; O. Spann, Gesellschaftslehre, ³1930;. H. Rombach, Substanz, System, Struktur I, 1965.

**Gattung** (griech. ‚genos', lat. ‚genus'):
in der philosophischen Tradition die Gesamtheit der unter einen *Gattungsbegriff* fallenden Gegenstände; in der traditionellen Logik ist der Gattungs-

begriff ein Ordnungsbegriff, der allgemeiner, höher ist als Begriffe, die unter ihn fallen; der Gattungsbegriff steht höher als der Artbegriff (☞ART); z. B. ist die Gattung „Lebewesen“ eine Verallgemeinerung gegenüber der Arten „Mensch“, „Tier“ usw.. Auch die Gattungen können aber ihrerseits als Arten einer übergeordneten G. betrachtet werden. So ergeben sich die in den Wissenschaften gebrauchten Begriffspyramiden. Die allgemeinste G. ist in der philosophischen Tradition die der GEGENSTÄNDE; die Kategorien (z. B. „Substanz“, „Qualität“, „Quantität“) bilden die Arten der G. „Gegenstand“. Der Umfang (☞EXTENSION) des Gattungsbegriffs ist größer als der der Artbegriffe; sein Inhalt (☞INTENSION) kleiner.

## Gebrauch:

ein im Anschluß an die Spätphilosophie Wittgensteins verwendeter Begriff; zentral für die sog. Philosophie der normalen Sprache (☞ORDINARY LANGUAGE PHILOSOPHY). Wittgenstein stellt in den „Philosophischen Untersuchungen“ fest: „Die Bedeutung eines Wortes ist sein G. in der Sprache“. Bei Wittgenstein fehlt jedoch eine Gebrauchs-Theorie der Bedeutung. Er untersucht nur den G. von einzelnen Wörtern, z. B. „wissen“, „glauben“, „Schmerz empfinden“. Den entscheidenden Schritt in Richtung auf eine Gebrauchs-Theorie der Bedeutung bildet die von J. L. Austin vertretene Theorie der SPRECHAKTE; in ihr werden verschiedene Arten des G. von Sätzen untersucht. Für den *illokutionären Akt* werden Regeln angegeben. Dabei wird der G. von Sätzen und nicht von Wörtern untersucht. Als „G. eines Satzes“ wird sodann oft der Vollzug der illokutionären Akte bestimmt; die Bedeutung von Sätzen wird als eine Funktion der mit ihnen vollziehbaren illokutionären Akte verstanden. Man unterscheidet in der Sprechakttheorie üblicherweise zwischen einer *intensionalistischen* und einer *konventionalistischen Gebrauchs-Theorie* (☞INTENTION, KONVENTION). Gemäß dem gebrauchstheoretischen Intentionalismus ist der G. von Sätzen durch die Absichten charakterisiert, die mit der Satz-Äußerung verfolgt werden. Ein Satz wird im eigentlichen Sinne dann gebraucht, wenn der Sprecher ihn mit der Absicht äußert, daß der Hörer aufgrund der Erkenntnis, die der Sprecher mit der Äußerung beabsichtigt, eine bestimmte Reaktion zeigt (z. B. etwas Bestimmtes tut oder glaubt). Dem gebrauchstheoretischen Konventionalismus zufolge ist der G. von Sätzen dadurch charakterisiert, daß er in der Befolgung von bestimmten festgelegten Regeln besteht. Diese Regeln gelten dann als Bedingungen für den Vollzug eines Sprechakts bzw. den G. eines Satzes.

Lit.: L. Wittgenstein, Philosophische Untersuchungen, Schriften I, 1960; J. L. Austin, Zur Theorie der Sprechakte, 1972; H. P. Grice, Intendieren, Meinen, Bedeuten, in: G. Meggle (Hg.), Handlung, Kommunikation, Bedeutung, 1979; J. R. Searle, Sprechakte, 1971; E. v. Savigny, Die Philosophie der normalen Sprache, [2]1974; G. Ryle, Use, Usage and Meaning, in: Proceedings of the Aristotelian Society 35, 1961; G. Preyer, Bedeutung und Gebrauch, 1989.

## Gedanke:

in der philosophischen Tradition meist ein Teilvorgang des DENKENS oder auch Ergebnis eines Denkakts, das Denkerzeugnis. Mit „G." wurde bis ins 16. Jh. „mens", „dianoea" und „sententia" übersetzt. Der Begriff „G." bezeichnet als Übersetzung von „dianoea" den Akt oder die Tätigkeit des Verstandes (z. B. bei Descartes), als Übersetzung von „sententia" das Resultat des Denkens, das in einem Satz Ausgesagte („propositio", „sententia") oder das in einem Satz bzw. einer Aussage Gedachte („verbum mentis"). Erst seit der Psychologismuskritik (☞PSYCHOLOGISMUS) um 1900 (G. Frege, E. Husserl) unterscheidet man systematisch zwischen einer *subjektiv-psychologischen* und einer *objektiv-logischen* Verwendung von „G.". Bei B. Bolzano bezeichnet der Terminus „G." einen psychischen Akt, bei G. Frege einen objektiven Gegenstand. G. ist nach Frege „das, was ein Behauptungssatz ausdrückt" und entweder wahr oder falsch ist; Gedanken sind also objektiv, sie sind unabhängig vom denkenden Subjekt und auch von der AUSSENWELT; sie gehören laut Frege (und auch K. R. Popper) zur „dritten Welt", die Welt der objektiven, gedanklichen Gegenstände. Dagegen sind Vorstellungen bloß subjektiv, kommen nur im Denkakt bzw. Denkprozeß des Denkenden vor. „Denken" bestimmt Frege als das Fassen eines G., „Urteilen" als das Anerkennen der Wahrheit eines G., „Behaupten" als das Kundgeben eines Urteils. Ein „wahrer G." ist eine TATSACHE. Gedanken werden bei Frege in Behauptungssätzen ausgedrückt (☞BEHAUPTUNG). Verschiedene Behauptungssätze können die gleichen Gedanken ausdrücken. In der modernen Logik und Semantik wird statt von G. von PROPOSITION oder – in einer anderen Bedeutung – von SACHVERHALT gesprochen.

Lit.: G. Frege, Der Gedanke, in: ders., Logische Untersuchungen, hg. v. G. Patzig, [2]1976; W. Carl, Sinn und Bedeutung, 1982.

## Gedankending:

seit Kant häufige Übersetzung von „ens rationis"; Bezeichnung für ein Seiendes, das nur im menschlichen Denken, im Verstand existiert.

## Gefühl:

Bezeichnung einerseits für den Tastsinn, andererseits für eine Vielzahl seelischer Phänomene. In der philosophischen Tradition wird das Fühlen meist im Unterschied zum Denken und Wollen bestimmt; in diesem Zusammenhang galten Gefühle als bloße (Lust bzw. Unlust erzeugende) subjektive Zustände des Gemüts; im Gegensatz zu denkerischen bzw. willentlichen Akten, die sich immer auf etwas außerhalb des Gemüts beziehen, fehlt bei Gefühlen dieser Bezug; sie werden dann nur als bloß subjektive Zustände aufgefaßt. Seit F. Brentano spricht man jedoch auch von der INTENTIONALITÄT des G.. Ob mit Gefühlen Anspruch auf eine gewisse

Objektivität erhoben wird oder ob die Gefühle lediglich subjektive Zustände sind, bleibt bis heute eine umstrittene Frage.
In der Neuzeit ist „G." zu einem wichtigen Begriff in der Philosophie geworden. Die sog. *Gefühlsmoral* ist eine ethische Richtung (Hauptvertreter sind Shaftesbury und F. Hutcheson), in der das *moralisch G.* zur Leitinstanz für sittliches Handeln und Wollen erhoben wurde; die Sittlichkeit gründet auf das G.. Die sog. *Gefühlsphilosophie* ist eine philosophisch-geistesgeschichtliche Strömung des 18. und 19. Jh. (Hauptvertreter: Hamann, F. H. Jacobi, Herder, Schleiermacher), in der das G. (besonders das Glaubens-G.), nicht das abstrakte Denken, als die eigentliche Quelle der Wahrheit angesehen wurde. Bei Kant ist das G. ein bloß subjektives Vermögen, weil es an den *inneren Sinn* gebunden ist; mit Hilfe bzw. aufgrund des G. kann also keine objektive Erkenntnis gewonnen werden.

Lit.: F. Krüger, Das Wesen der Gefühle, [5]1937; S. Strasser, Gefühl und Gefühlsempfindungen, 1928; Th. Lipps, Vom Fühlen, Wollen und Denken, 1902; G. Ryle, Der Begriff des Geistes, 1969; W. Lyons, Emotion, 1980.

**Gegebene,** das:
das, was noch ungeordnet, ungeformt dem Verstand vorliegt. Diese ungeordnete *Materie* bedarf nach Kant einer *Form*, die „das Mannigfaltige der Erscheinung" allererst ordnet. Im Anschluß an die Tradition des Empirismus wurde als Gegebenes die Sinnesdaten als die elementarsten, nicht weiter analysierbaren einfachsten Bestandteile der Wahrnehmung angesehen.

Lit.: I. Kant, Kritik der reinen Vernunft, 1781, [2]1787; J. J. Ross, The Appeal to the Given, 1970; G. Kuehlewind, Die Logosstruktur der Welt, 1986.

**Gegensatz:** (lat. ‚oppositio'):
im allgemeinen Sinne der einem Satz entgegengesetzter Satz, sein Gegenteil. ☞WIDERSPRUCH

**Gegenstand** (lat. ‚res'):
in der traditionellen Philosophie das dem erkennenden SUBJEKT Entgegenstehende, Gegenüberstehende, das OBJEKT. Bei Kant gibt es Gegenstände, insofern sie im Bewußtsein des erkennenden Subjekts und von ihm als Einheiten erzeugt werden; der Verstand verbindet in der obersten Einheit der transzendentalen APPERZEPTION mittels der KATEGORIEN das Mannigfaltige der Anschauung zu einer Einheit, dem G.. Bei Kant ist die KONSTITUTION des G. eine synthetische Leistung des transzendentalen Bewußtseins. Im deutschen Idealismus wird der G. das Produkt des Bewußtseins bzw. Geistes. Bei Meinong sind die APRIORISCHEN Urteile keine Denkformen, sondern in der Struktur ihrer Gegenstände begründet; auch die

Reflexionsbegriffe haben es mit Gegenständen, mit „idealen Gegenständen höherer Ordnung" zu tun. Jeder Denkinhalt kann theoretisch als G. aufgefaßt werden, ob er nun *wirklich* oder *unwirklich*, *möglich* oder *unmöglich* ist. Es gibt daher auch „unmögliche Gegenstände". In der *Gegenstandstheorie* soll also die Selbständigkeit der Gegenstände gegenüber der Erkenntnistheorie, Logik und Psychologie hervorgehoben werden. Nicht nur das Wirkliche wird als Gegenstand erfaßt. Den Gegenstandsklassen entsprechen die sie erfassenden Akte bzw. Erlebnisse (die Akte bzw. Erlebnisse sind dabei für die entsprechenden Gegenstände nicht konstitutiv): Objekte (Vorstellen), Objektive (Urteilen), Desiderative (Begehren), Dignitative (Fühlen). Zu den Dignitativen zählen das Wahre, Gute und Schöne, zu den Desiderativen Sollen und Zweck. Die Objektive können in der neueren Terminologie als SACHVERHALTE oder PROPOSITIONEN betrachtet werden (☞REALISMUS). „G." heißt in der modernen Logik alles, worauf man sich mit NAMEN und PRÄDIKATEN unterscheidend beziehen kann (z. B. die Sonne, die Zahl 1, Dieser Tisch, Gott, Atom usw.). Wichtig ist, daß zu Gegenständen nicht nur materielle, äußere Gegenstände (z. B. dieser Tisch, dieser Stuhl, dieses Haus) (☞DING), sondern auch Gefühle (Haß, Liebe), Empfindungen (Schmerz), seelische Zustände (Zufriedenheit, Trauer) gehören. Man spricht auch von ideellen bzw. geistigen Gegenständen (z. B. Idee, Gedanke, Gott, Zahl usw.). Man kann auch von Gegenständen sprechen, denen nichts real Existierendes entspricht, z. B. Pegasus; Pegasus existiert nicht; trotzdem wird in der modernen Logik „Pegasus" als ein Gegenstand betrachtet. Eine wichtige Unterscheidung ist die zwischen *konkreten* und *abstrakten* Gegenständen, d. h. zwischen Klassen oder Relationen von Gegenständen und Eigenschaften oder Beziehungen von Gegenständen (☞INDIVIDUUM, UNIVERSALIEN). Auch Aussagen können als Gegenstände auftreten, und zwar als Gegenstände neuer Aussagen, der Metaaussagen (☞METASPRACHE); wir können uns auf Aussagen mit anderen Aussagen beziehen. In der philosophischen Tradition entspricht dem Begriff „G." u. a. der Begriff des SEIENDEN. Die ONTOLOGIE ist die Lehre vom Seienden, also von den Gegenständen im allgemeinen.

Lit.: I. Kant, Kritik der reinen Vernunft, 1781, [2]1787; A. Meinong, Über Gegenstände höherer Ordnung und deren Verhältnis zur inneren Wahrnehmung, in: ders., Gesamtausgabe II, R. Haller/R. Kindinger/R. M. Chisolm (Hg.), 1968; ders., Über Gegenstandstheorie, in: ders., Gesamtausgabe II, 1968; ders., Über die Stellung der Gegenstandstheorie im System der Wissenschaften, in: ders., Gesamtausgabe V, 1973; G. Frege, Über Begriff und Gegenstand, in: ders., Funktion, Begriff, Bedeutung, hg. v. G. Patzig, [6]1986.

**Gegenstandstheorie:** ☞GEGENSTAND

**Gegenwart:** ☞ZEIT

## Geist:

ein sehr vieldeutiger Begriff; er kann bedeuten: 1) Gegensatz zu Materie und Körper (ähnlich wie Seele), 2) Vernunft, Verstand als Erkenntnisvermögen, 3) göttliches Prinzip („Heiliger Geist"), 4) geistige Lebenseinstellung (geistiger Mensch, geistige Entfaltung; Gegensatz: Banause), 5) Inbegriff der in einer Epoche bzw. Zeit oder einer Gruppe bzw. Gemeinschaft herrschenden Ideen, Gesinnungen, Wertmaßstäbe usw. („Zeitgeist"), 6) geistige Begabung, Intelligenz („geistreich"), 7) numinoses Wesen in primitiven Religionen und im Volksaberglauben.
In der Metaphysik wurde G. als das ABSOLUTE betrachtet. Bei Anaxagoras ist G. (griech. ‚NOUS') das Ordnungsprinzip des Kosmos; für Parmenides sind G. (bzw. Denken) und Sein dasselbe; Heraklit spricht von dem G. (hier griech. ‚LOGOS') als dem ordnenden Prinzip des Kosmos, der ursprünglichen Gesammeltheit der Seienden in einem Sein. Platon bestimmt den G. als die Weltvernunft (☞IDEENLEHRE), Aristoteles als das sich selbst denkende Denken (griech. ‚noesis noeseos'), auf das alles Seiende hinstrebt; der G. ist die Seinsweise des Göttlichen, dem sich der Mensch in der theoretischen Haltung (☞THEORIE) zuwendet; er kann das tun, weil der G. als das Ewige in seine sterbliche Seele eingreift. In der STOA wird der G. als das oberste Prinzip alles Seienden, als sich selbst bewegendes, schöpferisches G.-Feuer bestimmt. Der Neuplatoniker Plotin spricht von dem schöpferischen G., der als die erste Konkretion des *Einen* bestimmt wird (☞EINHEIT, EMANATION). Augustinus unterscheidet zwischen der menschlichen Seele (lat. ‚anima') und dem menschlichen G. (lat. ‚mens', ‚animus'), dem Licht ewiger Wahrheiten; der menschliche G. ist die vom göttlichen G. auslaufende Einstrahlung (☞ILLUMINATION) in die menschliche Seele; diese Einstrahlung erleuchtet die menschliche Seele und bildet als „acies mentis", die Begegnungsstätte von Gott und Mensch; zur Erkenntnisfähigkeit des Verstandes und zum Erfassen des Seienden bedarf es also eines geistigen Lichtes, einer Verbindung zwischen Gott und Mensch. Bei Thomas von Aquin ist der menschliche G. als *lumen naturale* (‚natürliches Licht') bzw. *intellectuale* durch die Teilhabe (☞PARTIZIPATION) der menschlichen, endlichen Seele an dem unendlichen, göttlichen G.. In der Neuzeit tritt der Gegensatz von G. und Materie (bzw. Körper oder Natur) stark hervor. Der Dualismus von geistiger bzw. denkender und ausgedehnter Substanz (☞RES COGITANS, RES EXTENSA) steht im Mittelpunkt der von Descartes vertretenen Lehre (☞SUBJEKT-OBJEKT-PROBLEM, LEIB-SEELE-PROBLEM). Die Trennung von G. bzw. Denken und Materie bzw. Körper (und auch die Trennung von Subjekt und Objekt) versucht Hegel in seiner Philosophie, in der der Begriff des G. eine entscheidende Rolle spielt, zu überwinden. G. ist bei Hegel das sich geschichtlich-dialektisch (☞DIALEKTIK) entwickelte Absolute, das in drei Stufen zu sich selbst kommt; es konkretisiert sich bzw.

stellt sich dar als *subjektiver G.* im einzelnen Menschen, als *objektiver G.* in den menschlichen Gemeinschaftsgestalten der Sittlichkeit, der Moralität, des Rechts, der Gesellschaft, des Staats, der Geschichte, als *absoluter G.* in der Kunst, Religion und Philosophie; der absolute G. stellt die höchste Entwicklungsstufe des G. dar, auf der er das Zu-sich-selbst-kommen im absoluten Wissen erreicht. Als *objektivierter G.* wird im Anschluß an Hegel die Gesamtheit der vom menschlichen G. geschaffenen Werke, der Kulturleistungen, verstanden. Der Begriff des G. spielt bei anderen Philosophen des DEUTSCHEN IDEALISMUS eine wichtige Rolle. In der Philosophie nach Hegel (bzw. nach der Periode des deutschen Idealismus) wird entweder der von der Natur getrennte G. auf Leistungen der subjektiven Geistigkeit eingeschränkt oder in der Gestalt des objektiven G. in eine Kultur- oder Gesellschaftstheorie einbezogen (z. B. bei G. Simmel, H. Freier, Th. Litt, E. Spranger und H. Dreyer). Auch in den sog. GEISTESWISSENSCHAFTEN werden die verschiedenen Dimensionen des G. untersucht (so z. B. bei Wilhelm Dilthey, der im Anschluß an Hegel eine hermeneutische Konzeption des objektiven G. entwirft). Eine wichtige Rolle spielt der Begriff des G. in der Philosophie Ludwig Klages; der G., der auf das Allgemeine zielt, zerstört alle individuellen, konkreten Aspekte des Lebens und ist daher der „Widersacher der Seele". Bei Max Scheler ist der G. das dem Leben entgegengesetzte Prinzip; der Mensch ist als geistiges Wesen durch seine „existenzielle Entbindung vom Organischen" gekennzeichnet; er ist nicht mehr an die Triebe und die Umwelt gebunden, sondern „weltoffen". Eine Theorie des Geistes entwirft Nicolai Hartmann, der in seinem Schichtenmodell zwischen dem *personalen* (subjektiven), *objektiven* („Zeitgeist") und *objektivierten G.* (konkreter Niederschlag des objektiven G. in Form von Werken) unterscheidet. In der modernen analytischen Philosophie wird der Begriff des G. meist vermieden oder (wie bei G. Ryle) in der sog. *philosophy of mind* behandelt.

Lit.: G. W. F. Hegel, Phänomenologie des Geistes, 1807; H. Dreyer, Der Begriff des Geistes in der deutschen Philosophie von Kant bis Hegel, 1908; H. Freyer, Theorie des objektiven Geistes, $^{2}$1928; L. Klages, Der Geist als Widersacher der Seele, 1929; N. Hartmann, Das Problem des geistigen Seins, $^{2}$1949; W. Cramer, Grundlegung einer Theorie des Geistes, $^{2}$1965; B. Snell, Die Entdeckung des Geistes, $^{4}$1975; G. Ryle, Der Begriff des Geistes, 1969; P. Bieri (Hg.), Analytische Philosophie des Geistes, 1981.

## Geisteswissenschaften:

Bezeichnung für diejenigen Wissenschaften, in denen die geistig-geschichtliche Welt zum Thema wird (Gegensatz: Naturwissenschaften). E. Rothacker definiert die G. als die „Wissenschaften, welche die Ordnung des Lebens im Staat, Gesellschaft, Recht, Sitte, Erziehung, Wirtschaft, Technik und die Deutungen der Welt in Sprache, Mythos, Kunst, Religion, Philosophie und Wissenschaft zum Gegenstand haben". Entscheidend für die

Grundlegung der G. waren die Arbeiten von Wilhelm Dilthey. Geisteswissenschaft ist für ihn „das Ganze der Wissenschaften, welche die geschichtlich-gesellschaftliche Wirklichkeit zu ihrem Gegenstand haben"; in ihnen sollen die Manifestationen dieser Wirklichkeit nacherlebt und denkend erfaßt werden. In den Naturwissenschaften geht es nach Dilthey darum, von der Besonderheit der Einzeldinge und Einzelvorgänge abzusehen und sie als wiederholbare Fälle von allgemeinen Naturgesetzmäßigkeiten zu erklären (☞ERKLÄRUNG, KAUSALITÄT). Dagegen geht es in den G. um das VERSTEHEN von individuellen, geschichtlich geprägten Gebilden, Vorgängen und Zeugnissen aus ihrem Sinnzusammenhang. In den Naturwissenschaften beschäftigt man sich also mit dem ALLGEMEINEN, in den G. mit dem BESONDEREN, Einzelnen bzw. Individuellen. Als Vorgehensweise bzw. *Methode* gilt in den Naturwissenschaften das Erklären, in den G. das Verstehen.

W. Windelband unterscheidet zwischen den auf das geschichtliche Leben bezogenen, das Besondere, Einzelne, Individuelle beschreibenden (*idiographischen*) G. und den (*nomothetischen*) Gesetzes- bzw. Naturwissenschaften. Ähnlich unterscheidet H. Rickert zwischen den Naturwissenschaften, in denen die *generalisierende* Methode herrscht, und den Kulturwissenschaften, in denen eine *individualisierende* Methode herrscht; in den Naturwissenschaften wird von der Individualität abgesehen; in den G. wird das Individuelle in seinem geschichtlichen Zusammenhang erkannt; der geschichtliche Gegenstand, sei es ein Volk, eine Person, eine Epoche, eine (politische, kulturelle usw.) Bewegung, soll in seiner Einmaligkeit und einzigartigen Individualität erfaßt werden. Für E. Spranger ist es die Aufgabe der G., 1) die transsubjektiven, kollektiven Gebilde des geistig-geschichtlichen Lebens zu erkennen, die als überindividuelle Zusammenhänge die Einzelmenschen umfassen, und 2) die geistigen Gesetzlichkeiten und Normen für das Einzelsubjekt und sein geistiges Leben zu erfassen.

Heute werden G. als historisch-philologische bzw. als hermeneutische Wissenschaften verstanden; Probleme der G. werden vor allem in der HERMENEUTIK diskutiert.

Lit.: W. Dilthey, Einleitung in die Geisteswissenschaften, 1883, in: ders., Ges. Schriften I, $^{6}$1966; W. Windelband, Geschichte und Naturwissenschaft, $^{3}$1904; H. Rickert, Die Grenzen der naturwissenschaftlichen Begriffsbildung, $^{2}$1913; ders., Kulturwissenschaft und Naturwissenschaft, $^{5}$1921; E. Rothacker, Einleitung in die Geisteswissenschaften, $^{2}$1930; H.-G. Gadamer, Wahrheit und Methode, 1960; J. Ritter, Die Aufgabe der Geisteswissenschaften in der modernen Gesellschaft, 1963; E. Spranger, Der Sinn der Voraussetzungslosigkeit in den Geisteswissenschaften, $^{3}$1964; J. Habermas, Zur Logik der Sozialwissenschaften, 1970; K.-O. Apel, Transformation der Philosophie I-II, 1973; M. Riedel, Verstehen oder Erklären?, 1978.

## Gelassenheit:

in der Mystik (bei Meister Eckart und Suso) das Aufgeben des eigenen Willens und das vertrauensvolle Sich-hin-geben an den göttlichen Willen. In

der Reformation wurde diese Verwendung von „G." übernommen. In der philosophischen Tradition wird G. (als „Ruhe des Geistes") von der Unerschütterlichkeit der Seele (☞ATARAXIE) und Gemütsruhe (☞APATHIE) unterschieden, sofern sich die beiden letzten Zustände durch Teilnahmslosigkeit auszeichnen. Die religiös-mystische G. wird oft als Teilnahmslosigkeit und Abkehr von der Welt charakterisiert. Die G. des Philosophen besteht nicht im Rückzug aus dem Alltagsleben, sondern muß sich in den alltäglichen Situationen bewähren.
Für Heidegger erwacht die G., „wenn unser Wesen zugelassen ist, sich auf das einzulassen, was nicht ein Wollen ist".

Lit.: V. Dierse, Gelassenheit, in: Historisches Wörterbuch der Philosophie, 1972; M. Heidegger, Gelassenheit, [6]1979; M. Eckart, Die Rede der Unterscheidungen, in: ders., Die deutschen Werke V, J. Quint (Hg.), 1963.

## Geltung:

im weitesten, traditionellen Sinne das Zurechtbestehen von etwas im Unterschied zum tatsächlichen Bestehen; in einem weiteren allgemeinen Sinne das Anerkanntsein, die intersubjektive Verbindlichkeit (☞INTERSUBJEKTIVITÄT) von Sätzen, Werten, Normen, Gesetzen, Theorien. In der modernen Logik wird die G. einer Aussage mit deren Wahrheit gleichgesetzt. Kants TRANSZENDENTALPHILOSOPHIE kann man im Sinne einer Geltungstheorie interpretieren; Kant geht es um die Frage der Legitimität, Rechtfertigung und Begründung von Erkenntnis (☞QUAESTIO IURIS). Die transzendentale Deduktion soll die Begriffe A PRIORI festlegen, die objektive Gültigkeit haben; ohne solche Begriffe wäre allgemeine und notwendige Erkenntnisse nicht möglich. Bei Kant finden wir eine Analyse fundamentaler Geltungsbedingungen vor; diese müssen erfüllt sein, damit kritisierte Geltungsansprüche legitimiert werden können; die transzendentale Deduktion soll diese Geltungsbedingungen der Erkenntnis aufzeigen. Bei H. Lotze und im Neukantianismus wird auch von der G. von Normen, theoretischen Wahrheiten und Werten gesprochen. Zur Abgrenzung des NORMATIVEN von dem bloß Faktischen, dem „Sein" wird (besonders im Neukantianismus) der Begriff der G. systematisch gebraucht; es entsteht dann die Gegenüberstellung von Sein und Gelten („Wert"- bzw. „Geltungssphäre" wird der „Seinssphäre" gegenübergestellt).
In der neueren Philosophie, in der Sprachpragmatik spricht J. Habermas von den *Geltungsansprüchen* die mit den meisten sprachlichen Äußerungen (☞SPRECHAKT) verbunden sind. Habermas unterscheidet vier Geltungsansprüche: 1) *Verständlichkeit* bzw. *Wohlgeformtheit* von symbolischen Ausdrücken; 2) *Wahrheit* von Propositionen; 3) *Richtigkeit* von Äußerungen, Handlungsnormen bzw. Handlungen; 4) *Wahrhaftigkeit* von Expressionen. Wird die G. bzw. Gültigkeit einer Aussage angezweifelt, so müssen Gründe

(☞ BEGRÜNDUNG) angeführt werden.
Nach H. Schnädelbach beziehen sich Geltungsansprüche nicht auf eine Relation zwischen einem Sprecher und einer Satzäußerung und sie bezeichnen keine Relation zwischen der Satzbedeutung und Tatsachen, Normen und Erlebnissen, sondern werden im kommunikativen Handeln unterstellt und in DISKURSEN und argumentativer Rede thematisiert (und virtualisiert). Wichtig ist für Schnädelbach die terminologische Unterscheidung von G. und *Gültigkeit*. Unter „G." ist die Dimension zu verstehen, in der bestimmte Ansprüche und Bedingungen charakterisiert werden, ohne daß sie gerechtfertigt eingelöst oder erfüllt wären. „Gültigkeit" soll dagegen denjenigen „Zustand" anzeigen, in dem „Legitimität von Geltungsansprüchen" und das „Erfülltsein von Geltungsbedingungen" bereits besteht. Von G. spricht man dort, wo ein Anspruch erhoben wird, wo etwas gelten soll; von Gültigkeit dort, wo etwas bereits gilt. Die Möglichkeit, Geltungsansprüche von Normen einzulösen, wird in der Ethik diskutiert. K. O. Apel spricht von der transzendental-pragmatischen Geltungsreflexion, mit der wir uns auf notwendige, nicht hintergehbare PRÄSUPPOSITIONEN des Argumentierens bzw. des argumentativen Diskurses beziehen und uns dieser Präsuppositionen vergewissern (☞ TRANSZENDENTALPRAGMATIK); mit dieser Reflexion sollen die Bedingungen der Möglichkeit und Gültigkeit der sinnvollen Argumentation aufgezeigt werden.

Lit.: I. Kant, Kritik der reinen Vernunft, 1781, $^{2}$1787; A. Liebert, Das Problem der Geltung, 21920; F. M. Gatz, Der Begriff der Geltung bei Lotze, 1928; H. Wagner, Philosophie und Reflexion, 1959; H. Schnädelbach, Reflexion und Diskurs, 1977; J. Habermas, Theorie des kommunikativen Handelns I, 1981; K. O. Apel, Sinnkonstitution und Geltungsrechtfertigung, in: Martin Heidegger: Innen- und Außensichten, hg. v. Forum für Philosophie Bad Homburg, 1989.

## Gemeinschaft:

eine Gruppe, die sich durch Gemeinsamkeiten (gemeinsame Interessen, Gewohnheiten, Sitten usw.) ihrer Mitglieder konstituiert. Nach Aristoteles sind die einzelnen Gemeinschaften Teile der POLIS und nur im Zusammenhang mit der Gesamtheit der Polis zu verstehen; Polis wird als Oberbegriff zu G. aufgefaßt. E. Tönnies setzt die Begriffe G. und Gesellschaft in einen scharfen Gegensatz zueinander; G. wird als Grundtyp sozialer Beziehungen im Sinne eines auf ein natürlich entstandenes, soziales Gebilde; die Gesellschaft wird dagegen als eine künstliches, „äuerliches" Ordnungsgebilde aufgefaßt. Gemeinschaften sind z. B. Familie (als Liebes-G., Erwerbs-G. und Schicksals-G.) und Volk (als Sprach-G., Kultur-G.). Der Begriff der G. wird nach Tönnies meist in der Soziologie und Sozialphilosophie behandelt.

Lit.: F. Tönnies, Gemeinschaft und Gesellschaft, 1887; Th. Litt, Individuum und Gemeinschaft, $^{3}$1926; A. Vierkandt, Gesellschaftslehre, $^{2}$1928.

**Gemüt:**
im weitesten Sinne Bezeichnung für die Gesamtheit der seelischen Vermögen, meist im Gegensatz zur rein intellektuellen Seite der SEELE; so wird oft der „Gemütsmensch“ dem „Verstandes- und Willensmensch“ entgegengesetzt. Kant verwendet den Terminus oft synonym mit BEWUSSTSEIN, wenn er z. B. behauptet, daß die reinen Anschauungsformen und reinen Begriffe „im G. a priori bereitliegen“ (☞ A PRIORI). Das G. wird durch die Gegenstände AFFIZIERT.; dadurch sind die Gegenstände dem erkennenden Subjekt gegeben. Das G. wird als „Inbegriff aller Vorstellungen“ bestimmt. Moses Mendelssohn spricht vom G. als dem „Inbegriff aller Begehrungsvermögen“; so wird das G. immer mehr in der Abgrenzung von allen rationalen Vermögen bestimmt.

Lit.: I. Kant, Kritik der reinen Vernunft, 1781, ²1787; J. Jungmann, Das Gemüt, ²1885; J. Rehmke, Gemüt und Gemütsbildung, ²1924; S. Strasser, Das Gemüt, 1956; H. Albrecht, Über das Gemüt, 1961; G. Huber, Über das Gemüt, 1975.

**Generalisator** (auch Universalisator):
synonym mit ALLQUANTOR.

**Genealogie** (vom griech. *genesis*, ‚Entstehung‘, und *logos*, ‚Lehre‘):
Lehre von der Entstehung, Herkunft.

**Generalisierung** (von lat. *generalis*, ‚allgemein‘):
ein Verfahren, bei dem aus einer ALLAUSSAGE eine neue (generalisierte) Allaussage gewonnen wird; so gewinnt man z. B. aus der Allaussage „Alle Studenten sind eigenartig“ durch G. etwa die Allaussage „Alle Menschen sind eigenartig“. In den empirischen Wissenschaften wird die Problematik der G. von Einzelfällen auf die allgemeinen Zusammenhänge im Rahmen des *induktiven Verfahrens* (☞ INDUKTION) diskutiert.

**Generatio aequivoca** (lat.):
Urzeugung; die Annahme, daß das (organische) Leben spontan aus anorganischer Materie entstanden sei.

**Generell** (von lat. *generalis*, ‚allgemein‘, ‚zur Gattung gehörig‘):
allgemein (meist im Gegensatz zu besonders bzw. speziell). Wenn in einer Aussage ein Begriff durch einen generellen ersetzt wird, so kommt es zu einer GENERALISIERUNG. Aussagen, die einen ALLQUANTOR enthalten, heißen in der PRÄDIKATENLOGIK generelle Aussagen.

**Genese** (vom griech. *genesis*, ‚Werden‘, ‚Entstehung‘):
Ursprung, Entstehung, Entwicklung; „genetisch“: die Entstehung betref-

fend. Die *genetische Methode* besteht darin, Phänomene, Zustände, Strukturen (aber auch Gedanken, Theorie usw.) anhand ihres Entstehens zu rekonstruieren bzw. zu erklären. So zeigt z. B. Husserl in der „Krisis"-Schrift die Entstehung der Geometrie als Wissenschaft aus lebensweltlich-alltäglichen Tätigkeiten und Praktiken. Hume und Feuerbach zeigen die G. der Religion aus den praktischen Bedürfnissen des Menschen. Der genetische Gesichtspunkt ist von Bedeutung z. B. in der Biogenese (Entstehung und Entwicklung des Lebens) und auch in den Geisteswissenschaften. In der zeitgenössischen Ethik wird die Entgegensetzung von G. und GELTUNG von Normen diskutiert.

Lit.: C. G. Hempel, Aspekte wissenschaftlicher Erklärung, 1977; P. Lorenzen/O. Schwemmer, Konstruktive Logik, Ethik und Wissenschaftstheorie, [2]1975; C. F. Gethmann, Genese und Geltung von Normen in: W. Oelmüller (Hg.), Normen und Geschichte, 1979.

**Genus:** (lat. ‚Gattung'): ☞GATTUNG

**Genus proximum** (lat. ‚nächsthöhere Gattung"):
ein Begriff aus der traditionellen Definitionslehre (☞DEFINITION). Die GATTUNG wird durch einen Gattungsbegriff festgelegt; sie ist ein Bereich von Gegenständen. In diesem Bereich können mittels der Angabe von artbildenden Unterschieden (☞DIFFERENTIA SPECIFICA) Teilbereiche bestimmt werden; diese werden als ARTEN bestimmt.

**Gerechtigkeit:**
eine grundlegende Tugend und ein Grundprinzip des Rechts und des sittlichen Handelns. Nach Platon ist G. neben Tapferkeit, Weisheit und Besonnenheit eine der KARDINALTUGENDEN. Sie liegt in einem gewissen Sinne den anderen Tugenden zugrunde, indem sie sie zueinander abwägt. Die G. ist die Grundlage für eine staatliche Ordnung. Die Idee der G. kann nur vom Philosophen erkannt und realisiert werden; nur der Philosophenkönig kann die G. im Staat garantieren. Die Menschen (die Mitglieder der einzelnen Stände) sollen ihrem Wesen gemäß die ihnen zugewiesenen Pflichten und Aufgaben erfüllen. Im Anschluß an Aristoteles unterscheidet man zwischen *iustitia generalis* bzw. *legalis* (‚gesetzliche G.'), die die Pflichten und Aufgaben der Menschen gegenüber der staatlichen Ordnung und gegenüber dem Gemeinwohl festlegt, *iustitia communtativa* (‚ausgleichende G.)', die das Zusammenleben der Menschen untereinander bestimmt, und *iustitia distributiva* (‚austeilende G.'), die über die Distribution von Ämtern und Gütern unter der Maßgabe der sozialen Gleichheit entscheidet. Gerecht ist für Aristoteles ein Staat, in dem alle Mitglieder der Gemeinschaft die Glückseligkeit erreichen. In der mittelalterlichen Philosophie garantiert Gott bzw. das göttliche Gesetz die G. in der Welt. In der Neuzeit wird der

Begriff der G. meist in juristischen und rechtsphilosophischen Zusammenhängen gebraucht (☞RECHTSPHILOSOPHIE). Zentral zu Beginn der Neuzeit ist der Versuch, die Idee der Gerechtigkeit aus dem NATURRECHT abzuleiten. Für Kant ist G. die Grundlage des sittlich-moralischen Handelns und des vernünftigen Zusammenlebens in der staatlichen Gemeinschaft. Er stellt die G. in einen Zusammenhang mit dem SITTENGESETZ. Das im KATEGORISCHEN IMPERATIV formulierte Sittengesetz ist Grundlage und Garant des gerechten Handelns und der gerechten staatlichen Ordnung. Für Hegel verwirklicht sich die Idee der G. im bürgerlichen Staat; sie gehört substanziell zur Konstitution des Staates. Marx entwickelt die Vorstellung einer sozialen G.. Sie kann nicht vom Staat garantiert werden. In einer zukünftigen, gerechten Gesellschaftsordnung soll das Privateigentum an Produktionsmitteln aufgehoben sein. Die soziale G. bedingt die (soziale) Gleichheit der Menschen. In der neusten Zeit wurde von J. Rawls eine „Theorie der G." entwickelt. Grundsätze der G. sind Grundsätze der Freiheit (egalitäre Grundsätze), denen auch die Benachteiligten zustimmen müßten.

Lit.: Platon, Politeia; Aristoteles, Nikomachische Ethik; I. Kant, Grundlegung der Metaphysik der Sitten, 1785; ders., Kritik der praktischen Vernunft, 1788; G. W. F. Hegel, Enzyklopädie der Wissenschaften, 1817; J. Rawls, Eine Theorie der Gerechtigkeit, 1975. ☞Naturrecht, Rechtsphilosophie

## Geschichte:

im allgemeinen Sinne die historische Entwicklung (auch die Gesamtheit des bislang Geschehenen); gelegentlich wird auch von der G. der Natur gesprochen; sodann auch Name für die wissenschaftliche Disziplin, in der die oben genannte Entwicklung untersucht wird. Seit dem 19. Jh. wird G. zum Gegenstand einer Wissenschaft (der Geschichtswissenschaft). Die Auseinandersetzungen um Gegenstand und Methoden der Geschichtswissenschaft dauert bis heute an (☞GEISTESWISSENSCHAFT). Die philosophische Betrachtung der G. erfolgt in der GESCHICHTSPHILOSOPHIE. ☞HISTORISMUS, HERMENEUTIK.

Lit.: H.-G. Gadamer, Wahrheit und Methode, 1960; F. Wagner, Geschichtswissenschaft, ²1966; R. Koselleck, Geschichte, Historie, in: O. Brunner/W. Conze/R. Koselleck (Hg.), Geschichtliche Grundbegriffe II, 1975; H. M. Baumgartner, (Hg.), Seminar: Geschichte und Theorie, 1976; J. G. Droysen, Historik, R. Hübner (Hg.), ⁸1977; K. G. Faber, Theorie der Geschichtswissenschaft, ⁴1978;

## Geschichtlichkeit:

allgemein die Einbezogenheit des Menschen in das geschichtliche Geschehen bzw. in den geschichtlich-historischen Entwicklungsprozeß (☞GESCHICHTE). In der Lebensphilosophie (besonders bei W. Dilthey und P. York von Wartenburg) bezeichnet „G." die geschichtlich-historische Bedingtheit des menschlichen Handelns und Verstehens; der Mensch kann die geschichtlichen Zusammenhänge zwar erkennen; aber dieses Erkennen ist selber durch das geschichtliche Geschehen bedingt; die Voraussetzungen des menschlichen Erkennens sind nach Dilthey nicht starr (wie bei Kant), sondern geschichtlich, veränderbar, prozeßhaft. In der Existenzphilosophie (besonders bei K. Jaspers und M. Heidegger) ist G. eine Grundverfassung des Menschen. Nach Heidegger ermöglicht G. überhaupt erst die Betrachtung der Geschichte und die Herausbildung der Geschichtswissenschaft: „Das Dasein hat faktisch ja seine „Geschichte“ und kann dergleichen haben, weil das Sein dieses Seienden durch G. konstituiert ist“. „Wie Geschichte möglicher Gegenstand der Historie werden kann, das läßt sich nur aus der Seinsart des Geschichtlichen, aus der G. und ihrer Verwurzelung in der Zeitlichkeit entnehmen“. Der Begriff der G. hat in der HERMENEUTIK eine zentrale Bedeutung; so spricht H.-G. Gadamer von der G. des VERSTEHENS.

Lit.: S. v. der Schulenburg (Hg.), Briefwechsel zwischen Wilhelm Dilthey und dem Grafen Paul Yorck von Wartenburg, 1923; M. Heidegger, Sein und Zeit, 1927; K. Jaspers, Die geistige Situation der Zeit, 1931; H.-G. Gadamer, Wahrheit und Methode, 1960; L. V. Renthe-Fink, Geschichtlichkeit, ²1968.

## Geschichtsphilosophie:

philosophische Disziplin, in der einerseits die Grundbegriffe und Methoden der Geschichtswissenschaft, andererseits traditionell Fragen nach Wesen, Sinn, Gesetzmäßigkeit, Ziel, Triebkräften der GESCHICHTE behandelt werden; andere Fragen sind z. B. die nach der Rolle des Menschen in der Geschichte, nach der Struktur und den Grenzen des geschichtlichen Erkennens (☞ GESCHICHTLICHKEIT), dem Fortschritt in der Geschichte u. a.. Der Begriff „G.“ stammt von Voltaire, doch der Sache nach gibt es geschichtsphilosophische Überlegungen schon seit der Antike.

In der Antike fehlt eine geschlossene G.; Geschichte wird in Analogie zu Natur als kreisförmiges Geschehen (als Aufstieg und Zerfall) betrachtet (besonders bei Hesiod und Thukydides).

Das Christentum ist von dem Glauben an die Menschwerdung des Sohnes Gottes und an seine Wiederkunft geleitet (☞ ESCHATOLOGIE). Augustinus vertritt eine Geschichtsteleologie; danach wird Geschichte nicht als kreisförmiges Geschehen, sondern als zielgerichtete, lineare Heilsgeschichte gedeutet; die Geschichte der Menschheit wird als Kampf zwischen einem Gottesstaat und gottfremden (weltlichen) Menschenstaat interpretiert; Augustinus glaubt an das „Sich-durchsetzen“ des Gottesstaates im Endgericht. Die augustinische Geschichtskonzeption ist für die christliche Tradition bis zum Beginn der Neuzeit am einflußreichsten.

In der Neuzeit werden die Grundannahmen der christlichen Geschichtsauffassung in Frage gestellt; der Mensch ist nicht mehr in den Ablauf der Heilsgeschichte einbezogen; er soll nunmehr die Geschichte gestalten und ihr einen Sinn geben. Als Begründer der neuzeitlichen G. gilt G. B. Vico; als einer der ersten versucht er, zu zeigen, wie die Entwicklung in der Geschichte nach einem allgemeinen Gesetz vor sich geht; einer Zeit des Aufstiegs folgt nach Vico die Zeit des Verfalls. In der Aufklärung wird Geschichte als Entwicklung im Sinne eines FORTSCHRITTS betrachtet (so z. B. bei Voltaire, Leibniz, Lessing u. a.). Leibniz vertritt den Gedanken eines allmählichen Aufstieges der Vernunft in beständigem Fortschritt; Lessings leitende Idee ist die der „Erziehung des Menschengeschlechts". Kant sieht in der geschichtlichen Entwicklung den Fortschritt zu einer bürgerlichen Gesellschaft: „Man kann die Geschichte der Menschengattung im großen als die Vollendung eines verborgenen Planes der Natur ansehen, um eine innerliche und zu diesem Zweck auch äußerlich vollkommenere Staatsverfassung zustande zu bringen, als den einzigen Zustand, in welchem sie alle ihr Anlegen in der Menschheit vollkommen entwickeln kann". Herder versteht unter Fortschritt die Realisierung der Humanitätsidee. Im deutschen Idealismus wird der Gedanke des Fortschritts der Vernunft entfaltet; gleichzeitig wird jedoch versucht, Gesetzlichkeiten in der Geschichte aufzuzeigen. Nach Hegel ist Weltgeschichte als die Entwicklung und Selbstverwirklichung und -vervollkommnung des GEISTES zu verstehen und daher als der „Fortschritt im Bewußtsein der Freiheit" (☞ DIALEKTIK). Die Vernunft beherrscht die Welt. Die einzelnen Völker, ihre Staaten und Kulturen sind nur Stufen, die der Weltgeist durchschreitet. Der Weltgeist verwirklicht sich in vier großen Perioden: in der orientalischen, griechischen, römischen und germanischen Welt. Marx schließt sich an die von Hegel entwickelte Konzeption der dialektischen Schrittfolge an, interpretiert jedoch die Geschichte als eine Abfolge von Klassenkämpfen (Kämpfe um den Besitz der Produktionsmittel); dieser Kampf soll beendet werden mit der Einrichtung einer klassischen Gesellschaft (☞ MATERIALISMUS, MARXISMUS). Auguste Comte entwickelt eine G. der drei Stadien der Menschheitsentwicklung; die Geschichte durchläuft das theologische oder fiktive, das metaphysische oder abstrakte und das wissenschaftliche oder positive Stadium; die Geschichte wird also im Sinne eines linearen Fortschritts gedeutet. Ende des 19. und Anfang des 20. Jh. wird die Kritik am Fortschrittsgedanken immer lauter und von einem zunehmenden Kulturpessimismus begleitet. Für Oswald Spengler ist Geschichte ein Verfallsprozeß; er spricht von dem Gesetz von Entstehung, Blüte und Zerfall der Kulturen (bezogen hauptsächlich auf den europäisch-abendländischen Kulturkreis).

Gegenüber den Versuchen, den Sinn bzw. die Gesetzmäßigkeit der Geschichte zu finden, wurde im 20. Jh. in der analytischen G. starke Vorbehalte erhoben (z. B. von K. R. Popper); die vorgeschlagenen Gesetzmäßigkeiten seien methodisch ungeklärt und empirisch nicht nachprüfbar oder gar falsch. Seit dem 19. Jh. wurde G. oft als Methodologie der Geschichts-

bzw. Geisteswissenschaften aufgefaßt. Dabei wird Geschichte meist als Ergebnis des menschlichen Handelns zu einem besonderen Erkenntnisgegenstand; radikaler formuliert: die Geschichte wird zum Gegenstand des Betrachters und seines Verstehens. A. Comte und J. S. Mill versuchen, das Verfahren der Generalisierung in den Sozialwissenschaften auch auf besondere historische Situationen anzuwenden. Dagegen wird in der sog. *historischen Schule* (Droysen, Dilthey; ☞HISTORISMUS) und im *Neukantianismus* (Windelband, Rickert) der besondere Charakter der Geschichtswissenschaft und der Geisteswissenschaften im allgemeinen gegenüber den Naturwissenschaften betont; Dilthey sieht im VERSTEHEN die adäquate Methode zur Erfassung des Einmaligen (☞HERMENEUTIK, GESCHICHTLICHKEIT); die Geschichtswissenschaft verfährt nach Windelband nicht *nomothetisch* (gesetzesaufstellend; der Einzelfall wird unter ein Gesetz subsumiert), sondern *idiographisch*; d. h. sie betrachtet den Einzelfall in seinem individuellen Erscheinen.

In der modernen *analytischen G.* wird die Frage nach der ERKLÄRUNG von geschichtlichen bzw. historischen Ereignissen gestellt; es wird gefragt, ob es für die Erklärung eines geschichtlichen Ereignisses allgemeine Gesetzesaussagen aufgestellt werden können (C. G. Hempel, C. Nagel), ob eine solche Erklärung ohne solche Gesetzesaussagen auskommen kann (M. Scriven, W. B. Gallie) und als spezifisch historische Erklärung vorliegen kann. Darüber hinaus wird in der analytischen G. und im STRUKTURALISMUS die Struktur und Bedeutung der erzählenden, NARRATIVEN Sätze über historische Ereignisse behandelt (A. C. Danto).

Lit.: Augustinus, Vom Gottesstaat; G. B. Vico, Prinzipien einer neuen Wissenschaft, 1725; C. Montesquieu, Vom Geist der Gesetze, 1748; G. E. Lessing, Die Erziehung des Menschengeschlechts, 1780; J. G. Herder, Ideen zur Philosophie der Geschichte der Menschheit, 1784; I. Kant, Ideen zu einer allgemeinen Geschichte in weltbürgerlicher Absicht, 1784; J. G. Fichte, Die Grundzüge des gegenwärtigen Zeitalters, 1800; G. W. F. Hegel, Vorlesungen über die Philosophie der Geschichte, hg. v. H. Glockner, 1961; K. Marx/F. Engels, Das kommunistische Manifest, 1848; W. Dilthey, Einleitung in die Geisteswissenschaften, 1883; J. Burckhardt, Weltgeschichtliche Betrachtungen, 1905; O. Spengler, Der Untergang des Abendlandes I-II, 1918-22; A. Toynbee, Der Gang der Weltgeschichte, ¹1952; W. Windelband, Geschichtsphilosophie, 1926; E. Rothacker, Geschichtsphilosophie, 1934; K. Löwith, Weltgeschichte und Heilsgeschichte, 1948; P. Gardiner, The Natur of Historical Explanation, 1952; E. H. Carr, Was ist Geschichte?, 1963; W. H. Dray, Laws and Explanation in History, ²1964; K. R. Popper, Das Elend des Historizismus, 1964; H. M. Baumgartner, Kontinuität und Geschichte, 1972; O. Marquard, Schwierigkeiten mit der Geschichtsphilosophie, 1973; H. Schnädelbach, Geschichtsphilosophie nach Hegel, 1974; K. Acham, Analytische Geschichtsphilosophie, 1974; A. C. Danto, Analytische Philosophie der Geschichte, 1974; H. Lübbe, Geschichtsbegriff und Geschichtsinteresse, 1977; W. M. Jocks, Analytische Geschichtsphilosophie, 1980; M. Buhr, Vernünftige Geschichte, 1986; N. Rotenstreich, Time and Meaning in History, 1987; F. Fukujama, Das Ende der Geschichte, 1991.

## Geschmack:

das Vermögen, Gegenstände des Natur- und Kunstschönen zu beurteilen. Der Begriff des G. spielt im 18. Jh. eine große Rolle in der philosophischen

Ästhetik. Für Kant ist ein Urteil, bei dem das Prädikat „schön" verwendet wird, ein Gefühlsurteil; es ist ein subjektives Urteil. Das Geschmacksurteil ist kein Erkenntnisurteil; dennoch kann es Allgemeingültigkeit beanspruchen. In der modernen Kunst werden die Geschmacksurteile zur Beurteilung von Kunstwerken nicht in Anspruch genommen.

Lit.: I. Kant, Kritik der Urteilskraft, 1790; F. Schümmer, Die Entwicklung des Geschmacksbegriffs in der Philosophie des 17. und 18. Jahrhunderts, Archiv für Begriffsgeschichte 1, 1955; K. Stierle/H. Klein/F. Schümmer, Geschmack, Historisches Wörterbuch der Philosophie III, 1974.

## Gesellschaft:

In Philosophie und Sozialwissenschaften meist Bezeichnung für eine Gruppe von Menschen, die in bezug auf gemeinsame Interessen und Ziele miteinander verbunden sind. Tönnies unterscheidet zwischen G. und GEMEINSCHAFT; G. entsteht durch einen „äußeren" Zweck- bzw. Interessenbezug; sie ist ein künstliches, zu bestimmten Zwecken geschaffenes Gebilde. Gemeinschaft dagegen bezeichnet ein natürlich gewachsenes, auf echtem Zusammenleben basierendes Gebilde, G. wird bestimmt durch Faktoren wie z. B. Weltbilder, Sprache, Religion, Rechtsvorstellungen, Geschichte; sie bildet den Handlungsrahmen des Individuums. ☞ SOZIOLOGIE, SOZIALPHILOSOPHIE, GESELLSCHAFTSVERTRAG

Lit.: F. Tönnies, Gemeinschaft und Gesellschaft, 1887; M. Weber, Wirtschaft und Gesellschaft, 1922; R. Dahrendorf, Gesellschaft und Freiheit, 1961.

## Gesellschaftsphilosophie: ☞ SOZIALPHILOSOPHIE

## Gesellschaftstheorie: ☞ SOZIOLOGIE

## Gesellschaftsvertrag (franz. ‚contrat social'):

allgemein eine politische Theorie über die Entstehung der Gesellschaften bzw. Staaten (beide Begriffe werden hier noch nicht systematisch voneinander getrennt), die im 17. Jh. ihren Höhepunkt hatte. Dieser Theorie zufolge sind die Gesellschaften bzw. Staaten durch einen ursprünglichen Vertrag der Mitglieder oder der Untertanen mit dem Herrscher entstanden. Dabei wird meist davon ausgegangen, daß die Menschen im Naturzustand mehr oder weniger isoliert lebten und sich, sei es durch äußeren Zwang, sei es, um ihre Situation zu verbessern, dazu entscheiden, sich zu einer Gesellschaft zusammenzuschließen. Der Naturzustand wird dabei von den verschiedenen Autoren unterschiedlich beschrieben. Für Th. Hobbes herrscht im Naturzustand ein Krieg aller gegen alle, so daß die Vernunft es gebietet, durch einen Vertrag einen Großteil seiner ursprünglichen Rechte dem Souverän zu übertragen, um sich dessen Schutz zu sichern. Ob dieser Vertrag, so wie er von den Autoren geschildert wird, de facto abgeschlossen wurde oder nur idealiter, ist nicht eindeutig auszumachen. Durch die Theorie vom G. konnten die bestehenden Gesellschaften bzw. Staaten als von den Bürgern selbstgeschaffenen Rechtsverhältnisse erklärt werden, ohne daß dabei auf theologische bzw. göttliche Legitimation zurückgegriffen werden mußte. Als die wichtigsten Vertreter der Idee des G. gelten Hobbes, Locke und Rousseau.

Lit.: Th. Hobbes, Leviathan, 1651; J. Locke, Zwei Abhandlungen über die Regierung, 1690; J.-J. Rousseau, Der Gesellschaftsvertrag, 1762.

## Gesetz:

im weitesten Sinne die Festlegung einer allgemeinen Richtlinie, Norm, Regel, Gleichmäßigkeit, Regelmäßigkeit. G. lassen sich in fast allen Bereichen der Wirklichkeit vorfinden bzw. festlegen. So spricht man z. B. von den Denk-G. (G. der Logik bzw. des Denkens), Natur-G. (Regelmäßigkeiten im Natur-Geschehen), Rechts-G., G. des (moralischen) Handelns (z. B. Sitten-G.), G. der Gesellschaft u. a. In einem metaphysischen Sinne spricht man von G. der ganzen Wirklichkeit bzw. des Seienden, in theologischen Kontexten von göttlichen G.. Im allgemeinen unterscheidet man zwischen *normativen G.* (Soll-G. im Bereich des Praktischen, z. B. der Moral und des Rechts) und den *deskriptiven G.* (Seins-G.).
Bei den Vorsokratikern gilt das Prinzip der gesamten Wirklichkeit, des Weltganzen, als das G.. Dieses G. wird als ewiges, göttliches G. aufgefaßt, das das Wesen des Weltganzen (☞KOSMOS) ausmacht, und nach dem das ganze Weltgeschehen verläuft. Hier kann noch nicht streng zwischen einem *normativen* und einem *deskriptiven* Sinn von „G." unterschieden werden; das göttliche G. des Weltganzen ist sowohl das G. der Natur als auch das G. des menschlichen Handelns. Aristoteles spricht von den Wesens-G. als von den allgemeinsten G. des Seins; sie machen die Struktur des Seins bzw. Seienden aus. Andererseits spricht Aristoteles von Regelmäßigkeit bzw. Verallgemeinerung im Bereich des Praktischen, also von bestimmten moralischen bzw. sittlichen Gesetzmäßigkeiten. Ob diese Gesetzmäßigkeiten den Status eines strengen G. haben können, bleibt umstritten.
In der christlichen Tradition (besonders bei Thomas von Aquin) unterscheidet man zwischen dem ewigen, göttlichen G. und dem von Menschen aufgestellten G.. Das göttliche G. ist der vom Menschen erkannten Gesetzmäßigkeit in der Natur und im praktischen Leben vorgeordnet.
Dies ändert sich in der Neuzeit. Nicht Gott, sondern der Mensch setzt bzw. erkennt die allgemeinen G.. Auch die Vorstellung der objektiven Wesens-G. wird in Frage gestellt. In den neuzeitlichen Naturwissenschaften fragt man nach bestimmten Gesetzmäßigkeiten im Hinblick auf das Auftreten von bestimmten Vorgängen. In naturphilosophischen Kontexten spricht man meist von objektiven Gesetzmäßigkeiten in der Natur. Hume stellt den

Gedanken der objektiven Gesetzlichkeit in der Natur in Frage. Objektive G. an sich kann es nicht geben; aus der gewohnheitsmäßigen Wiederholung bestimmter Vorgänge läßt sich jedoch auf eine bestimmte Gesetzmäßigkeit bzw. Regelmäßigkeit in der Erscheinungswelt schließen. Hume stellt also die Annahme der objektiven Geltung der G. (Natur-G.) in Frage. Er kritisiert den (induktiven) Schluß von (beobachtbaren) Einzelfällen auf allgemeine G. (☞ INDUKTION). Man kann nur bestimmte Regelmäßigkeiten in der Erscheinungswelt feststellen.

Auch für Kant gibt es keine objektiven, an sich bestehenden G.. Der menschliche Verstand schreibt (innerhalb der theoretischen Philosophie) der Natur die G. vor; man kann hier von Verstandesgesetzen sprechen, die die Welt der Erscheinungen ordnen (☞ TRANSZENDENTALPHILOSOPHIE). Im Bereich des Praktischen ist es nach Kant möglich, moralische bzw. sittliche G. zu erkennen; darüber hinaus kann der Mensch diese G. setzen (☞ SITTENGESETZ, KATEGORISCHER IMPERATIV). Der Begriff „G." spielt in der modernen Wissenschaftstheorie eine wichtige Rolle.

Nach K. R. Popper sind G. HYPOTHESEN; sie können nicht verifiziert, sondern nur falsifiziert werden (☞ VERIFIKATION, FALSIFIKATION). Sie müssen in der Erfahrung überprüfbar sein. Einige G. enthalten zukunftsbezogene bzw. im Hinblick auf die Zukunft geltenden Voraussagen. Wichtig in der modernen Wissenschaft sind die statistischen G..

Man ist heute davon abgekommen, von Denk-G. als den logischen G. zu sprechen; man spricht nur in seltenen Fällen von G. hinsichtlich der formalen Struktur von Aussagen. Im Bereich der Gesellschaftswissenschaften und Wirtschaftswissenschaften spricht man eher von Regelmäßigkeiten bzw. hypothetisch festgelegten Regelmäßigkeiten (in dem oben angegebenen wissenschaftstheoretischen Sinne).

Spätestens seit dem HISTORISMUS ist es zweifelhaft, von G. der geschichtlichen Entwicklung bzw. der Geschichte zu sprechen; vielmehr gilt es hier, die Individualität und Einmaligkeit der geschichtlichen Personen, Ereignisse und Epochen aufzuzeigen. Man muß hier von bestimmten strukturellen Merkmalen des VERSTEHENS zu sprechen, die jedoch keinen gesetzesartigen Charakter haben.

Lit.: Platon, Timaios; Aristoteles, Metaphysik; Thomas von Aquin, Summa theologiae I; I. Kant, Kritik der reinen Vernunft, 1781, ²1787; B. Bauch, Das Naturgesetz, 1924; K. R. Popper, Logik der Forschung, 1935; P. Jordan, Das Problem der Gesetzlichkeit und die moderne Physik, in: Universitas IV, 1949.

## Gesinnung:

die ethisch-sittliche Grundhaltung des Menschen. Sie ist für das Denken und Handeln des Menschen richtungsgebend. Die aus der G. entspringenden Handlungen können moralisch wünschenswert oder nicht wünschenswert sein. Ein nach der G. Handelnder muß nicht auf die Folgen seines

Handelns achten. Das Handeln muß für ihn auch keinen Nutzen bringen. ☞ GESINNUNGSETHIK, VERANTWORTUNGSETHIK

**Gesinnungsethik:**
eine ethische Position, bei der eine Person nur in Übereinstimmung mit ihrer GESINNUNG handelt. M. Weber unterscheidet zwischen G. und VERANTWORTUNGSETHIK. Im Unterschied zum Verantwortungsethiker werden von dem Gesinnungsethiker die Handlungsfolgen nicht in Betracht gezogen bzw. wird (im Unterschied zum UTILITARISMUS) der Nutzen außer acht gelassen. Eine ethisch verwerfliche Handlung wird abgelehnt, auch wenn sie im Endeffekt ethisch gerechtfertigte Folgen hat. Auch ethisch verwerfliche Mittel zur Erreichung bestimmter Ziele werden vom Gesinnungsethiker abgelehnt.

Lit.: M. Weber, Wissenschaft als Beruf, 1919.

**Gesunder Menschenverstand:** ☞ COMMON SENSE

**Gestalt:**
allgemein die gegliederte Ganzheit von Phänomenen, sei es räumlich oder zeitlich gegliedert. In der Ästhetik wird mit „G." (bzw. „Form") oft der spezifische Gegenstand des ästhetischen Bewußtseins genannt, in der Psychologie (*Gestaltpsychologie*) die Ganzheit bzw. Einheit einer psychischen Mannigfaltigkeit, das Gestaltganze ist mehr als die Teile; die Gestaltwahrnehmung entspricht nicht der bloßen Summe der Teilwahrnehmungen (☞ GANZHEIT); die einzelnen Teile werden durch das Gestaltganze bestimmt und geordnet und oft als dessen Funktionen angesehen; die Erstwahrnehmung bietet ein Ganzes, aus dem sich die einzelnen Teile ausdifferenzieren; insofern ist das Gestaltganze vor den Teilen. Hauptvertreter der Gestaltpsychologie sind C. v. Ehrenfels, W. Köhler und K. Koffka.

Lit.: C. v. Ehrenfels, Über Gestaltqualitäten, in: Vjs. f. wiss. Philos. 14, 1890; O. Walzel, Gehalt und Gestalt im Kunstwerk des Dichters, ²1957; W. Köhler, Die Aufgabe der Gestaltpsychologie, 1971.

**Gewissen:**
allgemein die Instanz, die die Geltung der ethischen Urteile gewährleistet; das innere Wissen (bzw. die Fähigkeit) des Menschen, das es ihm ermöglicht, zwischen gut und böse, ethisch wünschenswert und ethisch verwerflich, recht und unrecht zu unterscheiden. Schon Sokrates spricht von einer inneren Stimme (☞ DAIMONION), die ihn davor warnt, gegen das Gute zu verstoßen, und dazu verleitet, das Richtige zu tun. In der christlichen Tradition spricht man von der Fähigkeit, das von Gott ermöglichte

Gute zu erkennen. Das Gute soll aber auf Einzelfälle angewandt werden (diese Fähigkeit nennt man „conscientia"). Für Kant ist G. die Instanz der Überprüfung von moralischen Urteilen. Nietzsche kritisiert besonders den christlich geprägten Begriff des G.. Bei Freud ist G. ein Ausdruck des ÜBER-ICH. In Heideggers DASEINSANALYTIK ist G. der Ruf des Daseins als Sorge; es erschließt dem Dasein die Möglichkeit der Freiheit.

Lit.: Thomas von Aquin, Summa theologiae I; I. Kant, Grundlegung zur Metaphysik der Sitten, 1785; ders., Die Religion innerhalb der Grenzen der bloßen Vernunft, 1793; F. Nietzsche, Zur Genealogie der Moral, 1887; M. Heidegger, Sein und Zeit, 1927; E. Stadter, Psychoanalyse und Gewissen, [2]1973; J. Blühdorf (Hg.), Das Gewissen in der Diskussion, 1976.

## Gewißheit:

ein Merkmal des sicheren, unbezweifelbaren Wissens. Der Begriff der G. spielt eine zentrale Rolle in der neuzeitlichen Philosophie, speziell in der ERKENNTNISTHEORIE. Für Descartes bildet die G. des (zweifelnden) ICH das Fundament der Erkenntnis; man kann an vieles zweifeln; doch der Umstand, daß ich zweifle, kann selbst nicht bezweifelt werden (☞ COGITO ERGO SUM). Die G. des „Ich denke" bildet so die Grundlage für die weitere (wahre) Erkenntnis. Gewisse Erkenntnis steht außerhalb des ZWEIFELS (☞ SKEPTIZISMUS).

Der Begriff der G. steht oft im Zusammenhang mit dem Begriff der EVIDENZ; gewisse Erkenntnis wird oft als evidente Erkenntnis betrachtet. In der cartesianischen Tradition spielt der Begriff der G. bzw. Evidenz eine zentrale Rolle, insbesondere in der PHÄNOMENOLOGIE Edmund Husserls. Das TRANSZENDENTALE EGO und seine Leistungen (das Reich der reinen Subjektivität) gelten als der evidente, unmittelbar gewisse Ausgangspunkt für die KONSTITUTION der Welt. In der empiristischen Tradition bis zum LOGISCHEN EMPIRISMUS gilt das, was uns durch die Sinnesdaten phänomenal gegeben ist, als gewiß bzw. evident. In einem anderen Sinne spricht man von G. im Hinblick auf unsere vorwissenschaftliche und vortheoretische Lebenspraxis (☞ LEBENSWELT); die lebensweltlichen Praktiken sind uns gewiß; sie werden nicht mehr hinterfragt und fungieren in einigen Konzeptionen als das Fundament (bzw. Grund) der Wissenschaft bzw. der wissenschaftlichen Theorienbildung. Auch Wittgenstein spricht von der G., auf die unser Handeln und Verstehen gründet; wir sind mit bestimmten Hintergrundpraktiken, die die jeweilige LEBENSFORM ausmachen, vertraut; sie bilden das unbezweifelbare Fundament unseres Handelns und Verstehens.

Man unterscheidet in der Philosophie unterschiedliche Arten der G.; so z. B. unmittelbare, evidente G. von einer mittelbaren bzw. vermittelten, eine absolute G. von der bedingten, eine subjektive G. von einer objektiven. Nicht nur in erkenntnistheoretischen, sondern auch in praktischen Kontexten kann von der G. gesprochen werden (so z. B. von der G. einer moralischen Überzeugung).

Lit.: R. Descartes, Meditationen über die erste Philosophie, 1641; E. Husserl, Erfahrung und Urteil, 1939; N. Malcolm, Certainty and Empirical Statements, in: Mind 51, 1942; A. J. Ayer, The Problem of Knowledge, 1957; F. Wiedmann, Das Problem der Gewißheit, 1967; L. Wittgenstein, Über Gewißheit, 1970; R. Chisolm, Erkenntnistheorie, 1979.

## Geworfenheit:

in der Philosophie Martin Heideggers (☞ DASEINSANALYSE, FUNDAMENTALONTOLOGIE) ein mit dem Begriff ENTWURF zusammenhängendes EXISTENZIAL. Die G. fällt mit der FAKTIZITÄT zusammen; als weltentwerfendes Dasein ist der Mensch zugleich in die Welt geworfen; er ist „geworfener Entwurf".

Lit.: M. Heidegger, Sein und Zeit, 1927.

## Glaube:

allgemein eine Art des Für-wahr-Haltens; das Vertrauen in eine Sache, das keines Beweises bzw. keiner Begründung bedarf, meist im Gegensatz zum Beweis bzw. Begründung beanspruchenden WISSEN. Man unterscheidet zwischen einer philosophischen und einer religiösen Bedeutung von „G.". Für Platon ist der G. (ähnlich wie die MEINUNG) eine gegenüber dem Wissen mindere Art der Einsicht. Es kommt also zu einer Trennung zwischen G. und Wissen, die in der Neuzeit aufgenommen wurde. Besonders in der Aufklärung wurde die Bedeutung des Wissens, das sich auf die Vernunft und ihre Ansprüche (Begründung, Überprüfung, Rechtfertigung) stützt, hervorgehoben.

Für Hume stützt sich G. auf die Annahme der Existenz der AUSSENWELT. Kant unterscheidet drei Arten des Für-wahr-Haltens: Meinen, Glauben und Wissen. „Meinen ist ein mit Bewußtsein sowohl subjektiv als objektiv unzureichendes Fürwahrhalten. Ist das letztere nur subjektiv zureichend und wird zugleich für objektiv unzureichend gehalten, so heißt es Glauben. Endlich heißt das sowohl subjektiv als objektiv zureichende Fürwahrhalten das Wissen". G. bedarf also im Unterschied zum Wissen keiner Begründung. G. (z. B. G. an das Übersinnliche, Transzendente) ist im Bereich der theoretischen Erkenntnis unzulänglich. Im Bereich des Praktischen spricht Kant vom *Vernunftglauben*. Er betrifft Freiheit, Gott und die Unsterblichkeit der Seele (☞ IDEE, POSTULAT). Kant spricht vom Primat der reinen praktischen Vernunft und in diesem Zusammenhang von der Bedeutung des G.: „Ich mußte also das Wissen aufheben, um zum G. Platz zu bekommen". In der Philosophie des DEUTSCHEN IDEALISMUS und der Romantik wird der Versuch unternommen, den Gegensatz von Wissen und G. zu überwinden.

Der Begriff des G. spielt eine wichtige Rolle in der EXISTENZPHILOSOPHIE, so bei Kierkegaard und Jaspers. Jaspers spricht vom „philosophischen G.", in dem dem Menschen die TRANSZENDENZ offenbart wird. In der sprachanalytischen Philosophie werden die Aspekte des Satzes „Ich glaube, daß p" analysiert. Im religiösen Sinne heißt G. das unbezweifelbare Vertrauen in Gott (auch die Hingabe an Gott, die Zustimmung zu Gott). Dieses Vertrauen gründet in der Offenbarung bzw. im Wort Gottes. Der religiöse G. kann sowohl den *äußeren* G. an die Autorität Gottes als auch die *innere*, personale Haltung gegenüber Gott beinhalten. Im allgemeinen drückt der religiöse G. das Verhältnis von Mensch und Gott aus. In der christlichen Tradition (☞THEOLOGIE) wurde das Verhältnis von Mensch und Gott auf unterschiedliche Weise interpretiert; dem G. wurde hier eine Priorität gegenüber anderen Formen des Verstehens, Denkens bzw. Handelns eingeräumt (☞CREDO UT INTELLIGAM).

Lit.: Platon, Politeia; Thomas von Aquin, Summa theologiae; D. Hume, Eine Untersuchung über den menschlichen Verstand, 1748; Kant, Kritik der reinen Vernunft, 1781, ²1787; ders., Religion innerhalb der Grenzen der bloßen Vernunft, 1793; D. M. Amstrong, Belief, Truth and Knowledge, 1973; U. Blau, Glauben und Wissen, 1969; A. Brunner, Glaube und Erkenntnis, 1951; K. Jaspers, Der philosophische Glaube, 1948; H. H. Price, Belief, 1969; W. Lenzen, Glauben, Wissen und Wahrscheinlichkeit, 1980.

## Gleichheit:

in der Logik eine Relation zwischen Zeichen (Symbol: „="). Die totale und vollständige G. wird IDENTITÄT genannt. Gegenstände, die als gleich bestimmt werden, müssen nicht identisch sein. Im Gegensatz zur Identität muß bei der G. ein Bezug bzw. ein Bereich (Größengleichheit, Typengleichheit u. a.) angegeben werden.

Im Bereich der Anthropologie und der politischen Philosophie spricht man von der G. der (aller) Menschen. Obwohl die Idee der G. der Menschen schon in der Antike (meist als G. der freien Bürger) und im Christentum (G. vor Gott) auftaucht, wurde sie als eine zentrale politische Idee erst in der Neuzeit propagiert. In anthropologischen Kontexten spricht man zu Beginn der Neuzeit von einer allgemeinen Menschennatur und von da aus von der natürlichen G. der Menschen. Aufgrund des Gedankens der natürlichen G. entsteht in einigen Konzeptionen der Gedanke der politischen G., besonders der G. vor dem Gesetz. Die politische G. wurde als ein Grundrecht seit der nordamerikanischen Unabhängigkeitserklärung und der Französischen Revolution in die Verfassungen der meisten Staaten aufgenommen. Die Idee der politischen G. wurde danach ausgeweitet und umfaßt nicht nur die G. vor dem Gesetz, sondern auch die Chancengleichheit, Stimmengleichheit u. a.. Sehr umstritten ist bis heute die Idee der sozialen G.. Wird sie mit staatlichen Maßnahmen durchgeführt, so kann sie die Entfaltungsmöglichkeiten der Einzelnen (oder einer Gruppe) bzw. die Freiheit des Individuums (bzw. einer Gruppe von Individuen) einschränken.

Lit.: H. Nef, Gleichheit und Gerechtigkeit, 1941; R. Schnur (Hg.), Zur Geschichte der Erklärung der Menschenrechte, 1964; C. W. Müller, Gleiches unter Gleichen, 1965; G. Leibholz, Gleichheit vor dem Gesetz, 1959.

**Glück** (Glückseligkeit):
allgemein der Zustand des Wohlgefühls, der höchsten Erfüllung und Befriedigung der Wünsche. Das G. kann auf verschiedene Weise bzw. in verschiedenen Medien erreicht werden, so z. B. im äußeren, materiellen Besitz, im Genuß, in der Lust, in der Erreichung bestimmter Tugenden, in der Erkenntnis der Wahrheit, im religiösen Glauben, im künstlerischen Schaffen, in der Gestaltung einer (besseren) Gesellschaftsordnung bzw. sozialen Ordnung, in der Freundschaft bzw. Liebe zu Mitmenschen u. a..
In der antiken Philosophie ist G. das höchste Gut des Menschen, die alten Griechen prägten dafür den Begriff der EUDÄMONIE, der Glückseligkeit; sie ist das Ziel des Handelns in der Gemeinschaft, in der Polis. Platon unterscheidet zwischen dem üblichen Begriff des G. (G. bezogen auf die äußeren Güter) und dem in der philosophischen Betrachtung gewonnenen Begriff des G.; die Einsicht in die IDEEN, speziell die höchste Idee des Guten ist die Voraussetzung für das Erreichen der Glückseligkeit. Die Erkenntnis der Idee des Guten ist eine Grundlage für das Funktionieren eines gerechten Staates. Diese Erkenntnis ist jedoch nur den Philosophen vorbehalten. Die Philosophen erkennen im Hinblick auf die Ideen die wahre Ordnung der Welt und damit auch die sittliche Ordnung des Zusammenlebens. Die anderen müssen sich dieser Ordnung anpassen. Nur auf dieser Grundlage ist das G. möglich. Auch für Aristoteles ist G. nur im Rahmen der Polis möglich. Der Mensch ist im Gegensatz zum Tier ein soziales Wesen („zóon politikón*)*, *das* sein G. nur in einer vernünftig gestalteten politischen Ordnung und gemäß bestimmter Tugenden erreichen kann. Im Gegensatz zu Platon ist jedoh bei Aristoteles für jeden freien Bürger G. möglich. Das vernünftige und tugendhafte Leben in der Polis ermöglicht G.. Für Epikur ist G. in der Lstgewinnung zu erreichen (☞EPIKUREISMUS), wobei damit nicht primär die sinnliche Lust genannt ist. Für die Stoiker (☞STOA) ist die höchste Lust m it der wahren Erkenntnis der Weltordnung (auch der sittlichen Ordnung) verbunden.
In der mittelalterlichen Philosophie wandte man sich zunehmend von der Vorstellung des irdischen G. ab. Nur im Glauben an Gott bzw. in der unmittelbaren Anschauung Gottes ist G. möglich. Der Mensch kann die Glückseligkeit erst nach dem Tode erreichen.
In der Neuzeit distanziert man sich von den theologischen Glücksvorstellungen und versucht, G. im diesseitigen Leben zu situieren. Es wird hier jedoch immer schwieriger, einen allgemeinen Begriff von G. zu bestimmen. G. wird immer mehr zu einer (individuellen) Angelegenheit des Einzelnen.

So ist z. B. für Hume G. das, was Vergnügen bereitet. Bei Kant hat der Begriff des G. einen minderen Status; G. ist nicht das Ziel des Handelns. Bei Nietzsche ist der Begriff des G. mit dem der Machtsteigerung, bei Freud mit dem der Lustempfindung verbunden.

Lit.: Platon, Politeia; ders., Symposion; Aristoteles, Nikomachische Ethik; Seneca, Vom glücklichen Leben; H. Kohler, Das philosophische Prinzip des G., 1934; L. Marcuse, Die Philosophie der Lust, 1949; W. Sanders, Glück, 1965; G. Bien (Hg.), Die Frage nach dem Glück, 1978; J. Pieper, Glück und Kontemplation, ⁴1979.

**Glückseligkeit:** ☞GLÜCK, EUDÄMONIE

**Gnoseologie** (griech. ‚Erkenntnislehre'): ☞ERKENNTNISTHEORIE

**Gnosis** (griech. ‚Erkenntnis'):
Bezeichnung für eine religionsphilosophische Strömung der Spätantike, derzufolge Gott und die übersinnliche Welt nicht im Glauben, sondern in der philosophisch-spekulativen Erkenntnis erfaßt werden können. Mit der Erkenntnis Gottes ist auch die Selbsterkenntnis des Menschen und damit seine Vollendung und sein Heil verbunden; das Wesen des Menschen ist nur ein Teil Gottes. Den vielen gnostischen Konzeptionen sind folgende Elemente gemeinsam: der DUALISMUS zwischen dem Geistigen, Übersinnlichen, Göttlichen und der Materie, die Lehre von der EMANATION, die Abwertung der sinnlich wahrnehmbaren Welt, des Leiblichen, die Rückkehr zum Ursprung, der Glaube an eine nach dem Weltuntergang kommende, jenseitige Erlösung, der esoterische Charakter des Wissens. Man unterscheidet oft zwischen christlichen Gnostikern (Clemens von Alexandria, Origenes) und den nicht-christlichen Gnostikern, die christliche Elemente mit jüdischen, syrischen, persischen, platonischen, stoischen u. a. Elementen in Verbindung brachten (z. B. Basilides, Valentin). Die Systeme der G. werden oft als *Gnostizismus* bezeichnet. Einzelne Elemente der G. werden im Laufe der Philosophiegeschichte von vielen Denkern übernommen.

Lit.: W. Foerster (Hg.), Die Gnosis, 2 Bde., 1969-1980; K. Rudolph (Hg.), Die Gnosis, 1978.

**Gott** (griech. ‚theos', lat. ‚deus'):
allgemein das höchste, vollkommenste Wesen, der Grund der gesamten Wirklichkeit und des gesamten Geschehens, das höchste Gut. „G." ist ein zentraler Begriff der Religion, Philosophie und Theologie. Hier soll nur der Begriff G. erläutert werden, der in philosophischen und philosophisch-theologischen Kontexten (im Umkreis des abendländischen Denkens) auftaucht. Wichtig für die Herausbildung des philosophischen Gottesbegriffs ist das Verhältnis von MYTHOS und LOGOS. In der griechischen Mytho-

logie findet man eine Vielzahl von Göttern (☞POLYTHEISMUS); sie haben meist menschliche Gestalt und repräsentieren idealisierte menschliche Eigenschaften (☞ANTHROPOMORPHISMUS). Hinter der wahrnehmbaren Welt steht die Welt der Götter. Das Tun der Götter dient der Erklärung des gesamten Geschehens. Die ersten Philosophen, die Vorsokratiker, lösen sich von diesen mythisch-polytheistischen Vorstellungen. Es kommt zu einer Entpersönlichung der Gottesvorstellung; nicht mehr Götter in Menschengestalt, sondern abstrakte Prinzipien (und oft auch Urstoffe) dienen der Erklärung des gesamten Kosmos (☞KOSMOLOGIE). Dies markiert den Übergang vom Mythos zum Logos bzw. von der Mythologie zur Kosmologie. Das Göttliche wird als der Urgrund des gesamten Geschehens betrachtet (☞ARCHE). So spricht Anaximander von dem APEIRON als dem letzten Urgrund der gesamten Wirklichkeit, Anaxagoras von dem NOUS als der die gesamte Welt bewegenden göttlichen Vernunft. Parmenides ersetzt das Göttliche durch den über Abstraktion gewonnenen Begriff des einen, wahren SEINS. Platon spricht einerseits von dem DEMIURG, also dem G., der den Kosmos aus dem CHAOS schafft; andererseits bestimmt er die IDEE des Guten als das Göttliche. Die Idee des Guten zeichnet sich durch Merkmale wie Selbständigkeit, Unvergänglichkeit und Vollkommenheit aus, die die sinnlich wahrnehmbare Erscheinungswelt nicht besitzt. Für Aristoteles ist G. bzw. das Göttliche als erste Ursache der Bewegung selbst unbewegt (☞UNBEWEGTER BEWEGER). Aristoteles gibt weitere Bestimmungen des Göttlichen: es ist das Vollkommene, Selbständige, Von-sich-her-Seiende, die reine Wirklichkeit, der Schöpfer der Welt, der reine Geist, die allumfassende Vernunft. Die *Erste Philosophie* (☞METAPHYSIK) umfaßt bei Aristoteles die Lehre vom Seienden als solchen (ONTOLOGIE) und die Lehre von dem höchsten Wesen, von G. (☞THEOLOGIE). Für Plotin und die sich an ihn anschließende Tradition (☞NEUPLATONISMUS) wird das Göttliche als das *Eine* (☞EINHEIT) bestimmt; es steht in der Hierarchie des Seienden an höchster Stelle; aus ihm fließt das andere Seiende aus (☞EMANATION).
Eine zentrale Rolle für die weitere Entwicklung des Gottesbegriffs spielt der biblische Gottesbegriff. In der jüdisch-biblischen Überlieferung wird G. als ein personal verstandener Vater betrachtet, der über die Geschichte der Welt und seines Volkes bestimmt. Er geht mit seinem Volk ein Bündnis ein. G. ist der Schöpfer und Lenker der Welt; er ist allwissend und allmächtig. Im Judentum setzt sich die Vorstellung von dem einen einzigen G. (☞MONOTHEISMUS). Die monotheistische Vorstellung wird auch von der christlichen Tradition übernommen. Die christliche Überlieferung spricht jedoch vom liebenden G., der den Menschen die Schuld vergeben und ihm aus Gnade erlösen kann. Für die natürliche Theologie ist G. der natürlichen Vernunft des Menschen zugänglich. Entscheidend ist hier das Verhältnis zwischen der Offenbarung G. und der Möglichkeit der menschlichen

Erkenntnis dieser Offenbarung. Die Theologie als Glaubenslehre forscht nach den Voraussetzungen dieser Gotteserkenntnis. Darüber hinaus stellt sie die Frage nach dem Wesen und nach der Existenz G..

In der CHRISTLICHEN PHILOSOPHIE kommt es zu einer Verschmelzung philosophisch-metaphysischer (griechisch-antiker) und religiöser (jüdisch-christlicher) Gottesvorstellungen. Die Gotteslehre, in der diese Verschmelzung zustande kommt, wird als Theologie bezeichnet. In der christlichen Tradition wird Theologie als die philosophische Betrachtung G. bestimmt. Wichtig für die philosophische Betrachtung G. (nicht nur im Christentum) ist der Umstand, daß die Philosophie die im Glauben geoffenbarten Wahrheiten auf eine rationale Grundlage stellt. In der christlichen Philosophie werden viele der in der Antike (besonders bei Aristoteles) vorgebrachten Bestimmungen G. übernommen und weiter entwickelt und in Übereinstimmung mit der christlichen Glaubenslehre modifiziert (☞ PATRISTIK, SCHOLASTIK). G. ist der alleinige Schöpfer der Welt (☞ SCHÖPFUNG, CREATIO EX NIHILO), das höchste und vollendetste Wesen, das Von-sich-selbst-Seiende, das Vollkommene und Vollendete, das Unbedingte, ABSOLUTE und Notwendige (☞ NOTWENDIGKEIT); er ist die menschliche Fülle des Seienden. Nach Thomas von Aquin ist G. die verwirklichte Möglichkeit (☞ ACTUS PURUS) und insofern die reine, vollkommene Wirklichkeit (☞ AKT, POTENZ). G. kann nur auf analoge Weise erkannt werden (☞ ANALOGIA ENTIS). G. werden die wesenhaften Eigenschaften, die ATTRIBUTE, zugesprochen, den endlichen Seienden kommen die unwesentlichen Eigenschaften, die AKZIDENTIEN, zu. Eine besondere Rolle kommt den sog. GOTTESBEWEISEN zu, die bis in die Neuzeit hinein unternommen werden. In der MYSTIK wird von einer nicht rational begründeten Einheit von Mensch und G. gesprochen.

In der Philosophie der Neuzeit gewinnt der Gottesbegriff unterschiedliche Ausprägungen. Der Mensch der Aufklärung strebt nach AUTONOMIE; die menschliche Vernunft gilt jetzt als Medium der Wahrheit. Die Emanzipation des neuzeitlichen Individuums drückt sich in der Auflehnung gegenüber den Autoritäten und in dem Vertrauen in die eigenen Fähigkeiten aus. Der Mensch richtet sich nicht so sehr gegen die Gottesvorstellung als vielmehr gegen die Autorität und den Dogmatismus der Kirche. Es kommt zu einer Trennung zwischen dem Offenbarungsglauben und der rationalen Gotteserkenntnis und sodann zu der Trennung von GLAUBE und WISSEN. Die Erkenntnis G. muß auf eine rationale Grundlage gestellt werden. Die Gottesvorstellungen müssen einer Prüfung des Verstandes bzw. der Vernunft unterzogen werden. In diesem Sinne werden die schon im Mittelalter begonnenen Gottesbeweise fortgeführt (so z. B. von Descartes, Leibniz und Spinoza). Die Möglichkeit einer vernunftmäßigen Erkenntnis G. wird von Pascal, Montaigne und Voltaire in Frage gestellt. Es gibt zwar einen transzendenten G., der die Welt erschafft hat; er hat aber nach der Schöpfung keinen Einfluß auf das vom Menschen bestimmte Weltgeschehen (☞ DEISMUS). Viele der neuzeitlichen Mathematiker und Naturwissenschaftler (z. B. Kepler, Descartes, Leibniz) sehen in G. den Inbegriff der mathematischen Wahrheiten und der Naturgesetze. G. drückt sich in der Ordnung der Natur aus. Wird die Natur bzw. die Welt mit G. identifiziert, so führt dies zum PANTHEISMUS, zur Allgegenwart G.. Als Vorläufer des Pantheismus kann Spinoza angesehen werden. Pantheistische Elemente findet man bei Herder, Goethe, Schopenhauer u. a.. Nach Kant kann G. nicht erkannt werden. Innerhalb der theoretischen Philosophie kommt G. keine Realität zu; G. kann nicht durch den Verstand als sinnlich gegebener Gegenstand hervorgebracht werden. Der Begriff G. (als eines notwendigen Wesens) kann nicht gedacht werden. G. kann aber im Rahmen der praktischen Vernunft als regulative IDEE postuliert werden. Als regulative Idee hat er für das sittliche Handeln eine Orientierungsfunktion. Hegel versucht, die von Kant vertretene Trennung von Glauben und Wissen zu überwinden. G. wird als der absolute GEIST bestimmt, der in der dialektischen Bewegung (☞ DIALEKTIK) zu sich selbst kommt und sich selbst weiß. Der Gegensatz von Glauben und Wissen, von Subjekt und Objekt, von Gott und Welt wird aufgehoben. Auch andere Denker des deutschen Idealismus versuchen, den Gegensatz von Glauben und Wissen zu überwinden; so bestimmt Schelling G. als das absolute Ich. Feuerbach und Marx leugnen die Existenz G.. Für Feuerbach ist G. eine Projektion der menschlichen Wünsche und Bedürfnisse (die Personifizierung der Gattung als G.). Für Marx ist Religion (und damit auch die Gottesvorstellung) ein Überbauphänomen, ebenfalls ein Produkt des Menschen (☞ MARXISMUS). Nietzsche verkündet den Tod G. („G. ist tot"); der Mensch braucht keinen G., um zu leben und seine Kräfte zu entfalten. Wird die Erkennbarkeit G. in Frage gestellt, so spricht man vom AGNOSTIZISMUS; wird die Existenz G. geleugnet, so spricht man vom ATHEISMUS Formen des Agnostizismus und besonders des Atheismus tauchen in fast allen Perioden der Philosophiegeschichte auf.

In der Philosophie des 20. Jh. begegnet der Begriff „G." in systematischen Zusammenhängen nur vereinzelt (z. B. in der Dialogphilosophie; ☞ DIALOG), in den Konzeptionen der Neuscholastik, bei Karl Jaspers und Gabriel Marcel. Man kann behaupten, daß der Gottesgedanke in der zeitgenössischen Philosophie kaum eine Rolle spielt.

Lit.: Platon, Symposion; Aristoteles, Metaphysik; Thomas von Aquin, Summa theologiae; N. Cusanus, De docta ignorantia. R. Descartes, Meditationen über die erste Philosophie, 1641; B. Spinoza, Ethik, 1677; I. Kant, Kritik der reinen Vernunft, 1781, $^{2}$1787; G. W. F. Hegel, Wissenschaft der Logik, 1812-16; ders., Enzyklopädie der Wissenschaften, 1830; L. Feuerbach, Das Wesen des Christentums, 1841; M. Rast, Welt und Gott, 1952; W. Schulz, Der Gott in der neuzeitlichen Metaphysik, 31957; W. Weischedel, Der Gott der Philosophen, I-II, 1971-72;W. Brugger, Summe einer philosophischen Gotteslehre, 1979.

**Gottesbeweise:**
allgemeine Bezeichnung für die Versuche, die Existenz bzw. das Dasein GOTTES zu beweisen. Die G. gründen nicht auf die in der Offenbarung erschauten Wahrheiten, sondern können als rationale (nachvollziehbare) Argumentationen angesehen werden. Im Laufe der Philosophiegeschichte tauchen unterschiedliche G. auf.
Im *kosmologischen G.* wird von der Existenz der endlichen und zufälligen Welt auf die Existenz eines unbedingten, absoluten, vollkommenen und notwendigen Wesens, Gott, geschlossen. Gott wird hier als der erste Beweger, die erste Ursache, der Weltschöpfer gedacht. Als der Hauptvertreter dieses G. wird Aristoteles genannt (☞ UNBEWEGTER BEWEGER). Eine Variante dieses Beweises taucht später bei Thomas von Aquin auf (s. u.).
Im *teleologischen G.* wird von der Zweckmäßigkeit der Welt auf einen zwecksetzenden Weltgesetzgeber bzw. Weltbaumeister geschlossen. Unterschiedliche Varianten dieses G. findet man bei Platon, Aristoteles, den Stoikern und einigen Aufklärungsphilosophen.
Im *ontologischen G.* (dem wohl einflußreichsten G.) wird von dem Begriff eines höchsten, vollkommenen Wesens (Gott) auf die Existenz Gottes geschlossen. Zur Vollkommenheit Gottes gehört auch seine Existenz. Gott kann also nicht nur als Idee bzw. Begriff existieren. Dies würde seiner Vollkommenheit widersprechen. Gott existiert daher nicht nur in der Idee bzw. im Begriff, sondern real, in der Wirklichkeit. Der Hauptvertreter dieses G. ist Anselm von Canterbury. Unterschiedliche Varianten dieses G. findet man bei Descartes, Spinoza und Leibniz. Für Descartes ist die Idee Gottes im Bewußtsein vorhanden. Doch das unvollkommene Bewußtsein des Menschen kann kein Grund für die Idee Gottes im Bewußtsein und für die Existenz Gottes sein. Daher muß es ein notwendiges Wesen (Gott) außerhalb des Bewußtseins existieren.
Thomas von Aquin wendet sich gegen den von Anselm entwickelten ontologischen G. Er zeigt „fünf Wege zu Gott" auf: 1) Gott ist der erste UNBEWEGTE BEWEGER; 2) Gott ist die erste Ursache (Wirkursache); 3) Gott ist im Gegensatz zum zufälligen (nicht notwendigen, kontingenten) So- und Dasein das notwendige So- und Dasein; 4) Gott ist im Gegensatz zum relativ Vollkommenen das absolut Vollkommene; 5) Gott setzt die Ziele und Zwecke in der Welt bzw. der Natur. Die ersten drei Beweise werden als Varianten des kosmologischen G. betrachtet, der fünfte als eine Variante des teleologischen G..
Kant richtet sich gegen den ontologischen G., auf den er alle anderen zurückführen will. Für ihn gehört Existenz nicht notwendig zum Begriff Gottes. Aus dem Begriff Gottes (und anderen Begriffen) kann nicht auf die Existenz Gottes (und anderer Gegenstände) geschlossen werden. Auf der anderen Seite pricht man im Zusammenhang mit der Philosophie Kants

vom *moralischen G.*; Gott als das höchste Gut kann nicht innerhalb der theoretischen Philosophie bewiesen werden; er garantiert jedoch im Bereich der praktischen Vernunft die Übereinstimmung von Sittlichkeit und Glückseligkeit. Gott muß daher für das sittliche Handeln (bzw. die SITTLICHKEIT) als „Postulat der reinen praktischen Vernunft" angenommen werden, obwohl er nicht bewiesen werden kann (☞ POSTULAT). Kant spricht vom bloßen Vernunftglauben (☞ GLAUBE), der eine sittlich-moralische Notwendigkeit ausdrückt.
In der zeitgenössischen Philosophie wurden keine nennenswerten G. unternommen.

Lit.: Aristoteles, Metaphysik; Anselm v. Canterbury, Proslogion; Thomas von Aquin, Summa theologiae I; R. Descartes, Meditationen über die erste Philosophie, 1641; I. Kant, Kritik der reinen Vernunft, 1781, ²1787; Fr. Sawicki, Die Gottesbeweise, 1926; W. Cramer, Gottesbeweise und ihre Kritik, 1967; D. Henrich, Der ontologische Gottesbeweise, 21967; W. Weischedel, Der Gott der Philosophen, 2 Bde., 1971-72.

## Grazie:

ein von Friedrich Schiller in „Anmut und Würde" eingeführter ästhetischer Begriff. Die beruhigende G. wird im Unterschied zur belebenden G. als Anmut bezeichnet.

Lit.: F. Schiller, Über Anmut und Würde. 1793.

## Grenzsituation:

nach Karl Jaspers eine Situation, in der der Mensch seine EXISTENZ erfährt (☞ EXISTENZPHILOSOPHIE). G. sind Tod, Schmerz, Leiden, Kampf, Schuld, Zufall, Scheitern. Nach Jaspers ist eine G. der Anlaß des Philosophierens.

Lit.: K. Jaspers, Einführung in die Philosophie, ²1957.

## Grund:

im weitesten Sinne das, von dem etwas anderes abhängt; ein etwas, ohne das ein Seiendes nicht existieren bzw. nicht verstanden werden kann. G. kann dabei im Sinne einer Begründung, eines Ursache-Wirkung-Verhältnisses, eines Folgeverhältnisses oder Bedingungsverhältnisses verstanden werden. In der traditionellen Philosophie unterscheidet man meist zwischen einer *ontologischen* und einer *logischen* (und auch erkenntnistheoretischen) Bedeutung von „G.". In ontologischen Zusammenhängen spricht man von „Real-G." bzw. „Sach-G." oder „Seins-G.". In der aristotelischen und scholastischen Tradition spricht man von vier Gründen als den vier Ursachen des Seienden (☞ CAUSA). Versteht man den SATZ VOM (zureichenden) GRUND ontologisch, so hat alles, was ist, einen Grund. In der ontologischen Tradition wird der letzte, übergreifende G. als das SEIN erfaßt, das dem endlichen Seienden zugrunde liegt. Das Sein ist der G. alles Seienden und auch der

Erkennbarkeit des Seienden. Das Sein, der letzte G., ist aber selbst grundlos. In der christlichen Tradition wird der G. alles Seienden als GOTT bestimmt. Gott wird z. B. in der Mystik als „Abgrund“ (Meister Eckart), „Urgrund“ (J. Böhme) bestimmt. An die mystische Tradition anknüpfend spricht Schelling von dem „Urgrund“. Für Heidegger ist die Frage nach dem G. die Hauptfrage der METAPHYSIK. Er spricht von der „Abgründigkeit des Seins“. Die Suche nach G. bzw. das Wissen um den G. des Seienden gehört zu Merkmalen des metaphysischen Denkens. In einem logischen Sinne spricht man traditionell vom G. als der Voraussetzung, aus der ein Urteil folgt. Es gibt wahre, gewisse Urteile, die keiner Begründung bedürfen – man spricht hier von den obersten Sätzen bzw. den letzten Grundsätzen. Diese Sätze sind unmittelbar einleuchtend (☞ AXIOM). Versteht man traditionell die logischen Gesetze als Denkgesetze, so heißt G. im erkenntnistheoretischen Sinne auch ein Gedanke (in Urteilen ausgedrückt), dem ein anderer Gedanke logisch folgt. Traditionell werden Denkgesetze als logische Gesetze aufgefaßt. Leibniz formuliert den Satz vom Grunde, der sowohl ontologisch (als Seinsgrund) als auch als Denk- bzw. logisches Gesetz interpretiert werden kann. Logisch formuliert besagt er, daß jedes wahre Urteil eines G. bedarf. Schopenhauer unterscheidet in seiner Schrift „Über die vierfache Wurzel des Satzes vom zureichenden G.“ vier Arten von G.: mathematischer G., physischer G. des Werdens, ethischer G. des Handelns und logischer G. der Erkenntnis. In der zeitgenössischen Philosophie wird G. in logischen Zusammenhängen im Sinne von Axiom (als den obersten und allgemeinsten Sätzen) aufgefaßt. In handlungstheoretischen Kontexten spricht man vom G. im Sinne von Motiv des Handelns. Im Bereich der Wissenschaftstheorie wird vom G. in Zusammenhang mit BEGRÜNDUNG gesprochen.

Lit.: A. Schopenhauer, Über die vierfache Wurzel des Satzes vom zureichenden Grund, 1813, $^{2}$1847; M. Heidegger, Vom Wesen des Grundes, 1929; ders., Der Satz vom Grunde, 1957.

**Grundsatz:** ☞ AXIOM, PRINZIP, POSTULAT

**Gültigkeit:** ☞ GELTUNG

**Gute,** das:

ein Begriff, der je nach Kontext unterschiedlich verwendet wird. Platon spricht von der Idee des Guten als der höchsten Idee (☞ IDEENLEHRE), die die die Gesamtheit des Seienden durchdringt. Es ist der Grund des Seienden und der Erkenntnis des Seienden. Die sinnlich wahrnehmbaren Einzelgegenstände sind seiend, weil sie teil an den Ideen haben (☞ TEILHABE); die Ideen gelten als die Urbilder der Einzelgegenstände (Abbilder). Die Ideen ihrerseits sind seiend nur, weil sie der höchsten Idee (Idee des Guten) entsprechen bzw. ihr gemäß geformt sind. Jede Seele strebt das G. an; sie ahnt, daß es das G. gibt. Den richtigen Weg zum G. und daher auch zur Tugend (☞ARETE) und Glückseligkeit (☞EUDÄMONIE), können nur die Philosophen aufzeigen, die die Idee des G. erschaut haben. Platon verbindet die Frage nach einer gerechten Gesellschaftsordnung mit der Frage nach dem G.. Alles hat seinen Ursprung im G. und strebt es an. Der Philosoph als Herrscher hat die Aufgabe, den Weg zum G. aufzuzeigen. Platon vertritt einen ontologischen (bzw. subjektiven) Begriff des G; das G. ist eine Grundstruktur des gesamten Seienden; es ist also nicht nur das, wonach die menschliche Seele strebt (als Voraussetzung für Tugend und Glückseligkeit), sondern auch das, wonach alles Seiende strebt. Insofern ist das die Hauptbedingung für die Ordnung des gesamten KOSMOS. Darüber hinaus ist das G. die Voraussetzung (Grundlage) und das Ziel des sittlichen handelns (das sittlich G.) und eines gerechten Staates. Der ontologische Begriff des G. hat also sowohl einen metaphysisch-ontologischen (im engeren Sinne) als auch einen sittlich-normativen Gehalt.

Aristoteles übernimmt diesen ontologischen (objektiven) Begriff des G.. Das Prädikat „gut“ kann allem zugesprochen werden, also Dingen, Menschen, Ereignissen, Eigenschaften und Sachverhalten. Das G. ist das, wonach alles strebt. Das G. eines Seienden liegt in der Verwirklichung seines Wesens (☞AKT, POTENZ); es ist das, was von einem seienden wesensmäßig erstrebt wird. Das G. des Menschen ist das, was er seinem Wesen nach (als denkendes, erkennendes und als soziales Wesen) sein kann und wonach er strebt. Im Unterschied zu Platon liegt für Aristoteles das WESEN (FORM) eines Seienden nicht außerhalb dieses Seienden, sondern ist diesem immanent. Das G. besteht dann in der Verwirklichung des Wesens; es wird um seiner selbst willen angestrebt; es ist selbstgenügsam. Das sittlich G. ist als Voraussetzung der Tugend und der Glückseligkeit auch für Aristoteles innerhalb einer Gemeinschaft möglich (dies entspricht dem Menschen als dem sozialen Wesen).

In der Scholastik werden die platonisch-aristotelischen Bestimmungen von G. übernommen und modifiziert. Als höchstes Gut (lat. „summum bonum“) gilt GOTT. Urgrund und Ziel alles Seienden ist Gott. Gott ist als das höchste Sein seinem Wesen nach gut; er ist die reine Verwirklichung aller Möglichkeiten (☞ACTUS PURUS). Je mehr ein Seiendes am göttlichen Sein teilhat, umso mehr wird ihm das Prädikat „gut“ zugesprochen. Anders ausgedrückt: Je mehr und intensiver er seine arteigenen Möglichkeiten verwirklicht, umso mehr hat er an dem göttlichen Sein, dem höchsten Gut teil.

Kant verzichtet auf eine inhaltliche Bestimmung des G.. Der gute Wille gilt als die Bedingung des G.. Der gute Wille strebt nicht nach einem vorgesetzten Zweck. Im guten Willen drückt sich das Sittengesetz, der KATEGORISCHE IMPERATIV aus.

In der zeitgenössischen Philosophie fragt nach der Verwendung bzw. Bedeutung des Wortes „gut" (so z. B. bei R. M. Hare). ☞ETHIK, META-ETHIK.

Lit.: Platon, Politeia; Aristoteles, Nikomachische Ethik; Thomas von Aquin, De veritate; I. Kant, Kritik der reinen Vernunft, 1781, [2]1787; G. E. Moore, Principia Ethica, 1970; G. H. v. Wright, The Varieties of Goodness, 1963.

# H

**Habitus** (lat.):
äußeres Erscheinungsbild, körperliche und auch (im übertragenen Sinne) geistige Haltung einer Person oder einer Gruppe. Der Begriff taucht bei Aristoteles auf. In der katholischen Dogmatik spricht man von den Eigenschaften Gottes als von den habituellen Eigenschaften.

**Haecceitas** (lat.):
Diesheit; bei Duns Scotus und der sich an ihn anschließenden Tradition (Scotismus) Bezeichnung für die Existenz der Einzelgegenstände, für ihre INDIVIDUALITÄT.

**Handlung:**
allgemein ein absichtliches Tun. Folgenreich ist die aristotelische Bestimmung des Handelns. Aristoteles unterscheidet zwischen dem *theoretischen* und dem *praktischen* Wissen. Das theoretische Wissen bezieht sich auf die Gegenstände der THEORIE (Gegenstände der Mathematik, Physik und Metaphysik), das praktische Wissen auf Werke und H.. Im Bereich des Theoretischen ist sicheres Wissen möglich. Im Bereich des Praktischen ist kein sicheres Wissen möglich, denn die Gegenstände der PRAXIS (Werke und H.) veränderlich und unselbständig sind. Das praktische Wissen bezieht sich auf veränderliche Gegenstände des Herstellens oder Hervorbringens und veränderliche Gegenstände des Handelns. Die Form des Wissens, die beim Herstellen von Werken vorausgesetzt wird, wird als das *technische Können* (griech. ‚techne‘) bezeichnet. Die Form des Wissens, die beim Handeln vorausgesetzt wird, heißt *praktische Einsicht* (griech. ‚phronesis‘). Für das Handeln ist also der Begriff der *Phronesis* von Bedeutung. Phronesis meint die Fähigkeit des handelnden Menschen zur Einsicht in das Wissen von Prinzipien und Gründen des Handelns und die Anwendung dieses allgemeinen Wissens auf gegebene, konkrete Situationen unter der Maßgabe des obersten Prinzips der praktischen Philosophie – des guten Lebens in der Gemeinschaft, in der Polis. Das praktische Handeln ist teleologisch (☞TELEOLOGIE) auf sich selbst gerichtet, ohne vorgegebenen Zwecken und Mitteln dienlich zu sein, d. h. ohne sich im Werk zu vergegenständlichen. Im Gegensatz zu dieser Haltung erscheint das technische Können auf partikulare Bereiche beschränkt; es bleibt auf das Einzelne (das Werk) gerichtet.

Während sich das praktische Leben im Medium der Menschenwelt ereignet (was immer heißt, daß es gesellschaftsbildend ist), bleibt das technische Können auf die Natur gerichtet.
Descartes unterscheidet zwischen Handeln und Erkennen. Im Bereich des Handelns ist kein ZWEIFEL möglich; hier ist uns die Welt vertraut. Für Kant bezieht sich das Handeln auf äußere Ziele. Dieses Handeln, das im Medium der ERSCHEINUNG vollzogen wird, unterliegt dem Gesetz der KAUSALITÄT. Es ist kein Handeln aus freiem Willen (☞ WILLENSFREIHEIT). Diesem bloßen Handeln setzt Kant das sittliche Handeln entgegen, das dem SITTENGESETZ unterliegt und insofern frei ist (Handeln aus Freiheit). Fichte bestimmt das ICH als reine TATHANDLUNG; das Ich setzt sich selbst als seiend; es setzt und begründet in sich die Differenz von Ich und Nicht-Ich (Natur).
Eine zentrale Rolle spielt der Begriff der H. seit der 2. Hälfte des 19. Jh. in der Philosophie des PRAGMATISMUS. Das Handeln ist die zentrale Kategorie des Menschen, auf die seine theoretischen, wissenschaftlichen u. a. Leistungen bezogen werden. Die auf H. bezogene Praxis des Menschen gilt als Kriterium der Wahrheit. „H." ist ein zentraler Begriff der im 19. Jh. entstehenden Sozialwissenschaften (☞ SOZIOLOGIE, SOZIALPHILOSOPHIE). Das „soziale Handeln" ist für Max Weber einer der Grundbegriffe der Soziologie. Eine wichtige Rolle spielt der Begriff der H. (außer im Pragmatismus) in der pragmatisch motivierten Sprachphilosophie (☞ PRAGMATIK, SPRECHAKT) und im KONSTRUKTIVISMUS. In der neueren Zeit hat sich in der Philosophie und in der Soziologie als neue Disziplin die HANDLUNGSTHEORIE herausgebildet.

Lit.: Aristoteles, Nikomachische Ethik; I. Kant, Kritik der reinen Vernunft, 1781, $^{2}$1787; ders., Kritik der praktischen Vernunft, 1788; ders., Grundlegung zur Metaphysik der Sitten, 1785; M. Weber, Soziologische Grundbegriffe, in: ders., Wirtschaft und Gesellschaft, 1922;. W. R. Glaser, Soziales und instrumentales Handeln, 1972; G. H.v. Wright, Erklären und Verstehen, 1974; ders., Handlung, Norm und Intention, 1977; R. Bubner, Handeln, Sprache und Vernunft, 1976; J. Habermas, Theorie des kommunikativen Handelns, Bd. I, 1981.

**Handlungstheorie** (engl. ‚philosophy of action'):
innerhalb der analytischen Philosophie eine philosophische Disziplin neuren Datums. Sie beschäftigt sich mit der Klärung der Handlungsbegriffe, mit der Beschreibung und Erklärung von HANDLUNGEN. Meist greift sie auf traditionelle Begriffe bzw. Themen zurück, wie KAUSALITÄT, INTENTIONALITÄT, RATIONALITÄT, WILLENSFREIHEIT u. a.. In der modernen H. unterscheidet man zwischen Basishandlungen (z. B. Körperbewegungen), die durch nichts vermittelt bzw. verursacht sind, und vermittelten Handlungen. Basishandlungen sind Ursachen von Wirkungen. Die Beschreibung einer Handlung kann, abhängig vom jeweiligen Kontext, deskriptiv oder askriptiv (wertend) sein. Bei der Handlungserklärung fragt

man nach den GRÜNDEN (bzw. URSACHEN) für Handlungen. Ist die INTENTION einer Handlung ein Grund für den Vollzug der Handlung (die Verbindung zwischen Intention und Handlungsvollzug ist rein logischer bzw. begrifflicher Art, die bei Wright durch den *praktischen Syllogismus* zum Ausdruck kommt), so spricht man vom *Intentionalismus* (v. Wright, Ascombe). Ist die Intention einer Handlung auch eine Ursache für den Vollzug der Handlung bzw. besteht zwischen der Intention und dem Vollzug ein kausaler Zusammenhang, so spricht man vom *Kausalismus* (A. Goldmann, C. G. Hempel, D. Davidson). Für den sog. *Personalismus* gilt, daß die Handlung nicht durch intentionale Zustände, Dispositionen, Ereignisse usw., sondern durch die handelnden Personen selber verursacht werden.

Lit.: G. E. M. Anscombe, Intention, 1957; G. H. v. Wright, Erklären und Verstehen, 1974; ders., Handlung, Norm und Intention, 1977; A. Beckermann/G. Meggle (Hg.), Analytische Handlungstheorie, 2 Bde., 1977; H. Lenk (Hg.), Handlungstheorie interdisziplinär, 4 Bde., 1977.

**Harmonie** (griech. *harmonia*):
Einklang, Zusammenklang, Zusammenstimmung von Teilen zu einem Ganzen, zu einer Einheit. Pythagoras und die Pythagoreer sprechen von der H. des Weltalls, die sich in Zahlen bzw. Zahlenverhältnissen ausdrückt (in Analogie zur H. in der Musik). Eine besondere Rolle spielt der Gedanke der H. bei Leibniz (☞ PRÄSTABILIERTE HARMONIE).

**Hedonismus** (vom griech. *hedone*, ‚Lust'):
Bezeichnung für Positionen, denen zufolge die Lust das höchste Gut, die Voraussetzung des Glücks und das Prinzip und Ziel des Handelns bildet. Der Hauptvertreter des H. ist Aristippos von Kyrene; weitere Vertreter sind Theodoros und Hegesias. Während bei den früheren Hedonikern die sinnliche Lust im Mittelpunkt steht, ist es bei den späteren Hedonikern sowohl die sinnliche als auch die „geistige", intellektuelle Lust. Oft wird als Grundzug des H. bzw. der hedonistischen Lebensweise die Vermeidung von Schmerz (Schmerzlosigkeit) betrachtet. Hedonistische Thesen wurden von Epikur aufgenommen und weiter entwickelt (☞ EPIKUREISMUS); er spricht von der sinnlichen und geistigen Lust. Er stellt die Frage, wie eine dauerhafte, beständige Lust zu erreichen ist. Aristoteles spricht von unterschiedlichen, hierarchisch geordneten Lustarten; der sinnlichen Lust, der Lust bei der Anerkennung (z. B. als Politiker) und der Lust, die die theoretisch-philosophische Beschäftigung begleitet. Im Falle der aristotelischen Philosophie spricht man jedoch nicht vom H.. Hedonistische Gedankenmotive wurden in der Neuzeit von den französischen Materialisten (z. B. Helvetius und Lamettrie) und den Utilitaristen aufgenommen (☞ UTILITARISMUS). Den H. bezeichnet man oft als eine Art des EUDÄMONISMUS.

Lit.: H. Gomperz, Kritik des Hedonismus, 1898; F. Paulsen, Ethik, 1921.

## Hegelianismus:

Sammelbezeichnung für Positionen, die sich an die Philosophie Hegels anschließen. Nach Hegels Tod spalten sich seine Anhänger in die sog. *Linkshegelianer* (auch *Junghegelianer*) und *Rechtshegelianer* auf. Sowohl die Links- als auch die Rechtshegelianer bilden keine einheitliche Strömung. Die philosophische Auseinandersetzung um Hegel, die auch in dem Streit zwischen den Rechts- und Linkshegelianern zum Ausdruck kommt, konzentriert sich meist auf die Religions- und die Rechtsphilosophie (bzw. politische Philosophie). Viele der Rechtshegelianer sahen in Hegel einen christlichen Denker und seine Philosophie als Vollendung des Christentums. Sie versuchten, seine Philosophie im Sinne einer Theologie weiter zu entwickeln. Im Bereich der Rechts- bzw. Staatsphilosophie vertraten sie liberal-konservative Ansichten und bejahten das bestehende Rechtssystems. Zu den wichtigsten Rechtshegelianern werden gezählt: K. F. Göschel, G. Gabler, C. E. Michelet, H. F. Hinrichs.
Bei den Linkshegelianern reicht die Auseinandersetzung mit der Religionsphilosophie von pantheistischen (z. B. B. Bauer) bis zu offen atheistischen Konzeptionen (z. B. bei L. Feuerbach). Im Bereich der Rechtsphilosophie bzw. politischen Philosophie vertraten die Linkshegelianer einen gegenüber den bestehenden Verhältnissen kritischen bis ablehnenden Standpunkt. Dies führte bei einigen zu revolutionären Konzeptionen (z. B. bei K. Marx). Zu den wichtigsten Vertretern des Linkshegelianismus werden gezählt: B. Bauer, M. Stirner, A. Ruge, D. F. Strauß, L. Feuerbach, K. Marx. Besonders relevant wurde der Einfluß der Hegelschen Philosophie auf die Konzeption von Marx und Engels (☞ MARXISMUS, dialektischer MATERIALISMUS).
Es gibt im 19. und 20. Jh. viele Positionen, die von Hegel beeinflußt sind bzw. sich auf Hegel mehr oder weniger beziehen, so z. B. Teile der LEBENSPHILOSOPHIE (W. Dilthey), Teile der marxistischen und neumarxistischen Philosophie (z. B. die KRITISCHE THEORIE) und Teile der HERMENEUTIK. In diesen Konzeptionen werden meist bestimmte Gedankenmotive und -gebilde Hegels aufgenommen. Ob man im Falle dieser Positionen jedoch im strengen Sinne vom H. sprechen kann, kann in Frage gestellt werden. Besondere Ausprägungen fand der H. in England, Frankreich, Italien und Rußland.

Lit.: W. Windelband, Die Erneuerung des Hegelianismus, 1910; G. Lassen, Was heißt Hegelianismus?, 1916.

## Herakliteismus:

allgemeine Bezeichnung für die Lehre Heraklits und die in ihrer Tradition stehenden Positionen. Nach Heraklit befindet sich alles im ständigen WERDEN. Die gesamte Wirklichkeit bzw. das Sein hat einen prozeßhaften, dyna-

mischen Charakter. Heraklits berühmter Satz lautet: „Alles fließt" (griech. ‚panta rhei'). Diese dynamische Auffassung wird meist im Gegensatz zur statischen Auffassung der eleatischen Schule und der eleatischen Tradition (☞ ELEATISMUS) betrachtet. Zwar fließt alles und befindet sich in Bewegung; doch herrscht über dem ganzen Weltgeschehen das Gesetz (auch Vernunft), der LOGOS, der nur von wenigen Auserwählten erkannt werden kann. Das Prinzip der gesamten Wirklichkeit wird als Kampf der Gegensätze bestimmt (☞ DIALEKTIK). Ein weiterer Kernsatz der Philosophie Heraklits lautet: „Der Krieg ist der Vater aller Dinge". Der Urstoff, aus dem alles entsteht und in den alles mündet, heißt bei Heraklit „Feuer". Vertreter des H. sind Kratylos und andere Schüler Heraklits. Der H. übte einen Einfluß auf die Philosophie der STOA aus.
In der Neuzeit steht der H. für Positionen, die den Werdecharakter (und auch dialektischen Charakter) des Weltganzen betonen, z. B. bei Hegel und Nietzsche.

Lit.: H. Diels, Fragmente der Vorsokratiker I, $^{18}$1979; B. Snell, Heraklit, $^{2}$1940; Th. Gomperz, Zu Heraklits Lehre und den Überresten seines Werkes, 1887.

**Hermeneutik** (vom griech. *hermeneutike (techne)*, , Auslegungskunst'): traditionell die Kunst des Auslegens und Übersetzens von Texten; in der neueren Terminologie die Kunst des VERSTEHENS und die methodische Besinnung auf die Voraussetzungen des Verstehens (als Wissenschaft bzw. Theorie vom Verstehen). Traditionell handelt es sich in der H. um die Auslegung bzw. das Verstehen von Texten, von schriftlich fixierten Äußerungen. Der Begriff der H. bzw. der Verstehensbegriff kann jedoch auf Äußerungen bzw. Zeichen jeglicher Art ausgeweitet werden. Gadamer fordert, entgegen aller Versuche, die H. als „reine Kunstlehre" (techne) zu bezeichnen, die Problematik des Verstehens von einem speziellen Anwendungsbereich in eine viel breitere Dimensionalität des philosophischen fragens auszubreiten. Die hermeneutische Erfahrung bildet das Medium des Weltverständnisses und des Selbstverständnisses.
Die ersten hermeneutischen Modelle besaßen einen unmittelbar pragmatisch-okkasionellen Zug; sie waren als Verständnishilfen für schwere Texte konzipiert. Dort, wo Texte verstanden werden sollten, entstand auch die Besinnung auf den Verstehensvorgang. Zunächst in der Theologie, wo ein Bedürfnis nach der Auslegung der Heiligen Schrift bestand (hier war die H. nicht bloß eine *Kunstlehre*, sondern auch eine *Glaubenslehre*), sodann in der Jurisprudenz, wo Texte und schriftlich fixierte Reden angemessen ausgelegt werden mußten und schließlich – mit dem Aufkommen des Humanismus und mit der Wiederentdeckung der alten Sprachen – in den verschiedenen Sprachdisziplinen. Schon in der Antike gibt es Ansätze zu einer Kunst der Auslegung. Hier haben die Sophisten beträchtliche Verdienste

erworben; sie beschäftigten sich als erste mit der Auslegung von Gedichten. H. steht hier in einem engen Zusammenhang mit der RHETORIK. Ihre eigentliche Entstehungszeit und Blüte erlebt die H. in der Neuzeit. Wenn ein Zeitabstand zu den Überlieferungen und ein historisches Bewußtsein, das in einen Konflikt mit der Überlieferung gerät, entstehen, macht sich das hermeneutische Interesse bemerkbar.

Eine besondere Rolle für die Entstehung der H. spielte die Lehrtätigkeit des Melanchton; unter seiner Leitung gehörte die Auslegung schriftlicher Überlieferung zur Ausbildung des Rhetors. Die Verschiebung von der Tätigkeit des Redehaltens zu der des Auslegens von Texten markiert historisch das Auftauchen der H.. Um 1700 wird bei A. H. Francke die Affektenlehre (seit Aristoteles Teil der Rhetorik) in die hermeneutische Diskussion aufgenommen. Die *psychologische Interpretation*, die von Schleiermacher aufgenommen wird, und die *Einfühlungstheorie* von J. J. Rambach haben in der Affektenlehre ihren Ursprung. In der Bibel-Exegese stellt sich die Frage des Fremdverstehens, und zwar erstens des Übersetzens aus einer fremden Sprache, zweitens in der Auslegung und im Verstehen biblischer Inhalte selbst. Die H. dient dem Kampf gegen den kirchlichen Dogmatismus; man nahm an, daß jedem potentiell die Fähigkeit gegeben ist, die Heilige Schrift aus eigener Kraft zu verstehen. Bereits hier wird H. als universelles menschliches vermögen aufgefaßt. Bekannte Figuren, wie die des Verhältnisses von Teilen zum Ganzen erfahren jetzt einen Übergang von der Rhetorik zur H.. Indem J. Dannhauer die „rednerische Auslegung", d. h. den „Gebrauch und Nutzen" des Textes aufhob, versuchte er, die H. an die (analytische) Logik anzunähern; analytische Logik erscheint jetzt als das Vorbild einer neuen Logik des Verstehens. Einen weiteren Schritt in der Entwicklung der H. markiert Schleiermachers „Kunstlehre des Verstehens". Seine H. umfaßt nicht nur die Auslegung von Texten, sondern das Auslegen und Verstehen von Äußerungen überhaupt. Er vertritt die sog. *psychologische Interpretation*; das Verständnis wird aufgrund einer gemeinsamen psychischen Verfassung des Lesers und des Autors ermöglicht. Wichtig ist dabei das Verfahren des Sich-hinein-Versetzens in den Autor („divinatorisches Verstehen"). Viele Denker der sog. *historischen Schule* (J. Droysen, W. Dilthey) begreifen die H. als die Grundlagenwissenschaft der GEISTESWISSENSCHAFTEN; die H. wird hier im Sinne einer METHODOLOGIE der Geisteswissenschaften aufgefaßt. Für Dilthey ist H. die „Kunstlehre des Verstehens schriftlich fixierter Lebensäußerungen". Das Verstehen ereignet sich vor dem Hintergrund des geschichtlich vermittelten Lebenszusammenhanges (☞ GESCHICHTLICHKEIT, LEBENSPHILOSOPHIE, HISTORISMUS). Hermeneutische Modelle (wie z. B. das Sich-hinein-Versetzen in eine andere Person bzw. einen Sachverhalt, das Verstehen der Teile aus dem Ganzen und des Ganzen aus den Teilen) werden von Dilthey und den ihm folgenden Denkern weiter ausgearbeitet. H. wird nicht nur als Methodologie der Geisteswissenschaften, sondern als Medium der Welt- und Selbsterfahrung aufgefaßt; H. wird zur universellen Auslegung von Welt, Leben und Selbst; sie wird zur philosophischen Vorgehensweise überhaupt. Für Heidegger ist H. bzw. Verstehen keine Methode der Geisteswissenschaften; das Verstehen ist die Seinsweise des Daseins; es ist ein EXISTENZIAL (☞DASEINSANALYTIK, FUNDAMENTALONTOLOGIE); das Verstehen wird als entwerfende Selbstauslegung des Daseins aufgefaßt; das Dasein gewinnt im Verstehen ein Selbst- und auch ein Seinsverständnis. Heidegger spricht in diesem Zusammenhang von der *H. des Daseins*. Das Verstehen zeichnet sich durch Zirkularität aus (☞HERMENEUTISCHER ZIRKEL). Beim späten Heidegger wird das Verstehen durch die „Lichtung des Seins" ermöglicht. Eine der wichtigsten hermeneutischen Konzeptionen ist die von H.-G. Gadamer. Seine *philosophische H.* wird als hermeneutische Grundlegung unseres Welt- und Selbstverständnisses betrachtet. Das Verstehen hat einen universellen Charakter; die Verständlichkeit, in der wir uns bewegen, trägt alles sprachliche Geschehen. Nach Gadamer zeichnet sich das Verstehen bzw. die *hermeneutische Erfahrung* durch bestimmte Merkmale aus. Dem Verständnis liegt ein Vorverständnis zugrunde, das auf eine bestimmte Weise strukturiert ist (so z. B. durch seine Vorurteilsstruktur). Gadamer untersucht das Zusammenspiel von Verständnis und Vorverständnis. Das Verstehen zeichnet sich durch Zirkularität aus; aus dem Vorverständnis heraus wende ich mich verstehend der Welt zu; in der Auseinandersetzung mit der Welt kann es zu einer Änderung meines Verständnisses bzw. Vorverständnisses kommen; mit dem „neuen" Vorverständnis bzw. Verständnis wende ich mich der Welt erneut zu usw.. Wenn sich zwei Verstehenssubjekte verständigen, so kommt es zur sog. „Horizontverschmelzung". Unser Verstehen ist ist in einen geschichtlich vermittelten „Wirkungszusammenhang" eingebunden; Gadamer spricht von der „Wirkungsgeschichte" und meint damit den geschichtlichen Hintergrund unseres Verstehens (☞LEBENSWELT).

Die H. spielt eine wichtige Rolle in der modernen Wissenschaftstheorie. Man fragt dort z. B. nach der Bedeutung des lebensweltlich-geschichtlichen Hintergrundwissens (im Sinne des Vorverständnisses) für die wissenschaftliche Forschung bzw. das Verstehen von wissenschaftlichen Sachverhalten und die experimentelle Praxis. Kontrovers wird das Verhältnis zwischen dem meist in den Naturwissenschaften verwendeten Verfahren der ERKLÄRUNG und dem meist in den Geisteswissenschaften verwendeten Verfahren des Verstehens diskutiert. Fruchtbar sind Versuche, die H. mit anderen Bereichen zu verbinden, so z. B. mit der SPRACHPHILOSOPHIE, dem PRAGMATISMUS, dem STRUKTURALISMUS, der UNIVERSALPRAGMATIK und der TRANSZENDENTALPRAGMATIK.

Lit.: F. Schleiermacher, Hermeneutik, hg. v. H. Kimmerle, 1959; K. G. Droysen, Grundriß der Historik, 1868; W. Dilthey, Einleitung in die Geisteswissenschaften, 1883; M. Heidegger, Sein und Zeit, 1927; H. Lipps, Untersuchungen zu einer hermeneutischen Logik, 1938; H.-G. Gadamer, Wahrheit und Methode, 1960; ders./G. Boehm, Philosophische Hermeneutik, 1976; E. Betti, Allgemeine Auslegungslehre als Methodik der Geisteswissenschaften, 1967; E. Coreth, Grundfragen der Hermeneutik, 1969; K. O. Apel, Transformation der Philosophie, I-II, 1973; P. Ricoeur, Hermeneutik und Strukturalismus, 1973; ders., Hermeneutik und Psychoanalyse, 1974.

## Hermeneutischer Zirkel:

eine zentrale Figur in der HERMENEUTIK, ein Grundmoment des VERSTEHENS. Versuchen wir die Welt (bzw. Wirklichkeit) zu erkennen, so setzen wir dabei ein geschichtlich vermitteltes Vorverständnis voraus. In der erkennenden „Auseinandersetzung" mit der Welt wird dieses Vorverständnis geändert, revidiert; neue bzw. andere Einsichten, Erkenntnisse fließen in das bisherige Vorverständnis ein. Mit diesem Vorverständnis bzw. Verständnis versuchen wir nochmals an die Welt heranzugehen usw. So ist unser Verstehen zirkulär; es bewegt sich im Zirkel. In allen hermeneutischen Konzeptionen spielt diese Verstehensfigur eine entscheidende Rolle (bei Dilthey, Heidegger, Gadamer).

Lit.: M. Heidegger, Sein und Zeit, 1927. H.-G. Gadamer, Wahrheit und Methode, 1960.

## Herrenmensch:

in der Philosophie Nietzsches Bezeichnung für den *Übermenschen*, den starken Menschen, der die Steigerung der Macht und des Lebens befürwortet.

Lit.: F. Nietzsche, Also sprach Zarathustra, 1883-85.

## Herrschaft:

allgemein die Ausübung von MACHT, die institutionalisiert ist. Max Weber bestimmt den Begriff der H. unter dem Aspekt ihrer Legitimität auf folgende Weise: „H. soll heißen die Chance, für einen Befehl bestimmten Inhalts bei angebbaren Personen Gehorsam zu finden". Weber unterscheidet drei Typen der legitimen H.: 1) die *traditionale H.*, die in dem Glauben an die überlieferten sozialen Formen und an die traditional zur H. bestimmten Personen gründet; 2) die *charismatische H.*, die im Glauben an außeralltägliche Ausstattung und Ausstrahlung einer Person (☞ CHARISMA); 3) die *rationale H.*, bei der die legalen Ordnungen maßgebend und bestimmte Personen und Institutionen mit der Aufgabe ausgestattet werden, diese Ordnungen durchzuführen.

Lit.: M. Weber, Wirtschaft und Gesellschaft, 1922.

## Heterogen (vom griech. *heteros*, ‚der Andere'):

ungleichartig, unterschiedlich, uneinheitlich (Gegensatz: HOMOGEN).

**Heterogenität:**
Ungleichartigkeit, Uneinheitlichkeit, Verschiedenheit.

**Heterogonie** (vom griech. *heteros*, ‚der Andere', und *gone*, ‚Abkunft'):
die Entstehung aus einem Anderen.

**Heteronomie** (vom griech. *heteros*, ‚der Andere', und *nomos*, ‚Gesetz'):
Fremdgesetzlichkeit (Gegensatz: AUTONOMIE); bei Kant Bezeichnung für den Willen, der sich nicht selbst das sittliche Gesetz gibt (☞ SITTENGESETZ, KATEGORISCHER IMPERATIV), sondern durch Trieb, Neigung, Einfluß anderer Personen, äußere Gründe bestimmt ist.

Lit.: I. Kant, Kritik der praktischen Vernunft, 1788; ders., Grundlegung zur Metaphysik der Sitten, 1785.

**Heuristik** (vom griech. *heuriskein*, ‚finden', ‚entdecken'):
traditionell (in der Antike) die Erfindungskunst; in der neueren Terminologie die Theorie von Methoden bzw. Verfahren, neue Erkenntnisse aufzufinden, Problemlösungsstrategien aufzuzeigen, den Erkenntnisweg zu schildern. Zum heuristischen Verfahren gehört z. B. das Aufstellen von HYPOTHESEN und Hilfsmodellen.

**Hinduismus:**
eine Religion, die besonders in Indien Ausbreitung gefunden hat. Charakteristische Merkmale des H. sind: der Glaube an die SEELENWANDERUNG, der Glaube an die Erlösung, die Kastenordnung. Die wichtigsten Götter sind Schiva und Vischnu. Die Götter können sich verkörpern (Götter in Menschengestalt werden *Awataras* genannt). Die bekanntesten Verkörperungen Vischnus sind Rama und Krischna. Einen großen Einfluß auf den H. übte der BRAHMANISMUS aus.

Lit.: H. v. Glasenapp, Der Hinduismus, 1922; D. Fassnacht, Hinduismus, 1977.

**Hinreichende Bedingung:** ☞ BEDINGUNG

**Historischer Materialismus:** ☞ MATERIALISMUS

**Historische Schule:** ☞ HISTORISMUS

**Historismus** (von lat. *historia*, ‚Geschichte'):
Sammelbezeichnung für Positionen, die die Vergeschichtlichung bzw.Historisierung des Wissens betonen (☞ GESCHICHTLICHKEIT, GESCHICHTE); die Wirklichkeit und das Wissen von dieser Wirklichkeit unterliegen ständigem Werden, ständiger Veränderung und Entwicklung. Der H. entwickelte sich besonders stark in Deutschland im Laufe des 19. Jh.. Er taucht parallel

zur Entstehung der Geistes- bzw. Geschichtswissenschaften auf. Als eine erste Variante des H. kann die von der sog. *Historischen Schule* (Ranke, Droysen, Dilthey u. a.) entwickelte Konzeptionen betrachtet werden. Die Kritik der Historischen Schule richtet sich gegen Hegels Geschichtsphilosophie; gegen Hegel wird behauptet, daß es keinen allgemeinen Sinn in der Geschichte, keine allumfassende Gesetzlichkeit bzw. notwendige Entwicklung (nach einem bestimmten Plan bzw. Gesetz) bezüglich der historischen Welt bzw. der geschichtlichen Entwicklung gibt. „Jede Epoche ist unmittelbar zu Gott" (Ranke). Demnach gibt es auch keine Entwicklung im Sinne eines Fortschritts bzw. einer Vervollkommnung. Jede Epoche muß für sich betrachtet werden. Ähnlich wie in der Philosophie der Romantik wird die These vertreten, daß geschichtliche Ereignisse (aber auch Personen) nicht unter ein allgemeines Entwicklungsgesetz subsumiert werden können. Diese Ereignisse müssen in ihrer Einmaligkeit und Einzigartigkeit betrachtet werden (☞INDIVIDUALITÄT). Das Bestreben der GEISTESWISSENSCHAFTEN, eine eigene Methodologie für die Erfassung des Geschichtlichen zu entwickeln (die Geisteswissenschaften sollten damit von den Naturwissenschaften und ihren Methoden bzw. Verfahrensweisen abgegrenzt werden), hängt mit dem Begriff des H. eng zusammen. Die damals statisch gedachten Naturgesetze werden dem historischen Fluß gegenübergestellt. Der Subsumierung von Einzelfällen unter allgemeine Gesetze wird das Verfahren der Individualisierung gegenübergestellt. Der Grundgedanke des H. besteht darin, daß auf die Voraussetzungen des geschichtlichen Verstehens (des Verstehens von geschichtlichen bzw. historischen Ereignissen) reflektiert wird. So stellt schon Droysen einige Kategorien auf, die es uns ermöglichen, die geschichtliche Wirklichkeit zu begreifen. Dilthey versucht, die kantische „Kritik der reinen Vernunft" durch eine „Kritik der historischen Vernunft" zu erweitern; er reflektiert ebenfalls auf die Bedingungen des VERSTEHENS der geschichtlichen Welt. Diese Bedingungen sind für Dilthey jedoch nicht statisch, sondern veränderlich, dynamisch, geschichtlich. Die Wirklichkeit (der Ablauf von Ereignissen) und das Wissen um diese Wirklichkeit haben einen geschichtlichen Charakter. Man spricht hier von der Geschichtlichkeit des Wirklichen, des Lebens, Wissens und Verstehens. Das Bewußtsein dieser Geschichtlichkeit bzw. das Wissen um den geschichtlichen Charakter der Wirklichkeit und des Denkens wird oft als *historisches Bewußtsein* bezeichnet. Die Probleme des H. werden weiter im Streit um eine eigene Methodologie bzw. Verfahrensweise der Geistes- bzw. Geschichtswissenschaften (in Abgrenzung gegenüber den Naturwissenschaften) diskutiert (z. B. von Dilthey, Meinecke, Troeltsch, Windelband und Rickert); dem historisierenden und individualisierenden Verfahren der Geisteswissenschaften wird das generalisierende Verfahren der Naturwissenschaften gegenübergestellt. Vor allem in kulturkritischen und anthropologischen

Kontexten meint „H." die radikale Vergeschichtlichung und Historisierung des gesamten Geschehens und Denkens; es gibt demnach keine allgemeingültigen Kriterien, Maßstäbe, Normen, Werte, Erkenntnisse usw.. Alles unterliegt der geschichtlichen Dynamik. Ein solcher H. wurde oft als RELATIVISMUS bezeichnet und als solcher kritisiert. Elemente des H. spielen bis heute eine Rolle in der HERMENEUTIK.

Lit.: L. v. Ranke, Geschichte der romanischen und germanischen Völker von 1494 bis 1534, 1824; J. Droysen, Historik, hg. v. P. Leyh, 1977; J. Burckhardt, Weltgeschichtliche Betrachtungen, 1905; W. Dilthey, Der Aufbau der geschichtlichen Welt in den Geisteswissenschaften, 1910; K. Heussi, Die Krisis des Historismus, 1932; F. Meinecke, Die Entstehung des Historismus, I-II, 1936; E. Troeltsch, Der Historismus und seine Probleme, 1922; K. Mannheim, Historismus, 1924; H. Schnädelbach, Geschichtsphilosophie nach Hegel, 1974; A. Dempf, Kritik der historischen Vernunft, 1957; H. Lübbe, Geschichtsbegriff und Geschichtsinteresse, 1977.

## Historizismus:

nach K. R. Popper der Glaube an unabdingbare, notwendige Gesetze in der Geschichte und Gesellschaft. Popper kritisiert den H..

Lit.: K. R. Popper, Das Elend des Historizismus, 1965.

## Hoffnung:

allgemein Erwartung, die auf die Zukunft bezogen ist; eine Grundhaltung des Menschen, die nicht mit WISSEN, sondern mit GLAUBEN aufs engste zusammenhängt. Der Begriff kam erst in der jüdischen und christlichen Tradition zur Ausprägung; H. richtet sich hier auf Gottes Erlösung bzw. das Reich Gottes; H. wird also zum Bestandteil des religiösen Glaubens (☞TUGEND). Vereinzelt tritt der Begriff der H. in der neuzeitlichen Philosophie auf, z. B. bei Kant (im Zusammenhang mit der Problematik der Gottesbeweise), bei S. Kierkegaard (als Gegenbegriff zum Begriff der Verzweiflung), G. Marcel und M. Heidegger. Eine zentrale Rolle spielt der Begriff der H. in der Philosophie Ernst Blochs. H. ist ein Prinzip, die treibende Kraft der geschichtlich-gesellschaftlichen Entwicklung; sie richtet sich auf das „Noch-Nicht" und auf die Verwirklichung der menschlichen Möglichkeiten.

Lit.: E. Bloch, Das Prinzip Hoffnung, 3 Bde., 1954-57.

## Höhlengleichnis:

ein Gleichnis, das Platon im 7. Buch der „Politeia" (dt. „Der Staat") darstellt; es soll die Grundgedanken der platonischen Ontologie und Erkenntnistheorie verdeutlichen. Der Menschen in der Höhle sitzen gefesselt und schauen auf die Wand der Höhle. An der Wand erscheinen Schatten von Gegenständen, die hinter den Gefesselten getragen werden. Die Gegen-

stände werden durch ein Feuer, das die Gefesselten ebenfalls nicht sehen können, ihre Schatten auf die Wand. Der Mensch kann sich aus den Fesseln befreien und umdrehen; er erblickt dann die Gegenstände und das Feuer. Er geht weiter zum Ausgang der Höhle und verläßt sie schließlich. Der befreite Mensch wird von dem Licht und besonders von der Sonne zunächst geblendet bis er sich an den neuen Anblick gewöhnt.
Das H. verdeutlicht wichtige Grundzüge der platonischen Philosophie. Die Höhle steht für das Reich der Finsternis, Unwahrheit, für das Reich des Scheins und Trugs. Die Schatten sind Abbilder der Gegenstände und werden von den gefesselten Menschen als die realen Gegenstände betrachtet. Befreit sich der Mensch von den Fesseln, so erkennt er seinen Irrtum. Der Anblick der Gegenstände und des Feuers kann als eine Zwischenstufe zwischen der Schein-Erkenntnis (Wahrnehmung der Schatten) und der wahren Erkenntnis, die erst beim Verlassen der Höhle vollzogen wird, betrachtet werden. Das Feuer kann als ein Wegweiser interpretiert werden, der dem Menschen den Weg aus der Höhle zeigt. Der Mensch, der das Tageslicht erblickt, wird von der Wahrheit geblendet. Er kann sich an sie zunächst nur schwer gewöhnen. Das Licht steht im H. für die Welt der IDEEN, die Sonne für die höchste Idee, die Idee des Guten (☞IDEENLEHRE). Der Mensch (bei Platon der Philosoph), der die Ideen erblickt hat und dadurch die Wahrheit erkannt hat, kehrt zu den Menschen in der Höhle zurück, um ihnen von ihrem Irrtum zu erzählen und sie aus der Höhle herauszuführen (die politisch-didaktische Funktion des Philosophen). Platon stellt im H. den Weg der Erkenntnis und Wahrheit dar, der zugleich auch der Weg der Befreiung aus dem Schein und Irrtum ist. Er schildert aber auch die gesellschaftliche Aufgabe des Philosophen, der den Menschen die von ihm erkannte Wahrheit aufzeigen soll.

Lit.: Platon, Politeia.

**Holismus** (vom griech. *holon*, ‚Ganze'):
allgemein ganzheitliche Betrachtungsweise, die in der Philosophie z. B. bei Aristoteles, Leibniz, Hegel vorkommt; im engeren Sinne eine von J. C. Smuts eingeführte philosophisch-wissenschaftliche Konzeption, der zufolge alle Bereiche der Wirklichkeit eine einheitliche GANZHEIT bilden. Die wichtigsten Bereiche sind: das Physische, Psychische und Biologische. Die Ganzheit der Wirklichkeit ist in Stufen eingeteilt. Die wichtigsten Vertreter dieser Konzeption sind außer Smuts J. S. Haldane und A. Meyer-Abich. Eine besondere Form des H. bilden die Konzeptionen von W. M. Wheeler und A. N. Whitehead.

Lit.: J. C. Smuts, Die holistische Welt, 1938; J. S. Haldane, Die Philosophie eines Biologen, 1936; A. Meyer-Abich, Naturphilosophie auf neuen Wegen, [2]1948; W. Stegmüller, Probleme und Resultate der Wissenschaftstheorie und Analytischen Philosophie II, 1973; F. v. Kutschera, Grundfragen der Erkenntnistheorie, 1982.

**Homogen** (griech.):
gleichartig (Gegensatz: HETEROGEN).

**Homologie** (griech.):
Einstimmigkeit, Übereinstimmung. Bei den Stoikern (☞STOA) die Übereinstimmung der Vernunft mit der Praxis und der Natur.

**Homo-mensura-Satz:**
der folgende Satz des Pythagoras: „Der Mensch ist das Maß aller Dinge, der Seienden, daß sie sind, der nicht Seienden, daß sie nicht sind". Der Satz kann als eine Hinwendung zum Menschen und zur PRAXIS interpretiert werden und daher als eine Reaktion auf die theoretische, praxisferne Einstellung der VORSOKRATIKER.

**Homonym** (griech.):
gleichlautend, aber doppeldeutig. ☞ÄQUIVOK

**Humanismus** (von lat. *humanitas*, ‚Menschlichkeit'):
im weitesten Sinne eine Auffassung, derzufolge der Mensch mit all seinen Fähigkeiten im Zentrum der Betrachtungen steht, der Mensch der Ausgangspunkt der Erkenntnis und Welterschließung ist. Die Vervollkommnung des Menschen ist das Ziel und Ideal des H.. Alles, was dieser Vervollkommnung im Wege steht, was den Menschen in seiner Entfaltung und Autonomie hindert, soll aufgehoben werden. Der H. ist meistens mit einem Bildungsideal verbunden. Schon in der Antike sind humanistische Tendenzen erkennbar, so z. B. bei Cicero und anderen römischen Denkern; die Entfaltung der menschlichen Fähigkeiten galt als Bildungsideal. Dieses Bildungsideal wurde in der Scholastik zum Teil übernommen. Wichtig wurde der „klassische" Bildungskanon, der aus dem *Trivium* (Grammatik, Rhetorik, Dialektik) und dem *Quadrivium* (Arithmetik, Geometrie, Astronomie und Musik) bestand.
In einem engeren, geistesgeschichtlichen Sinne versteht man unter H. die geistige Bewegung im Zeitalter der Renaissance (14.-16. Jh.). Allgemeine Merkmale des H. sind: die Rückbesinnung auf die Antike (besonders die Erneuerung des antiken, „klassischen" Bildungsideals, die Beschäftigung mit antiken Texten, die Propagierung der antiken Kulturwerte), der Ruf nach der uneingeschränkten, freien und schöpferischen Entfaltung des Menschen, nach seiner Selbständigkeit und Freiheit, der Kampf gegen den kirchlichen Dogmatismus (der H. richtet sich gegen den kirchlichen Dogmatismus, ist aber sehr stark christlich-religiös motiviert; der Erkenntnis der Wahrheit dienen jedoch nicht nur christliche, sondern auch antike

Quellen). Das besondere Verdienst des H. ist die Beschäftigung mit den antiken Sprachen und ihre Pflege. Der H. nimmt seinen Ausgang in Italien. Besonders wichtig ist der Einfluß der byzantinischen Gelehrten, die 1453 nach dem Fall von Konstantinopel mit antiken Texten im Gepäck nach Italien geflüchtet waren. Die wichtigsten Vertreter des Humanismus sind: in Italien Petrarca, Dante, Boccaccio, Cola di Rienzo, Piccolomini, Poggio u. a.; in Frankreich Bovillus, Bodin, Montaigne, Estienne u. a.; in England Th. Morus, Eliot, Colet u. a.; in Deutschland Erasmus, Agricola, Hutten, Reuchlin, Celtes und Melanchton.

Unter *Neuhumanismus* versteht man die in Deutschland um die Wende vom 18. zum 19. Jh. entstandene Bewegung, in der es zu einer erneuten Beschäftigung mit den antiken Texten und zur Wiederbelebung des „klassischen" Bildungsideals kam; die allgemeine, geistige Bildung des Menschen wird zum Ziel und Ideal dieser Bewegung. Die wichtigsten Vertreter sind: Humboldt, Goethe, Schiller, Herder.

Unter *erkenntnistheoretischen H.* versteht man die vom F. C. S. Schiller vertretene Konzeption, derzufolge alle Erkenntnisse (somit auch die Wahrheit) von den Menschen, besonders von den menschlichen Bedürfnissen und Erfahrungen, abhängt (☞PRAGMATISMUS).

Verschiedene Varianten des H. findet man z. B. im MARXISMUS (in der Tradition des Sozialismus). Im 20. Jh. wurde Kritik am H. laut; einerseits kritisiert man den Gedanken der Zentriertheit des Menschen (Heidegger); andererseits macht man auf die Tatsache aufmerksam, daß im Namen des H. Verbrechen begangen wurden.

Lit.: J. Burckhardt, Die Kultur der Renaissance in Italien, 1860; R. Hönigswald, Philosophische Motive im neuzeitlichen Humanismus, 1918; W. Jaeger, Antike und Humanismus, 1925; M. Heidegger, Platons Lehre von der Wahrheit mit einem Brief über den Humanismus, [2]1954; L. Fery/A. Renaut, Antihumanistisches Denken, 1987.

**Humanität** (von lat. *humanus*, ‚menschlich'):
allgemein Menschlichkeit; das Ideal, nach dem alle menschlichen Kräfte und Anlagen zur vollen Ausbildung und Entfaltung kommen und die Würde und Rechte des Menschen gewährleistet werden sollen. Der Gedanke der H. taucht in unterschiedlichen Varianten des HUMANISMUS auf. Der Gedanke der H. war besonders verbreitet im sog. *Neuhumanismus.* H. ist bei Herder Ziel der geschichtlichen Entwicklung.

Lit.: J. G. Herder, Briefe zur Beförderung der Humanität, 1793-99; E. Przywara, Humanitas, 1952; G. Krüger, Abendländische Humanität, 1953.

**Hyle** (griech. ‚Stoff'):
in der griechischen Philosophie Bezeichnung für den URSTOFF.

**Hylemorphismus** (vom griech. *hyle*, ‚Stoff', und *morphe*, ‚Form'):
die von Aristoteles vertretene Lehre, derzufolge die seienden Gegenstände aus dem Stoff bzw. der MATERIE (als Möglichkeit) und der FORM, die die Möglichkeit verwirklicht, zusammengesetzt sind.

Lit.: Aristoteles, Metaphysik.

**Hylozismus** (vom griech. *hyle*, ‚Stoff', und *zoe*, ‚Leben'):
philosophische Auffassung, derzufolge die gesamte MATERIE belebt (und auch beseelt) ist; Leben und Materie bilden eine Einheit. Den H. vertreten (in jeweils unterschiedlichen Formen) die ionischen Naturphilosophen, die Stoiker, in der Neuzeit Giordano Bruno, Diderot u. a..

**Hypokeimenon** (griech.):
bei Aristoteles Bezeichnung für das Zugrundeliegende.

**Hypothese** (vom griech. *hypothesis*, ‚Unterlage', ‚Grundlage'):
in der modernen Wissenschaftstheorie ein Satz, dessen Wahrheit nicht erwiesen ist, der aber angenommen wird, um mit seiner Hilfe Tatsachen zu erklären. Die H. soll keinen Widerspruch in sich enthalten und einer empirischen Überprüfung zugänglich sein. Wird eine H. als ALLAUSSAGE aufgestellt, so spricht man von *Gesetzeshypothese*; sie wird induktiv gewonnen, durch induktive Verallgemeinerungen (☞GENERALISIERUNG, INDUKTION). Gesetzeshypothesen können nach Popper nicht verifiziert, sondern lediglich falsifiziert werden (☞VERIFIKATION, FALSIFIKATION). Die sog. *Existenzhypothesen* (H., die mit Hilfe einer EXISTENZAUSSAGE ausgedrückt werden) können sowohl verifiziert als auch falsifiziert werden. H. können sich im Verlauf der Überprüfung (z. B. durch Beobachtung oder Experiment) bewähren (☞BEWÄHRUNG). Werden H. als Forschungsgrundlage aufgestellt, so spricht man von *Arbeitshypothesen* (oder *heuristischen H.*). In der modernen Wissenschaftstheorie können auch ganze Theorien (Systeme von Sätzen) als H. betrachtet werden.
In der Logik heißt „H." die Voraussetzung bzw. PRÄMISSE, aus der FOLGERUNGEN gezogen werden. Nach Popper hat unser gesamtes Wissen einen hypothetischen Charakter. Nach Quine haben sogar die ANALYTISCHEN Sätze einen hypothetischen Charakter.

Lit.: K. R. Popper, Logik der Forschung, 1935; N. Rescher, Hypothetical Reasoning, 1964; W. Stegmüller, Theorienstruktur und Theoriendynamik, 1973; W. V. O. Quine, Ontologische Relativität, 1975; P. Achinstein (Hg.), Observation, Experiment, and Hypothesis in Modern Physical Science, 1985.

**Hypothetischer Imperativ:** ☞IMPERATIV

# I

**Ich** (lat. *ego*):
allgemeine Bezeichnung für den Beziehungspunkt, den letzten Träger der seelisch-geistigen Akte bzw. Vorgänge, für den Bewußtseins- bzw. Persönlichkeitskern des Menschen.
Eine eigene Stellung im System der Philosophie gewinnt der Begriff des Ich in der Neuzeit. Wichtig ist dabei vor allem die Frage, ob das I. als SUBSTANZ (als der substanzielle Träger, der den einzelnen, im zeitlichen Fluß befindlichen Akten zugrunde liegt) aufgefaßt werden kann oder nicht. Für Descartes hat das I. einen substanziellen Charakter (☞RES COGITANS); der cartesianische ZWEIFEL an den überlieferten Meinungen und an den menschlichen Erkenntnisfähigkeit führt zur Selbstgewißheit des zweifelnden I. (☞COGITO ERGO SUM). Im Akt der Selbstreflexion ist sich das Ich seiner selbst gewiß; diese unerschütterliche GEWISSHEIT kann als Anfang und Fundament der Erkenntnis bzw. des Wissens angesehen werden; aus diesem Anfang können die Bestimmungen des I. abgeleitet („deduziert") werden. Descartes erklärt die EXISTENZ des Ich zur ersten Voraussetzung des Erkennens. Leibniz bestimmt das Ich substanziell als denkende METHODE; die Monade ist „fensterlos", ihr ganzes Sein ist Darstellung (lat. ‚repraesentatio') der ganzen Welt. Hume wendet sich gegen solche substanzialistische Auffassungen; das I. kann nicht erfahren werden; es ist kein erfahrbarer Gegenstand. Hume spricht zwar von der Einheit unserer Vorstellungen; diese Einheit wird jedoch von keiner Substanz gestiftet und hat demnach keine Existenz; das I. ist bloß ein Bündel von Vorstellungen. Das Erkennen des I. ist ein inneres Wahrnehmen. Kant bestimmt das *transzendentale I.* als „synthetische Einheit der APPERZEPTION"; das I., auf das alle Erkenntnis zurückgeführt wird, ist der Grund der Erkenntnis; das „Ich, das alle meine Vorstellungen muß begleiten können" (Kant), wird als Bedingung der Möglichkeit eines jeden Erkennens aufgefaßt. Kant folgt also Descartes, indem er das transzendentale I. als einen die Einheit der Vorstellungen ermöglichenden Bezugspunkt bestimmt; das „ich denke" ist jedoch nur eine *formale* Bedingung, von der nicht auf die Existenz des I. geschlossen werden kann; das transzendentale I. ist keine Substanz, bzw. wir haben von ihm kein substanzielles Wissen. Ohne das I. ist Erkennen nicht möglich; aber „allein ohne irgendeine empirische Vorstellung, die den Stoff zum Denken abgibt, würde der Aktus, ich denke, doch nicht stattfinden" (Kant).

In Anlehnung an Hume betont Kant daher, daß das I. allein als Bedingung der inhaltlichen Erkenntnis nicht ausreicht; vielmehr benötigen wir dazu die ANSCHAUUNG (Wahrnehmung). Kant unterscheidet neben dem transzendentalen das *empirische I.*; das empirische I. kann sich selbst erfahren wie jeden anderen empirischen (äußeren) Gegenstand; es erfährt sich jedoch nur als ERSCHEINUNG, als schon konstituiertes I.. Für Fichte ist das I. das Prinzip der theoretischen und praktischen Philosophie, ja sogar das Prinzip der gesamten Wirklichkeit; das I. als reine Tätigkeit (reine TATHANDLUNG) setzt sich selbst als seiend; es setzt und begründet in sich sogar die Differenz von I. und Nicht-I. (Natur). Das I. ist für Fichte SELBSTBEWUSSTSEIN; im Selbstbewußtsein („I. bin I.") sind das Subjekt (I.) und das Objekt (I.) identisch. Die Einheit von Subjekt und Objekt im Selbstbewußtsein ist der Grund des Wissens und der Welt. Hegel versucht, die Gegensätze zwischen transzendentalem und empirischen I. und zwischen I. und Nicht-I. dialektisch aufzuheben (☞DIALEKTIK).

Gegen die in der Philosophie des IDEALISMUS herrschende Erhebung des I. zum Prinzip des Denkens und der Welt bzw. Wirklichkeit wendet sich z. B. Kierkegaard; er betont die konkrete EXISTENZ (☞EXISTENZPHILOSOPHIE) des Einzelnen. Es gibt nicht das I., sondern die einzelnen Subjekte. Neben den existenzphilosophischen und lebensphilosophischen I.-Konzeptionen, in denen vor allem die konkrete SUBJEKTIVITÄT im Mittelpunkt der Betrachtungen steht, wird der Ichbegriff im NEUKANTIANISMUS und in der PHÄNOMENOLOGIE thematisiert. Husserl entwickelt die Konzeption des die Welt konstituierenden TRANSZENDENTALEN EGO. Bei Heidegger ist das I. kein erkenntnistheoretisches Prinzip, das die Welt begründet (Fichte) bzw. konstituiert (Husserl); es ist immer schon in der Welt (☞IN-DER-WELT-SEIN). Heidegger vermeidet den Begriff des I. (und auch den des Subjekts) und spricht vom DASEIN, das der Herausbildung eines I.-Bewußtseins zugrunde liegt. Das I. ist nur eine Abstraktion, eine Ausgrenzung aus dem Kontext des lebensweltlichen In-der-Welt-seins.

I.-Konzeptionen werden in sozialwissenschaftlichen bzw. sozialphilosophischen (z. B. bei G. H. Mead) und verschiedenen psychologischen Theorien entworfen. In der PSYCHOANALYSE Sigmund Freuds z. B. ist das I. neben dem ES und dem ÜBER-ICH ein zentraler Teil des psychischen Apparates des Individuums. Das I. übt eine Kontrollfunktion gegenüber dem Begehren (besonders sexueller Art) aus. Es gibt bewußte I.-Funktionen (wie z. B. Wahrnehmung, Denken, Erinnern) und unbewußte I.- Funktionen. Das I. wird bei Freud als vermittelnde Instanz zwischen den Forderungen (den Triebwünschen) des Es und den moralischen Forderungen des Über-Ich und der AUSSENWELT bestimmt. In der sprachanalytischen Philosophie wird die Verwendungsweise bzw. Bedeutung des Ausdrucks „I." und die Bedeutung der mit ihm gebildeten Sätze untersucht. Bei Ludwig Wittgenstein bezeichnet das I. im philosophischen Sinne die „Grenze der Welt"; der Gegenstand „Ich" kommt in der Welt nicht vor. Nach Wittgenstein ist die substanzielle Rede vom I. sinnlos. Von einigen Philosophen wird der Ausdruck „I." als *indexikalischer Ausdruck* (indexikalische Ausdrücke sind Personalpronomina, Demonstrativpronomina, Ort- und Zeitadverbien) betrachtet. ☞ SELBST, SELBSTBEWUSSTSEIN, SUBJEKT, SUBJEKTIVITÄT

Lit.: R. Descartes, Discours de la méthode, 1637; I. Kant, Kritik der reinen Vernunft, 1781, [2]1787; J. G. Fichte, Grundlagen der gesamten Wissenschaftslehre, 1794; E. Husserl, Ideen zu einer reinen Phänomenologie I, 1913; M. Heidegger, Sein und Zeit, 1927; S. Freud, Jenseits des Lustprinzips, 1920; L. Wittgenstein, Tractatus logico-philosophicus, 1922.

**Ideal** (vom griech. *idea*, ‚Urbild', ‚Wesen', ‚Idee'):
im allgemeinen Sinne Musterbild, erstrebenswertes Ziel. Der Begriff „I." spielt in der beginnenden Neuzeit eine wichtige Rolle im Zusammenhang mit ästhetischen Betrachtungen. Mit dem Auftreten des DEUTSCHEN IDEALISMUS wurde I. zum philosophischen Fachterminus. Nach Kant ist I. der Begriff des Vollkommensten, es ist die Idee einer existierenden IDEE. Das I. wird als eine *praktische Kraft* (als regulatives Prinzip) bestimmt. Kant unterscheidet zwischen *ethischen Idealen*, dem *transzendentalen I.*, dem *I. des höchsten Guts* und dem *I. der Schönheit*. Das höchste I. ist nach Kant das transzendentale I. der reinen Vernunft; es ist die in einem Einzelwesen Gott verdinglichte Idee eines Alls der Realität, die Idee, der notwendige Vernunftbegriff von Gott als „regulatives Prinzip der Vernunft, alle Verbindungen in der Welt so anzusehen, als ob sie aus einer allgenugsamen notwendigen Ursache entsprängen". Kant hat sowohl den ästhetischen als auch den ethischen Aspekt des I.-Begriffs hervorgehoben. Hegel beschränkt sich auf die Betrachtung der ästhetischen Dimension des Begriffs; das I. ist die Idee des Kunstschönen. Schön ist das, was als Idee im Bereich des Sinnlichen betrachtet werden kann; das Kunstschöne wird als das „sinnliche Scheinen der Idee" aufgefaßt. „Ideal" (bzw. Ideell) heißt: vollkommen, vorbildlich, einem I. gemäß.

Lit.: I. Kant, Kritik der reinen Vernunft, 1781, [2]1787; ders., Kritik der praktischen Vernunft, 1788; G. W. F. Hegel, Ästhetik.

**Idealismus:**
im weitesten Sinne eine Grundüberzeugung, derzufolge nicht dem sinnlichen Materiellen (☞ MATERIE), sondern dem Ideellen (bzw. Idealen), Geistigen die entscheidende Stellung zugewiesen wird (Gegensätze: REALISMUS, MATERIALISMUS). Oft wird dabei dem Ideellen (☞ IDEE) bzw. Geistigen (☞ GEIST) die einzig wahre Realität bzw. Existenz zugesprochen; sodann wird das Materielle bzw. Sinnliche vom Ideellen bzw. Geistigen her bestimmt bzw. auf es zurückgeführt. Bei anderen Positionen wird ein Wech-

selverhältnis zwischen dem Ideellen bzw. Geistigen und dem Materiellen bzw. Sinnlichen vertreten. Schließlich wird die These aufgestellt, daß der Gegensatz von Idee bzw. Geist und Materie (bzw. Natur) suspendiert wird. Im Laufe der Philosophiegeschichte haben sich verschiedene Formen des I. herausgebildet. Nach Platon ist die Welt der Ideen (☞IDEENLEHRE) die wahre, eigentliche Wirklichkeit; alles wahrhaft Seiende ist nur ideeller, geistiger Art. Die unveränderliche, nicht zeitliche und nicht räumliche, nur im Denken erfaßbare, ewige Ideenwelt wird bei Platon der veränderlichen Erscheinungswelt der sinnlich wahrnehmbaren Einzeldinge gegenübergestellt. Die sinnlich wahrnehmbaren Einzeldinge sind seiend und erkennbar, weil sie teil an den Ideen haben (☞TEILHABE). Da den Ideen die Materie gegenübersteht, vertritt Platon einen unaufhebbaren DUALISMUS. Platons Position kann als *metaphysischer* bzw. *objektiver I.* bezeichnet werden (☞METAPHYSIK).
Im Christentum wird Gott als das wahre, geistige Sein bestimmt; nach seinen Ideen wird alles nicht-göttliche Seiende, auch die Materie, geschaffen; alles Seiende ist vom Gott her geistgewirkt, geistdurchleuchtet und daher geistig erkennbar. Dabei werden in Anlehnung an Platons Ideenlehre Ideen als Gedanken Gottes aufgefaßt, nach denen alles Seiende geschaffen wird (Augustinus). Diese Auffassung wurde für das Mittelalter maßgebend. Erst im NOMINALISMUS des Spätmittelalters wurde diese Auffassung revidiert; die eigentliche Wirklichkeit wurde als die kontingente Einzelexistenz von Dingen angesehen; die Ideen als allgemeine Wesenheiten haben nur sekundäre Bedeutung; sie werden „bloß" gedacht, haben demnach keine wahre Realität bzw. Existenz.
Die nominalistische Position markiert den Übergang zu der in der Neuzeit herrschenden erkenntnistheoretischen Betrachtung der Ideen und Vorstellungen; Ideen und Vorstellungen werden als gedacht bzw. bewußtseinsimmanent betrachtet; gelegentlich spricht man hier vom *erkenntnistheoretischen I.* (in Abgrenzung zum *metaphysischen I.*). Descartes vertritt die These von einem Dualismus zwischen dem Bereich der Ideen, deren sich das erkennende Subjekt unmittelbar, direkt vergewissert (☞RES COGITANS), und dem Bereich der materiellen AUSSENWELT (☞RES EXTENSA), die nur vermittelt, indirekt erkannt werden kann. Descartes unterscheidet also zwischen der denkenden, geistigen und der ausgedehnten, materiellen Substanz.
Nach Berkeley gibt es keine bewußtseinsunabhängige Materie; die Realität der Dinge wird auf unser Vorstellungsvermögen zurückgeführt; was nicht auf Vorstellungen bezogen werden kann, hat keine Realität bzw. Wirklichkeit. Was bleibt, sind also nur VORSTELLUNGEN (engl. ‚ideas'); sie werden von Gott erzeugt und von Menschen rezipiert: „esse est percipi" (lat. ‚Sein ist Wahrgenommenwerden'). Berkeleys Position kann als *subjektiver I.* oder

als *empirischer I.* bezeichnet werden. Kant bestreitet nicht die Existenz der AUSSENWELT; es gibt ein bewußtseinsunabhängiges DING AN SICH; es kann aber nicht erkannt werden; nicht Dinge an sich, sondern Dinge, insofern sie dem erkennenden Subjekt „erscheinen" (Dinge als Erscheinungen) können erkannt werden. Dinge werden durch das Erkenntnisapparat des Subjekt „geformt" (☞ANSCHAUUNGSFORMEN, KATEGORIE); das Ich konstituiert durch seine einigende Tätigkeit (☞APPERZEPTION) die Dinge bzw. Gegenstände. Die Idee wird als APRIORISCHE Funktion der Vernunft bestimmt, als Bedingung der Möglichkeit der gegenstandsbezogenen, inhaltlichen Erkenntnis. Idee im strengen Sinne bedeutet nach Kant die Vernunftbedingung; sie leitet als Regulativ (*regulative Idee*) das theoretische Erkennen und praktische Handeln. Als DEUTSCHEN I. bezeichnet man die philosophiehistorische Periode zwischen Kant und Hegel; sie ist mit den Namen Fichte, Schelling und Hegel verbunden. Der deutsche I. kann als der Höhepunkt der idealistischen Philosophie betrachtet werden.

Lit.: Platon, Platon, Sophistes; ders., Phaidon; Descartes, Discours de la méthode, 1637; I. Kant, Kritik der reinen Vernunft, 1781, [2]1787; J. G. Fichte, Grundlagen der gesamten Wissenschaftslehre, 1794; G. W. F. Hegel, Phänomenologie des Geistes, 1807; ders., Wissenschaft der Logik, 1812-16; O. Willmann, Geschichte des Idealismus, 3 Bde., [2]1907.

## Idealität:

ideelles Sein, Sein als Idee oder Vorstellung im Gegensatz zum realen Sein, zur realen Wirklichkeit.

## Ideal language philosophy

(engl. ‚Philosophie der idealen Sprache'):

eine der beiden Hauptrichtungen der ANALYTISCHEN PHILOSOPHIE neben der ORDINARY LANGUAGE PHILOSOPHY (engl., ‚Philosophie der Gebrauchssprache'). Die Gebrauchs- bzw. Umgangssprache soll der I. l. p. zufolge durch eine ideale Sprache ersetzt werden, weil die Gebrauchssprache vieldeutig ist; anhand der Gebrauchssprache kann die logische Struktur der Sprache nicht erkannt werden. Eine solche logische Struktur der Sprache aufzuzeigen, ist das Ziel der I. I. p. Die angestrebte ideale Sprache soll sich nur an der *logischen Syntax* orientieren; die logischen KALKÜLE gelten als Vorbilder für eine solche Sprache. Als Begründer der I. l. p. gilt B. Russell, der ein System der Logik entwickelte; dieses System sollte sich an der Mathematik orientieren und frei von ANTINOMIEN sein. Den Höhepunkt der Entwicklung erlebte die I. l. p. in der 30er Jahren (☞LOGISCHER EMPIRISMUS).

Lit.: R. Carnap, Der logische Aufbau der Welt, 1928; W. Stegmüller, Das Wahrheitsproblem und die Idee der Semantik, [2]1968; L. Wittgenstein, Tractatus logico-philosophicus, 1922; B. Russell, Philosophie des logischen Atomismus, 1918; W. Stegmüller, Probleme und Resultate der Wissenschaftstheorie und Analytischen Philosophie, Bd. I - IV, 1969-84.

**Idealtypus:**
ein von Max Weber kreierter Begriff zur Kennzeichnung der Bildung von Begriffen in den Sozialwissenschaften und in den Geschichtswissenschaften. Nach Weber wird der I. „gewonnen durch einseitige Störung eines oder einiger Gesichtspunkte und durch Zusammenschluß einer Fülle von diffus vorhandenen Einzelerscheinungen zu einem in sich einheitlichen Gedankengebilde. In seiner begrifflichen Reinheit ist dieses Gedankengebilde nirgends vorfindbar, eine Utopie, trotzdem für die Erscheinung des tatsächlichen Kausalzusammenhangs von größtem Wert".

Lit.: M. Weber, Zur Objektivität sozialwissenschaftlicher und sozialpolitischen Erkenntnis, 1904.

**Ideation:** ☞WESENSSCHAU

**Idee** (vom griech. *idea*, ‚Gestalt', ‚Form', ‚Urbild', ‚Wesen'):
ursprünglich (als griech. ‚idea') die anschauliche, sichtbare, äußere Gestalt; der sinnfällige Anblick, die äußere Erscheinung eines Dinges; dann aber auch der Wesensgehalt (das WESEN) eines Dinges. In einem vorphilosophischen Sinne bedeutet „I." Konzeption, Einfall, auch Grund- oder Leitgedanke. In der Geschichte der Philosophie findet man verschiedene Bedeutungen des Begriffs der I.. Nach Platon sind I. unveränderliche, ewige, nicht sinnliche wahrnehmbare Urbilder (Wesenheiten) der Einzeldinge; Einzeldinge erscheinen nur als Abbilder der I. (☞IDEENLEHRE), sie haben an ihnen teil bzw. existieren nur durch die TEILHABE (griech. ‚methexis') an den I.. I. im platonischen Sinne kann als die Bedeutung eines Allgemeinbegriffs (bzw. Begriffsworts) aufgefaßt werden; die Bedeutung ist dabei nichts mentales, bewußtseinsimmanentes (sie ist also keine Vorstellung bzw. kein Denkakt), sondern etwas außerhalb des Bewußtseins bzw. der Vorstellungs- oder Denkwelt (☞PROPOSITION); die I. als die Bedeutung eines Allgemeinbegriffs kann als das Universale (☞UNIVERSALIEN) bestimmt werden; sie existiert also unabhängig von den wahrnehmbaren Einzeldingen und von dem sie erfassenden Denkakt; sie wird von Platon auch als das eigentliche, wahre SEIN oder das Wesen eines Seienden bestimmt (höchste I. ist die „I. des Guten"). Demgegenüber ist das wahrnehmbare Einzelding (bzw. das einzelne Seiende) nur ein PHÄNOMEN oder eine ERSCHEINUNG. Die I. können nur aufgrund der *Wiedererinnerung* (ANAMNESE) vom Menschen erfaßt werden. Aristoteles wendet sich gegen die platonische Trennung von Ideenwelt und Welt der Einzeldinge (bzw. Erscheinungen); ihm zufolge wohnen die I. bzw. FORMEN den Einzeldingen inne; sie sind ihnen als gestaltbildende, zwecksetzende Kräfte immanent. Bei Plotin, dem Hauptvertreter des Neuplatonismus, sind I. Inhalte des NOUS; der Geist ist dabei die erste Ausstrahlung (☞EMANATION) des göttlichen Einen. Im

Anschluß an den Neuplatonismus faßt Augustinus I. als Gedanken Gottes auf. Menschliches Erkennen wird von Augustinus als Teilhabe am göttlichen Erkennen bestimmt (☞ILLUMINATION). In der christlichen Philosophie (bis zur Scholastik) werden in Anlehnung an Augustinus I. als Urbilder alles Geschaffenen im Geist Gottes aufgefaßt; nach diesen I. hat Gott die Welt erschaffen und gestaltet. Die Frage, ob I. als wahres Sein oder als abstrakte Begriffe aufgefaßt werden sollen, steht im Mittelpunkt des mittelalterlichen UNIVERSALIENSTREITS. In der Neuzeit ändert sich die Bedeutung von „I.". So nennt Descartes I. „alles, was in unserem Geist, in unserem Bewußtsein" ist. Neben den aus der Erfahrung gewonnenen (empirischen), den von mir selbst mit Hilfe der Einbildungskraft erzeugten, gibt es nach Descartes die ANGEBORENEN I. (z. B. Gott, Wahrheit, Bewußtsein). Im EMPIRISMUS (Locke, Hume) wird die Auffassung vertreten, daß alle I. letztlich aus der ERFAHRUNG stammen; sie werden gebildet bzw. entstehen aus der Affektion der Sinne durch die Dinge („sensatio") und der Wahrnehmung dessen, was unser Geist mit diesen Sinneseindrücken macht („reflectio"). Bei Descartes und den Empiristen hat „I." die Bedeutung von VORSTELLUNG Bewußtseinsakt. Nach Kant sind I. nicht bloße Vorstellungen von Dingen; sie sind *reine Vernunftbegriffe* (Begriffe der reinen Vernunft), denen keine Gegenstände der Erfahrung entsprechen; der Verstand, die reinen Verstandesbegriffe (KATEGORIEN), ordnet die Erfahrung; er ermöglicht die Erkenntnis der in der Erfahrung gegebenen Gegenstände. Dagegen haben die I. keinen solchen Bezug auf die Gegenstände der Erfahrung, sie geben uns keine Begriffe von Gegenständen. Die I. übersteigen die Grenzen der Erfahrung; in ihnen wird ein Unbedingtes gedacht; der Verstand bezieht sich also auf das Bedingte, die Vernunft (und mit ihr die I. als Vernunftbegriffe) auf das Unbedingte. Die Vernunft gewährleistet nach Kant die Einheit der Verstandeserkenntnis; die I. leiten die Tätigkeit des Verstandes; sie haben einen „regulativen Gebrauch, nämlich den Verstand zu einem gewissen Ziele zu richten, in Aussicht auf welches die Richtungslinien aller seiner Regeln in einem Punkt zusammenlaufen, der, ob er zwar nur eine I. („focus imaginarius"), d. h. ein Punkt ist, aus welchem die Verstandesbegriffe wirklich nicht ausgehen, indem er ganz außerhalb der Grenzen möglicher Erfahrung liegt, dennoch dazu dient, ihnen die größte Einheit neben der größten Ausdehnung zu verschaffen". Kant spricht von I., die die Tätigkeit des Verstandes und des Handelns leiten und orientieren, als den *regulativen I.* (regulative I. sind nach Kant: Gott, Freiheit, Unsterblichkeit), die unterschiedlich gebraucht werden: Als regulative Prinzipien der theoretischen Vernunft dienen diese der Orientierung der systematischen Verstandestätigkeit; als Postulate der praktischen Vernunft dienen sie der Anleitung des Handels. Für Hegel sind I. nicht nur Formen des Denkens; sie betreffen die Wirklichkeit selbst. Das Denken kann nach Hegel von seinen Gegenständen nicht getrennt werden; die Struktur der Dinge ist mit der Struktur des Denkens identisch; in der I. drückt sich die Einheit von Denken und Gegenstand (von Subjekt und Objekt) aus. Die I. ist nach Hegel das Absolute, das dialektisch zu sich selbst kommt (☞DIALEKTIK); erst in dem dialektischen Prozeß wird die *absolute I.* das, was sie ist: die „Einheit des Begriffs mit seiner Realität". In der nach-idealistischen Philosophie wurde der Begriff der „I." z. B. in der neukantianischen Wertphilosophie (I. als geltende Wesenheit), in der PHÄNOMENOLOGIE Husserls (I. als die konstituierte Gegenstandseinheit) gebraucht; Kants Begriff der regulativen Idee wird im Pragmatismus (Peirce), der Erlanger Schule (☞KONSTRUKTIVISMUS) und in der Philosophie K.-O. Apels (☞TRANSZENDENTALPRAGMATIK) angeknüpft.

Lit.: ☞IDEALISMUS

## Ideenlehre:

Platons Lehre von den IDEEN. Platon unterscheidet zwischen dem Reich der veränderlichen, wahrnehmbaren Einzeldinge (Reich der Erscheinungen) und dem Reich der unveränderlichen, ewigen, nicht wahrnehmbaren Ideen. Über Einzeldinge kann es kein sicheres Wissen geben; über sie können keine allgemeingültigen Aussagen gemacht werden, denn sie unterliegen der ständigen Veränderung. Die Welt der veränderbaren Einzeldinge ist eine Scheinwelt (☞SCHEIN). Hinsichtlich der Erkenntnis dieser Dinge können wir nur zu wahren MEINUNGEN (☞DOXA) gelangen, nicht zum sicheren, allgemeingültigen WISSEN. Daß sicheres, allgemeingültiges Wissen möglich ist, bezeugen die Aussagen der Mathematik; sie sind nach Platon wahr und allgemeingültig. Die Ideen sind ewig, nicht teilbar, unveränderbar und nicht wahrnehmbar; sie entstehen und vergehen nicht und existieren unabhängig von den veränderbaren, wahrnehmbaren Einzeldingen; ihnen kommt sogar eine höhere Realität (bzw. Wirklichkeit) zu als den Einzeldingen; sie werden als das wahre Sein (die höchste Realität bzw. Wirklichkeit) bestimmt, im Gegensatz zu den kontingenten, konkreten und einzelnen Seienden (seienden Dingen). Die Einzeldinge existieren nur, sofern sie an den Ideen teilhaben (☞TEILHABE, METHEXIS). Die Welt der Ideen und die Welt der Einzeldinge sind also auf eine bestimmte Weise, eben durch die Teilhabe, miteinander verbunden; etwas (ein Ding) ist schön, weil es an der Idee des Schönen, der selbst die höchste Schönheit zukommt, teilhat. Die Einzeldinge sind Abbilder der Ideen. Die Ideen können nicht mit Hilfe der Wahrnehmung, sondern nur im Denken erfaßt werden; dies geschieht nur aufgrund der *Wiedererinnerung* (☞ANAMNESE); die Ideen wurden vor dem Eingang der Seele in den Körper von derselben erschaut. Jetzt, nachdem die Seele vom Körper gefangen genommen wurde, kann sie sich beim Anblick der Dinge (die Dinge sind Abbilder der Ideen) an die einst erschauten Ideen (Ideen als Urbilder der Dinge) wiedererinnern. Ideen gibt es aber nicht nur von Einzeldingen, sondern auch von ethischen Sachverhalten, so z. B. die Idee des Gerechten, Tugendhaften, des Guten. An der Spitze der platonischen Ideen-Hierarchie steht die höchste Idee, die *Idee des Guten*. Etwas ist dann gut, wenn sie an der Idee des Guten teilhat. Ein Mensch, der die Idee des Guten kennt, ist selbst gut; und nur dann kann er moralisch richtig handeln. Nach Platon kann nur der Philosoph die Idee des Guten erkennen; daher kann nur er wissen, was gut ist und nur er kann moralisch richtig handeln. Ein Staat soll nur von dem regiert werden, der die Idee des Guten kennt, also selbst gut ist. Deshalb muß der Philosoph den Staat leiten; nur dann kann man von einem gerechten Staat sprechen. In dem Dialog „Timaios" ist Gott derjenige, der das Weltall nach seinem Plan ordnet. Gott ist gut; die Welt hat an Gottes Güte teil; die Welt ist gemäß den Ideen erschaffen; die höchste Idee ist die des Guten.

Lit.: Platon, Politeia; ders., Sophistes; ders., Phaidon; ders., Timaios; R. Böhme, Von Sokrates zur Ideenlehre, 1959; H. Perls, Plato, 1966; G. Prauss, Platon und der logische Eleatismus, 1966; W. Wieland, Platon und die Formen des Wissens, 1982; K. Bormann, Platon, ²1987; P. Gardeya, Platons „Sophistes", 1988; G. R. Ledger, Re-counting Plato, 1989.

**Identität** (von lat. *idem*, ‚derselbe/dasselbe'):
im weitesten Sinne Selbigkeit, völlige Übereinstimmung. In einem engeren, logischen Sinne ist I. eine RELATION; sie kann sich auf Zeichen beziehen (z. B. auf die Variablen a=a); hier spricht man von der *formalen I.*; sie kann sich auch auf Begriffe und Gegenstände beziehen; wenn die Bezeichnungen für Begriffe oder Gegenstände verschieden sind (z. B. a=b), die bezeichneten Begriffe oder Gegenstände jedoch identisch, so spricht man von der *materiellen* oder *virtuellen I.* (oder auch von *Koinzidenz*).
Nach Aristoteles sind a und b identisch (im Sinne der Koinzidenz), wenn alles, was von a ausgesagt wird, auch von b ausgesagt wird (oder: alles, was von a ausgesagt wird, auch von b ausgesagt wird (oder: alles, was von a prädiziert wird, auch von b prädiziert wird). Dieses Prinzip wird von Leibniz übernommen und heute als *Leibniz-Prinzip* bezeichnet. Auch bei Leibniz wird das *Prinzip der I. der Ununterscheidbaren* (lat. ‚principium identitas indiscernibilium') formuliert; es besagt: es kann nicht mehrere Substanzen geben, die sich in nichts voneinander unterscheiden; oder: zwei vollkommen gleiche, nicht unterscheidbare Dinge kann es in der Welt nicht geben, sonst wären sie eins. Das *Identitätsprinzip* (bzw. „Satz der I.") (lat. ‚principium identitas'), das auf Antonius Andreas zurückgehen soll, besagt: ein Seiendes ist mit sich selbst identisch. Dieses Prinzip zählt mit dem SATZ VOM AUSGESCHLOSSENEN DRITTEN und dem SATZ VOM AUSGESCHLOSSENEN WIDERSPRUCH in der traditionellen Philosophie (☞Logik) zu den ersten Seins- und Denkprinzipien. In der modernen Logik ist I. eine zweistellige Äquivalenzrelation (symbolisch dargestellt: „$a \leftrightarrow b$"). Die I. ist ein Spezialfall der

GLEICHHEIT, nämlich als totale und vollständige Gleichheit. Objekte, die gleich sind, müssen aber nicht identisch sein; im Gegensatz zur I. muß bei der Gleichheit zwischen Objekten ein Bezug (Typengleichheit, Größengleichheit) angegeben werden. In einem anderen Sinne spricht man von I. in psychologischen, soziologischen und anthropologischen Kontexten; man spricht hier oft von der *Ich-I.*, von dem Prozeß der Gewinnung und Erhaltung der persönlich-sozialen I..

Lit.: Aristoteles, Topik; G. Frege, Über Sinn und Bedeutung, in: Funktion, Begriff, Bedeutung, hg. v. G. Patzig, [6]1986; M. Schirn, Identität und Synonymie, 1975; S. A. Kripki, Name und Notwendigkeit, 1981.

## Identitätsphilosophie:

im weitesten Sinne eine Art des Philosophierens, die die IDENTITÄT von bestimmten Bereichen, Sachverhalten usw. heraushebt (oft als metaphysische Einheitslehre bestimmt). So vertritt z. B. Parmenides die Konzeption der Identität von SEIN und DENKEN. Bei Heraklit befindet sich der LOGOS als ein und derselbe sowohl in unserer Seele als auch in der Welt. Für Spinoza sind die denkende Substanz (☞RES COGITANS) und die ausgedehnte Substanz (☞RES EXTENSA) identisch (☞PANTHEISMUS).

Im engeren Sinne ist I. eine um 1801 von Schelling gebrauchte Bezeichnung seines philosophischen Konzepts. Schelling bestimmt das Absolute als die „Indifferenz von Natur und Geist, von Objekt und Subjekt". Die Gegensätze wie Natur und Geist, Reales und Ideales, Körper und Seele, Subjekt und Objekt, Denken und Sein sind im Absoluten oder in der absoluten Vernunft überwunden; sie sind im Grunde identisch; „Natur und Geist sind im Grunde dasselbe", oder: „der Grund von Natur und Geist, das Absolute, ist die Identität des Realen und Idealen". Die Gegensätze fallen im Absoluten zusammen.

Lit.: F. W. J. Schelling, Bruno oder über das göttliche und natürliche Prinzip der Dinge, 1802; ders., Vorlesungen über die Methode des akademischen Studiums, 1803; G. W. F. Hegel, Phänomenologie des Geistes, 1807; H. Titze, Identitätsphilosophie heute und bei Schelling, 1979; H. M. Baumgartner (Hg.), Schelling, 1975.

## Identitätsprinzip: ☞IDENTITÄT

## Identitätstheorie (auch „materialistische Identitätstheorie"):

eine moderne Variante des MATERIALISMUS (auch eine Lösungsvariante des LEIB-SEELE-PROBLEMS). Die Grundthese der I. besagt, daß mentale Phänomene mit physischen, vor allem neurophysiologischen Ereignissen identisch sind. In der I. wird nicht die Synonymität mentaler und neurophysioogischer Begriffe behauptet, sondern nur, daß sowohl die mentalen als auch die physiologischen Begriffe – bei aller begrifflicher Verschiedenheit – auf dieselben Entitäten referieren. Die I. kann als eine Doppelaspekttheorie verstanden werden. Anstelle des PARALLELISMUS mentaler und physikalischer Ereignisse taucht eine Parallelität zweier Aspekte ein und derselben Ereignisse auf. Man unterscheidet zwischen einer stärkeren und schwächeren Version der I.. Die stärkere Version (*generelle I.*) (type-type-Identität) betrifft die Identität mentaler und neurophysiologischer UNIVERSALIEN. Als notwendige Voraussetzung dieser Variante ist die Annahme von bikonditionalen psycho-physischen Gesetzen. Die schwächere Version (*partikulare I.*) (Token-token-Identität) besagt, daß nur einzelne mentale Ereignisse (‚tokens') faktisch mit einzelnen neurophysiologischen Ereignissen identisch sind. Bikonditionale psycho-physische Gesetzmäßigkeiten werden hier nicht in Anspruch genommen.

Lit.: J. J. Smart, Philosophy and Scientific Realism, 1963; D. M. Amstrong, A Materialistic Theory of the Mind, 1968; C. V. Borst (Hg.), The Mind-Brain Identity Theory, 1970; P. Bieri (Hg.), Analytische Philosophie des Geistes, 1981; D. Lewis, Die Identität von Geist und Körper, 1989; E. Rogler, Nichtmaterialistischer Physikalismus, in: M. Lutz-Bachmann/G. Schmid-Noerr (Hg.), Die Unnatürlichkeit der Natur, 1991.

**Ideologie** (vom griech. *idea*, ‚Idee', und *„logos"*, ‚Lehre'):
Lehre von den Ideen. In der Alltagssprache wird der Ausdruck „I." meist synonym mit Ausdrücken wie „Weltanschauung" (unechte Weltanschauung), „Theorie" usw. verwendet; hier hat der Begriff eine negative Bedeutung; ideologisches Denken bzw. Wissen zeichnet sich durch die Unbewiesenheit und Unbegründetheit seiner Inhalte, das Fehlen von Selbstkritik und durch Manipulation und Täuschung aus. Philosophiegeschichtlich ist I. eine sensualistische Wissenschaft (Lehre) von den Ideen (als philosophische Grundwissenschaft), die in Frankreich um die Wende vom 18. zum 19. Jh. entstanden ist (Hauptvertreter: Condillac, Destutt de Tracy); in dieser Wissenschaft wird der Versuch unternommen, durch eine genaue und systematische Kenntnis der physiologischen und psychologischen Struktur des Menschen und der Gesetze der physischen Welt praktische Regeln für Politik, Ethik und Erziehung festzulegen; es wurde die Entstehung der Ideen aus sinnlicher Erfahrung und der Einfluß der Umwelt auf die Ideen untersucht. Destutt de Tracy, Cabanis und andere „Ideologen" erlangten einen bedeutenden politischen Einfluß. Als Vorläufer des heute üblichen I.-Begriffs gilt F. Bacon, der in seiner *Idolenlehre* (☞IDOL) das durch verschiedene Vorurteile getäuschte Bewußtsein kritisiert; diese Vorurteile verhindern die wahre Erkenntnis der Natur. Der moderne I.-Begriff geht jedoch auf Marx zurück; für ihn ist I. *falsches Bewußtsein*; da im Kapitalismus die bürgerliche Klasse ihre Herrschaft erhalten will, muß sie nach Marx ihre partikularen Interessen zu allgemeingültigen erklären und kann daher nicht zur wahren Erkenntnis ihres eigenen Standpunkts gelangen; das falsche Bewußtsein als die aus partikularen ökonomischen Interessen entstammende Verhüllung des eigenen Standort kann die gesellschaftliche Realität (das

*gesellschaftliche Sein*) nicht erkennen. Die von den (falschen) ökonomischen Strukturen abhängige bzw. aus den ökonomischen Strukturen entspringende geistig/ideelle Gebilde (Religion, Weltanschauung, Staat, Recht, Philosophie, Politik usw.) gehören nach Marx zum *ideologischen Überbau*; der ideologische Überbau ist Ausdruck materieller Verhältnisse, ist determiniert durch den gesellschaftlich-ökonomisch-sozialen *Unterbau* („Basis"); gesellschaftliches Sein bestimmt nach Marx das Bewußtsein (Denken). In einer Revolution sollen die ökonomischen Produktionsverhältnisse und andere gesellschaftliche Verhältnisse so geändert werden, daß ein nicht ideologisches, wahres Bewußtsein erreicht werden kann (☞MARXISMUS, MATERIALISMUS). Bei Marx und in der Marx-Tradition (z. B. bei Lukács, Adorno; ☞KRITISCHE THEORIE) wäre die Aufgabe einer *Ideologiekritik* (als deren Vorform wiederum Bacons Idolenlehre gelten kann), die Abhängigkeit des Denkens von geschichtlichen und gesellschaftlich-sozialen Bedingungen zu untersuchen.

Andere ideologiekritische Gedanken wurden in der sog. positivistischen (☞POSITIVISMUS), neopositivistischen (☞LOGISCHER EMPIRISMUS), rationalistischen (☞RATIONALISMUS) Philosophie (einige Wirklichkeitsbereiche wie Religion, Ethik, Kunst können nicht *rational* oder *wissenschaftlich* erfaßt werden; sie haben daher im gewissen Sinne einen ideologischen Status) und in der sog. *Wissenssoziologie* (K. Mannheim vertritt den „totalen Ideologieverdacht"; jegliches Denken ist vom gesellschaftlichen Sein abhängig und insofern ideologisch) vorgetragen.

Lit.: K. Marx, Deutsche Ideologie, T. W. Adorno, Prismen, [2]1963; J. Habermas, Technik und Wissenschaft als „Ideologie", 1968; K. Mannheim, Ideologie und Utopie, [4]1965; E. Topitsch, Sozialphilosophie zwischen Ideologie und Wissenschaft, [2]1966, J. Barion, Was ist Ideologie?, [3]1974.

## Ideologiekritik: ☞IDEOLOGIE

## Idiographisch:

nach W. Windelband sind die *Ereigniswissenschaften* (besonders die Geschichte) i.; ihr Erkenntnisziel ist das Besondere in seinem einmaligen geschichtlichen Auftreten (Gegensatz: NOMOTHETISCH). ☞GEISTESWISSENSCHAFTEN

## Idol (vom griech. *eidolon*, ‚Bild'):

im alltäglichen Sprachgebrauch ein Star (Film- oder Popstar); im Altgriechischen „Bildchen", die Nachbildung einer Gestalt; in der christlichen Tradition (in der Patristik, aber auch später in der Scholastik) bezeichnet das Wort „idolum" ein Götzenbild, einen Abgott; *Idolatrie* meint dann Götzendienst, die Verehrung heidnischer Götzen, den Aberglauben. Idole werden von Francis Bacon in seinem Werk „Novum Organum" (1629) diejenigen

Vorurteile genannt, die der wahren, wissenschaftlichen Erkenntnis der Natur im Wege stehen (Bacons Konzeption wird als *Idolenlehre* bezeichnet). Bacon verwendet den I.-Begriff in einem mehr wissenschaftlichen, weltlichen als in einem religiösen Sinne; er kritisiert das blinde Festhalten an überlieferten Meinungen und Vorstellungen. Bacon unterscheidet folgende Vorurteile; 1) *idola tribus* (Vorurteile der menschlichen Gattung); gemeint ist hier die Neigung des Menschen, sich (seinen Körper und Geist) zum Maßstab der Natur zu machen und diese in Analogie zum menschlichen Körper bzw. Geist zu interpretieren; 2) *idola specus* (Vorurteile der Höhle); sie bezeichnen die Vorurteile, die der Einzelne als Individuum herausgebildet hat (Verzerrungen der Wahrnehmung durch individuell-persönliche Standpunkte; subjektive Wünsche); 3) *idola fori* (Vorurteile des Marktes, der Gesellschaft; sozial-gesellschaftliche Vorurteile); sie bezeichnen die sozialwissenschaftlichen Vorurteile, besonders die Vorurteile der Sprache; 4) *idola theatri* (Vorurteile des Theaters, der Bühne, der Darstellung); sie bezeichnen die Neigung, sich an überlieferte Meinungen und Vorstellungen der Autoritäten, Schulen, der Kirchen usw. festzuhalten, sie nicht zu kritisieren und sie blind zu verteidigen. Mit Hilfe u. a. der induktiven Methode (☞INDUKTION) können diese Vorurteile abgebaut werden.
Bacons Argumente aus der *Idolenlehre*, besonders seine Argumente gegen die Vorurteile, werden in der Religionskritik der französischen und englischen Aufklärung aufgenommen. Allmählich wird jedoch die Funktion der Idolenlehre von der *Ideologiekritik* (☞IDEOLOGIE) übernommen; Destutt de Tracy verwendet den Begriff der Ideologie, der die Lehre von der Abhängigkeit des Denkens von geschichtlichen, gesellschaftlichen und sozialen Bedingungen bezeichnet.

Lit.: F. Bacon, Novum Organum, 1620; A. Reckermann, Idol, Ido(lo)latrie, in: Historisches Wörterbuch der Philosophie IV, 1976.

**Ignava ratio** (lat. ‚faule Vernunft'):
bei den Stoikern die Bezeichnung der Position ihrer Gegner, die die Willensfreiheit leugneten und daraus einen Fatalismus folgten, demzufolge die menschliche Vernunft keinen Einfluß auf den Lauf der Dinge habe. Bei Kant jeder Grundsatz, „welcher macht, daß man seine Naturerscheinung, wo es auch sei, für schlechthin vollendet ansieht, und die Vernunft sich also zur Ruhe begibt, als ob sie ihr Geschäft völlig ausgerichtet habe".

**Ignoratio elenchi** (lat. ‚Unkenntnis des Beweises'):
in der traditionellen Logik Bezeichnung für einen Beweisfehler (☞BEWEIS), der darin besteht, daß das, was bewiesen werden soll, unbeachtet gelassen, ignoriert wird, also etwas anderes (eine andere Aussage) als das zu Beweisende (die zu beweisende Aussage) bewiesen wird.

**Ikon:** ☞ZEICHEN

**Illumination** (von lat. *illuminatio*, ‚Erleuchtung'):
nach Augustinus und Bonaventura die Einstrahlung ewiger Wahrheiten in den menschlichen Geist durch den göttlichen Geist; dieser besondere, göttliche Einfluß ermöglicht erst die geistige Erkenntnis der gewissen, notwendigen, allgemeinen und ewigen Wesenswahrheiten durch den Menschen. Zur Vollkommenheit der geistigen Erkenntnis gehört neben der Erkenntniskraft des Verstandes und gegebenenfalls der Sinneswahrnehmung oder Phantasie eine Einstrahlung, I., eines geistigen, inneren *Lichtes*; in diesem Licht verbindet sich der Mensch mit Gott, dem Licht der ewigen Wahrheiten durch die Schau der *rationes aeternae*, der ewigen Regeln. Dieses Licht ist aber nicht das *lumen naturale* („natürliches Licht') der menschlichen Vernunft im Sinne des Thomas von Aquin; es ist aber auch nicht das *lumen supranaturale* (‚übernatürliches Licht'), in dem die Offenbarungswahrheiten erschaut werden.

Lit.: Augustinus, Bekenntnisse; B. A. Luyckx, Die Erkenntnislehre Bonaventuras, 1923.

**Imaginär** (von lat. *imaginarius*, ‚scheinbar'):
scheinbar, nur in der Einbildung vorhanden. ☞EINBILDUNG

**Imagination** (von lat. *imaginatio*, ‚Vorstellung'): ☞EINBILDUNGSKRAFT

**Immanent** (von lat. *immanere*, ‚darin bleiben'):
innebleibend, innewohnend (Gegensatz: TRANSZENDENT). *Immanente Kritik* nennt man eine Kritik, in der Gedanken, Theorie, Lehrmeinungen bzw. -systeme von deren eigenen Inhalten aus beurteilt werden. In einem metaphysischen Sinn wird der Ausdruck „i." im PANTHEISMUS von Spinoza gebraucht; Gott wird hier als *causa immanens*, als i. Ursache aller Dinge, nicht als ein transzendentaler, jenseitiger Schöpfer verstanden. Im Pantheismus wird also die *Immanenz* (Innebleiben, Darinbleiben, Immanentsein, Gegensatz: TRANSZENDENZ) Gottes in der Welt behauptet. Der Ausdruck „i." wird aber auch im erkenntnistheoretischen Sinne gebraucht (z. B. bei Kant); er meint hier: innerhalb des Bereichs möglicher Erfahrung bleibend. „Wir wollen die Grundsätze, deren Anwendung sich ganz und gar in den Schranken möglicher Erfahrung hält, immanente, diejenigen aber, welche diese Grenze überfliegen sollen, transzendente Grundsätze nennen" (Kant). ☞IMMANENZPHILOSOPHIE

Lit.: Spinoza, Ethik, 1677; I. Kant, Kritik der reinen Vernunft, 1781, ²1787.

## Immanenzphilosophie:

philosophische Position, derzufolge reale Gegenstände nur als Bewußtseinsinhalte auftreten; im weitesten Sinne können die Positionen Berkeleys, Humes und Fichtes als I. bezeichnet werde; im engeren Sinne Bezeichnung für die von W. Schuppe Ende des 19. Jh. vertretene Auffassung, nach des kein Sein (keine Wirklichkeit) außerhalb des Bewußtseins besteht; das Sein, alles Seiende (die Wirklichkeit) wird in ihren Erscheinungsweisen als Bewußtseinsinhalt aufgefaßt. Schuppe vertritt die These von der Identität von Wirklichkeit und Bewußtseinsinhalt. Darüber hinaus vertritt Schuppe den erkenntnistheoretischen SOLIPSISMUS. Weitere Vertreter der I. sind A. v. Leclair, R. v. Schubert-Soldern.

Lit.: W. Schuppe, Die immanente Philosophie, in: Zeitschrift für immanente Philosophie 2, 1897; R. Ettiger-Reimann, Die Immanenzphilosophie, 1916.

## Immaterialismus:

Sammelbezeichnung für Positionen, in denen die Realität der Materie geleugnet bzw. die Annahme einer körperlichen Substanz verworfen wird. Der I. wird in einer radikalen Form (als SPIRITUALISMUS) u. a. von Berkeley vertreten.

## Immateriell:

nicht stofflich, nicht körperlich.

## Immoralismus:

1) Ablehnung jeglicher Moral, 2) Behauptung der Ununterscheidbarkeit von „gut“ und „böse“.

## Implikation (von lat. *implicare*, ‚etwas mit etwas verbinden‘):

Die sog. *materiale Implikation* (auch Subjunktion genannt; Symbol: $\rightarrow$) ist ein objektsprachlicher Junktor, dessen Bedeutung in der Junktorenlogik durch folgende Wahrheitstabelle (wahrheitsfunktional) festgelegt ist:

| A | B | A → B |
|---|---|---|
| w | w | w |
| w | f | f |
| f | w | w |
| f | f | w |

Von der materialen Implikation ist die semantische Folgerungsbeziehung (Symbol: $\Vdash$) zu unterscheiden. Zwischen beiden besteht folgender Zusammenhang: Aus A folgt (semantisch) B (symbolisch: $A \Vdash B$) gdw. (genau dann wenn) die entsprechende materiale Implikation $A \rightarrow B$ logisch wahr ist. Die irreale Konditionalbeziehung (wenn A wäre, dann wäre auch B) ist kein wahrheitsfunktionaler Junktor und nur im Rahmen der intensionalen Logik präzisierbar.

**Implizit** (auch „implizite" bzw. „implicite"):
eingeschlossen, inbegriffen (Gegensatz: EXPLIZIT; ☞EXPLIKATION).

**Impression** (lat.):
Eindruck; in der Tradition des Empirismus Sinneseindruck, Empfindung (engl. ‚impression').

**In abstracto** (lat.):
abstrakt (☞ABSTRAKTION), herausgelöst (Gegensatz: IN CONCRETO).

**Inadäquat** (lat. ‚unangemessen'):
unangemessen (Gegensatz: ADÄQUAT).

**In aeternum** (lat.):
in Ewigkeit, für ewig, für immer.

**In concreto** (lat.):
KONKRET, der Wirklichkeit nah, tatsächlich, auf einen bestimmten Fall bezogen (Gegensatz: IN ABSTRACTO).

**In-der-Welt-sein:**
in der DASEINSANALYSE (auch FUNDAMENTALONTOLOGIE) Martin Heideggers Bezeichnung für die Grundverfassung des Daseins; dabei ist das „In-Sein" nicht als räumliches Darinnensein, sondern als die Eingebundenheit des menschlichen Daseins in der Welt zu verstehen; der Mensch ist in seinem Handeln und Verstehen immer schon mit der Welt vertraut, auf sie angewiesen, in sie eingebunden. Das menschliche Dasein hat immer schon die Welt erschlossen. Heidegger wendet sich mit der Konzeption des I. gegen die von Descartes bis Husserl in der neuzeitlichen Philosophie erkenntnistheoretisch motivierte Trennung von Subjekt und Objekt bzw. Ich (Bewußtsein) und Welt. Diese Trennung (wie auch die Herausbildung der Begriffe ICH, SUBJEKT, BEWUSSTSEIN, WELT, OBJEKT) ist ein zu methodischen, erkenntnistheoretischen Zwecken benutzter philosophischer Kunstgriff, in diesem Sinne eine philosophische Abstraktion, in der von der ursprünglichen Verfaßtheit des Daseins als I. abgesehen wird; das I. bezeichnet also die ursprüngliche Einheit von Ich (Subjekt, Bewußtsein) und Welt. Nach Heidegger ist das Erkennen (philosophischer oder wissenschaftlicher Art) in der Struktur des I. fundiert; das I. verlangt daher eine „vorgängige

Interpretation". Heidegger geht in seinem Hauptwerk „Sein und Zeit" einer solchen Interpretation nach.

Lit.: M. Heidegger, Sein und Zeit, 1927; C. F. Gethmann, Verstehen und Auslegung, 1974.

**Indeterminismus** (lat.):
philosophischer Standpunkt, demzufolge physische oder psychische Vorgänge bzw. Ereignisse nicht kausal-gesetzmäßig determiniert werden, also dem Kausalgesetz (☞ KAUSALITÄT) nicht unterliegen (Gegensatz: DETERMINISMUS). Seit dem 17. Jh. wird die Frage diskutiert, ob menschliches Handeln und Wissen dem Kausalprinzip, das im Bezug auf Naturereignisse Geltung hat, unterliegen.
Die Diskussion um die Indeterminiertheit oder Determiniertheit des menschlichen Handelns und Wollens ist mit der Frage nach der WILLENSFREIHEIT (☞ WILLE, FREIHEIT) verbunden (kann der Mensch als Teil einer dem Kausalgesetz unterliegenden Natur frei handeln und entscheiden?).

Lit.: I. Kant, Kritik der praktischen Vernunft, 1788; ders., Grundlegung zur Metaphysik der Sitten, 1785; M. Eigen/R. Winkler, Das Spiel, [2]1976.

**Index:** ☞ ZEICHEN

**Indifferenz** (von lat. *indifferentia*, ‚Unterschiedslosigkeit'):
Schelling bestimmt in seiner IDENTITÄTSPHILOSOPHIE das *absolute Ich* als die *absolute I.*; *absolute Identität* wird als *totale I.* vom Subjekt und Objekt bestimmt.

**Indirekter Beweis:** ☞ BEWEIS

**Individualaussage:**
Aussage, in der über einen Gegenstand (oder ein Individuum) etwas ausgesagt wird, Individualaussagen werden auch als eine Sorte der *singulären* Aussagen betrachtet; oft werden Individualaussagen auf INDIVIDUEN eingeschränkt; dann sind singuläre Aussagen, z. B. über Begriffe (Beispiel: „Gerechtigkeit ist eine Tugend"), keine Individualaussagen.

**Individualbegriff:**
Begriff, mit dem genau ein Gegenstand gekennzeichnet wird (Gegensatz: ALLGEMEINBEGRIFF).

**Individualethik:**
Eine besondere Form der ETHIK, in der die sittlichen Verpflichtungen des INDIVIDUUMS gegenüber sich selbst hervorgehoben werden. Im Gegensatz

dazu stehen Ethiken, die die sozialen Verpflichtungen gegenüber anderen Menschen im Mittelpunkt stellen (im weitesten Sinne auch Sozialethiken genannt). In einem anderen Sinn spricht man von I. dort, wo ethische Prinzipien aus der Perspektive des Einzelnen zu entwickeln versucht werden; dabei werden soziale/gesellschaftliche Verpflichtungen außer acht gelassen.

## Individualismus:

ein Standpunkt, demzufolge das INDIVIDUUM, der einzelne Mensch in seiner Einzigartigkeit (☞INDIVIDUALITÄT) im Mittelpunkt der Betrachtungen steht; dabei wird oft der Vorrang des Individuums (bzw. der Interessen des Individuums) vor der Gemeinschaft, der Gesellschaft, dem Staat (den Interessen der Gemeinschaft usw.) betont; die Bindung des Einzelnen an eine Gemeinschaft, eine Gesellschaft oder einen Staat wird dabei oft ignoriert. In ontologischen und erkenntnistheoretischen Kontexten kann der I. zum NOMINALISMUS, SUBJEKTIVISMUS oder SOLIPSISMUS führen. *Ethischer I.* meint eine Haltung, derzufolge der einzelne Mensch das Ziel hat, glücklich zu werden und seine eigene Persönlichkeit zu größtmöglicher Vervollkommnung zu entwickeln; das Individuum ist ein Selbstzweck, sein Sein stellt einen Eigenwert dar, der dem Wert von Gruppen (Gemeinschaft, Volk, Staat) vorgeordnet wird; der ethische I. kann zum EUDÄMONISMUS, EGOISMUS oder UTILITARISMUS führen.
In politischen Zusammenhängen wird im I. die Gesellschaft bzw. der Staat nur als Mittel zur Erreichung der individuellen Zwecke betrachtet. Oft wird die Gesellschaft als überflüssig angesehen und ihre Auflösung gefordert, was zum Anarchismus (☞ANARCHIE) führen kann. Im *soziologischen* I. wird die Auffassung vertreten, daß die Gesellschaft nur die Summe der Individuen ist und keine echte Ganzheit bildet; soziale Ereignisse entstehen durch die Wechselwirkung der Individuen. In wirtschaftlichen (aber auch politischen) Kontexten führt der I. zum Liberalismus; das Wirtschaftsleben soll dem freien Spiel der Kräfte überlassen werden. Vom *methodischen I.* spricht man in den Sozialwissenschaften (Vertreter u. a. Popper, Hayek, Watkins); ihm zufolge sollen soziale Phänomene und ihre Zusammenhänge im methodischen Rückgriff auf Hypothesen über das Verhalten der Individuen erklärt werden.

Lit.: F. Koehler, Wesen und Begriff des Individualismus, 1917; Th. Litt, Individuum und Gesellschaft, ³1926; A. Bohnen, Individualismus und Gesellschaftstheorie, 1975; K. R. Popper, Das Elend des Historizismus, 1964; E. Nagel, The Structure of Science, 1961.

## Individualität:

die Eigenart, Einzigartigkeit eines Wesens; Bezeichnung für Eigenschaften und Merkmale, die zusammen die Einmaligkeit und Einzigartigkeit eines INDIVIDUUMS ausmachen. Die I. eines Menschen meint oft seine Persönlichkeit; sie gehört zur IDENTITÄT einer Person.

**Individuation** (von lat. *individuare*, ‚zum Individuum machen'): Aussonderung des Allgemeinen in Individuen, Besonderheit; im Zusammenhang mit dem Begriff der I. wird also die Frage nach dem Seinsgrund von Besonderheiten oder Einzelwesen gestellt. Für Thomas von Aquin ist im Anschluß an Aristoteles das *Prinzip* der I. (lat. ‚principium individuationis') die MATERIE (bzw. der Stoff); sie ist der Grund dafür, daß das Allgemeine, die FORM, sich in vielen Einzelwesen verwirklicht. Nach Duns Scotus ist die Einzelform etwas nicht weiter Ableitbares (etwas Ursprüngliches); sie ist eine in sich selbständige Wirklichkeit; das Besondere bzw. Einzelne braucht keinen besonderen Seinsgrund. Für Leibniz besteht die Welt von vornherein aus Individuen (Monaden). In der empiristischen Philosophie (Locke, Hume), im Kantianismus und bei Schopenhauer werden Raum und Zeit als Individuationsprinzipien angesehen. Bei Schelling wird das Prinzip der I. als Abfall von Gott aufgefaßt.

Lit.: J. Assenmacher, Die Geschichte des Individuationsprinzips in der Scholastik, 1926; A. Nordenholz, Welt als Individuation, 1927.

**Individuenvariable:**
in der PRÄDIKATENLOGIK die Variable, die für Elemente des Grundbereichs steht.

**Individuum** (lat. ‚das Unteilbare'):
allgemein das Einzelwesen (bzw. das Einzelseiende) in seiner Einmaligkeit und Eigenart, seiner INDIVIDUALITÄT. Der Begriff „I." hat in der Philosophiegeschichte viele Bedeutungen; zunächst wird er gleichbedeutend mit dem Begriff des ATOMS verwendet; in der Scholastik bezeichnet er den einzelnen Menschen (menschliches I.); in anderen Kontexten bezeichneten der Begriff das einzelne Lebewesen (sodann oft nur die höheren Lebewesen). Das I. wird meist als eine in sich geschlossene, ungeteilte Einheit, als ein Ganzes betrachtet (z. B. bei Leibniz; ☞ MONADE). Die Bedeutung des I. (bzw. der menschlichen Individualität) wird z. B. in der Romantik, bei Nietzsche, im HISTORISMUS, in der EXISTENZPHILOSOPHIE und HERMENEUTIK hervorgehoben.

Lit.: Th. Litt. Individuum und Gesellschaft, [3]1926; O. v. Nell-Breuning, Einzelmensch und Gemeinschaft, 1950.

**Induktion** (von lat. *inductio*, ‚Einführen', ‚Hineinführen', ‚Zuteilen'): allgemein (traditionell) das Verfahren, bei dem vom Einzelnen (von Einzelfällen) auf das Allgemeine (z. B. eine Gesetzlichkeit) geschlossen wird; nach Peirce neben DEDUKTION und ABDUKTION ein logischer Schlußmodus.

Während bei der Deduktion von der Regel und dem Fall auf das Resultat, bei der Abduktion von dem Resultat und der Regel auf den Fall, wird bei dem induktiven Schluß von dem Fall und dem Resultat auf die Regel geschlossen.
Als Vorläufer des *induktiven Verfahrens* gilt Sokrates; er gewinnt allgemeine, sittliche Begriffe aus der Beobachtung von Alltagssituationen bzw. -handlungen. Bei Aristoteles ist das induktive Verfahren mit dem Abstraktionsprozeß verbunden (☞ABSTRAKTION), besonders mit dem Vorgang der *Epagoge* (dem Übergang vom Einzelnen zum Allgemeinen). Auf Aristoteles geht der Begriff der *vollständigen I.* zurück, der in der Mathematik vorkommt; er bedeutet das vollständige Aufzählen aller Fälle.
Eine zentrale Rolle spielt der Begriff der I. in der Neuzeit (besonders im Zusammenhang mit dem Auftauchen der neuzeitlichen Natur- bzw. Erfahrungswissenschaften). Für Francis Bacon ist I. die grundlegende Methode der Wissenschaften. Bei Hume steht der Begriff der I. eng mit dem der KAUSALITÄT zusammen. Ein kausaler Zusammenhang zwischen zwei Ereignissen kann nicht beobachtet werden. Was beobachtet werden kann, ist nur der Vorgang der Abfolge der beiden Ereignisse (ein Ereignis folgt zeitlich dem anderen). Nur aufgrund von Gewohnheit kann eine Gesetzmäßigkeit erkannt werden. Die *induktive Methode* wurde von J. S. Mill weiterentwickelt. In der Philosophie des LOGISCHEN EMPIRISMUS wurde von R. Carnap die *induktive Logik* entwickelt. Für Carnap kann aufgrund von logischen Prinzipien ein Wahrscheinlichkeitsmaß definiert werden. Das *Induktionsprinzip* (Prinzip der Uniformität der Natur) ist weder eine logische Wahrheit noch eine empirische Aussage. Die Schwierigkeit besteht darin, wie das Prinzip zu bestätigen ist (☞BESTÄTIGUNG).

Lit.: Aristoteles, Topik; D. Hume, Eine Untersuchung über den menschlichen Verstand, 1748; G. H. v. Wright, The logical Problem of Induction, $^{2}$1957; R. Carnap, Induktive Logik und Wahrscheinlichkeitstheorie, $^{2}$1972; W. Stegmüller, Das Problem der Induktion, 1975; N. Rescher, Induktion, 1987; N. Goodman, Tatsache, Fiktion, Voraussage, 1988.

**Influxus physicus** (lat. ‚physischer Einfluß‘):
in der Scholastik Bezeichnung für den Einfluß des Körpers auf die Seele. Descartes begründet in der Neuzeit die Lehre von der Wechselwirkung zwischen Leib und Seele; Leib und Seele wirken in der Zirbeldrüse aufeinander. ☞LEIB-SEELE-PROBLEM

**Inhalt:** ☞INTENSION

**Inhärenz** (von lat. *inhaerere*, ‚in etwas hängen‘):
das Verbundensein mit etwas; die Bezeichnung des Verhältnisses der Eigenschaften zu ihrem Träger, der Akzidentien zu der Substanz.

**Infinit** (lat.): Unendlich

**In infinitum** (lat.): Ins Unendliche

**Inkommensurabel** (lat. *in*, ‚nicht', *cum*, ‚mit', und *mensurare*, ‚messen'): unmessbar, unvergleichbar; in der Mathematik Bezeichnung für irrationale Zahlen (Gegensatz: KOMMENSURABEL).

**Inkompatibel** (von lat. *in*, ‚nicht', und franz. *compatir*, übereinstimmen'): unverträglich (Gegensatz: KOMPATIBEL).

**Inkonsequent** (von lat. *in*, ‚nicht', und *consequi*, ‚folgen'): nicht folgerichtig (Gegensatz: KONSEQUENT; ☞ KONSEQUENZ).

**Inkonsistent** (von lat. *in*, ‚nicht' und *consistere*, ‚stillstehen'): widersprüchlich; i. ist eine Menge von Aussagen, wenn in ihr ein WIDERSPRUCH enthalten ist (Gegensatz: KONSISTENZ).

**Innenwelt:**
allgemeine Bezeichnung für die Gesamtheit der bewußten seelischen und geistigen Erlebnisse des Menschen (Gegensatz: AUSSENWELT).

**Instinkt** (von lat. *instinguere*, ‚anreizen', ‚antreiben'):
Anreiz, Antrieb, Naturtrieb; Bezeichnung für eine artspezifische oder angeborene Verhaltensdisposition von Lebewesen; durch innere oder äußere Reizeinwirkungen (*Schlüsselreize*) werden *Instinkthandlungen* ausgelöst, die zielgerichtet sind; dabei ist jedoch das Ziel dem eine Instinkthandlung vollziehenden Lebewesen nicht bewußt.
Die Bedeutung der Instinkte für den Menschen ist bis heute nicht ganz geklärt. Der Begriff „I." wird in der Verhaltensforschung und der Anthropologie behandelt.

Lit.: A. Gehlen, Der Mensch, [5]1955; K. Lorenz, Über tierisches und menschliches Verhalten, 1965.

**Instrumentalismus** (von lat. *instrumentum*, ‚Werkzeug', ‚Mittel'):
Sammelbezeichnung für Positionen, die die Wahrheit nur als Mittel bzw. Werkzeug der Lebenspraxis ansehen; Wahrheit wird als „Brauchbarkeit der Vorstellungen" aufgefaßt. Wissenschaftliche Theorien sollen nicht nach Wahrheit streben; sie dienen nur als Mittel (Instrument) zur Anpassung an die veränderbaren Lebensbedingungen; sie sollen nicht wahr, sondern erfolgreich sein, im Dienste der praktischen Problemlösung stehen. Der Hauptvertreter des I. ist J. Dewey. ☞ PRAGMATISMUS

Lit.: J. Dewey, How We Think, 1910.

**Instrumentelle Vernunft:** ☞ VERNUNFT, KRITISCHE THEORIE

**Intellectus** (lat. ‚Verstand', ‚Vernunft', ‚Einsicht'):
in der Scholastik Bezeichnung für die Fähigkeit bzw. das Vermögen, das WESEN bzw. die FORM der Gegenstände zu erfassen (begreifen). Thomas von Aquin unterscheidet im Anschluß an Aristoteles zwischen dem *intellectus agens* und dem *intellectus possibilis*. Der intellectus agens (lat. ‚tätige Vernunft') „strukturiert" die durch die Sinne gewonnene Vorstellung (das BILD) des Gegenstandes (lat. ‚species sensibilis') und „abstrahiert" aus ihr das allgemeine Wesen (die FORM) (lat. ‚species intelligibilis'); er stellt das Wesen dem *intellectus possibilis* (der ‚möglichen Vernunft') vor; dadurch wird das Wesen (die Form) bewußt und kann auf den wahrgenommenen Gegenstand bezogen werden; der Vorgang, in dem die Wesensbilder auf die wahrgenommenen Gegenstände der Welt bezogen werden, kann als eigentliche Erkenntnis aufgefaßt werden. Descartes spricht in Anlehnung an Aristoteles vom *intellectus purus* (lat. ‚reiner Vernunft'), mit dem die ANGEBORENEN Ideen ohne Rückgriff auf Sinne und Vorstellungen erkannt werden sollen. Kant unterscheidet im Anschluß an Platon zwischen dem *intellectus archetypus* (‚urbildliche Vernunft'), der gesetzgebenden göttlichen Vernunft, und dem *intellectus ectypus* (‚abbildlicher Vernunft'), der diskursiven menschlichen Vernunft.

**Intellekt** (von lat. *intellectus*): ☞ VERSTAND, VERNUNFT, GEIST, ERKENNTNIS, DENKEN

**Intellektualismus:**
allgemein die Auffassung, daß der INTELLEKT VERSTAND, VERNUNFT einen Vorrang vor dem Fühlen und Wollen hat. Oft wird der I. als RATIONALISMUS verstanden; sodann meist im Gegensatz zu EMPIRISMUS (auch SENSUALISMUS) und im engeren Sinne zu VOLUNTARISMUS gesehen. Dem *metaphysischen I.* nach ist alles Seiende vernünftig bzw. hat alles Seiende seinen Grund in der göttlichen, nichtweltlichen Vernunft oder in der Weltvernunft. Vertreter dieses I. sind z. B. Aristoteles (das Göttliche wird als das Sich-selbst-Denken des Denkens aufgefaßt), Thomas von Aquin („nihil volitum nisi cognitum" – ‚nichts wird gewollt, was nicht erkannt ist'), Hegel (die höchste Entwicklungsstufe erreicht der Geist im absoluten Wissen). Im *ethischen I.* wird der Standpunkt vertreten, daß Tugend Wissen um das Gute und lehrbar ist (Sokrates, Platon): was als sittlich gut erkannt ist, wird dadurch schon getan; bei Kant ist das Gesollte durch ein Vernunftgesetz bestimmt. Dem *erkenntnistheoretischen I.* zufolge hat der Verstand (oder die Vernunft) einen Vorrang vor dem WILLEN (hier ist der I. ein Gegensatz zu dem erwähnten Voluntarismus), das Denken einen Vorrang vor dem Fühlen

und Wollen; darüber hinaus kann der menschliche Verstand alles Seiende erkennen. Im *psychologischen I.* wird ebenfalls die These von dem Vorrang des Verstandes vor dem Willen behauptet; außerdem werden seelische bzw. psychische Vorgänge auf Verstandes- oder Vernunftvorgänge zurückgeführt (z. B. bei Herbart).

Lit.: T. Borsche, Intellektualismus, in: Historisches Wörterbuch der Philosophie IV, 1976.

**Intellektuelle Anschauung:** ☞ANSCHAUUNG, INTUITION

**Intelligibel** (lat. ‚erkennbar', ‚einsichtig'):
nur durch den INTELLEKT (Verstand, Vernunft) erfaßbar. Bei Kant heißen Gegenstände i., „sofern sie bloß durch den Verstand vorgestellt werden können und auf die keine unserer sinnlichen Anschauungen gehen kann". I. Gegenstände können also nur im Denken vorgestellt, nicht im strengen Sinne erkannt werden; wir können von ihnen kein sicheres Wissen haben. I. Gegenstände sind nach Kant *Gedankendinge* (‚Noumena'), keine ERSCHEINUNGEN; ihnen entspricht keine Anschauung. Im Kontext der praktischen Vernunft ist der Mensch ein i. Wesen, ein DING an sich; auch der KATEGORISCHE IMPERATIV wird als Prinzip einer i. Welt angesehen; darüber hinaus sind die *regulativen* bzw. *transzendentalen Ideen* (☞IDEE) der i. Welt zugehörig; der praktischen Vernunft ist es also möglich, sich eine i. (moralische) Welt außerhalb der empirischen Welt der Erscheinungen zu schaffen; diese i. Welt wird als der Willensgrund des sittlichen Handelns bestimmt. Der i. Welt (der Welt der bloß denkbaren Gegenstände) (lat. ‚mundus intelligibilis') steht die Welt der sinnlichen Erscheinungen (lat. ‚mundus sensibilis') entgegen. In einem anderen Sinne ist die i. Welt die übersinnliche, ideell-geistige Welt bei Platon (die Welt der Ideen) und in der christlichen Philosophie die göttliche Welt des Ewigen, Übersinnlichen. Der *i. Charakter* ist bei Kant (aber auch bei Schopenhauer) der letzte Grund des sittlichen Handelns; Handlungen, die vom i. Charakter bestimmt werden, sind frei (☞FREIHEIT); dagegen sind Handlungen, die vom *empirischen Charakter* ausgehen, unfrei; sie unterliegen dem Kausalprinzip (☞KAUSALITÄT, CHARAKTER).

Lit.: I. Kant, Kritik der reinen Vernunft, 1781, $^{2}$1787; W. Teichner, Die intelligible Welt, 1967.

**Intension** (von lat. *intendere*, ‚hinwenden', ‚aufmerken', ‚beabsichtigen'):
Inhalt, Begriffsinhalt. Als I. einer Aussage wird als der in ihr ausgedrückte SACHVERHALT (bei Frege GEDANKE) bestimmt. Die Wörter „Morgenstern" und „Abendstern" haben die gleiche EXTENSION (Begriffsumfang; bei Frege BEDEUTUNG; heute meist als Referenzgegenstand bestimmt;

REFERENZ), aber verschiedene I. (bei Frege SINN); im ersten Fall ist der Stern, der morgens am Himmel auftaucht, gemeint, im zweiten Fall der Stern, der abends am Himmel auftaucht; der Referenzgegenstand (die Extension, Freges „Bedeutung") ist in beiden Fällen gleich, es ist der Planet Venus. Sind Begriffswörter intensional gleich, so haben sie auch gleiche Extensionen.

Lit.: R. Carnap, Bedeutung und Notwendigkeit, 1947; F. v. Kutschera, Einführung in die intensionale Semantik, 1976.

**Intentio** (lat.):
Absicht, Gerichtetsein; in der scholastischen Philosophie Bezeichnung für die absichtliche Bezogenheit bzw. Gerichtetheit des Bewußtseins. Man unterscheidet traditionell zwischen zwei Einstellungsarten (Arten der Bezogenheit), der *intentio recta* (‚gerades Gerichtetsein') und *intentio obliqua* (‚schräges Gerichtetsein'). ☞ INTENTION, INTENTIONALITÄT

**Intention** (von lat. *intentio*):
Absicht, Gerichtetsein; in der Bewußtseinsphilosophie die Gerichtetheit der Bewußtseinsakte auf die *intentionalen Gegenstände*. Für F. Brentano zeichnen sich psychische Akte (im Gegensatz zu den physischen) durch ihre INTENTIONALITÄT aus. Auch in Husserls PHÄNOMENOLOGIE macht die Intentionalität den Grundcharakter des Bewußtseins aus; Bewußtseinsakte bzw. Bewußtseinserlebnisse sind auf Gegenstände (die sog. intentionalen Gegenstände, die Bewußtseinsinhalte sind) bezogen. Aufgrund der intentionalen Struktur des Bewußtseins werden die Gegenstände konstituiert (☞ KONSTITUTION); die I. hat eine bedeutungsverleihende Funktion; die noematischen Inhalte werden auf die noetischen Erlebnisinhalte zurückgeführt (☞ NOESIS, NOEMA).
Eine wichtige Rolle spielt der Begriff der I. bzw. Intentionalität in der zeitgenössischen Sprachphilosophie, besonders in der Sprechakttheorie (☞ SPRECHAKT). Das sprachliche Handeln hat einen intentionalen Charakter. Für Sprechakte bzw. kommunikative Akte sind I. konstitutiv.

Lit.: ☞ Intentionalität.

**Intentionalität:**
Gerichtetheit, Absichtlichkeit (Intention). Nach F. Brentano zeichnet sich das Psychische durch I. aus; psychische Akte bzw. Erlebnisse sind auf etwas gerichtet. In der PHÄNOMENOLOGIE Husserls ist I. das Grundmerkmal der Bewußtseinsakte bzw. -erlebnisse; Bewußtseinsakte sind gerichtet auf die sog. *intentionalen Gegenstände*. Aufgrund der intentionalen Struktur des Bewußtseins kommt es zur KONSTITUTION der noematischen Inhalte (☞ NOEMA) aus den noetischen Inhalten (☞ NOESIS).

Eine wichtige Rolle spielt der Begriff der I. in der modernen Sprachphilosophie (☞SPRECHAKT). Unsere Sprache zeichnet sich durch I. aus. Sprachliche Handlungen haben einen intentionalen Charakter.

Lit.: F. Brentano, Psychologie vom empirischen Standpunkt, 3 Bde., 1874; E. Husserl, Logische Untersuchungen, 3 Bde., 1900-1901; ders., Cartesianische Meditationen und Pariser Vorträge, hg. v. S. Strasser, 1950; J. R. Searle, Sprechakte, 1971; ders., I., 1987; P. F. Strawson, Intention und Konvention bei Sprechakten, in: M. Schirn (Hg.), Sprechhandlung, Existenz, Wahrheit, 1974.

**Interpretation** (von lat. *interpretatio*):
Auslegung, Erklärung, Deutung. Die I. bzw. Auslegung tritt als ein Verfahren bzw. Grundzug unseres Denkens seit Anbeginn der Philosophiegeschichte auf. Die I. bezieht sich meist auf Texte, aber auch auf andere Äußerungen. Der Begriff der I. taucht historisch in einem engen Zusammenhang mit dem Begriff der HERMENEUTIK und des VERSTEHENS auf. Äußerungen bzw. ZEICHEN sollen verstanden, ausgelegt, interpretiert werden. Die unterschiedlichen Verfahren der (Text-) Auslegung sind auch Verfahren der I.. Solche Verfahren tauchen schon in der Antike auf; hier versuchen die Sophisten, Gedichte und andere schriftlich fixierte Äußerungen (z. B. Homer) zu deuten, zu interpretieren. Im Mittelalter, jedoch besonders zu Beginn der Neuzeit, wird die I.-Kunst (besonders im Hinblick auf die I. der Heiligen Schrift) zum zentralen philologisch-wissenschaftlichen Instrument.
Die verschiedenen I.-Verfahren findet man in der HERMENEUTIK; die im Verstehensvorgang zum Ausdruck kommenden methodischen bzw. quasimethodischen Momente können als Momente der I. betrachtet werden. Die zum Verstehen gehörende Auslegung kann als eine Weise der I. aufgefaßt werden. In der Auseinandersetzung bzw. Begegnung mit der Welt interpretieren wir immer schon auf eine bestimmte Weise die Welt. Diese ursprüngliche I. zeichnet sich durch bestimmte Merkmale aus; die I. ist z. B. selektiv (sie richtet sich auf bestimmte Kontexte und hat bestimmte Relevanzen). Der Begriff der I. kommt außer in der Hermeneutik in der Logik, Semiotik und der modernen Syntaxtheorie vor.

Lit.: H.-G. Gadamer, Wahrheit und Methode, 1960; H. Göttner, Logik der Interpretation, 1973; D. Davidson, Radical Interpretation, in: ders., Inquiries into Truth and Interpretation, 1984.

**Interesse** (lat. ‚dazwischen sein'):
allgemein 1) Anteilnahme, 2) Nutzen. Man unterscheidet zwischen individuellem I., Gruppen-I. und allgemeinem I.. Jürgen Habermas spricht von dem *Erkenntnisinteresse*; damit ist die der wissenschaftlichen Theorienbildung vorausliegende normative Zwecksetzung gemeint. Er unterscheidet zwischen dem *technischen* Erkenntnisinteresse (charakteristisch für die logi-

schen und empirischen Wissenschaften), dem *praktischen* Erkenntnisinteresse (charakteristisch für die hermeneutischen Wissenschaften) und dem *emanzipatorischen Erkenntnisinteresse* (charakteristisch für die kritische Gesellschaftstheorie).

Lit.: J. Habermas, Erkenntnis und Interesse, 1973.

## Intersubjektiv:

dem Bewußtsein mehrerer Personen gemeinsam.

## Intersubjektivität:

ein Postulat der Philosophie und der Wissenschaften; Erkenntnisse sollen für alle (bzw. die größtmögliche Zahl) Erkennenden verbindlich sein. Die Problematik der I. wird besonders in der Neuzeit relevant. Es kommt hier zum Rückgang auf das SUBJEKT bzw. die Subjektivität des Erkennenden; das Subjekt wird zum alleinigen Fundament der wahren Erkenntnis; es konstituiert die Welt (☞ KONSTITUTION).

Bei Descartes kommt es zu einer Spaltung von Subjekt und Objekt (☞ SUBJEKT-OBJEKT-PROBLEM) und dadurch zu der Schwierigkeit, eine Übereinstimmung zwischen Subjekt und Objekt herzustellen. Die Möglichkeit der I. hängt mit der Herstellung einer solchen Übereinstimmung zusammen.

Die Denker des DEUTSCHEN IDEALISMUS versuchen, diese Spaltung zu überwinden; für sie hat jedoch die Subjektivität eine ausgezeichnete Stellung. In der cartesianischen Tradition verbleibt die PHÄNOMENOLOGIE Edmund Husserls. Für ihn stellt sich die Problematik der I. auf eine sehr drastische Weise dar. Das TRANSZENDENTALE Ego konstituiert die Welt und damit die anderen Subjekte. Husserl spricht von einer *transzendentalen I.*, die die einzelnen transzendentalen Egos zu einer Gemeinschaft verbindet. Heidegger spricht von einer ursprünglichen Einheit von Subjekt und Objekt, die in der Struktur des Daseins als IN-DER-WELT-SEIN verankert ist (☞ DASEINSANALYTIK); zum Grundmoment des Daseins gehört das „Mitsein" mit den Anderen; das Dasein versteht und handelt immer schon intersubjektiv. Für den späten Wittgenstein gibt es keine Privatsprache. Sprechen ist immer ein regelgeleitetes Handeln; unser sprachliches Handeln, das durch gemeinsame Regeln, Konventionen usw. konstituiert ist, ist immer schon intersubjektiv. Auch BEDEUTUNGEN haben einen intersubjektiven Charakter.

Nach J. Habermas und K.-O. Apel erheben wir mit sprachlichen Äußerungen – insofern wir argumentieren – einen Anspruch auf I.. Die kommunikative Rede zeichnet sich durch ihren intersubjektiven Charakter aus (☞ UNIVERSALPRAGMATIK, TRANSZENDENTALPRAGMATIK). Bei K. R. Popper und in der modernen Wissenschaftstheorie ist I. ein Postulat der Wissenschaften, demzufolge die wissenschaftlichen Sätze anhand bestimmter Kriterien überprüft werden sollen. Nur solche Sätze, die überprüft werden und als intersubjektiv verbindlich gelten, erheben den Anspruch auf OBJEKTIVITÄT.

Lit.: K. R. Popper, Logik der Forschung, 1935; E. Husserl, Zur Phänomenologie der I., 3 Bde., 1973; K.-O. Apel, Transformation der Philosophie, 2 Bde., 1973; J. Habermas, Theorie des kommunikativen Handelns, 2 Bde., 1981.

**Intuition** (von lat. *intuitio*, ‚Schau', ‚Anschauung', ‚Anblick'):
geistiges Schauen, unmittelbare Einsicht, unmittelbares Erfassen eines Gegenstandes oder Sachverhalts; meist unmittelbares Erfassen des WESENS der Dinge; als Gegensatz zur intuitiven Erkenntnis wird die DISKURSIVE Erkenntnis verstanden. In der I. soll ein sicheres, nicht bezweifelbares, unmittelbar gewonnenes Wissen gewonnen werden. Bei Descartes kann die I. als eine Quelle der unmittelbar einleuchtenden Wahrheiten interpretiert werden, z. B. des Satzes COGITO ERGO SUM; die I. des Geistes (lat. ‚mentis intuitis') ist das unmittelbare Denken. Für Spinoza ist die *scientia intuitiva* (‚intuitive Wissenschaft') die höchste Stufe der Erkenntnis. Weitere Beispiele für intuitive Erkenntnis oder intuitive Wahrheiten sind: die Axiome der Mathematik, die ersten Sätze der Wissenschaften, die Schau der Ideen (Platon). Die intuitive Erkenntnis spielt eine große Rolle z. B. in der PHÄNOMENOLOGIE Husserls (☞Wesensschau) und in der Philosophie Bergsons. Im Rahmen der sprachanalytischen Philosophie wird oft betont, das intuitive Erkenntnis nicht unmittelbar vollzogen wird; vielmehr ist sie durch die Sprache vermittelt. ☞EVIDENZ

Lit.: I. König, Der Begriff der Intuition, 1926; K. Möhlig, Die Intuition, 1961.

**Intuitionismus:**
Sammelbezeichnung für Positionen, die die INTUITION als wichtigste Erkenntnisquelle betrachten. Den Gegensatz zu diesen Positionen bilden Auffassungen, denen zufolge das DISKURSIVE Denken die zentrale Rolle im Erkenntnisprozeß spielt. Der I. wird z. B. in der Ethik oder in der Philosophie der Mathematik vertreten. Nach Max Scheler gibt es eine Wertsphäre, die unabhängig von der Erfahrung besteht. Objektive Werte können in der „Wertschau" intuitiv erkannt werden.

**Ironie** (vom griech. *eironeia*, ‚Verstellung'):
eine Redeweise, bei der etwas anderes gesagt wird, als was zu sagen beabsichtigt ist; dies soll jedoch vom Zuhörer erkennt werden. Die I. war ein rhetorisches Mittel in der Antike. Berühmt wurde die sog. *sokratische I.*. Sokrates stellt sich gegenüber seinen Gesprächspartnern als unwissend dar

und versucht, durch „naives“ Fragen die Gesprächspartner von ihrer Sicherheit zu lösen; sehen die Gesprächspartner ihre Unsicherheit des Wissens bzw. die Unwissenheit ein, so kann weiter – jedoch unter anderen Voraussetzungen – nach der Wahrheit gefragt werden. Die sog. *romantische I.* wird von Friedrich Schlegel als eine Stimmung bestimmt, „welche alles übersieht, sich über alles Bedingte unendlich erhebt, auch über eigene Kunst, Tugend oder Genialität“. Wichtig ist der Begriff der I. bei Kierkegaard. Kierkegaard knüpft an die Vorstellung der sokratischen Ironie an.; jedes feste Wissen wird aufgelöst; durch das In-Frage-Stellen der üblichen, vorgegebenen Meinung wird der Anstoß zum selbständigen Nachdenken gegeben.

Lit.: S. Kierkegaard, Über den Begriff der Ironie, 1841; R. Jancke, Das Wesen der Ironie, 1929; F. Wagner, Ironie, 1931; B. Allemann, Ironie und Dichtung, 1956.

**Irrational** (lat. ‚nicht vernünftig‘).
unvernünftig; traditionell wird das, was mit dem Verstand nicht erfaßt werden kann oder dem verstandesmäßigen Denken oder der Vernunft entgegengesetzt ist, sich entzieht, als i. bezeichnet (Gegensatz: RATIONAL). Als i. wird z. B. das Zufällige, das Unberechenbare, oft das Übervernünftige angesehen. In der Philosophie wird der Ausdruck „i.“ meist mit „gefühlsmäßig“, „emotional“, „unberechenbar“, „intuitiv“ gleichbedeutend verwendet. Als i. können Sätze, Handlungen, Ansichten bezeichnet werden, die sich der vernünftigen (diskursiven, auf Gründe zurückführbaren) Argumentation entziehen.

**Irrtum:**
eine Meinung, die als falsch erwiesen ist, von dem, der diese Meinung vertritt, jedoch nicht als falsch betrachtet wird. In der Geschichte der Philosophie wird versucht, dem I. zu entgehen und die Erkenntnis auf ein sicheres, irrtumsfreies Fundament zu stellen. Nach Platon ist I. die bloße MEINUNG (☞DOXA). Dagegen die Erkenntnis der IDEEN die wahre Erkenntnis. Für Aristoteles irrt derjenige, der die wahre Struktur der Welt nicht erkennt. Descartes und andere Denker der beginnenden Neuzeit versuchen, das reine Denken vom I. zu befreien und die Ursache des I. aufzuzeigen. Kant zeigt, wie der I. vermieden werden kann, indem er die Grenzen der Verstandes- und Vernunfterkenntnis aufzeigt.
In der heutigen Philosophie bzw. Wissenschaftstheorie herrscht die Auffassung, daß der I. zum Erkenntnisprozeß gehört bzw. für ihn sogar konstitutiv ist. Über Fehler und I. können Erkenntnisfortschritte erreicht werden („aus Fehlern kann man lernen“).

Lit.: E. Mach, Erkenntnis und Irrtum, 1905; B. Schwarz, Der Irrtum in der Philosophie, 1934; A. Seiffert, Irrtum und Methode, in: Philosophia naturalis IV, 1958.

# J

**Junktor** (lat.):
Verknüpfungswort; in der formalen Logik Bezeichnung für ein logisches Zeichen, mit dem Aussagen zu einer neuen Aussage verbunden werden. Der J. wird traditionell in einer Wahrheitstafel festgelegt, definiert. In der sog. JUNKTORENLOGIK gibt es *einstellige Junktoren* (z. B. NEGATION) und *zweistellige Junktoren* (z. B. DISJUNKTION, KONJUNKTION). Die Wahrheit oder Falschheit einer zusammengesetzten, komplexen Aussage hängt von der Wahrheit oder Falschheit der Einzelaussagen ab. ☞JUNKTORENLOGIK

**Junktorenlogik** (auch „Aussagelogik"):
eine Art der Logik, in der Sätze bzw. Aussagen untersucht werden, die durch JUNKTOREN gebildet werden. QUANTOREN und KLASSEN werden in der J. nicht betrachtet. Komplexe Aussagen bestehen aus einfachen Aussagen. Die Wahrheit oder Falschheit der zusammengesetzten, komplexen Aussage hängt von der Wahrheit oder Falschheit der einfachen Aussagen ab. Den Sätzen bzw. Aussagen und ihren Verknüpfungen wird ein WAHRHEITSWERT zugesprochen. Aufgrund der Wahrheitswerte der einfachen Sätze bzw. Aussagen wird der Wahrheitswert des komplexen, zusammengesetzten Satzes eindeutig festgelegt. Als *Wahrheitsfunktion* wird eine Funktion bezeichnet, die einer Aussage einen der beiden Wahrheitswerte („wahr" oder „falsch") zuspricht. Aussagen werden durch ihren Wahrheitswert bestimmt; Aussagen wird ein Wahrheitswert zugesprochen (dies nennt man die *Semantik* der J.). Die Junktoren werden in den Wahrheitstafeln festgelegt. Die Wahrheitstafel für z. B. die Disjunktion sieht so aus:

| A | B | A >-< B |
|---|---|---|
| w | w | f |
| w | f | w |
| f | w | w |
| f | f | f |

w und f stehen für die Wahrheitswerte „wahr" oder „falsch", A und B symbolisieren Aussagen.
J. kann mit Hilfe von Ableitungsregeln eingeführt werden; man spricht hier von der *Syntax* der J.; sie regelt die Ableitungen der Aussagen aus anderen

Aussagen. Wichtig ist hier die Korrektheit der gebildeten Aussagen.
Elemente der J. werden schon in der aristotelischen SYLLOGISTIK gebraucht. Wichtig für die Entwicklung der J. war die STOA. Als Begründer der J. gelten Frege und Wittgenstein.

Lit.: P. Lorenzen/O. Schwemmer, Konstruktive Logik, Ethik und Wissenschaftstheorie, $^{2}$1975; W. K. Essler/R. F. Martinez, Grundzüge der Logik I, $^{4}$1991; W. K. Essler/E. Brendel/R. F. Martinez, Grundzüge der Logik II, $^{3}$1987.

# K

**Kabbala** (hebr. ‚Überlieferung'):
Bezeichnung für die mündliche Überlieferung der jüdisch-religiösen Lehren, die neben dem schriftlich festgehaltenen göttlichen Gesetz der Juden bestanden; im engeren Sinne seit etwa 1200 Bezeichnung für eine Sammlung mystisch-religiöser Schriften (Lehren) des Judentums. Zu den wichtigsten Büchern der K. gehören: das Buch „Jezirach" (hebr. ‚Schöpfung'), das Buch „Sohar" (hebr. ‚Glanz'). Die K. hat in sich Elemente der stoischen, neuplatonischen und pythagoreischen Lehre aufgenommen. Die wichtigsten Vertreter der K. sind: Isaak der Blinde, Abraham ben Isaak, Abraham ben David, Moses ben Nachmann, Abraham Abulafia. Die Vertreter der K. nennt man *Kabbalisten*, die Erforschung der K. *Kabbalistik*. Die K. übte einen Einfluß auf die CHRISTLICHE PHILOSOPHIE aus; man spricht auch von einer *christlichen K.*, z. B. bei Pico della Mirandola, Paracelsus, J. Böhme, Chr. Oetinger.

Lit.: G. Scholem, Die jüdische Mystik in ihren Hauptströmungen, 1967.

**Kairos** (griech. ‚der günstige Augenblick'):
in der Antike zunächst Bezeichnung für das rechte Maß, die rechte Stelle, sodann später für den rechten Zeitpunkt; in der EXISTENZPHILOSOPHIE der Zeitpunkt einer weitreichenden Entscheidung. Bei dem Religionsphilosophen P. Tillich und der mit ihm verbundenen theologischen Strömung bezeichnet K. die gefüllte Zeit, den Augenblick in der Geschichte, in dem das Unbedingte (das Ewige) in die Zeit einbricht und sie mit einem Gehalt erfüllt; zwar bricht das Ewige in die Zeit herein, aber es kann in ihr nicht festgelegt werden; es kann keinen Zustand der Ewigkeit in der Zeit geben.

Lit.: P. Tillich; Kairos, 1926.

**Kalkül** (von lat. *calculus*, ‚Rechenstein'):
ein Verfahren zur Herstellung von sprachlichen Formeln aus Grundformeln nach bestimmten Regeln. Diese Regeln sind syntaktisch, d. h. sie beziehen sich nur auf die graphische Gestalt, nicht auf den Inhalt (bzw. die Bedeutung) der Zeichen. Die Grundformeln bestehen aus Grundzeichen, die das

*Alphabet* bilden. In einem K. gibt es Regeln, die die Grundzeichenreihen festlegen, und Umformungsregeln, die festlegen, von Zeichenreihen der Form $G_1$, ... $G_n$ zu einer Zeichenreihe der Form $G_0$ überzugehen. Als ABLEITUNG der Endfigur wird die Folge von Schritten (Zeichenreihen) nach den Umformungsregeln genannt. Ein K. heißt „korrekt", wenn in ihm alle ableitbaren Formeln allgemeingültig sind. Ein K. heißt „semantisch vollständig", wenn in ihm alle allgemeingültigen Formeln ableitbar sind. Semantisch vollständig sind die üblichen Kalküle der elementaren Logik, d. h. die der JUNKTORENLOGIK und QUANTORENLOGIK erster Stufe mit Identität.

Lit.: R. Carnap, Die logische Syntax der Sprache, $^{2}$1968; H. Hermes, Einführung in die mathematische Logik, $^{4}$1976; K. Schütte, Beweistheorie, 1960.

**Kalokagathia** (griech. ‚Schönheit'):
ein von Platon formuliertes, im antiken Griechenland vertretenes Bildungsideal; die Einheit des Edlen, Guten und Schönen (von Tugend und Schönheit). Die K. als ein ethisch-ästhetisches (bzw. sozial-ethisches) Bildungsideal spielt in jeweils verschiedenen Ausprägungen eine wichtige Rolle u. a. bei Cicero, Shaftesbury, Wieland, Herder, Schiller und im DEUTSCHEN IDEALISMUS.

Lit.: Platon, Kratylos; ders., Menon; H. Wankel, Kalokagathia, 1961.

**Kanon** (griech. ‚Regel', ‚Richtmaß'):
die Gesamtheit der auf einem bestimmten Gebiet geltenden Regeln. In der antiken bildenden Kunst galt der Speerträger des Polyklet als K., als Vorbild für Künstler; in der Musik galt das zwölfgeteilte Monochord bei den Pythagoreern als K., mit dem man die Verhältniszahlen musikalischer Intervalle festlegte. Epikur nannte die Logik *Kanonik*, das Regelsystem der Erkenntnisgewinnung und -prüfung. Bei Epiktet bezeichnet K. die Unterscheidungskriterien für richtiges Handeln und wahres Wissen. Die bis heute übliche Bezeichnung erhielt der Begriff „K." in der Patristik; er bezeichnet hier die Sammlung der von der Kirche als göttlich inspiriert anerkannten Bücher, die heiligen Schriften des Alten und Neuen Testaments. Kant bezeichnet in Anlehnung an Epikur die Logik als K.; sie ist eine „allgemeine Vernunftkunst" die „Propädeutik alles Verstandes- und Vernunftgebrauchs". K. wird als Instrumentarium zur Prüfung der Erkenntnis bestimmt.

Lit.: A. Szabo/Red., Kanon, in: Historisches Wörterbuch der Philosophie IV, 1976.

**Kantianismus:**
allgemein Bezeichnung für philosophische Strömungen, die sich stark an die

Philosophie Immanuel Kants anlehnen. Philosophische Positionen, die an die Lehre Kants anknüpfen, jedoch ihre Eigenständigkeit bewahren (z. B. die Philosophie Schopenhauers oder des deutschen Idealismus) werden nicht als K. bezeichnet. Im engeren Sinne ist K. die Bezeichnung für eine philosophische Richtung, die um die Wende vom 18. zum 19. Jh. in Anknüpfung an die Philosophie Kants entstand; Kants Philosophie wurde im K. ausgelegt und verbreitet (so z. B. von M. Herz, G. B. Jäsche, W. T. Krug) oder im Sinne Kants (also im Rahmen der von Kant formulierten Voraussetzungen seiner Philosophie) weiter entwickelt bzw. revidiert (z. B. von S. Maimon, J. S. Beck, J. F. Fries, K. L. Reinhold). Am Ende des 19. Jh. und am Anfang des 20. Jh. kommt es erneut zu einer Rückbesinnung auf die Philosophie Kants; diese Strömung wird als NEUKANTIANISMUS bezeichnet.

Lit.: G. Lehmann; Geschichte der nachkantischen Philosophie, 1931.

**Kardinaltugenden** (von lat. *cardinalis*, ‚hauptsächlich'):
In der antiken Philosophie die wichtigsten Tugenden, die allen anderen Tugenden zugrunde liegen. Nach Platon gibt es vier K., aus denen alle übrigen folgen und denen bestimmte Teile der Seele entsprechen; der *Weisheit* (griech. ‚sophia', lat. ‚sapientia') entspricht als Seelenteil der Vernunft, der *Tapferkeit* (griech. ‚andreia', lat. ‚fortitudo') der Wille und das Lustempfinden, der *Besonnenheit* (griech. ‚sophrosyne', lat. ‚temperantia') die Begierden und Triebe; die *Gerechtigkeit* (griech. ‚dikaiosyne', lat. ‚iustitia') als die letzte ordnet und leitet die drei ersten K.. Die CHRISTLICHE PHILOSOPHIE fügt die religiösen K. *Glaube*, *Liebe* und *Hoffnung* hinzu.

Lit.: Platon, Politeia; J. Pieper, Vier Traktate über die Kardinaltugenden, 1937-53.

**Karma** (sanskr. *Karman*, ‚Tat', ‚Werk'):
die Lehre, derzufolge die Taten, die ein Mensch in diesem Leben vollbringt, maßgebend für sein zukünftiges Schicksal (nach seinem Tod) sind. Die K.-Lehre findet sich in den Upanischaden; sie spielt eine Rolle bei den Brahmanen, Buddhisten und Jainas.

Lit.: W. Ehrlich, Die Lehre vom Karman, 1947.

**Kartesianismus:** ☞ CARTESIANISMUS

**Kasuistik** (von lat. *casus*, ‚Fall'):
allgemein das Ordnen von verschiedenen Fällen nach Regeln oder Prinzipien; speziell ein Teil der Morallehre, in dem die Anwendung von Normen bzw. Maximen auf Einzelfälle, d. h. auf konkrete Handlungen bzw. Hand-

lungssituationen (z. B. im Falle von Gewissenskonflikten) erläutert wird; mit Hilfe der K. sollen vollzogene Handlungen beurteilt werden oder ein Maßstab für zukünftige Handlungen festgelegt werden. K. wurde von den Stoikern (☞ STOA), den Talmudisten und in der Theologie des 17. und 18. Jh. von den Jesuiten ausgebildet. Die K. spielt eine wichtige Rolle im Bereich der juristischen Urteilsfindung; allgemeine juristische Normen sollen hier auf Einzelfälle angewandt werden.

Lit.: J. Klein, Skandalon, 1958.

**Kategorie** (vom griech. *kategoria*; ‚Aussage'):
in der Umgangssprache soviel wie Klasse, Sorte, Art; in der traditionellen Philosophie Bezeichnung für die allgemeinste und grundlegendste Seins- und Aussageweise (auch für die allgemeinste und grundlegendste Denk- bzw. Begriffsform). Als Begründer der Kategorienlehre gilt Aristoteles; für ihn sind Kategorien sowohl die Seinsweisen als auch die Aussageweisen von Gegenständen. Da es verschiedene Weisen des Seins gibt, gibt es dementsprechend verschiedene Weisen, über das Sein etwas auszusagen. In der modernen Terminologie können die aristotelischen K. als verschiedene Klassen von Gegenständen bzw. Typen von Prädikaten angesehen werden. Aristoteles unterscheidet zehn K.: SUBSTANZ, QUALITÄT, QUANTITÄT; Relation, Ort, Zeit, Tun, Lage, Haben, Leiden. Eine Kategorienlehre wurde in der Antike auch von den Stoikern (☞ STOA) aufgestellt; sie unterscheiden folgende vier K.: Substanz, Eigenschaft, Beschaffenheit und Verhältnis. Die aristotelische (ontologische) Kategorienlehre wurde für die mittelalterlich-scholastische Philosophie maßgebend. In der Scholastik werden K. *Prädikamente* genannt; meistens werden hier sechs K. genannt: Sein (Wesen), Qualität, Quantität, Bewegung, Beziehung und Habitus.
Die in der Antike und im Mittelalter herrschende ontologische Betrachtung der K. wird bei Kant durch eine erkenntnistheoretische Betrachtung ersetzt. K. sind nach Kant Verstandesbegriffe A PRIORI (sog. „Stammbegriffe des reinen Verstandes"); sie sind notwendige Denkformen (bzw. Formen des Verstandes), mit deren Hilfe das sinnliche Material zur Einheit der gegenständlichen Erkenntnis geordnet wird. Die K. sind Bedingungen der Möglichkeit der Erfahrung; folglich sind sie a priori. In der kantischen Philosophie sind K. keine Weisen des Seins, sondern Denk- und Verstandesformen. Aus den zwölf Urteilsformen ergeben sich nach Kant zwölf K.. Der Urteilstafel entspricht also eine Kategorientafel von zwölf in vier Dreiergruppen aufgeteilten K.: die K. der *Quantität* sind Einheit, Vielheit, Allheit; die der *Qualität*, Realität, Negation, Limitation; die der *Relation* Substanz, Kausalität, Gemeinschaft; die der *Modalität* Möglichkeit, Dasein, Notwendigkeit. Kants Problem war, wie die K. als subjektive Bedingungen

des Denkens objektive Gültigkeit haben sollten. Mittels der TRANSZENDENTALEN DEDUKTION soll gezeigt werden, daß die K. als Bedingungen der Möglichkeit jeder Erfahrung, als Ordnungsfunktionen aller gegenstandsbezogenen Erkenntnis objektiv gültig sind. Diese Gültigkeit bezieht sich jedoch bei Kant auf das Ding als ERSCHEINUNG, nicht als das DING AN SICH. Bei Hegel sind K. Erscheinungsweisen der *absoluten Idee* (die wichtigsten K. sind u. a. SEIN, WESEN, WERDEN). Auch F. Brentano, Ed. v. Hartmann, E. Husserl und N. Hartmann befassen sich mit den K.. In der sprachanalytischen Philosophie wurde der Begriff der K. bei P. F. Strawson und G. Ryle erläutert. Hier unterscheidet man zwischen *syntaktischen K.* (Klassen von Ausdrücken, deren Austausch in Sätzen nicht zur Aufhebung der syntaktischen Wohlgeformtheit führt) und *semantischen K.* (Klassen von Ausdrücken, deren Austausch in Sätzen bei entsprechenden Kontexten nicht zur Änderung der Bedeutungsstruktur führt).

Lit.: Aristoteles, Metaphysik; ders., Physik; I. Kant, Kritik der reinen Vernunft, 1781, $^{2}$1787; G. W. F. Hegel, Wissenschaft der Logik, 1822; A. Trendelenburg, Geschichte der Kategorienlehre, 1846; E. Brentano, Kategorienlehre, 1933; G. Ryle, Categories, in: Proceedings of the Aristotelian Society 38, 1937-38; N. Hartmann, Der Aufbau der realen Welt, 1940; P. F. Strawson, Einzelding und logisches Subjekt, 1972.

**Kategorisch** (vom griech. *kategorein*, ‚aussagen‘):
aussagend, behauptend; auch unbedingt, bedingungslos gültig (meist im Gegensatz zu HYPOTHETISCH).

**Kategorischer Imperativ** (von lat. *imperare*, ‚befehlen‘, ‚anordnen‘):
allgemein ein Typ der Aufforderung; in der Ethik das Gebot oder Gesetz des Sittlich-Moralischen. Der „k. I.“ bezeichnet das allgemeingültige, objektive Gebot des praktischen Handelns im Gegensatz zum subjektiven Gebot bzw. zum subjektiven Grundsatz des Handelns (☞ MAXIME). Kant unterscheidet zwischen dem *hypothetischen* und dem *k. I.*. Der hypothetische I. betrifft ein Handeln, das in der Mittel-Zweck-Relation steht; das Handeln ist durch den Zweck bedingt. Der k. I. betrifft ein Handeln ohne die Beziehung auf einen anderen Zweck; das Handeln ist um seines selbst willen, an sich selbst notwendig und objektiv gültig. Der k. I. gilt unbedingt; es ist rein formal, ohne inhaltliche Satzung zu verstehen; es drückt als Gesetz der Vernunft ein unbedingtes Sollen aus (☞ SITTENGESETZ). Entsprechend der These der Aufklärung, nur das verdiene allgemeine Anerkennung, was vernünftigen Kriterien genügt, drückt sich im k. I. das „Grundgesetz der praktischen Vernunft“ aus. Der k. I. wird von Kant auf unterschiedliche Weise formuliert: „Handle so, daß die Maxime deines Willens jederzeit zugleich als Prinzip einer allgemeinen Gesetzgebung gelten könne“. Und: „Handle so, daß du die Menschheit, sowohl in deiner Person als in der Person eines jeden andern jederzeit zugleich als Zweck, niemals bloß als Mittel brauchst“.

In Analogie zum Naturgesetz kann der k. I. als „praktisches Gesetz" angesehen werden: „Handle so, als ob die Maxime deiner Handlung durch deinen Willen zum allgemeinen Naturgesetze werden sollte."

Lit.: I. Kant, Grundlegung zur Metaphysik der Sitten, 1785; ders., Kritik der praktischen Vernunft, 1788; L. H. Wilde, Hypothetische und kategoriale Imperative, 1975.

**Katharsis:**
Reinigung, Läuterung; bei Aristoteles die läuternde Wirkung der Tragödie; eine Funktion der Tragödie ist es, durch Erregung von Mitleid und Furcht eine K. der Seele, eine Reinigung (Läuterung) der Seele von ihren Leidenschaften zu erreichen.

Lit.: Aristoteles, Poetik.

**Kausalgesetz** (auch „Kausalitätsgesetz"): ☞ KAUSALITÄT

**Kausalität** (von lat. *causa*, ‚Ursache'):
Ursächlichkeit. Das *Kausalitätsprinzip* (auch *Kausalprinzip* genannt) lautet: alles, was geschieht, hat eine Ursache. Die Verknüpfung von Ursache und Wirkung wird auch *Kausalnexus* genannt. K. bezeichnet also – in der modernen Terminologie ausgedrückt – das Verursachungsverhältnis (Ursache-Wirkung-Verhältnis) zwischen Ereignissen. In der traditionellen, besonders ontologischen Tradition, spricht man von der K. zwischen Dingen, Gegenständen, in der neueren Philosophie und Wissenschaftstheorie von der K. zwischen Ereignissen. Von dem Kausalitätsprinzip soll das *Kausalitätsgesetz* (auch *Kausalgesetz* genannt) unterschieden werden; es lautet allgemein: gleiche Ursachen haben gleiche Wirkungen. Das Kausalitätsprinzip besagt also, daß jedes Ereignis durch ein anderes Ereignis (oder eine Menge von Ereignissen) verursacht wird; das Kausalitätsgesetz drückt regelmäßige Zusammenhänge zwischen Ereignissen aus. Oft wird jedoch zwischen dem Kausalitätsprinzip und dem Kausalitätsgesetz nicht unterschieden; das Kausalitätsproblem umfaßt dann beide Aspekte. Das Kausalitätsprinzip wird zuerst von den Atomisten (☞ATOMISTIK) Leukipp und Demokrit formuliert: alles geschieht aus einem Grund; es geschieht nicht zufällig, sondern mit Notwendigkeit. Aristoteles unterscheidet vier Verursachungsarten (☞CAUSA): *causa materialis* (Materialursache), *causa formalis* (Formalursache), *causa finalis* (Zweckursache), *causa efficiens* (Wirkursache). Bei den Stoikern wird die K. zum allgemeinen Grundgesetz der Welt; es kann sowohl auf menschliche Handlungen als auch auf Naturvorgänge bezogen werden. Dagegen spricht Epikur von der metaphysischen Willensfreiheit, die die Ursächlichkeit ausschließt. Die aristotelische Lehre von den Ursachen wird in der scholastischen Philosophie aufgenommen und erweitert;

Gott (*causa sui*) ist die erste Wirkursache und letzte Zweckursache. Der neuzeitliche Begriff der K. wurde in der Auseinandersetzung mit Aristoteles gewonnen; die aristotelische, substanzialistische Betrachtung des Kausalbegriffs wird mit dem Aufkommen der neuzeitlichen Naturwissenschaften durch eine funktionalistische ersetzt; nicht die Zweckursache, sondern die *Zweck-Mittel-Relation* steht jetzt im Mittelpunkt der Betrachtung. Die Wirkursache, die Newton als die einzig wahre Ursache betrachtet, wird nicht als ein Grund des Wesens der Gegenstände betrachtet, sondern als Glied einer Kette von Ereignissen. Im Rationalismus (besonders bei Spinoza und Leibniz) wird Ursache und Wirkung miteinander notwendig verknüpft (☞ NOTWENDIGKEIT); aus einer bestimmten Ursache folgt notwendig die Wirkung; die K. wird also als die logische Relation von Grund und Folge verstanden (heute wird streng zwischen dem Ursache-Wirkung-Verhältnis und der logischen Relation von Grund und Folge unterschieden). Nach Hume sind Ursache und Wirkung nicht notwendig miteinander verknüpft; wir können nur eine Abfolge von Phänomenen (Ereignissen) feststellen, nicht jedoch eine notwendige Verknüpfung zwischen Ursache und Wirkung; man kann nicht logisch schließen, daß ein Ereignis B immer auf ein Ereignis A folgt bzw. folgen wird. Wir können also nur eine regelmäßige Aufeinanderfolge von Ereignissen feststellen; nur aufgrund der Gewohnheit entsteht der Glaube, daß eine notwendige Verknüpfung von Ursache und Wirkung besteht. Die K. wird bei Hume nur auf den Bereich der ERFAHRUNG beschränkt; die regelmäßige Abfolge von Ereignissen kann nur aus der Erfahrung gewonnen werden. Für Kant ist K., ähnlich wie bei Hume, kein logisches Prinzip; er betrachtet jedoch die K. im Gegensatz zu Hume als eine KATEGORIE des Verstandes, als eine APRIORISCHE Bedingung der Möglichkeit der Gegenstandserfahrung und -erkenntnis. Der Ursprung des Kausalgesetzes liegt nach Kant im Verstande. Erfahrung beruht auf der Anwendung des Kausalgesetzes; dem Kausalgesetz als Bedingung der Möglichkeit von Erfahrung kommt objektive Gültigkeit zu; es ist *vor* aller Erfahrung und daher a priori gültig. Gleichwohl ist das Kausalgesetz nur im Bereich möglicher Erfahrung (im Bereich der ERSCHEINUNGEN) gültig. Analog zu der Naturkausalität des phänomenalen Bereichs der theoretischen Vernunft gibt es für Kant aber auch im nomenalen Bereich der praktischen Vernunft (bzw. im Bereich der DINGE AN SICH) eine K., die „K. aus Freiheit"; aufgrund dieser K. kann der freie WILLE als möglich angenommen werden. J. S. Mill und H. Spencer versuchen, die K. ganz allein aus der Erfahrung und aufgrund der INDUKTION zu erklären. E. Mach und B. Russell wollen den Begriff der K. aus der Wissenschaft verbannen und ihn durch den Begriff des *funktionalen Zusammenhangs* ersetzen. Im 20. Jh. spielt der Begriff der K. eine wichtige Rolle in der Wissenschaftstheorie (speziell der WAHRSCHEINLICHKEITSTHEORIE, LOGIK, SPRACHANALYSE, HAND-

LUNGSTHEORIE) und der RELATIVITÄTSTHEORIE. Im Zuge der Entwicklung der modernen Physik, vor allem der QUANTENMECHANIK sowie bezüglich der Übertragung kausaler Erklärungen in den Sozialwissenschaften ist es nötig geworden, das Kausalitätskonzept auch für nicht-deterministische Ereignisverläufe zu sichern. Der Kerngedanke dieses in wahrscheinlichkeitstheoretischen Kontexten gebrauchten *probabilistischen Kausalitätsbegriff* läßt sich für Ereignisse folgendermaßen darstellen: gegeben seien zwei distinkte Ereignisse A und B, die zeitlich aufeinander folgen, d. h. t (A)= t1, t (B)=t2 und t1 < t2; wenn man sich diese Ereignisse datiert vorstellt, so gilt innerhalb des probabilistischen Ansatzes, daß A eine prima facie Ursache von B ist genau dann wenn:

1) t (A) = ta < t (B) = t2
2) P (B) > O
3) P (B/A) > P (B)

1) macht die Bedingung aus, daß nur zeitlich aufeinander folgende Ereignisse in Kausalrelationen auftreten können; 2) sagt aus, daß das Wirkungsereignis B nicht möglich sein darf; 3) gibt an, daß die Wahrscheinlichkeit des Auftretens von B unter der Bedingung, daß vorher A vorlag, größer ist als die Wahrscheinlichkeit des Eintretens von B ohne diese Bedingung.

In anderen wissenschaftstheoretischen Kontexten wird nicht von dem Ursache-Wirkung-Zusammenhang, sondern vom Begriff der kausalen ERKLÄRUNG ausgegangen; eine kausale Erklärung ist eine deduktiv-nomologische oder statische Erklärung; dabei müssen die Gesetze in den Prämissen sog. Kausalgesetze sein; die Antecedenzdaten sind dann die Ursachen der zu erklärenden Tatsachen.

Aristoteles, Metaphysik; ders., Physik; D. Hume, Eine Untersuchung über den menschlichen Verstand, 1748; I. Kant, Kritik der reinen Vernunft, 1781, [2]1787; B. Russell, On the Notion of Cause, in: Proceeding of the Aristotelian Society 13, 1912-13 (dt. in: ders., Mystik und Logik, 1952); K. R. Popper, Logik der Forschung, 1935; W. Stegmüller, Probleme und Resultate der Wissenschaftstheorie und Analytischen Philosophie I, 1969; G. E. M. Anscombe, Causality and Determination, 1971; D. Lewis, Causation, in: Journal of Philosophy 70, 1973; G. H.v. Wright, Erklären und Verstehen, 1974; M. Brand (Hg.), The Nature of Causation, 1976; W. K. Essler, Wissenschaftstheorie IV, 1979; J. L. Mackie, The Cement of Universe, [2]1980.

**Kausalgesetz:** ☞ KAUSALITÄT

**Kausalprinzip** (auch „Kausalitätsprinzip"): ☞ KAUSALITÄT

**Kennzeichnung** (engl. ‚definite deskription'):
Ausdruck, mit dem ein bestimmter Gegenstand durch Angabe einer Eigenschaft, die nur diesem Gegenstand zukommt, charakterisiert wird. Eine K. kann ohne die Änderung ihrer Bedeutung in einen Ausdruck der Form „derjenige Gegenstand, der die Eigenschaft E hat" umgeformt werden. Gibt es einen solchen, mit einer K. charakterisierten Gegenstand nicht, so handelt

es sich um eine *fiktive K.*, z. B.: „der gegenwärtige König von Frankreich" (die K. ist fiktiv, weil es gegenwärtig keinen König von Frankreich gibt). Die Bedeutung eines Satzes mit einer K. gewinnt man nach B. Russell dadurch, daß man die Bedingungen bestimmt, unter welchen ein solcher Satz wahr ist; man setzt dann die Bedeutung des Satzes mit seinen Wahrheitsbedingungen gleich. Der Satz 1) „Der gegenwärtige König von Frankreich ist kahlköpfig" ist wahr genau dann, wenn der folgende Satz wahr ist: 2) „Es gibt genau ein x derart, daß x gegenwärtig König von Frankreich ist, und es gibt ein y derart, daß y König von Frankreich ist und kahlköpfig ist" (hier wird u. a. behauptet, daß es gegenwärtig genau ein König von Frankreich gibt). Die Form von 2) wird als die logische Form von 1) verstanden. Der Satz „Der gegenwärtige König von Frankreich ist kahlköpfig" ist nach Russell falsch, weil es gegenwärtig keinen König von Frankreich gibt. Nach Russell müssen daher Kennzeichnungen zwei Merkmale haben: sie setzen die *Existenz* und die *Eindeutigkeit* des Gegenständen, der gekennzeichnet wird, voraus; Existenz und Eindeutigkeit als Eigenschaften werden bei der Verwendung einer K. „mitbehauptet" (auch für Mill sind K. „mitbezeichnende" (konnotative) Individualnamen). P. F. Strawson behauptet (ähnlich wie G. Frege) gegen Russell, daß Existenz und Eindeutigkeit keine Eigenschaften der K. sind, die bei ihrer Äußerung mitbehauptet werden, sondern als Voraussetzungen, PRÄSUPPOSITIONEN verstanden werden. Daß es gegenwärtig einen Kanzler der Bundesrepublik Deutschland gibt, wird in dem Satz „der gegenwärtige Kanzler der Bundesrepublik Deutschland ist sehr beschäftigt" nicht behauptet, sondern ist Voraussetzung (Präsupposition) für das Aufstellen der Behauptung, daß der gegenwärtige Kanzler der Bundesrepublik Deutschland sehr beschäftigt ist. Da es gegenwärtig keinen König von Frankreich gibt, gibt es niemanden, über den man mit dem Satz „der gegenwärtige König von Frankreich ist kahlköpfig" etwas behaupten könnte; mit dem obigen Satz kann man nach Strawson weder eine wahre noch eine falsche Behauptung aufstellen. Strawson unterscheidet zwischen einem *Ausdruck* (bzw. Satz), dem *Gebrauch* eines Ausdrucks (bzw. Satzes) und der *Äußerung* eines Ausdrucks (bzw. Satzes); so ist der behauptende Gebrauch von Sätzen (nicht die Sätze) wahr oder falsch. Daraus ergibt sich, daß der behauptende Gebrauch des Satzes „Der gegenwärtige König von Frankreich ist kahlköpfig" im Jahre 1991 weder wahr noch richtig ist, weil die Existenzpräsupposition nicht erfüllt ist, im 17. Jh. jedoch sehr wohl wahr oder falsch war.

Wenn eine Kennzeichnung deiktische Ausdrücke enthält (z. B. „dies", „hier", „jetzt"), so kann sie nur in ihrem Äußerungskontext verstanden werden; kontextabhängige K. werden als *deiktische* kontextunabhängige *eigentliche K.* genannt. Kennzeichnungen können wie Eigennamen (☞ NAME) als gegenstandsbezeichnende bzw. -benennende Ausdrücke verwendet werden;

sie erhalten jedoch im Gegensatz zu Eigennamen einen Eigenschaftsausdruck (z. B. Eigenname: „Aristoteles“; Kennzeichnung: „der gegenwärtige Kanzler der Bundesrepublik Deutschland“). Es ist jedoch möglich, Eigennamen in Kennzeichnungen umzuformen (z. B. „Aristoteles“ ist synonym mit „der Mensch, der ‚Aristoteles‘ heißt“). Daher behandeln manche Autoren (im Zusammenhang mit der Konstruktion einer Idealsprache) Sätze mit Eigennamen wie Sätze mit Kennzeichnungen. In einer Idealsprache sollen Eigennamen und Kennzeichnungen eliminiert werden (B. Russell); sie enthält keine gegenstandsbezeichnenden bzw. -benennenden Ausdrücke; in ihr bezieht man sich auf existierende Gegenstände nur mit Hilfe der Gegenstandsvariablen (Quine).

Lit.: P. F. Strawson, Bedeuten, in: R. Bubner (Hg.), Sprache und Analysis, 1968; B. Russell, Über das Kennzeichnen, in: ders., Philosophische und politische Aufsätze, hg. v. U. Steinvorth, 1971; R. Carnap, Bedeutung und Notwendigkeit, 1972; W. V.O. Quine, Wort und Gegenstand, 1980; T. Burge, Truth and Singular Terms, in: Nous 8, 1974; S. A. Kripki, Name und Notwendigkeit, 1981; G. Frege, Über Sinn und Bedeutung, in: ders., Funktion, Begriff, Bedeutung, hg. v. G. Patzig, [6]1986.

**Kettenschluß** (auch „Sorites“):
in der traditionellen Logik Bezeichnung für eine Kette von syllogistischen Schlüssen (☞ SYLLOGISTIK), in der die aufeinanderfolgenden Prämissen und nur die Schlußkonklusion enthalten sind; die Zwischenfolgerungen, die zwischen der ersten Prämisse und der Schlußkonklusion gezogen sind, werden weggelassen. Der aristotelische K. hat die Form:

alle A sind B
alle B sind C
alle C sind D
alle D sind E
――――――――― (also)
alle A sind E

**Klar und deutlich** (lat. ‚clare et distincte‘):
bei Descartes das Wahrheitskriterium für Erkenntnisse. „Klar“ ist für Descartes eine Erkenntnis, die dem Geiste „gegenwärtig“ und „offenkundig“ ist; „deutlich“ wird von ihm eine bereits klare Erkenntnis genannt, die von allen anderen Erkenntnissen getrennt und unterschieden ist und in sich das enthält, was bereits unterschieden und klar ist. Das Kriterium k. u. d. soll nicht als eine Synthese aus zwei voneinander unabhängig bestehenden Kriterien der Klarheit und der Deutlichkeit verstanden werden; vielmehr wird die Deutlichkeit als eine vollkommenere Art der Klarheit aufgefaßt. Diejenige Erkenntnis wird also als wahr (gewiß) angesehen, die k. u.d. ist. Bei der Aufstellung des Kriteriums „k. u.d.“ dienten Descartes die Vorgehensweisen

der Logik und Mathematik als Vorbild. Das Kriterium „k. u.d" wird von Leibniz in einer modifizierten Form aufgegriffen.

Lit.: R. Descartes, Principia philosophiae, 1644; G. Gabriel, Klar und deutlich, in: Historisches Wörterbuch der Philosophie IV, 1976; P. Markie, Clear and Distinct Perception and Metaphysical Certainty, in: Mind 88, 1979.

**Klasse:**
in der Logik Bezeichnung für die Gesamtheit der in einem Bereich enthaltenen Elemente (☞MENGE); in der Soziologie Bezeichnung für eine Gruppe von Menschen, die durch gemeinsame Interessen, ähnliche sozial-wirtschaftliche Lage usw. miteinander verbunden sind. Der Begriff der K. spielt eine zentrale Rolle in der Marxschen und marxistischen Theorie. K. ist hier eine Grundkategorie der Gesellschaft. Über die Zugehörigkeit zu einer K. entscheidet die wirtschaftlich-soziale Lage, besonders der Besitz von Produktionsmitteln. Eine K., deren Mitglieder die Produktionsmitteln besitzen, herrscht auch im Bereich des Politischen und Kulturellen. Die Zugehörigkeit zu einer K. konstituiert ein spezifisches *Klassenbewußtsein*, ein spezifisches Denken, Handeln und eine spezifische gesellschaftspolitische Aufgabe. Nach Marx zeichnet sich die kapitalistische Gesellschaft durch einen Klassengegensatz (*Klassenkampf*) aus (Gegensatz zwischen den Kapitalisten und Arbeitern). Erst in einer zukünftigen Gesellschaft, in der es keine Ausbeutung, kein Privateigentum gibt, kann der Klassengegensatz und damit die Klassen überhaupt aufgehoben werden (*klassenlose Gesellschaft*).

**Klassifikation** (von lat. *classis*, ‚Abteilung', und *facere*, ‚machen'):
Division, Einteilung; allgemein die Einteilung und Anordnung von Gegenständen (besonders in den Einzelwissenschaften); in der Logik eine Klasseneinteilung, die Zerlegung einer Klasse in Teilklassen.

**Klugheit:** ☞DIANOETISCH, KARDINALTUGENDEN

**Kognitiv** (von lat. *cognitio*, ‚Erkenntnis'): die Erkenntnis betreffend.

**Kognitivismus** (von lat. *cognitio*, ‚Erkenntnis'): ☞METAETHIK

**Kohärenz** (von lat. *cohaerere*, ‚zusammenhängen'):
Zusammenhang; allgemein Bezeichnung des Zusammenhangs von physischen, gedanklichen, psychischen und sprachlichen Vielfältigkeiten. In der Ontologie spricht man vom *Kohärenzprinzip*; es besagt, daß alles Seiende miteinander in Beziehung steht. Der Begriff der K. spielt eine wichtige Rolle im Zusammenhang mit der Problematik der Wahrheit; man spricht von der Kohärenztheorie der Wahrheit (☞WAHRHEITSTHEORIEN).

**Koinzidenz** (von lat. *coincidentia* ):
Zusammenfall. ☞ COINCIDENTIA OPPOSITORUM

**Kollektivbegriff** (von lat. *colligere*, ‚sammeln'):
auch „Kollektivum" oder „Sammelbegriff"; in der traditionellen Logik Bezeichnung für eine Gruppe von Begriffen, die sich auf Gegenstandsbereiche beziehen, die selbst bereits als Klassen von anderen Gegenständen verstanden werden. K. sind z. B. Wald, Gebirge, Anhägerschaft, Menschheit, Werkzeug. ☞ INDIVIDUALBEGRIFF, ALLGEMEINBEGRIFF

**Kollektivismus** (von lat. *collectus*, ‚gesammelt'):
ein Standpunkt, demzufolge die Interessen des gesellschaftlichen Ganzen (des Kollektivs) den Interessen des Einzelmenschen (des Individuums) vorgezogen werden müssen (Gegensatz: meist INDIVIDUALISMUS); der Wert des Individuums wird zugunsten des gesellschaftlichen Ganzen aufgehoben. In der Geschichtsphilosophie ist der K. eine Auffassung, nach der nicht die „großen Männer" (große geschichtliche Persönlichkeiten), sondern die „Massen" (das Kollektiv) den Gang der Geschichte bestimmen. Als Gegensatz zum Kollektiv kann die GEMEINSCHAFT betrachtet werden, zu der sich die Einzelindividuen freiwillig zusammenschließen, um bestimmte gemeinsame Zwecke und Ziele zu verwirklichen. Der Begriff des K. spielt eine wichtige Rolle in verschiedenen Formen des MARXISMUS.

Lit.: N. Bogdanow, Umrisse der Philosophie des Kollektivismus, 1909; W. Röpke, Die Krise des Kollektivismus, ²1949; G. Weippert, Jenseits von Individualismus und Kollektivismus, 1964.

**Kommensurabel** (lat. ‚gleichmäßig'):
vergleichbar; zwei Auffassungen (z. B. Theorien) sind k., wenn sie unter bestimmten Gesichtspunkten miteinander vergleichbar sind (Gegensatz: INKOMMENSURABEL).

**Kommunikation** (von lat. *communicare*, ‚sich besprechen mit'):
im alltäglichen Sprachgebrauch soviel wie Mitteilung, Verständigung, Austausch von Informationen usw.; der Begriff der K. wird z. B. in der Psychologie (speziell Psycholinguistik), Soziologie (speziell Soziolinguistik), Linguistik, Nachrichtentechnik, Kybernetik und Psychologie behandelt; er hat ein weites Bedeutungsspektrum. Von entscheidender Wichtigkeit für die in den oben genannten Disziplinen entwickelte Kommunikationstheorien wurde das nachrichtentechnische Kommunikationsmodell von Sender/Kanal/Empfänger (entwickelt u. a. von C. E. Shannon und W. Weaver). Anhand dieses Modells läßt sich der Kommunikationsprozeß bzw. -akt veranschaulichen. Das Modell läßt sich auf folgende Weise darstellen: zu einem Kommunikationsakt gehören: die Informationsquelle (auch Nachrichten-

quelle), der Sender, die Information, der Kanal (das Medium der Informationen), der Empfänger, das Informationsziel (auch Nachrichtenziel); beim Informationstransport soll eine Information von einer Informationsquelle zu einem Informationsziel gelangen; die Informationsquelle benötigt einen Sender, dessen Aufgabe es ist, eine Information vorzubereiten, zu „verschlüsseln" (dieser Vorgang wird „Verschlüsselung" oder „Enkodierung" genannt) und sie dem Empfänger zu übermitteln („Signalisierung", „Emission"); die Information muß von dem Empfänger aufgenommen werden („Rezeption", „Entschlüsselung" bzw. „Dekodierung"). Der Sender sendet Signale, „verschlüsselte" Informationen, die einer Informationsquelle entstammen; der Sender übersetzt also die Information aus einer Informationsquelle in ein Signal; der Empfänger des Informationsziels rückübersetzt das Signal wieder in eine Information. Die Information wird über einen Kanal (z. B. akustischen oder visuellen Kanal) übertragen; im Kanal können typische Störungen auftreten (z. B. Signalverzerrungen), die durch Rückkoppelung („Feedback") aufgehoben werden können. Die Informationsübertragung (bzw. die Übersetzung der Information in ein Signal und die Rückübersetzung des Signals in die Information) kann nur gelingen, wenn ein vereinbarter Kode (bzw. Kodierungsregeln) dem Sender und dem Empfänger bekannt ist; die Bedeutung der verwendeten Signale (Semantik) und die Regeln ihrer Zusammensetzung (Syntax) müssen sowohl dem Sender als auch dem Empfänger bekannt sein; beide müssen zu einer Sprachgemeinschaft gehören.

Im Unterschied zu dem am nachrichtentechnischen Modell Sender/Kanal/Empfänger entwickelten Kommunikationsbegriff steht die Verwendung von „K." in der Dialogphilosophie (☞DIALOG) oder EXISTENZPHILOSOPHIE; Martin Buber spricht von dem Dialog, in dem sich *Ich* und *Du* unmittelbar begegnen. Für Karl Jaspers ist *existenzielle K.* ein Sichöffnen des Menschen für den anderen, ein füreinander Offensein: „Ich kann nicht selbst werden, ohne in K. zu treten"; in der offenen existenziellen K. kommt das Ich gleichzeitig zu sich selbst und dem anderen; es wird in diesem Offensein erst dadurch wirklich, indem es sich im anderen offenbart. K. ist bei Jaspers eine „universale Bedingung des Menschseins". Für Sartre ist K. das Angewiesensein auf den Umgang mit anderen, das Ur-Unglück für das Selbstsein. Einen ganz anderen Kommunikationsbegriff findet man im Pragmatismus (C. S. Peirce) und in der sich auf F. de Saussure berufenden Tradition der Sprachwissenschaften: hier wurde der Zeichencharakter der K. hervorgehoben (☞ZEICHEN, SEMIOTIK).

Wichtig für viele Kommunikationstheorien wurde die von N. Chomsky eingeführte Unterscheidung zwischen *Sprachkompetenz* (Fähigkeit eines idealen Sprechers/Hörers, ein abstraktes Sprachsystem generativer Regeln zu beherrschen) und *Sprachperformanz* (individuelle Sprachverwendung bzw.

der aktuelle Sprachgebrauch in konkreten Situationen; Anwendung der idealen Sprachkompetenz).

In der jüngsten Philosophie hat Jürgen Habermas eine universalpragmatische „Theorie des kommunikativen Handelns“ entworfen (☞ UNIVERSALPRAGMATIK); in ihr werden die Forschungsergebnisse der philosophischen und empirischen Kommunikations- bzw. Argumentationstheorien aufgenommen und im Rahmen einer soziologischen Handlungstheorie weiterentwickelt; dabei wird das Modell Sender/Kanal/Empfänger wesentlich modifiziert und erweitert. Habermas unterscheidet zwischen *instrumentellem Handeln*, in dem der Einzelne unter ein abstrakt Allgemeines subsumiert wird (der Einzelne ist ein Instrument der Allgemeinheit; es handelt zweckrational, instrumentell; ☞ VERNUNFT, RATIONALITÄT), und dem *kommunikativen Handeln*, das auf der reziproken Anerkennung von Subjekten beruht und das sich durch Intersubjektivität auszeichnet. Die universal- bzw. formalpragmatische Theorie des kommunikativen Handelns soll nicht als eine empirisch-pragmatische Theorie verstanden werden; in ihr werden nicht konkrete Rahmenbedingungen für das Äußere sprachlicher Ausdrücke angegeben; sie richtet sich in rekonstruktiver Absicht (im Sinne einer Theorie der kommunikativen Kompetenz) auf die „Bedingungen möglicher Verständigung“; in ihr soll das Regelsystem nachkonstruiert werden, nach dem die Situationen möglicher Rede überhaupt hervorgebracht oder generiert werden können. Eine weitere von Habermas unternommene Unterscheidung ist die zwischen kommunikativem Handeln und DISKURS. Für H. Schnädelbach sind Diskurse Kommunikationsformen, mit denen wir uns auf andere Kommunikationsformen beziehen. Nach Habermas ist der Diskurs die „umgangssprachliche K. in einer von Zwängen der Interaktion freigesetzten Form“. Das Kriterium für das Gelingen von Diskursen liegt nach Habermas in der „idealen Sprechsituation“, die von jedem empirischen Sprecher in realen Kommunikationssituationen kontrafaktisch angenommen werden muß; das, was Habermas als die ideale Sprechsituation (oder den „herrschaftsfreien Diskurs“) bezeichnet, wird von bestimmten Diskursregeln festgelegt; sie müssen befolgt werden, damit ein Diskurs gelingen kann. K.-O. Apel spricht in diesem Zusammenhang von der „idealen Kommunikationsgemeinschaft“ (☞ TRANSZENDENTALPRAGMATIK); werden in einer „realen Kommunikationsgemeinschaft“ Geltungsansprüche gestellt und auf diskursive Weise faktisch ein KONSENS erzielt, so ist damit der Anspruch verbunden, daß der Konsens hinsichtlich aller Argumentierenden (auch derjenigen, die in der Vergangenheit gelebt haben und in der Zukunft leben werden) verteidigt werden kann.

Lit.: K. Jaspers, Philosophie II, 1932; ders., Vernunft und Existenz, $^{3}$1949; N. Chomsky, Aspekte der Syntax-Theorie, 1969; K. O. Apel, Transformation der Philosophie II, 1973; C. E. Shannon/W. Weaver; The Mathematical Theory of Communication, 1949; S. Maser, Grundlagen der allgemeinen Kommunikationstheorie, $^{2}$1973; D. Baacke, Kommunikation und Kompetenz, 1973; P. Watzlawick/J. H. Beavin/

D. D. Jackson, Menschliche Kommunikation, [4]1974; J. Habermas, Vorbereitende Bemerkungen zu einer Theorie der kommunikativen Kompetenz, in: ders./N. Luhmann, Theorie der Gesellschaft oder Sozialtechnologie, 1971; J. Habermas, Theorie des kommunikativen Handelns I, 1981.

**Kommunismus** (von lat. *communis*, ‚gemeinsam‘):
Nach Karl Marx Bezeichnung für eine zukünftige Gesellschaft, in der es keine Ausbeutung des Menschen durch den Menschen, keine Entfremdung, kein Privateigentum, keine Klassen, keinen Staat gibt. Im K. soll politische, wirtschaftliche und soziale Gleichheit aller erreicht werden. Vorformen bzw. Elemente der kommunistischen Konzeption findet man in der christlichen Urgemeinschaft und in den utopischen Entwürfen (z. B. bei Th. Morus).

Lit.: Th. Morus, Utopia, 1616; K. Marx, Kommunistisches Manifest, 1848.

**Komparativ** (von lat. ‚*comparativus*‘): vergleichend

**Kompatibel** (vom franz. *compatir*, ‚übereinstimmen‘):
in der Logik vereinbar (Gegensatz: INKOMPATIBEL).

**Komplement** (lat. ‚Ergänzung‘):
Ergänzungsteil; „komplementär“: ergänzend; „Komplementarität“: Ergänzungsverhältnis.

**Konditionalismus** (von lat. *conditio*, ‚Bedingung‘):
auch „Konditionismus“; erkenntnistheoretische Lehre, derzufolge der Begriff der URSACHE durch den der Gesamtheit von BEDINGUNGEN ersetzt werden soll. Nicht durch die Angabe von Ursachen, sondern durch die des *Bedingungsgefüges* soll ein Ereignis erklärt werden. Der K. wurde von M. Verworn entwickelt. ☞ KAUSALITÄT

Lit.: M. Verworn, Kausale und konditionale Weltanschauung, [3]1928.

**Konfuzianismus:**
die Lehre des Konfuzius und die sich an ihn anschließende philosophische Tradition. Seine größte Ausbreitung fand der K. in China, wo er auch zur Staatsphilosophie wurde. Der K. darf nicht als eine theoretische Position verstanden werden; er ist vielmehr eine Moralphilosophie, in der praktische Handlungsanweisungen formuliert werden. Besonders relevant ist die Lehre von den fünf Tugenden: Weisheit, Ehrfurcht, Mut, Loyalität und Gewissenhaftigkeit. Die konfuzianischen Prinzipien sollen das Zusammenleben der Menschen ordnen; sie sind die Voraussetzungen für das Funktionieren der staatlichen Ordnung.

Lit.: R. Wilhelm, Kungtse und der Konfuzianismus, 1930; K. Shimada, Die neo-konfuzianische Philosophie, 1987; J. Ching, Konfuzianismus und Christentum, 1989; G. S. Paul, Aspects of Confucianism, 1990.

**Konjunktion** (von lat. *coniunctio*, ‚Verbindung‘):
in der JUNKTORENLOGIK die Verbindung zweier einfacher Aussagen zu einer komplexen Aussage mittels des JUNKTORS „und“ (symbolisch dargestellt: ∧ ); z. B. „Martin ist fleißig“ und „Martin ist beschäftigt“ werde zu „Martin ist fleißig und Martin ist beschäftigt“.
Die Wahrheitstafel für die K. sieht folgendermaßen aus:

| A | B | A ∧ B |
|---|---|---|
| w | w | w |
| w | f | f |
| f | w | f |
| f | f | f |

Die komplexe Aussage ist genau dann wahr, wenn beide Teilaussagen wahr sind.

**Konklusion** (von lat. *conclusio*, ‚Schluß‘): ☞ FOLGERUNG

**Konkret** (von lat. *concrescere*, ‚zusammenwachsen‘):
anschaulich, sichtbar, greifbar; das, was anschaulich, sinnlich und in Raum und Zeit gegeben ist (Gegensatz: ABSTRAKT, begrifflich). In einigen phänomenologischen Theorien wird von der vortheoretischen, vorwissenschaftlichen Welt als von der konkreten, anschaulichen LEBENSWELT gesprochen; in einigen lebensphilosophischen Positionen vom konkreten Leben gegenüber dem abstrakt-theoretischen Denken; in existenzphilosophischen Kontexten spricht man oft von der Konkretheit der menschlichen Existenz; gegenüber dem abstrakt-theoretischen Denken bzw. der Verwissenschaftlichung unseres Weltbildes wird auf die Bedeutung der konkreten lebensweltlichen Alltagspraxis hingewiesen.

Lit.: P. Claessens, Das Konkrete und das Abstrakte, 1980.

**Konnotation** (von lat. *con*, ‚mit‘, und *notare*, ‚bezeichnen‘):
J. S. Mill versteht unter K. eines sprachlichen Ausdrucks den Inhalt dieses Ausdrucks (in Freges Terminologie spricht man auch von dem „Sinn“ eines Ausdrucks; in der zeitgenössischen sprachanalytischen Philosophie von der *intensionalen Bedeutung*) im Unterschied zu DENOTATION eines sprachlichen Ausdrucks (eines Namens), d. h. dem Gegenstand (bzw. den Gegenständen), dem (denen) der sprachliche Ausdruck (Name) als prädikativer Ausdruck (PRÄDIKAT) zukommt (in Freges Terminologie kann hier von der „Bedeutung“ gesprochen werden; in der zeitgenössischen Terminologie von der

*extensionalen Bedeutung*).

Lit.: J. S. Mill, System der deduktiven und induktiven Logik, 1843.

**Konsens** (auch „Konsensus") (von lat. *consensus*, ‚Übereinstimmung'),:
allgemein Übereinstimmung, die in der ARGUMENTATION zwischen Personen erreicht wird (nicht eine Übereinstimmung zwischen Subjekt und Welt; ☞KORRESPONDENZ). Der Begriff des K. spielt eine zentrale Rolle in der Argumentations- bzw. Kommunikationstheorie von J. Habermas und K.-O. Apel (☞UNIVERSALPRAGMATIK, TRANSZENDENTALPRAGMATIK); der K. der an der Argumentation Beteiligten ist das Ziel der argumentativen Rede bzw. Verständigung. Der Begriff des K. spielt eine zentrale Rolle in der sog. *Konsenstheorie der Wahrheit* (☞WAHRHEITSTHEORIEN).

**Konsequenz** (von lat. *consequentia*, ‚Folgerung'):
in der Logik synonym mit FOLGERUNG (im Sinne der Folgerungsbeziehung).

**Konsistent** (von lat. *consistere*, ‚stillstehen'):
logisch widerspruchsfrei; *Konsistenz* meint dann Widerspruchsfreiheit. Ein formales System von Aussagen heißt konsistent, wenn in ihm kein WIDERSPRUCH enthalten ist.

**Konstitution** (von lat. *constitutio*, ‚Verfassung', ‚Einrichtung'):
allgemein Zusammensetzung, -stellung, Verfassung, Aufbau, Einrichtung; in der ontologischen Philosophie Bezeichnung für die wesentlichen Eigenschaften bzw. Merkmale, die das WESEN eines Gegenstandes ausmachen; in der neuzeitlichen (meist transzendentalphilosophisch orientierten) Erkenntnistheorie (z. B. bei Kant) Bezeichnung für die Leistungen des menschlichen Subjekts; das Subjekt konstituiert mit Hilfe seines Erkenntnisapparats die Realität (statt von konstituieren wird hier gelegentlich auch von produzieren gesprochen). Kant unterscheidet zwischen *konstitutiven* und *regulativen Prinzipien*; konstitutive Prinzipien werden als „Regeln des objektiven Gebrauchs der Kategorien" bzw. als die „Grundsätze des reinen Verstandes" bestimmt; sie legen nach Kant A PRIORI den transzendentalen Bedeutungsrahmen möglicher Erfahrungserkenntnis fest; sie ermöglichen erst die Erkenntnis der Gegenstände der Erfahrung. Dagegen haben die *transzendentalen Ideen* (☞IDEE) einen regulativen Gebrauch; sie geben der Erkenntnis eine systematische Einheit.
In der PHÄNOMENOLOGIE E. Husserls spielt die *phänomenologische* bzw. *transzendentale K.* eine Schlüsselrolle; mittels der EPOCHÉ hebt der Phänomenologe die Geltung der Weltwirklichkeit auf; er gelangt dadurch zum

reinen, TRANSZENDENTALEN EGO (auch „transzendentales Bewußtsein" bzw. Reich der „reinen Subjektivität") als dem „Zentrum der K.". Das transzendentale Ego konstituiert mit seinen Leistungen die Welt; mittels der K. kehrt das Ego (Ich) sozusagen zur Welt zurück, nachdem er sie in der Epoché „verlassen" hat. Husserl unterscheidet drei K.-Stufen: die 1) *Ur-K.* (die passive K. der immanenten Zeit und ihrer primären Inhalte und die zeitliche Selbst-K. der reinen Subjektivität), 2) die *primordiale K.* (die K. des psychophysischen Subjekts und seiner originär gegebenen Umwelt), 3) die *intersubjektive K.* (die K. der gemeinsamen Welt der transzendentalen Subjekte). Die K. wird bei Husserl als „ursprüngliche Sinnbildung" bestimmt; durch die K. „wird... die für uns seiende Welt verständlich gemacht... als ein Sinngebilde aus den elementaren Intentionalitäten" (☞ INTENTIONALITÄT).

Eine ganz andere (nicht transzendentalphilosophische) Theorie der K. findet man bei R. Carnap; der Aufbau der Welt soll logisch nachkonstruiert werden; ein Begriff A wird aus anderen Begriffen konstituiert mit Hilfe einer *konstitutionalen Definition* (einer *expliziten Definition* oder einer *Gebrauchsdefinition*); sie gibt an, wie eine Aussageform, die A enthält, umgeformt werden kann in eine extensionsgleiche Aussageform, die B, C,..., nicht aber A enthält.

In der Sprechakttheorie unterscheidet J. R. Searle zwischen *konstitutiven Regeln*, die SPRECHAKTE überhaupt erst ermöglichen, und *regulativen Regeln*, nach denen bereits existierende Sprechakte vollzogen werden können.

Lit.: I. Kant, Kritik der reinen Vernunft, 1781, $^{2}$1787; R. Carnap, Der logische Aufbau der Welt, 1928; E. Husserl, Ideen zu einer reinen Phänomenologie und phänomenologischen Philosophie I, 1950; ders., Die Krisis der europäischen Wissenschaften und die transzendentale Phänomenologie, $^{2}$1962; J. R. Searle, Sprechakte, 1971.

## Konstruktivismus:

eine der bedeutendsten wissenschaftstheoretischen Positionen. Eins der wichtigsten Ziele des K. ist der schrittweise Aufbau einer Wissenschaftssprache; es soll ein Begriffssystem für Logik, Mathematik, Natur- und Sozialwissenschaften aufgebaut werden. Die konstruktivistische Wissenschaftstheorie kann als ein Begründungszusammenhang aufgefaßt werden. Sie ist *konstruktiv*, weil sie das sprachliche Instrumentarium für die Wissenschaften erst konstruieren muß (sie nimmt sich dabei die Ergebnisse der sprachanalytischen Wende bzw. der Sprachphilosophie in Anspruch). Für den K. sind normative Gesichtspunkte beim Aufbau bzw. bei der Begründung der Wissenschaften entscheidend; eins der Grundgedanken des K. besagt, daß die wissenschaftliche Theorienbildung in der vorwissenschaftlichen, lebensweltlichen Praxis (☞ LEBENSWELT) fundiert ist; die Wissenschaften sollen aus der Lebenswelt aufgebaut und begründet werden. Beim

Aufbau der Logik werden Prädikatoren und Nominatoren eingeführt. Diese Einführung geschieht in Lernsituationen. Die Bedeutung der Wörter kann hier als der Gebrauch der Wörter bestimmt werden, der an unsere Lebenspraxis gebunden ist. Beim Aufbau der Logik steht die Einführung der logischen Partikel im Mittelpunkt. Wichtig ist die im Rahmen des K. geleistete Begründung der modernen Mathematik und der Aufbau der *Protophysik* als einer apriorischen Wissenschaft von Raum und Zeit. Weitere Forschungsbereiche, die in das konstruktive Programm einbezogen sind, sind: eine Argumentationstheorie, die sich an der Logik des Dialogs orientiert, Ethik, Sozialwissenschaften, Theorie des politischen Handelns u. a.. Die wichtigsten Vertreter des K. sind: P. Lorenzen, W. Kamlah, J. Mittelstraß, O. Schwemmer, C. F. Gethmann.

Lit.: P. Lorenzen/W. Kamlah, Logische Propädeutik, 1967; ders./O. Schwemmer, Konstruktive Logik, Ethik und Wissenschaftstheorie, $^{2}$1975; ders., Lehrbuch der konstruktiven Wissenschaftstheorie, 1987.

**Kontemplation** (von lat. ‚*contemplatio*‘):
Schau, Betrachtung von Sachverhalten und Versenkung in sie; dabei werden meist bestimmte Wirklichkeitsbereiche erschlossen, die für die Frage nach dem Sinn der Welt bzw. des Ganzen von Bedeutung sind; in der Mystik die Schau des Göttlichen durch Versenkung in die eigene Seele. Für Schopenhauer ist K. die Bedingung für die ästhetische Betrachtung; das Subjekt soll sich vom Willen lösen, die eigene Individualität aufgeben, sich ins Objekt verlieren; nur so kann das Subjekt die „Idee“ eines Gegenstandes in der Anschauung erfassen. In der neueren Zeit wird die VITA CONTEMPLATIVA (die kontemplative Lebensform) der VITA ACTIVA (der aktiven, tätigen Lebensform) gegenübergestellt. Die K. kann heute als eine spezielle Art der INTUITION aufgefaßt werden.

Lit.: A. Schopenhauer, Die Welt als Wille und Vorstellung, 1819, $^{3}$1859; J. Pieper, Glück und Kontemplation, $^{4}$1979; T. Merton, Vom Sinn der Kontemplation, 1955.

**Kontingenz** (von lat. *contingere*, ‚sich ereignen‘, ‚eintreten‘):
allgemein Zufälligkeit (meist im Gegensatz zu NOTWENDIGKEIT). In der Scholastik ist alles, was nicht aus eigenem Wesen notwendig entsteht, kontingent. Nur Gott ist nicht kontingent. In der Existenzphilosophie spricht man oft von der K. des Menschen, seiner Zufälligkeit, Geworfenheit.

**Kontinuität** (von lat. *continuus*, ‚stetig‘, ‚ununterbrochen‘):
allgemein Stetigkeit, Ununterbrochenheit, stetiger Zusammenhang bzw. Ablauf. Leibniz formuliert das Gesetz der K., nach dem alles, was in der Natur vorhanden ist, kontinuierlich, stetig, ohne sprunghafte Übergänge, verläuft. Das Gesetz der K. wurde von Thomson und Helmholtz modifiziert. In der Evolutionstheorie und in der QUANTENMECHANIK wird das

Kontinuitätsprinzip abgelehnt.

**Kontradiktion:** ☞WIDERSPRUCH

**Kontradiktorisch** (von lat. *contradictio*, ‚Widerspruch'):
in der Logik widersprüchlich; zwei Aussagen stehen in einem k. Gegensatz bzw. Widerspruch, wenn sie beide zugleich nicht wahr sein können; in einem Äquivalenzverhältnis ist die eine Aussage die Negation der anderen (☞ÄQUIVALENZ).

**Kontrafaktisch:**
nicht dem tatsächlichen, real Bestehenden entsprechend; eine Idealisierung, die Vorwegnahme eines Zustands, der momentan nicht besteht. In der Diskurstheorie (☞DISKURS) spricht man von kontrafaktischen Argumentationssituationen.

**Konträr** (von lat. *contrarius*, ‚entgegengesetzt'):
entgegengesetzt; zwei Aussagen stehen in einem konträren Widerspruch, wenn sie nicht zugleich wahr sein können; im Verhältnis der IMPLIKATION ist die eine Aussage die Negation der anderen.

**Konvention** (von lat. *conventio*):
Übereinkunft, Festsetzung, Festlegung. ☞KONVENTIONALISMUS

**Konventionalismus:**
Sammelbezeichnung für Positionen, denen zufolge Begriffe, Hypothesen, Axiome, Grundsätze, Theorien usw. mittels bzw. als KONVENTIONEN bestimmt werden. In der konventionalistischen Logik und Mathematik werden z. B. AXIOME als Konventionen betrachtet. Als Hauptvertreter und Begründer des konventionalistischen Ansatzes gilt H. Poincaré. Ihm zufolge können die Aussagen der euklidischen Geometrie in Aussagen anderer Geometrien übersetzt werden. Die Axiome, Grundsätze und physikalische Größen wurden als Konventionen aufgefaßt.
In der modernen Philosophie taucht der K. in unterschiedlichen Zusammenhängen auf. Nach R. Carnap haben syntaktische und semantische Regeln einen konventionellen Charakter. Für andere Semantiker sind BEDEUTUNGEN konventioneller Natur. Eine wichtige Rolle spielt der Begriff der Konvention bzw. Konventionalität in der Sprechakttheorie (☞SPRECHAKT). Das sprachliche Handeln und das Verstehen der sprachlichen Äußerungen erfolgt durch die Befolgung von Regeln und Konventionen. Für Searle ist es entscheidend, wie die Bedeutung einer Äußerung aufgrund der Regelhaftigkeit bzw. Konventionalität des geäußerten Satzes zu

bestimmen ist. D. Lewis faßt den Begriff der Konvention als Verhaltensregularität auf.

Lit.: H. Poincaré, Wissenschaft und Hypothese, 1902; H. Reichenbach, Philosophie der Raum-Zeit-Lehre, 1928; R. Carnap, Die logische Syntax der Sprache, 1934; J. R. Searle, Sprechakte, 1971.

**Konzeption** (von lat. *conceptus*, ‚Begriff'):
gedanklich-begrifflicher Entwurf.

**Konzeptualismus:**
Sammelbezeichnung für Positionen, denen zufolge das Allgemeine als Begriff (im Verstand bzw. Geist) aufzufassen ist. Der K. ist im sog. UNIVERSALIENSTREIT die dritte Position neben dem NOMINALISMUS (Allgemeinbegriffe sind Namen) und dem REALISMUS (Allgemeinbegriffen entspricht etwas Reales). Hauptvertreter sind Abaelard und Wilhelm von Ockham.

**Kopula** (lat. ‚Verknüpfung', ‚Band'):
Verbindungszeichen; in einem einfachen Elementarsatz, in dem einem Subjekt ein Prädikat zukommt, wird das „ist" als K. aufgefaßt, z. B. im Satz: „Martin ist ein Philosoph" (symbolisch: S$\varepsilon$P). Die verneinende Kopula hat das Symbol $\varepsilon'$, z. B. in dem Satz „Martin ist nicht ein Philosoph" (symbolisch: S$\varepsilon'$P).

**Körper** (lat. ‚*corpus*'):
allgemein sinnlich-wahrnehmbarer Gegenstand (meist auch ausgedehnt und räumlich lokalisierbar). Bei den Atomisten setzt sich der K. aus kleinsten Teilen, den ATOMEN, zusammen. Platon unterscheidet zwischen der Welt der nicht-körperlichen IDEEN und der Welt der Einzeldinge, die einen körperlichen Charakter haben. Die Einzeldinge sind im Unterschied zu den Ideen materiell, ausgedehnt und vergänglich. Nach Aristoteles ist K. materieller Gegenstand, dem eine FORM inhärent ist (☞HYLEMORPHISMUS). Der K. ist zusammengesetzt aus Stoff und Form. In der scholastischen Philosophie wurden die aristotelischen Bestimmungen des K. übernommen. Bei Descartes ist die Ausdehnung das Hauptmerkmal des K.. Er unterscheidet zwischen der ausgedehnten Substanz (☞RES EXTENSA), dem K., und der denkenden Substanz, dem GEIST bzw. reinen DENKEN (☞RES COGITANS). In den neuzeitlichen Naturwissenschaften wird K. als ein mit Materie erfüllter, begrenzter Bereich des RAUMES angesehen. Angesichts der neueren Entwicklungen in der Physik wird jedoch die Bestimmung des K. in Frage gestellt. Im Laufe der Philosophiegeschichte wurde K. als (menschlicher) Leib aufgefaßt, der dem Geist bzw. der Seele entgegengesetzt ist. In diesem Zusammenhang entsteht (besonders seit Descartes) das sog. LEIB-SEELE-PROBLEM.

Lit.: Aristoteles, Metaphysik; R. Descartes, Meditationen über die erste Philosophie, 1641; T. Wulf, Die Bausteine der Körperwelt, 1935; J. Seiler, Philosophie der unbelebten Natur, 1948; C. F. v. Weizsäcker, Die Einheit der Natur, 1971.

**Korrespondenz:**
Übereinstimmung; die Übereinstimmung zwischen dem Intellekt bzw. Denken und der „äußeren" Welt (nicht im Sinne der Übereinstimmung zwischen Argumentierenden; ☞ KONSENS). Die Problematik der Übereinstimmung zwischen Denken (oder auch Sprache) und der Welt spielt eine wichtige Rolle in der Bestimmung der WAHRHEIT und wird in den WAHRHEITSTHEORIEN behandelt.

**Kosmogonie** (griech.):
Weltentstehung; vorphilosophische, vorwissenschaftliche, also mythisch-religiöse Weltentstehungslehren, die in fast allen Religionen zu finden sind. Die ersten philosophischen K. tauchen bei den VORSOKRATIKERN auf. Sie sprechen von Urstoffen, aus denen die Welt entsteht, und auch von Prinzipien, nach denen sich die Welt entwickelt. Nach Platon erschafft die Welt ein göttlicher Weltbildner bzw. -ordner ; er formt die Welt aus dem CHAOS, gibt ihr eine geordnete Struktur (☞ KOSMOS). Die christliche Vorstellung von der Weltentstehung orientiert sich an dem Gedanken der SCHÖPFUNG der Welt durch den allmächtigen Gott (☞ CREATIO EX NIHILO).
Descartes entwirft die sog. *Wirbeltheorie*: Sonnensysteme entstehen aus einem Wirbel, der aus Teilchen der Materie besteht. Kant spricht von der Entstehung der Welt aus einem chaotischen Zustand durch die Gesetze der Abstoßung und Anziehung. Auch Laplace entwirft eine eigene K.. In den neueren physikalischen K. spielt die *Urknalltheorie* eine besondere Rolle. ☞ KOSMOLOGIE

Lit: ☞ KOSMOLOGIE

**Kosmologie** (vom griech. *kosmos*, ‚Ordnung', und *logos*, ‚Lehre'):
allgemein die Lehre von der Struktur des Weltganzen, des KOSMOS. Zur K. gehört auch die Lehre von der Entstehung des Kosmos (☞ KOSMOGONIE). Die ersten Philosophen, die VORSOKRATIKER, werden als *Kosmologen* bezeichnet. Wichtig ist der Übergang vom MYTHOS bzw. der Mythologie (als der geordneten Sammlung der Mythen) zum LOGOS bzw. zur K.; dieser Übergang markiert die Entstehung der Philosophie. In der Mythologie werden Götter als Entstehungsgründe und als Prinzipien der Welt bzw. des Weltgeschehens betrachtet; sie dienen als Erklärungsprinzipien des Weltgeschehens. Dies ändert sich in der K. als der ersten Form der abendländischen Philosophie; es kommt zur Entpersönlichung der der Welt zugrunde

liegenden Kräfte; nicht mehr Götter, sondern Stoffe bzw. allgemeine Prinzipien dienen der Erklärung des Weltgeschehens. Der Stoff, aus dem die Welt entsteht und der das Grundelement der Welt bildet, ist bei Thales das Wasser, bei Anaximenes die Luft, bei Empedokles die vier Elemente (Wasser, Luft, Erde, Feuer), bei Heraklit das Feuer und bei Demokrit das Atom. Als Prinzipien bzw. Strukturen des Kosmos gelten bei Pythagoras die Zahlenverhältnisse, bei Empedokles der Streit zwischen Liebe und Haß, bei Anaxagoras die allumfassende Vernunft (☞NOUS), bei Anaximander das Unendliche und Unbestimmte (APEIRON), bei Heraklit der Kampf der Gegensätze. Für viele der antiken Philosophen entsteht die Welt aus einem ungeordneten CHAOS. Bei Platon wird die Welt vom Demiurg (Weltordner, Weltbildner) erschafft und geordnet; der Demiurg orientiert sich jedoch an den IDEEN, die die Struktur des Weltganzen bilden (☞IDEENLEHRE). Bei Aristoteles ist es der UNBEWEGTE BEWEGER, der das Weltgeschehen in Gang bringt. In der STOA wird K. als das geordnete Weltganze bestimmt; dieses Weltganze wird von der allumfassenden Vernunft (Weltvernunft) beherrscht und geleitet.
In der CHRISTLICHEN PHILOSOPHIE wird Kosmos im Zusammenhang mit dem Schöpfungsakt und dem allmächtigen Gott gesehen; Gott erschafft die Welt; sie ist seine SCHÖPFUNG und insofern etwas ihm Untergeordnetes. Zu Beginn der Neuzeit wird die K. als Disziplin der speziellen Metaphysik betrachtet (so bei Chr. Wolff). Allmählich wird die K. im Rahmen der Astronomie und in der Neuzeit in den Naturwissenschaften (besonders der Physik) behandelt. Wichtig sind hier die Erkenntnisse von Kopernikus, Newton und Kepler. In der neueren Zeit werden kosmologische Probleme meist in der modernen Physik behandelt, so in der allgemeinen RELATIVITÄTSTHEORIE (Einstein) und in der QUANTENMECHANIK (Heisenberg).

Lit.: K. Lehmen-Beck, Kosmogonie, [5]1920; O. Heckmann, Theorien der Kosmologie, 1942; H. Bondi, Cosmology, 1952; H. Wein, Zugang zur philosophischen Kosmologie, 1954; Fr. Lämmli, Vom Chaos zum Kosmos, 1962; F. Schmeidler, Alte und moderne Kosmologie, 1962.

## Kosmologischer Gottesbeweis: ☞GOTTESBEWEISE

## Kosmos (griech. ‚Ordnung', ‚Schmuck'):

Weltall, Weltordnung, Weltganze (Gegensatz: CHAOS); in der antiken Philosophie Bezeichnung für die einheitliche Weltordnung, für die geordnete Gesamtheit des Seienden. Die Vorsokratiker suchen nach einem Urstoff, aus dem der K. entsteht und nach Prinzipien, nach denen der K. „funktioniert". Ähnlich fragen Platon und Aristoteles nach dem Ursprung und der Struktur des K.. Für die Stoiker durchwaltet der K. eine Weltvernunft. In der Neuzeit wurde der Begriff im Zusammenhang mit Begriffen wie WELT, NATUR, UNIVERSUM verwendet bzw. durch diese Begriffe ersetzt. Die philosophische Betrachtung des Begriffs „K." wird in der KOSMOLOGIE vollzogen.

Lit.: H. Vogt, Die Struktur des Kosmos als Ganzes, 1861; W. Kranz, Kosmos und Mensch in der Vorstellung des frühen Griechentums, 1938.

**Kriterium** (vom griech. *kritein*, ‚urteilen'):
Maßstab, Prüfstein, Kennzeichen.

**Kritik** (vom griech. *kritike (techne)*, ‚Kunst der Beurteilung'):
allgemein In-Frage-Stellung, Prüfung, Hinterfragung. Die K. gehört zur Grundfähigkeit des Denkens. Das kritische Denken steht im Gegensatz zum dogmatischen Denken (☞DOGMATISMUS). Unterschiedliche Formen der K. tauchen im Verlaufe der gesamten abendländischen Philosophiegeschichte auf. In der Antike taucht die K. an überlieferten Meinungen und an Autoritäten bei den Sophisten auf. Aristoteles entwickelte seine philosophische Konzeption in kritischer Auseinandersetzung mit Platons Ideenlehre; er prüft und revidiert die Voraussetzungen der platonischen Konzeption.
In der christlichen Philosophie überwiegt die kirchliche Dogmatik. Nur vereinzelt erhoben sich Stimmen, die die Dogmen bzw. festgelegten Wahrheiten in Frage stellen. Erst in der Neuzeit taucht das Moment der K. verstärkt auf. K. ist ein Grundzug der AUFKLÄRUNG; die überlieferten Meinungen und die Autoritäten werden einer K. unterzogen. Nicht mehr die Autorität der Kirche oder die Berufung auf die Offenbarung Gottes gelten als Kriterium der Wahrheit; es ist die menschliche Vernunft, an der sich die Erkenntnis orientieren muß, und die zum Medium der K. avanciert. Die Vernunft muß sich Rechenschaft über sich selbst geben; sie muß ihre eigenen Grenzen festlegen. In diesem Sinne philosophiert Kant; er will in seinen „Kritiken" die Grenzen der „reinen Vernunft" aufzeigen; er will zeigen, was für die Vernunft erkennbar ist und was außerhalb der Erkennbarkeit liegt (☞KRITIZISMUS). Nach Kant wurde der Begriff der K. in unterschiedlichen Kontexten gebraucht. In der Tradition des Marxismus und Neumarxismus (☞KRITISCHE THEORIE) wird K. zur K. an den bestehenden Verhältnissen, im KRITISCHEN RATIONALISMUS als kritisches Verfahren bei der Gewinnung von wissenschaftlichen Aussagen (☞VERIFIKATION, FALSIFIKATION), in der sprachanalytischen Philosophie als K. an dem metaphysischen Sprachgebrauch (☞SPRACHKRITIK).

Lit.: I. Kant, Kritik der reinen Vernunft, 1781, [2]1787; H. Albert, Traktat über kritische Vernunft, 1968; I. Lakatos/A. Musgrave (Hg.), Kritik und Erkenntnisfortschritt, 1974.

**Kritischer Rationalismus:**
philosophische Konzeption, die von K. R. Popper begründet wurde und in ihrer Anfangsphase als Gegenkonzeption zu der des LOGISCHEN EMPIRISMUS des *Wiener Kreises* verstanden werden kann. Der Grundsatz des k. R. lauten: Es gibt keine absolute, unerschütterliche Erkenntnis; wissenschaftliche Sätze müssen rationaler Kritik unterzogen werden (sie müssen überprüfbar sein). Popper kritisiert das vom logischen Empirismus aufgestellte SINNKRITERIUM; wissenschaftliche Aussagen können nach ihm nicht durch Beobachtungsaussagen verifiziert werden (☞VERIFIKATION). Im logischen Empirismus werden mit Hilfe des Sinnkriteriums die sinnvollen von den sinnlosen Sätzen unterschieden. Popper formuliert dagegen kein Sinn-, sondern ein Abgrenzungskriterium, mit dessen Hilfe Sätze der empirischen Wissenschaft von anderen, z. B. metaphysischen Sätzen, abgegrenzt werden können; als Abgrenzungskriterium gilt nach Popper die Falsifizierbarkeit (☞FALSIFIKATION). Ein Satz der empirischen Wissenschaft kann durch Beobachtung nicht bewiesen (die Beobachtung kann kein Beweis sein), sondern nur widerlegt, falsifiziert werden. Anders formuliert: Ein Satz der empirischen Wissenschaft kann falsifizierbar sein; er kann an der Erfahrung „scheitern". Dem logischen Empirismus zufolge soll ein Induktionsprinzip angegeben werden, das es ermöglicht, von endlich vielen Beobachtungssätzen auf allgemeingültige Gesetze zu schließen. Nach Popper kann es ein solches Prinzip nicht geben (das Problem des logischen Zirkels). Das induktive Verfahren besagt, daß Hypothesen verifiziert werden können. Poppers Verfahren kann als deduktiv-falsifikationistisch bezeichnet werden; es sollen Bedingungen angegeben werden, unter denen Sätze der empirischen Wissenschaft als falsifiziert betrachtet werden können; eine Hypothese wird dadurch getestet, daß man aus ihr mittels der deduktiven Logik singuläre Beobachtungssätze herleitet. Eine Theorie ist dann falsifiziert, wenn sich diese Sätze aufgrund empirischer Überprüfung als falsch herausstellen.
Die Grundgedanken des k. R., die von Popper formuliert wurden, spielen eine wichtige Rolle nicht nur in der Wissenschaftstheorie (bzw.-Wissenschaftsmethodologie) der Naturwissenschaft, sondern auch der der Geschichts- und Sozialwissenschaft, im Bereich der Ethik, des Ökonomischen und Politischen. Von besonderer Bedeutung die Arbeiten von Hans Albert, dem prominentesten Vertreter des k. R. in Deutschland. Im Bereich der Ethik z. B. kritisiert Albert den Gedanken der Letztbegründung von moralischen Normen (☞BEGRÜNDUNG). Eine solche Art der Begründung wird dogmatisch abgebrochen; oder es entsteht ein Begründungszirkel; oder es entsteht ein unendlicher Regreß. Anstelle der Idee der Letztbegründung setzt Albert die Idee einer kritischen Prüfung, die am Leitfaden der jeweils relevanten Maßstäbe bzw. Kriterien vonstatten

geht; diese Maßstäbe und Kriterien sollen ihrerseits rational kritisierbar und falsifizierbar sein. Im Bereich des Politischen treten die Hauptvertreter des k. R. für die Verwirklichung der Grundideen einer pluralistischen Demokratie ein.
Besondere Bedeutung erlangte Poppers Kritik am Totalitarismus der Hegelschen und Marxschen Provenienz. Es gibt nach Popper keine notwendigen Gesetze in der Geschichte, die auch für die Zukunft (zukünftige geschichtliche Ereignisse) absolute Geltung hätten; das Eintreten zukünftiger Ereignisse kann nur mit Wahrscheinlichkeit (in bestimmten Wahrscheinlichkeitsaussagen), nicht mit Notwendigkeit vorausgesagt werden. Aussagen, die die Zukunft betreffe, sind also – sollen sie den wissenschaftstheoretischen Standards entsprechen – nur als Prognosen möglich. Daher kritisiert Popper mit Entschiedenheit die Rolle der (politischen) Prophetien. Propheten in diesem auch stark religiösen Sinne waren z. B. Hegel und Marx. Die Aufgabe der Politik ist nicht die Verwirklichung utopischer, prophetischer Ziele (wie z. B. bei Platon, Hegel und Marx), sondern eine allmähliche Verbesserung der konkreten, sozialen Lebensverhältnisse (*Sozialtechnik*).

Lit.: K. R. Popper, Logik der Forschung, 1935; ders., Die offene Gesellschaft und ihre Feinde, 2 Bde., 1970; H. Albert, Traktat über kritische Vernunft, 1968; ders., Plädoyer für kritischen Rationalismus, 1971; ders., Konstruktion und Kritik, 1972; ders., Theologische Holzwege, 1973; G. Ebeling, Kritischer Rationalismus?, 1972.

## Kritische Theorie:

im weitesten Sinne Bezeichnung für eine Theorie, die auf ihre gesellschaftlich-geschichtlichen Voraussetzungen reflektiert und wissenschaftliche THEORIE in einen engen Zusammenhang zur gesellschaftliche Praxis stellt (Theorie sollte mit normativ gehaltvollen Implikationen bzw. gesellschaftlich relevanten Interessen verbunden sein); im engeren Sinne Bezeichnung für die sozialphilosophische Konzeption der sog. *Frankfurter Schule* (Hauptvertreter: M. Horkheimer, Th. W. Adorno, W. Benjamin, L. Löwenthal, H. Marcuse). Diese Konzeption geht aus von Elementen der Hegelschen Dialektik, von der Marxschen Analyse der kapitalistischen Gesellschaft und von der Psychoanalyse Freuds. Ziel der Konzeption ist eine k. T. der Gesellschaft. In einem Aufsatz „Traditionelle und kritische Theorie" bezeichnet M. Horkheimer diejenige Theorie als traditionell, die ihren gesellschaftlichen Hintergrund und ihre Interessengebundenheit nicht thematisiert. Eine solche Theorie ist statisch, geschichtslos und wertfrei; sie dient der Rechtfertigung des Bestehenden. Die k. T. ist dagegen die Reflexion auf ihre gesellschaftlich-geschichtlichen Bedingungen und auf die sie bestimmenden Interessen; sie soll nicht der Rechtfertigung und Stabilisierung des Bestehenden dienen, sondern die Möglichkeiten der Veränderung der Gesellschaft aufzeigen. Dabei hat die gesellschaftliche Wirklichkeit und die Refle-

xion auf diese Wirklichkeit einen dialektischen Charakter. Horkheimer kritisiert den Gedanken der *Wertfreiheit* in den Wissenschaften. In ihrer „Dialektik der Aufklärung" zeigen Horkheimer und Adorno auf, wie mit dem Prozeß der Aufklärung (und mit dem Anspruch der Aufklärung auf die Entmythologisierung des Wissenschafts-, Welt- und Naturbildes) ein Prozeß der Gegenaufklärung einhergeht. Die instrumentell-technische Rationalität wird zur herrschenden Form der Rationalität in der Neuzeit. Die k. T. wendet sich in der Folgezeit gegen die Herrschaft der *instrumentellen Vernunft* und die Folgen der Massenkultur (den allgemeinen Verblendungszusammenhang in der Gesellschaft).
In wissenschaftstheoretischen Zusammenhängen wurde die Kritik am sog. *Positivismus* im sog. *Positivismusstreit* relevant (☞SZIENTISMUS). Kritisiert wurde u. a. die im kritischen Rationalismus erhobene Forderung nach der Wertfreiheit der Wissenschaften und das Sich-Orientieren des Positivismus an den Tatsachen, an dem Bestehenden. Als Alternative zum allgemeinen Verblendungszusammenhang und zur Herrschaft der instrumentellen Vernunft werden außer der Vorstellung einer besseren Gesellschaft von einigen Vertretern der k. T. (z. B. von Adorno) Erfahrungen im Bereich der Kunst gesehen. Die k. T. hatte einen bedeutenden Einfluß auf das gesellschaftlich-politische Leben.

Lit.: M. Horkheimer/Th. W. Adorno, Dialektik der Aufklärung, 1947; Th. W. Adorno, Negative Dialektik, 1966; M. Horkheimer, Kritische Theorie, hg. v. A. Schmidt, 1968; J. Habermas, Erkenntnis und Interesse, 1968; ders., Theorie und Praxis, 1978; M. Theunissen, Gesellschaft und Geschichte, 1969; G. Rohrmoser, Das Elend der kritischen Theorie, 1970; M. Jay, Dialektische Phantasien, 1973; A. Schmidt, Zur Idee der kritischen Theorie, 1974; ders., Die kritische Theorie als Geschichtsphilosophie, 1976; C.-F. Geyer, Kritische Theorie, 1982; H. Kunneman/H. de Vries (Hg.), Die Aktualität der „Dialektik der Aufklärung", 1989; A. Thyen, Negative Dialektik und Erfahrung, 1989; M. Lutz-Bachmann/G. Schmid-Noerr (Hg.), Kritischer Materialismus, 1991.

## Kritizismus:

seit Kant Bezeichnung für Positionen, in denen nach den Quellen, Bedingungen, Umfang, Grenzen und Geltung der menschlichen Erkenntnis gefragt wird. Kant richtet sich mit dem von ihm vertretenen K. gegen den DOGMATISMUS, in dem die Geltung der menschlichen Erkenntnis nicht geprüft wird und unkritisch angenommen wird, und den SKEPTIZISMUS, in dem an der Möglichkeit der Erkenntnisfähigkeit der Vernunft gezweifelt wird. Nach Kant muß sich die theoretische Erkenntnis an der ERFAHRUNG ausweisen; reine, APRIORISCHE Erkenntnis muß sich auf die Erfahrung beziehen. Kant propagiert ein Zusammenspiel von reiner Erkenntnis und sinnlicher Erfahrung: „Anschauungen ohne Begriffe sind blind, Begriffe ohne Anschauungen sind leer".

Lit.: I. Kant, Kritik der reinen Vernunft, 1781, ²1787; A. Riehl, Der philosophische Kritizismus, 3 Bde., ³1924.

**Kultur** (von lat. *colere*, ‚pflegen', ‚bebauen'):
im weitesten Sinne die Summe der geistigen Leistungen einer Gemeinschaft bzw. einer Epoche. Der Begriff der K. wird in der Philosophie meist im Gegensatz zum Begriff der NATUR betrachtet. Der Mensch befreit sich durch seine geistigen und sittlich-moralischen Leistungen aus den Zwängen der Natur bzw. von der Gesetzlichkeit der Natur. Er setzt Werte und Normen, produziert Güter, bringt Werke hervor usw.. Die Gesamtheit der menschlichen Leistungen und Entdeckungen bildet die K.. *Kulturleistungen* sind z. B. Sprache, Religion, Wissenschaft, Kunst, Recht, Erziehung, Wirtschaft, staatliche Ordnung, Sicherung des Friedens.
Als *Kulturwissenschaften* bezeichnet man die Wissenschaften, die zusammen mit den GEISTESWISSENSCHAFTEN im 19. Jh. in Abgrenzung zu den Naturwissenschaften entstehen; sie beanspruchen für sich ein eigenes Gebiet (die sich geschichtlich wandelnde K.) und eine eigene Methodologie (das hermeneutische oder das individualisierende bzw. idiographische Verfahren). Vertreter dieser Kulturwissenschaften sind z. B. H. Rickert, W. Windelband und W. Dilthey. Kulturphilosophische Betrachtungen tauchen oft im Zusammenhang mit geschichtsphilosophischen Konzeptionen auf (z. B. bei Hegel; ☞GESCHICHTSPHILOSOPHIE). Gemeinsame Merkmale der unterschiedlichen kulturphilosophischen Konzeptionen können nur schwer ausgemacht werden.
Im 19. und 20. Jh. taucht als eine neue Disziplin die *Kulturkritik* auf. Themen dieser Kritik sind: die Beherrschung der Natur durch den Menschen, die zunehmende Technisierung der Welt, die einseitige Entwicklung der K.. Nietzsche kritisiert die Orientierung des abendländischen Denkens am LOGOS und an den christlichen Werten. Heidegger übt Kritik an dem vorstellenden Denken, am „Gestell", das das abendländische Denken seit seinen Anfängen charakterisiert. Marx kritisiert die gesellschaftliche Entwicklung, die zum Kapitalismus geführt hat und den Charakter der bisherigen (besonders ökonomischen) Entwicklung (☞ENTFREMDUNG, MARXISMUS). Die Denker der KRITISCHEN THEORIE verweisen auf den Verdinglichungscharakter der Kulturprodukte, die Ursachen und Folgen der Massenkultur. In der neusten Zeit können die philosophischen Annahmen der sog. *Postmoderne* als eine Art der Kulturkritik betrachtet werden (Kritik am neuzeitlichen, erkenntnistheoretischen SUBJEKT und an der Logos-Zentriertheit des abendländischen Denkens, wie sie schon bei Nietzsche, Heidegger und im Historismus auftauchte). Der Begriff der K. wird heute auch in der Soziologie und Kulturanthropologie behandelt.

Lit.: H. Rickert, Kulturwissenschaft und Naturwissenschaft, [5]1921; H. Freyer, Theorie des gegenwärtigen Zeitalters, 1955; H. Marcuse, Eros und Kultur, 1957; H. Fischer, Theorie der Kultur, 1965; E. Spranger, Kulturphilosophie und Kulturkritik, 1969.

## Kulturkritik: ☞KULTUR

## Kulturwissenschaften: ☞KULTUR, GEISTESWISSENSCHAFTEN

## Kunst:

in der Antike Bezeichnung für ein besonderes Können; sodann Bezeichnung für ein Schaffen, das einer ästhetischen Beurteilung zugänglich ist. Aristoteles unterscheidet zwischen dem theoretischen Wissen, der praktischen Einsicht und dem Herstellen von Werken. Beim Herstellen kann unterschieden werden zwischen dem handwerklichen Herstellen und dem künstlerischen Herstellen von Werken; das erste hat einen Zweck außerhalb seiner selbst, das zweite hat seinen Zweck in sich selbst. Der Begriff der K. wurde in den Epochen der abendländischen Geschichte unterschiedlich bestimmt; auch die Funktion der K. änderte sich. In der Neuzeit wird die K. als ein Kulturzweig betrachtet. Kunstwerke sollen einer Beurteilung zugänglich sein. Die wichtigsten Kunstgattungen sind: Malerei, Plastik, Architektur (die bildenden Künste), Dichtung, Musik. Es ist angebracht, zwischen der Produktion von Kunstwerken durch die Künstler, der Kunstkritik (Beurteilung der Kunstwerke, ohne die explizite Bezugnahme auf eine ästhetische Konzeption) und der ÄSTHETIK (als der philosophischen Beurteilung der K. bzw. der Kunstwerke vor dem Hintergrund einer ästhetischen Theorie) zu unterscheiden.

Lit.: ☞ÄSTHETIK

## Kybernetik (vom griech. *kybernetike (techne)*, ‚Steuermannskunst'):

die Lehre von Prinzipien der technischen und organischen Regelung, Steuerung, Programmierung und Informationsverarbeitung. Diese Prinzipien wurden auf weitere Bereiche übertragen, z. B. auf die Soziologie, Wirtschaft und Kunst. Besonders relevant wurde die Konzeption der sich selbst steuernden (elektronischen) Maschine. Relevant für die Philosophie wurde der Vergleich zwischen dem Funktionieren des menschlichen Gehirns und dem Funktionieren der elektronischen Maschinen.

Lit.: N. Wiener, Kybernetik, 1963; F. v. Cube, Was ist Kybernetik?, 1967.

## Kynismus (vom griech. *kyon*, ‚Hund'):

Bezeichnung für philosophische Positionen, die sich an die Lehre von Antisthenes (ein Schüler des Sokrates) anlehnen. Die *Kyniker* (die Anhänger von Antisthenes) sehen in Bedürfnislosigkeit, Selbstgenügsamkeit den Weg zur Glückseligkeit. Die Kyniker verachteten die bestehenden gesellschaftlichen Konventionen, Normen und Sitten. Zu ihrem Lebensstil gehörte die Verletzung der geltenden Konventionen und Verhaltensnormen und ein „schamloses" Verhalten.

# L

## Leben:

ein Begriff, der im Lauf der Philosophiegeschichte unterschiedlich bestimmt wurde. Bei Platon heißt L. die Selbstbewegung und Selbstformung der Gegenstände. Aristoteles bestimmt das L. als das Prinzip der Seele, die den Zweck ihrer Bewegung und Ausformung in sich selbst hat; in der Selbstbewegung verwickelt sich die Seele (☞AKT, POTENZ). Aristoteles unterscheidet zwischen der vegetativen (bei Pflanzen), der mit Empfindung ausgestatteten tierischen und der mit Vernunft ausgestatteten menschlichen Seele. In der christlichen Philosophie werden die aristotelischen Bestimmungen zum Teil übernommen. Andererseits wird Gott (der Lebens- und Weltschöpfer) als die Voraussetzung des L. aufgefaßt. Zu Beginn der Neuzeit wird versucht, den Begriff des L. im Rahmen der naturwissenschaftlichen Theorien zu bestimmen, d. h. in Analogie zu Naturprozessen bzw. zum Funktionieren der Organismen. Dagegen wendet sich die spekulativ-metaphysische Betrachtung des L. im deutschen Idealismus und in der Romantik. Im 19. Jh. entsteht die Biologie als die Wissenschaft vom L.. Die philosophische Betrachtung des L. vollzieht sich u. a. im VITALISMUS und in der sog. LEBENSPHILOSOPHIE. Im 20. Jh. spielt der Begriff des L. in der Diskussion um die Grundlagen der Biologie eine wichtige Rolle.

Lit.: Aristoteles, Über die Seele; E. Schrödinger, Was ist Leben?, [2]1951; J. v. Uexküll, Das allmächtige Leben, 1950; H. Sachsse, Die Erkenntnis des Lebendigen, 1968; H. Rahmann, Die Entstehung des Lebendigen, 1972; R. W. Kaplan, Der Ursprung des Lebens, [2]1978.

## Lebensform:

nach L. Wittgenstein das nicht hintergehbare Fundament des sprachlichen Handelns. In den „Philosophischen Untersuchungen" schreibt Wittgenstein: „Und eine Sprache vorstellen heißt, sich eine Lebensform vorstellen". J. F. M. Hunter unterscheidet in seiner Wittgenstein-Interpretation vier mögliche Bestimmungen des Begriffs „L.": 1) „The Language-Game Account"; hier werden L. mit SPRACHSPIELEN gleichgesetzt. 2) „The Behavior-Package View"; L. ist ein Bündel von Verhaltensweisen. 3) „The Cultural-Historical View"; „L." meint hier die Gesamtheit von Gebräuchen, Gepflogenheiten, Institutionen einer sozio- kulturell-geschichtlichen Sprachgemeinschaft. Es gibt nach Wittgenstein eine Vielzahl (Pluralität) von L., die nebeneinander stehen und keiner allgemeinen, sie alle umfassenden Struktur bedürfen. 4) „The Organic Account"; „L." bezeichnet hier die biologische Beschaffenheit des Menschen. L. sind Voraussetzungen für das Funktionieren von Sprachspielen. Die Rechtfertigung bzw. Begründung eines Sprachspiels führt auf ein nicht gerechtfertigtes, unbegründetes und nicht hintergehbares Handlungsfundament zurück, auf die L.: „Die Begründung aber, die Rechtfertigung der Evidenz kommt zu einem Ende; – das Ende aber ist nicht (...) eine Art sehen unsererseits, sondern unser Handeln, welches am Grunde des Sprachspiels liegt". Um ein Sprachspiel zu spielen, muß man sich auf grundlose Gewißheiten, die zu einer L. gehören, verlassen. Diese Gewißheiten gelten; ihre Geltung kann nicht begründet oder gerechtfertigt werden.

Lit.: L. Wittgenstein, Philosophische Untersuchungen, 1933; ders., Über Gewißheit, 1970; J. F. M. Hunter, Forms of Life in Wittgensteins Philosophical Investigations, in: E. D. Klemke (Hg.), Essays on Wittgenstein, 1971; N. F. Gier, Wittgenstein and Phenomenology, 1981.

## Lebenskraft: ☞VITALISMUS

## Lebensphilosophie:

Sammelbezeichnung für unterschiedliche philosophische Positionen, die im 19. Jh. entstanden sind und bis zum Anfang des 20. Jh. Einfluß ausübten. Als Vorläufer der L. werden Schlegel und Kierkegaard angesehen. Hauptvertreter in Deutschland sind Wilhelm Dilthey und Friedrich Nietzsche, in Frankreich Henri Bergson. Die L. entstand angesichts des Zusammenbruchs des Hegelschen Systems. Sie entstand in einer Situation, in der kein Glaube an eine allumfassende Vernunft und eine Systematisierung des Ganzen vorhanden war. Der Totalität des Menschen und der Welt fehlte ein Sinn. Bei Dilthey ist der Begriff des Lebens zu einem Totalitätsbegriff geworden; das Leben ist hier auf das Ganze des Menschen und der menschlichen Welt bezogen. Die Gemeinsamkeiten des Lebens bilden eine Einheit des Menschlichen (bzw. Subjekts) und der Welt. Die Grundkategorie der L. ist die Bewegung; sie ist etwas Grundlegendes, hinter das man nicht gelangen kann. Die Bewegung ist in der Diltheyschen L. geschichtliche Wirklichkeit (☞GESCHICHTLICHKEIT). Das geschichtliche Leben differenziert sich im Laufe des Einzellebens und im Laufe der globalen Weltgeschichte; der Enwicklung des gesamten Menschen entspricht die Entwicklung der Weltgeschichte. Alle Produkte des Menschen werden aus dem Leben erklärt, sind Funktionen des Lebens, und die komplexen Gesetze der Weltgeschichte werden aus weniger komplexen Gesetzen der kleinsten Einheit des Lebens abgeleitet. Die Lebensbezüge liegen auch der Erkenntnis zugrunde. Für Dilthey gilt: „Der Verstand kann nicht hinter die Lebendigkeit zurück, deren Funktion er ist". Schließlich ist auch die Philosophie eine Funktion des Lebens. Die kleinste Einheit des Lebens ist das ERLEBNIS, in

dem man die Struktur des Lebensverlaufs und des gesamten geschichtlichen Lebens erkennen kann. Das Erlebnis stiftet die Einheit von Subjekt und Objekt (☞ SUBJEKT-OBJEKT-PROBLEM), von Innen und Außen. Hinter das Erlebnis kann nicht zurückgegangen werden. Die grundlegenden Lebenskategorien sind nach Dilthey: Zeitlichkeit, Bedeutung, Wert, Zweck, Struktur, Entwicklung und das Verhältnis des Ganzen zu Teilen. Der Wirkungszusammenhang aller Lebenskategorien in der menschlichen Zeitlichkeit heißt Geschichtlichkeit. Für die Struktur des Lebens ist das VERSTEHEN von fundamentaler Bedeutung (☞ HERMENEUTIK, GEISTESWISSENSCHAFTEN).
Für Nietzsche steht der Begriff des Lebens im Mittelpunkt; es liegt dem rationalen Denken und anderen intellektuellen Leistungen zugrunde. Wahr ist das, was dem Leben nützt. Seine Philosophie steht für Lebensbejahung und -steigerung. Für Bergson spielen die Begriffe der *Lebenskraft* (franz. ‚elan vital') und des schöpferischen Entwicklungsdranges (franz. ‚evolution creatrice') eine zentrale Rolle. Das Leben liegt den intellektuellen Leistungen voraus. Das Leben kann nur in der INTUITION erfaßt werden. Denker, die von der L. beeinflußt sind, sind: Simmel, Klages, Eucken, Spengler, Troeltsch. Die L. beeinflußte auch den PRAGMATISMUS, einige Teile der PHÄNOMENOLOGIE, die EXISTENZPHILOSOPHIE und Dialogphilosophie (☞ DIALOG).

Lit.: W. Dilthey, Der Aufbau der geschichtlichen Welt in den Geisteswissenschaften, 1970; Ph. Lersch, Die Lebensphilosophie der Gegenwart, 1932; H. Rickert, Die Philosophie des Lebens, ²1922; L. Klages, Vom Sinn des Lebens, ²1943; O. Fr. Bollnow, Die Lebensphilosophie, 1958; G. Misch, Lebensphilosophie und Phänomenologie, ³1967.

## Lebenswelt:

allgemein die gewöhnliche Alltagswelt, die vorwissenschaftliche, vorphilosophische Alltagspraxis. In der Philosophie geht es meist um das Aufzeigen der allgemeinen, invarianten Struktur der verschiedenen sozio-kulturell-geschichtlichen Lebenswelten (bzw. Umwelten). Begriffe, die oft als bedeutungsähnliche zum Begriff der L. auftreten, sind: Kulturwelt, Heimwelt, Alltagswelt, unmittelbar anschauliche Welt. Eine zentrale Rolle spielt der Begriff der L. in der Philosophie E. Husserls, der ihn in die systematische Diskussion eingeführt hat. Im Anschluß an einen Interpretationsvorschlag von A. Aguirre lassen sich in der Husserlschen „Krisis"-Schrift folgende „Thematisierungsformen des Lebensweltbegriffs" finden: 1) als vergessenes Sinnesfundament der Naturwissenschaften, 2) als unausgesprochene Voraussetzung Kants, 3) im Zusammenhang mit der natürlichen Einstellung, 4) als Thema des Historikers, 5) als Thema einer nichttranszendentalen Ontologie, 6) als Thema einer transzendentalphilosophischen Wissenschaft. Schließlich kann L. als das *Unthematische*, der unthematische Horizont betrachtet werden. Letztlich stehen sich bei Husserl der natürliche und TRANSZENDENTALE L.-Begriff gegenüber. Der natürliche L.-Begriff zerfällt in einen natürlich-ontischen und einen natürlich-ontologischen (beide sind nicht-transzendental). In der natürlichen Einstellung ist L. nicht unser Thema; die natürliche Einstellung (als Korrelat der L.) ist als natürliche Einstellung dem natürlich eingestellten Menschen nicht bewußt. In der natürlich-ontischen Thematisierung ist L. das Universum des Fraglosen und Selbstverständlichen; die Welt gilt für uns. Das Verhältnis von L. und Wissenschaft (die Fundierung der Wissenschaft in der L.) wird bei Husserl im Rahmen der ontisch-natürlichen Betrachtung expliziert; L. ist hier die „konkrete Universalität", das „ontische Universum". In der natürlich-ontologischen Thematisierung der L. geht es um invariante Strukturen (das „invariant Bleibende") der einen L. (ONTOLOGIE als Wesenslehre mit Hilfe der WESENSSCHAU). Die Ontologie ist eine APRIORISCHE Wissenschaft, aber nicht transzendental. Die transzendental-phänomenologische Thematisierung der L. kann nach einer Einstellungsänderung vollzogen werden; der naive Weltglaube muß fallengelassen werden (☞EPOCHE). Die L. wird zum PHÄNOMEN. L. im streng transzendental-phänomenologischen Sinne ist die anschaulich-sinnliche, körperlich-räumlich-zeitlich gegebene Wahrnehmungswelt („Welt der sinnlichen Erfahrung"). Die lebensweltlichen Seinsgeltungen werden auf die Leistungen der reinen Subjektivität, das TRANSZENDENTALE EGO zurückgeführt.

Eine zentrale Rolle spielt die Problematik der L. in der Philosophie M. Heideggers (obwohl er den Begriff „L." nicht benutzt). L. wird hier als die Struktur des IN-DER-WELT-SEINS aufgefaßt, die Heidegger in der DASEINSANALYTIK auslegt. Es lassen sich in „Sein und Zeit" folgende Ebenen der L. unterscheiden: 1) die *ontische* Ebene, auf der das nicht daseinsmäßige, innerweltliche Seiende verstanden wird; 2) die *ontologische* Ebene (ontologisch im traditionellen Sinne), auf der das nicht daseinsmäßige, innerweltliche Sein des Seienden thematisiert wird; 3) die *vorontologische* Ebene (vorontologisch im Sinne von ontisch-existenziell) –die Vorstruktur des In-der-Welt-seins –, die den zwei ersten 1) und 2) und der letzten 4) Ebene vorausliegt; 4) die *existenzial-ontologische* (fundamentalontologische) Ebene, die zwar die vorontologische voraussetzt, auf der aber ihre Wesensstruktur explizit thematisiert wird (auf dieser Ebene ist die Analytik des Daseins beheimatet).

Wittgenstein spricht von der LEBENSFORM als von dem Fundament des sprachlichen Handelns. In der neusten Zeit spricht J. R. Searle von den *background*-Voraussetzungen, die unserem sprachlichen Handeln zugrunde liegen; sie sind vor-intentional (☞INTENTIONALITÄT), vor-propositional (☞PROPOSITION) und vor-repräsentational. Er unterscheidet zwischen dem „tiefen background" (biologische Voraussetzungen) und dem „lokalen background" (kultureller Hintergrund).

Der L.-Begriff fand einen Einfluß nicht nur in der Philosophie, sondern auch in der Soziologie, Kulturanthropologie, Pädagogik und anderen Wissenschaften. Wichtige Themen, die im Zusammenhang mit dem L.-Begriff auftauchen, sind: L. und Wissenschaft (besonders der Einfluß des lebensweltlichen Hintergrundwissens auf die Entstehung bzw. Bildung von wissenschaftlichen Begriffen und Modellen, auf die Theorienbildung und das wissenschaftliche Forschen, z. B. Experimentieren), L. und SPRACHE, L. und GESCHICHTE, L. und INTERSUBJEKTIVITÄT. In der neusten Zeit wurde der L.-Begriff von J. Habermas aufgenommen. Er spricht von dem lebensweltlichen Hintergrund, der folgende Merkmale aufweist: unmittelbare Gewißheit, totalisierender Zugriff, holistischer Charakter. Die L. steht in einem Zusammenhang mit dem kommunikativen Handeln (☞UNIVERSALPRAGMATIK).

Lit.: M. Heidegger, Sein und Zeit, 1927; L. Wittgenstein, Philosophische Untersuchungen, 1933; ders., Über Gewißheit, 1970; E. Husserl, Die Krisis der europäischen Wissenschaften und die transzendentale Phänomenologie, hg. v. W. Biemel, 1962; G. Brand, Die Lebenswelt, 1971; E. Ströker (Hg.), Lebenswelt und Wissenschaft in der Philosophie Edmund Husserls, 1979; J. Habermas, Theorie des kommunikativen Handelns, 2 Bde., 1981; B. Waldenfels, In den Netzen der Lebenswelt, 1985; R. Welter, Der Begriff der Lebenswelt, 1986; J. R. Searle, Intentionalität, 1987; A. Ulfig, Lebenswelt und Reflexion, in: Protosoziologie 3, 1992.

## Leib-Seele-Problem:

ein Problem, bei dem das Verhältnis von Leib (meist als beseelter Körper) und SEELE zur Sprache kommt. Bei Platon und in der platonischen Tradition kommt es zu einer Entgegensetzung von Leib und Seele. Der Leib ist der Kerker der Seele. Die Seele hat Zugang zu den IDEEN bzw. beteiligt sich an der Erkenntnis der Ideen; sie ist ewig und befreit sich von dem vergänglichen Leib (aus dem Gefängnis des Leibes) durch den Tod. Aristoteles spricht von einem Wechselverhältnis zwischen Leib und Seele; Seele ist die FORM des Leibes und das Entwicklungsprinzip des Lebendigen; der Seele gemäß entwickelt bzw. verwirklicht sich das Leibliche und Lebendige. In der Philosophie der SCHOLASTIK (besonders bei Thomas von Aquin) werden die aristotelischen Bestimmungen weitgehend übernommen.

In der Neuzeit kommt es zu einer Zuspitzung des L.-S.-P.. Descartes unterscheidet zwischen dem Leib und der Seele (auch reinem Denken oder Geist) (☞DUALISMUS); Leib ist die *ausgedehnte Substanz* (RES EXTENSA), Seele die *denkende Substanz* (RES COGITANS). Die Verbindung bzw. das Wechselverhältnis von Leib und Seele wird nach Descartes in der Zirbeldrüse des Gehirns hergestellt. Für Leibniz steht Leib und Seele in einer von Gott erschaffenen PRÄSTABILIERTEN HARMONIE. Für Spinoza gibt es eine Parallelität zwischen Leib und Seele; Leib hat keinen direkten (kausalen) Einfluß auf die Seele und umgekehrt; trotzdem bestehen sie und entwickeln sie sich parallel zueinander (man spricht hier vom *psychophysischen Parallelismus*). Wird das Wechselverhältnis zwischen Leib und Seele durch gelegentliche Eingriffe Gottes hergestellt, so spricht man vom OKKASIONALISMUS (Geulincx, Malebranche). Wird die Eigenständigkeit des Leibes oder der Seele in Frage gestellt bzw. reduziert man den Leib auf die Seele oder die Seele auf den Leib, so spricht man von *monistischen* Lösungen des Leibes. Wird das Leibliche auf das Seelische bzw. das Bewußtsein reduziert, so spricht man vom SPIRITUALISMUS (als einer Art des Idealismus). Wird das Seelische auf das Leibliche bzw. Materielle reduziert, so spricht man vom PHYSIKALISMUS (als einer Art des Materialismus). In der sog. IDENTITÄTSTHEORIE (als einer Art des Physikalismus) wird das Seelische bzw. Bewußtseinsmäßige auf biologisch-chemische Prozesse, speziell auf Gehirnprozesse reduziert (das L.-S.-P. wird hier zum gehirnphysiologischen Problem). In der Anfangsphase des sog. LOGISCHEN EMPIRISMUS und in Teilen der sprachanalytischen Philosophie wird das L.-S.-P. mit Hilfe der Sprachanalyse als ein SCHEINPROBLEM entlarvt (z. B. bei Ryle). K. R. Popper spricht von einem Wechselverhältnis von Leib und Seele. ☞IDENTITÄTSTHEORIE

Lit.: K. R. Popper/J. C. Eccles, Das Ich und sein Gehirn, 1980; P. Bieri (Hg.), Analytische Philosophie des Geistes, 1981; Th. Metzinger, Neuere Beiträge zur Diskussion des Leib-Seele-Problems, 1985; J. Seifert, Das Leib-Seele-Problem und die gegenwärtige philosophische Diskussion, ²1989; D. Lewis, Die Identität von Körper und Geist, 1989; C. Macdonald, Mind-body Identity Theories, 1989; E. Rogler, Nichtmaterialistischer Physikalismus, in: M. Lutz-Bachmann,/G. Schmid Noerr (Hg.), Die Unnatürlichkeit der Natur, 1991.

## Leiden:

eins der Grunderlebnisse des Menschen, das schwer zu bestimmen ist. In der praktischen Philosophie der Antike wird versucht, dem L. und Schmerz zu entgehen (z. B. im EPIKUREISMUS, in der STOA, im HEDONISMUS und im EUDÄMONISMUS). In einem metaphysischen Sinne wird L. bzw. *Erleiden* (lat. ‚passio') im Gegensatz zum *Wirken* (lat. ‚actio') betrachtet. Erleiden und Wirken konstituieren die Bewegung bzw. Veränderung. In der christlichen Tradition hat L. eine positive Funktion; es führt zur Einsicht in die Endlichkeit des Menschen und zur Herausbildung einer Gott ergebenen Persönlichkeit. Demgegenüber wird in einigen anderen Religionen, z. B. im BUDDHISMUS, die Aufhebung des L. propagiert. Die Überwindung der auf das L. ausgerichteten christlichen Einstellung wird von Nietzsche gefordert.

## Leidenschaft:

ein gefühlsmäßig stark betontes Streben. Es gibt in der Geschichte der Philosophie Versuche, eine Typologie der L. aufzustellen (z. B. bei Thomas von Aquin). Wichtig ist das Verhältnis der L. zu den anderen Vermögen des Menschen (besonders Denkvermögen). ☞AFFEKT

## Letztbegründung:

eine Art der Begründung, bei der auf nicht hintergehbare, nicht weiter bezweifelbare, keiner weiteren Begründung bedürftigen Bedingungen rekurriert wird. Die Problematik der L. taucht z. B. bei Descartes auf; er will ein nicht bezweifelbares, letztes Fundament der Erkenntnis und der Wissenschaften finden. Für ihn bildet dieses Fundament das „Ich denke" (☞COGITO ERGO SUM); das „Ich denke" ist der letzte Grund; es kann nicht weiter begründet werden.

In der cartesianischen Tradition steht Husserl. Für ihn bildet das TRANSZENDENTALE EGO den nicht hintergehbaren, unbezweifelbaren Grund der KONSTITUTION der Welt und Ausgangspunkt der Erkenntnis. In der neueren Philosophie spricht K.-O. Apel von der transzendental-pragmatischen L. (☞TRANSZENDENTALPRAGMATIK); er reflektiert auf nicht hintergehbare und nicht bezweifelbare Bedingungen der Möglichkeit der Argumentation. Derjenige, der argumentiert (auch gegen die L. argumentiert), setzt dabei diese pragmatischen Bedingungen der Argumentation immer schon voraus.

Lit.: R. Descartes, Meditationen über die erste Philosophie, 1641; E. Husserl, Cartesianische Meditationen und Pariser Vorträge, hg. v. S. Strasser, ²1963; K.-O. Apel, Transformation der Philosophie, 2 Bde., 1973; ders., Diskurs und Verantwortung, 1988; W. Kuhlmann, Reflexive Letztbegründung, 1985.

## Liberum arbitrium (lat.):

Wahlfreiheit. ☞WILLE, WILLENSFREIHEIT

## Lichtmetaphysik:

Sammelbezeichnung für metaphysische Positionen, denen zufolge ein überweltliches Licht die Erkenntnis des Seienden ermöglicht und zugleich die wahre Struktur dieses Seienden offenbart. Platon verweist auf das Licht der IDEEN, besonders auf das Licht der höchsten Idee, der Idee des Guten. Das Licht dieser Idee ermöglicht die wahre Erkenntnis und strukturiert die Ordnung der Welt. In der GNOSIS ist das Licht ein Prinzip der gesamten Wirklichkeit. Für Augustinus ist das wahre Licht Gott bzw. Gottes Wort. In der Scholastik (z. B. bei Thomas von Aquin) kommt es zu der Unterscheidung zwischen dem *natürlichen Licht* der menschlichen Vernunft (lat. ‚lumen naturale') und dem *übernatürlichen*, göttlichen Licht des Glaubens (lat. ‚lumen supranaturale'). ☞ILLUMINATION

Lit.: Platon, Politeia; M. Grabmann, der göttliche Grund menschlicher Wahrheitserkenntnis nach Augustinus und Thomas von Aquin, 1924.

## Liebe:

allgemein der Zustand einer starken Hinwendung. In der Philosophie wurden zwei Begriffe der L. besonders relevant: der griechisch-antike und der christliche. Platon faßt L. als EROS auf; es meint das Vermögen, nach dem Schönen zu streben. Dabei werden unterschiedliche (hierarchisch geordnete) Stufen der L. aufgestellt (von der sinnlichen L. bis zur L. zur Idee des Guten). Bei Aristoteles kommen noch eine liebende Beziehung zwischen dem UNBEWEGTEN BEWEGER und Welt und andere Formen der L. (AGAPE, PHILIA) hinzu. Im Christentum ist die L. Gottes von zentraler Bedeutung. Sie ist die Voraussetzung für die L. des Menschen zu sich selbst (Selbstliebe), zu den anderen Menschen (Nächstenliebe) und zu Gott. In der unbedingten L. zu Gott (passive Hingabe an Gott) kann der Mensch das Wesen der Welt und sein Wesen erkennen. Für Augustinus ist L. die Bedingung der Erkenntnis. Ähnlich spricht Pascal von der L., die die Bedingung der Erkenntnis der Welt ist. Spinoza spricht von der L. zu Gott (lat. ‚amor dei'), die in der Erkenntnis des göttlichen Wesens gründet. Eine zentrale Rolle spielt der Begriff der L. für Max Scheler. Er stellt eine Rangordnung der L. auf, wobei die L. zu Gott die höchste Stufe einnimmt.

Lit.: Platon, Symposion; Augustinus, Bekenntnisse. M. Scheler, Wesen und Formen der Sympathie, 1923; J. B. Lotz, Die Stufen der Liebe, 1971; J. Pieper, Über die Liebe, 1972.

**Logik** (vom griech. *logike (techne)*, ‚Kunst des Denkens'): traditionell die Lehre von Formen und Gesetzen des Denkens; in der heutigen Terminologie die Lehre vom richtigen Schließen (☞ SCHLUSS, FOLGERUNG). Als eine Vorform der L. kann die von Platon entwickelte Argumentationslehre angesehen werden; in Rede und Gegenrede (im Dialog) konstituiert sich diese „L. der Argumentation". Als Begründer der L. wird Aristoteles angesehen; er entwarf die sog. SYLLOGISTIK (die Lehre vom richtigen Schließen). Die aristotelische Syllogistik wurde in der STOA und in der Philosophie des Mittelalters übernommen und verfeinert. Traditionell zerfällt die L. in die Lehre vom Begriff, Urteil und Schluß („Elementarlehre"). Oft kommt noch die sog. *Methodenlehre* (z. B. Lehre vom Beweisen) hinzu. Wichtig wurde das von Leibniz entwickelte Logikkalkül und die sog. *Logik von Port-Royal*. Kant spricht von der *transzendentalen L.* als von der Analyse der Bedingungen der Möglichkeit der apriorischen Erkenntnis (☞TRANSZENDENTAL). Hegel entwickelt die „Wissenschaft der L.", in der das Sein und das Nichts zum Werden synthetisiert werden. Die L. stellt die Entwicklung des Begriffs dar.

Als Begründer der modernen, der *formalen L.* gilt G. Frege (sie wird auch als *symbolische* bzw. *mathematische L.* bezeichnet). Diese L. heißt *formal*, weil in ihr von dem Inhalt der Sätze abgesehen wird; stattdessen wird die Richtigkeit des Schließens von den Prämissen zur Konklusion betrachtet. Entscheidend für diese L. ist also die in ihr vorgenommene Formalisierung; es werden Symbole und Regeln eingeführt, mit denen gültige Schlüsse vollzogen werden können. Die zwei wichtigsten KALKÜLE der modernen L. sind das *Aussagenkalkül* (☞JUNKTORENLOGIK) und das *Prädikatenkalkül* (☞PRÄDI-

KATENLOGIK). Weitere Logiken sind: die Modallogik, Klassenlogik, deontische L., mehrwertige L., temporale L., kombinatorische L.. Die wichtigsten Vertreter der modernen L. sind: B. Russell, L. Wittgenstein, R. Carnap, K. Gödel, W. O. V. Quine.

Lit.: F. v. Kutschera/A. Breitkopf, Einführung in die moderne Logik, [5]1985; W. O.V. Quine, Grundzüge der Logik, 1974; W. Kneale/M. Kneale, The Developement of Logic, 1962; R. Carnap, Einführung in die symbolische Logik, 1954; W. K. Essler/R. F. Martinez, Grundzüge der Logik I, [4]1991; W. K. Essler/ E. Brendel/R. F. Martinez, Grundzüge der Logik II, [3]1987.

## Logikkalkül: ☞KALKÜL

## Logisch:

bezogen auf die LOGIK, den logischen Gesetzen bzw. den Regeln des Schließens folgend.

## Logischer Atomismus:

eine von Bertrand Russell und Ludwig Wittgenstein begründete Theorie, derzufolge sich jeder sinnvolle Satz mittels logischer ANALYSE (☞ANALYTISCHE PHILOSOPHIE) in eine Wahrheitsfunktion von weiter unanalysierbaren sog. *Elementarsätzen* umwandeln läßt. Elementarsätze sind logisch voneinander unabhängig; sie beschreiben ontologisch unabhängig voneinander bestehende Sachverhalte. Alle anderen Sätze beschreiben die Wahrheitsfunktionen der Elementarsätze.

Lit.: B. Russell, Philosophie des logischen Atomismus, 1918; L. Wittgenstein, Tractatus logico-philosophicus, 1922.

## Logischer Empirismus:

auch „logischer Positivismus" oder „Neopositivismus"; Bezeichnung für eine erkenntnis- und wissenschaftstheoretische Position, die, ausgehend vom *Wiener Kreis*, in der Jahren 1920 bis 1950 entwickelt wurde. Entscheidend für den l. E. ist die Verknüpfung zwischen der Methode der logischen Analyse mit der auf den klassischen Empirismus zurückgehenden Hervorhebung der Bedeutung der Erfahrung. Die wahren Aussagen werden in logisch oder ANALYTISCH wahre und in empirisch oder SYNTHETISCH wahre aufgeteilt. Der von Kant vertretene Gedanke des synthetischen Apriori (☞A PRIORI) wird abgelehnt. *Logisch* ist dieser Empirismus, weil in ihm neben den Sätzen empirischer Wissenschaften nur noch Sätze über die *logische Syntax* der Wissenschaftssprachen als sinnvoll angesehen und die Methoden und Resultate der modernen, formalisierten Logik übernommen und weiterentwickelt werden. Der l. E. zeichnet sich durch seine Metaphysik-Kritik aus; es wird ein SINNKRITERIUM eingeführt, mit dessen Hilfe sinnvolle Sätze von bloßen Scheinsätzen unterschieden werden können. Dieses Sinnkriterium für empirische Aussagen besagt, daß nur solche Aussagen sinnvoll sind, die direkt oder indirekt empirisch verifiziert werden können (☞VERIFIKATION). Sonst sind nur analytische Sätze (z. B. Sätze der Mathematik) sinnvoll. Die metaphysischen Aussagen sind sinnlos; sie sind weder analytisch noch unterwerfen sie sich dem Sinnkriterium. Wird das Sinnkriterium verletzt, so entstehen in der Philosophie (speziell in der Metaphysik) die sog. SCHEINPROBLEME. Im l. E. wurde die Konzeption der *Einheitswissenschaft* propagiert, d. h. das Programm der Konstruktion einer wissenschaftlichen *Einheitssprache*, die zunächst in der Sprache der Physik gesucht wurde.

Lit.: R. Carnap, Der logische Aufbau der Welt, 1928; ders., Scheinprobleme in der Philosophie, 1928; V. Kraft, Der Wiener Kreis, 1975; W. Stegmüller, Hauptströmungen der Gegenwartsphilosophie I, [6]1976; G. Schnitzler, Zur ‚Philosophie' des Wiener Kreises, 1980; H. Oswald, Logical Positivism, 1981; H. J. Dahms (Hg.), Philosophie, Wissenschaft, Aufklärung, 1985.

## Logischer Positivismus: ☞LOGISCHER EMPIRISMUS

## Logistik:
eine Bezeichnung für die formale LOGIK.

## Logizismus:
Bezeichnung für Positionen, in denen die mathematischen Begriffe durch logische Begriffe definiert werden und mathematische Aussagen mit Hilfe des logischen Schließens (☞SCHLUSS, FOLGERUNG) gewonnen werden. Die wichtigsten Vertreter sind G. Frege und B. Russell.

## Logos (griech.):
in der griechischen Antike ein sehr vieldeutiger Begriff; er bedeutet „Wort", „Rede", „Gedanke", „Rechenschaft", „Ordnung", „Vernunft", „Prinzip". L. meint im Unterschied zum MYTHOS (Erzählung) die geordnete bzw. begründete Rede. Der Begriff wird von Heraklit eingeführt. Er meint hier das ewige Prinzip des Weltganzen, nach dem alles geordnet ist. Dieses Prinzip wird aber gedacht; es wird zum Gedanken, der in der Sprache formuliert wird. Im L. besteht ein Zusammenhang zwischen dem Prinzip des Seins, dem Denken und der Sprache. Dieser Zusammenhang taucht auch bei anderen griechischen Denkern auf. Für Sokrates und Platon ist L. der vernünftige Argumentationsgang und die begründete Rede bzw. Erkenntnis (L. im Sinne von Rechenschaft). Bei Aristoteles ist L. auch die Definition, die Wesensbestimmung eines Gegenstandes. L. wird auch als Denken, Sprache und Vernunft aufgefaßt. Der Mensch unterscheidet sich von Tieren dadurch, daß er L. (Denkvermögen, Sprachvermögen, Vernunft) hat. In der Philosophie der STOA wird L. zur allumfassenden Weltvernunft, zum Weltgesetz. Für Philon gilt L. als die Vermittlung zwischen Gott und der materi-

ellen Welt, das Wort Gottes. In der christlichen Tradition wird L. als Wort Gottes bestimmt.

Lit.: Platon, Phaidon; ders., Phaidros; Aristoteles, Metaphysik; W. Kelber, Die Logoslehre, 1976.

**Lumen** (lat.):
Licht; in der Scholastik unterscheidet man zwischen *lumen naturale*, dem ‚natürlichen Licht' der menschlichen Vernunft, und dem *lumen supranaturale*, dem ‚übernatürlichen Licht' der göttlichen Offenbarung, das im Glauben vernommen wird.

**Lust:**
im weitesten Sinne angenehmes Gefühl bzw. Empfinden, das meist mit dem Eintreten einer Befriedigung zusammenhängt (auch das Streben nach Befriedigung). Der Begriff der L. spielt eine zentrale Rolle in der antiken Philosophie. Aristoteles unterscheidet zwischen drei L.-Arten: der sinnlichen L., der L., die durch Anerkennung gewonnen wird, und der L., die bei der (theoretischen) philosophischen Beschäftigung (Schau) erreicht wird. Wird die L. zum Ziel und Kriterium der menschlichen Lebensführung, so spricht man vom HEDONISMUS. Wird das Luststreben mit dem Erreichen der Glückseligkeit (nicht nur des Einzelnen, sondern auch der Gemeinschaft) verknüpft, so spricht man vom EUDÄMONISMUS.
Eine wichtige Rolle spielt der Begriff der L. in der Psychoanalyse Freuds. Das Luststreben ist der Motor des menschlichen Handelns. Im Anschluß an Freud versucht H. Marcuse, den Begriff der L. philosophisch fruchtbar zu machen.

Lit.: Platon, Symposion; Aristoteles, Nikomachische Ethik; S. Freud, Jenseits des Lustprinzips, 1920; H. Marcuse, Triebstruktur und Gesellschaft, 1954.

# M

## Macht:

allgemein die Verfügung über etwas; zunächst ein Begriff aus der politischen Theorie. Für Niccolò Machiavelli und Thomas Hobbes wird M. zur zentralen politischen Kategorie. Machiavelli analysiert das Phänomen der M. in seinen unterschiedlichen (politischen) Ausprägungen. Als politische Kategorie ist M. für ihn nicht nur ein Mittel, sondern auch das Ziel des politischen Handelns. Auch für Hobbes ist M. das zentrale Medium des politischen Lebens. Die M. versammelt bzw. zentriert sich in den Händen des Herrschers. In der nachfolgenden Zeit wird die Frage nach der Institutionalisierung und der Legitimität von M. (☞Herrschaft) zentral. Die legitimierte M. des Staates unterscheidet sich von einer nicht legitimierten M.-Gewalt. Eine wichtige Rolle spielt der Begriff der M. in der Philosophie Nietzsches. Hier überschreitet die Bedeutung von M. den Bereich des Politischen. Er spricht vom WILLEN ZUR MACHT als dem grundlegenden „Prinzip" der Wirklichkeit.
Max Weber untersucht die Problematik der Legitimität von M.; er stellt Typen der legitimen Herrschaft auf. Eine zentrale Rolle spielt in der zeitgenössischen Philosophie der Begriff der M. in der Konzeption von M. Foucault. Für ihn ist die M. eine universale Kategorie, die den Bereich des Politischen überschreitet; M. als „Vielfalt von Kräfteverhältnissen" manifestiert sich nicht nur in der Politik, sondern auch im Bereich des Wissens und der Sexualität u. a..

Lit.: N. Machiavelli, Der Fürst, 1531; Th. Hobbes, Leviathan, 1651; F. Nietzsche, Also sprach Zarathustra, 1883-85; M. Weber, Wirtschaft und Gesellschaft, 1922; T. Parsons, On the Concept of Political Power, in: Proc. Amer. philos. Soc. 107, 1963; N. Luhmann, Macht, 1975; R. Münch, Legitimität und politische Macht, 1976; M. Foucault, Mikrophysik der Macht, 1976; ders., Dispositive der Macht, 1978.

## Mäeutik (vom griech. *maieutike (techne)*, ‚Hebammenkunst'):

bei Sokrates die Kunst (Methode), durch Fragen im Dialog die Wahrheit aus dem Gesprächspartner herauszuholen. Die Wahrheit (wahre Erkenntnis) liegt bereits in dem Gesprächspartner; sie ist ihm jedoch verborgen, nicht bewußt. Durch das geschickte Fragen des Sokrates kommt diese Wahrheit dem Gesprächspartner ins Bewußtsein. Sokrates vergleicht diese Frage-Kunst mit der Hebammenkunst.

Lit.: M. Landmann, Elenktik und Mäeutik

## Man:

in der Philosophie Martin Heideggers Bezeichnung für den Modus des Verfallenseins an das Alltägliche, den Modus der Alltäglichkeit. Dem Modus des M. wird die Existenzialität des Daseins, die Entschlossenheit für die eigene Existenz, gegenübergestellt.

Lit.: M. Heidegger, Sein und Zeit, 1927.

## Marburger Schule: ☞ NEUKANTIANISMUS

## Marxismus:

Bezeichnung für die philosophische Konzeption von Karl Marx und für diejenigen Positionen, die auf unterschiedliche Weise an Marx anknüpfen. Ein Bestandteil der Marxschen Konzeption ist die Geschichtsphilosophie. Marx behauptet: „In der gesellschaftlichen Produktion ihres Lebens gehen die Menschen bestimmte, notwendige, von ihrem Willen unabhängige Verhältnisse ein, Produktionsverhältnisse, die einer bestimmten Entwicklungsstufe ihrer materiellen Produktivkräfte entsprechen. Die Gesamtheit dieser Produktionsverhältnisse bildet die ökonomische Struktur der Gesellschaft, die reale Basis, worauf sich ein juristischer und politischer Überbau erhebt, und welcher bestimmte Bewußtseinsformen entsprechen". Motor der gesellschaftlich-geschichtlichen Entwicklung ist der Widerspruch zwischen den *Produktionsverhältnissen* und den *Produktivkräften.* Diese Geschichtsphilosophie wird als *historischer Materialismus* (☞ MATERIALISMUS) bezeichnet. Weitere zentrale Bestandteile der Marxschen Theorie sind u. a.: die Bedeutung der gesellschaftlichen ARBEIT, in der sich der Mensch entfalten, aber auch entfremden kann (☞ ENTFREMDUNG), die schon erwähnte Trennung von *Basis* und *Überbau* bzw. *gesellschaftlichem Sein* und *Bewußtsein* (das gesellschaftliche Sein bestimmt das Bewußtsein) (☞ IDEOLOGIE), die Klassentheorie (☞ KLASSE), die Hervorhebung der Bedeutung der PRAXIS, die Konzeption einer zukünftigen Gesellschaft (☞ KOMMUNISMUS), die Analyse und Kritik der ökonomischen Struktur der kapitalistischen Gesellschaft. Marx übernimmt von Hegel die Methode der DIALEKTIK. Sie wird von Marx jedoch stark modifiziert und auf die gesellschaftlich-ökonomisch-geschichtliche Wirklichkeit angewandt.

Im Anschluß an Marx entwickelt Engels den sog. *dialektischen Materialismus.* Der M. spielt eine wichtige Rolle in der Arbeiterbewegung. Dabei steht die dogmatische Richtung (Kautsky), in der der Glaube an eine notwendige Entwicklung in der Geschichte herrscht, der sog. *revisionistischen* Richtung (Bernstein) gegenüber, die diesen Glauben ablehnt und die Einführung von ethischen Elementen in die Marxsche Theorie befürwortet.

Nach dem Sieg der Oktoberrevolution in Rußland wurde der M. in der

Form des *M.-Leninismus* (bzw. Sowjetmarxismus) zur alleinherrschenden Staatsdoktrin und zur Rechtfertigungstheorie für die Herrschaft der kommunistischen Partei.

Unter *Neomarxismus* versteht man sehr unterschiedliche Positionen, die sich auf eine nicht-dogmatische Weise mit der Marxschen Konzeption auseinandersetzen. Zu den Neomarxisten gehören u. a.: in Frankreich Merleau-Ponty, Sartre, in Jugoslawien die Mitglieder der sog. „Praxis-Gruppe", in Ungarn Lukács, in Polen Kolakowski, in Deutschland Bloch, Marcuse und die Mitglieder der sog. *Frankfurter Schule* (☞ KRITISCHE THEORIE).

Lit.: K. Marx, Zur Kritik der politischen Ökonomie, 1859; ders., Das Kapital, 1867-94; F. Engels, Anti-Dühring, 1878; G. Lukács, Geschichte und Klassenbewußtsein, 1923; K. Kautsky, Die materialistische Geschichtsauffassung, 1927; I. Fetscher, Der Marxismus, 1962-64; H. Fleischer, Marxismus und Geschichte, 1970; A. Schmidt, Geschichte und Struktur, 1971; P. Vranicki, Geschichte des Marxismus, 1974; I. Fetscher, Grundbegriffe des Marxismus, 1976; L. Kolakowski, Die Hauptströmungen des Marxismus, 3 Bde., 1977-79.

## Materialismus:

im weitesten Sinne die Auffassung, derzufolge das Materielle, die MATERIE einen Vorrang vor dem Ideellen, Seelischen, Geistigen hat bzw. die ideellen, geistigen Inhalte auf materielle Inhalte bzw. Prozesse zurückgeführt bzw. reduziert werden (Gegensätze: IDEALISMUS, SPIRITUALISMUS). Die Vorsokratiker fragen nach einem Urstoff, aus dem alles entsteht und der als Grundlage der Wirklichkeit fungiert. Ob jedoch das Wasser des Thales im Sinne des M. zu verstehen ist, kann bezweifelt werden. Zum Thema wird der M. in dem von Demokrit und Leukipp entwickelten ATOMISMUS. Für Demokrit besteht die gesamte Wirklichkeit aus stofflich bzw. materiell gedachten Atomen; dabei werden auch die Seelen als aus Atomen bestehend gedacht. Das Geschehen in der Wirklichkeit wird als die Umstrukturierung (Vermischung, Auseinanderfallen) von Atomen bzw. atomaren Einheiten gedeutet. Der Atomismus wird auf eine modifizierte Weise von Epikur und seinen Anhängern weiter entwickelt; für ihn ist das Materielle (bzw. Leiblich-Materielle) die Grundlage der lustvollen Lebensführung. Der Begriff des Materiellen wird hier in einem eher anthropologischen bzw. ethischen Sinne verstanden (Materie als die leiblich-körperliche, sinnliche, konkrete Wirklichkeit).

Einen entschieden anti-materialistischen Charakter hat die Philosophie von Parmenides und seinen Anhängern. Das Materielle bzw. Sinnliche hat hier einen minderen Seinsstatus; es ist vergänglich und zufällig. Man kann von dem Materiellen kein wahres Wissen, sondern nur bloße Meinung (Scheinwissen) haben; es ist Schein. Diesem Schein des Sinnlich-Materiellen stellt Parmenides das wahre Sein gegenüber, das unveränderlich und ewig ist. Platon übernimmt z. T. diese Geringschätzung des sinnlich Wahrnehmbaren, Materiellen. Die sinnlich wahrnehmbaren Einzeldinge sind nur Abbil-

der der ihnen zugrunde liegenden Urbilder, der IDEEN, die einen immateriellen Charakter haben (☞ IDEENLEHRE). Nach Aristoteles ist das Materielle ein Merkmal der Körperwelt. Die Materie verwirklicht sich gemäß einer FORM (☞AKT, POTENZ). Ob man im Falle der stoischen Philosophie von einer materialistischen Auffassung sprechen darf, ist fraglich. Das Weltganze ist für die Stoiker durchwaltet von dem göttlichen Hauch (griech. ‚pneuma'). Alles entsteht aus dem Pneuma und fließt wieder in es ein.
In der christlichen Philosophie orientiert man sich an den aristotelischen Bestimmungen der Materie. Im Zusammenhang mit der Glaubenslehre hat die Sphäre des Göttlichen (der göttlichen Wahrheiten) jedoch einen Vorrang vor dem Stofflich-Materiellen. Die Situation ändert sich mit dem Auftauchen der neuzeitlichen Naturwissenschaften. Galilei spricht vom materiellen Körper, der mit Hilfe der Begriffe *Masse* und *Bewegung* bestimmt wird. Die materielle Körperwelt kann gemessen werden. In Experimenten soll der Zugang zu dieser Welt gesichert werden. Die Auffassung der neuzeitlichen Naturwissenschaften muß jedoch keinen M. implizieren. Gerade in der von Galilei entwickelten geometrisch-abstrakten Betrachtung der Körperwelt bzw. Natur entfernt man sich von dem Konkret-Anschaulichen; und insofern das Materielle das Konkret-Anschauliche ist, entfernt man sich auch von dem Materiellen. In der mathematischen Betrachtung der Natur kommt es zur ABSTRAKTION von den konkreten Inhalten und zur Idealisierung; der Natur wird ein „Ideenkleid" aufgezogen; sie kann in mathematischen Formeln gefaßt werden. Dabei gewinnt allmählich das mechanische Weltbild an Bedeutung (☞ MECHANISMUS). Im Zusammenhang mit der Ausarbeitung einer wissenschaftlichen Methode (besonders mit der Einsetzung der experimentellen Beobachtung) wird der klassische Atomismus von Gassendi übernommen und modifiziert. Bei Descartes wird die Materie als ausgedehnte Substanz (☞RES EXTENSA) gedacht, der die denkende Substanz (☞RES COGITANS) gegenübergestellt wird. Die ausgedehnte Körperwelt wird im Sinne des Mechanismus interpretiert; der Körper wird in Analogie zur Funktionsweise der Maschine bestimmt. Hobbes übernimmt und modifiziert die atomistische und mechanistische Theorie. Er versucht die atomistisch-mechanistische Auffassung auch bei der Betrachtung des Menschen und des Staates zu verwenden.
Einen Höhepunkt erlebt der M. in der französischen Aufklärungsphilosophie; man spricht hier vom *französischen M.*. Ihm liegt ein mechanistisches Weltbild zugrunde. Auf materielle Prozesse werden Bewußtseinsvorgänge zurückgeführt. Bei Lamettrie – dem Hauptvertreter dieses M. – wird der Mensch als eine perfekte Maschine angesehen. Weitere Vertreter dieses M. sind: Holbach, Diderot und Helvetius. Einzelne Gedanken des französischen M. werden in Deutschland von Vogt, Moleschott und Büchner übernommen und auf eine besondere Weise weiterentwickelt (man spricht hier

vom *physiologischen M.*); Lebensprozesse werden auf physiologische Prozesse zurückgeführt. Einen *anthropologischen M.* vertritt Feuerbach. Er bestimmt das Materielle als das Leiblich-Sinnliche; es bildet die Grundlage des menschlichen Lebens. Marx verbindet die Grundgedanken des M. des 19. Jh., besonders des Feuerbachschen M., mit der von Hegel entwickelten Methode der DIALEKTIK. Seine Position wird als *historischer M.* bezeichnet. Er versucht, die Hegelsche Dialektik auf die Entwicklung der Geschichte anzuwenden, wobei Geschichte als Produktionsprozeß aufgefaßt wird. Geschichtliche Bewußtseinsformen werden auf ökonomische Produktionsstrukturen zurückgeführt. Diese Produktionsstrukturen formen das gesellschaftliche Sein des Menschen. Nach Marx bestimmt dieses Sein (die materielle Praxis des Menschen) das Bewußtsein. Für die materielle PRAXIS, in der sich das Leben reproduziert, ist die gesellschaftliche ARBEIT konstitutiv. Marx spricht von der Dialektik von *Produktionsverhältnissen* (materielle Verhältnisse, z. B. Eigentum) und den *Produktivkräften* (materiellen Fähigkeiten, Produktionsmitteln): „Auf einer gewissen Stufe ihrer Entwicklung geraten die materiellen Produktivkräfte der Gesellschaft in Widerspruch mit den vorhandenen Produktionsverhältnissen". „Es tritt dann eine Epoche sozialer Revolutionen ein". Die Gesellschaft ist durch ihren Klassencharakter bestimmt (☞ KLASSE). Der Klasse der Besitzer von Produktionsmitteln steht die Klasse der Besitzlosen gegenüber. Charakteristisch für die Entwicklung der Gesellschaft sind die *Klassenkämpfe.* Sie werden als Widersprüche zwischen den Klassen gedeutet; diese Widersprüche führen zu Revolutionen und zur Herausbildung neuer gesellschaftlich-geschichtlicher Formationen. Marx unterscheidet folgende *Gesellschaftsformationen,* die im Laufe der Geschichte aufgetreten sind: Urgesellschaft, Sklavengesellschaft (charakterisiert durch den Kampf zwischen den Plebejern und Sklaven), Feudalismus (Kampf zwischen den Feudalherren und den Leibeigenen) und den Kapitalismus (Kampf zwischen den Kapitalisten und den Arbeitern). Durch eine proletarische Revolution soll die kapitalistische Gesellschaft durch eine neue Gesellschaftsordnung abgelöst werden, in der es keine Ausbeutung, keine ENTFREMDUNG, kein Privateigentum und keinen Staat gibt (☞ KOMMUNISMUS). Folgenreich wurde die von Marx vorgelegte Analyse der kapitalistische Gesellschaft (besonders die ökonomische Analyse der Produktionsverhältnisse).

Im Anschluß an Hegel und Marx entwickelt Engels den *dialektischen M.*. Engels zufolge gelten bestimmte dialektische Bewegungsgesetze nicht nur in der Gesellschaft bzw. Geschichte, sondern auch in der Natur und im Denken. Er unterscheidet drei universale Gesetze: 1) das Gesetz des Umschlagens von der Quantität in Qualität und umgekehrt; 2) das Gesetz von der Durchdringung der Gegensätze; 3) das Gesetz von der Negation der Negation. Diese Gesetze werden als Gesetze der Entwicklung der

Materie aufgefaßt. Der *dialektische M.* wurde von Lenin und Stalin übernommen und zur Staatsdoktrin des sog. *Sowjetmarxismus* erklärt. Zusammen mit dem historischen M. bildet er den sog. *Marxismus-Leninismus* (MARXISMUS). In der Tradition des Marxschen M. stehen die neomarxistischen Positionen; hier gewinnt der M. unterschiedliche Ausprägungen, so z. B. bei Bloch und in der KRITISCHEN THEORIE. Die modernste Form des M. stellen einige Konzeptionen der sog. IDENTITÄTSTHEORIE dar; hier wird das Verhältnis von Leib bzw. Körper und Bewußtsein bzw. Seele behandelt.

Lit.: Aristoteles, Physik; ders., Metaphysik; J. O. de Lamettrie, Der Mensch als Maschine, 1748; P. T. Holbach, System der Natur, 1770; C. A. Helvetius, Vom Menschen, 1773; L. Feuerbach, Das Wesen des Christentums, 1841; L. Büchner, Kraft und Stoff, 1855; F. A. Lange, Geschichte des Materialismus und Kritik seiner Bedeutung in der Gegenwart, 21873; K. Marx, Das Kapital, 1867-1894; J. O. Connor (Hg.), Modern Materialism, 1969; Fr. Engels, Dialektik der Natur, in: MEW 20, 1971; J. K. Feibleman, The new Materialism, 1970; G. A. Wetter, Dialektischer und historischer Materialismus, 1971; E. Bloch, Das Materialismusproblem, 1972; A. Schmidt, Drei Studien über Materialismus, 1977. ☞ IDENTITÄTSTHEORIE

**Materie** (von lat. *materia*, ‚Stoff'):
allgemein Stoff (meist im Gegensatz zur FORM). Die Frage nach dem Grundstoff, aus dem alles entsteht und der alles durchwaltet, stellt sich schon bei den Vorsokratikern. Nach Thales ist ein solcher Grund- bzw. Urstoff das Wasser, nach Anaximenes die Luft. Demokrit bestimmt die Wirklichkeit als aus stofflich-materiellen ATOMEN bestehende. Für Platon haben die stofflich-materiellen, sinnlich wahrnehmbaren Einzeldinge teil an den nicht-stofflichen, immateriellen IDEEN; sie haben Teil am Sein, insofern sie an den Ideen teilhaben. Eine systematische Untersuchung des Verhältnisses von M. und Form unternimmt Aristoteles. Für ihn ist M. (griech. ‚hyle') ein Prinzip des Seins bzw. Seienden neben dem Prinzip der Form; erst durch die Form nimmt die M. eine Gestalt an; die M. als das Mögliche wird zu einem Körper geformt (☞ HYLEMORPHISMUS). Die aristotelischen Bestimmungen der M. und ihres Verhältnisses zu Form werden in der Scholastik weiterentwickelt. Man unterscheidet hier zwischen der *ersten M.* (lat. ‚materia prima'), dem unbestimmten Stoff als einem Prinzip der Wirklichkeit (die reine Möglichkeit; POTENZ), und der *zweiten M.* (lat. ‚materia secunda'), dem geformten Stoff, dem Körper, der durch die substanzielle Form gestaltet ist. Darüber hinaus unterscheidet man zwischen der *materia signata* (Prinzip der Individuation) und der *materia ultimata* (die M. eines bestimmten Gegenstandes).

In den neuzeitlichen Naturwissenschaften wird die M. im Sinne der materiellen Körperwelt bestimmt. Der materielle Körper wird bei Galilei anhand der Begriffe *Masse* und *Bewegung* bestimmt. Die Welt der materiellen Körper kann gemessen werden; sie ist dem experimentellen Zugriff zugänglich. Die materielle Körperwelt (bzw. die Natur) wird im Sinne des MECHANISMUS betrachtet. Nach Descartes zeichnet sich die materielle Körperwelt durch Ausdehnung aus; sie wird als SUBSTANZ (☞RES EXTENSA) dem Bereich des reinen Denkens, der denkenden Substanz (☞RES COGITANS) gegenübergestellt. im erkenntnistheoretischen Sinne unterscheidet Kant zwischen M. und F.. Die M. ist der Stoff, der in der sinnlichen Empfindung gegeben ist; die F. (die Grundsätze und Begriffe A PRIORI) ordnet die M.. Eine spezifische Deutung hat der Begriff der M. bzw. des Materiellen bei Feuerbach (das Materielle als das Leiblich-Sinnliche), bei Marx (das Materielle als die ökonomisch-gesellschaftliche Grundlage der Arbeit) und in der Tradition des historischen und dialektischen MATERIALISMUS erfahren. Der Begriff der M. wird heute in den Naturwissenschaften (besonders Physik) behandelt.

Lit.: Aristoteles, Physik; ders. Metaphysik; I. Kant, Kritik der reinen Vernunft, 1781, ²1787; P. Debye, Struktur der Materie, 1933; B. Russell, Das Wesen der Materie, 1929; St. Toulmin, The Architecture of Matter, 1962; E. McMullin (Hg.), The Concept of Matter in Modern Philosophy, 1978. ☞ Materialismus

**Mathesis universalis** (griech.-lat. ‚universale Wissenschaft‘):
ein besonders von Leibniz propagierter Gedanke einer universalen Wissenschaft, die sich an den Methoden der formal-analytischen Wissenschaften (Logik und Mathematik) orientieren soll. Die Wissenschaften sollen nach dem Vorbild der axiomatischen Wissenschaften streng und exakt aufgebaut werden.

Lit.: H. Scholz, Mathesis universalis, 1961.

**Maxime** (von lat. *maxima*, ‚Grundsatz‘):
allgemeiner Grundsatz; in der Antike universaler Grundsatz der Logik, das AXIOM; im Mittelalter und in der Neuzeit Bezeichnung für praktischen (bzw. moralischen) Grundsatz der Lebensführung (so z. B. bei den französischen Moralisten). Bei Kant heißt „M." die subjektive Regel des Handelns. Demgegenüber spricht Kant von den objektiven, allgemeingültigen Grundsätzen bzw. Gesetzen des Handelns, von dem SITTENGESETZ. ☞KATEGORISCHER IMPERATIV

Lit.: I. Kant, Grundlegung zur Metaphysik der Sitten, 1785; ders., Kritik der praktischen Vernunft, 1788.

**Maya:**
in der indischen Philosophie Bezeichnung für das Prinzip der Täuschung (Welttäuschung)

**Mechanismus:**
Sammelbezeichnung für Positionen, denen zufolge das Geschehen in der Welt mechanisch (als Ortsbewegung, die dem Gesetz der KAUSALITÄT

unterworfen ist) gedeutet wird (im 19. Jh. im Gegensatz zum VITALISMUS). Als eine Form des M. kann der ATOMISMUS von Demokrit und Leukipp angesehen werden; atomare Einheiten verändern bzw. bewegen sich aufgrund von Verschiebungen. Einen M. vertritt in der Neuzeit Descartes. Er betrachtet auch Pflanzen und Tiere als Automaten. Der M. steht in einem Verhältnis zum MATERIALISMUS. Bewußtseinsprozesse werden hier mechanisch gedeutet. Relevant wurde die sog. *Maschinentheorie*; das gesamte Leben ist maschinenähnlich strukturiert.

Lit.: J. Schultz, Die Maschinentheorie des Lebens, ²1929; J. Mittelstraß, Das Wirken der Natur, 1980.

**Meditation** (von lat. *meditari*, ‚überdenken', ‚nachsinnen'):
Vorgang des Nachdenkens, Nachsinnens.

**Mehrstellig:**
m. wird ein Prädikat genannt, das mehreren Gegenständen zukommt, z. B. „ist kleiner als". ☞ EINSTELLIG

**Meinung:**
eine Weise des Für-wahr-haltens im Gegensatz zu GLAUBE und WISSEN; eine Weise des unbegründeten Wissens. Platon spricht von der bloßen Meinung (☞DOXA) im Gegensatz zum Wissen, das den Anspruch auf Begründung stellt. Die bloße Meinung führt nicht zum sicheren, wahren Wissen, sondern zum Scheinwissen. Das wahre Wissen betrifft die Erkenntnis der IDEEN. Bei Kant ist M. eine Weise des Für-wahr-Haltens neben dem Glauben und Wissen; es ist ein „sowohl subjektiv als objektiv unzureichendes Fürwahrhalten". In einer anderen Bedeutung heißt M. das Gerichtetsein auf einen bestimmten Gegenstand. Der Begriff der M. steht hier in einem Zusammenhang mit dem Begriff der INTENTIONALITÄT. Husserl spricht von Akten des Vermeinens (☞NOESIS), die sich auf einen intentionalen Gegenstand, auf das Vermeinte ☞NOEMA) beziehen bzw. ihn konstituieren (☞ KONSTITUTION).

Lit.: I. Kant, Kritik der reinen Vernunft, 1781, ²1787; E. Husserl, Logische Untersuchungen, 1900-01; W. Wieland, Platon und die Formen des Wissens, 1982.

**Menge:**
nach G. Cantor, dem Begründer der *Mengenlehre*, „eine Zusammenfassung bestimmter, wohlunterschiedener Objekte unserer Anschauung oder unseres Denkens zu einem Ganzen". Man unterscheidet zwischen *endlichen* und *unendlichen M.*. Eine endliche M. (eine M. von endlich vielen Elementen) kann durch den Aufweis der einzelnen Elemente bestimmt werden. Eine unendliche M. (M. von unendlich vielen Elementen) wird durch die Angabe

einer Eigenschaft bestimmt: x ist ein Element der M. M, wenn x ein Prädikat zugesprochen wird (symbolisch dargestellt: $x \in M$ gdw. F(x)). Besonders wichtig wurde die von Russell aufgezeigte Antinomie (die *Russellsche Antinomie*): die M. aller M., die sich nicht selbst als Element enthalten kann (symbolisch: $x \notin x$).

Lit.: E. Kamke, Mengenlehre, 1955.

## Mensch:

traditionell das mit Vernunft ausgestattete Wesen. In der Philosophie der Vorsokratiker war „M." kein besonderes Thema; der M. war in das ganze kosmische Geschehen eingebunden. Erst in der Sophistik kommt es zu einer Hinwendung zum M., besonders zu seinen praktischen Fähigkeiten und Angelegenheiten (☞ HOMO-MENSURA-SATZ); der M. steht im Mittelpunkt aller Dinge. Für Sokrates und Platon sind die menschliche Erkenntnisfähigkeit (die Fähigkeit, die Wahrheit zu erkennen) und die Voraussetzungen des Zusammenlebens in der Polis zentrale Themen. Was den M. auszeichnet, ist nach Platon die Fähigkeit, die wahre Struktur der Welt, die IDEEN, zu erkennen; der M. als ein geistiges, mit Vernunft ausgestattetes Wesen ist Platons M.-Ideal. Dagegen wird der Körper als für die Entfaltung des M. hinderlich angesehen. Bei Platon ist der M. einerseits vernunftbegabt, andererseit an die Natur gebunden. Diese Unterscheidung taucht in unterschiedlichen Formen im Verlaufe der gesamten Philosophiegeschichte auf. Aristoteles arbeitet die von Platon getroffenen Bestimmungen des M. aus. Auch für ihn ist der M. das mit Vernunft (☞LOGOS) ausgestattete Wesen. Darüber hinaus ist er ein soziales Wesen; er kann nur in einer Gemeinschaft die ihm eigenen Fähigkeiten und Vermögen entfalten und vervollkommnen. Besonders relevant ist die von Aristoteles ausgearbeitete Tugendlehre (☞ TUGEND, DIANOETISCH). Bestimmte Vermögen bzw. Tugenden des M. machen sein Wesen aus. In vielen anderen antiken Konzeptionen taucht die Beschäftigung mit dem M. meist in ethischen Zusammenhängen auf. In der Philosophie der STOA ist der M. in einen übergreifenden kosmischen Zusammenhang (☞KOSMOS) eingebunden. Er kann an der kosmischen Vernunft teilnehmen. In der christlichen Philosophie wird der M. als Gottes Geschöpf bestimmt. Er ist Ebenbild Gottes. Der M. kann sein Wesen nur im Glauben an Gott erfahren. Die Trennung zwischen dem Geistigen und dem Naturhaften im M. wird hier besonders stark betont; nur im Geistigen kann der M. zu seinem Wesen gelangen. In der Philosophie der RENAISSANCE, AUFKLÄRUNG und des HUMANISMUS wird nicht Gott, sondern der M. zum Mittelpunkt des Interesses; der M. ist nicht mehr auf einen alles bestimmenden Gott angewiesen; er nimmt sein Schicksal in die eigene Hand. Er wird zum Ausgangspunkt, Medium, Gegenstand und

Zweck aller Bemühungen. Besonders relevant ist hier der Gedanke der AUTONOMIE, der Selbstbestimmung des M.. Weiterhin steht jedoch dem Geistigen das Naturhafte des Menschen entgegen. Im Bereich des Geistigen ist die Autonomie und FREIHEIT möglich; das Naturhafte (auch das Leibliche, Sinnliche) ist unfrei und untersteht den Naturgesetzen, besonders dem Gesetz der KAUSALITÄT (☞ LEIB-SEELE-PROBLEM). Die Entgegensetzung vom geistigen und naturhaften Charakter des M. findet man z. B. bei Descartes, Kant und den Denkern des DEUTSCHEN IDEALISMUS. Feuerbach sieht den M. nicht nur als geistiges Wesen; er betont die Rolle des Leiblichen, Körperlichen und Sinnlichen für die Konstitution des M.. Das Leiblich-Sinnliche gehört auch zum Wesen des M.. Für Marx ist die Bestimmung des M. (bzw. seines Wesens) mit der gesellschaftlichen Arbeit und der sozio-ökonomischen Struktur der Gesellschaft eng verbunden. Die Bedeutung des Leiblichen und auch des Triebhaften für die Bestimmung des Wesens des M. betont Nietzsche. Die Denker der Romantik und der historischen Schule heben die INDIVIDUALITÄT des Einzelmenschen hervor; nicht der allgemeine Begriff „M.", sondern der einzelne, konkrete M. wird zum Gegenstand der Untersuchungen. Auch in der EXISTENZPHILOSOPHIE steht das Dasein des konkreten, einzelnen M. im Mittelpunkt der Betrachtungen. Eine eigenständige Disziplin, in der der M. das zentrale Thema ist, heißt philosophische ANTHROPOLOGIE.

Lit.: A. Gehlen, Der Mensch, [8]1966; M. Buber, Das Problem des Menschen, 1948; Th. Litt, Die Sonderstellung des Menschen im Reiche des Lebendigen, 1948; H. Lipps, Die Wirklichkeit des Menschen, 1954; M. Scheler, Die Stellung des Menschen im Kosmos, 51949. ☞ ANTHROPOLOGIE.

## Menschlichkeit: ☞ HUMANITÄT

## Menschenrechte:

Rechte, die allen Menschen in gleicher Weise zustehen sollen. Die Konzeption von M. entwickelte sich erst über das Naturrecht, Widerstandsrecht und das Vertragsrecht. Erste historische Marksteine sind durch die englische „Magna Charta Libertatum" (1215), die „Petition of Rights" (1628) und die „Habeas-Corpus-Akte" (1679) gesetzt worden. Die „Bill of Rights" legte noch in ständischer Weise die Freiheiten des englischen Parlaments fest. Hundert Jahre später, am 4. Juli 1776, erklärten die nordamerikanischen englischen Kolonien ihre Trennung vom Mutterland in einer Unabhängigkeitserklärung. Dabei mußten die Souveränitätsrechte des englischen Parlaments mit Hilfe der von J. Locke abgeleiteten Formulierung, „daß alle Menschen gleich geschaffen und mit bestimmten unveräußerlichen Rechten ausgestattet" seien, überwunden werden. Diese Sichtweise wurde als „unmittelbar einleuchtende und selbstverständliche Wahrheit" deklariert. In der französischen Erklärung der Menschenrechte, kurz nach der Revolution

von 1789, wird festgelegt, daß Freiheit, Eigentum, Sicherheit und Widerstand gegen Unterdrückung zu den wesentlichen M. gehören. Damit war der historische Bann gegen die Durchsetzung der Individualrechte gebrochen; der Weg zu einer bürgerlichen Gesellschaft, zum rechtlich gebundenen Verfassungsstaat und zur Gleichberechtigung aller Menschen wurde beschritten.
Aufgrund der Erfahrungen mit den totalitären Diktaturen des 20. Jh. insbesondere dem Nationalsozialismus, war die Staatengemeinschaft nach 1945 dazu geneigt, den M. eine völkerrechtliche internationale Absicherung zu geben. Die Charta der Vereinten Nationen und die Allgemeine Erklärung der Menschenrechte vom 10. Dezember 1948 wurden zu den allgemeinen Grundsteinen der modernen Menschenrechtsgarantien. Seitdem wurden Übereinkommen und Abkommen gegen Sklaverei, Zwangsarbeit, Völkermord und Rassendiskriminierung geschlossen. Mit Hilfe der Genfer Roter-Kreuz-Konventionen von 1949 soll der Anspruch auf M. auch bei Kriegshandlungen gesichert sein. Innerhalb der Vereinten Nationen wurde ein Regime errichtet, das die Verletzungen von M. durch Staaten evaluiert. Auch der Europarat hat am 4.11.1950 eine „Europäische Konvention zum Schutze der Menschenrechte" erlassen. Die UN verabschiedete 1966 zwei weitere völkerrechtsverbindliche Gesetzesmaterialien, die nach einer bestimmten Ratifizierungszeit Gültigkeit erlangt haben: den Internationalen Pakt über bürgerliche und politische Rechte und den Pakt über wirtschaftliche, soziale und kulturelle Rechte. 1975 wurde die Konferenz über Sicherheit und Zusammenarbeit in Europa abgeschlossen, deren Materien in vier „Körben" organisiert waren: dem Korb über Sicherheitsfragen, dem Prinzipienkatalog, dem wirtschaftlichen und dem humanitären Korb. In der Folge wurden die KSZE-Schlußakte zu einem Grundstein für die osteuropäische Menschenrechtsbewegung. Die gegenwärtige Menschenrechtsdiskussion sowohl im KSZE- als auch UN-Rahmen unterscheidet sich nicht länger von den innergesellschaftlichen Diskussionen über Minoritäten-, Frauen- und Rassendiskriminierung.

Lit. : R. Schnur, Zur Geschichte der Erklärung der Menschenrechte, 1964. W. Heidelmeyer (Hg.), Die Menschenrechte, 1972. J. Schissler, Symbolische Sicherheitspolitik, 1980; ders., Die US-amerikanische Menschenrechtspolitik 1973-1977, in: Beilage zum Parlament, Bd. 43/80, 1980.

## Menschenverstand, gesunder: ☞ COMMON SENSE

## Metaethik:

eine Disziplin der modernen Ethik, in der es um die Bedeutung der ethischen bzw. moralischen Wörter und der ethischen bzw. moralischen Sätze geht. Für die beiden metaethischen Positionen des *Naturalismus* und *Intuitionismus* gilt die These, daß Sprache primär dazu da ist, die Welt zu beschreiben. Im Naturalismus ist es die sinnlich wahrnehmbare Welt, im Intuitionismus die mit Hilfe der Intuition erkannte Welt. Die Bedeutung von ethischen Sätzen wird auf die Bedeutung von deskriptiven Sätzen zurückgeführt. Das Wort „gut“ ist in beiden Positionen auf eine Eigenschaft bezogen. Dieser Standpunkt des Naturalismus und Intuitionismus wird im *Emotivismus* abgelehnt; ethische bzw. moralische Ausdrücke werden als Mittel zur Erreichung bestimmter Ziele bestimmt. Die Bedeutung eines ethischen Wortes liegt darin, bestimmte geistige, seelische Zustände auszudrücken und hervorzurufen (Gefühle, Einstellungen). Im Emotivismus wird die deskriptive Bedeutung von ethischen Ausdrücken als zweitrangig aufgefaßt, die emotive Bedeutung als erstrangig. Dem Emotivismus zufolge sind also ethische Sätze keine bloßen Beschreibungen; man kann mit ihnen Handlungen vollziehen.

Lit.: G. E. Moore, Principia Ethica, 1903; R. M. Hare, Die Sprache der Moral, 1952; C. L. Stevenson, The Emotive Meaning of Ethical Terms, in: Mind 46, 1937; A. Macintyre, Geschichte der Ethik im Überblick, 1966; F. v. Kutschera, Grundlagen der Ethik, 1982.

**Metakritik** (von lat. *meta*, ‚hinter‘, ‚nach“, und *kritike*, ‚Beurteilung‘): die KRITIK an einer Kritik.

**Metamorphose** (vom griech. *meta*, ‚hinter‘, ‚nach‘, und *morphe*, Gestalt‘): Gestaltumwandlung.

**Metapher** (griech.): bildliche Übertragung; die Übertragung eines Ausdrucks aus einem Bedeutungszusammenhang in einen anderen; dabei läßt sich zwischen dem Ausdruck und dem von ihm Bezeichneten kein direkter Zusammenhang feststellen.

**Metaphysik** (vom griech. *meta*, ‚nach‘, ‚über‘, und *physis*, ‚Natur‘): zunächst Bezeichnung für die 14 Abhandlungen des Aristoteles, die von Andronikos von Rhodos *nach* bzw. *hinter* (griech. ‚meta‘) den Abhandlungen über die *Natur* (griech. ‚physis‘) herausgegeben hat. In diesen Abhandlungen werden dem aristotelischen Verständnis zufolge die Themen der *Ersten Philosophie* behandelt, also die ersten und allgemeinsten Prinzipien des Seienden als solchen bzw. des SEINS und die ersten Ursachen (☞ GOTT). Die M. als erste Philosophie ist also die Lehre von dem, was über die Natur, d.h. über die sinnliche Wahrnehmung und die mit der sinnlichen Wahrnehmung verbundenen Erkenntnisart, hinausgeht; sie ist die Lehre von den ersten und allgemeinsten Prinzipien der gesamten Wirklichkeit. Der Name „M.“ bezieht sich also auf die aristotelische Philosophie, doch der Sache nach bezeichnet er philosophische Inhalte, die seit Anbeginn der Philosophiegeschichte auftreten. Schon die Vorsokratiker sprechen von allgemeinen Prinzipien der gesamten Wirklichkeit bzw. des gesamten Geschehens. Diese Prinzipien stellen Abstraktionen von den konkreten, sinnlich wahrnehmbaren Sachverhalten dar, so z. B. die Weltvernunft bei Anaxagoras (☞ NOUS) oder die Zahlenverhältnisse bei Pythagoras. Als metaphysisch kann die Konzeption von Parmenides betrachtet werden. Er spricht von dem einen, wahren Sein, das unvergänglich, unveränderlich und ewig ist. Demgegenüber spricht er von der vergänglichen, veränderlichen, sinnlich wahrnehmbaren Welt als von der Scheinwelt. Aufgrund der sinnlichen Wahrnehmung kann keine wahre Erkenntnis erreicht werden. Auch für Platon führt sinnliche Wahrnehmung nicht zur wahren Erkenntnis der Welt. Den sinnlich wahrnehmbaren Einzelgegenständen, die unbeständig und veränderlich sind, stellt er die IDEEN gegenüber, die beständig, unveränderlich und ewig sind und insofern die wahre Struktur der Welt ausmachen (☞ IDEENLEHRE); die Ideen und besonders die höchste Idee, die Idee des Guten, haben den höchsten Seinsstatus. Die Einzeldinge existieren nur, weil sie an den Ideen teilhaben. Die Ideen machen das WESEN der Einzeldinge aus. Die Ideen können in einer besonderen Schau erkennt werden. Wichtig ist im Zusammenhang mit der platonischen M. die Herausbildung der Allgemeinbegriffe. In Dialogen wird vom Einzelnen auf das ALLGEMEINE, eben auf die Ideen, die Wesenheiten der Dinge geschlossen. Bei Aristoteles gehört zur M. die Lehre von den allgemeinen Prinzipien des Seins (☞ ONTOLOGIE) und die Lehre von der letzten Ursache, von dem Göttlichen (☞ THEOLOGIE). Zur Ontologie gehört die Lehre von den KATEGORIEN (andere Begriffe der aristotelischen Ontologie sind POTENZ, AKT, FORM). Im Zusammenhang mit der Theologie ist die Lehre von dem UNBEWEGTEN BEWEGER als der letzten Ursache von zentraler Bedeutung. Die Bestimmungen des Göttlichen (als des Höchsten) fallen mit den Bestimmungen des Seins (des Allgemeinsten) zusammen. In der christlichen Philosophie werden die aristotelischen Bestimmungen des Seins übernommen und ausgearbeitet. Als das höchste und vollkommenste Sein wird GOTT bestimmt (☞ PATRISTIK, SCHOLASTIK, UNIVERSALIENSTREIT, TRANSZENDENTALIEN). Gott ist das schlechthin Transzendente (☞ TRANSZENDENZ). Im 18. Jh. (besonders bei Chr. Wolff) wird die M. eingeteilt in *metaphysica generalis* (die Ontologie als die Lehre von den allgemeinen Prinzipien des Seins) und die *metaphysica specialis*, die in rationale Theologie, rationale Kosmologie und rationale Psychologie zerfällt. Kant fragt, wie metaphysische Erkenntnis möglich ist. Er kritisiert die dogmatische M. (Wolff), in der ohne einen Bezug auf die Erfahrung Erkenntnisse über das Übersinnliche gewonnen werden. In der kritischen Philosophie Kants (☞ KRITIZISMUS, TRANSZENDENTALPHILOSOPHIE) wird gefragt, wie die Erkenntnis des Übersinnlichen möglich ist. Kant fragt: Wie sind synthetische Urteile A PRIORI möglich?

Metaphysische Erkenntnisse sind also Erkenntnisse, die nicht aufgrund der Erfahrung gewonnen werden. Die M. als theoretische Wissenschaft vom Übersinnlichen ist nicht möglich. Es ist nach Kant jedoch eine *M. der Natur* möglich, in der die Erkenntnisse a priori auf die Gegenstände der Erfahrung bezogen werden. Die Gültigkeit der apriorischen Erkenntnisse bezieht sich also auf Gegenstände der Erfahrung. Andererseits spricht Kant von einer *M. der Sitten* im Bereich der praktischen Vernunft; sie bezieht sich auf apriorische Prinzipien des Handelns (☞ KATEGORISCHER IMPERATIV, SITTENGESETZ). In der Philosophie des deutschen Idealismus kommt es zu einer Wiederbelebung der spekulativen (nicht kritischen) M.. Sie stellt den letzten Versuch dar, ein metaphysisches System zu etablieren. Einen entscheidenden anti-metaphysischen Charakter haben die Positionen des EMPIRISMUS und des sog. POSITIVISMUS. Hier wird jegliche Möglichkeit einer metaphysischen Erkenntnis abgelehnt. Die Erkenntnis beruht für diese Positionen einzig auf der Erfahrung. Diese Kritik an der m. wird vom LOGISCHEN EMPIRISMUS und von der analytischen Sprachphilosophie (☞ ANALYTISCHE PHILOSOPHIE) übernommen und erweitert. Man zeigt, daß metaphysische Wörter unsinnig (☞ SINNKRITERIUM) und metaphysische Probleme SCHEINPROBLEME sind.

Lit.: Platon, Phaidon; ders., Symposion; ders., Parmenides; ders., Politeia; Aristoteles, Metaphysik; Thomas von Aquin, Summa theologiae I; R. Descartes, Meditationen über die erste Philosophie, 1641; G. W. Leibniz, Monadologie, 1714; I. Kant, Kritik der reinen Vernunft, 1781, [2]1787; ders., Prolegomena zu einer jeden künftigen Metaphysik, die als Wissenschaft wird auftreten können, 1783; G. W. F. Hegel, Phänomenologie des Geistes, 1807; ders., Wissenschaft der Logik, 1812-16; ders., Enzyklopädie der Wissenschaften, 1817; H. Heimsoeth, Die sechs großen Themen der abendländischen Metaphysik, [6]1974; E. Coreth, Metaphysik, [3]1981; R. Carnap, Scheinprobleme in der Philosophie, 1928; W. Stegmüller, Metaphysik, Skepsis, Wissenschaft, [2]1969; E. Vollrath, Die These der Metaphysik, 1969; P. F. Strawson, Einzelding und logisches Subjekt, 1972.

## Metaphysisch:

die sinnliche Erfahrung übersteigend. ☞ METAPHYSIK

## Metasprache:

eine Sprache, in der über Ausrücke oder Äußerungen der OBJEKTSPRACHE gesprochen bzw. geurteilt wird. In der Objektsprache beziehen wir uns auf Gegenstände, Sachverhalte, Ereignisse und Personen. In der M. beziehen wir uns auf die Ausdrücke bzw. Äußerungen der Objektsprache, also nicht auf Objekte, sondern auf sprachliche Ausdrücke. Beispiel: „Dieser Tisch ist blau" (Satz der Objektsprache, in dem wir uns auf den blauen Tisch beziehen); „Der Satz ‚Dieser Tisch ist blau' ist wahr" (ein metasprachlicher Satz über den Objektsatz). Die Unterscheidung Objektsprache – M. spielt eine wichtige Rolle in der modernen Logik (z. B. bei Tarski); mit dieser Unterscheidung sollen sprachliche Antinomien vermieden werden.

Lit.: A. Tarski, Der Wahrheitsbegriff in den formalisierten Sprachen, 1931.

**Metempsychose** (griech. ‚Seelenwanderung'): ☞ SEELENWANDERUNG

**Methexis** (griech. ‚Teilhabe'):
in der Philosophie Platons Bezeichnung für die Teilhabe der sinnlich wahrnehmbaren, veränderlichen Einzeldinge an den sinnlich nicht wahrnehmbaren, unveränderlichen und ewigen IDEEN (☞ IDEENLEHRE). Den Ideen kommt das höchste Sein zu. Die Einzeldinge existieren nur, weil sie an dem Sein der Ideen teilhaben. Die Ideen sind Urbilder der Einzeldinge, die Einzeldinge die Abbilder der Ideen. Z. B. ist etwas gerecht, wenn es an der Idee der Gerechtigkeit teilhat.

Lit.: Platon, Politeia; ders., Phaidon; ders., Symposion.

**Methode** (vom griech. *methodos*, ‚nachgehen'):
allgemein der Weg zur (wahren) Erkenntnis; das geregelte, geordnete und zielgerichtete Vorgehen bei Gewinnung von Erkenntnissen und beim Aufbau von philosophischen bzw. wissenschaftlichen Konzeptionen. Im Laufe der Philosophiegeschichte wurde eine Vielzahl von M. entwickelt. Für Platon gilt der *Dialog* (die Gesprächskunst), das Verfahren von Frage und Gegenfrage, als M.; dieses Verfahren führt zur Bildung von Allgemeinbegriffen und zur Erkenntnis der IDEEN (und damit zur Erkenntnis der wahren Struktur der Welt). Bei Aristoteles läßt sich keine einheitliche M. finden, vielmehr eine Vielzahl von M.: die INDUKTION (der Schluß bzw. die Erkenntnis vom Einzelnen zum Allgemeinen), die DEFINITION, die DIALEKTIK und SYLLOGISTIK (die Lehre vom richtigen Schließen). Euklid entwickelt die bis in die zeitgenössische Philosophie einflußreiche axiomatische M.; aus AXIOMEN werden in einem deduktiven System (☞ DEDUKTION) einzelne Theoreme abgeleitet. In der Philosophie des Mittelalters werden die antiken M.-Konzeptionen übernommen, jedoch keine weiteren nennenswerten M. entwickelt. Ein *Methodenbewußtsein* kommt erst zu Beginn der Neuzeit stärker zum Ausdruck. Die *axiomatische M.* der euklidischen Geometrie wird von Leibniz, Spinoza, Descartes und Pascal übernommen. Bei Descartes kommt neben der axiomatischen M. noch ein weiteres methodisches Element hinzu: der *methodische Zweifel;* der Zweifel an der Erkennbarkeit der Welt führt Descartes zu der Erkenntnis des unbezweifelbaren „Ich denke" (☞ COGITO ergo sum). Das „ich denke" ist der evidente Grund der Erkenntnis. Wichtig für die gesamte Philosophie seit Aristoteles ist die Unterscheidung zwischen der *analytischen* und *synthetischen* M.; das analytische Verfahren ist zergliedernd (ein Zusammengesetztes wird in seine Bestandteile zergliedert); das synthetische Verfahren ist verbindend (aus Einzelelementen wird ein Ganzes zusammengesetzt). Im Anschluß an die euklidische Axiomatik spricht man auch von der *deduktiven M.*; aus obersten

Sätzen, den Axiomen, werden weitere Sätze deduziert). Der deduktiven M. steht die *induktive M.* entgegen (☞ INDUKTION). Sie wird für die neuzeitlichen Erfahrungswissenschaften maßgebend. Mittels dieser m. wird von beobachtbaren bzw. in der Erfahrung gegebenen Einzelfällen auf Gesetzmäßigkeiten bzw. Gesetze geschlossen. Kant entwickelt die *transzendentale M.* (☞ TRANSZENDENTALPHILOSOPHIE); er fragt nach apriorischen (☞ A PRIORI) Voraussetzungen unserer Erkenntnis der Gegenstände, nach den Bedingungen der Möglichkeit der Erkenntnis der Gegenstände. Für Hegel gilt die Dialektik als die einzig wahre M., der einzige Weg zur Wahrheit; sie ist nicht nur ein äußeres Verfahren, sondern auch das innere *Prinzip* der Wirklichkeit und des Geschehens. Die dialektische M. wurde in einer modifizierten Form von Marx und Engels übernommen (☞ MATERIALISMUS). Im 19. Jh. tauchen die GEISTESWISSENSCHAFTEN auf. Sie beanspruchen für sich eine eigene M. bzw. Methodologie, die sich von der der Naturwissenschaften unterscheiden soll. Windelband unterscheidet zwischen den *nomothetischen Naturwissenschaften*, in denen nach allgemeinen Gesetzen gesucht wird, und den *idiographischen Kulturwissenschaften*, in denen die individuellen Vorgänge und menschliche Individuen zum Thema gemacht werden. Dem methodischen Monismus zufolge soll es eine einheitliche Methodologie sowohl für die Natur- als auch für die Geisteswissenschaften geben; in den Wissenschaften soll nach allgemeinen Gesetzen gesucht werden; sie bedienen sich sodann des Verfahrens der ERKLÄRUNG (man spricht hier auch von den erklärenden Wissenschaften). Beabsichtigt man, für die Geisteswissenschaften eine eigene M. bzw. Methodologie aufzustellen, so bedient man sich dabei des hermeneutischen Verfahrens (☞ HERMENEUTIK) bzw. des Verfahrens des VERSTEHENS (man spricht hier auch von verstehenden Wissenschaften). Im 20. Jh. tauchen unterschiedliche methodische Ansätze auf, so z. B. die *phänomenologische M.* Edmund Husserls (☞ PHÄNOMENOLOGIE), innerhalb der modernen Wissenschaftstheorie (im Zusammenhang mit der Erörterung der Verfahren der VERIFIKATION und FALSIFIKATION) und die unterschiedlichen sprachanalytischen Verfahren (☞ ANALYTISCHE PHILOSOPHIE).

Lit.: Aristoteles, Organon; Euklid, Elemente; R. Descartes, Von der Methode, 1641; I. Kant, Kritik der reinen Vernunft, 1781, $^{2}$1787; G. W. F. Hegel, Wissenschaft der Logik, 1812-16; J. Tyssen, Die philosophische Methode, 1930; K. Popper, Logik der Forschung, 1935; J. M. Bochenski, Die zeitgenössischen Denkmethoden, 1954; H.-G. Gadamer, Wahrheit und Methode, 1961; P. Lorenzen, Methodisches Denken, 1968; P. K. Feyerabend, Wider den Methodenzwang, 1976.

## Methodologie:

traditionell *Methodenlehre*; die Theorie der wissenschaftlichen METHODEN.

**Mikrokosmos**(vom griech. *mikro*, ‚klein', und *kosmos*, ‚Welt'):
in der antiken Philosophie Bezeichnung für die kleine Welt des Menschen in der Korrelation zu dem Weltganzen (griech. ‚makrokosmos'). In der Beschaffenheit des M. spiegelt sich die Beschaffenheit des Makrokosmos wieder.

**Mimesis** (griech. ‚Nachahmung'):
Nachahmung; ein zentraler Begriff der ÄSTHETIK. Nach Platon sind die Kunstwerke Nachahmungen bzw. Abbilder der Gegenstände. Die künstlerische Tätigkeit ist doppelt von der Wahrheit entfernt. Ein Philosoph erkennt die wahre Struktur der Welt, die Ideen. Ein Handwerker verfertigt einen Gegenstand nach einer dem Gegenstand entsprechenden Idee. der Künstler bildet den vom Handwerker hergestellten Gegenstand nochmals ab. Der Begriff der M. wird im 20. Jh. von Adorno aufgenommen. In seiner „Ästhetischen Theorie" spricht Adorno von der begriffslosen Erfahrung in der Kunst, die auch von jeglicher Zwecksetzung frei ist.

Lit.: Platon, Politeia; E. Auerbach, Mimesis, 1946; Th. W. Adorno, Ästhetische Theorie, 1970.

**Mitsein:**
in der Philosophie Martin Heideggers ein Strukturmoment des Daseins (☞ DASEINSANALYTIK). Wir sind immer schon mit den Anderen da. Das Dasein ist kein isoliertes Subjekt. Das M. gehört zur Struktur des IN-DER-WELT-SEINS.

**Mittelalterliche Philosophie:** ☞ PATRISTIK, SCHOLASTIK

**Modalität** (von lat. *modus*, ‚Art und Weise'):
allgemein die Art und Weise des Seins bzw. Geschehens (die *ontologische M.*) und die Art und Weise der Festlegung eines Urteils (die *logische M.*). Die ontologische M. sind Möglichkeit, Wirklichkeit und Notwendigkeit. Diesen ontologischen M. entsprechen die logischen M. der Urteile. Die modalen Urteile werden eingeteilt in *problematische* (entsprechen der M. der Möglichkeit), *assertorische* (entsprechen der M. der Wirklichkeit) und *apodiktische* (entsprechen der M. der Notwendigkeit). Nach Kant sind M. Postulate des empirischen Denkens, Weisen unserer Auffassung der Gegenstände.

Lit.: I. Kant, Kritik der reinen Vernunft, 1781, [2]1787; S. A. Kripki, Name und Notwendigkeit, 1981.

**Modus** (lat. ‚Art und Weise', ‚Maßstab'): Seinsweise.

**Möglichkeit:**
eine MODALITÄT. Im Falle der aristotelischen Konzeption spricht man von der *realen, ontologischen M.* als einem Prinzip des Seienden; als M. wird die MATERIE betrachtet, die erst durch die Form zur Wirklichkeit wird (☞ DYNAMIS, AKT, POTENZ). Diese Lehre wird von der scholastischen Philosophie übernommen. Die *logische M.* zeigt das Fehlen vom Widerspruch im Denken oder in der Sprache an. Ist etwas logisch möglich, so besteht es ohne Widerspruch und kann daher gedacht bzw. gesagt werden. Bei Kant darf man von der logischen M. der Begriffe nicht auf die ontologische M. der Gegenstände schließen. Kant spricht von der M. der Erfahrung, die allen Erkenntnissen objektive Realität gibt. Eine zentrale Rolle spielt der Begriff der M. in der modernen Modallogik.

Lit.: Aristoteles, Metaphysik; I. Kant, Kritik der reinen Vernunft, 1781, [2]1787; A. Meinong, Möglichkeit und Wahrscheinlichkeit, 1913; N. Hartmann, Möglichkeit und Wirklichkeit, 1938; N. Rescher, A Theory of Possibility, 1975.

**Monade** (vom griech. *monas*, ‚Einheit'):
allgemein die letzte, unteilbare, nicht zusammengesetzte Einheit. Für die Pythagoreer ist M. eine Zahleinheit. Bei Demokrit und anderen Atomisten haben die ATOME den Charakter einer M.; sie sind unteilbar und nicht zusammengesetzt. Platon bestimmt die IDEEN als M.; sie sind unteilbare, ewige und unveränderliche Gegenstände, die en teilbaren und veränderlichen Gegenständen zugrunde liegen. Bei G. Bruno sind M. die letzten Einheiten, in denen sich das Ganze der Welt (die göttliche Weltordnung) widerspiegelt. Eine Monadenlehre (*Monadologie*) wird von Leibniz ausgearbeitet. M. sind für ihn die letzten, einfachen, unteilbaren, individuellen, in sich abgeschlossenen Einheiten, SUBSTANZEN. Die M. als Substanzen sind selbständig. Sie haben nach Leibniz keinen körperlichen (sie sind unteilbar und nicht ausgedehnt), sondern einen geistigen bzw. seelischen Charakter (sie sind als beseelte Substanzen einfach, nicht zusammengesetzt). M. haben Vorstellungen, die je nach Klarheitsgrad in PERZEPTIONEN und APPERZEPTIONEN aufgeteilt werden. Jede M. spiegelt auf ihre Weise (mittels der Perzeptionen) das ganze Universum (bzw. alle anderen M.) wieder. Es gibt nach Leibniz eine unendliche Menge von M.. Jede M. ist jedoch in sich abgeschlossen (die M. ist „fensterlos"); es gibt demnach keine Einwirkung bzw. Wechselbeziehung zwischen den M. (es besteht zwischen ihnen kein kausaler Zusammenhang). Es besteht zwischen den M. eine von Gott gestiftete Harmonie (☞ PRÄSTABILIERTE HARMONIE). In der Rangordnung der M. (der Maßstab dieser Ordnung ist die Klarheit der Vorstellungen) ist Gott die höchste und vollkommenste M..

Lit.: G. W. Leibniz, Monadologie, 1714; W. Cramer, Die Monade, 1954; R. Hönigswald, Analysen und Probleme, 1959; H. Heimsoeth, Atom, Seele, Monade, 1961; N. Rescher, Leibniz, 1979.

**Monadologie:**
Monadenlehre. ☞ MONADE

**Monismus** (vom griech. *monos*, ‚allein', ‚einzig'):
Einheitslehre; Sammelbezeichnung für Positionen, denen zufolge die gesamte Wirklichkeit bzw. das gesamte Geschehen auf ein Prinzip bzw. einen Bereich zurückgeführt wird (Gegensätze: PLURALISMUS, Dualismus). Dabei kann ein Bereich auf einen anderen zurückgeführt oder die Verschiedenheit der Bereiche bestritten werden. Wird das Geistige bzw. Ideelle auf das Materielle zurückgeführt, so spricht man vom MATERIALISMUS (als einer Form des M.); wird das Materielle auf das geistige bzw. Ideelle zurückgeführt, so spricht man vom SPIRITUALISMUS bzw. IDEALISMUS. Wird jegliche, substanzielle Dualität bzw. Pluralität von Bereichen bestritten und stattdessen ein der gesamten Wirklichkeit innewohnendes Prinzip angenommen, so spricht man ebenfalls vom M., so z. B. beim PANTHEISMUS. Neben den oben erwähnten gibt es weitere Arten des M., z. B. den PANPSYCHISMUS (die gesamte Wirklichkeit ist beseelt) und den PANVITALISMUS (die gesamte Wirklichkeit ist belebt).

Lit.: A. Drews (Hg.), Der Monismus 2 Bde., 1908; ders., Geschichte des Monismus im Altertum, 1913; R. Eisler, Geschichte des Monismus, 1910; F. Klinke, Der Monismus und seine philosophischen Grundlagen, [4]1919.

**Monopsychismus** (vom griech. *monos*, ‚einzig', und *psyche*, ‚Seele'):
Bezeichnung für Positionen, denen zufolge die gesamte Wirklichkeit beseelt ist. Dabei wird meistens eine alles durchwaltende und umfassende All-Seele angenommen.

**Monotheismus** (vom griech. *monos*, ‚allein', ‚einzig", und *theos*, ‚Gott'):
die Lehre vom einzigen, außerweltlichen Gott. Während es im POLYTHEISMUS viele Götter gibt und im PANTHEISMUS die gesamte Wirklichkeit vom Gott durchwaltet ist (Gott und Welt bilden eine Einheit), gibt es im M. einen außerweltlichen Gott; er hat jedoch einen Bezug zur Welt als Weltschöpfer, -lenker oder -ordner..

**Moral** (von lat. *moralis*, ‚sittlich'):
Bezeichnung für die Gesamtheit von Normen bzw. ethisch relevanten Inhalten einer Gemeinschaft (☞ SITTLICHKEIT). Die philosophische Betrachtung der M. wird in der *Moralphilosophie*, also der ETHIK, vollzogen.

**Moralismus:**
Bezeichnung für Positionen, denen zufolge die gesamte Wirklichkeit unter moralischen Aspekten betrachtet werden soll (☞ MORAL, SITTLICHKEIT).

Die Sittlichkeit gilt dabei als der höchste Wert. Nicht das rein Intellektuelle und auch nicht das rein Ästhetische, sondern das Moralische tritt ins Zentrum der Lebensführung.

**Moralität:**
nach Kant sind Handlungen moralisch, wenn sie dem SITTENGESETZ, dem KATEGORISCHEN IMPERATIV folgen und dabei von der PFLICHT geleitet werden. Die M. der Gesinnung des Menschen ist bei Kant die Hauptquelle der Würde des Menschen. Hegel unterscheidet zwischen der M. (das moralische Handeln, das vom subjektiven Wollen geleitet wird) und der SITTLICHKEIT (die Verwirklichung des vernünftigen Wollens in der Familie, bürgerlichen Gesellschaft und im Staat).

Lit.: I. Kant, Kritik der praktischen Vernunft, 1788.

**Moralphilosophie:** ☞ ETHIK.

**Moral sense** (engl. ‚moralischer Sinn'):
moralischer Sinn; in der englischen Moralphilosophie Bezeichnung für eine Instanz des Menschen, die es ihm ermöglicht, das moralisch bzw. sittlich Richtige zu erfassen und es vom moralisch nicht Richtigem zu unterscheiden. ☞ COMMON SENSE

**More geometrico** (lat. ‚nach Art der Geometrie'):
ein Postulat der Wissenschaft und Philosophie, nach dem die Erkenntnisse (auch im Bereich des Ethischen und Politischen) nach dem Vorbild der Geometrie gewonnen und systematisiert werden sollen. Spinoza baute eine Ethik nach M. g. auf.

**Morphe:** ☞ FORM

**Motiv** (von lat. *movere*, ‚bewegen'):
Beweggrund einer Handlung. Die Philosophie fragt danach, ob M. vom WILLEN abhängen und ob das Verhältnis M.-Handlung im Sinne eines Ursache-Wirkung-Verhältnisses aufzufassen ist. Der Begriff des M. spielt eine wichtige Rolle in der Ethik. Für Kant ist eine Handlung moralisch wünschenswert, wenn ihr M. sich an der Pflicht orientiert. Der Begriff des M. wird auch in der heutigen Psychologie untersucht.

**Motivation:**
Gesamtheit der MOTIVE eines Menschen, die ein bestimmtes Verhalten auslösen und leiten.

**Mundus** (lat.):
Welt. „Mundan“: weltlich. „Extramundan“: außerhalb der Welt.

**Mystik** (vom griech. *myein*, ‚(Augen oder Lippen) schließen‘):
allgemein 1) Bezeichnung für ein Erlebnis bzw. eine Erfahrung der Vereinigung der menschlichen Seele mit dem Seinsgrund bzw. Gott und 2) die Lehre von solchem Erleben bzw. solcher Erfahrung. Merkmale des mystischen Erlebens sind: das Streben nach der Vereinigung mit dem Übersinnlichen, Göttlichen, Transzendenten, die Abkehr von der Welt der Sinne und von dem rein Intellektuellen, die meditative Versenkung der Seele in sich selbst und in den Seinsgrund bzw. göttlichen Grund (damit das Aufgehen des eigenen Ich in Gott). Die M. hat vorwiegend einen religiösen Charakter; in der mystischen Erfahrung soll sich der einzelne Mensch (seine Seele) mit Gott vereinigen, sein eigenes Wesen und das Wesen der Welt in der Vereinigung mit Gott erfahren. Mystische Elemente treten in fast allen Religionen auf: im Christentum, Judentum (Kabbala, Chassidismus), Buddhismus, Zen-Buddhismus, Taoismus, Brahmanismus, Sufismus des Islams. Einen großen Einfluß auf die christliche M. hatte der Neuplatonismus (Pseudo Dionysios), die Tätigkeit und Lehre von Paulus und Johannes (die Einheit des Menschen mit Christus), Origenes. Einen mystischen Charakter hatte die Lehre der Gnosis und des Manichäismus. Eine Blüte erlebte die christliche M. im späten Mittelalter. Zu den wichtigsten Mystikern dieser Zeit gehören u. a.: Bernhard von Clairvaux, Meister Eckart, Johann Tauler, Jacob Böhme, Angelus Silesius, Sebastian Franck, Paracelsus. Die M. hatte einen Einfluß auf die Philosophie der deutschen Romantik, auf Schelling, Schleiermacher, in der neusten Zeit auf Scholem und Jaspers.

Lit.: J. Bernhart, Die philosophische Mystik des Mittelalters, 1922; E. Lehmann, Mystik im Heidentum und Christentum, 31923; A. Mager, Mystik als Lehre und Leben, 1934; G. Scholem, Die jüdische Mystik, 1957; C. Albrecht, Das mystische Erkennen, 1958; F. Pfeifer (Hg.), Deutsche Mystiker des 14. Jahrhunderts, 21960.

**Mythologie** (vom griech. *mythos*, ‚Erzählung‘, und *logos*, ‚Lehre‘):
zunächst die geordnete Sammlung der Mythen; sodann die Lehre bzw. Wissenschaft vom MYTHOS.

**Mythos** (griech. ‚Erzählung‘):
ursprünglich Bezeichnung für Erzählung über urzeitliche Ereignisse. Diese Erzählungen handeln von Göttern, die als „Prinzipien“ der Wirklichkeit und des Geschehens betrachtet werden. Die Mythen dienen den Menschen zur Erklärung der Wirklichkeit und des Geschehens; sie haben eine Erklärungsfunktion. Die Gesamtheit der Mythen bildet ein bestimmtes Weltbild (in anderen Termini auch Weltanschauung, Lebensauffassung und -einstellung). Die mythischen Figuren, Ereignisse usw. erscheinen als

Symbole. Für die Philosophie ist der Übergang vom M. zum ☞LOGOS von entscheidender Bedeutung. Dieser Übergang markiert die Entstehung der Philosophie. Die personifizierten Götter als „Prinzipien" der Wirklichkeit werden durch nicht-persönlich Inhalte bzw. Prinzipien ersetzt. Es kommt zur Entpersönlichung des Weltgrundes. So taucht z. B. als Weltprinzip der abstrakte Begriff der Weltvernunft (☞NOUS) auf. Die abstrakte, begriffliche Tätigkeit und die Produkte dieser Tätigkeit werden dem mythischen Denken gegenübergestellt. Der M. gilt uneingeschränkt. Das philosophische Denken entfaltet sich durch begriffliche Argumentation (☞DISKURSIV); zum philosophischen Denken gehören also Nachprüfbarkeit, Begründung, Rechtfertigung, Nachweisbarkeit usw.. In der Geschichte der Philosophie wird der M. als das Irrationale, der Vernunft Entgegengesetzte betrachtet. Unberechenbare Ereignisse und Entwicklungen werden als mythische bestimmt. Auch Entwicklungen, die dem Fortschrittsgedanken widersprechen bzw. sich außerhalb der Fortschrittskategorien stellen, werden als mythisch entlarvt. Das mythische Denken steht für ein irrationales, nicht überprüfbares, nicht begründbares Denken. Eine Rehabilitierung des mythischen Denkens wird u. a. in der Romantik, bei Nietzsche und Sorel vorgenommen. Eine wichtige Rolle spielt der Begriff des M. in der Psychoanalyse (Freud, Jung), in der Psychologie Wundts und in der Kulturanthropologie von Lévi-Strauss. Die Lehre bzw. Wissenschaft vom M. heißt *Mythologie*.

Lit.: H. Zimmer, Mythen und Symbole, 1951; W. Nestle, Vom Mythos zum Logos, '1975; E. Cassirer, Philosophie der symbolischen Formen II, 21953; C. G. Jung/K. Kerényi, Einführung in das Wesen der Mythologie, 1951; W. F. Otto, Die Gestalt und das Sein, 1955; E. Grassi, Kunst und Mythos, 1957; C. Lévi-Strauss, Mythologica, 1971-75; H. Blumenberg, Arbeit am Mythos, 1979.

# N

**Naiv** (vom franz. *naif*, ‚angeboren‘):
unkritisch, unreflektiert. Die naive (natürliche) Einstellung des Menschen ist die unreflektierte, in der Transzendentalphilosophie die vor- bzw. nicht-transzendentale Einstellung. ☞ Naiver REALISMUS

**Name:**
allgemein ein TERMINUS, der einen oder mehrere Gegenstände (Klasse von Gegenständen) bezeichnet. Der N. wird von dem PRÄDIKAT bzw. der Prädikation unterschieden, in der von dem Gegenstand etwas ausgesagt wird. Es gibt allgemeine, *generelle* N. (Termini), die eine KLASSE von Gegenständen bezeichnen (z. B. „Tisch“, „Baum“, „Mensch“, „Tier“), und die Eigennamen (als *singuläre Termini*), die einen einzigen Gegenstand bezeichnen (z. B. „Sokrates, „Napoleon“, „Kant“). Mill bezeichnet die Eigennamen als individuelle N.. Eigennamen haben nach Mill nur eine DENOTATION (ein N. steht für bzw. bezeichnet einen Gegenstand), aber keine KONNOTATION (ein N. bezeichnet etwas mit, gibt eine Eigenschaft des bezeichneten Gegenstandes an). Nach Frege hat ein Eigennamen sowohl eine Denotation (bei Frege „Bedeutung“) als auch eine Konnotation (bei Frege „Sinn“). Die Beziehung zwischen dem N. und dem bezeichneten Gegenstand wird mittels KENNZEICHNUNGEN hergestellt. Nach Russell sind Eigennamen verkleidete Kennzeichnungen. Die Bedeutungen von Eigennamen werden mit Hilfe von Kennzeichnungen angegeben (die Auffassung von Frege und Russell wird als *Beschreibungstheorie der Eigennamen* bezeichnet). Gegen Freges und Russells Auffassungen wendet sich Kripki. Für ihn bezeichnet ein Eigenname einen Gegenstand. Kripki kritisiert in mehreren Schritten die Beschreibungstheorie der Bedeutung. Über die Beschreibung bzw. Kennzeichnung wird die Referenz des Eigennamens nicht festgelegt. Nach Kripki sind Eigennamen Ausdrücke, die bei sog. „Taufsituation“ einem Gegenstand zugeordnet werden. Um die Zuordnung vorzunehmen, ist es nötig, den Gegenstand zu identifizieren (z. B. durch demonstrative Lokalisierung oder durch Beschreibung). Die Identifikation durch Beschreibung bzw. Kennzeichnung dient jedoch nur zur Festlegung der Referenz der Eigennamens. Der Eigenname wird sodann von dem Sprecher, der die Zuordnung in der Taufsituation vorgenommen hat, auf andere Sprecher weitergegeben. Es entsteht so eine kausale Kette von Namenverwendungen. Will ein späte-

rer Sprecher die Referenz des Eigennamens festlegen, so muß er die Kette bis zur Taufsituation zurückverfolgen (die von Kripki entworfene Theorie bezeichnet man als *kausale* oder *historische Theorie der Eigennamen*).

Lit.: J. S. Mill, Gesammelte Werke, Th. Gomperz (Hg.), Bd. 2-4, 1873; G. Frege, Über Sinn und Bedeutung, in: G. Patzig (Hg.), Funktion, Begriff, Bedeutung, $^{4}$1975; B. Russell, Die Philosophie des logischen Atomismus, 1976; P. F. Strawson, Über Referenz, in ders., Logik und Linguistik, 1974; L. Wittgenstein, Philosophische Untersuchungen, 1933; K. Donnellan, Reference and definite Description, in: Philosophical Review 75, 1966. S. A. Kripki, Name und Notwendigkeit, 1981; E. Runggaldier, Zeichen und Bezeichnetes, 1985; U. Wolf (Hg.), Eigennamen, 1985.

**Narrativ** (von lat. *narratio*, ‚Erzählung‘):
erzählend. Die narrativen (erzählenden) Sätze spielen eine große Rolle in der Methodologie der Geschichtswissenschaften. Narrative Sätze haben eine andere Struktur als Sätze in der Gegenwartsform. Darüber hinaus haben sie eine besondere Funktion in der Erklärung von geschichtlichen Ereignissen. Die Analyse von narrativen Strukturen und eine „Semantik“ der narrativen Sätze wurden in den neusten Zeit zum Diskussionsgegenstand in der Geschichtswissenschaft und den mit ihr benachbarten Gebieten.

Lit.: R. Kosseleck/W.-D. Stempel, Geschichte – Ereignis und Erzählung, 1973; A. C. Danto, Analytische Philosophie der Geschichte, 1974; P. Ricoeur, Zeit und Erzählung, Bd. I, 1988.

**Nativismus** (von lat. *nativus*, ‚angeboren‘):
allgemein die Lehre von angeborenen Vermögen (☞ANGEBORENE IDEE).

**Natur** (von lat. *natura*, ‚Geburt‘):
1) der Kern bzw. das WESEN einer Sache, 2) das, was sich aus eigenen Kräften und nach eigenen Gesetzen entfaltet, 3) die Gesamtheit der körperlichen Gegenstände und der mit ihnen verbundenen Vorgänge und Gesetze. Im Laufe der Philosophiegeschichte wurde der Begriff der N. auf unterschiedliche Weise bestimmt. Bei den Vorsokratikern heißt „N.“ (griech. ‚physis‘) die Gesamtheit des Seienden und das wahre Wesen der Wirklichkeit bzw. des Seienden. Nach Platon machen die IDEEN die wahre (im höchsten Maße wirkliche) N. des Seienden aus. Für Aristoteles ist N. das, was seinen Zweck in sich trägt. Die N. hat einen prozessualen Charakter. Alle Bewegung und Veränderung ist teleologisch (☞TELEOLOGIE) und verläuft nach den den physischen Körpern innewohnenden „Prinzipien“ bzw. Kategorien (☞DYNAMIS, ENTELECHIE). Die Bewegung wird von dem UNBEWEGTEN BEWEGER in Gang gesetzt. Aus dem Bereich der N. ist der Bereich des Herstellens und Handelns ausgeschlossen. Der Mensch handelt nach Aristoteles aus Freiheit. Im Bereich der METAPHYSIK werden all die Prinzipien und Kategorien (allgemeine Strukturen) des Seienden und die Bedeutung des Göttlichen aufgezeigt.

In der christlichen Tradition wird N. als die SCHÖPFUNG Gottes aufgefaßt. Gott existiert außerhalb der Welt bzw. N. (☞ TRANSZENDENZ); Gott erschafft die Welt/N. und gibt ihr ihre Gesetze und Zwecke. Im PANTHEISMUS (zu Beginn der Neuzeit) wird die strenge Entgegensetzung natur- bzw welttranszendenter Gott – Welt/N. aufgehoben; nach Spinoza wohnt Gott der N. inne. Noch zu Beginn der Neuzeit werden die Naturgesetze als göttliche Gesetze betrachtet. Mit dem Auftauchen der neuzeitlichen empirischen Naturwissenschaften löst man sich jedoch allmählich von diesem theologischen Bild. Die N. wird zum Objekt der Naturforscher; Naturvorgänge können gemessen werden; es kommt zur Mathematisierung der N.. Die N. wird allmählich zu einem vom Menschen beherrschten Bereich (Naturbeherrschung). Die Entwicklung der neuzeitlichen Physik führt zu einer mechanistischen Naturauffassung (☞ MECHANISMUS). Die naturwissenschaftlichen Diskussionen werden bis heute geführt, so z. B. in der RELATIVITÄTSTHEORIE und QUANTENMECHANIK. Andererseits wird der Begriff der N. im Kontrasts bzw. Gegensatz zu den Begriffen GEIST, KULTUR, KUNST, GESCHICHTE bestimmt. Diese Entgegensetzung ist streng genommen schon in der Antike vorhanden. Die Sophisten stellen das vom Menschen Gesetzte, das Gesetz (griech. ‚nomos'), Aristoteles das Herstellen von Werken, den Bereich der Handlungen und das Metaphysische der N. entgegen. Im Christentum ist Gott das der N. Entgegengesetzte, in der Neuzeit der Geist bzw. die Seele (und auch das Bewußtsein), sodann die Geschichte und die Kultur bzw. Gesellschaft. ☞ NATURPHILOSOPHIE

Lit.: Aristoteles, Physik; ders., Metaphysik; Thomas von Aquin, Summa theologiae; B. Spinoza, Ethik, 1677; I. Kant, Prolegomena zu einer jeden künftigen Metaphysik, 1783; ders., Kritik der reinen Vernunft, 1781, ²1787; F. W. Schelling, Ideen zu einer Philosophie der Natur, 1797; H. Barth, Natur und Geist, 1946; C. F. v. Weizsäcker, Die Geschichte der Natur, ²1954; W. Heisenberg, Das Naturbild der heutigen Physik, 1955; J. Zimmermann (Hg.), Das Naturbild des Menschen, 1982. ☞ NATURPHILOSOPHIE

## Naturalismus:

allgemein Bezeichnung für Richtungen, denen zufolge die gesamte Wirklichkeit auf die NATUR zurückgeführt wird. Die Natur wird dabei als etwas Eigenständiges, von sich aus Seiendes verstanden, das ohne das Zutun des Über-Natürlichen (z. B. des übernatürlichen Gottes) erklärt werden kann. Das Geistige und das Übernatürliche werden auf Naturvorgänge und -prozesse zurückgeführt. Der N. hat oft einen monistischen Charakter (☞ MONISMUS). Es gibt unterschiedliche Formen des N.. In religiösen bzw. theologischen Zusammenhängen wird die These vertreten, daß die gesamte Wirklichkeit und das gesamte Geschehen nicht auf ein übernatürliches, transzendentes Prinzip bzw. Wesen (Gott) zurückgeführt und aus ihm erklärt werden kann. Die Natur macht das Wesen der gesamten Wirklichkeit aus und kann aus sich heraus (ohne Zuhilfenahme eines transzendenten

Wesens) begriffen werden. Diese Auffassung führte in ihrer Konsequenz zu der sog. *natürlichen Theologie*, in der die menschliche Vernunft als wichtige Erkenntnisquelle galt. In naturwissenschaftlichen Kontexten ist der N. aufs engste mit einem bestimmten, von den neuzeitlichen Naturwissenschaften (besonders Physik und Biologie) diktierten Naturbild verbunden. Werden alle (auch geistige) Prozesse auf biologische Prozesse zurückgeführt, so spricht man vom BIOLOGISMUS (☞MATERIALISMUS). In ethischen Zusammenhängen spricht man vom N., wenn das moralisch-sittliche Handeln im Rekurs auf natürliche (der menschlichen Natur innewohnende) Triebe erklärt und begründet wird. In der zeitgenössischen Ethik ist der N. eine Position der METAETHIK; die Sprache dient primär der Beschreibung der (sinnlich wahrnehmbaren) Welt; die Bedeutung von ethischen Sätzen wird gänzlich auf die Bedeutung von Beschreibungen zurückgeführt. Das Wort „gut" ist auf eine Eigenschaft bezogen. Dem ästhetischen N. zufolge soll in der Kunst die Natur möglichst getreu dargestellt werden..

Lit.: H. Barth, Natur und Geist, 1946; R. Bhaskar, The Possibility of Naturalism, 1979; P. F. Strawson, Skeptizismus und Naturalismus, 1987.

**Naturalistischer Fehlschluß:**
ein Schluß vom Sein auf ein Sollen; er liegt dann vor, wenn aus einer nichtmoralischen Tatsachenfeststellung, z. B. „Die Kriminalitätsrate steigt", auf eine moralische Aussage, z. B. „Man sollte die Kriminalität bekämpfen", geschlossen wird. Der Schluß ist erst dann korrekt, wenn eine der Prämissen ebenfalls moralischer Art ist, z. B. „Die Kriminalität ist aus bestimmten moralischen Gründen verwerflich".

**Natura naturans** (lat. ‚erzeugende Natur'):
bei G. Bruno Gott als die Ursache des natürlichen Geschehens (Gegensatz: NATURA NATURATA), bei Spinoza die Einheit von Natur und Gott.

**Natura naturata** (lat. ‚erzeugte Natur'):
bei G. Bruno und Spinoza die von Gott als der erzeugenden Natur (☞NATURA NATURANS) erzeugte Natur der Einzeldinge.

**Naturgesetz:** ☞GESETZ, KAUSALITÄT

**Natürliche Theologie:** ☞THEOLOGIE

**Natürliches Licht:** ☞LICHTMETAPHYSIK

## Naturphilosophie:

Bezeichnung für philosophische Positionen, in denen die NATUR als zentraler Gegenstand der Untersuchungen steht. Als Begründer der N. können die VORSOKRATIKER betrachtet werden (man spricht hier auch von *Naturphilosophen*). Für sie ist Natur (griech. ‚physis') die Gesamtheit des Seienden und speziell der wahre Kern (das Wesen) des Seienden. Sie suchten nach einem allen seienden Gegenständen bzw. allen Erscheinungen zugrundeliegenden Urstoff bzw. Prinzip. Nach Thales ist ein solcher Urstoff das Wasser, nach Anaximander die Luft, bei Empedokles die Elemente (Wasser, Erde, Feuer, Luft), nach Demokrit die Atome, Heraklit das Feuer. Als Grundprinzip gelten für Anaximander das APEIRON, für die Pythagoreer die Zahlenverhältnisse, Anaxagoras der NOUS, Heraklit der LOGOS. Die Vorsokratiker betrachten und untersuchen das Weltganze, den Kosmos. Ihre N. wird auch als KOSMOLOGIE bezeichnet (bis in einige Systeme der Neuzeit wird die Kosmologie als Teildisziplin der speziellen Metaphysik betrachtet). Für Platon ist die Betrachtung der Natur die Betrachtung des Seienden; sie wird in seiner IDEENLEHRE durchgeführt. Aristoteles analysiert die Strukturen (Prinzipien und Gründe) des Seienden und damit der Natur. Diese Strukturen wohnen dem Seienden inne und liegen auch der Bewegung und Veränderung des Seienden zugrunde (☞ FORM, DYNAMIS, ENERGEIA, AKT, POTENZ, MATERIE, TELEOLOGIE). Aristoteles untersucht die naturphilosophischen Grundbegriffe wie ZEIT, RAUM, Ursache (☞ CAUSA, KAUSALITÄT). Einen besonderen Status hat für Aristoteles der Bereich des Herstellens und der Handlungen. Problematisch ist das Verhältnis zwischen der Natur (‚physis') und der Metaphysik (den Wesensstrukturen der Natur). Teile der aristotelischen N. werden in der Philosophie des Mittelalters übernommen und modifiziert (die Bestimmungen des naturhaften, weltlichen Seienden). In der christlichen Philosophie taucht jedoch die Entgegensetzung vom welt- bzw. naturtranszendenten (also übernatürlichen) Gott und der Welt/Natur. Der Schöpfergott erschafft die Welt/Natur und bestimmt ihre Zwecke. Diese strenge Entgegensetzung wird von G. Bruno und Spinoza aufgehoben (☞ PANTHEISMUS); Gott ist der Natur immanent und allgegenwärtig. Einen entscheidenden Schritt in der Entwicklung der N. markiert das Auftauchen der neuzeitlichen Naturwissenschaften. Grundzüge der naturwissenschaftlichen Betrachtung der Natur sind: die Lehre vom Experiment, die quantitativen Methoden, die Mathematisierung der Naturbetrachtung (der Naturgesetze und der physikalischen Begriffe). Eine wichtige Rolle im Zusammenhang mit der Entstehung der neuzeitlichen Naturwissenschaften spielt das mechanistische Weltbild (☞ MECHANISMUS). Newton nennt seine Mechanik die mathematische Prinzipienlehre der N..

Für die Bestimmung der N. und des Begriffs der Natur ist das Verhältnis zwischen der Natur und den ihr entgegengesetzten Bereichen von Bedeutung (z. B. Geist, Seele, Bewußtsein, Geschichte, Kultur usw.). Descartes unterscheidet z. B. zwischen der Natur, also der Welt der ausgedehnten Körper und dem reinen Denken. Beide Bereiche werden von ihm als SUBSTANZEN bestimmt. Nach Kant ist uns die Natur gesetzmäßig gegeben; sie unterliegt dem Gesetz der Kausalität. Die Natur wird dabei im Sinne der Erscheinungswelt bestimmt, die vom Verstandesapparat geordnet und geformt wird. Außerhalb der Naturgesetzlichkeit (besonders Kausalität) liegt für Kant der Bereich des freien Handelns.
Relevant wurde die N. des deutschen Idealismus. Schelling propagiert die Einheit von Natur und Geist (☞ IDENTITÄTSPHILOSOPHIE). Hegel will den Gegensatz von Natur und Geist dialektisch aufheben (☞ DIALEKTIK); die Natur wird als eine Entwicklungsstufe des absoluten Geistes betrachtet. Einflußreich wurde die N. der Romantik. Im 19. Jh. treten naturphilosophische Betrachtungen im Rahmen des MATERIALISMUS, VITALISMUS und MONISMUS auf. Im 20. Jh. tauchen naturphilosophische Überlegungen in der Wissenschaftstheorie und vor allem in der RELATIVITÄTSTHEORIE und QUANTENMECHANIK auf.

Lit.: E. v. Aster, Naturphilosophie, 1932; B. Bavink, Ergebnisse und Probleme der Naturwissenschaften, $^{9}$1949; H. Dingler, Geschichte und Naturphilosophie, 1932; E. May, Kleiner Grundriß der Naturphilosophie, 1949; H. Reichenbach, Ziele und Wege der heutigen Naturphilosophie, 1931; J. Seiler, Philosophie der unbelebten Natur, 1948; H. Weyl, Philosophie der Mathematik und Naturwissenschaft, $^{4}$1976; B. Kanitschneider, Wissenschaftstheorie der Naturwissenschaften, 1981; ders. (Hg.), Moderne Naturphilosophie, 1984.

## Naturrecht:

unter N. versteht man die unterschiedlichen Versuche, aus der Ordnung der Natur eine Rechtsordnung für die menschliche Gesellschaft abzuleiten. Die Bestimmung des Begriffs des N. hängt von der Bestimmung des Begriffs der Natur ab; der Begriff der Natur liegt dem des N. zugrunde. Die meisten naturrechtlichen Vorstellungen gehen davon aus, daß die Natur eine vernünftige Ordnung besitzt; diese mag theologisch oder profan begründet werden. Die Absicht, das Recht aus der Natur zu begründen, hat oft einen polemischen Charakter und dient dazu, die bestehenden positiven Rechtsverhältnisse zu kritisieren.
Naturrechtliche Überlegungen finden sich bereits in der Antike. Bei Anaximander wird das Naturrecht aus der kosmischen Ordnung abgeleitet. Für Heraklit bildet das ewige Weltgesetz dessen Grundlage. Protagoras leitet das N. nicht mehr aus der kosmischen Ordnung, sondern der Natur des Menschen ab und bedient sich dessen zur Kritik der bestehenden Rechtsverhältnisse. Thrasymachos leitet aus der physischen die soziale Ungleichheit der Menschen ab, was bei Kalikles zum Recht des Stärkeren und somit

zur Begründung der Tyrannis wird. Die Stoiker unterscheiden zwei Arten von N.; das erste wird wird durch die Triebe, das zweite durch die Vernunft bestimmt.

In der mittelalterlichen Philosophie wird das N. immer in Bezug zu Gott, das göttliche Gesetz gedeutet, wobei die stoische Tradition noch weitgehend beibehalten wird. Augustinus sieht im N. eine Art Abbild des ewigen göttlichen Gesetzes. Mit dem Beginn der Neuzeit und dem Aufkommen der Naturwissenschaften löst sich die Behandlung des N. aus dem theologischen Kontext.

Der eigentliche Höhepunkt der naturrechtlichen Theorien findet sich im 17. und 18. Jh.. H. Grotius vertritt die These, daß die Prinzipien des Rechts ebenso stimmig begründbar seien wie die der Mathematik. Das rational begründete N. gilt unabhängig von den willkürlich bestehenden Rechtsverhältnissen der verschiedenen Staaten. Pufendorf führt die Lehren von Grotius weiter aus, unterscheidet aber zwischen Natur- und Moralwissenschaft, was dazu führt, daß er das N. nicht wie Hobbes aus dem Naturzustand ableiten muß. Hobbes versucht im Gegensatz zu den antiken Autoren, nicht mehr Ideale aus der Natur abzuleiten, denen sich der Mensch möglichst annähern soll, sondern ein N. zu konstruieren, das – aufgrund seiner realistischen Einschätzung des Menschen, insbesondere der Triebhaftigkeit des Menschen – restlos realisierbar sei. Für Hobbes sind die Menschen im Naturzustand gleich und besitzen ein Recht auf alles, was zu einem Krieg aller gegen alle führt. Um diesem Zustand ein Ende zu bereiten, schließen sie einen Vertrag (☞ GESELLSCHAFTSVERTRAG). Hobbes geht von zwei Grundkräften im Menschen aus, einem Machttrieb und einem Selbsterhaltungstrieb. Rousseau sieht im Mitleid eine zentrale Eigenschaft des Menschen, weswegen für ihn nicht wie für Hobbes der Mensch dem Menschen ein Wolf ist (lat. ‚homo homini lupus'), sondern ursprünglich gut ist und erst durch den Prozeß der Zivilisation verdorben wird. Rousseau stimmt mit Hobbes darin überein, daß das N. unmittelbar in den menschlichen Leidenschaften verwurzelt sein muß, und daß der Mensch von Natur aus kein soziales Wesen ist. Bei Rousseau münden die naturrechtlichen Überlegungen nicht in einen Herrschaftsvertrag, sondern einen *contract social*. Die Forderungen des modernen N. nach Freiheit und Gleichheit spielten in der Französischen Revolution eine wichtige Rolle. Andere wichtige Vertreter des N. sind Thomasius, Wolff, Locke, Hume, Smith. Im 19. Jh. werden die Lehren des N. durch den Rechtspositivismus der historischen Rechtsschule weitgehend in Frage gestellt. Sie vertreten die Ansicht, daß es kein N. geben kann, sondern lediglich das positive Recht, das sich historisch wandelt. Im 20. Jh. spielen die Gedanken der Naturrechtler nur noch eine geringe Rolle.

Lit.: Platon, Politeia; H. Grotius, De jure belli et pacis, 1625; Th. Hobbes, Leviathan. 1651; S. Pufendorf, De jure naturae et gentium, 1672; J. J. Rousseau, Über den Gesellschaftsvertrag, 1762; L. Strauss, Naturrecht und Geschichte, 1956; E. Wolf, Das Problem der Naturrechtslehre, [3]1964; R. Tuck, Natural Rights Theories, 1979; J. Raz, The Autority of Law, 1979; O. Höffe, Naturrecht, 1980; K.-H. Ilting, Naturrecht und Sittlichkeit, 1983; J. Waldron, Theories of Rights, 1984.

## Naturwissenschaften:

eine Gruppe von Wissenschaften, die die NATUR zu ihrem Gegenstand haben und folgende Bestandteile beinhalten: Theorie des Experiments, Mathematisierung der Darstellung von Naturvorgängen und naturwissenschaftlichen Grundbegriffen, qualitative Methoden. N. werden oft im Gegensatz zu den GEISTESWISSENSCHAFTEN betrachtet. So unterscheidet Windelband zwischen den *nomothetischen* N., in denen nach allgemeinen Gesetzen gesucht wird, und *idiographischen* (individualisierenden) Kulturwissenschaften, in denen die Individualität oder Einmaligkeit eines Gegenstandes im Zentrum der Untersuchungen steht. Wird für beide Gruppen von Wissenschaften eine einheitliche METHODE postuliert, so spricht man vom *Methodenmonismus.* Wird für jede der Gruppen eine eigene Methode postuliert, so spricht man vom *Methodendualismus* (bei noch mehr Methoden vom *Methodenpluralismus*).

Lit.: B. Kanitschneider, Wissenschaftstheorie der Naturwissenschaften, 1981; W. A. Wallace, Prelude to Galileo, 1981; J. Meurers, Metaphysik und Naturwissenschaft, 1976; R. Sperry, Naturwissenschaft und Wertentscheidung, [2]1985.

## Negation (von lat. *negatio*, ‚Verneinung"):

Verneinung; in der Logik die Verneinung einer Aussage mit Hilfe des Junktors „ ¬". Die Wahrheitstafel für die N. sieht folgendermaßen aus:

| A | ¬A |
|---|---|
| w | f |
| f | w |

Eine wichtige Rolle spielt die N. in der DIALEKTIK. Die N. der Thesis ist die Antithesis; die Synthesis ist die N. der Antithesis („N. der N."). Für Hegel ist die N. nicht nur ein Prinzip der Logik bzw. des Denkens, sondern auch ein dialektisches Prinzip der Wirklichkeit.

## Negative Theologie: ☞ THEOLOGIE

## Neopositivismus: ☞ LOGISCHER EMPIRISMUS

## Neohegelianismus: ☞ HEGELIANISMUS

## Neomarxismus: ☞ MARXISMUS, KRITISCHE THEORIE

## Neukantianismus:

Sammelbezeichnung für philosophische Positionen, die im ausgehenden 19. Jh. und zu Beginn des 20. Jh. in Anlehnung an die Philosophie Kants entwickelt wurden. Gemeinsame Grundzüge der unterschiedlichen Positionen des N. sind: die Ablehnung der spekulativen Metaphysik (vor allem der Metaphysik Hegels), die Verteidigung der kritizistischen Standpunktes (☞ KRITIZISMUS), die Einbeziehung des naturwissenschaftlichen Denkens, Ansätze zu einer Wissenschaftstheorie. Die zwei Hauptrichtungen des N. sind: die *Südwestdeutsche Schule* (auch *Badische Schule*) (Hauptvertreter: Windelband, Rickert, Lask, Cohn, Bauch, Münsterberg) und die *Marburger Schule* (Hauptvertreter: Lange, Cohen, Natorp, Cassirer, Liebert, Stammler, Vorländer). In der Südwestdeutschen Schule wurden besonders die Methodologie der Geistes- und Kulturwissenschaften und die Wertphilosophie entwickelt. In der Marburger Schule wurden Theorien der mathematischen Naturwissenschaften, Konzeptionen der transzendentalen Wissenschaftstheorie (Cohen), kritische Psychologie (Natorp), Philosophie der symbolischen Formen (Cassirer) entwickelt. Der N. wirkte auf die Lebensphilosophie Diltheys, Phänomenologie Husserls, Wissenschaftstheorie Webers, auf N. Hartmann, Helmholtz, Mach und Vaihinger.

Lit.: H. Cohen, Kants Theorie der Erfahrung, ²1885; P. Natorp, Einleitung in die Psychologie nach kritischer Methode, 1888; ders., Kant und die Marburger Schule, in: Kant-Studien 17, 1912; E. Cassirer, Philosophie der symbolischen Formen, 3 Bde., 1923-29; W. Windelband, Präludien, 2 Bde., ⁹1924; H. Rickert, Die Grenzen der naturwissenschaftlichen Begriffsbildung, ⁵1929.

## Neuplatonismus:

philosophische Strömung der Spätantike (3.-6. Jh.n.Chr.), die sich an die Philosophie Platons anlehnt. Als Begründer des N. gilt Ammonios Sakkas, als der Hauptvertreter Plotin. Starken Einfluß auf den N. übten außer der platonischen Philosophie fast alle anderen Richtungen der antiken Philosophie (außer dem Epikureismus) aus, so z. B. stoische, phytagoreische, neuphytagoreische, aristotelische und andere lehren. Der N. wird oft als eine Verschmelzung dieser Lehren betrachtet. Darüber hinaus werden vom N. religiös-mythische Elemente sowohl orientalischer als auch christlicher Herkunft aufgenommen. Im Zentrum der Philosophie Plotins steht die Emanationslehre (☞ EMANATION), in der das Ausfließen des Seienden aus dem *Einen* (griech. ‚hen') dargestellt wird. Das Eine wird als das Vollkommenste und die höchste Einheit bestimmt; es ist begrifflich nicht faßbar und streng genommen unbenennbar. Das Ausfließen des Seins bzw. der Seinsfülle aus dem Einen, die Emanation, erfolgt in Stufen. Den ersten Ausfluß bildet der Geist (NOUS); er umfaßt nach Plotin das Reich der Ideen, das als intelligible Welt aufgefaßt wird. Aus dem Geist fließt die Weltseele aus, die die Einzelseelen umfaßt. Die Einzelseelen sind mit den Einzeldingen der körperlichen Welt, mit der MATERIE, verbunden. Aus dem Einen entsteht im Laufe der Emanation die Vielheit. Für Plotin ist das Eine das Gute, die Materie dagegen das Böse, das Reich der Finsternis. Das Ausfließen des Seienden aus dem Einen führt nicht zum Mangel an seiner Fülle. Die Aufgabe der Seele ist es, sich von dem Sinnlich-Materiellen durch Reinigung zu befreien und dadurch in das Reich des Geistes und der Ideen einzutreten. Von da aus ist es möglich, sich in einem ekstatischen Zustand in das Eine zu versenken. Einen religiösen Charakter hat der N. bei Porphyrios. Man unterscheidet folgende Neuplatonische Schulen: die *alexandrinische* Schule (Sakkas, Plotin, Porphyrios), *syrische* Schule (Iamblichos), *athenische* Schule (Proklos). Der N. hatte einen großen Einfluß auf Augustinus, die Scholastik und die christliche Mystik.

Lit.: Plotin, Enneaden; Th. Whittaker, The Neo-Platonists, 1901; W. Theiler, Forschungen zum Neuplatonismus, 1966; W. Beierwaltes, Platonismus und Idealismus, 1972; V. Schubert, Plotin, 1973; C. Zintzen (Hg.), Die Philosophie des Neuplatonismus, 1977.

**Neuscholastik:** ☞ SCHOLASTIK

**Neuthomismus:** ☞ THOMISMUS

**Nexus** (lat.): Zusammenhang, Verknüpfung.

**Nichts:**
allgemein die durch die Negation ausgedrückte Verneinung des SEINS. Nach Parmenides kann das N. (Nichtseiendes) nicht gedacht werden. Platon und Aristoteles fragen, wie vom Nichtseienden geredet werden kann. In einigen Teilen der christlichen Philosophie spricht man von der göttlichen Schöpfung der Welt aus dem N. (☞ CREATIO EX NIHILO). Duns Scotus unterscheidet zwischen dem *absoluten* bzw. *negativen* N. (die Leugnung der Möglichkeit des Seins und der Wirklichkeit des Seins) und dem *relativen* bzw. *positiven* N. (die Leugnung der Wirklichkeit des Seins). In der Mystik wird als N. die ekstatisch vernommene Unendlichkeit Gottes bezeichnet, die den Bereich des endlichen Seienden transzendiert.
Hegel identifiziert das N. mit dem SEIN (beide Begriffe sind unbestimmbare Abstraktionen); das Sein schlägt in das N. um und das N. schlägt in das Sein um. Die dialektische Synthese von Sein und N. ist das WERDEN (☞ DIALEKTIK). Nach Heidegger ist das N. die schlechthinnige Verneinung des Seienden. Das N. kann in der ANGST erfahren werden. Erst in der Erfahrung des N. in der Angst kann die „ursprüngliche Offenheit des Seienden" als solchen erfahren werden. Nach Heidegger lautet die Grundfrage der Metaphysik: „Warum ist überhaupt Seiendes und nicht vielmehr N.?".

Lit.: M. Heidegger, Was ist Metaphysik?, 71955; J.-P. Sartre, Das Sein und das Nichts, 1962; H. Kuhn, Begegnungen mit dem Nichts, 1950.

**Nihil est intellectu, quod nun prius fuerit in sensibus** (lat. ‚nichts ist Verstand, was nicht zuvor in den Sinnen war"):
ein von Locke formulierter Grundsatz des SENSUALISMUS. Leibniz opponiert gegen diesen Satz mit dem Satz: „nisi intellectus ipse" (‚ausgenommen der Verstand selbst').

**Nihil humani nihil alienum** (lat. ‚Nichts Menschliches ist mir fremd'): ein Grundsatz der Philosophie der Renaissance und Aufklärung.

**Nihilismus** (von lat. *nihil*, ‚nichts'):
allgemein die Haltung der absoluten Verneinung von allgemeingültigen Auffassungen (z. B. Normen, Werten). Im religiösen N. wird die Existenz und Wirksamkeit Gottes verneint, im theoretischen N. die Möglichkeit der Gotteserkenntnis, im praktischen bzw. ethischen N. die Verbindlichkeit von Werten und Normen. In einem weltanschaulichen Sinne meint N. die Leugnung jeglichen normativen Sinns und jeglicher Sinngebung. Den Begriff des N. verwendet Jacobi und bezeichnet mit ihm die Kerngedanken der Fichteschen Philosophie; Jacobi kritisiert die Konstruktion des „leeren Ich", aus dem die Welt entspringt. Bei F. v. Baader wird der Begriff in religiösem Kontext verwendet; er meint die Verneinung Gottes und seiner Offenbarung. Bei Turgenjew meint N. die Verneinung jeglicher Sinngebung und Wertsetzung. Eine zentrale Bedeutung spielt der Begriff des N. in der Philosophie Nietzsches. N. ist ein Grundzug unserer Epoche (der europäische N. der platonischen und christlichen Tradition); der Begriff bezeichnet die Entwertung der herrschenden Werte. Für Nietzsche ist der N. jedoch ein Zwischenstadium. Er fordert die „Umwertung aller Werte" und eine neue Wertsetzung. Das Prinzip dieser neuen Wertsetzung ist der WILLE ZUR MACHT. Die neue Wertsetzung soll vom Übermenschen vorgenommen werden. Heidegger bezeichnet die abendländische Metaphysik als N., insofern in ihr das Sein als Wesen im Verhältnis zum Seienden bestimmt und das temporäre Sein (im Sinne der „Seinsgeschichte") vergessen wird („Seinsvergessenheit"). Die Aufhebung des N. bedeutet das Andenken an das Sein als Zeit.

Lit.: F. H. Jacobi, Sendschreiben an Fichte, 1799; F. Nietzsche, Also sprach Zarathustra, 1883-85; H. Fries, Nihilismus, 1949; R. Pannwitz, Der Nihilismus und die werdende Welt, 1951; K. Jaspers, Nietzsche und das Christentum, 21952; E. Mayer, Kritik des Nihilismus, 1958; M. Planyi, Jenseits des Nihilismus, 1961; M. Heidegger, Nietzsche, 2 Bde., 1961; A. Schwan (Hg.), Denken im Nihilismus, 1975; W. Weier, Nihilismus, 1980; E. Severino, Vom Wesen des Nihilismus, 1983; H.-J. Gawoll, Nihilismus und Metaphysik, 1989.

**Nirwana** (sanskr. ‚Erlöschen', ‚Vergehen'):
im Buddhismus der Zustand der Erlösung, der Befreiung von allen Daseinsfaktoren, von Leid, Schmerz, Triebverlangen, Gier und Begierde. N. wird als Zustand der Seligkeit bestimmt, in dem das Ich und seine individuellen Faktoren aufgehoben werden. N. kann schon zu Lebzeiten erreicht werden. Nach dem Tod kann das *Paranirwana* (höchste N.) erreicht werden, in der die individuelle Existenz aufgehoben wird

**Noema** (griech. ‚das Gedachte'):
in der Phänomenologie Husserls Bezeichnung für den vermeinten, intentionalen Gegenstand (das Vermeinte). Das N. wird mittels der noetischen Bewußtseinsakte (☞ NOESIS) konstituiert; das N. wird durch synthetische Leistungen der Noesen zur Einheit des Gegenstandes gebracht. Das N. gehört zum Erlebnis- bzw. Bewußtseinsstrom; es ist der intentionale Gegenstand innerhalb des Aktlebens.

**Noesis** (griech. ‚Denken'):
in der Phänomenologie Husserls Bezeichnung für den sinngebenden Bewußtseinsakt (Akt des Vermeinens); mittels der Noesen wird der vermeinte Gegenstand (☞ NOEMA), das Vermeinte, konstituiert. Als letztes Konstitutionszentrum, auf das die Noesen bezogen sind, fungiert das TRANSZENDENTALE EGO.

**Noetik** (vom griech. *noein*, ‚denken'):
allgemein Denklehre bzw. Erkenntnislehre. In der Philosophie Husserls Bezeichnung für die Lehre von der Vernunft.

**Nominalismus** (von lat. *nomen*, ‚Name'):
Sammelbezeichnung für philosophische Positionen, denen zufolge Allgemeinbegriffe (☞ UNIVERSALIEN) nichts in der Wirklichkeit entspricht; sie werden entweder bloß als Namen (Worte) oder Inhalte des Denkens bestimmt. Der N. tritt als eine der Positionen im UNIVERSALIENSTREIT auf. Die Gegenposition wird als *Begriffsrealismus* (☞ REALISMUS) bezeichnet. FÜR Roscellinus, den Begründer und Vertreter des extremen N., sind die Allgemeinbegriffe nur Namen, Worte, denen nichts in der Realität und im Denken entspricht. Der von Ockham entwickelte KONZEPTUALISMUS wird oft auch als eine Art des N. bestimmt; den Allgemeinbegriffen entspricht nichts in der Realität; den allgemeinen Namen entsprechen Gedankengebilde (Begriffe) im Verstande. Diese Begriffe werden oft als Produkte des menschlichen Verstandes aufgefaßt. Der N. hatte einen großen Einfluß auf den EMPIRISMUS, speziell den SENSUALISMUS. In der modernen sprach-

analytischen Philosophie vertritt N. Goodman einen N.; allgemeine Namen werden als sprachliche Konstruktionen aufgefaßt, denen nichts im Denken oder in der Realität entspricht.

Lit.: J. Reiners, Der Nominalismus in der Frühscholastik, 1910; H. Veach, Realism and Nominalism revisited, 1954; J. M. Bochenski (Hg.), The Problem of Universals, 1956; H. Putnam, Philosophy of Logic, 1972; N. Goodman, Problems and Projects, 1972.

## Nominator:

ein sprachlicher Ausdruck, der einen Gegenstand bezeichnet. Zu N. gehören z. B. Eigennamen (☞ NAME) und deiktische Ausdrücke („hier", „jetzt", „ich"). Der Ausdruck „N." wird in der konstruktiven Wissenschaftstheorie verwendet. In anderen Theorien spricht man meist von singuläre-Termini (☞ TERMINUS).

Lit.: P. Lorenzen, Lehrbuch der konstruktiven Wissenschaftstheorie, 1987.

## Nomos (griech. ‚Gesetz', ‚Ordnung'):

in der griechisch-antiken Philosophie Bezeichnung für Gesetz, Ordnung; bei Heraklit Bezeichnung für das Gesetz, die Ordnung des Weltganzen, des Kosmos. Die Sophisten verstehen unter N. nur die sittliche Ordnung, das positive, von Menschen gesetzte Recht, das Veränderungen unterliegt. Für Platon ist N. sowohl das von Menschen gesetzte Recht/Gesetz als auch das kosmische Gesetz.

Lit.: Platon, Gesetze.

## Nomothetisch (vom griech. *nomos*, ‚Gesetz'):

gesetzesartig. Nach Windelband sind die Naturwissenschaften n.; in ihnen werden allgemeine Gesetze aufgestellt. Im Gegensatz zu ihnen stehen die idiographischen Geistes- bzw. Kulturwissenschaften, in denen es um das Erfassen von individuellen Inhalten und Äußerungen geht (☞ IDIOGRAPHISCH).

Lit.: W. Windelband, Geschichte und Naturwissenschaft, ³1904.

## Noologie (vom griech. *nous*, ‚Geist', und *logos*, ‚Lehre'):

die Lehre vom Geist. R. Eucken spricht von einer *noologischen* Methode, bei der man sich auf das Geistige des Menschen bezieht. Bei der *psychologischen* Methode bezieht man sich nur auf das Bewußtsein des Menschen.

Lit. R. Eucken, Die Einheit des Geisteslebens in Bewußtsein und Tat der Menschheit, ²1925.

**Norm** (von lat. *norma*, ‚Richtschnur'):
allgemein Vorschrift, Richtschnur, Regel, verallgemeinerbare Aufforderung. Traditionell unterscheidet man in der Philosophie zwischen *logischen*, *ästhetischen* und *ethischen* N.. Die entsprechenden Disziplinen (Logik, Ästhetik, Ethik) werden dabei als normative Disziplinen bezeichnet. Kant spricht von N. als von der Regel des Handelns. der Begriff wird im Bereich der praktischen Philosophie behandelt (☞KATEGORISCHER IMPERATIV, SITTENGESETZ).
In der nachkantischen Philosophie wird der Begriff der N. im Zusammenhang mit dem des WERTES behandelt. Bei Scheler werden N. auf Werte zurückgeführt. In der heutigen Philosophie steht die Problematik der Sprache bzw. Rede, in der N. bzw. NORMATIV relevante Gehalte formuliert werden und die Problematik der Normenbegründung im Mittelpunkt der Untersuchungen.

Lit.: W. K. Frankena, Analytische Ethik, 1972; F. v. Kutschera, Einführung in die Logik der Normen, Werte und Entscheidungen, 1973; F. Kambartel (Hg.), Praktische Philosophie und konstruktive Wissenschaftstheorie, 1974. W. Oelmüller (Hg.), Materialien zur Normendiskussion, 1978; G. H. v. Wright, Handlung, Norm, Intention, 1978; K.-O. Apel, Diskurs und Verantwortung, 1988.

**Normativ:**
bezogen auf eine NORM. N. Prädikate sind z. B. : „gut", „richtig", „geboten", „sollte der Fall Sein". N. Prädikate lassen sich in *evaluative* und *präskriptive* Prädikate aufteilen. Evaluative Basisterme sind „gut" und „richtig", der präskriptive Basisterm heißt „sollte". Diskursiv-normative Prädikate sind z. B. : „korrekt gebildet", „richtig angewandt", „vernünftig", „gültig", „wahr", „gerechtfertigt". Die *diskursiv-normativen* Prädikate dienen nach H. Schnädelbach zur Charakterisierung und Beurteilung von Geltungsansprüchen und -dimensionen.

Lit.: P. W. Taylor, Normative Discourse, 1961; H. Schnädelbach, Reflexion und Diskurs, 1977.

**Notwendigkeit:**
eine MODALITÄT; notwendig ist etwas, das so und nicht anders sein muß. In der vorsokratischen Philosophie wird der LOGOS als das Notwendige betrachtet. Bei Parmenides ist das Sein das Höchste, Notwendige, für Platon sind es die IDEEN. Für Aristoteles ist es die Aufgabe der Wissenschaften, nach dem Notwendigen zu suchen. Aristoteles bestimmt die allgemeinen Strukturen bzw. Bestimmungen des Seienden als solchen und den UNBEWEGTEN BEWEGER als das Notwendige. Aristoteles unterscheidet auch zwischen den notwendigen Eigenschaften eines Dinges, die sein Wesen bilden (☞ATTRIBUT), und zufälligen Eigenschaften (☞AKZIDENS). In der

christlichen Philosophie kommt alleine GOTT die absolute N. zu; auch die von Gott vorherbestimmte Geschichte der Menschen und der Welt haben einen notwendigen Charakter. Mit dem Aufkommen der neuzeitlichen Naturwissenschaften wird der Anspruch erhoben, notwendige Gesetze in der Natur aufzudecken und zu formulieren. Leibniz spricht von notwendigen Wahrheiten, deren Gegensatz unmöglich ist und zum WIDERSPRUCH führt. Man spricht also von Denknotwendigkeiten, wenn etwas so und nicht anders gedacht werden kann, d. h. wenn der Widerspruch vermieden werden kann. Für Kant gibt es neben den ANALYTISCHEN Aussagen, die notwendig sind (siehe unten), auch von notwendigen SYNTHETISCHEN Urteilen A PRIORI. Alle Urteile a priori sind notwendig. Das empirisch Notwendige ist nach Kant das, was dem Gesetz der KAUSALITÄT unterliegt. Kant unterscheidet zwischen der *Naturnotwendigkeit* und der FREIHEIT im Bereich des Sittlich-Moralischen. N. gehört nach Kant neben Möglichkeit und Wirklichkeit zu den *Modalitätskategorien*, die der Erkenntnis der Gegenstände vorausliegen und sie erst ermöglichen. Nach Hegel haben die Entwicklung des absoluten Geistes und der geschichtliche Ablauf einen notwendigen Charakter. N. erscheint bei Hegel in einem Vermittlungsverhältnis zur Freiheit. In der Logik spricht man von der *logischen N.* im Falle der analytischen Sätze; alle analytischen Sätze sind aufgrund ihrer logischen Form notwendig. Von der *kausalen N.* spricht man dann, wenn das Kausalgesetz zur Untermauerung der Geltung eines Satzes herangezogen wird. Ein Satz ist auch notwendig, wenn er aus bereits als wahr bestimmten Sätzen logisch folgt. In der von Kripki entwickelten Semantik gibt es auch aposteriorisch notwendige Sätze; sie gelten in allen möglichen Welten.

Lit.: I. Kant, Kritik der reinen Vernunft, 1781, $^{2}$1787; G. W. F. Hegel, Wissenschaft der Logik, 1812-16; G. Stammler, Notwendigkeit in Natur- und Kulturwissenschaften, 1926; S. A. Kripki, Name und Notwendigkeit, 1981.

**Noumenon** (griech. ‚das Gedachte'):
Gedankending, Verstandesding, intelligibles Ding (Gegensatz: PHAINOMENON; ☞PHÄNOMEN, ERSCHEINUNG). Platon unterscheidet zwischen dem sinnlich wahrnehmbaren Einzelding bzw. sinnlicher Erscheinung (‚phainomenon') und dem geistig erkennbaren Gegenstand, N.. Kant unterscheidet zwischen den Erscheinungen und dem DING AN SICH als dem N.. Das N. als Ding an sich ist ein bloßes Gedankending, dem kein anschaulicher Gegenstand entspricht (*negatives N.*). Das N. hat jedoch eine Funktion als Grenzbegriff, der die Grenzen der Sinnlichkeit aufzeigt; das N. kann im Bereich des sittlich-Moralischen in einer nicht empirischen, sondern intellektuellen Anschauung vernommen werden (*positives N.*).

Lit.: I. Kant, Kritik der reinen Vernunft, 1781, $^{2}$1787.

**Nous** (griech. ‚Geist‘, ‚Vernunft‘):
bei Anaxagoras die alles umfassende Weltvernunft, das Prinzip des gesamten Geschehens; bei Platon und Aristoteles der denkende, vernünftige Teil der Seele. Nach Aristoteles unterscheidet sich der Mensch durch den Besitz des N. vom Tier. Der N. ist das allen Menschen bzw. menschlichen Seelen Gemeinsame der Vernunft; er ist das am Menschen Unsterbliche und das, was den Menschen mit der göttlichen Vernunft verbindet. Aristoteles spricht auch von dem unbewegten Beweger als vom N.. Bei Plotin ist N. der erste Ausfluß des *Einen*.

# O

**Objekt** (von lat. *objectum*, ‚das Entgegengestellte'):
Gegenstand; seit dem 18. Jh. Bezeichnung für das, was dem SUBJEKT bzw. BEWUSSTSEIN gegenübersteht (☞SUBJEKT-OBJEKT-PROBLEM). Die Entgegensetzung von Subjekt und O. wird methodisch von Descartes vollzogen. Dem Subjekt (auch Bewußtsein, Ich, Denken), das nicht bezweifelt werden kann und als Ausgangspunkt der Erkenntnis gilt (☞RES COGITANS), steht das O., die ausgedehnte Welt (☞RES EXTENSA) entgegen. Für Descartes stellt sich die Frage, wie im Ausgang vom Subjekt die Erkenntnis des O. möglich ist bzw. wie das Subjekt zum O. gelangen kann. Subjekt und O. werden als SUBSTANZEN aufgefaßt. In der sensualistischen Tradition wird das O. als das Vorgestellte im Vorstellungsakt betrachtet. Das O. ist nichts, was außerhalb des Bewußtseins existiert. Für Kant ist das O. der Erkenntnis der Gegenstand der möglichen Erfahrung. In der Erkenntnis des O. wird die „Einheit der Mannigfaltigkeit einer gegebenen ANSCHAUUNG" gestiftet. Im Falle des „empirischen Gebrauchs des Verstandes" handelt es sich bei der Erkenntnis von O. um die ERSCHEINUNGEN als Gegenstände möglicher Erfahrung. Das DING AN SICH ist kein O. der *sinnlichen* Anschauung, sondern einer *intellektuellen* Anschauung. Das O. wird auch als reines Gedankending (☞NOUMENON) bestimmt. In der Philosophie des deutschen Idealismus wird versucht, zwischen dem Subjekt und O. zu vermitteln bzw. eine Einheit zwischen den beiden Polen herzustellen. In der modernen sprachanalytischen Philosophie spricht man anstatt vom O. vom GEGENSTAND.

Lit.: R. Descartes, Meditationen über die erste Philosophie, 1641; I. Kant, Kritik der reinen Vernunft, 1781, [2]1787. ☞GEGENSTAND

**Objektiv:**
unabhängig vom subjektiven, individuellen oder persönlichen Meinen; unabhängig von den individuellen oder partikularen Interessen, psychischen Dispositionen der einzelnen Subjekte und von kontingenten Bedingungen der Erkenntnis. Wissenschaftliche Erkenntnis stellt den Anspruch auf OBJEKTIVITÄT; wissenschaftliche Erkenntnisse sollen allgemeingültig sein und von allen Mitgliedern der Forschergemeinschaft überprüft werden können. Im Bereich der nicht(natur)wissenschaftlichen Erkenntnis, so im

Bereich der Ethik, kann o. im Sinne von intersubjektiv (☞ INTERSUBJEKTIVITÄT) aufgefaßt werden (so z. B. im Falle der intersubjektiv anerkennten Argumentationsvoraussetzungen).

**Objektivation:**
allgemein Vergegenständlichung. Meist werden die Erscheinungen bzw. bestimmte Ausdrucksformen als O. eines ihnen zugrundeliegenden Prinzips aufgefaßt; so spricht z. B. Dilthey von „O. des Lebens" (bzw. Geistes) als von den (verobjektivierbaren) Ausdrücken des Lebens. Zu diesen Objektivationen gehören z. B. Kunstwerke.

**Objektiver Geist:** ☞ GEIST

**Objektivismus:**
in der Erkenntnistheorie die Lehre, nach der OBJEKTIVE Erkenntnis unabhängig von dem erkennenden Subjekt möglich ist (Gegensatz: SUBJEKTIVISMUS). In der Ethik ist O. die Lehre, nach der es möglich ist, objektive Werte, Maßstäbe und Zielsetzungen des Sittlich-Moralischen aufzudecken.

**Objektivität:**
ein Anspruch der wissenschaftlichen Erkenntnis (☞ OBJEKTIV). Objektive Erkenntnis soll unabhängig vom subjektiven, persönlichen Für-wahr-Halten, von kontingenten (z. B. psychischen oder gesellschaftlichen) Bedingungen des Erkennens sein. Wissenschaftliche Erkenntnisse sollen allgemeingültig und von allen Mitgliedern einer Forschergemeinschaft überprüfbar sein. In einigen Teilen der Philosophie (z. B. in der Ethik) kann die O. als INTERSUBJEKTIVITÄT aufgefaßt werden (so z. B. im Falle der intersubjektiv anerkannten Geltungsansprüche der kommunikativen Verständigung).

Lit.: K. R. Popper, Objektive Erkenntnis, 1973; J. Habermas, Theorie des kommunikativen Handelns, Bd. I, 1981.

**Objektsprache:**
die Sprache, in der über Gegenstände, Sachverhalte, Personen und Ereignisse (kurz: Objekte) gesprochen wird. Dagegen wird in der METASPRACHE über die Ausdrücke der O. gesprochen. Z.B.: „Der Tisch ist weiß" (Satz der O.); „Der Satz ‚Der Tisch ist weiß' ist wahr" (Satz der Metasprache).

Lit.: A. Tarski, Der Wahrheitsbegriff in den formalisierten Sprachen, 1931.

**Ochlokratie** (vom griech. *ochlos*, ‚Haufen', und *kratein*, ‚herrschen'):
bei Aristoteles eine Staatsform; die Herrschaft des Pöbels.

**Offenbarung:**
die Kundgabe der göttlichen Wahrheiten (Gottes Wort); die O. beinhaltet einen absoluten, nicht bezweifelbaren Wahrheitsanspruch; sie kann nicht hinterfragt werden; sie muß hingenommen werden. Offenbarungswahrheiten können nicht nachgeprüft bzw. begründet werden. Philosophische relevant ist das Verhältnis zwischen den Offenbarungswahrheiten und den mittels der menschlichen Vernunft erfaßten Wahrheiten.

**Okkasionalismus** (von lat. *occasio*, ‚Gelegenheit'):
philosophische Lehre, derzufolge Gott „bei Gelegenheit" zwischen seelisch-geistigen und leiblich-körperlichen Vorgängen vermittelt. Gott gilt als die alleinige Ursache des Wirkens. Die Gegenstände wirken nicht selbst aufeinander; sie werden als passive Werkzeuge oder als bloße Bedingungen des göttlichen Wirkens aufgefaßt. Die Okkasionalisten wenden sich gegen den von Descartes vertretenen Gedanken der Wechselwirkung von Leib und Seele. Leib und Seele sind Substanzen, die aufeinander nicht wirken können. Daher benötigen sie den Gedanken der gelegentlichen göttlichen Wirkung bzw. Vermittlung zwischen Leib und Seele. Beispiel: Gott bewirkt bei Gelegenheit eines Willensaktes die entsprechende Muskelbewegung. Die wichtigsten Vertreter des O. sind: Geulincx und Malebranche. ☞ LEIB-SEELE-PROBLEM

Lit.: A. Willwoll, Seele und Geist, 1938; G. Fabian, Beitrag zur Geschichte des Leib-Seele-Problems, 1974.

**Oligarchie** (vom griech. *oligos*, ‚wenig'):
bei Aristoteles eine Staatsform; die Herrschaft der Wenigen.

**Ontogenese** (vom griech. *on*, ‚Seiendes', und *genesis*, ‚Entstehung'):
die Entstehung (Entstehungsgeschichte) eines einzelnen Seienden (z. B. eines Organismus oder Menschen).

**Ontisch** (vom griech. *to on*, ‚das Seiende'):
seiend; das tatsächliche SEIENDE im Unterschied zur Struktur bzw. zu Wesensmomenten (☞ WESEN) des Seienden, d.h. im Unterschied zum Ontologischen (☞ ONTOLOGIE) bzw. SEIN des Seienden (dem Seienden als solchen). Ontisches Verhalten ist das faktische Verhalten zum Seienden im konkreten Lebensvollzug (aber auch in vor-ontologischen, positiven Wissenschaften). Wir verhalten uns auf eine ontische Weise zum Seienden, ohne ein begrifflich-thematisches (ontologisches) Verständnis vom Sein des Seienden zu haben. Die ontische Erkenntnis ist zwar begrifflich, aber sie erfaßt nicht die allgemeinen Strukturen des Seienden. In der Philosophie Heideggers findet man zwei Bedeutungen von o: 1) im traditionellen (oben

beschriebenen) Sinne; wir verhalten uns o. zum nicht daseinsmäßigen, innerweltlichen Seienden; 2) o.-existenziell (auch „vorontologisch"); das Ontisch-Existenzielle (Vorontologische) macht nach Heidegger die Struktur des In-der-Welt-seins, des Daseins aus (☞DASEINSANALYTIK). Die ontisch-existenzielle Ebene liegt der existenzial-ontologischen – fundamentalontologischen – Ebene voraus; auf der existenzial-ontologischen Ebene wird jedoch die ontisch-existenzielle Ebene in ihrer Wesensstruktur explizit thematisiert.

Lit.: M. Heidegger, Sein und Zeit, 1927.

**Ontologie** (vom griech. *on*, ‚seiend', und *logos*, ‚Lehre'):
im weitesten Sinne die Lehre vom SEIN bzw. Seiendem als solchen. Der Name „O." taucht zwar erst im 17. Jh. auf, doch der Sache nach findet man ontologische Überlegungen seit Anbeginn der Philosophiegeschichte. Schon Parmenides spricht von dem einen, ewigen und unveränderlichen Sein und stellt damit das Sein in den Mittelpunkt des philosophischen Interesses. Für Platon wird die gesamte Wirklichkeit als eine Struktur der seienden Gegenstände aufgefaßt. Dabei gibt es Gegenstände, die „weniger seiend" sind (die sinnlich wahrnehmbaren, veränderlichen Einzeldinge), und Gegenstände, die im höchsten Maße seiend sind (☞IDEE, IDEENLEHRE). Die Einzelgegenstände gelten als seiende Gegenstände, weil sie teil an den Ideen, dem höchsten Sein haben (☞METHEXIS). In dieser ontologischen Tradition (☞PARADIGMA) steht auch Aristoteles. Für ihn ist die gesamte Wirklichkeit ein Universum des Seienden; er analysiert die allgemeinsten Strukturen des Seienden (☞KATEGORIE, FORM, WESEN, MATERIE, SUBSTANZ). Die O. im engeren Sinne wird bei Aristoteles als *erste Philosophie* bzw. METAPHYSIK bestimmt; sie ist die Lehre von den allgemeinsten Strukturen des Seienden, vom Seienden als solchen und von dem höchsten bzw. letzten, göttlichen Sein (als erster Ursache), also von dem UNBEWEGTEN BEWEGER. Seit Aristoteles wird O. oft mit Metaphysik gleichgesetzt. In der Scholastik werden die Bestimmungen von Aristoteles übernommen und ausgearbeitet. Im Mittelpunkt steht hier die Untersuchung des Seienden, das keines anderen Seienden bedarf, um zu sein, also der Substanz, des allgemeinen Wesens des Seienden und der individuellen AKZIDENZIEN.
Der Name „O." taucht zum ersten Mal im philosophischen Lexikon von Goclenius (1613) auf. Bei Chr. Wolff wird die O. als *metaphysica generalis* (‚allgemeine Metaphysik') bestimmt (als die Lehre vom Seienden im allgemeinen). Sie wird dabei von der *metaphysica spezialis*, zu der die natürliche Theologie, rationale Psychologie und rationale Kosmologie gehören, abgegrenzt. Mit dem Aufkommen der Bewußtseinsphilosophie wird die O. immer stärker zurückgedrängt. Nicht mehr die Untersuchung des Seienden

bzw. des Wesens des Seienden, sondern die Untersuchung des Bewußtseins, des Ich und des subjektiven Geistes steht im Mittelpunkt der Philosophie. Es sollen nicht mehr die Strukturen des Seienden, sondern die Strukturen des Bewußtseins bzw. Verstandes, die subjektiven Bedingungen der Möglichkeit der Gegenstandserkenntnis untersucht werden. Die Wende zur Bewußtseinsphilosophie wird von Descartes eingeleitet (☞ COGITO ERGO SUM). Bei Kant wird die O. durch die TRANSZENDENTALPHILOSOPHIE ersetzt, d. h. durch die Untersuchung der APRIORISCHEN, im Verstande liegenden Bedingungen der Möglichkeit der Gegenstandserkenntnis. Die Bestimmungen des Seienden werden durch apriorische Verstandesinhalte ersetzt.

Im 19. Jh. spielt die O. keine nennenswerte Rolle mehr. Im 20. Jh. tauchen einige ontologische Konzeptionen auf. N. Hartmann entwickelt eine *Schichtenontologie*; es gibt unterschiedliche, hierarchisch aufgebaute Stufen bzw. Bereiche des Seins (z. B. organisches, anorganisches und geistiges Sein). Dabei werden auch mentale und geistige Inhalte zum Reich des Seienden gezählt werden.

Eine wichtige Rolle spielt die Konzeption der O. in der Philosophie Husserls. Die Welt wird von Husserl (auf einer bestimmten Stufe der phänomenologischen Untersuchung) als das Universum des Seienden bezeichnet (das „ontische Universum"). Dieses Universum ist in der „Krisis"-Schrift der Gegenstand einer „O. der Lebenswelt"; sie soll das „Formal-Allgemeine", das „invariant Verbleibende" aufsuchen. Die Aufgabe der O. ist es, eine allgemeine *Wesenslehre* des raumzeitlich Seienden herauszuarbeiten. Das „invariant Bleibende" kann nach Husserl mit Hilfe des Verfahrens der EIDETISCHEN VARIATION, der WESENSSCHAU gefunden werden. Die nichtrelative, invariante Struktur der Welt bzw. Lebenswelt ist das den empirischen Erkenntnissen über die unterschiedlichen Lebensumwelten Gemeinsame und Zugrundeliegende, und insofern ist sie ein *Apriori* für jegliche empirische Erforschung der Lebensumwelten. Die ontologische REFLEXION bezieht sich idealisierend auf Gegenstände – Husserl spricht hier von der „noematischen Reflexion" auf das Gegenständliche (von einer konkret-ontologischen und eidetischen Reflexion) –, aber sie verbleibt in der „natürlichen Einstellung" und folgt damit dem „naiven Weltglauben". Die O. der Lebenswelt ist für Husserl nur eine Zwischenstufe. Er geht sodann zu einer „viel größeren Aufgabe über", zur Rückführung der Welt auf die Leistungen der reinen transzendentalen Subjektivität. Die Welt soll aus den Leistungen des Bewußtseins, des TRANSZENDENTALEN EGO entspringen (☞ KONSTITUTION). Dieses Bewußtsein wird als nicht-weltlich erwiesen. Wichtig ist die Unterscheidung zwischen der *universalen* bzw. *formalen* O. (Untersuchung der formalen Grundbegriffe) und der *regionalen* O. (Untersuchung eines bestimmten Seinsbereichs).

Eine besondere Konzeption der O. entwickelt im 20. Jh. Martin Heidegger. Die Frage nach dem „Sinn von Sein" ist die Hauptfrage Heideggers. Wollen wir die Seinsfrage genauer ausarbeiten, so müssen wir dasjenige, das diese Frage stellt, und das wir – die Fragenden – selbst sind, „durchsichtigmachen". Dieses Seiende, das wir selbst sind, faßt Heidegger terminologisch als *Dasein.* Auf dem Wege zur Seinsfrage steht also die Analytik des Daseins (☞ DASEINSANALYTIK), das für das eigentliche Thema – eben die Seinsfrage – einen vorbereitenden Charakter hat. Heideggers O. wird als FUNDAMENTALONTOLOGIE bezeichnet; sie ist die O. des menschlichen Daseins, also eine ontologische Untersuchung bezogen auf das menschliche Dasein. Heidegger unterscheidet zunächst zwischen *ontisch* im traditionellen Sinne und *ontologisch* im traditionellen Sinne. Ontisches Verhalten ist ein Verhalten zum nicht daseinsmäßigen, innerweltlichen, tatsächlichen Seienden. Ontologische Untersuchung ist die Untersuchung (begriffliche Thematisierung) des nicht daseinsmäßigen, innerweltlichen Sein des Seienden, in der allgemeine Strukturen des Seienden aufgezeigt werden (die traditionelle Bestimmung der O.). Dem traditionellen Begriff des Ontischen stellt Heidegger einen *ontisch-existenziellen* Begriff gegenüber; das Ontisch-Existenzielle (auch das „Vorontologische") macht die noch nicht begrifflich thematisierte Struktur des Daseins als In-der-Welt-seins aus. Dem traditionellen Begriff des Ontologischen setzt Heidegger den Begriff des *Existenzial-Ontologischen* (auch Fundamentalontologischen) entgegen. Die existenziale O. richtet sich auf das Dasein; auf der existenzial-ontologischen Ebene wird das Ontisch-Existenzielle explizit thematisiert. Auf dieser Ebene werden die ontisch-existenziellen Phänomene genannt und expliziert (ausgelegt); sie erhalten einen Sinn. Wichtig ist das Fundierungsverhältnis zwischen dem Ontisch-Existenziellen und dem Existenzial-Ontologischen. Die existenzial-ontologische Ebene setzt zwar die ontisch-existenzielle voraus; auf der existenzial-ontologischen Ebene werden jedoch die ontisch-existenziellen Wesenstrukturen des Daseins explizit thematisiert.

In der Spätphilosophie Heideggers (nach der sog. „Kehre") tritt das Sein selbst an die Stelle des entwerfenden und auslegenden Daseins. Das wesentliche Seins-Denken ist keine Leistung des Daseins, sondern das „Ereignis" des Seins. Das Sein spricht sich dem Menschen zu, der in der „Lichtung des Seins" steht. Während die traditionelle O. das Sein. im Verhältnis zum Seienden betrachtet, will Heidegger das Sein eigens verstehen. Dabei wird Sein zeitlich, temporär verstanden.In der sprachanalytischen Philosophie wird eine O. im Sinne der Metaphysik strikt abgelehnt. Quine lehnt die Unterscheidung zwischen synthetischen und analytischen Aussagen ab. Daraus folgt, daß die Wahl einer Sprache dazu verpflichtet, die Gegenstände anzunehmen, über die in der Sprache quantifiziert wird. Die Gegenstände hängen von der jeweils akzeptierten Globaltheorie (*ontologischer Relativismus*) ab.

In der sprachanalytischen Philosophie wird auch über den Status der UNIVERSALIEN diskutiert.

Lit.: Platon, Politeia; Aristoteles, Metaphysik; ders., Physik; Thomas von Aquin, Summa theologiae; R. Goclenius, Lexicon philosophicum, 1613; Chr. Wolff, Ontologia, 1730; I. Kant, Kritik der reinen Vernunft, 1781, [2]1787; G. Jacoby, Allgemeine Ontologie der Wirklichkeit, 1925-32; N. Hartmann, Zur Grundlegung der Ontologie, [3]1948; E. Husserl, Die Krisis der europäischen Wissenschaften und die transzendentale Phänomenologie, 1962; ders., Ideen zu einer reinen Phänomenologie und phänomenologischen Philosophie, Bd. I, hg. v. W. Biemel, 1950; M. Heidegger, Sein und Zeit, 1927; ders., Zur Sache des Denkens, 1969; H. Krings, Fragen und Aufgaben der Ontologie, 1954; A. Diemer, Einführung in die Ontologie, 1959; W. V. O. Quine, Ontologische Relativität und andere Schriften, 1975; R. Trapp, Analytische Ontologie, 1976; B. v. Brandenstein, Logik und Ontologie, 1976; H.-N. Castaneda, Sprache und Erfahrung, 1982; W. Künne, Abstrakte Gegenstände, 1983; B. Weissmahr, Ontologie, 1985.

## Ontologische Differenz:

in der Philosophie Martin Heideggers ein Terminus zur Bezeichnung des Unterschieds zwischen *Sein* und *Seiendem*. Heidegger faßt zunächst die o. D. als den „Unterschied von Sein und Seiendem" auf, später spricht er einfach von der „D. zwischen Sein und dem Seiendem". In der abendländischen Metaphysik, die Heidegger kritisiert, wird die Frage nach dem höchsten Seiendem, nicht aber dem Sein gestellt; insofern bleibt die Metaphysik *ontisch*; sie geht an der o. D. vorbei. Heidegger geht es im Zusammenhang mit der Rede von der o. D. um das Sichzeigen des Seins im Seiendem; dieses Sichzeigen hat einen „geschickhaften" Charakter, der nur im eigentlichen Denken (im „Andenken an das Sein" als „Ereignis") erfahren wird.

Lit.: M. Heidegger, Vom Wesen des Grundes, 1929; ders., Was ist Metaphysik?, 1929; ders., Holzwege, 1950; ders., Identität und Differenz, [3]1957; O. Pöggeler, Der Denkweg Martin Heideggers, 1963; K. J. Huch, Philosophiegeschichtliche Voraussetzungen der Heideggerschen Ontologie, 1967.

## Ontologischer Gottesbeweis: ☞ GOTTESBEWEISE

## Ontologismus:

Bezeichnung für eine philosophisch-theologische Lehre, nach der Gott als das erste Sein und das Ersterkannte sei. Sein und das Absolute werden gleichgesetzt. Durch die intuitive Idee der Vernunft wird Gott erkannt. Der O. gewann im 19. Jh. am Einfluß. Sein Hauptvertreter ist Gioberti.

## Operationalismus (von lat. *operatio*, ‚Verrichtung'):

wissenschaftstheoretische Auffassung, derzufolge die Bedeutung wissenschaftlicher Begriffe auf Handlungen zurückgeführt wird. Als Begründer des O. gilt P. W. Bridgeman. Auch H. Dingler gilt als Vertreter des O.; für ihn ist die physikalische Begriffsbildung auf das Umgehen mit Meßinstrumenten zurückzuführen.

Lit.: P. W. Bridgman, The Logic of Modern Physics, 1927; H. Dingler, Die Methode der Physik, 1938; ders., Das Experiment, [2]1952.

**Optimismus** (von lat. *optimum*, ‚das Beste'):
allgemein die Haltung der Bejahung der Welt und des Lebens (Gegensatz: PESSIMISMUS) und auch der Glaube an eine positive Zukunft. Mit der optimistischen Haltung ist aufs engste der Gedanke des FORTSCHRITTS, der Entwicklung des Menschen und der Welt zum Besseren und der allseitigen Vervollkommnung des Menschen und der Welt verbunden.
Dem *metaphysischen* bzw. *ontologischen* O. zufolge ist die bestehende Welt als die von der Vernunft durchdrungene Ordnung bzw. als Ausdruck des göttlichen Seins die beste aller möglichen Welten (Leibniz; ☞THEODIZEE). Für Platon, Aristoteles und die Stoiker ist die gesamte Wirklichkeit und das gesamte Geschehen von einer (göttlichen) Vernunft geordnet. Dem *religiös-metaphysischen* O. zufolge siegt das von Gott garantierte Gute über das Böse. Von einem *moralischen* bzw. *ethischen* O. spricht man dann, wenn man annimmt, daß der Mensch sich von Natur aus zu einem sittlich-moralischen Subjekt entwickelt. Diese Position findet man schon in der Antike; es liegt in der Anlage des Menschen, zu einem vernünftigen, an sittlichen Maßstäben orientierten Leben in der Polis zu neigen. Nach Platon ist die Einsicht in das sittlich Gute mit der Erkenntnis des Wahren verbunden.
Der O. ist die Grundhaltung der Philosophie der Aufklärung und des Rationalismus; er zeichnet sich hier durch den Glauben an eine fast uneingeschränkte Erkenntnisfähigkeit des menschlichen Verstandes aus. Im Kulturoptimismus wird die Entwicklung der Kultur als Fortschritt gedeutet (so z. B. im Sinne einer Selbstverwirklichung des Geistes bzw. der Vernunft, Hegel).

Lit.: G. W. Leibniz, Theodizee, 1710.

**Ordinary language philosophy**
(engl. ‚Philosophie der normalen Sprache'):
eine der beiden Richtungen der analytischen Sprachphilosophie (☞ANALYTISCHE PHILOSOPHIE). Im Gegensatz zu der IDEAL LANGUAGE PHILOSOPHY (engl. ‚Philosophie der idealen Sprache'), der anderen Richtung der analytischen Sprachphilosophie, in der zur Klärung philosophischer und wissenschaftstheoretischer Fragen eine ideale Sprache aufgebaut wird, rekurriert man zur Klärung dieser Fragen in der O. l. p. auf die *Alltags-* bzw. *Gebrauchssprache*. Die Analyse der Alltagssprache steht also im Zentrum dieser Philosophie.
Die O. l. p. geht auf die Spätphilosophie L. Wittgensteins zurück. Nach Wittgenstein hat die Philosophie eine therapeutische Funktion; sie behandelt philosophische Probleme wie eine Krankheit. Es gibt weder das Wesen der Sprache noch die gemeinsame Struktur aller Sprachspiele. Wittgenstein vertritt keine Theorie der Bedeutung; was Bedeutung eines Ausdrucks ist,

zeigt sich im konkreten Gebrauch dieses Ausdrucks, in dem Kontext, in dem dieser Ausdruck steht. Wittgensteins These besagt: „Die Bedeutung eines Wortes ist sein Gebrauch in der Sprache". Diese These ist keine Wesensdefinition im Rahmen einer Bedeutungstheorie; vielmehr geht es Wittgenstein darum, den jeweiligen Kontext, in dem die Frage nach der Bedeutung eines Ausdrucke gestellt wird, zu erhellen. Die Sprache ist kein Abbild der Welt; sie hat keine Abbildfunktion. Der späte Wittgenstein hebt hervor, daß es keine Metasprache geben kann; wir brauchen keine „primäre Sprache", also keine „neue Sprache", die man erfinden oder konstruieren muß. Zur Klärung philosophischer Probleme genügt uns die Umgangssprache. So werden z. B. philosophische Begriffe geklärt, indem man ihren Gebrauch in der Umgangssprache untersucht.
Zentrale Begriffe der O. l. p. sind: REGEL, INTENTION, KONVENTION, GEBRAUCH. In der O. l. p. wurde die semantische Analyse der Sprache (☞ SEMANTIK) um eine pragmatische (☞ PRAGMATIK) erweitert; damit wurde die Handlungsdimension der Sprache erschlossen (☞ HANDLUNG, HANDLUNGSTHEORIE); sprachliche Äußerungen werden als regelgeleitete Handlungen aufgefaßt. Eine zentrale Rolle innerhalb der O. l. p. spielt die Sprechakttheorie (☞ SPRECHAKT).

Lit.: L. Wittgenstein, Philosophische Untersuchungen, 1933; ders., Aus dem Nachlaß, Bd. 3 der Gesamtausgabe, 1967; J. L. Austin, Zur Theorie der Sprechakte, 1972; J. R. Searle, Sprechakte, 1971; E. v. Savigny, Die Philosophie der normalen Sprache, 1969, [2]1980. ☞ SPRECHAKT

## Ordnung:

allgemein geregelte Einheit, Gesetzlichkeit, gesetzlich geregeltes Verhältnis zwischen Teilen und zwischen Teilen und einem Ganzen; sodann auch STRUKTUR; die Gesetzlichkeit folgt meist einem Sinn, einem Zweck und hat den Charakter der Einheit. Wenn die geordnete Einheit einen ästhetischen Charakter hat, so spricht man von einer harmonischen O. (☞ HARMONIE). In der griechischen Antike heißt O. KOSMOS, der geordnete Zustand der gesamten Wirklichkeit im Gegensatz zum ungeordneten Zustand, zum CHAOS. Der Kosmos ist die Stiftung eines göttlichen Weltordners (☞ DEMIURG); er schafft die O. aus dem Chaos. Platon spricht von der O. der IDEEN (☞ IDEENLEHRE).
In der christlichen Philosophie herrscht der Gedanke der *göttlichen* O., der Schöpfergott ordnet die Welt nach seinen Gesetzen. In der Neuzeit (besonders in der Philosophie der Aufklärung und des Rationalismus) wird der Mensch bzw. das erkennende Subjekt zum Ordner der Welt. Dies kommt deutlich in der Philosophie Kants zum Ausdruck; das erkennende Subjekt ordnet die Natur; der Verstand samt seinen Vermögen schreibt der Natur ihre Gesetze vor. In den naturwissenschaftlich orientierten Konzeptionen spricht man von der *natürlichen* O. ; Gesetzmäßigkeit wohnt der Natur inne.

Als Paradebeispiel einer natürlichen O. kann der Organismus angesehen werden. Die Naturgesetze gelten als Ordnungsprinzipien. In der neueren Philosophie wird O. im Sinne von STRUKTUR bzw. SYSTEM verstanden.

Lit.: H. Barth, Die Idee der Ordnung, 1958; H. Kuhn (Hg.), Das Problem der Ordnung, 1961; M. Foucault, Die Ordnung der Dinge, 1974.

**Ordnungslehre:**
bei H. Driesch Bezeichnung für die Logik.

**Organon** (griech. ‚Werkzeug'):
Bezeichnung für die logischen Schriften des Aristoteles (Werkzeug des Denkens). Bacon nennt seine 1620 veröffentlichte Schrift „Novum O".

# P

**Palingenesis** (griech.):
Wiederentstehung, Wiederherstellung, Wiederkehr; bei Heraklit die Wiederherstellung der gesamten Wirklichkeit nach ihrem Untergang; bei den Pythagoreern, Platon und den Neuplatonikern die Wiederkunft der Seele, die SEELENWANDERUNG; bei Darwin das Wiederauftreten älterer stammesgeschichtlicher Vorgänge bei der Entwicklung von Keimen.

**Panentheismus** (vom griech. *pan*, ‚all', und *theos*, ‚Gott'):
All-in-Gott-Lehre; philosophisch-theologische Lehre, derzufolge die ganze Welt in Gott ist, Gott jedoch nicht ganz in der Welt ist, in der Welt aufgeht. Diese Auffassung ermöglicht es, Gott als weltimmanent und zugleich welttranszendent (Schöpfergott) aufzufassen. Der P. ist insofern eine Verschmelzung von THEISMUS und PANTHEISMUS. Der Hauptvertreter des P. ist Chr. Krause.

**Panlogismus** (vom griech. *pan*, ‚all', und *logos*, ‚Lehre', ‚Vernunft').
All-Vernunft-Lehre; philosophische Position, derzufolge die Vernunft der Grund und das Prinzip der gesamten Wirklichkeit ist. Bei Hegel wird die Entwicklung der Welt als ein Prozeß der Selbstverwirklichung der Vernunft aufgefaßt. Im P. wird eine gemeinsame (vernunftmäßige) Struktur von Denken und Sein angenommen.

**Panpsychismus** (vom griech. *pan*, ‚all', und *psyche*, ‚Seele'):
Allbeseeltheitslehre; philosophische Lehre, derzufolge die gesamte Wirklichkeit (sowohl die Einzeldinge als auch die Welt als Ganzes) beseelt ist. Dabei wird oft die Annahme einer alles umfassenden Weltseele (☞ SEELE) als Grund und Prinzip der gesamten Wirklichkeit und des gesamten Geschehens gemacht. Als Panpsychisten werden die Vertreter des HYLOZOISMUS, Spinoza, Schelling und Fechner bezeichnet.

**Panta rhei** (griech. ‚alles fließt'):
Alles fließt; eine Formel von Heraklit, in der der dynamische Charakter (Werdecharakter) der Welt ausgedrückt wird.

**Pantheismus** (vom griech. *pan*, ‚all', und *theos*, ‚Gott'):
Allgottlehre; philosophisch-theologische Auffassung, derzufolge GOTT und WELT zusammenfallen bzw. Gott in der Welt allgegenwärtig ist. Es gibt demnach keinen substantiellen Unterschied zwischen Gott und Welt. Als alleinige SUBSTANZ gilt Gott. Da Gott allgegenwärtig in der Welt ist, wird im P. der Gedanke der TRANSZENDENZ Gottes abgelehnt. Die weltlichen Gegenstände (auch Menschen) sind Modi Gottes. Gott wird als die *natura naturans* (lat. ‚erzeugende Natur'), die Einzelgegenstände als *natura naturata* (lat. ‚erzeugte Natur') bestimmt. Als Hauptvertreter des P. gilt Spinoza. Nach ihm gibt es nur eine Substanz: Gott. Bekannt sind uns zwei Attribute der Substanz: Denken und Ausdehnung. Gott ist die alleinige Ursache des Seienden. Das Seiende ist von der Ursache kausal abhängig. Pantheistische Gedankenmotive findet man bei Herder, Lessing, Goethe, Schleiermacher, Eucken, Schelling und Hegel.

Lit.: B. Spinoza, Ethik, 1677; W. Dilthey, Der entwicklungsgeschichtliche Pantheismus, in: Ges. Schriften II, [3]1921.

**Paradigma** (griech. ‚Beispiel', ‚Muster'):
bei Platon Bezeichnung für Urbilder, IDEEN; bei Aristoteles (in der Rhetorik) Bezeichnung für ein zwischen Induktion und Deduktion stehendes Schluß- bzw. Argumentationsverfahren. Der Begriff des P. spielt eine wichtige Rolle in der modernen Wissenschaftstheorie. Bei Th. S. Kuhn bezeichnet „P." die für ein Wissenschaftsgebiet in einer bestimmten Zeitspanne geltenden, unhinterfragbaren Basisannahmen bzw. Überzeugungen. Zu einem P. gehört immer ein Gegenstandsgebiet und eine Methodologie (Problemstellungen und Problemlösungen). Kuhn kritisiert die Meinung, daß es in den Naturwissenschaften ewig gültige Gesetze gibt. Vielmehr unterliegen wissenschaftliche Auffassungen einem geschichtlichen Wandel; es kommt zu einem *Paradigmenwechsel*, zur Ablösung eines P. durch ein anderes (diese Ablösung wird meist durch eine „wissenschaftliche Revolution", neue Entdeckungen und Erfindungen, eingeleitet). Zu den relevantesten wissenschaftlichen P. gehören das antike (aristotelische) P., das P. der klassischen Physik und der Relativitäts- und Quantentheorie.
Im Anschluß an den P.-Begriff von Kuhn spricht H. Schnädelbach (und mit ihm u. a. E. Tugendhat, K.-O. Apel und J. Habermas) von einem Paradigmenwechsel in der Philosophie. Ein philosophisches P. beinhaltet als konstitutive Bestandteile ein bestimmtes Gegenstandsgebiet, eine Anfangssituation (des Philosophierens), eine Anfangsfrage. Schnädelbach unterscheidet zwischen einem *ontologischen*, *mentalistischen* und *linguistischen* P. Die Darstellung des Philosophiebegriffs anhand des Gedankens des Paradigmenwechsels ist eine „ideale Rekonstruktion" der Geschichte des Philosophiebegriffs. Gegenstandsbereich des ontologischen P. (☞ ONTOLOGIE) ist das

Sein bzw. Seiende, die Anfangssituation ist das Staunen, die Anfangsfrage lautet: Was ist?. Hauptvertreter dieses P. sind die antiken Philosophen Platon und Aristoteles. Gegenstandsbereich des mentalistischen P. ist das BEWUSSTSEIN, die Anfangssituation ist hier der ZWEIFEL, die Anfangsfrage heißt: Wie ist Erkenntnis möglich bzw. unter welchen Voraussetzungen kann ich etwas wissen, erkennen?. Hauptvertreter dieses P. sind: Descartes, Kant und Husserl. Der Gegenstandsbereich des linguistischen P. (☞ ANALYTISCHE PHILOSOPHIE) ist die SPRACHE, die Anfangssituation ist die Konfusion, die Anfangsfrage lautet: Was ist die (sprachliche) Bedeutung bzw. der Sinn von ...?. Hauptvertreter dieses P. ist Wittgenstein.
Die Ablösung eines P. durch ein anderes kann im Sinne eines Argumentationsfortschritts gedeutet werden. Als Beispiel dient hier der Übergang vom mentalistischen zum linguistischen P.. Descartes vollzieht den radikalen methodischen Zweifel an der Erkennbarkeit der Welt. Die Tatsache, daß ich zweifle, kann jedoch nicht bezweifelt werden (☞COGITO ERGO SUM); Die Gewißheit des „Ich denke" kann nicht in Frage gestellt werden; das „Ich denke" ist nicht hintergehbar. Ein linguistisches Argument gegen den cartesianischen Zweifel besagt: Wenn ich zweifle und zum „Ich denke", zur Gewißheit des Ich gelange, setzte ich dabei die Sprache, das Verständnis von sprachlichen Ausdrücken voraus; um den Zweifel sinnvoll zu vollziehen, muß ich die Bedeutung der dabei verwendeten Ausdrücke kennen; die Bedeutung der Ausdrücke hat einen intersubjektiven Status.

Lit.: Th. S. Kuhn, Die Struktur wissenschaftlicher Revolutionen, 1967; K.-O. Apel, Transformation der Philosophie, 2 Bde., 1973; E. Tugendhat, Vorlesungen zur Einführung in die sprachanalytische Philosophie, [2]1979; E. Martens/H. Schnädelbach (Hg.), Philosophie, 1985; J. Habermas, Nachmetaphysisches Denken, 1988.

**Paradoxie** (vom griech. *paradoxon*, ‚Gegenmeinung'):
allgemein Bezeichnung für einen Satz, der zunächst der üblichen (herrschenden) Meinung widerspricht und insofern als widersinnig und unlogisch aufgefaßt wird, der jedoch bei weiterer Betrachtung einen Sinn ergibt. Hat die P. die Form eines kontradiktorischen Widerspruchs (symbolisch: $A \wedge \neg A$), so spricht man von ANTINOMIE: Eine andere Sorte bilden die *dialektischen* P. (z. B. die P. der Bewegung, die von Zenon aufgestellt wurde). Eine weitere Art bilden die P. in der Theologie. So sieht Kierkegaard eine P. in der Möglichkeit der Offenbarung des ewigen und unendlichen Gottes in der zeitlichen und endlichen Erfahrung des Menschen. Bekannte P., die im Abendlande auftreten, sind: die P. des sokratischen Satzes „Ich weiß, daß ich nichts weiß" und die *Russellsche* P. (die Menge aller Mengen, die sich selbst enthält).

Lit.: K. Schilder, Zur Begriffsgeschichte des Paradoxons, 1936; J. L. Mackie, Truth, Propability and Paradox, 1973; R. M. Sainsbury, Paradoxes, 1988; N. Goodman, Tatsache, Fiktion, Voraussage, 1988.

**Parallelismus** (vom griech. *parallelos*, ‚nebeneinander'):
(auch: psychophysischer P.); Bezeichnung für eine Position im Zusammenhang mit dem LEIB-SEELE-PROBLEM, derzufolge physische bzw. physiologische und psychische (und auch verstandes- bzw. denkmäßige) Prozesse nebeneinander (parallel) laufen, ohne daß zwischen ihnen eine kausale Wechselbeziehung bestünde. Der Hauptvertreter des P. ist Spinoza.

**Paralogismus** (griech.): ☞ FEHLSCHLUSS

**Parismus :**
Bezeichnung für die im Anschluß an Zarathustra entwickelte religiöse Lehre. Der P. fand in Persien größere Verbreitung.

**Partikulär** (von lat. *particula*, ‚Teilchen'):
teilweise; in der Logik spricht man von p. Urteilen (auch Partikularaussagen); sie haben die Form: „Einige S sind P".

**Partizipation** (von lat. *partizipatio*):
TEILHABE, Teilnahme; bei Platon die Bezeichnung für das Verhältnis zwischen den Ideen und den Einzelgegenständen (auch METHEXIS); die Einzeldinge haben teil an den IDEEN (dem höchsten Sein) und nur deshalb können sie als seiende Gegenstände bezeichnet werden. In der christlichen Philosophie meint „P." die Teilnahme der menschlichen Seele an dem absoluten, göttlichen Wesen. Weiterhin wird die teilnahme alles endlichen Seienden an dem ewigen Wesen Gottes als P. bezeichnet.

**Parusie** (griech. ‚Gegenwart'):
in der platonischen Philosophie die Anwesenheit der Ideen in den Einzeldingen (☞ TEILHABE, METHEXIS).

**Passio** (lat. ‚Erleiden'):
in der scholastischen Philosophie Bezeichnung für das Merkmal des Seienden, etwas erleiden zu können, etwas auf sich wirken zu lassen. ☞ ACTIO

**Patristik** (von lat. *patres*, ‚Väter'):
neben SCHOLASTIK die zweite Hauptströmung der christlichen Philosophie; die Philosophie der Kirchenväter. Die P. geht der Scholastik zeitlich voraus (patristische Periode: vom 1. bis ca. 7. Jh. n. Chr.). Die P. bildet keine systematische Einheit. Sie entsteht in einer Auseinandersetzung mit der griechischen Philosophie, und zwar aus der Notwendigkeit der Verteidigung der christlichen Lehre gegenüber ihren Gegnern. In dieser Auseinandersetzung kommt es zu einer Verschmelzung der christlichen Lehre mit

einigen Konzeptionen der griechischen Philosophie (z. B. mit dem Platonismus, Elementen der Philosophie der Stoa und vor allem mit dem NEUPLATONISMUS). Wichtig ist auch die Verteidigung und Abgrenzung der christlichen Lehre gegenüber der GNOSIS. Folgende Merkmale sind für die P. charakteristisch: 1) die Herausbildung des ethisch gehaltvollen Begriffs der PERSON (damit die Herausbildung des Begriffs des Individuums; der Einzelne muß sich persönlich vor Gott rechtfertigen), 2) eine Geschichtskonzeption (gegenüber der griechisch-antiken Vorstellung des zyklischen Ablaufs der Geschichte wird in der P. die Konzeption einer linearen Entwicklung, die im Jüngsten Gericht kulminiert, vertreten), 3) die Herausbildung einer negativen Theologie und Philosophie (das, was existiert, kann nicht unter der Herrschaft des Begriffs aufgelöst werden); 4) Begriffe und Kategorien werden in einigen Konzeptionen als IDOLE betrachtet, die uns daran hindern, sich dem Göttlichen anzunähern; 5) die Herausbildung eines Begriffs der Freiheit (die Freiheit, die sich nicht im kosmischen Kreislauf befangen hält; Freiheit ist die in der Liebe bestimmte Gemeinschaft der Personen); 6) die Herausbildung einer neuen Kosmologie (kein mythisches Weltverständnis; ☞ MYTHOS); 7) die Unterordnung der Philosophie unter die Theologie; 8) die Diskussion um den Gegensatz von Glaube und Wissen. Die wichtigsten Kirchenväter sind: Justinius, Tertullian, Clemens von Alexandria, Origenes, Athanasius, Ambrosius, Augustinus, Boethius.

Lit.: O. Bardenhewer, Geschichte der altchristlichen Literatur, 5 Bde., [2]1913-24; K. O. Perler, Patristische Philosophie, 1950; H. v. Campenhausen, Griechische Kirchenväter, 1955; A. Heilmann (Hg.), Texte der Kirchenväter, 1964.

**Perfektionismus** (vom franz. *perfectio*, ‚Vervollkommnung'):
auch Perfektibilismus, Perfektibilität; allgemein die Lehre von der Vervollkommnung, von der Vervollkommnung des Menschen (der Entwicklung seiner Fähigkeiten und Vermögen). Der P. ist sehr einflußreich in der Philosophie der Aufklärung; er hängt aufs engste mit dem Fortschrittsgedanken zusammen. Man unterscheidet zwischen dem ethischen P. (die Vervollkommnung der sittlichen Anlagen des Menschen) und dem geschichtsphilosophischen P. (Sinn und Zweck der Geschichte ist die Vervollkommnung der gattungsmäßigen Anlagen des Menschen). Die Vertreter des P. sind u. a. Leibniz, Concordet, Wolff.

**Performanz:** ☞ KOMMUNIKATION

**Performativ:**
bezogen auf die Handlungsdimensionen der sprachlichen Äußerungen. Die p. Dimension zeigt eine Handlungsfunktion von Äußerungen an. Im Gegensatz zum p. Aspekt wird der *konstative* Aspekt von Äußerungen

betrachtet. Die konstative Funktion ist die behauptende bzw. feststellende Funktion von sprachlichen Äußerungen. Die Unterscheidung p.-konstativ wird in der Sprechakttheorie (☞ SPRECHAKT) behandelt.

**Peripatetik** (vom griech. *peripatein*, ‚wandeln'):
Bezeichnung für die Schule des Aristoteles (auch „peripatetische Schule"). Die wichtigsten Vertreter der Schule sind: Theophrast, Aristoxenos, Straton. ☞ ARISTOTELISMUS

**Person** (von lat. *persona*, ‚Maske', ‚Rolle des Schauspielers'):
ursprünglich Maske und die Rolle des Schauspielers; sodann auch die soziale Rolle und die Gesamtheit der individuellen Eigenschaften eines Menschen. Im römischen Recht wird die P. von der *Sache* (lat. ‚res') unterschieden; die Rechtsfähigkeit der P. beruht auf freier Verfügung und Bestimmung seines Selbst. Eine zentrale philosophisch-theologische Rolle spielt der Begriff der P. seit der Patristik. Die Definition der P. bei Boethius lautet: „persona est naturae rationalis individua substantia" (lat., ‚P. ist die unteilbare Substanz der vernünftigen Natur,). P. ist das vernunft- bzw. geistbegabte Einzelwesen; sie ist einmalig, unverwechselbar und unaustauschbar. Der Begriff der P. wird in der Patristik im Zusammenhang der Trinitätslehre erörtert. das Wesen Gottes drückt sich in drei P. aus. Die P. zeichnet sich jedoch nicht durch Vereinzelung aus; als geistiges Wesen hat sie Bezug zum göttlichen Wesen und zu anderen P.; sie bestimmt sich über ein Verhältnis zu Gott und zu anderen P.. Die patristischen Bestimmungen der P. wurden in der Scholastik übernommen und modifiziert.
In der Neuzeit betont man den Charakter der Selbstbestimmung, Selbstverfügung und Selbstbewußtseins der P.. Die P. ist einmalig, unverwechselbar, unaustauschbar. Im Zentrum der neuzeitlichen Überlegungen steht die Problematik der Einheit, Identität und AUTONOMIE (auch FREIHEIT) der P.. Bei Kant und den Denkern des DEUTSCHEN IDEALISMUS wird der Begriff der P. im Kontext der Philosophie des SELBSTBEWUSSTSEINS gestellt. Die P. (bzw. das Subjekt) hat ein Verhältnis zu sich selbst; sie kann sich selbst bestimmen und kann aus freiem Willen sich selbst Zwecke des Handelns setzen und diese Zwecke auch verfolgen. Freiheit meint dabei sowohl die äußere als auch die innere Freiheit der P.. Die P. wird nicht als Mittel zum Zweck, sondern als Selbstzweck bestimmt. Auf eine andere Weise wird der Begriff der P. bei L. Feuerbach und der sich an ihn anschließenden Dialogphilosophie (Buber, Ebner) aufgefaßt. Die P. wird nur in einem Verhältnis zu einer anderen P. (zu einem „Du") bestimmt. Anders formuliert: Ich kann nur als P. fungieren, wenn ich in einem Verhältnis zu einer anderen P. (einem Du) stehe (☞ PERSONALISMUS). In dem Ich-Du-Verhältnis konstitu-

iert sich die P.. In der neuesten Zeit wird der Begriff der P. in unterschiedlichen Kontexten gebraucht; so z. B. im Rahmen der Erneuerung der Philosophie des Selbstbewußtseins, in handlungstheoretischen Zusammenhängen, in Sozialisationstheorien. Man betont heute zunehmend den sozial-gesellschaftlichen Charakter der P. (die P. gewinnt ihre Identität und Bestimmung über die Zugehörigkeit zu sozialen Gruppen). Der Begriff der P. wird darüber hinaus in rechtswissenschaftlichen und rechtsphilosophischen Kontexten erörtert (der Begriff der *Rechtsperson*).

Lit.: Boethius, De duabis naturis; Thomas von Aquin, Summa theologiae I; R. Guardini, Welt und Person, [4]1955; A. Schüler, Verantwortung, 1948; A. Vetter, Natur und Person, 1951; Ph. Lersch, Der Aufbau der Person, 1951; M. Theunissen, Der Andere, 1965.

## Personalismus:

Sammelbezeichnung für Positionen, denen zufolge die PERSON im Mittelpunkt der Wirklichkeit steht bzw. die höchste Wirklichkeit (auch den höchsten Wert) ausmacht. Meist wird dabei der personalen Struktur des Menschen die Struktur der Sachen gegenübergestellt. Das Verhältnis der Person zu anderen Personen wird als grundlegender als das Verhältnis des Menschen zu Sachen betrachtet. Der Begriff wird von Schleiermacher eingeführt und meint bei ihm im Gegensatz zum Pantheismus den Glauben an einen persönlichen Gott. Im Anschluß an Feuerbach wird der P. im 20. Jh. von M. Buber, F. Ebner und G. Marcel vertreten (☞ DIALOG); die P. konstituiert sich in einem dialogischen Ich-Du-Verhältnis; aus dem Ich-Du-Verhältnis, aus der Begegnung, entsteht erst das Ich als Person.

Lit.: W. Stern, Person und Sache, 3 Bde., 1918-24; M. Buber, Das dialogische Prinzip, 1965; M. Theunissen, Der Andere, 1965.

## Persönlichkeit:

1) der Wesenskern der PERSON, 2) der seinen Möglichkeiten (Vermögen, Anlagen, Fähigkeiten) gemäß entfaltete Charakterkern eines Menschen (hierzu gehört auch die Gewinnung und Festigung der Identität und Einheit der Person), 3) eine Person mit besonders ausgebildeten Charaktereigenschaften, mit eigenen, individuellen Vorstellungen, die zwecksetzende bzw. maßgebende Orientierungsfunktion auch für andere haben können. Der Begriff der P. wird oft in der Anthropologie, Psychologie und Charakterologie gebraucht, so z. B. im Zusammenhang mit der Problematik der Entwicklung der P.. P. meint hier den voll entfalteten Charakter des erwachsenen Menschen. In den erwähnten (oft auch empirisch vorgehenden) Wissenschaften wird Struktur und Entwicklung der P. behandelt.

Lit.: L.Klages, Persönlichkeit, 1927; E. Rothacker, Schichten der Persönlichkeit, [2]1952; Th. Litt, Individuum und Gemeinschaft, [3]1926. ☞ PERSON.

**Perspektivismus:**
Sammelbezeichnung für Positionen, denen zufolge es keine objektive Erkenntnis bzw. Wahrheit gibt; vielmehr hängt die Erkenntnis vom jeweilig angenommenen Standpunkt ab. Es gibt unterschiedliche Formen des P.: 1) die Erkenntnis hängt vom erkennenden Subjekt ab, 2) von geschichtlich-gesellschaftlichen Bedingungen, 3) von der Sichtweise einer bestimmten Epoche, 4) von psychischen Dispositionen des Erkennenden; 5) wissenschaftlichen und philosophischen Erkenntnissen liegt ein bestimmtes individuelles bzw. soziales Hintergrund voraus. Der P. führt zur Ablehnung des Objektivitätsideals in der Philosophie. Er kann als eine Form des Relativismus betrachtet werden. Vertreter des P. sind Leibniz, Ortega y Gasset und Nietzsche.

**Perzeption** (von lat. *percipere*, ‚empfangen', ‚wahrnehmen'):
sinnliche Wahrnehmung (sowohl der Akt als auch der Inhalt der Wahrnehmung); sodann als Inhalt der Wahrnehmung die Vorstellung. Bei Leibniz heißt P. das bloße Haben einer Vorstellung; eine Vorstellung, die noch nicht KLAR UND DEUTLICH ist. In der P. als Vorstellung liegt nach Leibniz die Einheit der Monaden; dabei hat die MONADE kein Bewußtsein von dieser Vorstellung. Die bewußte Vorstellung wird als APPERZEPTION bezeichnet. Bei Kant ist P. eine bewußte Vorstellung im Unterschied zur Empfindung (lat. ‚sensatio') und zur erfahrungsbezogenen Erkenntnis (lat. ‚cognitio').

Lit.: G. W. Leibniz, Monadologie, 1714; I. Kant, Kritik der reinen Vernunft, 1781, ²1787.

**Pessimismus** (von lat. *pessimum*, ‚das Schlechteste'):
allgemein die Auffassung, derzufolge die Welt schlecht und vom Übel befangen ist, derzufolge es keinen Sinn im Leben und keinen Fortschritt in der Geschichte gibt (Gegensatz: OPTIMISMUS). Als Hauptvertreter des metaphysischen P. gilt Schopenhauer. Ihm zufolge ist die gesamte Wirklichkeit von einem vernunftlosen und ziellosen Willen getrieben (der Wille ist der Urgrund der gesamten Wirklichkeit). Der Mensch kann dem Schmerz und Leiden nur durch Weltverneinung und Weltflucht entgehen. Einen *metaphysischen* P. vertritt auch E. v. Hartmann. Nietzsche vertritt einen *tragischen P.*; das Leben soll trotz seiner Sinnlosigkeit bejaht werden. Einen ähnlichen Gedanken vertritt Camus; trotz der Sinnlosigkeit des Daseins (☞ ABSURDE, das) soll das Leben bejaht werden. Einen *Kulturpessimismus* vertreten Troeltsch und Spengler; es gibt keinen Fortschritt in der Geschichte; der Lauf der Geschichte wird interpretiert als Blüte bzw. Aufstieg und Untergang bzw. Zerfall von Kulturen. Pessimistische Elemente findet man in einigen Religionen, z. B. im Buddhismus, Christentum und in der Gnosis.

Lit.: A. Schopenhauer, Die Welt als Wille und Vorstellung, 2 Bde., 1819, ³1859; E. v. Hartmann, Zur

Geschichte und Begründung des Pessimismus, 21892; O. Spengler, Der Untergang des Abendlandes, 2 Bde., 1918-22; Troeltsch, Der Historismus und seine Überwindung, 1924.

**Petitio principii** (lat. ‚Forderung des Beweisgrundes‘: das zu Beweisende darf nicht in den Beweisgründen enthalten sein.

**Pflicht:**
Forderung; bei Kant sittliche Forderung; eine Handlung gilt nach Kant als sittlich, wenn sie aus reiner P. zum Sittengesetz, nicht aus persönlichen Neigungen vollzogen wird. Es besteht ein Unterschied zwischen P. und Neigung. Neigung ist nach Kant ein subjektives Interesse bezogen auf Zwecke. Neigungen sind im Gegensatz zu P. auf Gefühle gegründet. P. ist das, was allgemein und notwendig für Jedermann gilt. In der P. hat man das Gefühl der Achtung vor dem Sittengesetz, vor dem KATEGORISCHEN IMPERATIV.

Lit.: I. Kant, Grundlegung zur Metaphysik der Sitten, 1785; ders., Kritik der praktischen Vernunft, 1788; J. G. Fichte, System der Sittenlehre, 1798; H. Reiner, Pflicht und Neigung, 1951.

**Phainomenon** (griech. ‚Erscheinung‘):
ERSCHEINUNG. Nach Platon sind P. (Erscheinungen) nur Abbilder der IDEEN. Das Wissen von den P. gehört zur bloßen Meinung (☞DOXA). Kant unterscheidet zwischen P. (Erscheinung) und NOUMENON (dem DING AN SICH). Das P. ist der Gegenstand der vom Verstand geleiteten Erkenntnis. Das Noumenon kann nicht erkannt werden, hat jedoch im Erkenntnisprozeß eine bestimmte Funktion. ☞ PHÄNOMEN

**Phänomen** (vom griech. *phainomenon*, ‚Erscheinung‘):
(sinnliche) ERSCHEINUNG. Platon unterscheidet die Welt der P. und die Welt der IDEEN. Die P. sind die Abbilder der Ideen. Sie haben gegenüber den Ideen einen minderen Seinsstatus. Die Ideen stellen das höchste Sein dar. Über die P. ist kein sicheres Wissen möglich; die Rede über P. gehört zur bloßen Meinung (☞DOXA). Kant unterscheidet zwischen P. und dem NOUMENON, dem DING AN SICH. Die P. sind Gegenstände der vom Verstand geleiteten Erkenntnis. Das Ding an sich kann im Rahmen der theoretischen Vernunft nicht erkannt werden. ☞ PHÄNOMENALISMUS, PHÄNOMENOLOGIE

Lit.: I. Kant, Kritik der reinen Vernunft, 1781, $^{2}$1787.

**Phänomenalismus:**
erkenntnistheoretischer Standpunkt, demzufolge die ERSCHEINUNGEN (☞PHÄNOMENE) Gegenstände der erfahrungsbezogenen Erkenntnis sind

(Gegenstandpunkt: REALISMUS). Die erfahrungsbezogene Erkenntnis des DING AN SICH bzw. einer Realität an sich ist unmöglich. Es gibt zwei Grundrichtungen des P.: 1) es wird ein Ding an sich bzw. eine Realität an sich hinter den Erscheinungen angenommen; sie kann jedoch nicht erkannt werden (Kant); 2) es wird keine Realität hinter den Erscheinungen angenommen (z. B. bei Mach); die Phänomene werden als Sinneseindrücke, subjektive Empfindungen oder Bewußtseinstatsachen aufgefaßt.

Lit.: I. Kant, Kritik der reinen Vernunft, 1781, $^{2}$1787; E. Mach, Erkenntnis und Irrtum, $^{6}$1968.

**Phänomenologie** (vom griech. *phainomenon*, ‚Erscheinung'):
im weitesten Sinne die Lehre von den ERSCHEINUNGEN; bei Hegel die Lehre von den Erscheinungsweisen des Geistes; im engeren Sinne die von E. Husserl entwickelte philosophische Konzeption und die sich an sie anschließende philosophische Tradition. Teilgebiet der P. Husserls ist zunächst eine ONTOLOGIE der Welt; in ihr soll das *Formal-Allgemeine*, das an der Welt *invariant Verbleibende* aufgezeigt werden. Aufgabe einer Ontologie ist es, eine allgemeine *Wesenslehre* herauszuarbeiten. Die invarianten Strukturen sollen mit Hilfe des Verfahrens der „eidetischen Variation" (auch „eidetische Reduktion" genannt), der WESENSSCHAU, gefunden werden. Die invariante Struktur der Welt liegt dem empirischen Erkenntnissen zugrunde, und insofern bildet sie ein APRIORI der empirischen Forschung. Die Ontologie der Welt ist eine apriorische Wissenschaft. Die ontologische Betrachtung verbleibt jedoch in der *natürlichen Einstellung* und folgt damit dem *naiven Weltglauben* (dem Glauben, daß die Welt ist). Die Ontologie ist nicht TRANSZENDENTAL. Weil die ontologische Betrachtung den naiv-natürlichen Weltglauben nicht aufheben kann, macht Husserl einen weiteren Schritt.
Im Zentrum der P. steht die transzendental-phänomenologische Reflexion bzw. Reduktion. Sie ist mit einer Einstellungsänderung verbunden. Anlaß für diese Einstellungsänderung heißt: Husserl will den apodiktischen Boden im Sinne der LETZTBEGRÜNDUNG finden. Will der Phänomenologe ohne Voraussetzunen (apodiktisch) vorgehen, so muß er sich von der Voraussetzung einer vorgegebenen, an sich seienden Welt lösen – er muß den naiven Weltglauben fallen lassen; jede weltliche Seinssetzung muß mit Hilfe einer Einstellungsänderung ausgeschaltet werden. Diese Einstellungsänderung, die als Teil der transzendental-phänomenologischen Reflexion aufgefaßt wird, heißt EPOCHÉ. Der Wechsel der Einstellung erlaubt es dem Phänomenologen, „Welt rein und ganz ausschließlich als die und so wie sie in unserem Bewußtseinsleben Sinn und Seinsgeltung hat" zum Vorschein zu bringen – „Welt" kann nur als Leistung der reinen transzendentalen Subjektivität angemessen verstanden werden. Der Phänomenologe steht sozusagen

über der Welt; sie wird für ihn zum PHÄNOMEN.
Als Folge der transzendentalen Epoche hat man die Entgegensetzung von weltlosem Bewußtsein und Welt. Husserl verwendet die Begriffe Epoche und transzendentale REDUKTION oft synonym, obwohl in der „Krisis"-Schrift eine Differenzierung eintritt: „Die echte Epoche ermöglicht die ‚transzendentale Reduktion". Man kann unter Epoche das Absehen von weltlichen Seinssetzungen, unter Reduktion die Zurückführung der Dinge auf ihre subjektive Gegebenheitsweise verstehen; beide Operationen, die nicht voneinander getrennt gedacht werden können, machen die transzendental-phänomenologische Reflexion aus. Habe ich die Epoche vollzogen, so eröffnet sich mir ein nicht-weltliches, reines Erfahrungsfeld, das ich sehen und beschreiben kann – das transzendentale Bewußtsein. Dabei werden die Gegenstandsnoemate (☞NOEMA) auf die spezifischen Noeses (☞NOESIS) zurückgeführt, in denen sie sich aufbauen. Die transzendentale Reflexion ist eine noetische Reflexion auf das Aktleben und das Subjekt des Aktlebens, das TRANSZENDENTALE EGO. Ein weiterer Schritt führt im Rahmen der transzendentalen Reduktion auf das „Ur-Ich", das „absolute Ego" als das letzte und einzige „Funktionszentrum der Konstitution". Die KONSTITUTION der Welt aus den Leistungen des Ego wird als „ursprüngliche Sinnbildung" bestimmt. Die transzendentale Reflexion führt auf die Korrelation „Ego-cogito-cogitatum": „Der Ausgang ist ja notwendig der jeweils geradehin gegebene Gegenstand, von dem aus die Reflexion zurückgeht auf die jeweiligen Bewußtseinsweisen". Der intentionale Gegenstand (☞INTENTIONALITÄT) soll in die Sphäre der reinen Subjektivität einbezogen werden. Die Konstitution der intentionalen Gegenstände aus den Leistungen der reinen Subjektivität kann als eine Sinnkonstitution aufgefaßt werden.
Wichtig im Zusammenhang mit der Konstitutionsproblematik ist die Konstitution des inneren Zeitbewußtseins, die Konstitution der Anderen und die Selbstkonstitution des transzendentalen Ego. Nach Husserl soll das transzendentale Bewußtsein verobjetiviert werden. Das bedeutet, daß neben der Epoche und der transzendentalen Reduktion die Methode der eidetischen Deskription (der eidetischen Variation, Wesensschau) in die transzendental-phänomenologische Reflexion einbezogen wird; in der reinen Beschreibung soll das *Eidos ego* erfaßt werden. Die Methode der eidetischen Variation hängt aufs engste mit der Husserlschen Evidenzlehre zusammen (☞EVIDENZ). Husserl zufolge gibt es Noesen, deren Gültigkeit unbestreitbar, evident ist. „Das unmittelbare ‚Sehen' .. als originär gegebenes Bewußtsein ... ist die letzte Rechtsquelle aller vernünftigen Behauptungen". Das in der Evidenz Erschaute ist absolut gültig und dessen Gültigkeit bedarf keiner Begründung. Die transzendental-phänomenologische Reflexion, die das Kernstück der P. ausmacht, kann also im Lichte der folgenden Begriffe

angemessen expliziert werden: transzendentale Epoche, transzendentale Reduktion, eidetische Variation, Konstitution Evident, intentionale Struktur des Bewußtseins. In seiner Spätphilosophie beschäftigt sich Husserl zunehmend mit den Themen INTERSUBJEKTIVITÄT, Geschichte und LEBENSWELT. Husserls P. fand Eingang in unterschiedliche Wissensgebiete, z. B. Soziologie (A. Schütz), Ontologie (H. Conrad-Martius), Ästhetik (R. Ingarden), Logik und Psychologie (A. Pfänder), Ethik und Wertphilosophie (M. Scheler). Dabei wurde meist das Verfahren der eidetischen Variation, nicht so sehr die transzendentale Reflexion auf die reine Subjektivität, in Anspruch genommen. Scheler versucht mit Hilfe der Wesensschau, Werte und Korrelationen von Werten aufzuweisen.

Heidegger wandelt die P. in die FUNDAMENTALONTOLOGIE um. Er verzichtet auf die transzendental-phänomenologische Reflexion, bedient sich – ohne es ausdrücklich zu betonen – des Verfahrens der Wesensschau bei der Aufdeckung der Wesensstrukturen des Daseins (☞ DASEINSANALYTIK). Für Heidegger ist das Reich der transzendentalen Subjektivität bzw. das transzendentale Ego nicht außerhalb der Welt; es ist etwas Seiendes; es ist in der Welt (☞ IN-DER-WELT-SEIN). Heidegger vermeidet die transzendentalphilosophischen bzw. bewußtseinsphilosophischen Begriffe wie Ich, Subjekt usw.. Stattdessen spricht er vom Dasein als einer ursprünglichen Einheit von Subjekt und Welt. Einen großen Einfluß hat die P. in Frankreich (z. B. bei M. Merleau-Ponty, J. P. Sartre, P. Ricoeur u. a.). Sie übt einen Einfluß auf Teile der EXISTENZPHILOSOPHIE und auf die HERMENEUTIK aus. Berührungspunkte gibt es zwischen der P. und der analytischen Sprachphilosophie, der modernen Wissenschaftstheorie, dem Strukturalismus (und Poststrukturalismus) und der Semiotik.

Lit.: M. Heidegger, Sein und Zeit, 1927; M. Scheler, Der Formalismus in der Ethik und die materiale Wertethik, 1913-16; E. Husserl, Cartesianische Meditationen und Pariser Vorträge, hg. v. S. Strasser, ²1963; ders., Ideen zu einer reinen Phänomenologie und phänomenologischen Philosophie, Bd. I, hg. v. W. Biemel, 1950; ders., Die Krisis der europäischen Wissenschaften und die transzendentale Phänomenologie, hg. v. W. Biemel, 1954; ders., Erste Philosophie, hg. v. R. Boehm 1956; ders., Erfahrung und Urteil, hg. v. L. Landgrebe, 1964; H.-G. Gadamer, Die phänomenologische Bewegung, in: Philosophische Rundschau 11, 1963; L. Landgrebe, Der Weg der Phänomenologie, 1963; H. A. Durfee (Hg.), Analytical Philosophy and Phenomenology, 1976; P. Janssen, Edmund Husserl – Einführung in die Phänomenologie, 1976; A. F. Aguirre, Die Phänomenologie im Lichte ihrer gegenwärtigen Interpretation und Kritik, 1982; B. Waldenfels, Phänomenologie in Frankreich, 1983; E. Stöker, Phänomenologische Studien, 1987; H. R. Sepp (Hg.), Edmund Husserl und die phänomenologische Bewegung, 1988; C. Jamme/O. Pöggeler (Hg.), Phänomenologie im Widerstreit, 1989.

**Phantasie:** ☞ EINBILDUNGSKRAFT

**Philosophia perennis** (lat. ‚immerwährende Philosophie'):
im Anschluß an A. Stenco Bezeichnung für den Kern der abendländischen Philosophie.

**Philosophia prima** (lat. ‚erste Philosophie'):
bei Aristoteles Bezeichnung für die *Erste Philosophie*, die METAPHYSIK und die Theologie; sie umfaßt die allgemeine Ontologie (die Lehre von den Wesensstrukturen des Seienden als solchen) und die Theologie (die Lehre von dem höchsten Seienden, dem Göttlichen als der ersten Ursache). Bei Husserl heißt erste Philosophie die PHÄNOMENOLOGIE als die Lehre von der reinen transzendentalen Subjektivität.

**Philosophie** (vom griech. *philos*, ‚Freund', und *sophia*, ‚Weisheit'):
der Wortbedeutung nach „Liebe zur Weisheit"; das Nachdenken über die Grundlagen der gesamten Wirklichkeit, des Geschehens, des Denkens, Wissens usw.. P. kann als eine Grundlagenwissenschaft aufgefaßt werden. Während sich die Einzelwissenschaften auf bestimmte, ausgesonderte Gegenstandsgebiete beziehen, untersucht die P. die Grundlagen der Einzelwissenschaften; sie ist als „Königin der Wissenschaften" die Metatheorie der Einzelwissenschaften.
Von der P. gibt es jedoch keine Metatheorie. Die Explikation des Begriffs der P. und die geschichtliche Darstellung des Philosophiebegriffs hängt von einem spezifischen philosophischen Standpunkt, von einem spezifischen Philosophieverständnis ab. Die folgende Darstellung. orientiert sich am Gedanken des Paradigmenwechsels in der Philosophie. PARADIGMEN heißen bei Th. S. Kuhn die für ein Gebiet in einer bestimmten Epoche geltenden, unhintergehbaren Auffassungen. Ein Paradigma beinhaltet immer ein Gegenstandsgebiet und eine Methodologie. Man kann im Anschluß an H. Schnädelbach (und mit ihm E. Tugendhat, K.-O. Apel und J. Habermas) von einem Paradigmenwechsel in der Philosophie sprechen. In der Geschichte der Philosophie kommt es „mit argumentativer Notwendigkeit" zu einem Übergang von dem *ontologischen* zum *mentalistischen* und von dem mentalistischen zum *linguistischen* Paradigma. Die am Gedanken des Paradigmenwechsels orientierte Explikation des Philosophiebegriffs ist nach Schnädelbach eine „ideale Rekonstruktion" seiner Geschichte, die ohne selektive Betrachtungsweise nicht auskommt. Für die ersten Philosophen, die Vorsokratiker, war der Gegenstand des Philosophierens die Gesamtheit des Seienden, die als Natur (griech. ‚physis') aufgefaßt wurde; die NATUR war für sie göttlich und geordnet; die Ordnung der gesamten Wirklichkeit wird von den Griechen als KOSMOS bezeichnet. Den Kosmos durchwaltet eine allumfassende Vernunft, ein Prinzip (☞ LOGOS). Entscheidend für die Explikation des Philosophiebegriffs ist der Übergang vom MYTHOS bzw. von der MYTHOLOGIE zum Logos bzw. zur KOSMOLOGIE. Im mythischen Weltbild der frühen Griechen haben die Götter eine Erklärungsfunktion für das Geschehen in der Welt. in der Kosmologie (als der historisch ersten Form der P.) kommt es zu einer Entpersönlichung des Erklärungsgrundes;

nicht mehr die als Personen vorgestellten Götter, sondern Urstoffe bzw. abstrakte Prinzipien dienen als Erklärungsgründe des Weltgeschehens. Bei Parmenides kommt es zur Herausbildung des abstrakten Begriffs des einen, ewigen SEINS. Für die P. der Vorsokratiker ist es charakteristisch, daß sie dem Ideal der theoretischen Schau des Kosmos folgen (☞THEORIE) und den Bezug zur PRAXIS abwerten. Im Gegensatz zu dieser praxisfeindlichen Einstellung der Vorsokratiker propagieren die Sophisten (☞SOPHISTIK) die Zuwendung zu praktischen Angelegenheiten der Menschen. Wissen kann für praktische Zwecke eingesetzt werden (besonders relevant ist hier die Funktion der Rhetorik). Die Tugend ist lehr- und lernbar. Der Bereich der menschlichen Handlungen hat eine andere (vom Menschen gesetzte) Gesetzlichkeit als der Bereich der Natur. Bei Sokrates finden wir einerseits die Zuwendung zu den praktischen Angelegenheiten des Menschen, andererseits den Versuch der Herausbildung von Allgemeinbegriffen. Sokrates entwickelt die Methode des Dialogs als Weg zur Wahrheitserkenntnis.
Die Hauptvertreter des ersten, ontologischen Paradigmas der P. sind Platon und Aristoteles. Die Ausgangssituation in diesem Paradigma ist das Staunen, die Anfangsfrage lautete: Was ist?. Der Gegenstandsbereich ist hier das Seiende bzw. das Sein des Seienden (das Seiende als solches). Für Platon gelten die IDEEN als das höchste Sein (☞IDEENLEHRE); die sinnlich wahrnehmbaren Einzeldinge sind, weil sie teil an den Ideen haben. Über die Ideen ist ein sicheres Wissen (griech. ‚episteme') möglich; über die Einzeldinge ist nur bloße Meinung (DOXA) möglich. Für Aristoteles ist P. die Wissenschaft vom Seienden. Auch der Bereich des praktischen (Handlungen und Herstellen) wird als Wissenschaft bestimmt. In diesem Bereich ist jedoch kein sicheres Wissen möglich, weil die Gegenstände des Handelns und Herstellens vergänglich und unselbständig sind. Die *Erste Philosophie* ist die Lehre vom Unveränderlichen und Selbständigen; diese P. wird als METAPHYSIK bzw. allgemeine ONTOLOGIE bezeichnet; sie beinhaltet die Lehre von den allgemeinen Wesensstrukturen des Seienden als solchen (z. B. KATEGORIEN) und von der ersten, göttlichen Ursache (☞UNBEWEGTER BEWEGER). Im Zentrum des ontologischen Paradigmas steht die Frage nach dem WESEN des Seienden als solchen und nach dem höchsten Sein. In der CHRISTLICHEN P. (☞PATRISTIK, Scholastik) werden die antiken Bestimmungen des Seins übernommen und weiter ausgearbeitet. Entscheidend für die christliche Philosophie ist das Verhältnis von P. und Theologie, besonders die Trennung von Offenbarungswahrheiten und Vernunftwahrheiten (☞DOPPELTE WAHRHEIT).
In der Neuzeit löst man sich allmählich von dem theologischen Weltbild. Der Mensch, das Subjekt wird jetzt zum Ausgangspunkt und Medium des Philosophierens. Dieser Wandel drückt sich im Aufkommen des zweiten, mentalistischen Paradigmas der P. aus. Ausgangssituation des Philosophie-

rens ist hier der ZWEIFEL an der Erkennbarkeit der Welt, die Anfangsfrage lautet: Unter welchen Voraussetzungen kann ich etwas erkennen? Der Gegenstandsbereich ist das BEWUSSTSEIN. Als Initiator dieses Paradigmas gilt Descartes. Die erste P. wird als die Lehre von den Prinzipien der menschlichen Erkenntnis bestimmt. Sicheres Fundament der Erkenntnis ist das „Ich denke" (☞ COGITO ERGO SUM). Auch Kant fragt nach den APRIORISCHEN Bedingungen der Möglichkeit der menschlichen Erkenntnis (☞ TRANSZENDENTALPHILOSOPHIE). Die Gegenstände müssen sich nach unserer Erkenntnis richten. Der Verstand schreibt der Natur die Gesetze vor. Kant versucht, zwischen dem RATIONALISMUS (Quelle der wahren Erkenntnis ist das reine Denken) und dem EMPIRISMUS (Quelle der Erkenntnis ist die sinnliche Erfahrung) zu vermitteln. Er zeigt auf, was sinnvoll erkannt werden kann und was sich der theoretischen Erkenntnis entzieht. Die praktische P. beruht auf einer anderen Gesetzgebung der Vernunft als die theoretische. Die praktische Vernunft ist Ursprung der eigenen Gesetzte der Freiheit. Das oberste sittliche Gesetz wird als KATEGORISCHER IMPERATIV bestimmt. Als die prominenteste Ausprägung der P. des zweiten Paradigmas gilt im 20. Jh. die PHÄNOMENOLOGIE Edmund Husserls. Die Philosophen des DEUTSCHEN IDEALISMUS versuchen, die Trennung von Subjekt und Objekt aufzuheben. Ihre P. kann als eine P. des SELBSTBEWUSSTSEINS bzw. der Subjektivität aufgefaßt werden. Insofern können sie zum zweiten Paradigma gezählt werden. In der Neuzeit kommt es als ein weiterer Prozeß zur Emanzipation der (empirischen) Naturwissenschaften (und im 19. Jh. der GEISTESWISSENSCHAFTEN) von der P.. P. wird dann zu einer Metatheorie dieser Wissenschaften, zur WISSENSCHAFTSTHEORIE; sie bezieht sich zunehmend auf die METHODOLOGIE der Natur- und Geisteswissenschaften. Im 18. und 19. Jh. gewinnt die GESCHICHTSPHILOSOPHIE an Bedeutung. Philosophische Konzeptionen, die schwer unter eines der Paradigmen zu subsumieren sind, sind z. B. die von Kierkegaard initiierte EXISTENZPHILOSOPHIE, die ANTHROPOLOGIE Feuerbachs, der HISTORISMUS, die LEBENSPHILOSOPHIE, die P. Schopenhauers und Nietzsches, die von Marx und anderen entwickelte Form des MATERIALISMUS (☞ MARXISMUS).

Im 20. Jh. taucht das dritte, linguistische Paradigma der P. auf (☞ ANALYTISCHE P.). Ausgangssituation des Philosophierens ist in diesem Paradigma die Konfusion, die Ausgangsfrage lautet: Was ist die Bedeutung bzw. der Sinn von sprachlichen Ausdrücken? Der Gegenstandsbereich ist hier die Sprache (Sätze, Äußerungen). Der Hauptvertreter dieses Paradigmas ist L. Wittgenstein. Für ihn ist P. Sprachkritik. Die P. ist keine Lehre, sondern eine therapeutische Tätigkeit. Aufgabe der P. ist die logische Klärung von Gedanken, wobei die Klärung von Gedanken als Klärung von Sätzen bestimmt wird: „Der Gedanke ist der sinnvolle Satz". Auf den früheren

Wittgenstein geht die Richtung der IDEAL LANGUAGE PHILOSOPHY, auf den späten die der ORDINARY LANGUAGE PHILOSOPHY zurück. Weitere philosophische Richtungen des 20. Jh. sind der LOGISCHE EMPIRISMUS, der KRITISCHE RATIONALISMUS, die schon erwähnten Phänomenologie und Existenzphilosophie (mit besonderen Ausprägungen bei Heidegger, Jaspers und Sartre), die KRITISCHE THEORIE, PRAGMATISMUS, KONSTRUKTIVISMUS und STRUKTURALISMUS. Weitere philosophische Disziplinen sind neben den schon erwähnten: ÄSTHETIK, LOGIK, ETHIK, RECHTSPHILOSOPHIE, NATURPHILOSOPHIE, SOZIALPHILOSOPHIE, STAATSPHILOSOPHIE.

Lit.: H. Lübbe (Hg.), Wozu Philosophie?, 1978; N. W. Bolz, Wer hat Angst vor Philosophie?, 1982; E. Fink, Einleitung in die Philosophie, 1985; V. Kraft, Einführung in die Philosophie, 1967; K. Wuchterl, Lehrbuch der Philosophie, ²1986; B. Russell, Philosophie des Abendlandes, 1975; O. Höffe (Hg.), Klassiker der Philosophie, 2 Bde., 1981; W. Schulz, Philosophie in der veränderten Welt, 1972; W. Stegmüller, Hauptströmungen der Gegenwartsphilosophie, 2 Bde., ⁶1976; E. Martens/H. Schnädelbach (Hg.), Philosophie. Ein Grundkurs, 1985.

**Physikalismus** (vom griech. *physis*, ‚Natur'):
die von Neurath und Carnap vertretene (linguistische) Auffassung, derzufolge erfahrungswissenschaftliche Sachverhalte (z. B. psychische Vorgänge) in einer physikalischen Sprache dargestellt werden können. Die Einheit der Wissenschaften soll in einer einheitlichen physikalischen Wissenschaftssprache begründet werden. Alle wissenschaftlichen Sätze können im Prinzip in die physikalische Sprache übersetzt werden. Nach Carnap sollen Sätze dieser Sprache intersubjektiv nachprüfbar und allgemein verständlich sein.

Lit.: R. Carnap, Die physikalische Sprache als Universalsprache der Wissenschaft, in: Erkenntnis 2, 1932.

**Physis** (griech. ‚Natur'): ☞ NATUR

**Platonismus:**
Bezeichnung für die Philosophie Platons und die sich an sie anschließenden philosophischen Positionen. Platons Philosophie wird in der IDEENLEHRE entwickelt. Charakteristisch für sie ist die Trennung zwischen den sinnlich wahrnehmbaren, veränderlichen und vergänglichen Einzeldingen und den nicht sinnlich wahrnehmbaren, ewigen und unveränderlichen IDEEN. Die Ideen bilden das höchste Sein. Die Einzeldinge haben an den Ideen teil (☞ METHEXIS). Die Ideen existieren unabhängig von den Einzeldingen. Über die Ideen ist ein sicheres Wissen möglich, über die Einzeldinge ist nur bloße Meinung (☞ DOXA) möglich. Der Weg zur Erkenntnis der Ideen ist für Platon das dialogische Fragen und Gegenfragen. Letztlich werden die Ideen in einer Schau erkannt (☞ ANAMNESIS). Die höchste Idee ist die des Guten. Nur derjenige, der diese Idee erkennt, hat die Vorstellung von einem gerechten Staat. An der Spitze des hierarchisch strukturierten Staates steht

der Philosophenkönig, weil er die Wahrheit, die Ideen erkennen kann. Der P. wirkt zunächst in der von Platon begründeten Akademie (sie wurde 529 n. Chr. geschlossen). Zum *alten P.* werden u. a. die Schüler Platons Speusipp und Xenokrates gerechnet. Zum *mittleren P.* werden u. a. Celsus und Plutarch gerechnet. Er bereitet den NEUPLATONISMUS vor. Der P. erlebt eine Wiedergeburt in der platonischen Akademie in Florenz (im 15. Jh.) und in der Cambridger Schule (im 17. Jh.). Der P. übte Einfluß auf Leibniz, die Denker des DEUTSCHEN IDEALISMUS, Husserl und auf den Begriffsrealismus von Cantor, Frege und Russell aus.

Lit.: Platon, Dialoge; F. Novotny, The posthumes Life of Platon, 1977; J. N. Findlay, Platon und der Platonismus, 1981.

**Pluralismus** (von lat. *plures*, ‚mehrere'):
Sammelbezeichnung für Positionen, denen zufolge es eine Vielheit von Seinsbereichen, Erkenntnisweisen, politischen Anschauungen, Methoden usw. gibt. Die Seinsbereiche, Erkenntnisweisen usw. werden meist nebeneinander als gleichberechtigt gestellt. Dem *metaphysischen* P. zufolge besteht die Wirklichkeit aus mehreren Seinsbereichen bzw. aus mehreren Prinzipien erklärt werden kann (Gegensätze: MONISMUS, DUALISMUS). Es gibt demnach kein einheitliches Prinzip der Wirklichkeit. Dem *politischen* P. zufolge gibt es in einer Demokratie eine Vielzahl von politischen Gruppen und politischen Anschauungen, die als gleichberechtigt nebeneinander gestellt werden müssen. Dem *Methoden-P.* zufolge gibt es in den Wissenschaften eine Vielzahl gleichberechtigter, miteinander konkurrierender Methoden.

**Pneuma** (griech. ‚Hauch', ‚Lebenskraft', ‚Geist', ‚Seele').
in der griechisch-antiken Philosophie (besonders in der STOA) Bezeichnung für den Lebenshauch, an dem die Einzelseelen und -dinge teilhaben; in der christlichen Philosophie Bezeichnung für den Heiligen Geist.

**Politik:**
der Begriff entstammt der griechischen Sprache. *Politeia* bezeichnet im Griechischen eine abgrenzbare Gemeinschaft, die sich von anderen Gemeinschaften unterscheidet und ihre Ordnung im Normalfall in einem Stadtstaat (griech. ‚polis') ausgeprägt hat. Die Gemeinschaft der freien Bürger galt als der Träger des Gemeinwesens. Im Zentrum des Begriffs der P. steht u. a. die Frage nach der Ordnung eines Gemeinwesens. Der Begriff „Ordnung" hat eine normative und instrumentelle Seite. Seit den Anfängen der Reflexion über das Politische ergänzen oder widersprechen sich normative und instrumentelle (technische Effizienz, funktionale Erfordernisse) Sichtweisen der P.. Aristoteles unterscheidet folgende politische Systeme

mit ihren Verfallsformen: Monarchie (Verfallsform: Tyrranei), Aristokratie (Verfallsform: Oligarchie) und die Demokratie (Verfallsform: Pöbelherrschaft oder Anarchie). Diese Typologie ist gültig geblieben, weil sie die Form der Herrschaft davon ableitet, ob nur eine Person, ob mehrere oder ob viele die Ordnung des Gemeinwesens mitbestimmen. Abgesehen von dieser Formbestimmung von P. sind die jeweiligen Inhalte der P. zeitbedingt gewesen. Fragen der Ordnung oder der „guten Ordnung" erhielten seit der griechischen Polis, der römischen Republik, dem mittelalterlichen Territorialstaat, der kirchlichen Oberhoheit des Papstes, der Identität von Kirche und Staat nach der Reformation usw. unterschiedliche Antworten. Auch außereuropäische Kulturen haben politische Ordnungen ausgeprägt, die seit der Entwicklung von Staats- oder Politikwissenschaft im Rahmen der vergleichenden Politikwissenschaft beschrieben und analysiert werden.
Mit Max Webers Definition der Formen legitimer Herrschaft wurde der Begriff der P. in seine moderne Version gebracht. Weber unterscheidet zwischen einem patriarchalischen und einem ständischen System. Herrschaft bedeutet für Weber die Möglichkeit der Machtdurchsetzung. In jedem der Typen legitimer HERRSCHAFT wird mit Hilfe unterschiedlich strukturierter bürokratischer Elemente geherrscht. Von Weber ausgehend entwickelte die moderne Systemtheorie (T. Parsons) eine Systematisierung der unterschiedlichen Handlungsbereiche und eine Ausdifferenzierung in System und Umwelt. Mit dieser Systematisierung wurde es möglich, von dem politischen System als einem Subsystem des sozialen Handelns zu sprechen. Handlungen, die dem politischen (Sub-)System zugerechnet werden können, stehen im Austausch mit dem ökonomischen, dem kulturellen und dem Gemeinschaftssystem. Die Funktion des politischen Systems ist dadurch bestimmt, daß es kollektiv verbindliche Entscheidungen fällt (D. Easton). Die moderne politische Systemtheorie hat einen Rahmen zur Verfügung gestellt, der es erlaubt, das Politische in einen geordneten Zusammenhang zu bringen, aber auch in Relation zu anderen empirischen Sachverhalten gebracht werden können.
Das politische System läßt sich nach D. Easton nach drei Ebenen hin unterscheiden: politische Gemeinschaft, politisches Regime (Verfaßtheit) und politische Autorität (Amtsinhaber, Entscheidungsträger). Das politische Entscheidungssystem bezieht aus seiner Umwelt Impulse, die als Anforderungen (‚demands') einerseits, als Unterstützungen (‚specific or general support') andererseits zu klassifizieren sind. Das Entscheidungssystem im engeren Sinne selektiert die Eingänge (‚inputs') danach, ob sie legitim, machbar, definitionsmächtig sind; d. h. vor der Entscheidung steht eine Wächterfunktion des Systems (‚gatekeeper'), durch die das Entscheidungssystem vor Überlastung (‚overload') bewahrt wird. Im Entscheidungssystem werden die anstehenden politischen Probleme bearbeitet und letztlich in Form von

Anordnungen und Gesetzen wieder an die Umwelt abgegeben (,output'). Auch eine Nicht-Entscheidung (,non decision') ist eine Entscheidung, weil durch sie der alte Zustand vor dem Input bestätigt wird. Nach der Art der politischen Materien kann schließlich danach unterschieden werden, ob es sich um eine P. des Machterwerbs (,politics') oder um eine inhaltliche P. (Politikfeld, ,policy') handelt. „Politics" hat es mit Techniken des Machterwerbs zu tun (Wahlen, Parteien, Medien, Öffentlichkeit u. a.), während „policy" die Gestaltung, die Aufgabe der P. bezeichnet (Haushalts-, Steuer-, Umwelt- oder Sicherheitspolitik u. a.). Legitimität (Normen, Werte u. ä.) geht genauso als Input in das politische System ein, wie Anforderungen nach Effizienz. In der einzelnen politischen Handlung oder Interaktion liegt die Verbindung zwischen Ziel- und Zweckorientierung in einer einheitlichen sinnbezogenen Qualität vor. Die auf Weber zurückgehende Handlungstheorie behandelt aber Wertprobleme empirisch und funktional, ohne deshalb wertfrei zu sein. Außerhalb dieses politikwissenschaftlichen Ansatzes ist es möglich, auch weiterhin den normativen Ansatz der P. zu verfolgen. Relevant sind auch historisch-hermeneutische Ansätze; in ihnen wird P. in ganzheitlicher Verstehensorientierung interpretiert. P. geht in die Sinngehalte der jeweiligen Gegenwartssprache über Medien und die Öffentlichkeit ein und prägt Symbole, Mythen und Rituale aus, die als politische wiederum Teil der politischen Kultur werden.

Lit.. M. Weber, Methodologische Schriften, 1968; D. Easton, A Systems-Analysis of Political Life, 1965; W. Hennis, Politik und praktische Philosophie, 1977; K. Rohe, Politik, 1978; R. Münch, Basale Soziologie, 1982; D. Berg-Schlosser/J. Schissler (Hg.), Politische Kultur in Deutschland, in: Sonderheft der Politischen Vierteljahresschrift 18, 1987.

**Polytheismus** (vom griech. *polys*, ,viel', und *theos*, ,Gott'):
der Glaube an eine Vielzahl von Göttern (Gegensatz: MONOTHEISMUS). Polytheistische Vorstellungen findet man z. B. in der griechischen Mythologie.

**Position** (von lat. *positio*, ,Setzung'):
Setzung; Bejahung im Gegensatz zur NEGATION.

**Positiv:**
bejahend, wirklich gegeben, tatsächlich.

**Positivismus:**
Sammelbezeichnung für Positionen, denen zufolge die Erkenntnis in dem in der Erfahrung Gegebenen, dem Positiven gründet. Zentral für den P. ist der Begriff der in der Beobachtung bzw. Wahrnehmung gegebenen TATSACHE. Nach Auguste Comte, dem Begründer des P., verläuft die Geschichte der

Menschheit in drei Stadien (*Dreistadiengesetz*): das mythische (☞MYTHOS), metaphysische (☞METAPHYSIK) und das positive Stadium. Das positive Stadium soll frei von religiösen und metaphysischen Vorstellungen sein; es ist als höchstes Stadium das Stadium der positiven Wissenschaften (dabei lehnen sich die Positivisten an das Methodenideal der empirischen Naturwissenschaften an).
Als Vorläufer des P. wird der EMPIRISMUS angesehen. Metaphysische Begriffe und Sätze werden als sinnlos aufgefaßt, weil ihnen nichts in der Erfahrung entspricht. Sinnvoll sind nur analytische und aposteriorische (auf Erfahrung bezogene) Sätze. Nach L. Eley sind die Grundsätze des P. die folgenden: „a) Begriffe haben nur eine Bedeutung, wenn sie sich am Beispiel der Erfahrung demonstrieren lassen. b) Realität ist das, was der Empfindung korrespondiert. c) Alle Begriffe haben nur dann eine Bedeutung, wenn sie in Bewußtseinstatsachen bzw. in dessen assoziativer Verknüpfung ihr letztes Fundament haben". Vertreter des P. neben Comte sind u. a. J. S. Mill, H. Spencer, R. Avenarius, E. Mach.
Die Philosophie des LOGISCHEN EMPIRISMUS wird oft mißverständlich als Neopositivismus bzw. logischer P. bezeichnet.

Lit.: A. Comte, Die positive Philosophie, 2 Bde., 1883-84; E. Mach, Die Analyse der Empfindungen, 1886, $^{9}$1922; R. Avenarius, Kritik der reinen Erfahrung, 2 Bde., $^{2}$1908; J. Blühdorn/J. Ritter (Hg.), Positivismus im 19. Jahrhundert, 1971; L. Eley, Positivismus, in: E. Braun/H. Radermacher (Hg.), Wissenschaftstheoretisches Lexikon, 1978.

**Positivismus, logischer:** ☞LOGISCHER EMPIRISMUS.

**Postulat** (von lat. *postulare*, ‚fordern'):
allgemein Forderung; Annahme, die nicht bewiesen werden kann, die jedoch in einer Theorie vorausgesetzt werden muß. Aristoteles versteht unter P. einen Satz, der bei einem Beweis vorausgesetzt ist, der jedoch nicht als Voraussetzung gelten darf. Bei Euklid ist ein P. die Forderung zur Erzeugung geometrischer Konstruktionen.
Eine zentrale Rolle spielt der Begriff des P. in der kantischen Philosophie. Die P. des empirischen Denkens sind die apriorischen Grundsätze des reinen Verstandes, die Grundsätze der Modalität. Sie werden auf folgende Weise formuliert: „1. Was mit den formalen Bedingungen der Erfahrung (der Anschauung und den Begriffen nach) übereinkommt, ist möglich. 2. Was mit den materiellen Bedingungen der Erfahrung (der Empfindung) zusammenhängt, ist wirklich. 3. Was im Zusammenhang mit dem Wirklichen nach allgemeinen Bedingungen der Erfahrung bestimmt ist, ist (existiert) notwendig". Das P. der reine praktischen Vernunft bestimmt Kant als „einen theoretischen, aber als solchen nicht erweislichen Satz, sofern er einem a priori unbedingt geltenden praktischen Gesetz unzertrennlich

anhängt". Die P. der praktischen Vernunft sind: Freiheit des Willens, Unsterblichkeit der Seele, Existenz Gottes. Das P. ist innerhalb der praktischen Vernunft ein A PRIORI gegebener, keines Beweises fähiger praktischer IMPERATIV. Die drei P. dienen als notwendige Bedingungen der Möglichkeit des sittlichen Handelns. Sie haben einen regulativen Charakter. In der neueren Philosophie werden P. meist als AXIOME aufgefaßt.

Lit.: Aristoteles, Organon; I. Kant, Kritik der reinen Vernunft, 1781, [2]1787; ders., Kritik der praktischen Vernunft, 1788.

**Potentialität** (von lat. *potentia*, ‚Vermögen', ‚Möglichkeit'): ☞ POTENZ

**Potentiell:**
der Möglichkeit nach. ☞ POTENZ

**Potenz** (von lat. *potentia*):
allgemein Vermögen, MÖGLICHKEIT; die Möglichkeit, die der Verwirklichung (☞ AKT, ENERGEIA) bedarf. Bei Aristoteles heißt P. DYNAMIS (Akt). Die P. ist das Angelegtsein auf ein bestimmtes Ziel hin, das „Etwas-werden-Können", die Möglichkeit zur Wirklichkeit, die auf die Aktualisierung wartet. Der Akt (bzw. Energeia) ist die Verwirklichung des Angelegten. In der scholastischen Philosophie wird diese aristotelische Lehre von Dynamis und Energeia modifiziert. Nach Thomas von Aquin ist Gott reine Wirklichkeit, die keiner Möglichkeit, keiner P. bedarf (☞ ACTUS PURUS).

Lit.: Aristoteles, Metaphysik; Thomas von Aquin, Summa theologiae I; J. Stallmach, Dynamis und Energeia, 1959.

**Prädestination** (von lat. *praedestinare*, ‚vorbestimmen'):
Vorherbestimmung; bei Augustinus die Lehre von der Vorherbestimmung des Menschen durch Gott, und zwar die Vorherbestimmung zur *Seligkeit* (auch ohne Verdienst) oder zur *Verdammnis* (auch ohne Schuld). Die Lehre von der P. wird auch von Calvin vertreten. In der Lehre von der P. wird die Möglichkeit des freien Willens des Menschen verneint.

Lit.: Augustinus, De praedestinatione; N. Nygren, Das Prädenstinationsproblem in der Theologie Augustinus, 1956.

**Prädikabilien** (von lat. *praedicabilis*, ‚preiswürdig'):
in der Scholastik die Arten der Allgemeinbegriffe. Im Anschluß an Aristoteles werden vier P. unterschieden: *Gattung* (lat. ‚genus'), *Art* (lat. ‚spezies'), *artbildender Unterschied* (lat. ‚differentia specifica') und *zufällige Eigenschaft* (lat. ‚accidens'). Für Kant sind P. die aus den KATEGORIEN abgeleiteten Verstandesbegriffe (z. B. werden die P. Kraft, Handlung, Leiden aus der Kategorie der Kausalität abgeleitet). Die Kategorien heißen *Prädikamente*.

**Prädikamente:** ☞ KATEGORIEN.

**Prädikat** (von lat. *praedicare*, ‚aussagen'):
in der Logik ein sprachlicher Ausdruck, der einer begrifflichen Charakterisierung dient. P. werden von sprachlichen Ausdrücken unterschieden, mit denen ein einzelner Gegenstand identifiziert, unterschieden und bestimmt werden (z. B. Eigennamen; ☞ NAME, TERMINUS). Ein P. bezieht sich charakterisierend auf einen Gegenstand oder auf eine Klasse von Gegenständen (dies nennt man seine EXTENSION). Den begrifflichen Inhalt eines P. nennt man seine INTENSION. Man unterscheidet zwischen *einstelligen* P., die jeweils einem Gegenstand zu- oder abgesprochen werden, und *mehrstelligen* P., die mehreren Gegenständen zu- oder abgesprochen werden. Zweistellige P. werden RELATIONEN genannt.

Lit.: P. F. Strawson, Subject and Predicate in Logic and Grammar, 1874.

**Prädikatenlogik** (auch „Quantorenlogik"):
eine Art der modernen formalen Logik, die als KALKÜL dargestellt werden kann; sie ist ein System von Individuenvariablen, Konstanten und Quantoren. Die P. stellt einen Ausbau der JUNKTORENLOGIK dar. Bestandteile der P. bzw. des Prädikatenkalküls sind: Prädikatenkonstanten (z. B. „F", „P", „G", „R"), Individuenvariablen (z. B. „x", „y"), Individuenkonstanten (z. B. „xo", „x1"), ein Grundbereich (z. B. „M"), Junktoren und die QUANTOREN. Die zwei wichtigsten Quantoren sind: ALLQUANTOR (Symbol: $\bigwedge$ x) und der EXISTENZQUANTOR (Symbol: $\bigvee$ x. Mittels der Quantoren werden die in der P. vorkommenden Aussagen gebildet. Mit Allquantoren wird ausgedrückt: „Für alle x ..." oder „Für jedes x ...". Mit dem Existenzquantor wird ausgedrückt: „Es gibt (mindestens) ein x ..." oder „für mindestens ein x ...". Wird nur über die Individuen des Grundbereichs quantifiziert, so spricht man von *P. erster Stufe*. Werden Prädikatenvariablen eingeführt und quantifiziert, so spricht man von der *P. zweiter Stufe*.

Lit.: P. Hilbert/W. Ackermann, Grundzüge der theoretischen Logik, 1959; P. Lorenzen, Formale Logik, 1962; W. Kamlah/P. Lorenzen, Logische Propädeutik, [2]1973; W. K. Essler/R. F. Martinez, Grundzüge der Logik I, [4]1991; W. K. Essler/E. Brendel/R. F. Martinez, Grundzüge der Logik II, [3]1987.

**Prädikation:**
ein Akt bzw. eine Handlung (Akt des Prädizierens), bei der einem Gegenstand eine Eigenschaft oder eine Relation zu- oder abgesprochen wird (z. B.: „Das Haus ist groß", „Martin ist ein Philosoph"). Nach Searle ist der Akt der P. ein Bestandteil des SPRECHAKTS; die P. hängt zwar vom illokutiven Akt ab, kann jedoch vom illokutiven Akt analytisch getrennt werden. In der konstruktiven Wissenschaftstheorie wird ein Gegenstand durch einen

NOMINATOR, eine Eigenschaft durch einen PRÄDIKATOR repräsentiert. In einer einfachen P. (in Elementarsätzen) wird dem Gegenstand eine Eigenschaft zu- oder abgesprochen. Die P. hat die Funktion, sprachliche Unterscheidungen einzuführen.

Lit.: J. R. Searle, Sprechakte, 1971; P. Lorenzen, Lehrbuch der konstruktiven Wissenschaftstheorie, 1987.

**Prädikator:**
meist synonym mit PRÄDIKAT; ein sprachlicher Ausdruck, mit dem ein Gegenstand oder mehrere Gegenstände charakterisiert werden. Den Akt bzw. die Handlung des Ab- oder Zusprechens von P. nennt man PRÄDIKATION. Der Gegenstand, von dem etwas prädiziert wird, wird durch einen NOMINATOR repräsentiert. Der Begriff „P." wird in der konstruktiven Logik und Wissenschaftstheorie bevorzugt verwendet. Mit P. werden sprachliche Unterscheidungen eingeführt.

Lit.: P. Lorenzen, Lehrbuch der konstruktiven Wissenschaftstheorie, 1987.

**Präexistenz** (von lat. *prae*, ‚vor', und *exsistere*, ‚existieren'):
die Annahme der Existenz der Seele vor ihrem Eintritt in den Körper. Die Lehre von der P. vertraten die Pythagoreer und Platon. Bei Platon existiert die menschliche Seele vor ihrem Eintritt in den Körper im Reich der Ideen. Nur weil die Seele die Ideen vor diesem Eintritt erschaut hat, kann sie während ihrer Existenz im Körper die Ideen erkennen. ☞ ANAMNESIS

**Pragmatik** (vom griech. *pragmatike (techne)*, ‚Kunst des Handelns'):
eine philosophische und sprachwisssenschaftliche Disziplin neueren Datums. Morris unterscheidet in seiner Semiotik drei Aspekte des Zeichenprozesses (der *Semiose*): den *syntaktischen* Aspekt (in der Syntax geht es um die Beziehung der Zeichen zueinander), den *semantischen* Aspekt (in der Semantik geht es um das Verhältnis von Zeichen und Bezeichneten) und den *pragmatischen* Aspekt (in der P. geht es um das Verhältnis zwischen dem Zeichen und dem Zeichenbenutzer). Die P. ist bei Morris als eine Form der Analyse des Zeichens bestimmt, in der auf den Zeichenbenutzer und die unterschiedlichen Aspekte der Zeichenbenutzer eingegangen wird. Heute herrschen unterschiedliche P.-Konzeptionen.
Die P. fand Eingang in andere Disziplinen (z. B. in die Soziologie und Psychologie). Im Anschluß an Wittgenstein kann die P. als eine Gebrauchstheorie der Bedeutung aufgefaßt werden (Wittgenstein sagt: die Bedeutung eines Ausdrucks liegt in seinem Gebrauch); die Analyse der Bedeutung muß auf den kontextabhängigen Gebrauch Bezug nehmen. Allgemeiner kann heute die P. als eine Theorie des sprachlichen Handelns aufgefaßt werden.

Ihre Bereiche sind heute: die Sprechakttheorie (☞SPRECHAKT), Präsuppositionsanalyse (☞PRÄSUPPOSITION), Theorie der konversationellen Implikaturen und die Konversationsanalyse. Eine besondere philosophische Bedeutung hat die UNIVERSALPRAGMATIK und TRANSZENDENTALPRAGMATIK.

Lit.: C. W. Morris, Zeichen, Sprache und Verhalten, 1973; D. Wunderlich (Hg.), Linguistische Pragmatik, 1972; B. Schlieben-Lange, Linguistische Pragmatik, 1975; K.-O. Apel (Hg.), Sprachpragmatik und Philosophie, 1976; G. Gazdar, Pragmatics, 1979; G. Meggle, Grundbegriffe der Kommunikation, 1981; S. C. Levinson, Pragmatics, 1983; G. Grewendorf/F. Hamm/W. Sternefeld, Sprachliches Wissen, ³1989.
☞SPRECHAKTTHEORIE

**Pragmatismus** (vom griech. *pragma*, ‚Handlung'): Bezeichnung für eine Ende des 19. Jh. in den USA entstandene philosophische Strömung. Der Mensch wird im P. nicht als ein rein denkendes bzw. geistiges Wesen betrachtet; die Handlungsdimensionen des menschlichen Lebens treten im P. in den Mittelpunkt der Betrachtungen. Das Handeln hat einen Primat vor anderen Vermögen des Menschen. Die anderen Vermögen (z. B. Denken und Erkennen im engeren Sinne) werden in Beziehung zum Handeln betrachtet; sie sind Instrumente des Handelns. Als Kriterium der Wahrheit bzw. Gültigkeit von Erkenntnissen wird die praktische Brauchbarkeit, der praktische Nutzen bzw. Erfolg dieser Erkenntnisse genannt. Erkenntnisse müssen der Bewältigung der praktischen Probleme dienen. Wahr ist das, was sich in der Lebenspraxis bewährt. Charakteristisch für die meisten Vertreter des P. ist die Kritik an der traditionellen Wahrheitstheorie, derzufolge Wahrheit eine Übereinstimmung von Sprache bzw. Denken und Wirklichkeit ist.

Als Begründer des P. gilt Ch. S. Peirce. Seine *pragmatische Maxime* lautet: „Überlege, welche Wirkungen, die denkbarerweise praktische Relevanz haben könnten, wir dem Gegenstand unseres Begriffes in unserer Vorstellung zuschreiben. Dann ist unser Begriff dieser Wirkungen das Ganze unseres Begriffes des Gegenstandes". In dieser Maxime wird die Methode der Begriffsbildung formuliert; die Bedeutung eines Begriffs wird über seine praktischen Handlungskonsequenzen bestimmt. Für die Bestimmung von Begriffen ist die experimentelle Methode von großer Bedeutung. Die Erkenntnis ist ein Prozeß von Zweifel und Bewährung; die Erkenntnis hat einen fallibelen Charakter (☞FALLIBILISMUS). Die wissenschaftlichen Erkenntnisse müssen sich in einem Prozeß der Forschung bewähren. Wahrheit wird als ein zu erreichender Konsens aller Mitglieder einer unendlichen Forschergemeinschaft bestimmt. Ein weiterer Vertreter des P. ist W. James. Für ihn gibt es kein allgemeingültiges Wahrheitskriterium. Unsere Grundüberzeugungen hängen von praktischen Interessen und Zielsetzungen der Einzelnen ab. Wahr ist das, was sich in der Praxis bewährt und für den Einzelnen vom Nutzen ist. Da es unterschiedliche Interessen und Ziele gibt, gibt es eine Pluralität von Wahrheiten. J. Dewey behauptet in seinem *Instrumentalismus*, daß Denken und Erkennen Instrumente des Handelns sind; Denken und Erkennen sollen der Bewältigung von praktischen Problemen dienen. Dewey versucht, die pragmatischen Konzepte in der Pädagogik und Politik anzuwenden. Die Einübung demokratischer Verhaltensnormen steht im Mittelpunkt seiner Entwürfe.

Lit.: Ch. S. Peirce, Collected Papers, 8 Bde., 1931-58; W. James, Pragmatism, 1907; J. Dewey, Experience and Nature, 1925; ders., The Quest of Certainty, 1929; A. J. Ayer, The Origins of Pragmatism, 1968; W. V. O. Quine, Ontologische Relativität und andere Schriften, 1975; N. Goodman, Ways of Worldmaking, 1978; R. Rorty, Consequences of Pragmatism, 1982.

**Praktisch:** ☞ PRAXIS

**Prämisse** (von lat. *praemissum*, ‚das Vorausgesetzte'):
in der klassischen Logik Bezeichnung für den Obersatz („propositio maior") und den Untersatz („propositio minor"), für den Vordersatz eines Syllogismus; er geht dem Schlußsatz, der Konklusion voraus.

**Präskriptiv** (von lat. *praescribere*, ‚vorschreiben'):
p. Aussagen sind Vorschriften, Gebote, Empfehlungen usw.. Sie dienen nicht dazu, etwas zu beschreiben (☞ DESKRIPTIV), sondern etwas vorzuschreiben. Der p. Basisterm heißt „sollte".

**Prästabilierte Harmonie:**
ein von Leibniz vertretene Gedanke der Harmonie bzw. Übereinstimmung zwischen den MONADEN; diese Harmonie wird von Gott garantiert. Auch zwischen Leib und Seele besteht das Verhältnis der p. H.; sie sind beide nicht mechanisch oder kausal aufeinander bezogen; sie beeinflussen sich nicht gegenseitig. Gleichwohl sind sie aufeinander harmonisch übereinstimmend bezogen; sie verlaufen parallel zueinander (wie zwei Uhren, die in vollkommener Übereinstimmung gleich gehen).

Lit.: G. W. Leibniz, Monadologie, 1714; Y. Balaval, Harmonie, prästabilierte, in: Historisches Wörterbuch der Philosophie III, 1974.

**Präsupposition** (von lat. *praesuppositio*, ‚Voraussetzung'):
allgemein Voraussetzung in der Rede. Verwenden wir einen Eigennamen in einem Satz, so setzen wir dabei voraus, daß dieser Eigenname etwas bezeichnet (Freges *Existenzpräsupposition*). Nach Strawson müssen bestimmte Voraussetzungen erfüllt sein, um einen Satz als wahr oder falsch zu gebrauchen. Wichtig in der heutigen Diskussion ist die Unterscheidung zwischen semantischen (z. B. Existenzpräsupposition) und pragmatischen P. (z. B.

bestimmte Geltungsansprüche).

Lit.: J. Petöfi/P. Franck (Hg.), Präsuppositionen in Philosophie und Linguistik, 1973; R. C. Stalnaker, Pragmatic Presuppositions, in: M. K. Munitz/P. K. Unger (Hg.), Semantics and Philosophy, 1974; M. Reis, Präsupposition und Syntax, 1977.

**Praxis** (vom griech. *prattein*, ‚handeln'):
das Handeln, das Tun. Aristoteles teilt die Wissenschaften in *theoretische*, *praktische* und *technisch-poietische*. In den theoretischen Wissenschaften kommt es zu einer geistigen Schau der Wahrheiten. Die praktischen und poietischen Tätigkeiten sind primär auf Veränderungen ihrer Gegenstände ausgerichtet. Die technisch-poietischen Tätigkeit besteht in der Herstellung von Dingen, hat also ihr Ziel außerhalb ihrer selbst; die Gegenstände des Herstellens gelten als Mittel für bestimmte Zwecke. Die praktische Tätigkeit hat ihr Ziel bzw. Zweck in sich selbst und dient nicht als Mittel für andere Ziele. praktische Wissenschaften sind nach Aristoteles Ethik, Politik und Ökonomie. Im Laufe der Philosophiegeschichte entsteht die Entgegensetzung von THEORIE und P.. Diese Entgegensetzung ist schon in der aristotelischen Philosophie angelegt. Ihr entspricht die Entgegensetzung von theoretischer und praktischer Philosophie.
Bei Aristoteles gehören zur praktischen Philosophie die drei oben erwähnten Disziplinen. Wissenschaft und Philosophie werden bei Aristoteles meist synonym verwendet. Wichtig ist die aristotelische Einsicht, daß auch von der Praxis, also vom Bereich des Handelns ein Wissen möglich ist. Dieses Wissen ist jedoch kein sicheres Wissen (wie bei den theoretischen Wissenschaften), da die Gegenstände der P. veränderlich (nicht beständig) und unselbständig sind. Das theoretische Wissen bzw. die theoretische Philosophie hat daher bei Aristoteles einen Primat vor dem praktischen Wissen und der praktischen Philosophie. Zu den drei von Aristoteles genannten Disziplinen der praktischen Philosophie kamen in der Nachfolgezeit weitere hinzu: Rechtsphilosophie, Geschichtsphilosophie und philosophische Anthropologie.
Kant trennt den Bereich des Praktischen von dem des Theoretischen. Die beiden Bereiche unterliegen jeweils anderen „Gesetzmäßigkeiten". Was im Bereich der theoretischen Vernunft nicht erkannt werden kann, kann im Bereich der praktischen Vernunft erkannt werden (☞ IMPERATIV, SITTENGESETZ). Praktische Vernunft hat einen *Primat* vor der theoretischen. Praktische Philosophie umfaßt bei Kant die Prinzipien und Gesetze des Handelns; sie wird hauptsächlich als Ethik aufgefaßt. Hegel versucht, zwischen Theorie und P. zu vermitteln. Der Bereich des Praktischen kann im Medium des Begrifflich-Geistig-Theoretischen expliziert werden. Die Theorie hat bei Hegel einen Primat vor der P.. Bei Marx wird P. im Sinne der gesellschaftlichen Produktion bzw. Arbeit aufgefaßt. Er spricht von der *gesell-*

*schaftlichen* P., in der sich das Wesen des Menschen bildet und die als Kriterium der Erkenntnis und Wahrheit gilt. Theoretische Erkenntnisse müssen an der gesellschaftlichen P. gemessen werden (☞ IDEOLOGIE). Eine zentrale Rolle spielt der Begriff der P. im PRAGMATISMUS; das Handeln und seine Folgen stehen hier systematisch im Mittelpunkt der Untersuchungen; Handeln hat eine Priorität vor anderen Vermögen des Menschen (z. B. vor dem „reinem" Denken). Die strenge Entgegensetzung von Theorie und P. wurde oft kritisiert und als Scheingegensatz betrachtet. Auch die vermeintlich „rein" theoretischen Erkenntnisse können im weitesten Sinne praktische Auswirkungen bzw. direkten oder indirekten Bezug zur P. haben. Andererseits lassen sich praktische Bereiche theoretisch analysieren und systematisieren.

Lit.: Aristoteles, Nikomachische Ethik; I. Kant, Kritik der praktischen Vernunft, 1788; J. Habermas, Technik und Wissenschaft als „Ideologie", 1968; R. Buber, Theorie und Praxis, 1971; J. R. Bernstein, Practice and Action, 1971; O. Schwemmer, Philosophie der Praxis, 1971; N. Rotenstreich, Theory and Practice, 1977; H. Albert, Traktat über rationale Praxis, 1978;

## Primaussage:

in der Logik die einfachsten, nicht zusammengesetzten, nicht komplexen Aussagen.

## Prinzip (von lat. *principium*, ‚Ursprung', ‚Anfang'):

Ursprung, Urgrund, Grundsatz, Anfang, das Erste. Bei den Vorsokratikern wird als P. der Urgrund der gesamten Wirklichkeit und des gesamten Geschehens aufgefaßt, so z. B. das Wasser bei Thales, die Luft bei Anaximenes, die Zahlenverhältnisse bei Pythagoras, das Feuer bzw. der Streit (als Vater aller Dinge) bei Heraklit usw.. Bei Aristoteles ist die höchste Wissenschaft die von ersten P. und Ursachen, die METAPHYSIK; in ihr werden als P. die Grundweise des Seienden als solchem aufgezeigt (☞ SUBSTANZ, FORM, MATERIE, KATEGORIE). In der Logik werden die AXIOME als P. aufgefaßt; sie sind erste Sätze, die aus keinen weiteren P. abgeleitet werden können. Sie bilden das Fundament des Aufbaus eines Wissensgebiets. Kant spricht von P. des Erkennens bzw. Verstandes; zu diesen P. gehören die ANSCHAUUNGSFORMEN Raum und Zeit und die KATEGORIEN des Verstandes. Erkenntnisprinzipien werden auch *Grundsätze* genannt. Einen besonderen Status haben die folgenden P.: das P. vom verbotenen Widerspruch (☞ SATZ VOM AUSGESCHLOSSENEN WIDERSPRUCH), das P. vom zureichenden Grund (☞ SATZ VOM ZUREICHENDEN GRUND), P. der Identität (☞ SATZ VON DER IDENTITÄT), P. vom ausgeschlossenen Dritten (☞ SATZ VOM AUSGESCHLOSSENEN DRITTEN). Diese P. können sowohl als *ontologische* P. (Seinsprinzipien), Erkenntnis- bzw. Denkprinzipien als auch als *logische* P. im engeren Sinne aufgefaßt werden. Eine besondere Rolle spielt in den empirischen Wissenschaften das P. der KAUSALITÄT. In der Ethik spricht man vom P. als von einer Grundregel bzw. Maxime des Handelns.

Lit.: Aristoteles, Metaphysik; I. Kant, Kritik der reinen Vernunft, 1781, [2]1787; L. Fuetscher, Die ersten Seins- und Denkprinzipien, 1930.

**Privation** (von lat. *privare*, ‚berauben'):
Beraubung, Mangel; bei Aristoteles das Fehlen einer Eigenschaft, die einem Seienden von Natur aus (seinem Wesen nach) zukommen müßte. Eine zweite Bedeutung von „P." findet man in der aristotelischen Naturphilosophie. P. ist hier eine P. des Werdens; ein Seiendes kann sich verändern, einen anderen Zustand einnehmen; seine Materie kann – bewirkt durch eine Ursache – nicht die vorherige, sondern eine andere Form einnehmen.

Lit.: Aristoteles, Physik; ders., Metaphysik.

**Probabilismus** (von lat. *probabilis*, ‚wahrscheinlich'):
Wahrscheinlichkeitsstandpunkt; der Standpunkt, demzufolge Erkenntnisse keine absolute Geltung, sondern nur den Status der WAHRSCHEINLICHKEIT haben.

**Problem** (vom griech. *problema*, ‚das Vorgelegte'):
eine ungelöste Aufgabe bzw. Frage. *Problematische Urteile* geben die logische *Möglichkeit* an; sie haben die Form: „S ist möglicherweise P".

**Prognose** (vom griech. *prognosis*, ‚Vorwissen'):
in der Wissenschaftstheorie Voraussage über ein zukünftige Ereignis. Zu einer wissenschaftlichen P. gehört die Angabe bestimmter Gesetzesannahmen und Randbedingungen. Wird diese Angabe nicht gemacht und trotzdem ein Anspruch auf Prognostizierbarkeit gestellt, so spricht man von *Prophetie*. Im Gegensatz zu ERKLÄRUNG ist bei einer P. das Explanandum nicht bekannt.

Lit.: K. R. Popper, Prognose und Prophetie in den Sozialwissenschaften, in: E. Topitsch (Hg.), Logik der Sozialwissenschaften, 1970; W. Stegmüller, Probleme und Resultate der Wissenschaftstheorie und Analytischen Philosophie, Bd. I, 1969.

**Projektion** (lat.):
Übertragung; bei Feuerbach die Übertragung der menschlichen Eigenschaften und Wünsche auf ein göttliches Wesen. Dieses Wesen ist dem Menschen etwas Entgegengesetztes und Fremdes (☞ ENTFREMDUNG).

**Prolepsis** (griech. ‚Vorwegnahme'):
Vorwegnahme; in der stoischen und epikureischen Philosophie das Vermö-

gen, aus Sinneswahrnehmung bestimmte Begriffe zu bilden und mit Hilfe dieser Begriffe die Wahrnehmungswelt zu ordnen.

**Proposition** (von lat. *propositio*, ‚Satz):
in der klassischen Logik Bezeichnung für den Ober- und Untersatz eines Syllogismus. In den modernen Bedeutungstheorien wird P. als das aufgefaßt, wofür ein Aussagesatz steht. Frege spricht von dem GEDANKEN, der in einem Aussagesatz ausgedrückt wird. Der Gedanke ist der Sinn des Aussagesatzes. P. werden bei Frege als Wahrheitsträger bestimmt: „Und wenn wir einen Satz wahr nennen, meinen wir eigentlich seinen Sinn". Unterschiedliche Sätze können denselben Sinn (P.) haben. Die Gedanken bilden bei Frege ein Reich abstrakter, bewußtseinsunabhängiger, objektiver Entitäten. Wittgenstein faßt P. als Sachverhalt auf: „Der Sachverhalt ist eine Verbindung von Gegenständen (Sachen, Dingen)".
Nach Carnap ist P. die INTENSION bzw. Bedeutung logisch äquivalenter Aussagen. Die Annahme von P. wird von einigen Sprachphilosophen verworfen, so z. B. von Quine.

Lit.: L. Wittgenstein, Tractatus logico-philosophicus, 1922; R. Cartwright, Propositions, In: R. J. Butler (Hg.), Analytical Philosophy, 1962; G. Patzig, Satz und Tatsache, in: ders., Sprache und Logik, 1970; M. Dummett, Frege, 1973; G. Frege, Der Gedanke, in: ders., G. Patzig (Hg.), Logische Untersuchungen, [2]1976; W. V. O. Quine, Wort und Gegenstand, 1980.

**Prozeß:** Verlauf, Entwicklung. ☞ FORTSCHRITT

**Protokollsatz:**
allgemein ein Satz, in dem eine wissenschaftliche Beobachtung ausgedrückt wird. Im Umkreis der Philosophie des LOGISCHEN EMPIRISMUS gelten die P. als ein Fundament der Erkenntnis. Über die Rolle der P. wurde kontrovers diskutiert. Wittgenstein nennt die einfachsten, fundamentalsten Sätze die *Elementarsätze*, auf die die empirische Erkenntnis zurückgeführt werden soll. Neurath entwirft die Konzeption der P. . Sie sind Sätze über Wahrnehmungen physikalischer Gegenstände; zu einem P. gehört die Angabe von Ort, Zeit der Beobachtung und des Namens des Protokollanten. Die. P. sind intersubjektiv und korrigierbar. Carnap schließt sich weitgehend an die Bestimmungen Neuraths an. Für ihn sind P. elementare Beobachtungssätze; sie müssen nicht bewährt werden (/Bewährung). Popper ersetzt die P. durch BASISSÄTZE.

Lit.: L. Wittgenstein, Tractatus logico-philosophicus, 1922; O. Neurath, Protokollsätze, in: Erkenntnis 3, 1932/33; R. Carnap, Über Protokollsätze, in: Erkenntnis 3, 1932/33; K. R. Popper, Logik der Forschung, 1935.

**Psyche** (griech.): ☞ SEELE

**Psychoanalyse** (vom griech. *psyche*, ‚Seele', und *analysis*, ‚Auflösung'): Bezeichnung für die von Sigmund Freud entwickelte psychologische Theorie und Therapiemethode und die sich an sie anschließenden Konzeptionen. Freud verstand die P. als ein experimentell vorgehendes, sich an den Naturwissenschaften orientiertes Verfahren. Von besonderer Wichtigkeit ist die Unterscheidung zwischen dem *Bewußten* (bewußten Erlebnisinhalten) und dem UNBEWUSSTEN. Das Unbewußte übt eine Wirkung auf das Bewußte aus. Inhalte des Unbewußten können nur in der Analyse offengelegt und interpretiert werden. Das Unbewußte ist der Ort der verdrängten Wünsche (☞ VERDRÄNGUNG). Die Ursache für neurotische Störungen sieht Freud in der kindlichen Vorgeschichte des Individuums. Die kindliche Vorgeschichte und die unbewußten Strukturen stehen in einem Zusammenhang. Die Bewußtmachung, Offenlegung und Auslegung der ins Unbewußte verdrängten Erlebnisse (besonders der kindlichen Phase) soll die Ursachen der Neurosen und anderer psychopathologischer Störungen zum Vorschein bringen und die Störungen zu beheben helfen. Die psychopathologischen Störungen werden auf individuelle bzw. subjektive Erlebnisse in den Phasen der kindlichen Sexualität zurückgeführt. Nach Freud gibt es drei Phasen der sexuellen Entwicklung (auch Libido bzw. Sexualtriebs): *orale Phase*, *anale Phase* und *phallische Phase*. Wichtige Begriffe der P. sind der *Ödipuskomplex* (die sexuelle Zuneigung zur Mutter und der Haß gegen den Vater als Konkurrenten) und der *Kastrationskomplex* (die Angst vor der Kastration in der ödipalen Phase). Von großer Relevanz ist die von Freud entwickelte Lehre von den Instanzen des psychischen Apparats. Es gibt drei grundlegende Instanzen: das ES (Bereich der unbewußt wirkenden Triebe und Bedürfnisse), das ICH (Bereich der bewußten, individuellen Tätigkeiten) und das ÜBER-ICH (Bereich der zum Teil unbewußten Gebote und Verbote; ☞ GEWISSEN). Die P. Freuds und seiner Anhänger hatte und hat bis heute einen großen Einfluß nicht nur im Bereich der Theorienbildung in der Psychologie und dem der Psychotherapie; sie erfuhr u. a. eine kulturkritische Deutung (so wurden z. B. geistig-kulturelle Leistungen als *Sublimierungen* interpretiert). Freuds Schule spaltete sich in die Richtung der *Individualpsychologie* (A. Adler) und in die der *Tiefenpsychologie* (C. G. Jung). In der heutigen Psychologie gibt es Konzeptionen, die sich auf modifizierende Weise an die Lehre Freuds anschließen. In der Philosophie spielt die P. eine wichtige Rolle in der KRITISCHEN THEORIE, in Strukturalismus und Poststrukturalismus (J. Lacan) und in der Hermeneutik (A. Lorenzer).

Lit.: S. Freud, Traumdeutung, 1900; ders., Vorlesungen zur Einführung in die Psychoanalyse, 1916; ders., Jenseits des Lustprinzips, 1920; ders., Das Unbehagen in der Kultur, 1930; A. C. Macintyre, The Unconscious, ²1962; A. Lorenzer, Die Wahrheit der psychoanalytischen Erkenntnis, 1974; P. Ricoeur, Die Interpretation, 1969; J. Lacan, Schriften, hg. v. N. Haas, 1973/75; A. Grünbaum, Psychoanalyse in wissenschaftstheoretischer Sicht, 1987; L. Nagel (Hg.), Philosophie und Psychoanalyse, 1990.

**Psychologie** (vom griech. *psyche*, ‚Seele', und *logos*, ‚Lehre'): allgemein die Lehre (Wissenschaft) von der SEELE. Die erste Seelenlehre wurde von Aristoteles konzipiert. Seele ist für ihn die erste ENTELECHIE (belebendes Prinzip) des Körpers mit den drei Vermögen Ernährung, Empfindung und Denken. Die aristotelische Seelenlehre wurde von der mittelalterlichen Philosophie übernommen. Zu Beginn der Neuzeit wurde die mechanistische Betrachtung der Seele vorherrschend (☞ MECHANISMUS). Andererseits wurde die von Descartes vollzogene Trennung von Leib und Seele (☞ LEIB-SEELE-PROBLEM) folgenreich; Seele bzw. Bewußtsein (auch Geist, Denken, Ich) wurde als SUBSTANZ aufgefaßt. In der Tradition des frühen Empirismus wurde Seele als ein *Bündel von Vorstellungen* bestimmt; es gibt keinen substanziellen Träger der Bewußtseinserlebnisse. Die Frage nach dem Wesen der Seele bzw. dem substanziellen Kern des seelischen Lebens wird in der *rationalen P.* gestellt. Ihr steht die *empirische* P. entgegen (diese Unterscheidung wurde von Chr. Wolff getroffen). Im 19. Jh. beginnt sich die empirische, sich an den Methoden der Naturwissenschaften orientierende, P. durchzusetzen. Immer größere Rolle spielt die experimentelle Methode (bei Herbart, Fechner, Wundt). Die P. löst sich als selbständige Wissenschaft von der Philosophie ab. Wichtige Konzeptionen der P. im 19. Jh. sind: *Assoziationspsychologie*, *verstehende* bzw. *geisteswissenschaftliche* P., *Ganzheitspsychologie*. Einen großen Einfluß auf die Entwicklung der P. hatten die PSYCHOANALYSE und der BEHAVIORISMUS. In der heutigen P. herrscht eine Vielfalt von Konzeptionen. Sie lassen sich je nach Gegenstand, Methode, Ausrichtung usw. unterscheiden.

Lit.: T. Herrmann (Hg.), Handbuch psychologischer Grundbegriffe, 1977; W. Traxel, Grundlagen und Methoden der Psychologie, $^{2}$1974; H. Thomae/H. Feger, Hauptströmungen der neueren Psychologie, 1976; K. Arens, Structures of Knowing, 1989.

**Psychologismus:** im weitesten Sinne der Standpunkt, demzufolge alle Leistungen des Menschen auf psychische Vorgänge und Prozesse zurückgeführt werden können. Erkenntnisse jeglicher Art werden auf psychische Gegebenheiten zurückgeführt. Die Psychologie avanciert zu der Grundlagenwissenschaft; sie wird zum Fundament sowohl der anderen Wissenschaften als auch der Philosophie. Auch logische Grundsätze werden im P. auf psychische Vorgänge (Gesetze) zurückgeführt. Vertreter des P. sind W. Wundt und Th. Lipps. Gegen den P. in der Logik wandten sich u. a. G. Frege und E. Husserl.

Lit.: Th. Lipps, Grundzüge der Logik, 1893; M. Palagyi, Der Streit der Psychologisten und Formalisten in der modernen Logik, 1902; E. Husserl, Logische Untersuchungen I, 1900, $^{2}$1913.

**Psychophysischer Parallelismus:** ☞ LEIB-SEELE-PROBLEM

# Q

**Questio iuris/questio facti** (lat. ‚Rechtsfrage/Tatfrage'):
Die Unterscheidung von q. i. und q. f. tritt bei Kant im Zusammenhang mit der Erörterung der TRANSZENDENTALEN DEDUKTION auf. Kant schreibt: „Die Rechtslehrer, wenn sie von Befugnissen und Anmaßungen reden, unterscheiden in einem Rechtshandel die Frage über das, was Rechtens ist (quid iuris), von der, die die Tatsache angeht (quid facti); und indem sie von beiden Beweis fordern, so nennen sie den erstern, der die Befugnis oder auch den Rechtsanspruch dartun soll, die Deduction". Die q. i. ist die Frage nach der Rechtfertigung, Begründung und Legitimität der Erkenntnis, die q. f. die Frage nach der Tatsachenerkenntnis. Die Unterscheidung spielt bis heute eine wichtige Rolle in juristischen Kontexten. In der Philosophie taucht sie im Zusammenhang mit der Diskurstheorie (☞ DISKURS) auf: H. Schnädelbach versucht, mit Hilfe des Prädikats „geltungstheoretisch" den Diskurstyp „normativer Diskurs" zu kennzeichnen, wobei GELTUNG als das im q. i. Erfragte angesehen wird; „Geltung" (normative Geltung) wird nach Schnädelbach problematisiert bzw. nachgewiesen in normativer Rede. Auch K.-O. Apel knüpft an die kantische Unterscheidung an; für ihn hat die Frage nach der Legitimität, Rechtfertigung und Begründung von Erkenntnis (q. i.), also die Frage nach der Geltungsrechtfertigung bzw. Geltungsbegründung eine gewisse Priorität vor der Frage nach der Sinnkonstitution bzw. Sinnexplikation (☞ TRANSZENDENTALPRAGMATIK).

Lit.: I. Kant, Kritik der reinen Vernunft, 1781, $^{2}$1787; M. Herberger, Questio iuris/questio facti, in: Historisches Wörterbuch der Philosophie VII, 1989; H. Schnädelbach, Reflexion und Diskurs, 1977; K. O. Apel, Sinnkonstitution und Geltungsrechtfertigung, in: Martin Heidegger: Innen- und Außenansichten, Forum für Philosophie Bad Homburg (Hg.), 1989.

**Qualität** (von lat. *qualitas*, ‚Beschaffenheit'):
allgemein Eigenschaft, Beschaffenheit der Dinge; in der philosophischen Tradition seit Aristoteles Bezeichnung für Eigenschaften bzw. Beschaffenheiten von Dingen, die diesen Dingen notwendig zukommen und ihr WESEN ausmachen (lat. ‚proprium'); Q. sind also wesentliche Eigenschaften, die den Dingen notwendig zukommen, im Unterschied zu Eigenschaften, die nur zufällig den Dingen zukommen (☞ AKZIDENS). Traditionell wird im Rahmen von Kategorienlehren Q. als KATEGORIE behandelt, die von anderen Kategorien, z. B. der der QUANTITÄT abgegrenzt wird; die Q. zusammen mit anderen Kategorien dient zur Bestimmung des Einzeldings.

Bei Aristoteles und in der von Aristoteles beeinflußten mittelalterlichen Tradition findet man die Lehre von *qualitates occultae*, d. h. den verborgenen, nicht durch die Wahrnehmung erfaßbaren Eigenschaften (☞METAPHYSIK). Locke unterscheidet zwischen *primären Q.* (z. B. Dichte, Ausdehnung, Gestalt, Größe) und *sekundären Q.* (z. B. Farbe, Ton, Geschmack). Die primären Q. werden auch als *objektive* bestimmt; sie wohnen den Dingen selbst inne; sie kommen sozusagen den Dingen von sich aus zu. Die sekundären Q. werden als *subjektive* bestimmt; sie kommen nur in unserem Wahrnehmen bzw. in unseren Empfindungen vor (☞SINNESQUALITÄTEN). Für Kant haben die primären Q. (z. B. Raum und Zeit) keine Objektivität an sich, d. h. sie gehören nicht zur Beschaffenheit des DINGS AN SICH; sie werden als reine ANSCHAUUNGSFORMEN bestimmt, die erst die Erkenntnis der Gegenstände der Erfahrung ermöglichen; sie gehören also nicht zu den Dingen an sich selbst, sondern zu unserem APRIORISCHEN Erkenntnisapparat. Lockes objektive Q. werden bei Kant als apriorisch, die subjektiven als APOSTERIORISCH bestimmt. Neben den oben genannten *realen Q.* gibt es nach Kant auch *logische Q.*; die Urteile werden hier ihrer Q. nach aufgeteilt in *bejahende*, *verneinende* und *unendliche*; logische Q. sind nach Kant Urteilsarten. Die bei Aristoteles und im Mittelalter vorkommende Lehre von den verborgenen Eigenschaften (‚qualitates occultae') wurde von der neuzeitlichen Naturwissenschaft verdrängt; eine der Hauptziele dieser Wissenschaft ist es, die Q. auf die Quantität zurückzuführen; alle qualitativen Größen werden auf quantitative zurückgeführt (☞QUANTIFIKATION).

Lit.: Aristoteles, Metaphysik; J. Locke, Untersuchung über den menschlichen Verstand, 1690; I. Kant, Kritik der reinen Vernunft, 1781, $^{2}$1787; E. Mach, Die Analyse der Empfindungen, 1886, $^{9}$1922.

## Quantentheorie

Neben der RELATIVITÄTSTHEORIE eine der beiden relevantesten physikalischen Theorien des 20. Jahrhunderts. Die Q. beschäftigt sich mit der physikalischen Deutung der Tatsache, daß beim Einblick in den mikroskopischen Bereich der Materie einige physikalische Größen (z. B. Drehimpuls, elektrische Ladung) keine kontinuierlichen Werte annehmen, sondern nur als ganzzahlige Vielfache einer „kleinsten Einheit" auftreten können. Im Gegensatz zur Relativitätstheorie erzwangen die experimentellen Ergebnisse sogar eine mathematische Beschreibung neuen Typs (Wellenmechanik, Matrizenmechanik). Im Zusammenhang mit seiner Arbeit zum „schwarzen Strahler" wurde von M. Planck im Jahre 1900 zum ersten Mal der Begriff „Energieelement" erwähnt. Die Bedeutung des Quantenbegriffs (Teilchenbegriffs) über die Strahlungsformel hinaus wurde 1905 von Einstein in seiner Erklärung zum Photoeffekt erkannt. Die Tatsache, daß Licht Elektronen aus einer Metalloberfläche ablösen kann, konnte quantitativ gut beschrieben werden, indem eine klassischen Welle Teilcheneigenschaften zugeschrieben wurde (dies ist durch die klassischen Physik nicht erklärbar). Demnach besteht eine Lichtwelle der Frequenz ν also aus einzelnen Lichtquanten (Photonen), deren Energie sich gemäß $E = h\nu$ aus der Frequenz ν und der Naturkonstanten h (Plancksches Wirkungsquantum) zusammensetzt. Ein direkter experimenteller Hinweis für das Auftreten bestimmter diskreter Werte sind die Linienspektren der Atome. Unter der Annahme, daß Elektronen nur auf Bahnen, für die ihr Drehimpuls ganzzahlige Vielfache von $h/2\pi$ annimmt (Drehimpulsquantelung), stabil („strahlungsfrei") um den Kern rotieren können (Bohrsche Postulate), entwickelte Bohr ein Modell (Bohrsches Atommodell), mit dessen Hilfe zumindest die einfacheren Linienspektren gut erklärt werden konnten. Danach läßt sich der Zustand („Umlaufbahn") eines Elektrons im Atom durch die Angabe der diskreten Quantenzahl, nämlich der Hauptquantenzahl n, der Nebenquantenzahl e und der magnetischen Quantenzahl m chararakterisieren. Auf jeder „Bahn" besitzt das Elektron eine ganz bestimmte Energie, die im einfachsten Fall nur abhängig ist von der ganzzahligen Hauptquantenzahl n. Beim Übergang eines Elektrons von einer erlaubten „Bahn" (Hauptquantenzahl n1) auf eine andere stabile „Bahn" (n2) ergeben sich die Linienspektren aus der Differenz der von n1 und n2 abhängigen Energien zu $h\nu = En2 - En1$. Die Tatsache, daß gewisse Experimente gut erklärt werden können, indem der elektromagnetischen Strahlung Teilcheneigenschaften zugeordnet werden, führte zwangsläufig zu der Frage, ob andererseits auch klassische Teilchen (z. B. Elektronen) typische Welleneigenschaften wie z. B. Beugung oder Interferenz zeigen (Welle-Teilchen-Dualismus). Eine positive Antwort auf diese Frage konnte 1927 gegeben werden, als Davisson und Germer in Beugungsexperimenten die Elektronenwellenlänge bestimmten. Diese Experimente zeigten die Richtigkeit der Hypothese von de Broglie aus dem Jahr 1923, der gemäß der Beziehung $\lambda = h$ durch p den Impuls p als typische Teilcheneigenschaft mit der für eine Welle charakteristischen Größe λ (Wellenlänge) verknüpft. Je nach Experiment kann also ein und die selbe physikalische Erscheinung einmal als Partikel und ein anderes mal als Welle beobachtet werden, was die Eindeutigkeit physikalischer Phänomene in Frage stellt.

Ein weitere wichtiger Schritt für den Einblick in die mikro-physikalischen Vorgänge ist die Unschärfenrelation von Werner Heisenberg. Diese besagt, daß zwei Größen, deren Produkt die Einheit *einer* Wirkung hat (Einheit des Planckschen Wirkungsquantums), nicht gleichzeitig mit beliebiger Genauigkeit meßbar sind, unabhängig von der Güte der Meßvorrichtung. Der Versuch, eine Meßapparatur derart zu konstruieren, daß jeweils eine Größe der Paare Ort und Zeit bzw. Energie und Zeit äußerst genau bestimmt ist, führt unweigerlich zur Erzeugung einer größeren Unschärfe (Ungenauigkeit) der jeweiligen komplementären Größe im physikalischen System. Zur mathematischen Beschreibung der neuen experimentellen Ergebnisse wurden zwei äquivalente Theorien entwickelt, die Heisenbergsche Matrizenmechanik und die Schrödingersche Wellenmechanik. Die Teilchen (Wellen) werden durch die Wellenfunktion $\chi$ repräsentiert, die sich aus der Lösung der Schrödinger-Gleichung ergibt und sich nach dem Superpositionsprinzip aus Zustandsfunktionen zusammensetzt. Die zur Beschreibung des Zustandes eines Teilchens notwendigen Meßgrößen (z. B. Energie, Drehimpuls) werden durch Operatoren (Matrizen) dargestellt, die, angewendet auf die Wellenfunktion $\chi$, die diskreten Quantenzahlen enthaltenden Meßwerte als Eigenwerte bestimmter Eigenfunktionen $\chi_v$ liefert (Quantisierung als Eigenwertproblem). Die physikalische Bedeutung der Wellenfunktion $\chi$ besteht darin, daß ihr Absolutquadrat $|\chi|^2$ direkt proportional ist zur Antreffwahrscheinlichkeit des von $\chi$ beschriebenen Teilchens. Im Gegensatz zur klassischen Mechanik sind Aussagen über ein physikalisches System nicht mehr streng deterministisch, sondern immer mit einer gewissen Wahrscheinlichkeit behaftet.

Gemeinsam mit der Relativitätstheorie (Äquivalenz von Energie und Masse) hat die Quantentheorie zu einem wesentlich vertieften Verständnis der Elementarteilchen und ihrer Wechselwirkungen geführt. Obwohl die Gesetze der Quantenmechanik universelle Gültigkeit besitzen, hat die anschaulichere klassische Mechanik zur Beschreibung des Verhaltens makroskopischer Körper ihre Bedeutung nicht verloren. Im mikroskopischen Bereich (vorgegeben durch den Zahlenwert des Planckschen Wirkungsquantums h) verliert die klassische Beschreibungsweise ihre Gültigkeit. Die klassische Physik ist als Spezialfall in der Quantentheorie enthalten.

Lit.: M. Stöckler, Philosophische Probleme der relativistischen Quantenmechanik, 1984; K. Baumann, Die Bedeutung der Quantentheorie, 1984; J. S. Bell, Spectable and Unspectable in Quantum Mechanics, 1987; N. Herbert, Quantenrealität, 1987; J. Honner, The Deskription of Nature, 1987; P. C. W. Davids, J. R. Brown (Hg.), Der Geist im Atom, 1988; K.-H. Gericke, R. Theinl, F. J. Comes; Vector Correlations in the Photofragmentation of $HN_3$, in: Journal of Chemical Physics 92, 1990.

**Quantifikation**(von lat. *quantitas*, ‚Menge', und *facere*, machen'): auch Quantifizierung; in der neuzeitlichen Naturwissenschaft die Zurückführung der QUALITÄT auf die QUANTITÄT, der qualitativen Größen auf quantitative (meist physikalische) Größen, z. B. der Klänge oder Farben auf Schwingungszahlen; in der neuzeitlichen Wissenschaftstheorie- und Methodologie die Einführung qualitativer (messender) Methoden in der Forschung (hier wird Q. auch als *Metrisierung* bezeichnet).

In der Logik bezeichnet man mit „Q." die quantitative Bestimmung von Aussagen mit Hilfe des Quantors. Mit Hilfe des EXISTENZQUANTORS erhalten wir die Aussage: „Es gibt mindestens ein x aus einem Bereich M, für den gilt: x hat F“ (symbolisch dargestellt: $\bigvee_x F(x)$). Mit Hilfe des ALLQUANTORS erhalten wir die Aussage: Für alle x aus einem Bereich M gilt: x hat F (symbolisch: $\bigwedge_x F(x)$).

Lit.: G. Frege, Begriff und Gegenstand, in: ders., Funktion, Begriff, Bedeutung, hg. v. G. Patzig, $^{6}$1985; W. V. O. Quine, Grundzüge der Logik, 1969; W. Stegmüller, Probleme und Resultate der Wissenschaftstheorie und Analytischen Philosophie I, 1969.

**Quantität** (von lat. *quantitas*, ‚Zahl‘, ‚Größe‘, ‚Menge‘):
allgemein Größe, Menge; eine der Grundkategorien bei Aristoteles, Kant und in den neuzeitlichen (mathematischen) Naturwissenschaften; die Q. gehört neben anderen KATEGORIEN zu den Grundbestimmungen von Gegenständen, wobei sie vor allem die Größe und Menge von Gegenständen bestimmt. Man unterscheidet traditionellerweise zwischen der *numerischen* und der *metrischen Q.*: die numerische Q. (Zahl oder Anzahl) gibt die durch einen Begriff festgelegte Vielheit (Klasse, Menge) an; die metrische Q. (Maßgröße) gibt das Mehr oder Weniger einer Eigenschaft eines Gegenstandes (z. B. die Länge, Dauer, Geschwindigkeit, das Gewicht usw.) an. In den neuzeitlichen (mathematischen) Naturwissenschaften werden die qualitativen Merkmale der Gegenstände (☞ QUALITÄT) auf Q. zurückgeführt; dadurch können sie exakt beschrieben werden (☞ QUANTIFIKATION).
Bei Kant wird Q. (als Kategorie) als ein APRIORISCHER Begriff des Verstandes bestimmt; sie ist also samt anderen Kategorien die Bedingung der Möglichkeit von Erfahrungserkenntnis überhaupt; die Q. ermöglicht als apriorischer Begriff des Verstandes die SYNTHESIS von Erfahrungsgegenständen der raum-zeitlichen Mannigfaltigkeit der Erscheinung. Die Urteile werden ihrer Q. nach in allgemeine, besondere und einzelne aufgeteilt; hinsichtlich dieser Aufteilung entsprechen der Q. die Kategorien der Einheit, Vielheit und Allheit; die Q. kann also bei Kant als eine Klasse von Kategorien bzw. als eine Oberkategorie interpretiert werden. Nach Hegel kann die Bewegung nicht durch mathematische Q. bestimmt werden; wirkliche Bewegung bzw. Entwicklung findet nach Hegel nicht in der Natur statt, insoweit sie durch die Kategorie der Q. bestimmt wird, sondern in Begriffen; die Bewegung und Entwicklung der Begriffe kann aufgrund der dialektischen Entwicklungsgesetze (DIALEKTIK) vonstatten gehen; diese Gesetze dürfen jedoch nicht mit den mathematischen, quantifizierenden Naturgesetzen verwechselt werden.
Im dialektischen Materialismus (☞ MATERIALISMUS) spielt das Gesetz des Umschlags der Q. in Qualität eine wichtige Rolle: qualitative Veränderungen innerhalb einer bestimmten Qualität führen zu einem Qualitätssprung, zum Übergang dieser Qualität in eine andere. Dieses Gesetz hat sowohl in der Natur als auch in der Gesellschaft Geltung. Der in der Mathematik und den Naturwissenschaften entwickelte Begriff der Q. wurde in der modernen

Wissenschaftstheorie weiter entwickelt, so z. B. in der Theorie physikalischer Messung (H. Helmholtz, O. Hölder) und in den Sprachtheorien des logischen Empirismus (R. Carnap, C. G. Hempel).

Lit.: Aristoteles, Metaphysik; I. Kant, Kritik der reinen Vernunft, 1781, [2]1787; G. W. F. Hegel, Phänomenologie des Geistes, 1807; F. Engels, Anti-Dühring, 1878; R. Carnap, Einführung in die Philosophie der Naturwissenschaften, 1969; C. G. Hempel, Grundzüge der Begriffsbildung in der empirischen Wissenschaft, 1973.

**Quantor** (auch „Quantifikator"):
in der PRÄDIKATENLOGIK (auch „Quantorenlogik") Bezeichnung für die logischen Partikeln EXISTENZQUANTOR und ALLQUANTOR.

**Quantorenlogik:** ☞ PRÄDIKATENLOGIK.

**Quantum** (lat.):
Menge, Anzahl, Maß.

**Quaternio terminorum** (lat. ‚Vierzahl der Begriffe'):
in der SYLLOGISTIK ein Schlußfehler, der dann auftritt, wenn in einem Syllogismus der Mittelbegriff doppeldeutig (äquivok) ist.

**Quidditas** (lat.):
Washeit (Gegensatz: ENS); in der traditionellen Philosophie das Was-Sein im Unterschied zum Daß-Sein; die Bezeichnung dessen, was das WESEN eines Gegenstandes ausmacht. ☞ ESSENZ

**Quietismus** (von lat. *quies*, ‚Ruhe'):
Bezeichnung für eine Lebenseinstellung, für die Weltabgewandtheit, völlige Gemütsruhe und Inaktivität, Affektlosigkeit und Tatenlosigkeit charakteristisch ist (meist im Gegensatz zum AKTIVISMUS). In religiösen Kontexten heißt Q. das willenlose Sichausliefern an den göttlichen Willen. Für Franz von Sales gilt daher: „ni désirer, ni refuser" (‚nichts begehren, nichts zurückweisen'). In der Philosophie spielen quietistische Motive eine wichtige Rolle z. B. bei Laotse in China, in der Spätantike (z. B. im Epikureismus, im Neuplatonismus und der STOA). Eine besondere Form des Q. verteidigt in seinen Schriften A. Schopenhauer.

Lit.: H. Hepps, Geschichte der quietistischen Mystik in der katholischen Kirche, 1875; ders., Geschichte der quietistischen Mystik in der reformierten Kirche, 1879; A. Schopenhauer, Die Welt als Wille und Vorstellung, 1819, [3]1859; P. Nickl, Quietismus, Hesychasmus, in: Historisches Wörterbuch der Philosophie VII, 1989.

**Quintessenz** (von lat. *quinta essentia*):
im alltäglichen Sprachgebrauch das Wesentliche, das Wesen einer Sache; in der Philosophie der Antike Bezeichnung für das fünfte Element neben den

vier Elementen Feuer, Erde, Wasser, Luft. Bei Aristoteles ist der Äther (Himmels- und Sternensubstanz) das fünfte Element. Verschiedene Konzeptionen der Q. tauchen im Mittelalter auf, so in kosmologischen (z. B. bei Albertus Magnus, Nikolaus von Kues) und alchemistischen (z. B. bei Raimundus Lullus, Paracelsus) Lehren. Mit dem Auftauchen der neuzeitlichen Naturwissenschaften verliert die Lehre von der Q. ihre Bedeutung; seit dem 18. Jh. bezeichnet Q. – wie bis heute in der Umgangssprache – das Wesentliche einer Sache.

Lit.: G. Sahnen, Die fünf platonischen Körper, 1917; F. S. Taylor, The Alchemists, 1949; M. Vollmer, Quintessenz, in: Historisches Wörterbuch der Philosophie VII, 1989.

**Quod erat demonstrandum** (lat. „was zu beweisen war"): eine z. B. bei Eukleides verwendete Formel am Ende einer mathematischen Beweisführung.

# R

**Ratio** (lat.):
allgemein VERNUNFT, VERSTAND; auch GRUND; im engeren Sinne Bezeichnung für den begrifflich-DISKURSIVEN Verstand (oft im Gegensatz zur INTUITION). Versteht man R. im Sinne von Grund, so unterscheidet man traditionell zwischen *r. essendi* (‚Seinsgrund') und *r. cognoscendi* (‚Erkennungsgrund').

**Rational** (von lat. *ratio*, ‚Vernunft', ‚Verstand'):
allgemein vernünftig, vernunftgemäß, aus der Vernunft (meist im Gegensatz zu: IRRATIONAL); in einem engeren, philosophischen Sinne bezieht sich das Prädikat „r." auf ein spezifisch menschliches Vermögen des begrifflich-diskursiven Erkennens; das Prädikat „r." wird oft (im Rahmen der heutigen Argumentations- und Kommunikationstheorien) im Zusammenhang mit den Prädikaten „begründet", „gerechtfertigt", „legitimiert" verwendet; rationale ARGUMENTATION heißt aufgrund von Begründung und Rechtfertigung vollzogenen Argumentation (RATIONALITÄT). R. darf in der traditionellen Philosophie nicht mit INTELLEKTUELL verwechselt werden; nicht alle intellektuelle Erkenntnis (Verstandeserkenntnis) kann als rationale (d. h. begrifflich-diskursive bzw. begründete oder gerechtfertigte) bezeichnet werden; so ist z. B. die mystische Erkenntnis bzw. die ästhetische Erkenntnis der Schönheit zwar (im weitesten Sinne) intellektuell, aber nicht begrifflich-diskursiv. Der Begriff „intellektuell" wird also traditionell umfassender verstanden als der Begriff „R.". In der philosophischen Tradition wird die rationale Wissenschaft als deduktive bzw. reduktive Wissenschaft betrachtet (☞ DEDUKTION, REDUKTION); sie ist eine Wissenschaft, die sich nach deduktiven bzw. reduktiven Gesetzen (nach Prinzipien) richtet.

Lit.: J. Bennett, Rationalität, 1967; S. Toulmin, Der Gebrauch von Argumenten, 1975; J. Habermas, Theorie des kommunikativen Handelns Bd. I und II, 1981.

**Rationalismus** (von lat. *ratio*, ‚Vernunft', ‚Verstand'):
im weitesten Sinne die Auffassung, derzufolge der RATIO, der VERNUNFT, dem VERSTAND, dem Denken ein Primat vor der sinnlichen Wahrnehmung bzw. der ERFAHRUNG (wie auch dem Fühlen und Wollen) zukommt bzw. das begrifflich-logische Denken der alleinige Ausgangspunkt und das alleinige Kriterium der Erkenntnis angesehen wird; im engeren Sinne Bezeich-

nung für eine philosophische Position des 17. und 18. Jh. (Hauptvertreter: Descartes, Spinoza, Leibniz), die der neuzeitlichen Philosophie der AUFKLÄRUNG zugerechnet und im Gegensatz zum EMPIRISMUS bzw. /Sensualismus bestimmt wird; auch für diese Art des R. ist die Vernunft, das Denken der maßgebende Ausgangspunkt und Garant der Erkenntnis; es gibt gültige, unabhängig von der Erfahrung gewonnene Erkenntnisse (☞ A PRIORI). Der R. im weitesten Sinne des Wortes wird oft mit INTELLEKTUALISMUS in Verbindung gebracht; dies gilt besonders für Philosophen des Altertums und des Mittelalters (und in einer anderen Form für die des deutschen Idealismus). R. kann hier im Sinne der Logoszentriertheit (☞ LOGOS) verstanden werden. Die Vernunft bzw. der Geist (NOUS) haben einen Vorrang vor dem durch Sinne und Erfahrung vermittelten Denken; die Vernunfterkenntnis wird als apriorisch (erfahrungsunabhängig) angesehen. So kann die rationalistische Auffassung im Gegensatz zur empiristischen bestimmt werden. Als rationalistischer Denker kann in diesem weiten Sinn z. B. Platon (☞ IDEENLEHRE) angesehen werden; die Erkenntnis der ewigen, unveränderlichen Ideen hat einen Vorrang vor der Erkenntnis der veränderlichen Einzeldinge, also vor der Sinneserkenntnis. Aristoteles hebt zwar die Bedeutung der Sinneserkenntnis hervor (daher wird er von vielen als Vorläufer des Empirismus angesehen), dennoch spielt für ihn das begriffliche Denken eine entscheidende Rolle; es gestaltet, formt die durch die Sinne vermittelten, formlosen Erscheinungen. Für Aristoteles ist der Mensch ein *zoon logon echon*, ein Lebewesen, das den Logos hat, wobei der Logos als ein apriorisches, erfahrungsunabhängiges Wissen von der Wahrheit bestimmt wird. Nach Thomas von Aquin ist der Mensch *animal rationale* (‚Vernünftiges Lebewesen'); er unterscheidet sich durch die Fähigkeit, vernünftig zu denken, wesentlich vom Tier. Sokrates vertritt darüber hinaus den Standpunkt eines ethisches R.: das Wissen um das Gut ist für das sittliche Handeln des Menschen ausschlaggebend.

Der Vater des neuzeitlichen, erkenntnistheoretischen R. ist R. Descartes (☞ CARTESIANISMUS). Sein methodischer /Zweifel an allem, was bezweifelt werden kann (z. B. an der Sinneserkenntnis) führt ihn zu der nicht weiter bezweifelbaren Einsicht: COGITO ERGO SUM (Ich denke, also bin ich). Wahr und gewiß ist nur das, was KLAR UND DEUTLICH durch das Ich (das Selbstbewußtsein) eingesehen werden kann; diese Einsicht ist eine Vernunftseinsicht. Descartes orientiert sich an dem Wissenschaftsideal und -modell der Mathematik; die Vernunfteinsichten bzw. -erkenntnisse sollen den Rang mathematischer Evidenz haben; Vernunfterkenntnisse sollen nicht in der sinnlichen Wahrnehmung, in den äußeren Eindrücken, sondern in den *ideae innatae*, den angeborenen Ideen begründet sein; die angeborenen Ideen sind erfahrungsunabhängige Grundbegriffe der Vernunft (z. B. Vollkommenheit, Unendlichkeit, Gott), aus denen Erkenntnisse abgeleitet werden; angeborene Ideen können nicht aus der sinnlichen Wahrnehmung, sondern nur durch reines Denken gewonnen werden; sie sind Gedanken im Verstande des Menschen (bei Descartes jedoch von Gott gegeben und durch ihn als wahr und gewiß garantiert).

Ein anderer Rationalist neben Descartes ist Baruch Spinoza. Auch er orientiert sich in seiner Philosophie am mathematischen Wissenschaftsideal; seine Ethik soll *more geometrico* („nach der Art der Geometrie') entworfen werden; alle Wissenschaften sollen sich an dem axiomatischen Modell der Geometrie orientieren; ein axiomatisch-deduktiver Aufbau aller Wissenschaften und ein mechanistisches Weltbild sind Ziele seiner Philosophie.

Ein weiterer Hauptvertreter des R. ist Leibniz. Auch er orientiert sich am Wissenschaftsideal der Mathematik (*mathesis universalis*). Leibniz kritisiert jedoch zunächst den von Descartes geprägten Gedanken der Selbstgewißheit des Ich (das Ich als der unbezweifelbare Erkenntnisgrund) und sein Wahrheitskriterium („klar und deutlich"). Die Selbstgewißheit des Ich wird als ein intuitiver Denkakt abgelehnt. Als Wahrheitskriterium gilt für ihn die Analytizität der Urteile; wahre Urteile müssen ANALYTISCH sein.

Spricht Descartes von den zwei SUBSTANZEN (RES COGITANS, RES EXTENSA), Spinoza von der einen göttlichen Substanz, so entwickelt Leibniz die Lehre von den vielen Substanzen, den Monaden (☞ MONADOLOGIE); ihr Verhältnis zueinander wird als PRÄSTABILIERTE HARMONIE bestimmt. Wichtig ist die Leibnizsche Unterscheidung zwischen *Vernunftwahrheiten* (Wahrheiten, die aus der Vernunft selbst und durch sie – ohne Zuhilfenahme der Erfahrung – erzeugt werden) und *Tatsachenwahrheiten* (Wahrheiten, die aufgrund der Erfahrung gewonnen werden). Zu den Vernunftwahrheiten gehören nach Leibniz in erster Linie die logischen und mathematischen Grundsätze. Die Leibnizsche Philosophie hat einen großen Einfluß auf den deutschen Schul-R. des 18. Jh. (Chr. Wolff, A. G. Baumgarten). Kant, der den Schul-R. kritisiert, versucht, den Gegensatz von R. und Empirismus auf einer höheren Stufe (nämlich der Stufe des von ihm entwickelten KRITIZISMUS) aufzuheben; R. und Empirismus sollen in Kants Philosophie miteinander versöhnt werden. Nach Kant fängt zwar alle Erkenntnis mit der Erfahrung an; es gibt aber ein von der Erfahrung und von allen Sinneseindrücken unabhängiges Erkennen; die reinen ANSCHAUUNGSFORMEN und Verstandesbegriffe (KATEGORIEN) sind A PRIORI; als Prinzipien der Vernunft (nicht Prinzipien der Realität an sich) formen sie die Erfahrung. Die Realität an sich (bzw. das DING AN SICH) kann nicht erkannt werden; nur die ERSCHEINUNGEN sind uns gegeben; sie werden durch die vorgegebenen apriorischen Prinzipien der Vernunft (Anschauungsformen und Verstandesbegriffe) geformt. Die Erkenntnis erfolgt in den dem Bewußtsein immanenten Formen. Der Verstand ist nach Kant das Vermögen der Regeln; gegebene Mannigfaltigkeit wird durch Regeln unter

eine Einheit subsumiert. Die Vernunft ist das Vermögen der Prinzipien; sie ermöglicht Ableitungen aus letzten Prinzipien. Diese Prinzipien verweisen auf eine Selbsttätigkeit der Vernunft. Der Verstand ist das Vermögen, die Kategorien mit Hilfe einer Anschauung anzuwenden. Die Vernunft ist nach Kant also selbsttätig, selbständig, in einem gewissen Sinne autonom (AUTONOMIE). Der Verstand ist auf die Anschauung angewiesen.
Eine besondere Form des R. stellt Hegels Philosophie dar (universaler bzw. objektiver R.); er spricht von der Identität vom Vernünftigen und Wirklichen: „Was vernünftig ist, das ist wirklich; und was wirklich ist, das ist vernünftig“: Die Vernunft verwirklicht sich im Prozeß der Geschichte (☞ DIALEKTIK). In der Theologie spricht man von dem *theologischen R.*; er wird vor allem in der Aufklärungstheologie des 18. Jh., in der Lehre von der natürlichen Vernunftreligion vertreten; die übernatürliche Offenbarung bzw. der übernatürliche Charakter des Glaubens wird geleugnet; ebenfalls wird der Geheimnischarakter des Glaubens abgelehnt. Die menschliche Vernunft wird als Maßstab der Beurteilung aller religiösen Erfahrungen angesehen.
Zu den Grundzügen des neuzeitlichen R. gehören: der Glaube an eine unbeschränkte menschliche Erkenntnis, der Glaube an die Beherrschbarkeit der Welt, der Glaube an den unbegrenzten Fortschritt der menschlichen Erkenntnis, an die Autonomie des Subjekts und seine Fähigkeit, aus eigener Vernunfteinsicht die Welt zu gestalten, das Festhalten am Wissenschaftsideal bzw. -modell der Mathematik und der neuzeitlichen Naturwissenschaften.
Im 19. Jh. wird die Kritik am neuzeitlichen R. immer stärker; sie tritt vor allem in der Romantik und der Lebensphilosophie auf und wird oft als IRRATIONALISMUS bezeichnet. Einige Grundmotive und -einsichten des neuzeitlichen R. werden in verschiedenen philosophischen Positionen des 20. Jh. aufgenommen und in einer anderen Form weiterentwickelt, so z. B. im LOGISCHEN EMPIRISMUS oder im KRITISCHEN RATIONALISMUS.

Lit.: R. Descartes, Meditationen über die erste Philosophie, 1641; ders., Principia philosophiae, 1644; B. Spinoza, Ethik, 1677; Leibniz, Monadologie, 1714; I. Kant, Kritik der reinen Vernunft, 1781, [2]1787; G. W. F. Hegel, Grundlinien der Philosophie des Rechts, 1821; K. Girgensohn, Der Rationalismus des Abendlandes, 1926.

**Rationalismus, kritischer:** ☞ KRITISCHER RATIONALISMUS

**Rationalität** (von lat. *ratio*, ‚Vernunft‘, ‚Verstand‘):
eine Disposition, ein Vermögen. Im Sinne des sprachanalytischen (linguistischen) PARADIGMAS kann R. als „Inbegriff sprachlicher Kompetenzen“ (H. Schnädelbach) aufgefaßt werden. Zur Grundlage einer Rationalitätstypologie können nicht nur Handlungstypen, sondern auch die kommunikative Kompetenz genommen werden. Wer argumentiert, nimmt dabei immer schon bestimmte Rationalitätsunterstellungen in Anspruch. R. wird als ein „Inbegriff von bestimmten Ansprüchen“, denen wir beim Reden unter-

liegen, aufgefaßt. J. Habermas und K.-O. Apel sprechen von Geltungsansprüchen (☞ GELTUNG), die wir in der argumentativen Rede und im Diskurs immer schon erheben.

Lit.: H. Schnädelbach (Hg.), Rationalität, 1984; ders., Vernunft, in: E. Martens/H. Schnädelbach, Philosophie. Ein Grundkurs, 1985.

## Raum:

ein Begriff, der auf unterschiedliche Weise in der Philosophie und anderen Wissenschaften bestimmt wird. Für Demokrit und andere Atomisten gibt es nur den leeren R., in dem sich die kleinsten Einheiten der Materie, die Atome, bewegen. Gegen die atomistische Auffassung wenden sich die Eleaten (besonders Zenon); sie wenden sich gegen die Vorstellung des leeren R. und die Begrenztheit der Welt bzw. des Seins durch den R. Für Platon nimmt der R. eine Zwischenstellung zwischen dem Reich der Ideen und dem der sinnlich wahrnehmbaren Einzelgegenstände. Im R. werden die seienden Gegenstände geordnet und geformt. Nach Aristoteles ist R. die umschließende Grenze der materiell-körperlichen Gegenstände. Es gibt keinen leeren R., sondern den begrenzten, endlichen R.. Eine wichtige Rolle spielt bei Aristoteles der Begriff des Ortes; er wird ebenfalls als Grenze des materiellen Körpers im Hinblick auf sein Umfeld, als die Position eines Körpers zu anderen Körpern bestimmt. Alle Körper streben laut Aristoteles einem ihrem Wesen entsprechenden natürlichen Ort zu. Für Descartes wird Räumlichkeit (der Raumcharakter) als Ausgedehntheit verstanden und als der Grundcharakter der materiellen Körper bestimmt. Für Leibniz ist der R. eine Ordnungsvorstellung koexistierender Erscheinungen. Die Koexistenz der Erscheinungen wird im Sinne eines Beziehungssystems aufgefaßt; dieses System macht die Struktur des R. aus. Newton unterscheidet zwischen dem relativen und dem absoluten R.; der relative R. wird über die Stellungen und Bewegungen der Körper zueinander in einem Koordinatensystem bestimmt; der absolute R. wird ohne die Beziehung auf einen Körper (ohne ein Beziehungssystem) bestimmt; er ist stets gleich und unbeweglich. Für Berkeley wird R. zur Raumerfahrung, die sich über die Sinnesdaten konstituiert. Nach Kant ist R. eine apriorische ANSCHAUUNGSFORM; sie ist die Bedingung der Möglichkeit der Erkenntnis der räumlichen Gegenstände; sie stiftet die synthetische Einheit der Erscheinungen. Der R. kommt nicht dem Ding an sich zu. Im Anschluß an Kant kann man von R. als Anschauungsraum sprechen, der auf das erkennende Subjekt bezogen ist und die Wahrnehmung bzw. Identifikation von räumlichen Körpern erst ermöglicht. Der Begriff des R. wird heute in der Mathematik (besonders Geometrie) und Physik (☞ RELATIVITÄTSTHEORIE) behandelt. In der Einsteinschen Relativitätstheorie wird R. durch die Metrik der vierdimensionalen Mannigfaltigkeit bestimmt. R. und Zeit verschmelzen mittels der Lichtgeschwindigkeit zu einem einheitlichen, vierdimensionalen Kontinuum (die *vierdimensionale Raumzeit*). Die Raumzeit ist endlich, aber unbegrenzt und positiv gekrümmt (R.-Krümmung als Wirkung der gravitierender Materie).

Lit.: Aristoteles, Physik; R. Descartes, Prinzipia philosophiae, 1644; I. Newton, Naturalis philosophiae principia mathematica, 1687; I. Kant, Kritik der reinen Vernunft, 1781, ²1787; R. Carnap, Der Raum, 1922; M. Palagyi, Naturphilosophische Vorlesungen, ²1924; H. Reichenbach, Philosophie der Raum- und Zeitlehre, 1928; H. Dingler, Die Grundlagen der Geometrie, 1933; E. Fink, Zur ontologischen Frühgeschichte von Raum, Zeit und Bewegung, 1957; F. Kaulbach, Die Metaphysik des Raumes bei Leibniz und Kant, 1960; B. Kanitschneider, Vom absoluten Raum zur dynamischen Geometrie, 1976.

**Real** (von lat. *res*, ‚Sache‘):
wirklich, nicht nur in Gedanken vorhanden, objektiv. ☞ REALITÄT

**Realisierung:**
allgemein Verwirklichung; speziell der Übergang von einer Realmeinung (die Annahme der vom Denken unabhängigen Realität eines Gegenstandes) zur wirklichen Erkenntnis der Realität eines Gegenstandes.

**Realismus** (von lat. *realis*, ‚wirklich‘):
im weitesten Sinne ein Standpunkt, demzufolge es eine vom menschlichen Denken unabhängige REALITÄT gibt. Es gibt unterschiedliche Formen des R. Im Anschluß an Platon und Aristoteles ist in der Scholastik von dem *Begriffsrealismus* die Rede. Platon nahm an, daß das in den Begriffen erfaßte ALLGEMEINE (☞ IDEE) die höchste Realität bzw. Wirklichkeit zukommt; die Ideen existieren in der Wirklichkeit unabhängig vom menschlichen Denken und unabhängig (getrennt) von den Einzeldingen. Dieser platonische Begriffsrealismus, der auch als *extremer Begriffsrealismus* bezeichnet wird, wurde von einigen scholastischen Denkern übernommen (z. B. von Wilhelm von Champeaux, Scotus Eriugena und Anselm von Canterbury). Sie gehen davon aus, daß den Allgemeinbegriffen (UNIVERSALIEN) bzw. dem in den Allgemeinbegriffen Ausgedrückten eine vom Denken unabhängige Realität zukommt. Die Allgemeinbegriffe existieren unabhängig vom Denken und bilden das Wirkliche („universalia sunt realia“). In der neueren Zeit tauchen Varianten dieses Begriffsrealismus z. B. im Zusammenhang mit der Erörterung des Status mathematischer Entitäten und Modelle, z. B. Mengen, Zahlen, Klassen (Frege, Cantor), auf. Der Begriffsrealismus steht im Mittelalter im Gegensatz zum NOMINALISMUS. Die Auseinandersetzung zwischen den Begriffsrealisten und Nominalisten löste im Mittelalter den sog. UNIVERSALIENSTREIT aus. Neben dem extremen Begriffsrealismus und dem Nominalismus taucht im Universalienstreit der sog. *gemäßigte Begriffsrealismus* auf. Der gemäßigte Begriffsrealismus geht auf Aristoteles zurück. Aristoteles zufolge existieren die Allgemeinbegriffe bzw. das in den Allgemeinbegriffen Ausgedrückte unabhängig vom Denken; das Allgemei-

ne, bei Aristoteles die FORM bzw. das WESEN, existiert aber in den konkreten Einzeldingen. Diese Position wird im Universalienstreit z. B. von Thomas von Aquin und Duns Scotus übernommen und modifiziert; Allgemeinbegriffe bilden das Wirkliche in den Einzeldingen („universalia sunt realia in re"). Eine andere Form des R., die verstärkt in der Neuzeit in erkenntnistheoretischen Zusammenhängen auftaucht, wird oft als *Außenweltrealismus* bezeichnet. Diesem Standpunkt zufolge existiert eine (objektive) Realität unabhängig vom Denken bzw. Bewußtsein, die jedoch prinzipiell erkannt werden kann (Gegensatz: IDEALISMUS). Innerhalb dieses R. unterscheidet man zwischen dem *naiven* und *kritischen R.*. Dem naiven R. zufolge wird die vor allem in der Wahrnehmung gegebene Welt als real aufgefaßt; es gibt eine Entsprechung zwischen unseren Wahrnehmungsinhalten bzw. Bewußtseinsinhalten und der Struktur der Außenwelt. Im kritischen Realismus wird die Existenz einer vom Bewußtsein unabhängigen Realität und die Erkennbarkeit dieser Realität angenommen. Diese Erkennbarkeit und ihre Grenzen hängen jedoch von bestimmten Erkenntnisbedingungen ab. Ziel dieses R. ist die Aufhebung der bloß subjektiven Elemente der Erkenntnis und die Annäherung der Erkenntnis an eine objektive, an sich seiende Realität. Vertreter dieses R., der sich z. T. gegen Kants transzendentalen Idealismus richtet (Kant lehnt die Erkennbarkeit des Ding an sich ab), sind Herbart, Lotze, Driesch, E. v. Hartmann, Külpe, Becher, Wenzl. Der R. in der Kunstwissenschaft bzw. Ästhetik bezeichnet eine Kunstrichtung des 19. Jh., in der die konkrete Wirklichkeit im Zentrum der künstlerischen Darstellung steht. Realistische Grundausrichtung haben viele philosophische Positionen, z. B. der historische und dialektische Materialismus, Neurealismus und Neuthomismus.

Lit.: Platon, Phaidon; ders., Politeia; Aristoteles, Metaphysik; O. Külpe, Die Realisierung, 3 Bde., 1912-23; A. Messer, Der kritische Realismus, 1923; G. Jacoby, Allgemeine Ontologie der Wirklichkeit, 2 Bde., 1925-55; J. Thyssen, Die Neubegründung des Realismus, in: ZphF, Bd. VII, 1953; ders., Grundlegung eines realistischen Systems der Philosophie, 2 Bde., 1966; P. Smith, Realism and the Progress of Science, 1981; H. Putnam, Realism and Reason, 1983; M. Devitt, Realism and Truth, 1984; N. Rescher, Scientific Realism, 1987.

**Realität** (von lat. *realitas*, ‚Wirklichkeit'):
Wirklichkeit, Dinghaftigkeit; das, was in Wirklichkeit besteht (im Gegensatz zum SCHEIN bzw. zur EINBILDUNG). Bei Parmenides bildet die höchste R. das unveränderliche, zeitlose SEIN, bei Platon die IDEEN (die Ideen haben wegen ihrer Unveränderlichkeit, Zeitlosigkeit und Allgemeinheit einen höheren Realitätsstatus als die sinnlich wahrnehmbaren Dinge). In der Scholastik ist real das, was ist und einen Gehalt bzw. eine Bestimmung hat (Washeit, Sachhaltigkeit). R. wird als eine transkategoriale Bestimmung aufgefaßt, die der Unterscheidung zwischen dem möglichen und wirklichen Sein vorausgeht. Descartes unterscheidet zwischen *realitas objectiva* (die im

Denken repräsentierte Vorstellung) und *realitas actualis sive formalis* (aktuelle R. des Gegenstandes). Kant spricht von der R. des Begriffs; sie ist eine Kategorie des Verstandes (als eine Kategorie der Qualität). Sie ist eine apriorische Bedingung der Möglichkeit der Gegenständlichkeit der Gegenstände. In der Neuzeit ist die Frage, ob der Außenwelt R. zukommt oder nicht, von entscheidender Bedeutung. Wird die Existenz der Außenwelt in Frage gestellt und Bewußtseinsinhalte als die eigentliche R. aufgefaßt, so spricht man vom erkenntnistheoretischen IDEALISMUS; wird die Frage nach einer vom Denken bzw. Bewußtsein unabhängigen R. der Außenwelt bejaht, so spricht man vom erkenntnistheoretischen REALISMUS.

Lit.: Duns Scotus, Quodlibet; R. Descartes, Meditationen über die erste Philosophie, 1641; I. Kant, Kritik der reinen Vernunft, 1781, [2]1787; M. Frischeisen-Köhler, Das Realitätsproblem, 1912; A. N. Whitehead, Prozeß und Realität, 1979. ☞ REALISMUS, IDEALISMUS, SENSUALISMUS

**Realrepugnanz:**
im Gegensatz zum streng logischen WIDERSPRUCH ein realer, z. B. in der Wirklichkeit liegender, Widerstreit.

**Recht:**
die Gesamtheit von Normen, die vom Staat erlassen und durchgesetzt werden. Die systematische Erfassung der Rechtsordnung (*Kodifikation*) dient der Rechtssicherheit. Die Kodifizierung der Rechtsordnung bietet den staatsbürgerlichen Rechten eine Absicherung gegenüber staatlicher Willkür; hinsichtlich der richterlichen Entscheidung bietet sie ein größtmögliches Maß an Vorhersehbarkeit und damit auch mehr Transparenz für den Nachvollzug der Entscheidungsfindung. Für den Staatsbürger bedeutet dies zugleich auch die Möglichkeit, sich auf die Rechtssprechung besser einstellen zu können. Die Kodifikation impliziert eine Positivierung des R.; R. wird nicht mehr als natürliches gesetzt, sondern wird als „Gesetzgebung zur Routineangelegenheit des Staatslebens“ (Luhmann). Die philosophische Betrachtung des R. wird in der RECHTSPHILOSOPHIE vollzogen.

Lit.: ☞ RECHTSPHILOSOPHIE.

**Rechtshegelianer:** ☞ HEGELIANISMUS

**Rechtsphilosophie:**
eine philosophische Disziplin, in der die Grundlagen und Prinzipien des Rechts untersucht werden. Im Mittelpunkt der R. steht der Begriff der GERECHTIGKEIT. Heraklit unterscheidet als erster zwischen dem Naturrecht und dem positiv gesetzten Recht. Der Sophist Protagoras, für den der Mensch das Maß aller Dinge ist, faßt das Recht als eine Mehrheitsentschei-

dung auf. Platon spricht von der Rechtsidee der Gerechtigkeit, die einen objektiven Status hat (☞ IDEENLEHRE). Die Gerechtigkeit im Staat können nur die Philosophenkönige garantieren, denn sie haben die Einsicht in die Ideenwelt; nur sie können die erkannte Idee der Gerechtigkeit im Staat verwirklichen. Für Aristoteles ist das Recht etwas proportionales (arithmetische Gleichheit). In einem gerechten Staat kann sich jeder gemäß seinem Wesen entwickeln und glücklich werden. Mit der Entwicklung des Staates korrespondiert die Entwicklung des Einzelnen. In der Scholastik unterscheidet man zwischen dem weltlichen und göttlichen Gesetz. Das weltliche Gesetz entspringt aus der Vernunft. Es ist ein durch die weltliche Autorität des Fürsten positiv gesetzte Anordnung zum Wohle der Gemeinschaft. Das christliche Naturrecht gilt jedoch unabhängig von den Anordnungen des Fürsten. Der Fürst hat die ausführende Gewalt. Für Hobbes herrscht im Naturzustand der Kampf aller gegen alle. Dieser Zustand wird beendet, indem die Macht an den Souveränen abgegeben wird. Somit bestimmt der Souverän, was Gesetz wird. Was er befiehlt, ist Recht (☞ NATURRECHT). Locke schließt an das scholastische Naturrecht an. Für ihn ist die Reziprozität der Achtung der Menschen ein zentrales Thema. Kant vertritt kein Naturrecht mehr. Der Mensch soll sein Handeln dem SITTENGESETZ unterstellen. Das „Wie" des sittlichen Handelns begründet Kant mit Hilfe des kategorischen Imperativs. Somit ist Recht „der Inbegriff der Bedingungen, unter denen die Willkür des einen mit der Willkür des anderen nach einem allgemeinen Gesetz der Freiheit vereinigt werden kann". Die Geschichtlichkeit des Rechts erkennt Hegel und er führt damit das idealistische Naturrecht zu seinem Höhepunkt. Der Weltgeist offenbart sich im Gang der Geschichte als eigentlicher Movens, dergestalt, daß sich die geschichtliche Wirklichkeit mit logischer Notwendigkeit durch alle Stufen von Natur und Geschichte hindurch entfaltet. Die objektive Idee verwirklicht sich im Staat. Der (preußische) Staat ist für Hegel die „Wirklichkeit der sittlichen Idee". Ideales und positives Recht fallen in eins. Demgegenüber versteht die Historische Rechtsschule Recht wesentlich romantisch. Das Recht ist jeweils ein Erzeugnis eines individuellen Volksgeistes. Die adäquateste Form des Rechts ist das Gewohnheitsrecht als Ausdruck des in seinen Traditionen verwurzelten Volkes (strikte Trennung von Recht und Moral). H. Kelsen wendet sich in seiner *Reinen Rechtslehre* gegen eine Soziologisierung des Rechts: Rechtswissenschaft ist eine Normwissenschaft und beschäftigt sich ausschließlich mit dem Sollen. Die Gesamtheit der vom Staat verabschiedeten Normen ergeben das Recht. In der neueren Debatte um eine Theorie der Gerechtigkeit wird der Ansatz einer idealen Sprechsituation oder eines Diskurses von J. Habermas diskutiert. Die Theorie des kommunikativen Handelns dient der Rekonstruktion jenes apriorischen Momentes der kommunikativen Rationalität, die eine diskursive Begründung von Normen gewährleisten soll. Dieses Modell des verständigungsorientierten Handelns beruht auf der Annahme einer idealen Sprechsituation, in der sich die Reziprozität der Interessenberücksichtigung, die für eine allgemeine Normbefolgung angeführt wird, an dem Zwang des besseren Arguments orientiert. Einen modernitätstheoretischen Rechtspositivismus vertritt N. Luhmann. Kennzeichnend für die Rechtswelt der Moderne ist die „wirtschaftliche Gesellschaft", die ihren Handlungsbedarf an eine hohe Variabilität des Rechts knüpft. Dies kann nur eingelöst werden mittels einer durchgehenden Positivierung des Rechts. Die Legitimation des Rechts geschieht kategorisch: Richtigkeit und Verfahren fallen in eins. Bei J. Rawls finden wir eine prozedurale Begründung von Gerechtigkeitsgrundsätzen. Das Verhältnis von Urzustand und moralischer Intuition ist ein wechselseitiges. Was wir intuitiv als gut gesichert annehmen, fließt in die Beschreibung des Naturzustandes mit ein.

Lit.: Platon, Politeia; Aristoteles, Nikomachische Ethik; Thomas von Aquin, Summa theologiae I; Th. Hobbes, Leviathan, 1651; I. Kant, Grundlegung zur Metaphysik der Sitten, 1785; ders., Kritik der praktischen Vernunft, 1788; G. W. F. Hegel, Grundlinien der Philosophie des Rechts, 1821; H. Coining, Grundzüge der Rechtsphilosophie, 1955; E. Fechner, Rechtsphilosophie, 1956; A. Verdroß, Abendländische Rechtsphilosophie, 1958; N. Luhmann, Legitimation durch Verfahren, 1978; J. Rawls, Eine Theorie der Gerechtigkeit, 1975; J. Habermas, Theorie des kommunikativen Handelns, Bd. I, 1981.

**Reduktion** (von lat. *reductio*, ‚Zurückfindung'):
Zurückführung; in der Tradition des Empirismus die Zurückführung von Begriffen und Aussagen auf Begriffe und Aussagen über unmittelbar Gegebenes. Dieses unmittelbar Gegebene fungiert als ein Fundament, das nicht weiter ausweisbar ist. Carnap will wissenschaftliche Begriffe aus bestimmten Grundbegriffen konstituieren (ableiten). Als Grundlage der Begriffsbildung gilt das unmittelbar Gegebene (Erlebnisinhalte). In der Phänomenologie E. Husserls finden wir unterschiedliche Arten der R.. Die *eidetische R.* ist die Methode der *eidetischen Variation*, der WESENSSCHAU, in der das Wesen eines Phänomens erfaßt wird. Die *transzendental-phänomenologische R.* ist die Einklammerung der weltlichen Seinssetzungen (Aufhebung des natürlichen Weltglaubens) und der Rückgang auf das reine transzendentale Bewußtsein, die Leistungen der reinen Subjektivität. Die transzendental-phänomenologische R. kann in die *phänomenologische* und *transzendentale R.* zergliedert werden. Die phänomenologische R. ist das Absehen von den weltlichen Seinssetzungen und die Reduzierung der Welt auf ein Phänomen (diese R. kann mit der EPOCHÉ gleichgesetzt werden); die transzendentale R. ist der Rückgang auf das TRANSZENDENTALE EGO und sein Aktleben (Leistung der reinen transzendentalen Subjektivität). Die phänomenologische und transzendentale R. müssen zusammen gedacht werden.

Lit.: R. Carnap, Der logische Aufbau der Welt, 1961; E. Husserl, Ideen zu einer reinen Phänomenologie und phänomenologischen Philosophie, Bd. I, hg. v. W. Bimmel, 1950.

**Referenz** (von lat. *referre*, ‚zurücktragen'):
in der modernen Sprachphilosophie Bezeichnung für das Verhältnis zwischen einem Zeichen und dem von ihm Bezeichneten. Man muß zwischen der Bezugnahme auf einen Gegenstand mittels eines Zeichens (R.) und dem bezeichneten Gegenstand selbst, also dem Referenzobjekt (in Freges Terminologie *Bedeutung*) unterscheiden. Prominent wurde in der neusten Zeit die von S. Kripki entwickelte Theorie; R. wird hier als *starre Designation* aufgefaßt; singuläre Terme, besonders Eigennamen (☞ NAME) referieren (bzw. designieren) starr; ein Name hat in allen möglichen Welten dasselbe Referenzobjekt.

Lit.: G. Frege, Über Sinn und Bedeutung, in: ders., Funktion, Begriff, Bedeutung, hg. v. G. Patzig, [6]1985; S. Kripki, Name und Notwendigkeit, 1981; E. Runggaldier, Zeichen und Bezeichnetes, 1985.

**Reflexion** (von lat. *reflexio*, ‚Zurückbeugung'):
im weitesten Sinne Thematisierung von etwas, Problematisierung von etas, problematisierende Bezugnahme auf etwas. Im engeren Sinne ist R. ein Bewußtseinsakt, der sich auf einen anderen Bewußtseinsakt bezieht: R. tritt da auf, „wo ein Akt auf einen Akt (eine cogitatio auf eine cogitatio) desselben Ich bezogen ist" (Husserl). In der mentalistischen (bewußtseinsphilosophischen) Tradition von Descartes bis Husserl wird R. primär als Selbstreflexion aufgefaßt. Schon in der Scholastik unterscheidet man zwischen der *intentio recta* (‚Geradehineinstellung' auf den Gegenstand) und *intentio obliqua* (‚schräge Einstellung'). In der ersten Intention wenden wir uns „äußeren" Gegenständen zu; in der zweiten Intention wenden wir uns der ersten Intention zu. In mentalistischen Termini ist R. die Rückwendung des Bewußtseins bzw. Ich auf sich selbst und seine Akte; im weiteren Sinne das Denken des Denkens, Wissen des Wissens usw.. Locke unterscheidet zwischen den *sensationes* (äußeren, sinnlichen Wahrnehmungen) und den *reflectiones* (den inneren Wahrnehmungen). R. als sog. *empirische R.* bezeichnet die innere Selbstwahrnehmung. Der Begriff der R. gehört zu den wichtigsten Begriffen der neuzeitlichen Philosophie (speziell des zweiten PARADIGMAS der Philosophie). Bei Descartes meint R. die Rückwendung des Subjekt, Bewußtseins, Denkens auf sich selbst.
Im Anschluß an Kant lassen sich nach H. Schnädelbach folgende Reflexionstypen aufstellen: *empirische*, *logische* und *transzendentale R.*. Empirische R. kann als die „Selbstwahrnehmung im Medium des inneren Sinnes" verstanden werden. Diese Reflexionsart, die schon bei Locke vorkommt, ist ein *empirisches Verfahren* und gehört in die Psychologie. „Logische R. ... ist ein rein analytisches Vorgehen und erschöpft sich in der komparativen Klärung von Begriffs- und Vorstellungszusammenhängen unabhängig von deren Gehalt an Objektivität". Sie gehört in die Logik. Die transzendentale R. ist der empirischen und logischen systematisch vorgeordnet; in ihr werden die

Möglichkeits- und Gültigkeitsbedingungen aller Erkenntnis dargelegt. In einer zweiten, modifizierten Reflexionstypologie unterscheidet Schnädelbach zwischen der *phänomenologischen*, *geltungstheoretischen* und *sinnexplikativen R.*. Die phänomenologische R. kann auch als eine *deskriptive* bezeichnet werden; sie ist gegenstandsbezogen und thematisiert innere Gegenstände in derselben Art und Weise, wie man Gegenstände der *intentio recta* (siehe oben) thematisiert; sie unterscheidet sich von der äußeren Erfahrung „nur gemäß dem Dimensionsunterschied ‚Innen-Außen'" und führt zu einer „Theorie innerer Gegenstände, Sachverhalte und Ereignisse". In der geltungstheoretischen R. werden Geltungsansprüche (☞ GELTUNG) von Urteilen virtualisiert und mit Geltungskriterien konfrontiert; diese Reflexionsart fragt nach „Ursprung, Gewißheit und Umfang der menschlichen Erkenntnis" und ist von der „questio iuris" geleitet. Eine Untersuchung der Geltungsbedingungen kann nicht deskriptiv vorgehen; die Geltungsbedingungen können nicht gegenständlich beschrieben, sondern *geltungstheoretisch* identifiziert werden. Es geht dieser R. um die Bedingungen der Gegenstandserkenntnis. In der sinnexplikativen R. werden Bedeutungsfragen geklärt; es geht ihr um die Sinnexplikation der erkenntnistheoretischen und ethischen Grundbegriffe. Kants transzendentale R. auf die Bedingungen der Möglichkeit der Erkenntnis hat einen geltungstheoretischen und sinnexplikativen Charakter. Hegel spricht von der *absoluten R.* als von der Bewegung des Geistes, dem Sich-Bewußtwerden des Geistes. Eine erste R. führt zu der Entgegensetzung von Ich und Nicht-Ich (Welt). In einer zweiten R. (der „R. der R.") wird die Einheit von Ich und Welt gedacht (die Entgegensetzung wird „aufgehoben"). Die *transzendental-phänomenologische R.* Husserls bildet das Zentrum der phänomenologischen Konzeption (☞ PHÄNOMENOLOGIE); sie ist erstens die Einklammerung der weltlichen Seinssetzungen, das Aufheben des naiven Weltglaubens (☞ EPOCHÉ), die Reduzierung der Welt auf ein Phänomen und zweitens der Rückgang auf das TRANSZENDENTALE EGO und seine Leistungen (die Leistungen der reinen Subjektivität). In der transzendental-phänomenologischen R. wird die Rückführung der intentionalen Gegenstände (NOEMATA) auf die diese Gegenstände konstituierenden Bewußtseinsakte (NOESEN) vollzogen (☞ KONSTITUTION). In der sprachanalytischen Philosophie des 20. Jh. wird der Begriff der R. ablehnend betrachtet. Man versucht hier, linguistische Äquivalente für den Begriff der R. zu finden. G. Frey bestimmt die Reflexivität der Sprache auf folgende Weise: „Jede Aussage über eine Aussage ist eine reflexive Aussage, sie ist der sprachliche Ausdruck des Bewußtseins". Freys Sprachphilosophie kann trotz der Bezugnahme auf linguistische Charakterisierungen dem mentalistischen Paradigma zugeordnet werden (Sprache ist „Ausdruck des Bewußtseins"). Die Reflexivität der Sprache wurde oft im Zusammenhang mit der Unterscheidung zwischen OBJEKTSPRACHE und METASPRACHE untersucht.

Es wurde jedoch gezeigt, daß das Objekt-Metasprache-Modell für eine linguistische Transformation der traditionellen Reflexionskonzepte unbrauchbar ist (anhand des Gödel-Theorems). Als Grundlage für eine Transformation der mentalistischen reflexionskonzepte bietet sich die Diskurstheorie (J. Habermas, K.-O. Apel) an; der DISKURS kann als eine reflexive Form der menschlichen Kommunikation angesehen werden; in Diskursen beziehen wir uns reflexiv mit bestimmten kommunikativen Mitteln auf andere kommunikative Mittel. Diskurse sind Kommunikationsformen, mit denen wir uns auf andere Kommunikationsformen beziehen. Sie sind nach Schnädelbach „strukturell-reflexiv".

Lit.: I. Kant, Kritik der reinen Vernunft, 1781, [2]1787; G. W. F. Hegel, Phänomenologie des Geistes, 1807; W. Schultz, Das Problem der absoluten Reflexion, 1963; G. Frey, Sprache, Ausdruck des Bewußtseins, 1965; H. Wagner, Philosophie und Reflexion, [2]1968; H. Schnädelbach, Reflexion und Diskurs, 1977; A. Ulfig, Was sind reflexive Sprechhandlungen?, in: Protosoziologie 2, 1992.

**Regel** (von lat. *regula*, ‚Richtschnur'):
allgemein Richtschnur, Vorschrift des Handelns und Verhaltens. Im Unterschied zu GESETZEN, in denen ein Geschehen, Verhalten usw. beschrieben wird (ein Gesetz beschreibt das, was ist), wird in einer R. ein Handeln bzw. Verhalten vorgeschrieben. R. sind als Sätze weder wahr noch falsch, sondern lassen sich nur rechtfertigen. In der Logik spielen die Schlußregeln (☞ SCHLUSS, FOLGERUNG) eine zentrale Rolle. Moralische R. sind meist Vorschriften, die befolgt werden müssen. Sie werden in Indikativsätzen ausgedrückt (in einer bestimmten Situation soll eine Handlung vollzogen werden). Eine wichtige Rolle spielen die R. der Grammatik. Die Grammatik wird als ein System von R. aufgefaßt. Die Aneignung der R. einer Sprache bedeutet das Erlernen dieser Sprache. Man unterscheidet in Bezug auf bestimmte R.-Systeme zwischen *konstitutiven* und *regulativen R.*. Konstitutive R. müssen befolgt werden, damit überhaupt eine Handlung zustande kommt. Die regulativen R. spezifizieren das Handeln (ohne diese R. könnte prinzipiell dieses Handeln zustande kommen).

Lit.: J. S. Ganz, Rules, 1971; J. R. Searle, Sprechakte, 1971.

**Regression:**
Rückfall; in der Psychoanalyse der Rückfall auf frühere, kindliche Erlebnisstufen.

**Regreß** (von lat. *regressus*, ‚Rückgang'):
Rückgang; traditionell der Rückgang von der Wirkung auf die Ursache. Fragt man nach der Ursache der Ursache und so fort (ins Unendliche), so gerät man in den sog. *unendlichen Regreß* (lat. ‚regressus ad infinitum').

**Regulative Idee:** ☞ IDEE

**Rein:**
bei Kant sind Vorstellungen r., die von Empfindungen frei sind, und Erkenntnisse, die vom Empirischen frei sind. *R. Anschauung* ist eine vom Empirischen freie Anschauung, z. B. r. ANSCHAUUNGSFORMEN Raum und Zeit. Bei Husserl heißt „r." „extramundan" (nicht-weltlich).

**Reinkarnation:**
Wiederverkörperung einer Seele. ☞ SEELENWANDERUNG

**Rekonstruktion** (von lat. *reconstructio*, ‚Wiederherstellung'):
Wiederherstellung; eine neue Konzeptualisierung und Systematisierung eines bereits Gegebenen (z. B. einer gegebenen Theorie, Position usw.).

**Relation** (von lat. *relatio*, ‚Beziehung'):
im weitesten Sinne Beziehung, Verhältnis; in der aristotelisch-scholastischen Philosophie Bezeichnung für eine der Kategorien; bei Kant Bezeichnung für eine Klasse von Kategorien (die Klasse umfaßt die Kategorien der Substanz, Kausalität und der Wechselwirkung. In der heutigen Philosophie hat der Begriff der R. eine systematische Bedeutung in der Logik. Er bezeichnet hier ein zweistelliges Prädikat, z. B. „... ist kleiner als ...". Mit R. beschäftigt sich die sog. *Relationslogik*.

**Relativ** (von lat. *relativus*, ‚bezogen auf'):
bedingt, abhängig, verhältnismäßig (Gegensatz: ABSOLUT). R. ist etwas, was ohne Bezug auf etwas anderes nicht bestimmt werden kann.

**Relativismus** (von lat. *relativus*, ‚bezogen auf'):
Bezeichnung für eine Einstellung, für die es keine allgemeingültige Wahrheit bzw. Erkenntnis gibt; vielmehr ist Wahrheit bzw. Erkenntnis immer relativ, d. h. bezogen auf Bedingungen unterschiedlichster Art (kognitive, geschichtliche, soziale usw.) bzw. abhängig von einem bestimmten Standpunkt des Erkennenden (☞ PERSPEKTIVISMUS). Als Vater des R. gilt Protagoras. In seinem HOMO-MENSURA-SATZ („Der Mensch ist das Maß aller Dinge") drückt er einen R. aus; Wahrheit und Erkenntnis werden auf den Menschen bezogen. Auch bei anderen Sophisten (z. B. Georgias) wird behauptet, daß die Erkenntnis der Wahrheit von dem jeweiligen Standpunkt des Erkennenden abhängt. Es gibt in der Philosophie unterschiedliche Formen des R.. Hängt die Erkenntnis von bestimmten Denkgesetzten ab, so spricht man vom PSYCHOLOGISMUS als einer Art des R.. Hängt unser Erkennen aber auch Handeln von bestimmtengesellschaftlichen bzw. sozio-

kulturellen Bedingungen ab, so kann ebenfalls von einem R. gesprochen werden. Weitere Formen des R. sind: das Erkennen und Handeln (auch Wahrheit) hängen von einem Weltbild, einer geschichtlichen Periode (HISTORISMUS) oder im Falle des wissenschaftlichen Denkens von einem bestimmten PARADIGMA ab. Neben dem das menschliche Erkennen betreffenden R. (*erkenntnistheoretischer R.*) gibt es auch den *ethischen R.*; ihm zufolge gibt es keine allgemeingültigen, absolut geltenden Werte und Normen; das sittlich-moralische Handeln hängt von jeweils unterschiedlichen, sich verändernden moralischen Standards ab. In der modernen Sprachphilosophie kann vom R. gesprochen werden, wenn die Wahrheit von Aussagen von einem bestimmten Sprachspiel (und der mit ihm verbundenen Lebensform) (L. Wittgenstein) bzw. einem bestimmten System der Sprache (W. V. O. Quine) abhängt.

Lit.: J. Thyssen, Der philosophische Relativismus, [3]1955; W. Stark, Die Wissenssoziologie, 1960; F. v. Kutschera, Grundfragen der Erkenntnistheorie, 1982; W. V. O. Quine, Ontologische Relativität und andere Schriften, 1975; R. Rorty, Kontingenz, Ironie und Solidarität, 1989; ders., Objectivity, Relativism and Truth, 1991.

## Relativitätstheorie:

ebenso wie die QUANTENMECHANIK eine der beiden fundamentalen physikalischen Theorien des 20. Jh., die Grundlage für die Entwicklung der heutigen modernen Physik. In der klassischen Vorstellung spielen sich physikalische Vorgänge in einem dreidimensionalen absoluten Raum (Koordinatensystem) ab und einer davon abhängigen, für jeden Raumpunkt gleichen absoluten Zeit ab. Als Träger des Lichts und der anderen elektromagnetischen Wellen sollte der Raum gleichmäßig vom Äther (*Äthertheorie*) durchsetzt sein. Die im absoluten Raum geltenden physikalischen Gesetze sollten auch in jedem sich dazu gleichförmig und gradlinig bewegenden Koordinatensystem („Inertialsystem“) gültig sein, unabhängig davon, in welchem Koordinatensystem sich der Beobachter befindet. Insbesondere sollten im Inertialsystem, dem „natürlichen Menschenverstand“ entsprechend, Längen- und Zeitmessungen identische Ergebnisse liefern und Geschwindigkeiten sich linear addieren lassen. Zentraler Ausgangspunkt für die Entwicklung der *speziellen* R. (Einstein 1905) ist die Konstanz der Lichtgeschwindigkeit c in allen sich gleichförmig und geradlinig gegeneinander bewegenden Koordinationssystemen, unabhängig vom Beobachter, die sich unter anderem aus den Ergebnissen der Interferenzversuche von Michelson ergibt. Einstein erkennt in der speziellen R. weitgehend die fundamentalen Folgen, die sich aus der Endlichkeit und der Konstanz der absoluten Geschwindigkeit c (die Lichtgeschwindigkeit c ist die obere Grenzgeschwindigkeit für Signal- und Materialtransport) ergeben. Raum und Zeit können nicht mehr unabhängig voneinander betrachtet werden; d. h. räumliche und zeitliche Distanzen sind abhängig von der Relativgeschwindigkeit zwischen Beobachter und Objekt. Daraus ergibt sich eine Reihe experimentell bestätigter Konsequenzen. Der Begriff „Gleichzeitigkeit" ist relativ. Ebenso ist auch die Masse abhängig von der Relativgeschwindigkeit zum Beobachter. Eine weitere Erkenntnis der speziellen R. ist die Äquivalenz von Energie und Masse eines Körpers oder Teilchens nach dem Gesetz $E=mc^2$, welche die Möglichkeit einer Umwandlung von Masse (Teilchen) in Energie (Strahlungs-, Bewegungsenergie) und umgekehrt berücksichtigt. Mathematisch gesprochen sind Raum, Zeit und Masse nicht invariant (veränderlich) gegenüber einer Lorentztransformation (Transformation zwischen zwei gleichförmig und geradlinig gegeneinander bewegten Koordinatensystemen). Die *allgemeine* R. (Einstein 1915) führt ausgehend von der experimentell bestätigten Gleichheit von schwerer (die der Gravitation untersteht) und träger (die der Beschleunigung entgegenwirkt) Masse zu einer neuen Theorie der Gravitation. Ebenso stellt die allgemeine R. die Gleichwertigkeit aller (auch gegeneinander beschleunigter) Koordinationssysteme fest. In der neuen Theorie verliert die Gravitation ihre Bedeutung als Kraft im üblichen Sinne, d.h. als beschleunigte Wirkung, deren Quellen die Massen sind (Newton). Die Materie bestimmt die Geometrie des Raumes. Die „Krümmung" des Raumes tritt an die Stelle der Gravitation. Ein sich frei bewegender Probekörper führt in einem Raum, der durch eine andere Masse „gekrümmt" ist, eine „geradlinige" Bewegung aus. Diese Bewegung wird als nichteuklidische Gerade in der gekrümmten vierdimensionalen euklidischen Raumzeit bestimmt. Masse ist als Quelle der Krümmung der Raumzeit nicht mehr qualitativ von dieser selbst verschieden. Das, was wechselwirkt, unterscheidet sich nicht von der Wechselwirkung selbst.

Lit.: B. Russell, Das ABC der Relativitätstheorie, 1972; R. B. Angel, Relativity, 1980; B. Kanitschneider (Hg.), Moderne Naturphilosophie, 1984; H. Fritzsch, Eine Formel verändert die Welt, 1988; B. Hoffmann, Einsteins Idee, 1988.

**Religion** (von lat. *religare*, ‚binden", ‚festbinden"):
ein Grundphänomen des menschlichen Lebens, das mit dem Streben bzw. der Suche nach einem übergreifenden Lebenssinn und dem GLAUBEN an eine übermenschliche Macht (GOTT, das Göttliche, Heilige; ☞ TRANSZENDENZ) verbunden ist. Der Mensch erfährt sich als von dieser Macht abhängig. Er betrachtet diese Macht als sinngebend, sinnerfüllend; sie gibt ihm eine Lebensorientierung in individueller und sozialer Sicht. Im engeren Sinne wird R. als eine Beziehung des Menschen zu dieser Macht aufgefaßt; zu dieser Beziehung gehören: Verehrung, Ehrfurcht, Anbetung, Liebe usw.. Zu diesem Verhältnis gehört auch ein ritualisiertes Verhalten (ein Kult). Die Heilssuche (bzw. Suche nach einer Erlösung) gehört zu den meisten R..

Es gibt unterschiedliche Arten der R. bzw. Religiosität, so z. B. den POLYTHEISMUS (Glaube an viele Götter), MONOTHEISMUS (Glaube an einen transzendenten, persönlich gedachten Gott), den PANTHEISMUS (Welt und Gott werden identifiziert; keine Annahme eines transzendenten Gottes), DEISMUS (Gott und Welt sind getrennt). Gott kann persönlich oder auch unpersönlich (wie z. B. im Buddhismus) aufgefaßt werden. Man unterscheidet zwischen der *natürlichen R.* (ihre Inhalte, Ziele und Zwecke werden vom Menschen bestimmt) und der *Offenbarungsreligion* (ihre Inhalte, Ziele und Zwecke erhält sie durch Gottes Wort und Tat, durch seine Offenbarung).
Die philosophische Betrachtung der R. wird in der RELIGIONSPHILOSOPHIE vollzogen.

Lit.: Thomas von Aquin, Summa theologiae I; A. Anwander, Die Religionen der Menschheit, 1927; ders., Wörterbuch der Religionen, 1948; A. Bertholet, Wörterbuch der Religionen, 1952; E. Bünning, Die Religionen der Erde, 1949; H. v. Glasenapp, Die Religionen der Menschheit, 1954; J. M. Bochenski, Die Logik der Religionen, 1968; E. Spranger, Philosophie und Psychologie der Religion, 1974; W. Oelmüller (Hg.), Kolloquium Religion und Philosophie, 2 Bde., 1984; J. Needleman, The New Religions, 1984; F. Wagner, Was ist Religion?, 1986; G. Rohrmoser, Religion und Politik in der Krise der Moderne, 1989; W. R. Perrett, Indian Philosophy of Religion, 1989. /Religionsphilosophie

## Religionsphilosophie:

die philosophische Untersuchung des Phänomens RELIGION. In der R. fragt man nach der Bestimmung des Begriffs „Religion", dem Ursprung, Wesen der Religion, nach der Eigentümlichkeit der religiösen Erfahrung, dem Wahrheitsanspruch der Religion, dem Verhältnis von Religion und Philosophie, dem Verhältnis von Glaube und Wissen, nach dem ethischen und existentiellen Status der religiösen Erfahrung, der Bedeutung der Religion in der Gesellschaft und anderen Bereichen. Die Untersuchung des Phänomens „Religion" geht in der Philosophiegeschichte mit der Untersuchung des Begriffs GOTTES einher (☞ THEOLOGIE). Religionsphilosophische Betrachtungen tauchen seit Anbeginn der Philosophiegeschichte auf. In der antiken Philosophie fragt man nach dem Göttlichen, im Mittelalter wird die Philosophie der Theologie (Gotteslehre) untergeordnet. Als eigenständige Disziplin entsteht die R. jedoch erst in der Neuzeit. Entscheidend ist in diesem Zusammenahng die Entstehung der sog. *natürlichen Theologie* (die Lehre von der *natürlichen Religion*). Im Gegensatz zur Offenbarungstheologie , in der die Religion ihre Inhalte, Zwecke und Ziele durch die Offenbarung Gottes erhält, setzt in der natürlichen Theologie der Mensch die Inhalte, Zwecke und Ziele des religiösen Lebens. Die Möglichkeit der Erkenntnis Gottes mittels der natürlichen Vernunft des Menschen wurde in Betracht gezogen. Hume wendet sich gegen diese Lehre; für ihn sind religiöse Inhalte Ausdrücke eines Gefühls. Kant zeigt den Status und die Rolle der Religion für die menschliche Vernunft auf. R. wird als die Erkenntnis der göttlichen Gebote (Pflichten) bestimmt. Für Hegel ist die Religion das

Selbstbewußtsein bzw. Wissen des absoluten Geistes von sich selbst, das geschichtlich durch den menschlichen Geist vermittelt wird. Religion ist eine Zwischenstufe zwischen Ästhetik und Philosophie. In der Religion stellt sich das Absolute im Medium der Vorstellung dar. Für Schleiermacher und andere Denker der Romantik ist Religion ein Ausdruck des Gefühls. Bei Marx, Schopenhauer und Nietzsche taucht R. meist als *Religionskritik* auf. Für Feuerbach sind religöse Inhalte (z. B. Gott) Projektionen der menschlichen Wünsche und Idealvorstellungen). Für Marx drücken sich in Religionen Wunschvorstellungen (nach einem Jenseits) des Menschen aus; Religion wird als falsches Bewußtsein bestimmt, das dem Menschen von der Lösung der diesseitigen Probleme und Aufgaben abwendet. Nietzsche übt eine Kritik an den christlichen Moral- und Wertvorstellungen. Die R. steht in einem engen Verhältnis zu anderen Disziplinen, wie z. B. der Religionswissenschaft, Religionspsychologie und Religionssoziologie. Sie bedient sich dabei der beschreibenden und vergleichenden Methode. In der neusten Zeit werden im Rahmen der sprachanalytischen Philosophie Sätze über religiöse Erfahrungen untersucht.

Lit.: I. Kant, Die Religion innerhalb der Grenzen der bloßen Vernunft, 1793; F. E. Schleiermacher, Über die Religion, 1799; G. W. F. Hegel, Phänomenologie des Geistes, 1807; L. Feuerbach, Das Wesen der Religion, 1851; P. Natorp, Religion innerhalb der Grenzen der Humanität, ²1908; E. Przywara, Religionsphilosophie der katholischen Kirche, 1926; E. Brunner, Religionsphilosophie, 1926; A. Dempf, Religionsphilosophie, 1937; S. Holm, Religionsphilosophie, 1960; P. Tillich, Religionsphilosophie, ²1969; U. Mann, Einführung in die Religionsphilosophie, 1970; F. W. Katzenback, Religionskritik der Neuzeit, 1972. ☞ RELIGION

**Renaissance** (franz. ‚Wiedergeburt'):
im engeren Sinne Bezeichnung für die Wiedergeburt der antiken Tradition zu Beginn des 14. Jh.; sodann auch Bezeichnung für die geistesgeschichtliche Periode zwischen dem 14. und 16. Jh.. Charakteristisch für die R. sind folgende Grundzüge sind außer der Wiederbelebung der antiken Tradition (besonders des antiken Bildungsideals und die Zuwendung zu antiken Sprachen) eine ablehnende Haltung gegenüber den mittelalterlich-theologischen Auffassungen, Kampf gegen die kirchliche Autorität und Dogmatik, Hinwendung zum Menschen, Vertrauen in die menschliche Erkenntnisfähigkeit, Individualismus, Ästhetisierung des Lebens und der Naturbetrachtung, Kritik am geozentrischen Weltbild, Entstehen der modernen Naturwissenschaften und eines neuen wissenschaftlichen Paradigmas (Nicolaus von Kues, G. Bruno, Kopernicus, Kepler, Galilei), Erneuerung der Religion durch die Reformation (Luther, Erasmus, Melanchthon), Neuansätze in der Staatsphilosophie (Machiavelli, Morus, Grotius, Bodin).
☞ HUMANISMUS

Lit.: J. Burckhardt, Die Kultur der Renaissance in Italien, 1860; R. Hönigswald, Denker der italienischen Renaissance, 1938; P. O. Kristeller, Humanismus und Renaissance, 2 Bde., 1974-76; P. Burke, Die Renaissance, 1990.

**Res** (lat.): SACHE, Ding.

**Res cogitans** (lat. ‚denkendes Ding'):
bei Descartes Bezeichnung für das (wörtlich) denkende Ding, die denkende SUBSTANZ. Descartes spricht von der R. c. auch im Sinne von Denken, Ich bzw. Subjekt. Als Substanz ist sie selbständig, von der anderen Substanz (☞ RES EXTENSA) nicht bedingt und nicht abhängig. Descartes unterscheidet also zwei Substanzen, die nur durch einen göttlichen Akt, den *concursus dei*, miteinander in Beziehung treten. (☞ LEIB-SEELE-PROBLEM, SUBJEKT-OBJEKT-PROBLEM, DUALISMUS)

Lit.: R. Descartes, Meditationen über die erste Philosophie, 1641.

**Res extensa** (lat. ‚ausgedehntes Ding'):
bei Descartes Bezeichnung für die ausgedehnte SUBSTANZ, im weiteren Sinne für den Körper (auch Körperwelt) bzw. Leib und auch für das Materielle. Die Körperwelt wird also durch Ausdehnung charakterisiert. Die R. e. ist als Substanz selbständig, sie existiert getrennt von der anderen Substanz, der RES COGITANS. Die beiden Substanzen treten in Beziehung zueinander aufgrund eines göttlichen Aktes, des *concursus dei*. (☞ LEIB-SEELE-PROBLEM, SUBJEKT-OBJEKT-PROBLEM, DUALISMUS)

Lit.: R. Descartes, Meditationen über die erste Philosophie, 1641.

**Revolution** (von lat. ‚revolvere', ‚zurückwälzen'):
zunächst Bezeichnung für Umwälzung auf einem bestimmten Gebiet (z. B. in der Wissenschaft, Wirtschaft, Kunst usw.), sodann auch für die Änderung des gesellschaftspolitischen Systems. Ursprünglich bedeutet „R." eine bestimmte Bewegung der Planeten. Der Begriff gewinnt jedoch immer mehr an Bedeutung in politisch-sozialen Zusammenhängen. Für die Bestimmung des Begriffs der politischen R. wurde die Französische R. von 1789 maßgebend; R. meint hier eine (gewaltsame) Umwälzung des bestehenden politischen Systems, die von einer breiten Masse unterstützt wird und sich an bestimmten politischen Ideen (einer gesellschaftlich-politischen Konzeption) orientiert. Für Marx sind R. notwendige Ereignisse, die in bestimmten sozio-politischen Konstellationen (Widerspruch von Produktivkräften und Produktionsverhältnissen) auftauchen. Nach Marx kann das kapitalistische System durch eine proletarische R. beseitigt werden. In den Wissenschaften spricht man von R. im Falle von großen wissenschaftlichen Entdeckungen und Erfindungen, die das (theoretische) Fundament der Wissenschaft maßgebend umwälzen. So spricht Th. S. Kuhn von wissenschaftlichen R., die zur Entstehung eines neuen PARADIGMAS führen.

Im Gegensatz zu R. spricht man von *Evolution* als der allmählichen, gewaltlosen Veränderung.

Lit.: H. Kuhn/F. Wiedmann (Hg.), Die Philosophie und die Frage nach dem Fortschritt, 1964; H. Arendt, Über die Revolution, 1965; Th. S. Kuhn, Die Struktur wissenschaftlicher Revolutionen, 1967; K. Griewank, Der neuzeitliche Revolutionsbegriff, 1969; R. Gotesky/E. Laszlo (Hg.), Evolution - Revolution, 1971; K. Lenk, Theorien der Revolution, 1973; J. L. Horowitz, Grundlagen der politischen Soziologie, Bd. 3., 1975; G. Gutting (Hg.), Paradigmas and Revolutions, 1980; K. Bayertz (Hg.), Wissenschaftsgeschichte und wissenschaftliche Revolution, 1981; I. Hacking (Hg.), Scientific Revolutions, 1981.

**Rezeptivität** (von lat. *recipere*, ‚aufnehmen'): Bezeichnung für die Aufnahmefähigkeit von sinnlichen sinnlichen Eindrücken. Kant bestimmt die R. als die Fähigkeit, „Vorstellungen durch die Art, wie wir von den Gegenständen affiziert werden, zu bekommen". Diese Fähigkeit wird auch als SINNLICHKEIT bezeichnet.

**Reziprok** (lat.): wechselseitig.

**Rhetorik** (vom griech. *rhetorike (techne)*, ‚Kunst der Unterredung'): Kunst der Unterredung, sodann auch die Theorie der Redekunst. Die R. entsteht im antiken Griechenland. Sie wird zu einem wichtigen Instrument zur Durchsetzung vor allem politischer Ziele. Sie spielt eine zentrale Rolle in der Tätigkeit der Sophisten. In einer Auseinandersetzung mit den Sophisten befindet sich Platon. Seine Position wurde im Streit mit den Rhetorikern, die die Rede, nicht die Erkenntnis, zum eigentlichen Ort der Wahrheit ernannten, entwickelt. Nach Platon konnte nur derjenige, der den Einblick in die Wahrheit besaß, auch der „wahre Redner" sein. Zwei Prämissen liegen der platonischen Redekunst zugrunde: 1) das Wahrscheinliche, das in der Rede bewiesen werden soll, setzt das Wahre, die Kenntnis der Ideen, voraus; 2) eine Kenntnis der angesprochenen Seelen ist erforderlich. Die Theorie der Anpassung von Rede und Seele hat hauptsächlich die aristotelische R. zu ihrem Gegenstand. Aristoteles entwickelt darüber hinaus in seiner R.-Schrift eine Logik der wahrscheinlichen Schlüsse. Die aristotelische R. (besonders die „Logik der Wahrscheinlichkeit") wurde für die späteren R.-Konzeptionen maßgebend. Im Mittelalter und in der Neuzeit spielt die R. bei weitem nicht eine so große Rolle wie in der Antike. Die „Bildungsfunktion der R." (Vico) wirkt trotz der allgemeinen Niederlage der Kunst der Beredsamkeit meist bei der Anwendung des rhetorischen Instrumentariums auf das Lesen und Auslegen klassischer Texte (z. B. bei Melanchton) (☞ HERMENEUTIK). In der neueren Philosophie kommt es zu einer Wiederbelebung der rhetorischen Tradition, so z. B. in der SEMIOTIK, Hermeneutik und in den Arumentationstheorien (☞ ARGUMENTATION).

Lit.: Aristoteles, Rhetorik; Cicero, De oratore; Quintilian, Institutio oratoria; Ch. Perelman/L. Olbrechts-Tyteca, La Nouvelle Rhetorique, 2 Bde., 1958; J. Kopperschmidt, Allgemeine Rhetorik, 1973; H.-G. Gadamer, Rhetorik und Hermeneutik, in: ders., Kleine Schriften, Bd. 4, 1977; H. F. Plett (Hg.), Rhetorik, 1977.

**Rigorismus** (von lat. *rigor*, ‚Strenge', ‚Härte'):
Bezeichnung für eine Auffassung, derzufolge bestimmte juristische Gesetze bzw. moralische Grundsätze „streng" (ohne Abweichungen) befolgt werden müssen. Als R. wird oft Kants ethische Position bezeichnet. Moralisches Handeln muß unter allen Umständen dem SITTENGESETZ folgen, und zwar aus Achtung vor diesem Gesetz und aus Pflicht, nicht aus Neigung.
☞ KATEGORISCHER IMPERATIV

# S

**Sache** (lat. ‚res'):
ein sehr vieldeutiger Begriff, der in der Philosophie meist synonym mit den Begriffen DING oder GEGENSTAND, oft im Sinne von Angelegenheit (z. B. „S. des Denkens") verwendet wird. Wird der Begriff „S." im Sinne von Ding verwendet, so stellt er meist einen Gegensatz zur PERSON dar; das unlebendige Ding (als bloßes Objekt und Mittel zum Zweck) wird der lebendigen, handelnden und verstehenden Person gegenübergestellt.
In der philosophischen Tradition wird zwischen den *rebus cogitantibus*, den Verstandesdingen (später auch Gedankendingen), und den *rebus extensis*, den raum-zeitlichen, ausgedehnten Dingen unterschieden. Der Begriff „S." wird traditionell bedeutungsgleich mit dem lateinischen Ausdruck „res" verwendet. In der Scholastik bezeichnet „res" diejenige Eigenschaft, die jedem Seienden zukommt, insofern es ein *Etwas* ist, d. h. durch einen Was-Gehalt ausgezeichnet ist (☞TRANSZENDENTALIEN).
Bei Descartes bezieht sich der Ausdruck „res"sowohl auf raum-zeitliche, ausgedehnte Dinge, als auch auf geistige, gedankliche Dinge; das raum-zeitliche, ausgedehnte Ding (☞RES EXTENSA) wird als KÖRPER, als materielle SUBSTANZ bestimmt (man kann hier also von der raum-zeitlichen, ausgedehnten S. sprechen); als „res" wird aber auch der GEIST (☞RES COGITANS), die denkende Substanz bestimmt (man könnte hier von der denkenden S. sprechen). Dem Körper als materielle Substanz stellt Descartes den Geist als denkende Substanz entgegen (☞DUALISMUS). Mit *Sachlichkeit* wird meist die Einstellung, Haltung bezeichnet, eine S. um ihrer selbst willen (an sich, „rein"), d. h. getrennt z. B. von den persönlichen Vor-Urteilen, Motiven usw. (unvoreingenommen) zu bestimmen (☞OBJEKTIVITÄT).

Lit.: R. Descartes, Discours de la méthode, 1637; ders. Principia philosophiae, 1644; M. Heidegger, Zur Sache des Denkens, 1969.

**Sachverhalt:**
allgemein ein Sachgebilde; ein Gegenstand samt einer ihm zukommenden Eigenschaft oder Relation, ein so und so beschaffener Gegenstand; in der traditionellen Logik der in einem URTEIL ausgedrückte so und so beschaffene Gegenstand. Ein S. besteht darin, daß einem Gegenstand, der im Urteil durch ein Subjekt repräsentiert wird, eine Beschaffenheit (Eigenschaft, Relation), die durch das Prädikat repräsentiert wird, zukommt. Ein S. wird

also durch ein prädikatives Urteil (bzw. einen prädikativen Satz) ausgedrückt. Eine kontroverse Frage ist die nach der Übereinstimmung zwischen Urteil (bzw. Satz oder Aussage) und dem durch diesesUrteil ausgedrückten S. (☞WAHRHEIT). Eine andere Frage, die bis heute diskutiert wird, lautet: Bestehen S. unabhängig von den Urteilen (Sätzen, Aussagen), durch die sie ausgedrückt werden (d. h. unabhängig von der Sprache), oder bestehen sie nur durch diese Urteile (sind also sprachabhängig)? (☞REALISMUS) Die meisten der sprachanalytischen Philosophen vertreten die These von der Sprachabhängigkeit der S.. Jede Aussage drückt einen S. aus. Wahre Aussagen drücken einen wirklichen S. aus (☞WAHR); ein wirklicher S. wird TATSACHE genannt. ☞PROPOSITION

Lit.: L. Wittgenstein, Tractatus logico-philosophicus, 1922; G. Frege, Der Gedanke, in: ders., Logische Untersuchungen, hg. v. G. Patzig, 1966; B. Russell, Die Philosophie des logischen Atomismus, 1976; G. Patzig, Tatsachen, Normen, Sätze, 1980.

**Sacrificium intellectus** (lat. ‚Opferung des Verstandes'):
Bezeichnung für den Verzicht auf selbständiges, eigenes Denken.

**Säkularisierung** (von lat. *saeculum*, ‚Jahrhundert'):
der Prozeß der Verweltlichung; seit dem Westfälischen Frieden (1648) Bezeichnung für die Inbesitznahme der kirchlichen Institutionen und Güter durch den Staat und ihre Verwendung für weltliche Anliegen; allgemeine Bezeichnung für den Prozeß der Ersetzung bzw. Ablösung der religiösen Vorstellungen, Denkweisen, Systeme usw. durch die auf das Diesseits, die Welt gerichteten Vorstellungen, Denkweisen usw.; die Erwartungen der Menschen richten sich nicht mehr auf das Jenseits, sondern auf das Diesseits, auf die Beherrschung der Natur, die Gestaltung der Geschichte und des eigenen Lebens. Die Konsequenz der S. ist die Einsicht, daß der Mensch zum Herrn seiner selbst, der Natur und der Geschichte wird. Wichtig für den Prozeß der Verweltlichung ist die scharfe Trennung zwischen dem Offenbarungsglauben und dem durch die Vernunft geleiteten rationalen und auch erfahrungsbezogenen Erkennen. Die AUFKLÄRUNG kann als ein Säkularisierungsprozeß betrachtet werden; die kirchliche Dogmatik wird in Frage gestellt; es trifft die Forderung nach rationaler, kritischer Prüfung unserer Erkenntnis; die menschliche Erkenntnis ist auf die ERFAHRUNG, die nachvollzogen und überprüft werden kann, angewiesen.
Als *Säkularismus* bezeichnet man die von den englischen Freidenkern („secularists") propagierte natürliche Lebensauffassung, die sich vom traditionellen Christentum emanzipiert.

Lit.: H. Blumenberg, Säkularisierung und Selbstbehauptung, 1974; A. Gehlen, Einblicke, 1975; W. Kamlah, Von der Sprache zur Vernunft, 1975; H. Lübbe, Säkularisierung, ²1975; ders., Fortschritt als Orientierungsproblem, 1975.

**Sankhya** (auch Samkhya)
eine der wichtigsten Strömungen der indischen Philosophie; sie wird als ein mystischer und pessimistisch-dualistischer Realismus bezeichnet. Das S., das zwischen 7500 und 5000 v. Chr. entstanden ist, geht aus von dem Gegensatz zwischen den zwei Prinzipien *Purusha* (Geist) und *Prakriti* (Materie).

**Sansara** (auch Samsara)
in der indischen Philosophie Bezeichnung für den ewigen Kreislauf des Weltgeschehens und des individuellen Lebens ausgehend von der Geburt bis zum Tod und Wiedergeburt. Vom S. kann man durch das Eingehen ins NIRWANA erlöst werden.

**Sapere aude** (lat. ‚wage es, weise zu sein')
eine Formulierung des Horaz, der von Kant in der Form „Habe Mut, dich deines eigenen Verstandes zu bedienen!" übernommen und zum Wahlspruch der AUFKLÄRUNG erklärt wird.

**Satz**
allgemein eine elementare sprachliche Einheit, ein elementares sprachliches Gebilde. Ein S. kann – ähnlich wie die Sprache – unter verschiedenen Gesichtspunkten (z. B. syntaktischen, semantischen, sprachpragmatischen, psychologischen, soziologischen usw.) betrachtet werden. Philosophische Bestimmungen des S. sind mit linguistischen, psychologischen, soziologischen, logisch-mathematischen usw. Bestimmungen verbunden.
In der traditionellen Grammatik ist ein S. ein Gebilde, das aus mehreren Wörtern besteht. Der grammatischen Form nach unterscheidet man im Satz ganz allgemein das Subjekt und Prädikat des S.. Darüber hinaus kann der S. um das Objekt, das Attribut und das Adverb erweitert werden. Das Subjekt-Objekt-Modell ist für die traditionelle Grammatik maßgebend.
In der zeitgenössischen generativen Grammatik, die auf die Arbeiten von N. Chomsky zurückgeht, wird der Oberflächenstruktur von Sätzen die Tiefenstruktur zugrundegelegt (☞SYNTAX). Neben den syntaktischen bzw. formalsyntaktischen Bestimmungen des S. gibt es in der heutigen Linguistik und in der sich an linguistischen Untersuchungen orientierten Sprachphilosophie, auch Bestimmungen, die unter semantischen und sprachpragmatischen Gesichtspunkten getroffen werden. In der SEMANTIK wird – ganz allgemein formuliert – die BEDEUTUNG von Sätzen (Satzbedeutung), in der SPRACHPRAGMATIK die Verwendung bzw. der GEBRAUCH von Sätzen untersucht. In sprachpragmatischen Zusammenhängen werden S. nicht nur in ihrer Funktion als AUSSAGEN bzw. Behauptungen (auch assertorische S.), sondern auch – oder sogar in erster Linie – in anderen Funktionen, so z. B. als

Aufforderungen, Fragen, Wünsche, Befehle usw. (☞SPRECHAKT). Mit S. kann nicht nur etwas in der Welt abgebildet, sondern können auch Handlungen vollzogen werden. Der aktuelle Vollzug einer Sprechhandlung wird oft nicht als S., sondern als *Äußerung* bezeichnet.
In der Logik wird als S. meist die Aussageform bezeichnet; ein Aussagesatz kann WAHR oder falsch sein; nur bei einem Aussagesatz – nicht bei Befehls-, Wunsch-, Frage-, Aufforderungssätzen usw. – kann sinnvoll nach der Wahrheit gefragt werden (☞JUNKTORENLOGIK). In der Logik gibt es verschiedene Arten von Aussagesätzen: z. B. die einfachen, atomaren S., die keinen einfacheren Sätze als ihre Bestandteile enthalten; sie bestehen aus einer INDIVIDUENKONSTANTE und einem einfachen PRÄDIKAT; komplexe S. bestehen aus zwei oder mehreren einfachen S. als Bestandteile (in der Junktorenlogik werden sie mit den Junktoren „und", „oder", „wenn – dann" usw. verknüpft). S. können weiterhin aufgeteilt werden in SINGULÄRE, PARTIKULÄRE und GENERELLE; dies hängt davon ab, ob das Subjekt des S. singulär, partikulär oder generell ist. ANALYTISCHE S. gelten als notwendig wahr aufgrund ihrer syntaktischen Form und der Bedeutung der in ihnen enthaltenen Wörter. SYNTHETISCHE S. gelten als wahr bei der Zuhilfenahme nicht-sprachlicher (empirischer) Fakten. In Logiken, die deduktiv vorgehen (☞DEDUKTION), geht man von generellen S. (oder Axiomen) als Fundamenten der Begründung aus. Bei induktiven Verfahren geht man von singulären S. als Fundamenten der Begründung aus (☞INDUKTION).

Lit.: W. V. O. Quine, Grundzüge der Logik, 1974; F. v. Kutschera, Sprachphilosophie, [2]1975; E. Tugendhat/U. Wolf, Logisch-semantische Propädeutik, 1983; G. Frege, Sinn und Bedeutung, in: ders., Funktion, Begriff, Bedeutung, hg. v. G. Patzig, [6]1986; G. Grewendorf/F. Hamm/W. Sternefeld, Sprachliches Wissen, [3]1989.

## Satz vom ausgeschlossenen Dritten

(lat. ‚Tertium non datur'):
ein Grundsatz der Logik: es lautet: Gibt es zwei Aussagen, die in einem KONTRADIKTORISCHEN Gegensatz zueinander stehen, so gibt es zwischen ihnen kein Drittes, kein Mittleres; eine der beiden Aussagen der Kontradiktion muß WAHR sein, die andere ist falsch. Eine dritte Möglichkeit gibt es nicht.

Lit.: J. Glöckl, Wahrheit und Beweisbarkeit, 1976.

## Satz vom ausgeschlossenen Widerspruch

(lat. ‚principium contradictionis'):
auch „Satz vom verbotenen Widerspruch"; ein Grundsatz der Logik; es lautet: Aussagen, die in einem KONTRADIKTORISCHEN Gegensatz zueinander stehen, können nicht zugleich WAHR sein ; einem Gegenstand kann nicht

zugleich ein Prädikat ab- und zugesprochen werden. Der S. v. a. W. ist eines der wichtigsten Prinzipien der Logik; mit ihm hängt die Forderung nach der Widerspruchsfreiheit zusammen. In der aristotelischen Philosophie ist der S. v. a. W. nicht nur ein rein logisches Prinzip (Prinzip der Aussagen), sondern auch ein Prinzip der Wirklichkeit/Realität. Die sich an Aristoteles anlehnende Formulierung lautet: Demselben Gegenstand kann nicht dasselbe zugleich und in derselben Hinsicht ab- und zugesprochen werden. ☞WIDERSPRUCH

Lit.: Aristoteles, Organon; ders., Metaphysik; E. Conze, Der Satz vom Widerspruch, 1976; W. Hogrebe, Archäologische Bedeutungspostulate, 1977.

## Satz vom zureichenden Grund

(lat. ‚principium rationis sufficientis'):
ein Grundsatz der traditionellen Logik, das von Leibniz formuliert wurde; er lautete allgemein: Nichts ist ohne Grund. Für Leibniz ist der S. v. z .G. ein Prinzip der Logik, des Denkens und der Realität. ☞GRUND

Lit.: G. W. Leibniz, Monadologie, 1714; A. Schopenhauer, Über die vierfache Wurzel des Satzes vom zureichenden Grunde, 1813; M. Heidegger, Der Satz vom Grund, 1957, [4]1971.

## Satz von der Identität (lat. ‚principium identitatis'):

ein Grundsatz der traditionellen Logik; er lautet: Ein Seiendes ist mit sich selbst identisch. Das *Prinzip von der Identität des Ununterscheidbaren* (lat. ‚Principium identitas indiscernibilium') besagt: Zwei vollkommen gleiche, nicht unterscheidbare Gegenstände kann es nicht geben, sonst wären sie eins. ☞IDENTITÄT

Lit.: G. Frege, Sinn und Bedeutung, in: ders., Funktion, Begriff, Bedeutung, hg. v. G. Patzig, [6]1985.

## Schau (griech. *thea*, *theoris*, lat. *visio*):

in der Philosophie eine Art des Erkennens, der Einsicht. In der platonischen Philosophie (☞IDEENLEHRE) findet man den Begriff der Ideenschau (☞IDEE): die Seele erblickt, erschaut die ewigen Ideen vor dem Eintritt in den Körper; im Körper verhaftet, kann sich die Seele jedoch an die vor der Geburt des Körpers erschauten Ideen erinnern (☞ ANAMNESIS).
In der griechischen Philosophie wird die S. der ewigen Wahrheiten im Sinne der theoretischen S. (☞THEORIE) zu einem ausgezeichneten Modus der Erkenntnis. In der Mystik spricht man von der in einem bestimmten ekstatischen Zustand vollzogenen S. des Göttlichen. Eine besondere Art der S. findet man in der PHÄNOMENOLOGIE E. Husserls (☞WESENSSCHAU). Allgemein kann die S. als eine Weise des intuitiven Erkennens betrachtet werden.

Lit.: Platon, Politeia; E. Husserl, Ideen zu einer reinen Phänomenologie und phänomenologischen Philosophie, hg. v. W. Biemel, 1950.

## Schein:

in der Alltagssprache etwas nicht Wirkliches, eine Täuschung, Illusion, ein Trugbild; in der Philosophie meist der Gegensatz zum SEIN, zur Wirklichkeit (☞REALITÄT), etwas nicht Wirkliches (nicht Reales), das jedoch oft als ein Reales betrachtet wird, obwohl es nur ein Abbild eines realen Gegenstandes oder Sachverhaltes ist. Kant unterscheidet zwischen folgenden Arten des S.: dem *empirischen S.* (Sinnen-S., Sinnestäuschung), dem *transzendentalen S.* (er entsteht als unvermeidliche Illusion dadurch, daß die Kategorien und Grundsätze des reinen Verstandes nicht auf den Bereich der sinnlichen Erfahrung, sondern auf den Bereich des die sinnliche Erfahrung transzendierenden DINGS AN SICH angewandt werden), dem *logischen S.* (dem S. der Trugschlüsse, der durch die Unachtsamkeit bei der Anwendung der logischen Regeln entsteht). Der Begriff des S. darf nicht bei Kant mit dem der ERSCHEINUNG verwechselt werden; S. wird als Täuschung, Trug angesehen, die Erscheinungswelt ist gesetzmäßig geformt, gegliedert; sie bildet eine vom Subjekt konstituierte Wirklichkeit der sinnlichen Erfahrung, auch wenn sie vom Ding an sich unterschieden wird.

Lit.: I. Kant, Kritik der reinen Vernunft, 1781, [2]1787; G. W. F. Hegel, Vorlesungen über die Ästhetik, hg. v. H. Glockner, Bd. 13; F. Schiller, Über die ästhetische Erziehung des Menschen, 1795; Th. W. Adorno, Ästhetische Theorie, 1970; K. H. Bohrer, Plötzlichkeit, 1981.

## Scheinproblem:

im LOGISCHEN EMPIRISMUS des *Wiener Kreises* Bezeichnung für ein Problem, das vor dem Hintergrund bestimmter Kriterien, Erkenntnisstandards, Methoden usw. sich als sinnlos bzw. von vornherein als unlösbar darstellt. Im logischen Empirismus werden die meisten metaphysischen Probleme – z. B. das SUBJEKT-OBJEKT-PROBLEM, die Frage nach der Realität der Außenwelt, dem wahren Sein, dem Wesen usw. – als Scheinprobleme entlarvt. Sie sind deshalb S., weil sie sich anhand der vom logischen Empirismus ausgestellten (logischen und empirischen) Kriterien (☞SINNKRITERIUM) Standards, Verfahren bzw. Methoden nicht lösen lassen.

Lit.: R. Carnap, Scheinprobleme in der Philosophie, 1928.

## Scheitern:

in der EXISTENZPHILOSOPHIE eines der Grunderlebnisse des Menschen. Nach K. Jaspers vernimmt der Mensch im S. das NICHTS; von da aus kann er den Blick auf das SEIN richten. Der Mensch erfährt das S. in GRENZSITUATIONEN.

## Schema (griech. ‚Gestalt', ‚Figur', ‚Form'):

im weitesten Sinne Gestalt, Entwurf, Muster; in der Philosophie Kants ein vermittelndes Mittelglied zwischen den reinen Verstandesbegriffen (☞KATEGORIE) und den sinnlichen ERSCHEINUNGEN; es macht die Anwendung der reinen Verstandesbegriffe auf Erscheinungen möglich. Die reinen Verstandesbegriffe können nicht direkt angeschaut werden (☞ANSCHAUUNG); es bedarf einer anschaulichen, stellvertretenden Vorstellung, des S., um die *Bedeutung* des reinen Verstandesbegriffs anschaulich zu machen. Das *transzendentale S.* – bei Kant Produkt der Einbildungskraft – als die anschauliche Vorstellung, die zwischen Kategorie und Erscheinung vermittelt, ist einerseits sinnlich, andererseits an den Begriff gebunden (ist also allgemein und abstrakt). Das S., das dem Begriff der Substanz entspricht, ist nach Kant die Beharrlichkeit des Realen in der Zeit. Das S., das dem Begriff der Kausalität entspricht, ist das Aufeinanderfolgen von mannigfaltigen Erscheinungen in der Zeit. Neben dem transzendentalen S. der reinen Verstandesbegriffe gibt es bei Kant das S. empirischer Begriffe. Den *Schematismus* des reinen Verstandes nennt Kant das „Verfahren des Verstandes mit den Schemata".

Lit.: I. Kant, Kritik der reinen Vernunft, 1781, $^{2}$1787; M. Heidegger, Kant und das Problem der Metaphysik, 1929, $^{3}$1965.

## **Schichtenlehre** (auch „Schichtentheorie"):

die Lehre vom Stufenaufbau der Wirklichkeit. Sie orientiert sich meist am Modell der geologischen Schichtung bzw. einer Stufenreihe; die Wirklichkeit wird in der S. in verschiedene übereinander liegende Seinsbereiche, Seinsschichten aufgeteilt (☞ONTOLOGIE). Die Schichten sind hierarchisch geordnet; die jeweils höhere wird von der niederen, meist stärkeren getragen, bleibt ihr gegenüber aber frei. Aristoteles nennt fünf Schichten: Hyle (die unterste Schicht), Geist (die oberste); zwischen den beiden liegen: Einzeldinge, Lebewesen und Seelen. Eine S. entwickelt N. Hartmann in seiner Ontologie. Er unterscheidet folgende Schichten: das Anorganische, Organische, Psychische und Geistige. Jeder Schicht entsprechen besondere Kategorien. Es gibt aber auch Kategorien, die mehreren oder allen Schichten entsprechen. E. Rothacker unterscheidet in der von ihm entwickelten psychologischen S. innerhalb der Gesamtpersönlichkeit folgende Schichten: das vegetative und animalische Leben, das Es und das Ich. In der heutigen Philosophie spielt die S. kaum eine Rolle.

Lit.: H. F. Hoffmann, Schichtenlehre, 1935; N. Hartmann, Zur Grundlegung der Ontologie, 1935, $^{3}$1948; ders.; Die Anfänge des Schichtungsgedankens in der alten Philosophie, 1943; Ph. Lersch, Schichten der Seele, in: Universitas VIII, 1953; E. Rothacker, Die Schichten der Persönlichkeit, 1938, $^{7}$1966; ders., Der aufbau der realen Welt, 1940.

## **Schicksal:**

die Vorherbestimmung des Lebensweges eines Menschen (aber auch z. B.

des geschichtlichen Weges eines Volkes) durch Mächte verschiedenster Art. In der Antike wurde das S. personifiziert (z. B. als Tyche, Moira, Ate, Parzen); das S. wurde hier meist als Gottheit (eine höhere göttliche Macht) oder als Naturnotwendigkeit, Naturgesetzlichkeit, sodann als Naturgesetz, Weltgesetz oder sogar Weltvernunft gedacht. Im Christentum wird der Begriff des S. durch den der göttlichen Vorsehung ersetzt. Eine wichtige Rolle spielt der Schicksalsgedanke in der Philosophie Schellings; in der Geschichte offenbart sich das Absolute in einer bestimmten Periode in der Form des S. (der blinden Macht). Für Schopenhauer liegt im S. des Einzelnen eine anscheinende Absichtlichkeit. Nietzsche spricht von der Liebe zum S. (☞AMOR FATI). In der neueren Philosophie tritt der Schicksalsgedanke in einer ganz besonderen Form innerhalb der EXISTENZPHILOSOPHIE auf, und zwar im Zusammenhang mit den Begriffen Geworfenheit, FAKTIZITÄT, NICHTS, SCHEITERN; der Schicksalsgedanke steht hier jedoch in einem Spannungsverhältnis bzw. Widerspruch zu dem Begriff der FREIHEIT. Für Sartre sind die Schicksalsvorstellungen (bzw. das Schicksalsbewußtsein) mit dem Bewußtsein der Freiheit unvereinbar; der Einzelne muß alle Schicksalsschranken durchbrechen und zu dem werden, was er aus sich (aus seiner freien Selbstbestimmung) macht.

Lit.: H. Pickler, Persönlichkeit, Glück, Schicksal, 1947; J. Konrad, Schicksal und Gott, 1947; H. Groos, Willensfreiheit oder Schicksal?, 1949; R. Guardini, Freiheit, Gnade, Schicksal, 1948; M. Landmann, Das Zeitalter als Schicksal, 1955; R. Schulhess, Ich, Freiheit und Schicksal, 1959.

## Schluß:

in der formalen LOGIK das Verfahren, bei dem von vorausgesetzten PRÄMISSEN zu einer anderen Aussage, einer Konklusion, übergegangen wird. Dieser Übergang wird mit Hilfe einer Schlußregel vollzogen (☞FOLGERUNG). Wenn die Wahrheit der Konklusion aus der Wahrheit der Prämissen allein aufgrund der im S. vorkommenden logischen Zeichen (☞JUNKTOREN, QUANTOREN) folgt, so spricht man vom *logischen S.* (logische Folgerung). Wird die Wahrheit der Konklusion auch aufgrund der sprachlichen Konventionen garantiert, so spricht man vom *analytischen S.*. In der Geschichte der Logik gilt die von Aristoteles entwickelte SYLLOGISTIK als eine der einflußreichsten Schlußlehren.

Lit.: Aristoteles, Organon; P. Lorenzen, Formale Logik, [3]1967; W. Kamlah/P. Lorenzen, Logische Propädeutik, [2]1973; W. K. Essler/R. F. Martinez, Grundzüge der Logik I, [4]1991; W. K. Essler/E. Brendel/R. F. Martinez, Grundzüge der Logik II, [3]1987.

## Scholastik (von lat. *schola*, ‚Schule' und *scholasticus*, ‚Lehrer'):

allgemein Bezeichnung für die philosophisch-theologischen Lehren zwischen dem 9. und 16. Jh.; in einem engeren Sinne Bezeichnung für die in den Schulen des Mittelalters (der zweiten Hälfte des Mittelalters) ausgebil-

dete theologisch-philosophische Schulwissenschaft.
Die wichtigsten Merkmale der scholastischen Philosophie sind: die Auseinandersetzung mit nicht-christlichen Lehren, das Einbeziehen des antiken Gedankengutes in das christliche Glaubens- und Gedankengut (besonders wichtig ist der Rückgang auf die aristotelische Philosophie), der Versuch des rationalen Verstehens des Glaubens (des Einsichtigmachens der Lehre vom christlichen Glauben für die Vernunft), die verschärfte Diskussion um die Unterscheidung von Glauben und Wissen, die Orientierung an den Autoritäten (Hl. Schrift, Konzilien, Päpsten, Kirchenvätern, Aristoteles, Thomas von Aquin), die Unterordnung der Unterordnung der Philosophie unter die Theologie (die Philosophie wird *ancilla theologiae*, ‚Magd der Theologie').
Aus dem Schulbetrieb erwächst die *scholastische Methode* für Unterricht und Schrifttum. Als Grundformen des Unterrichts gelten *lectio* (Vorlesung) und *disputatio* (Übung); in der lectio werden die überlieferten Texte vom Lehrer erklärt; sie wird im Kommentar niedergelegt. In der disputatio wird die Erörterung von Einzelfragen nach festen Regeln in Rede und Gegenrede vollzogen; aus ihr entstehen die Sammlungen der *quaestiones* (Fragen). Der Formulierung der Frage folgen in der quaestio Argumente (Gründe) für und wider, die meist auf Autoritäten zurückgeführt werden. Danach folgt die Formulierung, Entfaltung und Begründung der eigenen, positiven Antwort. Schließlich werden die ihr entgegenstehenden Einwände beantwortet. Die scholastische Methode zeichnet sich durch klare Fragestellung, logische Beweisführung und genaue Terminologie aus. Einen großen Einfluß auf die S. übt die ihr vorausgehende christliche Philosophie der PATRISTIK aus. Besondere Bedeutung spielt hier die Philosophie des Augustinus, speziell der durch ihn vertretene NEUPLATONISMUS; er wirkt durch Pseudo-Dionysios Areopagita, den „Liber de Causis" (Buch von den Ursachen), die islamische (Avicenna, Averroes) und jüdische Philosophie (Avicebron, Moses, Maimonides) Einen entscheidenden Einfluß auf die S. hat jedoch die aristotelische Philosophie; seit der Mittel des 12. Jh. werden die Schriften des Aristoteles aus dem Arabischen und Griechischen ins Lateinische übersetzt (bis dahin waren nur einige logische, von Boethius übersetzte Schriften bekannt).
In der Entwicklung der mittelalterlichen bzw. ersten S. unterscheidet man drei Abschnitte: die *Früh-S.* (9.-12. Jh.), *Hoch-S.* (12.-14. Jh.) und *Spät-S.* (14.-16. Jh.). Die Früh-S. wird von Anselm von Canterbury, dem „Vater der S." initiiert. Für ihn gilt: „fides quaerens intellectus" (Glaube, der Einsicht sucht) bzw. „CREDO UT INTELLIGAM" (ich glaube, damit ich einsehen kann; ☞GOTTESBEWEISE).
Grundmerkmale der Früh-S. sind: das Auftreten des Problems der Universalien (☞UNIVERSALIENSTREIT), das am meisten von Peter Abaelard zur Sprache gebracht wird, die Ausbildung der scholastischen Methode, die Re-

zeption der logischen Schriften des Aristoteles. Die wichtigsten Schulen der Früh-S. sind die von St. Victor und von Chartres. Die Hoch-S. zeichnet sich aus durch: die Rezeption der übrigen aristotelischen Schriften, das Aufblühen der Universitäten (besonders der von Paris), die wissenschaftliche Arbeit der Bettelorden, die Auseinandersetzung mit der arabischen und jüdischen Philosophie, den Versuch der Verschmelzung von christlicher Lehre und Aristotelismus. Die wichtigsten Richtungen der Hoch-S. sind: die ältere Franziskanerschule (Alexander von Hales, Bonaventura), die sich an der Lehre des Augustinus orientieren; die Dominikaner (Albertus Magnus und sein Schüler Thomas von Aquin), die die aristotelische Lehre mit dem augustinischen Erbe verbinden (Albertus Magnus leitet diese Verbindung ein, Thomas von Aquin, der größte Systematiker der Hoch-S., vollendet sie); der *Averroismus* (Siger von Brabant), der im Gegensatz zu christlichen Richtungen entwickelt wird; die jüngere Franziskanerschule (Johannes Duns Scotus) (☞SCOTISMUS). Die Grundmerkmale der Spät-S. sind: rationalistische Systematisierung, Fortschritte in der Naturforschung, die Blüte der deutschen MYSTIK (Meister Eckart), die Abspaltung der Mystik von der kirchlichen Theologie, die Verselbständigung der Naturwissenschaften und der Naturphilosophie, die Auflösung der Einheit von Glauben und Wissen im NOMINALISMUS (Wilhelm von Ockham). Nach Wilhelm von Ockham ist nur das Individuelle wirklich; um Erkenntnisse zu gewinnen, bedarf es der Erfahrung. Theologie ist nur als positive Wissenschaft möglich.

Nach einer Zeit der Krise (hervorgerufen durch das Aufkommen der Reformation, Renaissance und des Humanismus) erlebt die S. im 16. Jh. in Spanien, Portugal und Italien eine Blüte; man spricht hier von der *zweiten S.* bzw. der *S. der Neuzeit*. Ihr wichtigster Vertreter ist Francisco Suarez.

Die *Neuscholastik* stellte eine philosophisch-theologische Erneuerung der S. seit dem 19. Jh. dar; sie kann zunächst als eine geschichtliche Besinnung auf die mittelalterliche Überlieferung verstanden werden; sodann strebt sie eine Auseinandersetzung mit Kant, dem deutschen Idealismus, anderen philosophischen Richtungen der Neuzeit und mit den empirischen Wissenschaften an. In der Philosophie der Gegenwart versucht die Neuscholastik, die Metaphysik auf scholastischer Grundlage zu erneuern. Berührungspunkte gibt es mit der PHÄNOMENOLOGIE und der EXISTENZPHILOSOPHIE. Die stärkste Richtung innerhalb der Neuscholastik ist der *Neuthomismus* (☞THOMISMUS). Die wichtigsten Vertreter der Neuscholastik sind: J. Maréchal, J. Geyser, E. Przywara, M. Grabmann.

Lit.: M. Grabmann, Die Philosophie des Mittelalters, 1921; J. Edres, Geschichte der mittelalterlichen Philosophie, 1922; F. van Steenbergen, Philosophie des Mittelalters, 1950; E. Gilson, Der Geist der mittelalterlichen Philosophie, 1951; J. Pieper, Scholastik, 1960; J. de Vries, Grundbegriffe der Scholastik, 1980; K. Flasch, Das philosophische Denken im Mittelalter, 1986; ders., Einführung in die Philosophie des Mittelalters, 1987.

**Schöne,** das:
ein Grundbegriff der ÄSTHETIK. Platon unterscheidet in seiner Philosophie (☞IDEENLEHRE) zwischen der ewigen, nicht veränderlichen Ideen des S. und den schönen, veränderlichen, zeitlichen Einzeldingen; die schönen Einzeldinge sind deshalb schön, weil sie an der Idee des S. teilhaben (☞TEILHABE). Die Idee des S. erscheint also in der Wirklichkeit, in den konkret vorfindlichen, schönen Einzelgegenständen. Die den Menschen eigene Liebe zum S. wird bei Platon EROS genannt; über immer höhere Stufen des S. kann die menschliche Erkenntnis zur Schau des höchsten S., der Idee des S., gelangen. Die schönen Gegenstände sind also nach Platon hierarchisch geordnet. Die Idee des S. bildet eine Einheit mit der Idee des Wahren und des Guten. Bei Platon finden wir jedoch auch eine zweite, abwertende Auffassung vom S., dem Kunstschönen. Die veränderlichen, sinnlich wahrgenommenen Einzelgegenstände sind Abbilder der ewigen, unveränderlichen, nicht sinnlich wahrnehmbaren Ideen, der Urbilder; in der Kunst werden diese Einzeldinge (die Abbilder der Ideen) nachgeahmt, d. h. noch mal abgebildet. Das Kunstschöne ist also die Abbildung der Abbilder der urbildlichen Ideen; das Kunstschöne ist also doppelt von der Wahrheit entfernt. In der mittelalterlichen Philosophie wird die platonische Bestimmung des S. aufgenommen und in einem anderen Kontext modifiziert; das S. wird als Ausdruck der absoluten Vollendung Gottes bestimmt. Bei Thomas von Aquin ist das S. die Seinsweise des Seienden als solchen. Die objektiven Merkmale des S. sind nach Thomas: Einheit oder Vollkommenheit, Ausgeglichenheit oder Einklang und Leuchtkraft der Farben. Im 18. Jh. wird die ontologische Bestimmung des S., nach der das S. bzw. die Schönheit als Merkmal (Eigenschaft) der Dinge selbst aufgefaßt wird, verabschiedet. Schönheit wird als etwas bestimmt, was dem subjektiven *Geschmacksurteil* entspringt. Anders ausgedrückt: Die Schönheit soll von ihrer Wirkung her auf das Subjekt her begründet werden. In diesem Sinne versteht Kant das S.; es drückt sich in einem Geschmacksurteil aus; es ruft reines, interessenloses Wohlgefallen hervor, ohne die Vorstellung der realen Existenz des schönen Gegenstandes und ohne die Vorstellung eines praktischen Zwecks des schönen Gegenstandes vorauszusetzen. Letztlich ist jedoch für Kant schön nur das, was ein notwendiges Wohlgefallen hervorruft, eine schöne Erscheinung soll letztlich ein Symbol des sittlichen Guten sein. Für Schiller ist das S. (Kunstschöne) als Produkt des Geistes „Ausdruck der Freiheit in jeder Erscheinung". Schiller spricht von der „ästhetischen Erziehung des Menschen" zur Freiheit als der Funktion der Schönheit. Für Hegel ist das S. das „sinnliche Scheinen der Idee"; es steht zwischen dem Sinnlichen und Geistigen; es ist die durch den Geist geborene Gestalt der Idee in sinnlicher Form. Nach Hegel hat die philosophische Reflexion die schöne Kunst überflügelt. In der Moderne verzichtet man immer mehr auf das Ideal der

Schönheit. Größere Bedeutung gewinnen z. B. innerhalb der Avantgardekunst die Begriffe des Häßlichen und des Negativen.

Lit.: Platon, Symposion; I. Kant, Kritik der Urteilskraft, 1790; F. Schiller, Über die ästhetische Erziehung des Menschen, 1795; G. W. F. Hegel, Vorlesungen über die Ästhetik, hg. v. H. Glockner, Bd. 13; Th. W. Adorno, Ästhetische Theorie, 1970; H.-G. Gadamer, Die Aktualität des Schönen, 1977; H. Meyer, Kunst, Wahrheit und Sittlichkeit, 1989.

## Schöpfung:

in religiösen Zusammenhängen (☞RELIGION) der Akt der Hervorbringung bzw. Erschaffung der Welt (S.-Akt) und die so hervorgebrachte bzw. erschaffene Welt selbst (S.-Werk). Der Akt wird meist von einem GOTT, vom *Schöpfer*, vollzogen. Der platonische DEMIURG kann als Weltordner, Weltbildner (Weltbaumeister) angesehen werden; er bedarf beim Bilden und Ordnen der Welt etwas bereits Vorliegendes (er gestaltet im Hinblick auf die Ideen den chaotischen Raum und Stoff zum geordneten Kosmos). Gegen diese Auffassung richtet sich die christliche These von der *S. aus dem Nichts* (☞CREATIO EX NIHILO); ihr zufolge bedarf Gott bei der S. der Welt nichts Vorliegendes (z. B. keiner MATERIE); er erschafft die Welt durch seinen freien Willen. Gott ist als Unendliches Wesen jenseits der erschaffenen, endlichen Welt (☞TRANSZENDENZ). Von Gedanken des einmaligen Schöpfungsakts muß der von den Pantheisten (☞PANTHEISMUS) vertretene Gedanke der fortlaufenden (immerwährenden) S. (‚creatio continua') unterschieden werden; der Schöpfungsakt Gottes ist ein unausgesetzter; er hat die Welt hervorgebracht und hält sie fortwährend in ihrem Sein. ☞KOSMOGONIE, KOSMOS, MYTHOS

Lit.: Platon, Timaios; Th. Haecker, Schöpfer und Schöpfung, 1934; R. Hönigswald, Vom erkenntnistheoretischen Gehalt alter Schöpfungserzählungen, 1957.

## Schuld:

in juristischen Zusammenhängen der Vorwurf (bzw. die Vorwerfbarkeit) gegenüber einer Person, die gegen Gesetze verstößt, sich für das Unrecht entscheidet, obwohl sie sich rechtmäßig verhalten könnte. In moralischen Zusammenhängen spricht man von S., wenn eine Person aus freiem Willen nicht entsprechend moralischer Normen handelt.

Lit.: C. Schmitt, Über Schuld und Schuldarten, 1910; M. Brugger, Schuld und Strafe, 1933; G. Stein, Gedanken über die Schuld, 1947; P. Ricoeur, Phänomenologie der Schuld, 2 Bde., 1971.

## Scotismus:

eine philosophisch-theologische Richtung der SCHOLASTIK, die im Anschluß an die Philosophie von Duns Scotus hauptsächlich von Franziskanern vertreten wurde. Der S. wird im Gegensatz zum THOMISMUS betrachtet. Die wichtigsten Merkmale des S. sind: die Verschärfung des

Gegensatzes von Glauben und Wissen, die Hervorhebung der Bedeutung der natürlichen Vernunft, die Ausrichtung des Erkennens primär auf das Individuelle, Einzelne. Das Individuelle, Einzelne ist etwas, was man nicht weiter ableiten kann; ist etwas Ursprüngliches und bildet eine in sich selbständige Wirklichkeit. ☞ INDIVIDUATION, UNIVERSALIENSTREIT

**Seele** (griech. ‚*psyche*', lat. ‚*anima*'):
allgemein Bezeichnung für den Bereich der mit dem Organismus eng verbundenen Erlebnisse, insbesondere der GEFÜHLE und TRIEBE, aber auch einiger intellektueller Vermögen. Meist wird die S. im Unterschied (oder auch im Gegensatz) zu KÖRPER, LEIB, MATERIE betrachtet.
In der Geschichte der Philosophie findet man sehr unterschiedliche Bedeutungen des Begriffs „S.". Bei Demokrit besteht die S. aus ATOMEN. Platon vertritt einen DUALISMUS zwischen Körper (Leib) und S.. Die S. ist nach Platon immateriell. Darüber hinaus ist sie präexistent; sie existiert also vor dem Eingehen in den menschlichen Körper im Reich der IDEEN (☞IDEENLEHRE); sie erblickt in der Präexistenz die Ideen, an die sie sich während ihres Aufenthalts im Körper erinnern kann (☞ ANAMNESIS). Nach dem Absterben des Körpers tritt die S. wieder in das Reich der ewigen Ideen ein (man kann hier von einer Postexistenz der S. sprechen); der Tod ist für den Philosophen daher eine Befreiung aus dem Gefängnis des Körpers. Die S. wird bei Platon als eine Vermittlerin zwischen dem materiellen, endlichen Körper und den ewigen Ideen angesehen; sie ist einerseits an den Körper gebunden, andererseits aber nicht-körperlich. Platon unterscheidet daher zwischen verschiedenen S.-Teilen: dem vernünftigen (‚logistikon'), dem mutvollen Willen (‚thymoeides') und dem triebhaften, begehrenden Teil (‚epithymetikon'). Für Aristoteles ist S. die erste ENTELECHIE des lebensfähigen Körpers (Leibes); sie ist die sich im Organismus verwirklichende FORM. Als Lebensprinzip ist die S. an den Körper gebunden. Dies gilt jedoch nicht für den in sie „von außen" gelangten Geist. Aristoteles unterscheidet verschiedene Funktionen der S.: als Pflanzenseele hat sie die Funktion der Ernährung und Fortpflanzung, als Tierseele darüber hinaus die Funktion der Bewegung und Wahrnehmung, als Menschenseele darüber hinaus das Vermögen der Vernunft. Aristoteles spricht von der denkenden, vernünftigen S., die den Menschen vor allen übrigen Lebewesen (Pflanze, Tier) auszeichnet. Die menschliche S. ist deshalb denkend und vernünftig, weil in sie „von außen" der oben angesprochene Geist einbricht, der ihr die wesenhafte Erkenntnis und die Freiheit des Handelns ermöglicht. Der Geist (☞NOUS) ist unsterblich und vom Körper trennbar. In der STOA wird der Gedanke der Weltseele vertreten; die Weltseele ordnet die verschiedenen Elemente der Welt. Augustinus geht zwar von dem Dualismus zwischen Körper und Seele aus; für ihn ist jedoch S. nicht präexistent; sie wird als eine

unräumliche, immaterielle SUBSTANZ, als etwas Geistiges bestimmt. Augustinus bezieht die S. einerseits auf andererseits auf SELBSTBEWUSSTSEIN. Das Selbstbewußtsein verbindet in sich die verschiedenen Seelenfunktionen (Denken, Fühlen, Wollen usw.). Das Selbstbewußtsein bzw. das Wissen um die Seelenfunktion (die Selbstgewißheit) wird aber erst in der Neuzeit zum Grundmerkmal der S.. Für Thomas von Aquin garantiert die S. die Einheit des Menschen; sie ist zwar mit dem Körper/Leib verbunden, kann aber getrennt von ihm existieren (‚anima separata'). Descartes vertritt den strengen Dualismus von Leib und S. (☞LEIB-S.-PROBLEM); er unterscheidet demnach zwischen körperlicher und seelischer/geistiger Substanz. S. wird also als eine immaterielle Substanz aufgefaßt; ihr Grundmerkmal ist das Selbstbewußtsein, die Selbstgewißheit des erkennenden ICH (☞BEWUSSTSEIN, SELBST, GEWISSHEIT). Spinoza bestimmt die S. als eine Idee, einen Modus des ATTRIBUTS „Denken". Für Leibniz sind alle MONADEN beseelt. Locke und Hume lehnen den Begriff der substanziellen S. ab; für sie ist S. keine Substanz, sondern ein Bündel von Vorstellungen (die Lockesche und Humesche S.-Auffassung wird oft als psychologische *Aktualitätstheorie* im Gegensatz zu substanzialistischen Auffassungen, zur *Substanzialitätstheorie* bezeichnet). Auch Kant lehnt die metaphysische Lehre von der einfachen Seelensubstanz ab. Wir werden der S. nur in den wechselnden Zuständen unserer Gemütskräfte, in denen sie zum Ausdruck kommt, bewußt. Das Wesen der S. kann nicht erkannt werden. Kant vertritt jedoch die These von der Unsterblichkeit der S. als einem POSTULAT der praktischen Vernunft. Im Materialismus des 18. Jh. (Hobbes, Lamettrie, Diderot, Holbach) und des 19. Jh. (Büchner, Vogt, Moleschott) wird die S. als Funktion bzw. Resultat des Körperlichen angesehen.

Seit dem 19. Jh. ist es schwierig, einen einheitlichen Seelenbegriff zu finden. Er wird darüber hinaus durch andere Begriffe ersetzt; in der Philosophie durch die Begriffe GEIST, BEWUSSTSEIN, ICH, SELBST, in der Psychologie meist durch den Begriff der PSYCHE bzw. des Psychischen. Allgemein ist für das 19. und 20. Jh. kennzeichnend, daß das Seelische bzw. Psychische in der Psychologie und anderen, an die Psychologie angrenzenden empirischen Wissenschaften behandelt wird. Hier vermeidet man jedoch den Begriff der S.. Freud spricht nicht mehr von der S., sondern vom „psychischen Apparat"; er unterscheidet zwischen ÜBER-ICH, ICH und ES (☞PSYCHOANALYSE). In der neueren Philosophie wird das, was traditionell als S. bezeichnet wird, meist in der philosophischen ANTHROPOLOGIE (z. B. bei L. Klages) behandelt.

**Seelenwanderung** (auch „Metempsychose"):
die Wanderung der SEELE von einem KÖRPER in den anderen, die bei oder nach dem Tod eines Lebewesens erfolgt. Den Glauben an die S. findet man

in vielen Lehren der Ägypter, Inder, in der orphischen und pythagoreischen Philosophie, im Buddhismus und bei Platon.

Lit.: Platon, Phaidon; G. F. Moore, Metempsychosis, 1921; H. v. Glasenapp, Unsterblichkeit und Erlösung in den indischen Religionen, 1938; W. Stettner, Die Seelenwanderung bei Griechen und Römern, 1934.

## Seiende, das:

das, was ist; meist das, was konkret, tatsächlich vorhanden ist, das mannigfaltig S. , das bestimmte S. (z. B. ein Ding, Mensch usw.): Das S. wird in seinem Verhältnis zu SEIN bestimmt. Das Verhältnis zwischen dem S. und dem Sein wird als ONTOLOGISCHE DIFFERENZ bestimmt. Das Sein ist das, was allem S. gemeinsam ist und zugrundeliegt. Als eine Zwischenstufe zwischen einem konkreten, bestimmten S. und dem Sein kann das S. als solches (allgemeine Strukturen bzw. Bestimmungen des S.) aufgefaßt werden.

## Sein:

nach Martin Heidegger gibt es unterschiedliche Bestimmungen des S.: „Das ‚Sein' ist der ‚allgemeinste' Begriff..."; „Der Begriff ‚Sein' ist undefinierbar"; „Das ‚Sein' ist der selbstverständliche Begriff. In allem Erkennen, Aussagen, in jedem Verhalten zu Seiendem, in jedem Sich-zu-sich-selbst-verhalten wird von ‚Sein' Gebrauch gemacht". Die Seinsfrage hat nach Heidegger einen Vorrang vor anderen Fragen.

Der Begriff des S. taucht bei Parmenides auf. Das Nicht-Seiende ist nicht; nur das Seiende (das S.) ist. Für Parmenides gibt es nur das eine S., das unveränderlich, ungeworden, ewig, unteilbar ist. Alles andere gibt es im strengen Sinne nicht; es wird als bloßer Schein bestimmt. Das eigentliche Denken ist das Denken des S.. Das S. wird bei Parmenides als der abstrakteste Begriff aufgefaßt. Bei Platon gibt es die Möglichkeit des Redens über Nichtseiendes; das Nichtseiende hat also eine bestimmte Seinsweise. Platon unterscheidet in seiner IDEENLEHRE zwischen dem unveränderlichen, ewigen S. der IDEEN (dem höchsten S.) und dem veränderlichen und vergänglichen, zeitlich-kontingenten S. der sinnlich wahrnehmbaren Einzelgegenstände. Es gibt also unterschiedliche Stufen des S.. Die Ideen bilden das höchste S., die Einzelgegenstände sind „weniger seiend" als die Ideen; sie sind seiend, weil sie teil am höchsten Sein der Ideen haben (☞METHEXIS).

Aristoteles unterscheidet zwischen dem einzelnen, konkreten Seienden und dem Seienden als solchem (das Seiende in seiner Seiendheit). Das Seiende als solches wird hinsichtlich der aristotelischen Philosophie oft als das S. gedeutet. Das Verdienst des Aristoteles ist es, die allgemeinsten Strukturen und Bestimmungen des Seienden als solchen (also des S.) aufzuzeigen (☞KATEGORIE, FORM, MATERIE, DYNAMIS, ENERGEIA, SUBSTANZ). In der scholastischen Tradition unterscheidet man zwischen dem höchsten unendlichen S. (Gott) und dem endlichen, geschöpflichen Seienden, das an dem höchsten S. teilhat, an ihm partizipiert. Als allgemeinste Bestimmungen bzw. Prinzipien des S. werden die TRANSZENDENTALIEN aufgefaßt. Mit der neuzeitlichen Wende zur Bewußtseinsphilosophie wird die These von der Objektivität bzw. Realität des S. in Frage gestellt. „S." ist nach Kant ein Begriff (bzw. Prädikat), der von uns den Gegenständen ab- oder zugesprochen wird. Das reale, objektive, an sich bestehende S. kann nicht erkannt werden. Für Hegel ist der Begriff des S. eine reine Abstraktion; er ist inhaltslos, und insofern von seinem Gegenbegriff, dem des Nichts, nicht zu unterscheiden. Im 20. Jh. entwickelt N. Hartmann eine SCHICHTENLEHRE; er unterscheidet verschiedene Stufen des S. (z. B. organisches, anorganisches, geistiges S.). Der Begriff des S. steht im Zentrum der Philosophie Martin Heideggers. Heidegger fragt nach dem „Sinn von S.". Die Seinsfrage hat für ihn Vorrang vor anderen philosophischen Fragen; in allem Erkennen, Reden, Verhalten usw. kommt das S. zum Ausdruck. Die Seinsfrage kann aber nur vom menschlichen Dasein, das sich zu sich selbst und zum Seienden verhält, ausgearbeitet und gestellt werden. Nur das menschliche Dasein hat ein *Seinsverständnis.* Auf dem Wege zur Seinsfrage steht bei Heidegger die DASEINSANALYTIK, die Bestimmung des menschlichen Daseins (☞FUNDAMENTALONTOLOGIE); nur über das Dasein kann der Sinn von Sein vernommen werden. Das S. kann im „Nichten des Nichts" vernommen werden. Heidegger unterscheidet zwischen dem konkreten, bestimmten Seienden (☞ONTISCH), dem Seienden als solchem (allgemeinste Strukturen und Bestimmungen des S. im Sinne der traditionellen ONTOLOGIE) und dem eigentlichen S., das über das Dasein erschlossen wird und einen temporären Charakter hat (S. als Zeit). Heidegger spricht von der *Seinsvergessenheit* der traditionellen Metaphysik, in der das S. nur im Verhältnis zum Seienden (bzw. Seiendem als solchen) bestimmt wurde und nicht eigens gedacht wurde. In der Spätphilosophie Heideggers (nach der sog. „Kehre") tritt das S. selbst an die Stelle des Daseins. Das wesentliche Seins-Denken ist keine Leistung des Daseins, sondern das „Ereignis des S.". Der Sinn von S. offenbart sich dem Menschen, der in der „Lichtung des S." steht; es spricht sich ihm in den epochalen „Schickungen" der „Seinsgeschichte" zu. In der modernen sprachanalytischen Philosophie wird die Rede vom „S." als sinnlos eingestuft (☞SCHEINPROBLEM). Sinnvoll ist es nur, nach der Verwendung des Ausdrucks „ist" zu fragen. Seine Verwendung ist sinnvoll in Existenzaussagen, in der Zu- oder Absprechung von Eigenschaften (prädikative Verwendung) und in Identitätsaussagen. Die Lehre vom S. heißt ONTOLOGIE.

Lit.: Platon, Sophistes; Aristoteles, Metaphysik; Thomas von Aquin, Summa theologiae I; I. Kant, Kritik der reinen Vernunft, 1781, ²1787; G. W. F. Hegel, Wissenschaft der Logik, 1812-16; M. Heidegger, Sein und Zeit, 1927; N. Hartmann, Zur Grundlegung der Ontologie, 1935, ³1948; Th. Litt, Denken und Sein, 1948; J. P. Sartre, Das Sein und das Nichts, 1952; W. V. O. Quine, Ontologische Relativität und andere Schriften, 1975; W. R. Trapp, Analytische Ontologie, 1976; S. Knuuttila (Hg.), The Logic of Being, 1986.

**Selbst:** ☞SELBSTBEWUSSTSEIN, ICH

**Selbstbewußtsein:**
in der Philosophie das Wissen des Selbst bzw. ICH; der in der REFLEXION des Bewußtseins auf sich selbst erschlossene Einheitsgrund der wechselnden Bewußtseinsakte. Der Begriff des S. wird in der Neuzeit zum zentralen Begriff der Bewußtseinsphilosophie. Descartes spricht von der Selbstgewißheit des Ich (☞COGITO ERGO SUM); das denkende Ich wird zum Fundament jeder Erkenntnis. Kant bestimmt das S. als die synthetische Einheit der APPERZEPTION (das „Ich denke", das alle Vorstellungen begleiten muß). Dieses S. liegt dem Gegenstandsbewußtsein zugrunde; es ist die Bedingung der Möglichkeit der Gegenstandserkenntnis.
Kant unterscheidet darüber hinaus zwischen dem oben beschriebenen *reinen* S. und dem *empirischen S.* (dem Bewußtsein von den inneren Zuständen des Ich). Fichte bestimmt das S. als das Ich, das sich selbst und das Nicht-Ich setzt. Der Akt der Setzung wird als die *absolute Tätigkeit*, als *Tathandlung* aufgefaßt, in der z. B. der Gegensatz von Subjekt und Objekt aufgehoben wird. Die Handlung des Ich-Setzens und das Bewußtsein von dieser Handlung bilden eine Einheit. Bei Hegel ist S. der Prozeß der Selbstthematisierung und -entfaltung in der Vereinigung und der Anerkennung anderen S.. S. ist das sich selbst thematisierende Selbstverhältnis im anderen S.. Einzelne Elemente der Philosophie des S. werden u. a. in der PHÄNOMENOLOGIE, HERMENEUTIK und in der neusten Zeit in der Philosophie D. Henrichs aufgenommen.

Lit.: R. Descartes, Meditationen über die erste Philosophie, 1641; J. G. Fichte, Wissenschaftslehre, 1794; G. W. F. Hegel, Phänomenologie des Geistes, 1807; D. Henrich, Fichtes ursprüngliche Einsicht, 1967; E. Tugendhat, Selbstbewußtsein und Selbstbestimmung, 1979.

**Semantik** (vom griech. *sema*, ‚Zeichen'):
Bedeutungslehre; philosophische und linguistische Disziplin, in der es um die BEDEUTUNG sprachlicher Ausdrücke geht. Ch. Morris spricht von der semantischen Dimension des Zeichenprozesses; sie betrifft das Verhältnis von Zeichen und Bezeichnetem. Wichtig für die Entwicklung der S. ist die von Frege getroffene Unterscheidung zwischen SINN und BEDEUTUNG und die von Carnap getroffene Unterscheidung zwischen EXTENSION und INTENSION. In der *logischen S.* werden die Wahrheitsbedingungen von Aussagen behandelt; sie ist eine Theorie der Interpretation von formalen KALKÜLEN. Wichtig ist dabei die Unterscheidung zwischen METASPRACHE und OBJEKTSPRACHE; mit Hilfe dieser Unterscheidung können ANTINOMIEN vermieden werden. In der *linguistischen* S. unterscheidet man zwischen Wortsemantik (Themenbereiche sind hier z. B.: Sinnrelationen, Komponentenanalyse), Satzsemantik (Kompositionalitätsprinzip; die Bedeutung

des Satzes hängt von den Bedeutungen seiner Teilausdrücke ab) und Textsemantik (Untersuchung der Bedeutungen von Texteinheiten). An Relevanz hat in der neuesten Zeit die sog. *generative S.* gewonnen, in der Bedeutungen als syntaktische Tiefenstrukturen erzeugt werden. Im Anschluß an die Spätphilosophie Wittgensteins wurde u. a. in der Sprechakttheorie eine handlungstheoretische S. entwickelt; sie ist vor allem eine S. der Regeln der Verwendung von Sätzen in Handlungskontexten (☞GEBRAUCH, SPRECHAKT).

Lit.: G. Frege, Über Sinn und Bedeutung, in: ders., Funktion, Begriff, Bedeutung, hg. v. G. Patzig, [6]1985; L. Wittgenstein, Tractatus logico-philosophicus, 1922; J. Katz, Philosophie der Sprache, 1969; R. Carnap, Bedeutung und Notwendigkeit, 1972; G. Leech, Semantics, 1974; G. Grewendorf/F. Hamm/ W. Sternefeld, Sprachliches Wissen, [3]1989. ☞BEDEUTUNG, SPRECHAKT

**Semiotik** (vom griech. *sema*, ‚Zeichen'):
Zeichenlehre; die Theorie vom ZEICHEN. Ch. S. Peirce bestimmt das Z. als eine triadische Relation; jedes Zeichen, sofern es etwas repräsentiert, wird als eine Relation zwischen *Mittel*, bezeichnetem *Objekt* und *Zeicheninterpreten* bestimmt. Jeder Bestandteil dieser Relation stellt selbst wiederum eine triadische Relation dar. Korrelate des Mittels sind *Quali-Zeichen* (bloße Qualität), *Sin-Zeichen* (singuläre Qualität) und *Legi-Zeichen* (konventionelles Mittel der Repräsentation). Korrelate des *Objektbezugs* sind: *Icon* (Abbild), *Index* (Anzeiger) und *Symbol* (sinnvolles Bild). Die Korrelate des *Interpretanten* sind: *Rhema*, *Dicent* und *Argument*. C. W. Morris unterscheidet drei Aspekte des Zeichenprozesses (der *Semiose*): den *syntaktischen* Aspekt (betrifft die Korrelation der Zeichen untereinander), den *semantischen* Aspekt (betrifft die Korrelation zwischen Zeichen und Bezeichnetem) und den *pragmatischen* Aspekt (betrifft die Korrelation zwischen Zeichen und Zeichenbenutzer bzw. -interpreten). Die Ergebnisse der semiotischen Forschung fanden auf unterschiedlichen Gebieten Anwendung, z. B. in der Logik, Erkenntnistheorie, Ästhetik, Rhetorik, Kunstwissenschaften, Kommunikationswissenschaften, Linguistik. Sie steht in einem Verhältnis zu HERMENEUTIK, STRUKTURALISMUS, sprachanalytischen Philosophie (☞ANALYTISCHE PHILOSOPHIE). Eine besondere Ausprägung findet die S. in der TRANSZENDENTALPRAGMATIK.

Lit.: Ch. S. Peirce, Collected Papers, 8 Bde., [3]1965-79; C. W. Morris, Zeichen, Sprache und Verhalten, 1973; M. Bense, Semiotische Prozesse und Systeme, 1975; ders., Semiotik, in: E. Braun/H. Radermacher (Hg.), Wissenschaftstheoretisches Lexikon, 1978; U. Eco, Semiotik, 1987; R. Jacobson, Semiotik, hg. v. E. Holenstein, 1988.

**Sensation** (von lat. *sensatio*, ‚Empfindung'):
bei Locke Bezeichnung für die äußere Sinneswahrnehmung, Sinnesempfindung; sie ist die Quelle aller Erkenntnis. ☞SENSUALISMUS, EMPIRISMUS

**Sensualismus** (von lat. *sensualis*, ‚empfindbar', ‚sinnlich'):
erkenntnistheoretische Position, nach der die Sinneswahrnehmung bzw. die Sinnesempfindung die alleinige Quelle der Erkenntnis ist. Als Vorläufer des S. gelten in der Antike die Kyniker und Epikureer. Auch bei Aristoteles findet man sensualistische Elemente (die Aufwertung der Bedeutung der Sinneswahrnehmung für die Erkenntnis). In der Neuzeit formuliert Locke den zentralen Satz des S.: „Nihil est in intellectu, quod non prius fuerit in sensu" (lat. ‚nichts ist im Verstande, was nicht vorher im Sinn ist'). Die Sinneserfahrung gilt als das unhintergehbare Fundament der Erkenntnis. Ein weiterer Grundsatz des S. wird von Berkeley formuliert: „Esse est percipi" (lat. ‚Sein ist Wahrgenommenwerden'). Das Vorhandensein der realen Gegenstände wird mit dem Vorhandensein von Wahrnehmungsdaten identifiziert. Im engeren Sinne ist S. die von Condillac und anderen französischen Aufklärern entwickelte Position. Für Condillac gilt: „Die Sinneswahrnehmung umschließt alle Fähigkeiten der Seele". Für Condillac gibt es keine innere, sondern nur äußere, sinnliche Wahrnehmung. Vorstellungen und Denkinhalte sind Umformungen der Sinneswahrnehmungen. Auch das Ich wird als ein Bündel von Sinneswahrnehmungen aufgefaßt. Der S. kann als eine extreme Form des EMPIRISMUS (☞LOGISCHER EMPIRISMUS, PHÄNOMENALISMUS) bezeichnet werden. Der S. hat einen Einfluß auf den Empiriokritizismus (Avenarius, Mach) und den Positivismus ausgeübt. Der Gegensatz des S. ist der RATIONALISMUS.

Lit.: E. B. de Condillac, Oeuvres philosophiques, hg. v. G. Le Roy, 1947-51; J. Borek, Sensualismus und Sensation, 1983. ☞ EMPIRISMUS

**Sic et non** (lat. ‚so und nicht (so)'):
in der Scholastik die von Abaelard entwickelte Methode, bei der vor der Beantwortung einer Frage die entgegengesetzten Meinungen der Autoritäten miteinander verglichen und ausgewertet werden.

**Singulär** (von lat. *singularis*, ‚einzeln'):
einzeln. S. Termini sind z. B. Eigennamen (☞NAME), die sog. *deiktischen Ausdrücke* (z. B. „dies", „jetzt", „hier") und KENNZEICHNUNGEN.

**Singularismus** (von lat. *singularis*, ‚einzig'):
Sammelbezeichnung für philosophisch-metaphysische Positionen, denen zufolge die gesamte Wirklichkeit aus *einem* Prinzip erklärt wird (☞MONISMUS).

**Sinn:**
ein sehr vieldeutiger Begriff. Zunächst ist „S." Bezeichnung für ein reizaufnehmendes Organ (Sinnesorgan). Das Vermögen, unterschiedliche Reize

aufzunehmen und zu verarbeiten, wird SINNLICHKEIT genannt. Dieses Vermögen bezieht sich vor allem auf die äußere (Wahrnehmungs-)Welt. Locke unterscheidet jedoch neben dem *äußeren S.* (äußerer Sinneswahrnehmung) den *inneren S.* (die Wahrnehmung der eigenen, inneren seelischen Zustände). Anders verwendet den Begriff Husserl. Er spricht von der KONSTITUTION der intentionalen Gegenstände (☞NOEMA) aus den Leistungen der „reinen Subjektivität" (☞NOESIS) als von der *Sinnkonstitution.* Im intentionalen Akt wird aus noetischen Bewußtseinsleistungen der intentionale Gegenstand konstituiert, d. h. zu einer bestimmten Sinn- bzw. Bedeutungseinheit (die Begriffe „S." und „Bedeutung" werden hier meist synonym verwendet) gebracht. Husserl spricht von bedeutungsverleihenden Akten. Nach Heidegger wird S. als ein Existenzial des Daseins, das sich im Verstehen entwirft, bestimmt. S. ist „das Woraufhin des Entwurfs, aus dem her etwas als etwas verständlich wird". Die Heideggersche Bestimmung von S. wird in die neuere HERMENEUTIK aufgenommen. Auch für H.-G. Gadamer konstituiert sich S. in Verstehenszusammenhängen. Jede Äußerung hat S., insofern sie in einem Verstehenszusammenhang auftritt. Gadamer bestimmt „S." als Bedeutungsgehalt. So ist z. B. der S. einer Äußerung ein Bedeutungsgehalt, der den Produzenten und den Interpreten dieser Äußerung „verbindet". Eine andere Verwendung hat der Begriff in der sprachanalytischen Tradition. J. S. Mill unterscheidet zwischen der DENOTATION und der KONNOTATION eines Namens. Die Denotation ist das Referenzobjekt, der mit diesem Namen bezeichnete Gegenstand, die Konnotation ist das, was mit diesem Namen gemeint ist (der S.). Frege unterscheidet zwischen S. und BEDEUTUNG von Namen und Sätzen. Der S. eines Namens ist das mit diesem Namen Gemeinte, die Bedeutung eines Namens ist das Referenzobjekt bzw. der mit dem Namen bezeichnete Gegenstand. Die Namen „Abendstern" und „Morgenstern" haben dieselbe Bedeutung (der Planet Venus); sie haben aber jeweils verschiedenen S. (Abendstern ist der Stern, der Abends am Himmel gesehen werden kann; der Morgenstern ist der Stern, der morgens am Himmel gesehen werden kann). Der S. einer Aussage ist der in ihr ausgedrückte GEDANKE; die Bedeutung einer Aussage ist deren WAHRHEITSWERT. R. Carnap bestimmt die Bedeutung eines Ausdrucks extensional, den S. intensional (☞EXTENSION, INTENSION). Die Bedeutung eines Satzes ist dessen Wahrheitswert, der S. eines Satzes wird als PROPOSITION bestimmt. Für den frühen Wittgenstein sind nur empirische Sätze sinnvoll (sie können verifiziert werden), die logischen Sätze haben keinen S., sind aber nicht unsinnig; die metaphysischen Sätze sind unsinnig (sie genügen nicht dem Sinnkriterium der VERIFIKATION). In der Philosophie des logischen Empirismus und der sprachanalytischen Philosophie versucht man mit Hilfe eines SINNKRITERIUMS, sinnvolle Sätze von sinnlosen Sätzen zu unterscheiden.

Eine andere Verwendung findet der Begriff des S. in normativen Zusammenhängen. So spricht man z. B. vom S. des Lebens (auch Zweck bzw. Ziel des Lebens), und zwar sowohl vom Lebenssinn eines Individuums (er kann z. B. in einer bestimmten Aufgabe, in der Selbstentfaltung usw. gefunden werden) als auch von einem überindividuellen S. einer Gemeinschaft (z. B. eines Volkes). In geschichtsphilosophischen Zusammenhängen spricht man vom S. in der Geschichte, S. einer Epoche usw. (☞THEODIZEE). In anderen Kontexten kann S. als Ordnung bzw. STRUKTUR aufgefaßt werden.

Lit.: E. Husserl, Logische Untersuchungen, 1900-01; L. Wittgenstein, Tractatus logico-philosophicus, 1922; M. Heidegger, Sein und Zeit, 1927; H.-G. Gadamer, Wahrheit und Methode, 1960; R. Carnap, Bedeutung und Notwendigkeit, 1972; G. Frege, Über Sinn und Bedeutung, in: ders., Funktion, Begriff, Bedeutung, hg. v. G. Patzig, [6]1985.

## Sinnesdatum:

das in der sinnlichen Wahrnehmung Gegebene, das nicht weiter zergliedert werden kann. S. spielen eine wichtige Rolle in der Tradition des EMPIRISMUS und SENSUALISMUS; sie werden als Quelle und Fundament der Erkenntnis aufgefaßt.

## Sinnesqualität:

Beschaffenheit, Eigenschaft des sinnlichen Empfindens. Im EMPIRISMUS und SENSUALISMUS sind die S. die einfachsten, auf nichts zurückführbaren Eigenschaften der Wirklichkeit. Galilei unterscheidet zwischen *objektiven Qualitäten*, die den Körpern zukommen (Begrenzung, Figur, Größe, Bewegung u. a.), und den *subjektiven Qualitäten* (Farben, Töne u. a.). Die Unterscheidung zwischen *primären* und *sekundären Qualitäten*, die schon in der Scholastik bekannt ist, steht im Zentrum der Lockeschen Erkenntnistheorie. Die primären Qualitäten sind vom Körper unabtrennbar; der Körper behält diese Qualitäten trotz aller Veränderungen. Die Qualitäten bringen in uns einfache Vorstellungen (Dichtheit, Ausdehnung, Bewegung, Ruhe und Zahl) hervor. Daneben gibt es Qualitäten der Körper, die unterschiedliche Empfindungen in uns durch ihre primären Qualitäten hervorbringen („sekundäre Qualitäten"). Zu den sekundären Qualitäten gehören Farben, Töne und Geschmäcke.

Lit.: J. Locke, Untersuchung über den menschlichen Verstand, 1690.

## Sinnkriterium:

ein Kriterium, anhand dessen sinnvolle Sätze von sinnlosen unterschieden werden können. Nach L. Wittgenstein sind nur die Sätze, die verifiziert werden können (☞VERIFIKATION), sinnvoll. Logische Sätze haben keinen Sinn, sind aber nicht unsinnig. Unsinnig sind die metaphysischen Sätze, weil sie dem Prinzip der Verifikation nicht genügen. Im Anschluß an Wittgenstein wurde dieses empiristische S. im logischen Empirismus des *Wiener Kreises* vertreten (z. B. von Carnap). Dieses S. wurde von Carnap erweitert, weil es viele Aussagen, die für den Aufbau einer wissenschaftlichen Theorie relevant sind, ausschließt (z. B. einige Allsätze, Sätze mit theoretischen Thermen). Eine von Carnap entworfene empiristische Sprache soll auch dieses Sätze aufnehmen können. ☞BESTÄTIGUNG

Lit.: L. Wittgenstein, Tractatus logico-philosophicus, 1922; R. Carnap, Scheinprobleme in der Philosophie, 1928; ders., Theoretische Begriffe der Wissenschaft, in: ZphF 14, 1960.

## Sinnlich:

bezogen auf die Sinne, die sinnliche Erkenntnis betreffend. ☞SINNLICHKEIT

## Sinnlichkeit:

das Vermögen, mittels der Sinne Eindrücke zu empfangen (☞REZEPTIVITÄT). Die Rolle der S. für die Erkenntnis wurde im Laufe der Philosophiegeschichte unterschiedlich eingeschätzt. Für Platon hat die auf S. beruhende Erkenntnis einen mindren Status. Sinnlich Erkenntnis ist Scheinwissen (☞DOXA). Nur die nicht-sinnliche Erkenntnis der Ideen wird als sicheres, wahres Wissen aufgefaßt. Aristoteles hebt zwar die Rolle der S. für die empirische Erkenntnis hervor (empirische Erkenntnis als die erste Stufe der Erkenntnis), doch letztlich spielt die theoretische, metaphysische Erkenntnis (über die sinnliche Erfahrung hinausgehende Erkenntnis) die entscheidende Rolle. In ethischen Zusammenhängen gilt die sinnliche Lust (sowohl bei Platon als auch bei Aristoteles) als die niedrigste Lustart (jedoch nicht in einem abschätzigen Sinne). Die Bedeutung der sinnlichen Lust hebt Epikur hervor. Zu Beginn der Neuzeit stehen sich die Positionen der RATIONALISMUS und EMPIRISMUS gegenüber. Im Rationalismus wird die S. als für den Erkenntnisprozeß sekundär eingestuft. Das reine, von der sinnlichen Erfahrung unabhängige Denken wird in den Vordergrund gestellt. Dagegen bildet im Empirismus (besonders im SENSUALISMUS) die sinnliche Erfahrung die grundlegende Basis jeglicher Erkenntnis. Nach Locke werden auch Vorstellungen aus sinnlicher Erfahrung gewonnen. Eine Versöhnung zwischen den Positionen des Rationalismus und Empirismus wird von Kant angestrebt. Durch die S. sind uns die Anschauungen von Gegenständen gegeben. Das Denken bezieht sich auf sinnlich gegebene Anschauungen. Der Verstand ordnet und formt das sinnlich gegebene Material mittels der reinen ANSCHAUUNGSFORMEN Raum und Zeit. Hinsichtlich der praktischen Philosophie wird S. dem Bereich der Neigungen (Triebe, Gefühle, Bedürfnisse) zugeordnet und dem freien, sittlichen Handeln im Sinne des Sittengesetzes gegenübergestellt. Im anthropologischen Zusammenhang wird der Begriff der S. bei Feuerbach verwendet. In einer Kritik an Hegels

Auffassung von der Priorität des Begriffs bzw. absoluten Geistes gegenüber der S. spricht Feuerbach von der zentralen Rolle der sinnlich-materiellen Natur des Menschen. Die S. ist für das Leben und Erkennen konstitutiv. Die Rolle der sinnlichen Erfahrung für den Erkenntnisprozeß wird im 20. Jh. z. B. im LOGISCHEN EMPIRISMUS hervorgehoben.

Lit.: I. Kant, Kritik der reinen Vernunft, 1781, [2]1787; ders., Grundlegung zur Metaphysik der Sitten, 1785.
☞EMPIRISMUS

**Sittengesetz:**
bei Kant das moralische Grundprinzip; das allgemeinste Prinzip des sittlichen Handelns, das auf die Freiheit des Menschen verweist (☞WILLENSFREIHEIT, FREIHEIT, AUTONOMIE) (das „Gesetz der Kausalität aus Freiheit"). Das Verhältnis zwischen Freiheit und S. ist jedoch nicht im Sinne eines Ableitungsverhältnisses aufzufassen. Vielmehr ist das S. ein „Faktum der Vernunft", das als solches sich unmittelbar „aufdringt". Der Mensch handelt moralisch nicht aus persönlichen Neigungen, sondern aus Pflicht zum S.. Im Gegensatz zu einer subjektiven Maxime des Handelns hat das S. den Anspruch auf Allgemeingültigkeit und Allgemeinverbindlichkeit (Objektivität). Das S. gilt unbedingt. Kant formuliert das S. als KATEGORISCHEN IMPERATIV.

Lit.: I. Kant, Grundlegung zur Metaphysik der Sitten, 1785; ders., Kritik der praktischen Vernunft, 1788.
☞KATEGORISCHER IMPERATIV

**Sittlichkeit:**
der Inbegriff der moralischen Einstellungen und des moralischen Handelns, meist mit der Verpflichtung verbunden, das GUTE zu tun und das Böse zu vermeiden. In der Antike sind die Begriffe S., Moral, Ethos, Ethik noch nicht streng genug ausdifferenziert. Nach Kant sind Einstellungen und Handlungen sittlich, wenn sie dem SITTENGESETZ entsprechen. Im sittlichen Handeln offenbart sich die AUTONOMIE und FREIHEIT des Willens. Im Medium der praktischen Vernunft kann der Mensch sich selbst die Zwecke und Prinzipien seines Handelns setzen. Hegel unterscheidet zwischen S. und MORALITÄT. Die Moralität bezieht sich nur auf das subjektive Wollen und Handeln des Einzelnen; S. bezeichnet dagegen das Wollen und Handeln, das auf ein Gemeinwesen gerichtet ist. Die S. äußert sich laut Hegel in der Familie, in der bürgerlichen Gesellschaft und im Staat. Die Verwirklichung der S. kann nur in einem rechtlichen Rahmen vonstatten gehen. ☞ETHIK

Lit.: I. Kant, Grundlegung zur Metaphysik der Sitten, 1785; ders., Kritik der praktischen Vernunft, 1788; G. W. F. Hegel, Enzyklopädie der Wissenschaften, 1817.

**Skepsis** (griech. ‚Zweifel', ‚Zurückhaltung'):
Zurückhaltung im Urteilen, zurückhaltende Haltung, Zweifel. Man unter-

scheidet zwischen der *radikalen* S. (die Leugnung der Möglichkeit einer allgemeingültigen Erkenntnis bzw. eines allgemeingültigen Wissens, z. B. bei den Sophisten), der *relativen* bzw. *partiellen* S. (die Leugnung der Möglichkeit allgemeingültiger Erkenntnis auf bestimmten Gebieten, z. B. bei Hume), der *methodischen* S. (man zweifelt solange an der Erkennbarkeit der Welt bis eine unbezweifelbare Einsicht eintritt, z. B. bei Descartes).

**Skeptizismus:**
allgemein die Haltung der Distanz; zweifelnde Zurückhaltung im Urteilen; im engeren Sinne Sammelbezeichnung für philosophische Positionen, in denen die Möglichkeit einer allgemeingültigen, wahren Erkenntnis bzw. eines allgemeingültigen, wahren (und sicheren) Wissens in Frage gestellt wird. Es gibt unterschiedliche Grade der SKEPSIS und unterschiedliche skeptische Positionen. Die antike S. entsteht als Gegenposition zum metaphysischen Dogmatismus. Innerhalb des antiken S. gibt es verschiedene Positionen. Die Sophisten sprechen von der Relativität der menschlichen Erkenntnis und von der Unmöglichkeit einer absoluten Wahrheit. Für Protagoras ist alle Erkenntnis auf den Menschen , seine wechselnden Zustände bezogen. Besonders gezweifelt wird an der Erkenntnisleistung der Sinneswahrnehmung. Die Sophisten verweisen auf die individuellen und sozialen Bedingungen der Erkenntnis, d. h. auf die Abhängigkeit der Erkenntnis von Gefühlen, persönlichen Dispositionen, allgemeinen (z. B. religiösen) Vorstellungen, Gebräuchen, Bildungsniveau usw.. In der sokratischen Methode (☞MÄEUTIK) können skeptische Elemente (bzw. eine skeptische Haltung) gefunden werden; er stellt die üblichen Meinungen in Frage, löst sie auf und vertraut nicht auf die Meinungen der Autoritäten und des Volkes, sondern auf die menschliche Erkenntnisfähigkeit. Er kann jedoch nicht als Skeptiker im strengen Sinne des Wortes betrachtet werden, weil er an die Möglichkeit der Erkenntnis der Wahrheit glaubt.
Als eigentlicher Begründer des antiken S. gilt Pyrrhon (ca. 3000 v. Chr.). Ihm zufolge ändern sich unsere Überzeugungen (wie auch unsere Gefühle). Pyrrhon zweifelt an der Erkenntnisleistung unserer Sinneswahrnehmung. Er fordert zur Enthaltung (Zurückhaltung) im theoretischen Erkennen (gegenüber den Wahrheitsurteilen) und auch gegenüber den praktischen Angelegenheiten des Lebens auf (☞EPOCHÉ). Es gibt keine feststehende, absolute Wahrheit; für eine Behauptung gibt es immer plausible Gründe und Gegengründe. Weitere Skeptiker sind u. a. Arkesilaos und Karneades. Der Hauptvertreter des sog. *späteren S.* ist Sextus Empiricus (im 3. Jh. n. Chr.). Er systematisiert die bis dahin aufgetretenen skeptischen Argumente. Auch für ihn ist die auf der sinnlichen Wahrnehmung beruhende Erkenntnis subjektiv und relativ. Ein Kriterium, anhand dessen man wahre Meinungen festlegen könnte, gibt es nicht. Einen skeptischen Standpunkt vertritt in der

Neuzeit Montaigne. Er modifiziert den antiken Gedanken der Epoche. Bei Hume findet man einen *relativen* bzw. *partiellen* S.. Die auf sinnlicher Erfahrung beruhende Erkenntnis wird von ihm nicht in Frage gestellt. Über die Kausalität und das induktive Verfahren können wir auch nur über die Erfahrung etwas erkennen, nicht aus apriorischen Denkinhalten. Einen methodischen S. vertritt Descartes. Er zweifelt an der Erkennbarkeit der Welt (☞ZWEIFEL). Die Tatsache, daß er zweifelt, kann jedoch nicht bezweifelt werden. Der Zweifel führt Descartes zur Selbstgewißheit des Ich (☞COGITO ERGO SUM). Für Descartes stellt sich das Problem, wie mit Hilfe der gewissen, nicht bezweifelbaren Denkinhalte die Erkenntnis der Außenwelt möglich ist. Skeptische Momente findet man auch im KRITIZISMUS Kants; er zeigt die Grenzen der menschlichen Erkenntnis und die Geltungskriterien derselben auf. Für Hegel ist Skepsis ein notwendiges Moment des dialektischen Denkens, ein dem positiven Moment entgegengesetztes negatives Moment des Denkens. In der neueren Philosophie gibt es unterschiedliche skeptische Positionen (z. B. der sog. *Regelskeptizismus*; die Befolgung einer Regel schließt nicht die Anwendung dieser Regel im Folgenden ein.)

Lit.: Sextus Empiricus, Pyrrhonische Grundzüge; R. Descartes, Meditationen über die erste Philosophie, 1641; L. Wittgenstein, Philosophische Untersuchungen, 1933; R. H. Popkin, The History of Scepticism, 1979; W. Stegmüller, Metaphysik, Wissenschaft, Skepsis, 1954; O. Marquard, Skeptische Methode im Blick auf Kant, 1958; J. W. Cornman, Scepticism, Justification and Explanation, 1980; N. Rescher, Scepticism, 1980; P. D. Klein, Certainty, 1981; S. Kripki, Wittgenstein über Regeln und Privatsprache, 1987; R. A. Watson (Hg.), The Sceptical Mode in Modern Philosophy, 1988; J. Barnes, The Toils of Scepticism, 1990.

**Sokratische Methode:** ☞MÄEUTIK

**Solipsismus** (von lat. *solus*, ‚allein', und *ipse*, ‚selbst'):
erkenntnistheoretische Position, nach der die gesamte Wirklichkeit (auch die anderen Menschen) im eigenen Bewußtsein vorhanden ist; nur das eigene Ich samt seinen Bewußtseinsinhalten existiert. Die Außenwelt hat keine eigene Existenz bzw. Realität; sie ist nur als Bewußtseinsinhalte gegeben. Der S. geht auf die Philosophie Berkeleys zurück. Er wird als eine extreme Form des subjektiven Idealismus bezeichnet. Einen *methodischen* S. vertritt Descartes. Der radikale Zweifel an der Erkennbarkeit der Welt führt Descartes zur Gewißheit des „Ich denke" (☞COGITO ERGO SUM). Descartes stelle die Frage, wie von der Gewißheit des Ich ausgehend die Welt außerhalb des Ich zu erkennen ist. Einen *praktischen S.* vertritt im 19. Jh. Max Stirner; das Ich wird als der höchste Wert und der grundlegende Maßstab der Beurteilung der Wirklichkeit angesehen. Diese Position führt zum EGOISMUS.

Lit.: R. Descartes, Meditationen über die erste Philosophie, 1641; G. Berkeley, Eine Abhandlung über die Prinzipien der menschlichen Erkenntnis, 1710; M. Stirner, Der Einzige und sein Eigentum, 1845.

**Sophia** (griech.):
Weisheit; in der antik-griechischen Tradition eigentlich jegliche Art von Wissen oder Geschicklichkeit. Die PHILOSOPHIE wird als „Liebe zur Weisheit", als eine Beschäftigung mit Wissen um des Wissens selbst willen betrachtet; diese Beschäftigung verläßt den Bereich der konkreten Lebenspraxis.

**Sophisma** (griech.):
Trugschluß, der absichtlich zur Täuschung verwendet wird.

**Sophistik** (vom griech. *sophistes*, ‚Gelehrter', ‚Meister'):
Bezeichnung für eine geistige Strömung der griechischen Antike (5. – 4. Jh. v. Chr.): Gegenüber der Philosophie der Vorsokratiker, die den Kosmos in den Mittelpunkt ihrer Betrachtungen stellten und die theoretische Schau (☞THEORIE) als Erkenntnismedium benutzten, wandten sich die Sophisten dem Menschen und seinen praktischen Angelegenheiten zu. Für Protagoras, einen der Vertreter der S., gilt: „Aller Dinge Maß ist der Mensch". Alles wird auf das menschliche Erkennen und Tun bezogen. Es gibt keine vom Menschen unabhängige Wahrheit. Die Sophisten zweifeln an der Erkenntnisfunktion der Sinneswahrnehmung und zeigen die individuellen und sozialen Bedingungen der Erkenntnis auf (☞RELATIVISMUS, SKEPTIZISMUS). Das Verdienst der Sophisten liegt darin, daß sie zwischen dem Bereich der Naturgesetzlichkeit und dem der von Menschen gesetzten Normen, Zwecke und Werte unterscheiden. Der Bereich des Praktischen (z. B. des Politischen) unterliegt einer anderen, von Menschen gesetzten, Ordnung als die Ordnung (Gesetzlichkeit) der Natur. Die Zuwendung zum Menschen und zu seinen Angelegenheiten in der S. wird oft als *sophistische Aufklärung* bezeichnet. Die Sophisten wandten sich gegen die herrschenden Meinungen und Autoritäten. Viele von ihnen vertraten einen atheistischen Standpunkt. Die Sophisten setzten das Wissen für praktische Ziele und Zwecke ein. Wissen wird zu einem entscheidenden sozialen Machtinstrument. Eine wichtige Rolle spielt in diesem Zusammenhang die RHETORIK als die Kunst der Überredung und Meinungsbeeinflussung. Das Wissen und die Tugend sind nicht Privilegien der Aristokratie (so die damals übliche Meinung); sie sind lehr- und lernbar. Neben Protagoras gehören zu den Sophisten u. a. Gorgias, Hippias und Prodikos. Von seinen Zeitgenossen wird auch Sokrates wegen seiner Gottlosigkeit und des Verderbens der Jugend zu den Sophisten gezählt. Im Gegensatz zu den Sophisten weiß jedoch Sokrates um sein Nichtwissen und glaubt an eine objektive Wahrheit (er sucht nach der Wahrheit und orientiert sich dabei an den besten Argumenten). Sokrates instrumentalisiert nicht das Wissen, wie dies die Sophisten tun. Der negative, abwertende Gebrauch des Begriffs „S." geht auf Platon zurück, der in seinen

„Dialogen" die sokratische Suche nach Wahrheit und nach den besten Argumenten der sophistischen Instrumentalisierung und Manipulierung des Wissens gegenüberstellt. Zu einer Aufwertung der S. kommt es in der Philosophie Hegels und Nietzsches.

Lit.: W. Nestle, Die Vorsokratiker, 1908, [5]1957.

**Sophistikationen:**
bei Kant Bezeichnung für die dialektischen Vernunftschlüsse, in denen den Ideen den Schein der objektiven Realität gegeben wird.

**Sophrosyne** (griech. ‚Besonnenheit'):
in der griechisch-antiken Philosophie Bezeichnung für eine KARDINALTUGEND; Besonnenheit und Mäßigung der Bedürfnisse und Begierden.

**Sorge:**
In der Daseinsanalytik Heideggers Bezeichnung für ein Grundmoment des Daseins. Das Dasein verhält sich zu sich selbst (Existenz). Das Verhältnis des Daseins zu Umwelt nennt Heidegger das „Besorgen", zu den Mitmenschen die „Fürsorge". Strukturmomente der S. sind: das „Sich-vorweg-sein", das „Schon-sein-in" und das „Sein-bei".

**Sosein:**
in der scholastischen Tradition Bezeichnung für das WESEN (lat. ‚essentia') eines Seienden im Gegensatz zum DASEIN (lat. ‚existentia') eines Seienden.

**Sozial** (von lat. *socialis*, ‚gemeinschaftlich'):
gemeinschaftlich. ☞SOZIALPHILOSOPHIE

**Sozialethik:**
Bezeichnung für eine Art der Ethik, in der der Gemeinschaftswert im Mittelpunkt steht (Gegensatz: INDIVIDUALETHIK). Der Gemeinschaftswert ist dem Individualwert übergeordnet. Rechte und Pflichten der Menschen werden nur hinsichtlich ihrer Relevanz für das Gemeinwesen betrachtet und bestimmt. Moralische bzw. ethische Überzeugungen bilden sich und haben ihre Relevanz nur in der Gemeinschaft.

**Sozialismus:**
allgemein Bezeichnung für eine Gesellschaftsform, in der die Interessen der Gemeinschaft, nicht einzelner Personen, Gruppen usw., garantiert und geachtet werden sollen, und in der Frieden, Gleichheit und Gerechtigkeit herrschen sollen; sodann auch Bezeichnung für die Theorie einer solchen

Gesellschaftsform und für eine gesellschaftlich-politische Bewegung, die diese Theorie verwirklichen will. Im *utopischen S.* (Hauptvertreter: Saint-Simon, Fourier) konzentriert man sich auf die Verurteilung der damals bestehenden, sozialen Verhältnisse und auf das Entwerfen utopischer Modelle (☞UTOPIE).

Marx und Engels entwerfen die Konzeption des *wissenschaftlichen S.*; er beinhaltet die Analyse der kapitalistischen Gesellschaft (☞MATERIALISMUS) und die Vorstellung einer zukünftigen (sozialistischen) Gesellschaftsordnung. Der S. wird als eine Zwischenstufe zwischen dem Kapitalismus und KOMMUNISMUS betrachtet. Die sozialistische Phase wird durch eine Revolution angeleitet, in der die Herrschaft der Kapitalisten gebrochen wird und das Proletariat die Herrschaft übernimmt (Lenin); das Privateigentum wird aufgehoben und vergesellschaftet. Die sozialdemokratischen und reformistisch-sozialistischen Parteien streben eine evolutionäre Veränderung der bestehenden Gesellschaft an, eine allmähliche Verbesserung der Verhältnisse bei gleichzeitiger Beibehaltung der Errungenschaften der bürgerlichen Gesellschaft (Meinungsfreiheit, Mehrparteiensystem usw.). Das sowjetische Experiment gilt als gescheitert.

Lit.: L. Zahn, Utopischer Sozialismus und Ökonomiekritik, 1984; H. Albert, Freiheit und Ordnung, 1986; Th. Meyer (Hg.), Liberalismus und Sozialismus, 1987. ☞MATERIALISMUS, MARXISMUS

## Sozialphilosophie:

philosophische Disziplin, in der bestimmte Merkmale des Sozialen, Gemeinschaftlichen ausgezeichnet werden. Wichtig für die S. ist die in der Antike eingeführte Unterscheidung zwischen der Natur-Ordnung und der vom Menschen gesetzten Ordnung, dem menschlichen Gesetz. Die menschlichen Gesetze bilden eine eigenständige Ordnung. Für Platon und Aristoteles ist der Mensch ein soziales und politisches Wesen („zoon politikon"); nur in einer sozialen Ordnung kann er sich als sittlich Wesen verwirklichen. Machiavelli, einer der Begründer der modernen Sozialphilosophie, stellt die Frage, wie Handlungen eine stabile soziale Organisation zur Folge haben können. Er analysiert die konkreten Machtverhältnisse in einem Staat. Für Hobbes herrscht im NATURZUSTAND ein Krieg aller gegen alle. Dieser Zustand wird beendet durch einen GESELLSCHAFTSVERTRAG, in dem die Einzelnen ihre wesentlichen Rechte an den Souveränen abgeben; der Souverän garantiert die Ordnung des Sozialen. Locke spricht im Gegensatz zu Hobbes von einer gegenseitigen Achtung schon im Naturzustand, die das Merkmal des Sozialen bildet. Für Rousseau ist der allgemeiner Wille der Konsens als wesentliches Merkmal der Integration einer Gesellschaft. Marx verbindet die Dimension des Sozialen mit dem Bereich der gesellschaftlichen Arbeit bzw. Praxis und dem der ökonomischen Verhältnisse.

Im 20. Jh. gibt es unterschiedliche sozialphilosophische Positionen. G. H. Mead unterscheidet zwischen „I“ (Aktivität, Spontaneität von Einfällen, Wünschen, Gefühlen, Stimmungen im Sinne von Reaktionsmöglichkeiten bzw. die Fähigkeit, kreative Lösungen für Situationsanforderungen hervorzubringen) und „Me“ (eine Person übernimmt Erwartungen eines verallgemeinerten Anderen). Bei T. Parsons wird S. in Zusammenhang mit der *conditio humana* gestellt. Das Sozialsystem ist ein Teil der Handlungssysteme. Das Handlungssystem ist ein Teil des allgemeinen Paradigmas der conditio humana. Für K. R.Popper besteht sozialwissenschaftliche Praxis in der Anwendung des sozialwissenschaftlichen Wissens zum Zwecke der Konfliktlösung (Im Sinne von Sozialtechnologie). Die Praxis als Anwendung vom nomologischen Wissen ist Sozialtechnologie. Popper entwickelt einen *methodischen Individualismus*. ☞SOZIOLOGIE

Lit.: Platon, Politeia; Aristoteles, Politik; ders., Nikomachische Ethik; Th. Hobbes, Leviathan, 1651.

**Soziologie** (von lat. *socius*, ‚gemeinsam‘, ‚verbunden‘): Wissenschaft von der Gesellschaft und dem Handeln in der Gesellschaft. Sie untersucht das Handeln von Personen und Gruppen unter den Gesichtspunkten der Anpassung an ihre soziale und nicht-soziale Umwelt, der Mittelwahl und der Zielerreichung, der sozialen Integration von Personen zu/in Gemeinschaften und von verschiedenen Gemeinschaften und der Werteorientierung (Werte als Begriffe des Wünschbaren) des Handelns. Gesellschaften sind Ordnungen, deren Regelungen über eine längeren Zeitraum Bestand haben, z. B. archaische, hochkulturelle, frühmoderne und moderne Gesellschaften. In der S. werden untersucht: die Rollenvollzüge von Personen, der Status von Mitgliedern in Gruppen, die Merkmale von sozialen Interaktionen und Gemeinschaften, die Verbreitung und Akzeptanz von Werten und Normen. In der S. werden folgende soziale Einheiten unterschieden: segmentäre (d. h. die Aufteilung derselben Einheit auf ein Territorium, z. B. Familiensystem), geschichtete (z. B. Anordnung von ungleichen sozialen Einheiten nach einer Prestigeordnung; Statussystem), staatlich organisierte (Amt, Verwaltung), funktional differenzierte Einheiten (z. B. moderne Wirtschaft, Staat, Recht, Wissenschaft). Schwerpunkt soziologischer Forschung ist die Untersuchung der sozialen Solidarität auf der Basis von Mitgliedschaft. In der soziologische Evolutionstheorie wird sozialer Wandel anhand der Analyse von sozialen Trägerschichten untersucht. Zentrale soziologische Gebiete und ihre Vertreter sind: Erklärungen der Entstehung der modernen Industriegesellschaft, der modernen Rechtsgemeinschaft und modernen politischen Ordnung (Saint-Simon, A. Comte, H. Spencer, E. Durkheim, M. Weber, A. Strauß, G. Simmel, F. Tönnies), Rollentheorie (C. H. Colly, G. H. Mead, R. Linton, E. Goffman, H. Blumer, A. Struß, R. H. Turner, T. Parsons, K. R. Merton), Systemtheorie (T. Parsons, N. J. Smelser, J. Alexander, N. Luhmann,), Handlungstheorie (M. Weber, T. Parsons, R. Münch), Phänomenologische S. (A. Schütz, Th. Luckmann, P. L. Berger, H. Kellner), Wissenssoziologie (K. Mannheim), Ethnomethodologie (H. Garvinkel, D. Z. Zimmermann), sprachtheoretische S. (P. Winch, J. Habermas), Gesellschaft als Lebenswelt und System (J. Habermas), Institutionstheorie (A. Gehlen, H. Schelsky), S. der kleinen Sozialsysteme (K. O. Hondrich), Protosoziologie (G. Preyer).

Lit.: E. Durkheim, Die Regeln der soziologischen Methode, 1895; M. Weber, Wirtschaft und Gesellschaft, 1922; K. Mannheim, Ideologie und Utopie, 1929; R. Dahrendorf, Homo Sociologicus, 1958; K. R. Popper, Die offene Gesellschaft und ihre Feinde, 1958; T. Parsons, Sociological Theory of Modern Society, 1967; G. H. Mead, Geist, Identität und Gesellschaft, 1969; C. Lévi-Strauss, Strukturelle Anthropologie, 1975; N. Luhmann, Soziologische Aufklärung, Bd. 1 und 2, 1970-75; D. Käsler, Klassiker des soziologischen Denkens, 2 Bde., 1976-78; A. Schütz/Th. Luckmann, Strukturen der Lebenswelt, 1979; W. Lepenies (Hg.), Geschichte der Soziologie, 4 Bde., 1981; J. Habermas, Zur Logik der Sozialwissenschaften, 1970; ders., Theorie des kommunikativen Handelns, 2 Bde., 1981; R. Münch, Die Struktur der Moderne, 1984.

**Soziologismus:**
Bezeichnung für eine Position, nach der die meisten Phänomene und Bereiche der Wirklichkeit unter gesellschaftstheoretischen Gesichtspunkten betrachtet werden (Alles ist gesellschaftlich vermittelt); die SOZIOLOGIE avanciert zu *der* Grundlagenwissenschaft; auch die Philosophie soll durch Gesellschaftstheorie ersetzt werden.

**Species** (auch ‚Spezies'): ☞ART

**Spekulation** (von lat. *speculatio*, ‚Beschauung', ‚Betrachtung'):
in der Philosophie Bezeichnung für ein Denken, das nicht auf (empirische) Erfahrung bezogen ist und sich einer an (empirischer) Erfahrung orientierten Überprüfung bzw. Ausweisung entzieht. S. ist also ein reines Denken, das Denken aus sich selbst, das erfahrungsunabhängig ist und zu seiner Ausweisung keiner Erfahrung bedarf. In der Scholastik wird die S. als eine Art der meditativen Betrachtung, der SCHAU angesehen. Die S. ermöglicht so den Einblick in die metaphysische Struktur der Welt. Kant kritisiert die spekulative Erkenntnis; sie ist eine Erkenntnis ohne Bezug auf die Erfahrung. Für Kant muß sich in der theoretischen Philosophie jegliche Verstandeserkenntnis auf die Erfahrung beziehen, sich an der Erfahrung ausweisen. Für ihn sind die meisten metaphysischen Positionen spekulative Systeme (z. B. der PLATONISMUS und der RATIONALISMUS). Eine zentrale Bedeutung hat das spekulative Denken in der Philosophie des deutschen Idealismus, vor allem in der Philosophie Hegels. Die S. gehört zur dialektischen Selbstbewegung des Begriffs; spekulatives Denken ist dialektisches Denken (☞DIALEKTIK). Die Gegensätze bzw. Widersprüche sollen nicht vermieden, sondern

ausgehalten und zu einer Einheit gebracht werden. Der *spekulative Satz* soll den Widerspruch aufheben und ihn in einer Einheit umfassen.

Lit.: I. Kant, Kritik der reinen Vernunft, 1781, ²1787; G. W. F. Hegel, Phänomenologie des Geistes, 1807; ders., Wissenschaft der Logik, 1812-16; ders., Enzyklopädie der Wissenschaften, 1817.

**Spinozismus:**
Bezeichnung für die Philosophie Spinozas und die sich an sie anschließende Tradition. Für Spinoza ist Gott die einzige SUBSTANZ. Dem Menschen sind von den unendlich vielen Attributen Gottes nur zwei bekannt: Denken und Ausdehnung. Die körperlichen und geistigen Einzeldinge sind Modi der beiden Attribute. Zwischen den körperlichen und geistigen Vorgängen und Prozessen gibt es eine Entsprechung (Parallelismus). Spinoza vertritt den PANTHEISMUS; Gott ist in der Welt allgegenwärtig; Gott wird letztlich mit Welt identifiziert. Spinoza vertritt ein mechanistisches und deterministisches Weltbild (☞MECHANISMUS, DETERMINISMUS). Die Philosophie Spinozas hat einen Einfluß u. a. auf die Identitätslehre Schellings, auf Lessing, Schleiermacher und Goethe.

Lit.: B. Spinoza, Ethik, 1677; A. Altwicker (Hg.), Texte zur Geschichte des Spinozismus, 1971.

**Spiritualismus** (von lat. *spiritus*, ‚Geist'):
Sammelbezeichnung für Positionen, denen zufolge die höchste Realität dem Geistigen zukommt und alles Materielle bzw. Körperliche eine Erscheinungsweise des Geistigen ist (Gegensatz: MATERIALISMUS). Im extremen S. Berkeleys wird die Eigenständigkeit des Materiellen geleugnet und nur das Bewußtsein bzw. Geistig-Seelische als eigenständige Wirklichkeit betrachtet. Die materiellen Inhalte werden als Vorstellungsinhalte bestimmt. Formen des S. findet man z. B. in der Philosophie von Leibniz und Hegel (☞IDEALISMUS, PSYCHOLOGISMUS).

**Spontaneität:**
Selbsttätigkeit, Selbstbestimmung. Nach Kant ist S. „das Vermögen, Vorstellungen selbst hervorzubringen". Die S. des Denkens wird als Quelle der Begriffe (☞KATEGORIE) aufgefaßt. ☞VERSTAND

**Sprachanalyse:**
das zentrale Verfahren der sprachanalytischen Philosophie (☞ANALYTISCHE PHILOSOPHIE). Im „Tractatus" führt Wittgenstein dieses Verfahren vor. „Der Zweck der Philosophie ist die logische Klärung der Gedanken". Philosophie wird dabei nicht als Lehre, sondern als eine Tätigkeit bestimmt. „Der Gedanke ist der sinnvolle Satz". In der S. wird die Bedeutung von Wörtern und Sätzen geklärt. Sinnvolle Sätze sollen dabei von unsinnigen

bzw. sinnlosen Sätze abgegrenzt werden. Die Grenze der Sprache (der sinnvollen Verwendung von Äußerungen) soll aufgezeigt werden. im „Tractatus" wird die logische Form von Sätze offengelegt. Die Welt besteht aus Dingen und aus Sachverhalten. Die Dinge werden im Sachverhalt durch eine Relation miteinander verbunden. Diese Relationen bilden nach Wittgenstein das logische Gerüst der Welt. Der Struktur der Welt entspricht eine Struktur der Sprache. Einem einfachen Sachverhalt entspricht ein Elementarsatz; er bildet einen Sachverhalt ab. Ein Satz ist dann wahr, wenn der im Satz ausgedrückte Sachverhalt besteht. Der Wahrheitswert von zusammengesetzten, komplexen Sätzen ergibt sich aus den Wahrheitswerten der Elementarsätze. Jenseits der Grenzen der Sprache (des sinnvollen Sprechens) liegt das Mystische (und das Metaphysische). Als SINNKRITERIUM gilt für Wittgenstein die VERIFIKATION. Die logische S. hat die Aufgabe, die logische Form der Sprache aufzuzeigen und damit eine ideale Sprache aufzubauen. In einer solchen Sprache sollen die Bedeutungen der in ihr vorkommenden Ausdrücke klar festgelegt und ein klares Sinnkriterium aufgestellt werden, um sinnvolle von sinnlosen Sätzen abzugrenzen (☞IDEAL LANGUAGE PHILOSOPHY). Nur so kann die Sprache von metaphysischen Elementen gereinigt werden. Weitere Beispiele für eine logische Analyse sind Freges Unterscheidung von Sinn und Bedeutung und Russells logischer Atomismus (mit der Theorie der Kennzeichnungen). In der ORDINARY LANGUAGE PHILOSOPHY, in der auf Wittgensteins „Philosophische Untersuchungen" zurückgegriffen wird, bewegt sich die S. im Medium der *Alltagssprache* (auch *Gebrauchssprache* oder *natürlichen Sprache*). Nicht mittels einer idealen Sprache, sondern mittels der Alltagssprache sollen Bedeutungsprobleme und damit auch philosophische Probleme gelöst werden. Die S. konzentriert sich hier auf die Klärung des GEBRAUCHS von Ausdrücken in bestimmten Kontexten (Wittgenstein: „Die Bedeutung eines Wortes ist sein Gebrauch in der Sprache"). Beispiele für eine nicht-logische S. sind: die Bedeutung bestimmter Ausdrücke soll durch die Rückführung auf ihren Gebrauch in der Alltagssprache geklärt werden (Wittgenstein), die in der Sprechakttheorie vollzogene Unterscheidung zwischen dem lokutiven, illokutiven und perlokutiven Aspekt von SPRECHAKTEN (Austin), die Analyse der Bedingungen des Gelingens von Sprechakten.

Lit.: L. Wittgenstein, Tractatus logico-philosophicus, 1922; ders., Philosophische Untersuchungen, 1933.

## Sprache:

allgemein ein Zeichensystem, das als Medium der Kommunikation und der Weitergabe von Informationen bestimmt werden kann. S. ist Untersuchungsgegenstand fast aller philosophischen Disziplinen. Sie ist auch Gegenstand der empirischen Wissenschaften wie z. B. Psychologie, Soziologie, Semiotik, Kommunikationstheorie, Neurologie, Biologie, Genetik und Evolutionstheorie. Vor allem ist sie der Untersuchungsgegenstand der Sprachwissenschaften. In den einzelnen sprachwissenschaftlichen Disziplinen beschäftigt man sich mit den Einzelsprachen.

Die Frage, was eine Sprache ist, beschäftigt die Sprachtheorie. Nach G. Grewendorf u. a. werden als zentrale Fragen der Sprachwissenschaft u. a. die folgenden genannt: „Was heißt es, sprachliches Wissen zu besitzen, also über eine Sprachfähigkeit etwa im Gegensatz zu den Ausdrucksformen der Tiere zu verfügen? Was heißt es, ein ganz spezielles sprachliches Wissen zu besitzen ...?". „Wie wird sprachliches Wissen erworben? Wie wird das erworbene sprachliche Wissen verwendet?". Ein heute einflußreiches Modell des Spracherwerbs wurde von N. Chomsky entwickelt; es wird als das *nativistische Modell* bezeichnet. Nach Chomsky sind wir mit einem angeborenen Apparat der Sprachfähigkeit ausgestattet, das (in der frühkindlichen Lebensphase) in der Konfrontation mit der gesprochenen Sprache ausgelöst, aktualisiert und realisiert wird. Mit Hilfe dieses Modells können wir erklären, wie wir innerhalb einer relativ kurzen Zeit eine Sprache (mit ihrer Komplexität, Differenziertheit und Kreativität) erwerben können. Chomsky spricht von angeborenen Prinzipien, die es möglich machen, innerhalb kürzester Zeit eine Sprache zu erwerben. Diese Prinzipien sind universal; sie betreffen alle Sprachen bzw. die allgemeine Struktur der Sprache. Diese Prinzipien realisieren sich in den Einzelsprachen. Wichtig für die Konzeption der *universalen Grammatik* ist die Unterscheidung zwischen der sprachlichen *Kompetenz* (ein System angeborener generativer Prozesse) und der sprachlichen *Performanz* (die Realisierung der Kompetenz in konkreten Situationen, der Gebrauch der Sprache in bestimmten Situationen). Neben der *grammatischen* Kompetenz (sie ermöglicht die korrekte Bildung von Sätzen) kann von einer *pragmatischen* Kompetenz (sie regelt den Gebrauch von Sätzen) und einer *kommunikativen* Kompetenz (sie bestimmt die Regeln der Kommunikation bzw. der kommunikativen Verständigung) (Habermas).

Folgenreich für die Sprachtheorie wurde die von Ch. Morris eingeführte Unterscheidung der drei Aspekte des Zeichenprozesses. Er unterscheidet zwischen dem *syntaktischen* Aspekt (die Beziehung der Zeichen zueinander), *semantischen* (Die Beziehung zwischen Zeichen und Bezeichnetem) und *pragmatischen* Aspekt (die Beziehung zwischen Zeichen und Zeichenbenutzer). Syntax, Semantik und Pragmatik gehören neben Phonetik und Phonologie zu zentralen Theoriebereichen der Sprachwissenschaft. Eine weitere zentrale Unterscheidung wird von K. Bühler getroffen. Er spricht von drei Funktionen von Sprachzeichen: die *Repräsentations-* bzw. *Darstellungs*-Funktion (sprachliche Äußerungen repräsentieren bestehende oder nicht bestehende Sachverhalte), *Appell*-Funktion (mittels sprachlicher Äußerungen werden interpersonale Beziehungen hergestellt) und *Ausdrucks-*

Funktion (mit sprachlichen Äußerungen können subjektive Gefühle und Erlebnisse ausgedrückt werden). ☞SPRACHPHILOSOPHIE, ANALYTISCHE PHILOSOPHIE

Lit.: K. Bühler, Sprachtheorie, 1934; N. Chomsky, Aspekte der Syntaxtheorie, 1969; J. J. Katz, Philosophie der Sprache, 1970; Ch. W. Morris, Grundlagen der Zeichentheorie, 1972; ders., Zeichen, Sprache und Verhalten, 1973; H. Schnelle, Sprachphilosophie und Linguistik, 1973; K.-O. Apel, Transformation der Philosophie, 2 Bde., 1973; J. Habermas, Theorie des kommunikativen Handelns, 2 Bde., 1981; G. Grewendorf/F. Hamm/W. Sternefeld, Sprachliches Wissen, [3]1989; A. Ulfig, Was sind reflexive Sprechhandlungen?, in: Protosoziologie 2, 1992.

## Sprachkritik:

die Klärung von Gedanken und Problemen aufgrund einer Analyse der Sprache (☞SPRACHANALYSE). Während bei Kant kritische Philosophie Vernunftkritik ist (die Klärung der Bedingungen der Möglichkeit unseres Erkenntnisvermögens), ist kritische Philosophie bei Wittgenstein die (sinnkritische) Klärung von Gedanken und Problemen im Medium der Sprache. Für Wittgenstein gilt: „Alle Philosophie ist S.". Zeigt Kant die Grenzen unserer (theoretischen) Erkenntnis (Grenzen der reinen Vernunft) auf, so weist Wittgenstein die Grenzen zwischen dem sinnvoll und dem unsinnigen Sprechen auf (☞SINNKRITERIUM). Diese Grenze wird in der Sprache gezogen. Die S. ist ein Weg zur richtigen Erkenntnis der Welt. ☞ANALYTISCHE PHILOSOPHIE, PARADIGMA

Lit.: L. Wittgenstein, Tractatus logico-philosophicus, 1922.

## Sprachphilosophie:

allgemein eine philosophische Disziplin, in der nach dem Ursprung, der allgemeinen Struktur und nach den unterschiedlichen Funktionen der SPRACHE gefragt wird. Im Zentrum der griechisch-antiken Philosophie steht der Begriff LOGOS; er meint „Sammlung", „Ordnung", „Vernunft", „Denken", aber auch „Wort", „Rede". In dieser breiten Bedeutung des Begriffs drückt sich das antike Verständnis der Sprache aus. Der Struktur der Sprache entspricht eine Struktur (Ordnung) des Seienden und eine Struktur des Denkens. Bei Platon und Aristoteles entsprechen den Namen Gegenstände. Platon und Aristoteles stellen die Frage nach den Bedeutung des Wörter und nach dem Status der Bedeutungen. Was die Frage nach dem Ursprung der Sprache angeht, so gibt es in der Antike unterschiedliche Antworten. Während für die Sophisten sprachliche Ausdrücke bzw. die Bedeutungen dieser Ausdrücke aufgrund von willkürlichen Konventionen festgelegt sind, ist die Sprache für die Stoiker naturgegeben. In der Philosophie der STOA wird eine *Bedeutungslehre* entwickelt; man unterscheidet hier zwischen dem Bezeichnenden, Bezeichneten und dem realen Objekt. In der Scholastik konzentrieren sich die sprachphilosophischen Bemühungen auf logische

Untersuchungen und auf die Bestimmungen des Status der Allgemeinbegriffe (☞UNIVERSALIENSTREIT). Als eine eigenständige Disziplin besteht die S. seit den Arbeiten von Herder, W. v. Humboldt und Hamann. Die S. steht hier in einer engen Beziehung zu der auch damals entstehenden Sprachwissenschaft und zu anderen („empirischen") Disziplinen (z. B. Psychologie). Humboldt untersucht die Vielfalt der Sprachen, mit denen eine Vielfalt von Weltbildern der einzelnen Völkern verbunden ist. Nur im Medium der Sprache können sich Geist und Kultur manifestieren und entfalten. S. bleibt dennoch ein Instrument des Denkens, der Kommunikation, und ein Ausdruck des Denkens, Bewußtseins bzw. der Vernunft. Dies ändert sich im 20. Jh. mit dem Übergang von der Bewußtseinsphilosophie zur sprachanalytischen Philosophie. Diese Wende wird als *linguistic turn* bezeichnet (☞PARADIGMA). Sprache wird nicht mehr als Ausdruck des Bewußtseins, sondern als der zentrale Gegenstand und das Medium des Philosophierens betrachtet. Kants Vernunftkritik (das Aufzeigen der im Verstande liegenden Bedingungen der Möglichkeit der Erkenntnis und der Grenzen der Vernunft) wird bei Wittgenstein durch die SPRACHKRITIK (das Aufzeigen der Bedingungen des sinnvollen Sprechens und der Grenzen der Sprache) ersetzt. Als Mittel der Sprachkritik wird die SPRACHANALYSE verwendet. Die wichtigsten Strömungen der sprachanalytischen Philosophie (☞ANALYTISCHE PHILOSOPHIE) sind die IDEAL LANGUAGE PHILOSOPHY und die ORDINARY LANGUAGE PHILOSOPHY.

Die philosophische Betrachtung der Sprache erfolgt jedoch nicht nur in der sprachanalytischen Philosophie (im engeren Sinne). Auch in fast allen anderen philosophischen Richtungen und Disziplinen wird die Sprache untersucht, z. B. in der SEMIOTIK, im STRUKTURALISMUS und in derHERMENEUTIK. Nach H.-G. Gadamer hat die Sprache einen universellen Charakter. Da wo VERSTEHEN auftaucht, taucht auch die Sprache auf. Die Sprachlichkeit ist ein Grundmoment des Verstehens.

Lit.: J. G. Herder, Über den Ursprung der Sprache, 1772; W. v. Humboldt, Über die Verschiedenheit des menschlichen Sprachbaus, 1835; H. Steinthal, Der Ursprung der Sprache, [4]1888; R. Hönigswald, Philosophie und Sprache, 1937; B. Liebrucks, Sprache und Bewußtsein, 6 Bde., 1964-69. ☞SPRACHE, ANALYTISCHE PHILOSOPHIE

## Sprachspiel:

ein zentraler Begriff der Spätphilosophie Wittgensteins. „Das Wort ‚S.' soll hier hervorheben, daß das Sprechen ein Teil ist einer Tätigkeit, oder einer Lebensform". Wittgenstein führt Beispiele für S. vor: „Beschreiben eines Gegenstandes nach dem Ansehen, oder nach Messungen", „Herstellen eines Gegenstandes nach einer Beschreibung (Zeichnung)", „Berichten eines Hergangs", „Bitten, Danken, Fluchen, Grüßen, Beten". Die Verwendung von Ausdrücken in einem S. wird durch Regeln festgelegt. Die Ausdrücke eines S. stehen in einem Handlungszusammenhang; die Verwendung der Ausdrücke in diesem Handlungszusammenhang von Verwendungssituationen ist regelhaft. Ein S. ist mit einer LEBENSFORM verbunden, d.h. mit einem übergreifenden Handlungs- und Verstehensfundament. Die Regeln des S. sind nicht privat. Regelbefolgung ist nach Wittgenstein eine soziale Praxis, die Teilhabe an einer Lebensform. Zwischen den einzelnen S. gibt es „Familienähnlichkeiten" („Verwandtschaften").

Lit.: L. Wittgenstein, Philosophische Untersuchungen, 1933; K. Wuchterl, Struktur und Sprachspiel bei Wittgenstein, 1969; E. D. Klemke (Hg.), Essays on Wittgenstein, 1971.

## Sprechakt:

nach Searle die kleinste Einheit der sprachlichen Kommunikation. Die Grundthese der Sprechakttheorie lautet: Die Sprache hat nicht nur die Funktion, die Welt zu beschreiben (☞DESKRIPTIV); mit Sprache können wir Handlungen vollziehen. Als Begründer der Sprechakttheorie, die zur Sprachpragmatik (☞PRAGMATIK) gezählt wird, gilt J. L. Austin. Austin unterscheidet zunächst zwischen *konstativen* und *performativen* Äußerungen. Mit konstativen Äußerungen werden Feststellungen getroffen (sie können wahr oder falsch sein). Mit performativen Äußerungen können Handlungen vollzogen werden (sie sind weder wahr noch falsch). Beispiel für eine konstative Äußerung: „Martin ist ein Philosoph". Beispiel für eine performative Äußerung: „Ich verspreche Dir, daß ich morgen komme". Die performativen Äußerungen können *explizit* (Verwendung der Verben in der 1. Pers. Sing. Ind. Präs. Akt.) oder *primär-implizit* (man muß aus den Äußerungskontexten entnehmen, welche Handlungen mit der entsprechenden Äußerung vollzogen wird) sein. Austin zeigt in seiner „Theorie der Fehlschläge" die Bedingungen, die erfüllt sein müssen, damit ein S. gelingt. Austin kommt in seinen Analysen zu dem Ergebnis, daß alle sprachlichen Äußerungen (auch die konstativen) einen performativen Charakter haben. Die Distinktion konstativ-performativ wird aufgehoben. Mit allen Äußerungen werden Handlungen vollzogen. Austin unterscheidet drei Teilakte des S: 1) *lokutiver Akt*; er besteht aus dem *phonetischen Akt* (Äußerung von Lauten), *phatischen Akt* (Äußerung von Wörtern, die nach grammatischen Konstruktionsregeln einer Sprache zusammengesetzt sind) und den *rhetischen Akt* (die *Bedeutung* einer Äußerung); 2) der *illokutive Akt* (die Handlung, die man vollzieht, indem man etwas sagt); 3) der *perlokutive Akt* (die Handlung, die man vollzieht, dadurch, daß man etwas sagt; Handlung mit einem kausalen Effekt, einer Wirkung). Illokutive Akte werden im Unterschied zu perlokutiven Akten aufgrund einer Sprachkonvention vollzogen. Searle unterscheidet folgende Teilaspekte des S.: *Äußerungsakt* (Austins lokutiver Akt), *propositionaler Gehalt* (umfaßt die Akte der Referenz und Prädikation; Austins rhetischer Akt) und *illokutiver Akt* (Austins illokutiver Akt). Der S. hat eine propositional-illokutive Doppelstruktur. Searle stellt eine Liste von notwendigen und hinreichenden Bedingungen auf, die erfüllt sein müssen, damit ein illokutiver Akt erfolgreich vollzogen wird (z. B. „normale Eingabe- und Ausgabebedingungen", „Bedingungen des propositionalen Gehalts", „Aufrichtigkeitsbedingungen" u. a.). Themenschwerpunkte der Sprechakttheorie sind u. a. INTENTIONALITÄT, KONVENTIONALITÄT und Klassifikation von S..

Lit.: J. L. Austin, Zur Theorie der Sprechakte, 1972; J. R. Searle, Sprechakte, 1971; ders., Ausdruck und Bedeutung, 1982; E. v. Savigny, Die Philosophie der normalen Sprache, 1974; D. Wunderlich, Studien zur Sprechakttheorie, 1976; K.-O. Apel (Hg.), Sprachpragmatik und Philosophie, 1976; G. Grewendorf (Hg.); Sprechakttheorie und Semantik, 1979; G. Meggle (Hg.), Handlung, Kommunikation, Bedeutung, 1979; G. Harras, Handlungssprache und Sprechhandlung, 1983; G. Hindelang, Einführung in die Sprechakttheorie, 1983; S. C. Levinson, Pragmatics, 1983; G. Grewendorf/F. Hamm/W. Sternefeld, Sprachliches Wissen, [3]1989.

## Staat:

ein vieldeutiger Begriff, der eine gesellschaftliche, institutionelle und eine wesensmäßige bzw. souveränitätsbezogene Dimension aufweist. Mit den Implikationen dieser Dimensionen beschäftigt sich die Staatslehre. Die moderne Vergleichende Politikwissenschaft arbeitet zumeist mit dem Begriff „politisches System". Politische Systeme, etwa in den Entwicklungsländern, weisen Merkmale der politischen Verwaltung auf; sie integrieren aber nur unzureichend die einzelnen Komponenten der sozialen Gebilde, in denen sie existieren. Das Merkmal geht ihnen mehr oder minder ab. Aber auch in bezug auf moderne hochindustrialisierte Gemeinwesen kann gefragt werden, ob sie noch als S. zu verstehen sind. Internationale Zusammenschlüsse überwölben das Merkmal der Souveränität; der moderne Sozialstaat zerfällt in unterschiedlich gesteuerte Politikfelder; er gibt seine Einheitlichkeit auf. In der Politikwissenschaft wird deshalb zunehmend nicht länger von S., sondern von politisch-administrativen System (PAS) gesprochen.
In der Staatsphilosophie von Th. Hobbes wird der Übergang zur modernen Staatstheorie vollzogen. Im Gesellschaftsvertrag wird die oberste Gewalt des Gemeinwesens der Gesellschaft entzogen. Zweitens wird die Gesellschaft im Vertrag zu einer Einheit. Damit wird eine Definition von S. gegeben, die dem S. in zentraler Weise den Charakter der Gesellschaftlichkeit zuordnet. Auch bei Kant heißt es, daß der „S. ... die Vereinigung einer Menge von Menschen unter Rechtsgesetzen" ist. Für Hegel verwirklicht sich im Staat die Sittlichkeit. Im späten 19. Jh. wird der Nationalstaat vorwiegend unter dem Aspekt der (monarchistischen) Souveränität zu erfassen gesucht. Die Wesenheiten des S. wurden aus den folgenden Komponenten abgeleitet: Volk, Raum und Herrschaftsgewalt. Institutionelle Staatsbegriffe sind empirisch angelegt und erfassen unter S. die Gesamtheit der darunter versammelten Organisationen und Institutionen.

Eine Wesensbestimmung des Gemeinwesens würde dem Staatsbegriff nicht mehr entsprechen, so daß der Begriff des politischen Systems zur Charakterisierung eines in verschiedenen Funktionsbereichen unterschiedlich organisierten Territoriums geeigneter wäre. ☞STAATSPHILOSOPHIE

Lit.: G. Jellinek, Allgemeine Staatslehre, [3]1929; C.-E. Bärsch, Der Staatsbegriff in der neueren deutschen Staatslehre und seine theoretischen Implikationen, 1974; J. G. A. Pocock, The Machiavellian Moment, 1975.
☞STAATSPHILOSOPHIE

## Staatsphilosophie:

eine philosophische Disziplin, in der man nach dem Ursprung, der allgemeinen Struktur, den Prinzipien, Grundlagen und Funktionen des STAATES gefragt wird. Für Platon wird die Frage nach einer gerechten, staatlichen Ordnung in Zusammenhang mit seiner IDEENLEHRE gebracht. Nur derjenige, der einen Einblick in die Ideen, besonders die höchste Idee, die Idee des Guten, hat, kann die Vorstellung von einem gerechten Staat haben. Platon fordert daher, daß die Philosophen, die die sittlich relevante Ideen erkennen, die Macht im Staat übernehmen („Philosophenkönige"). Der platonische Staat ist hierarchisch geordnet (Stand der körperlich arbeitenden Bevölkerung, der Wächter und der Philosophenkönige). Für Aristoteles ist der Mensch ein *zoon politikon* (‚politisches bzw. soziales Wesen'); der Mensch ist von Natur aus ein politisches, soziales Wesen; diesem Wesen wohnt die Idee eines gerechten Staates inne. In einem gerechten Staat entwickelt sich der Mensch gemäß seinem Wesen. Ein Staat ist gerecht, wenn er das Glück (☞EUDÄMONIE) seiner Mitglieder garantiert. Aristoteles unterscheidet drei Staatsformen: Demokratie, Monarchie und Aristokratie. Die Verfallsform der Demokratie ist die Ochlokratie (Herrschaft des Pöbels) oder Anarchie, die der Monarchie die Tyrranei (Herrschaft des Tyrranen), die der Aristokratie die Oligarchie (Herrschaft der Wenigen).

In der Philosophie des Mittelalters herrscht die Vorstellung von der Trennung zwischen dem Gottesstaat und Weltstaat bzw. göttlichem und weltlichem Gesetz. Gott erschafft und bestimmt die Ordnung des weltlichen Staates. Thomas von Aquin u. a. räumen dem Fürsten die ausführende Gewalt ein. Das weltliche Gesetz bleibt jedoch weiter dem göttlichen untergeordnet. Machiavelli analysiert die im Staat auftretenden Machtverhältnisse. Für Hobbes herrscht im Naturzustand ein Krieg aller gegen alle. Dieser Zustand kann beendet werden, indem die Macht und Gewalt im Staat an den Souveränen abgegeben wird; in einem GESELLSCHAFTSVERTRAG geben die Einzelnen ihre egoistischen Rechte an den Souveränen ab. Locke entdramatisiert die Hobbessche Auffassung. Für ihn ist schon im Naturzustand eine Reziprozität der Achtung möglich. Locke wird zu einem Theoretiker der DEMOKRATIE.

Rousseau entwickelt eine weitere Konzeption des Gesellschaftsvertrags (‚contract social'). Der Staat muß die Rechte der Einzelnen garantieren. Der allgemeine Wille, der sich im Staat manifestiert, soll mit dem Willen eines jeden Einzelnen übereinstimmen. Kant stellt seine Vorstellung von einem gerechten Staat in einen ethischen Zusammenhang. Das Handeln muß dem SITTENGESETZ (☞KATEGORISCHER IMPERATIV) entsprechen. Die FREIHEIT des einen soll mit der Freiheit des anderen nicht in einen Widerspruch geraten. Der Staat soll die bürgerlichen Rechte garantieren. Kant unterscheidet folgende Staatsformen: Republik, Anarchie, Despotismus und Barbarei. Für Hegel verwirklicht sich im Staat die SITTLICHKEIT. Die Geschichte wird als ein Prozeß des Zu-sich-selbst-Kommens des Geistes und als Fortschritt der Vernunft und Freiheit aufgefaßt. Der (preußische) Staat ist die höchste Stufe der Geschichte. Für Marx ist der Staat ein Macht- und Unterdrückungsinstrument der herrschenden Klasse. In einer zukünftigen, klassenlosen Gesellschaft soll der Staat aufhören zu existieren. Im 20. Jh. steht die S. in einem engen Zusammenhang mit der Politikwissenschaft (☞POLITIK), der politischen Philosophie im engeren Sinne, der RECHTSPHILOSOPHIE, ETHIK und ANTHROPOLOGIE. ☞STAAT, GERECHTIGKEIT, MENSCHENRECHTE.

Lit.: Platon, Politeia; Aristoteles, Politik; ders., Nikomachische Ethik; Augustinus, Vom Gottesstaat; N. Machiavelli, Der Fürst, 1532; Th. Hobbes, Leviathan, 1651; J. Locke, Zwei Abhandlungen über die Regierung, 1690; J. J. Rousseau, Über den Gesellschaftsvertrag, 1762; I. Kant, Grundlegung zur Metaphysik der Sitten, 1785; ders., Kritik der praktischen Vernunft, 1788; ders., Zum ewigen Frieden, 1795; G. W. F. Hegel, Enzyklopädie der Wissenschaften, 1817; E. Voegelin, Order and History, 3 Bde., 1965; E.-W. Böckenförde, Der Staat als sittlicher Staat, 1978; P. Koslowski, Gesellschaft und Staat, 1982; B. Jordan, The State, 1985; A. DeJasay, The State, 1985; J. Barion, Grundlinien philosophischer Staatstheorie, 1986.

**Stammbegriff:** ☞KATEGORIE

## Stimmung:

Bezeichnung für einen bestimmten (meist gefühlsmäßigen) Zustand des Menschen, der eine besondere Funktion im Erkennen und im Prozeß der Welterschließung hat. Nach Heidegger ist S. die Grundbefindlichkeit des Daseins, in der das Ganze des Daseins und ein Seinsverständnis zum Ausdruck kommt.

Lit.: O. F. Bollnow, Das Wesen der Stimmungen, 1941.

## Stoa:

Bezeichnung für eine philosophische Strömung der Antike (ca. 3.– 2. Jh. n. Chr.). Sie wurde von Zenon aus Kition begründet und nach dem Versammlungsort der Stoiker in Athen, der *stoa poikile* (‚bunte Halle') benannt. Man unterscheidet die *ältere S.* (ca. 3. Jh. v. Chr.; Hauptvertreter sind Zenon,

Kleanthes und Chrysipp), die *mittlere S.* (2. Jh. – 1. Jh. v. Chr.; Hauptvertreter sind Panaitios und Poseidonios) und die *jüngere S.* (1. Jh. – 2. Jh. n. Chr.; Hauptvertreter sind Seneca, Epiktet und Marc Aurel).
Von den Stoikern stammt die Dreiteilung der Philosophie in Logik, Physik und Ethik. Sie lehrten den Primat der ETHIK bzw. der praktischen Philosophie. Die Einheit der drei Disziplinen gründet im LOGOS. Zur LOGIK gehören Logik im engeren Sinne, eine Sprachphilosophie und Ansätze zu einer Erkenntnistheorie. Die Stoiker entwickelten die aristotelische Logik weiter (besonders Entwicklung der Aussagenlogik, Modallogik und Schlußlehre). Sie wurde in Grammatik, Rhetorik und Dialektik gegliedert. Innerhalb der Bedeutungstheorie, die mit der Erkenntnistheorie eng zusammenhängt, ist die Unterscheidung zwischen Bezeichnendem, Bezeichnetem und dem realen Gegenstand von Bedeutung. Die realen Gegenstände wirken auf unser Sinnesvermögen ein und hinterlassen Eindrücke in unserem Denken, die sich zu Vorstellungen und Begriffen herausbilden können. Mit der Denktätigkeit ist aufs engste eine Sprachtätigkeit verbunden. Die stoische Naturphilosophie wird als eine Art des PANTHEISMUS gedeutet. Die göttliche Seele bzw. Vernunft durchwaltet die Welt; die göttliche Vernunft gilt als ein Ordnungsprinzip. Die göttlichen Vernunftkeime (griech. ‚logoi spermatikoi') wohnen den Gegenständen als Faktoren der Entwicklung inne. Die menschliche Seele bzw. Vernunft hat teil an der göttlichen Vernunft. Die gesamte Entwicklung verläuft planvoll nach dem Gesetz der göttlichen Vernunft. Dadurch wird die Freiheit ausgeschlossen. Alles ist streng determiniert (☞SCHICKSAL).
Im Zentrum der S. steht die Ethik. Die Tugend ist lehr- und lernbar; sie ist die Voraussetzung für das Erreichen der Glückseligkeit. Das sittliche Ideal ist der *Weise*. Er handelt gemäß der Natur bzw. der Vernunft. Der Weise beherrscht die Affekte und Leidenschaften. Sein Leben zeichnet sich durch die Gelassenheit und Leidenschaftslosigkeit (☞APATHIE) und die Unerschütterlichkeit der Seele (☞ATARAXIE) aus. Er kann ein tugendhaftes Leben führen, weil er die Einsicht in die Ordnung der Welt hat und gemäß dieser (göttlichen Ordnung bzw. Vernunft denkt und handelt. Das Handeln in Übereinstimmung mit der göttlichen Vernunft wird als Tugend bestimmt. Zentral innerhalb der stoischen Ethik ist der Gedanke der Pflichterfüllung. Innerhalb der Staatsphilosophie fordern die Stoiker die Gleichheit aller Menschen und ein Recht für alle, das der göttlichen Vernunft entspricht. Sie entwerfen eine Konzeption des Weltbürgers, einer kosmopolitischen Staatsordnung.

Lit.: M. Pohlenz, Grundfragen der stoischen Philosophie, 1940; ders., Die Stoa, 2 Bde., 1948-55; ders., Stoa und Stoiker, 1950; J. M. Rist, Stoic Philosophy, 1969; S. Sambursky, Physics of the Stoics, 1969; M. Frede, Die stoische Logik, 1974; M. Forschner, Die stoische Ethik, 1981; R. Loebl, Die Relation in der Philosophie der Stoiker, 1986.

**Stoff:** ☞MATERIE

**Stoizismus:** ☞STOA

**Struktur** (von lat. *struktura*, ‚Bau', ‚Zusammenhang', ‚Gefüge'): allgemein Ordnung, Gefüge, geordnete Ganzheit. „S." ist ein sehr vieldeutiger Begriff. Er taucht zunächst in der Biologie und Medizin auf; er dient hier zur Charakterisierung der Beschaffenheit des Organismus. Nach Kant ist S. „Lage und Verbindung der Teile eines nach einheitlichem Zweck sich bildenden Organismus". Eine systematische Verwendung findet der Begriff in der Psychologie (von dort aus wird er auf andere wissenschaftliche Gebiete übertragen). In der *verstehenden Psychologie* (W. Dilthey, E. Spranger) wird S. als eine Erlebnisrelation aufgefaßt; durch diese Relation konstituiert sich ein Erlebnis als eine aus Teilen zusammengesetzte Ganzheit. In anderen psychologischen Konzeptionen (z. B. in der Gestaltpsychologie, Ganzheits- bzw. Strukturpsychologie) wird S. als eine Erlebnisganzheit betrachtet; das Ganze setzt sich aus Teilen zusammen; die Teile erhalten ihre Bestimmung aus dem Ganzen. Dieser S.-Begriff wurde auf andere Bereiche angewandt, so z. B. die Kultur, Gesellschaft, das Soziale, Ökonomische. Marx spricht von einer ökonomischen Struktur, die für die Entwicklung der Gesellschaft maßgebend ist, Parsons von unterschiedlichen sozialen S..

Einen anderen S.-Begriff (in logisch-mathematischen Zusammenhängen) findet man bei Russell. S. wird als „Relationszahl" bestimmt; die S. einer Relation R wird sodann als ein mengentheoretischer Gegenstand aufgefaßt, als die Klasse der zu R ähnlichen Relationen. Diese Definition wird auf ganze Systeme von Relationen und Eigenschaften angewandt. Die gemeinsame S. der Elemente der Klasse wird durch Abstraktion von ihren qualitativen Bestimmungen gewonnen. Carnap bestimmt die „S. der Beziehungen" als den „Inbegriff aller ihrer formalen Eigenschaften".

Lit.: F. Krüger, Der Strukturbegriff in der Psychologie, 1924; B. Russell, Einführung in die mathematische Philosophie, 1919; R. Carnap, Der logische Aufbau der Welt, 1928; F. Kambartel, Erfahrung und Struktur, [2]1976.

**Strukturalismus:**
Sammelbezeichnung für Positionen, in denen nach objektiven (in der Erkenntnistheorie vom Subjekt unabhängigen) Strukturen gefragt wird. Charakteristisch für den S. ist die *synchrone* Methode (gleichzeitiger Analyse von Phänomenen) im Gegensatz zur *diachronen* Methode (die entwicklungsmäßige, historische Betrachtung von Phänomenen). Der S. wurde besonders einflußreich in der Mathematik, Linguistik, Anthropologie, Ethnologie, Soziologie und Psychologie, Literaturwissenschaft und Ästhetik. Nach F. Wahl gruppieren sich unter dem Namen „S." alle Wissenschaften

vom ZEICHEN, der Zeichensysteme. Auch anthropologische Gegebenheiten haben Bedeutung, insofern sie in einem Sprach- bzw. Kommunikationsnetz stehen und von daher ihre Struktur erhalten. „Als strukturalistisch bezeichnen wir nicht ... ein Verfahren, das das Subjekt unmittelbar behandelt; es geht hier nur um Repräsentation und um das, was die Repräsentanz mit sich bringt“. Wichtig für den S. ist die von F. de Saussure eingeführte Unterscheidung zwischen *langue* (das Zeichensystem) und *parole* (die gesprochene, aktualisierte Sprache). Eine weitere, grundlegende Unterscheidung ist die zwischen *Signifikant* (das Zeichen) und *Signifikat* (Bedeutung des Zeichens). Besonders einflußreich wurde der S. in Frankreich. Seine wichtigsten Vertreter dort sind u. a.: F. de Saussure, C. Lévi-Strauss, R. Barthes, L. Althusser, J. Lacan, M. Foucault.

Lit.: C. Lévi-Strauss, Strukturale Anthropologie, 1967; R. Barthes, Mythen des Alltags, 1964; J. Lacan, Ecrits, 1966; L. Althusser, Für Marx, 1968; M. Foucault, Die Ordnung der Dinge, 1971; G. Schiwy, Neue Aspekte des Strukturalismus, 1971; J. M. Broekman, Strukturalismus, 1971; J. Derrida, Die Schrift und die Differenz, 1972; T. Todorow, Poetik der Prosa, 1972; J. Piaget, Der Strukturalismus, 1973; H. Naumann (Hg.), Der moderne Strukturalismus, 1973; F. Wahl, Einführung in den Strukturalismus, 1973; J. B. Fages, Den Strukturalismus verstehen, 1974; M. Franck, Was ist Neostrukturalismus?, 1983.

**Stufenlehre:** ☞SCHICHTENLEHRE

**Subalternation:**
in der traditionellen Logik die Unterordnung von Begriffen unter weitere Begriffe; auch die Unterordnung von besonderen Aussagen unter allgemeine Aussagen.

**Subjekt** (von lat. *subjectum*, ‚das Zugrundeliegende‘):
in der ontologischen Tradition der Antike und des Mittelalters das den Eigenschaften Zugrundeliegende, das im Wechsel der Zustände Bleibende (☞SUBSTRAT); sodann auch das vom Denken und Erkennen Unabhängige (☞SUBSTANZ). Eine Variante dieser ontologischen Bestimmung des S. taucht in der Neuzeit auf; man spricht hier von dem psychologischen S. als dem Träger der intentionalen Akte. S. wird auch als ein psychophysisches (leibseelisches) Individuum bestimmt. In der Erkenntnistheorie der Neuzeit (seit Descartes) wird S. meist als ICH bzw. BEWUSSTSEIN aufgefaßt. In der neuzeitlichen Erkenntnistheorie steht dem S. das OBJEKT gegenüber. Descartes bestimmt das S. als das sich seiner selbst bewußte und gewisse Ich, als die denkende Substanz, die der ausgedehnten Substanz gegenübersteht. Für Descartes stellt sich die Frage nach der Beziehung von S. und Objekt (☞SUBJEKT-OBJEKT-PROBLEM). Kant unterscheidet zwischen dem *empirischen* (im inneren Sinn angeschauten) und dem *transzendentalen S.*. Das transzendentale S. ist in der theoretischen Philosophie der Inbegriff der Bedingungen der Möglichkeit der Gegenstandserkenntnis; das S. (das „Ich

denke") garantiert die „Einheit der transzendentalen APPERZEPTION". Das DING an sich kann vom S. nicht erkannt werden. Fichte bestimmt das S. als das Ich, das sich selbst und die Welt setzt. Das Objekt kann nur in seiner Beziehung zum S. bestimmt werden. Hegel versucht, zwischen dem S. und Objekt dialektisch zu vermitteln (☞DIALEKTIK). Das S. wird als das Sichselbst-erkennen (bzw. -wissen) im Medium des Anderen bzw. der Andersheit bestimmt (☞SELBSTBEWUSSTSEIN).

In der Logik und Grammatik wird S. als der Satzgegenstand und der Satzteil, von dem etwas prädiziert wird, bestimmt. In der Geschichtsphilosophie spricht man vom S. der Geschichte als von dem Movens der geschichtlichen Entwicklung. In anthropologischen und soziologischen Kontexten spricht man auch vom S. des Handelns bzw. der gesellschaftlichen Entwicklung.

Lit.: R. Descartes, Meditationen über die erste Philosophie, 1641; I. Kant, Kritik der reinen Vernunft, 1781, [2]1787; J. G. Fichte, Wissenschaftslehre, 1794; G. W. F. Hegel, Phänomenologie des Geistes, 1807; ders., Wissenschaft der Logik, 1812-16; P. F. Strawson, Subject and Predicate in Logic and Grammar, 1974; W. Schultz, Ich und die Welt, 1979; C. Daniel, Theorien der Subjektivität, 1981; H. Cramer (Hg.), Theorie der Subjektivität, 1987; M. Franck u. a. (Hg.), Die Frage nach dem Subjekt, 1988; M. Riedel, Subjekt und Individuum, 1989; A. Beelmann, Die Krise des Subjekts, 1990.

## Subjektiv:

auf das SUBJEKT bezogen, vom Subjekt konstituiert, abhängig, im Subjekt fundiert, durch das Subjekt bedingt (Gegensatz: OBJEKTIV).
☞INTERSUBJEKTIVITÄT

## Subjektivismus:

Bezeichnung für philosophische Positionen, denen zufolge das Erkennen, Handeln, Fühlen und Wollen im SUBJEKT als der höchsten Realität gründen (Gegensatz: OBJEKTIVISMUS). Das Subjekt bzw. Bewußtsein ist die erste und höchste Realität, aus der alle andere Realität entsteht. Als eine Variante des S. wird die sophistische Philosophie aufgefaßt, in der – nach Protagoras – der Mensch das Maß aller Dinge ist. Der S. im engeren Sinne entsteht zu Beginn der Neuzeit. Für Berkeley sind die Inhalte der Welt unsere Vorstellungen. Das Bewußtsein ist die einzige Realität (☞SOLIPSISMUS). Bei Descartes wird das das Ich bzw. Bewußtsein zum sicheren Fundament der Erkenntnis. Kant spricht von subjektiven, im Verstande liegenden Bedingungen der Gegenstandserkenntnis (z. B. von KATEGORIEN). Subjektivistisch ist die im Anschluß an Kant entwickelte TRANSZENDENTALPHILOSOPHIE und die Philosophie des DEUTSCHEN IDEALISMUS; darüber hinaus die PHÄNOMENOLOGIE und der PSYCHOLOGISMUS.

Lit.: ☞SUBJEKT

## Subjektivität:

die Sphäre des SUBJEKTS im Gegensatz zur Sphäre des Objekts; sodann auch der Inbegriff der Dispositionen bzw. Vermögen des Subjekts. Die Philosophie der S. wird im Anschluß an Descartes (das Ich bzw. Bewußtsein als das sichere, gewisse Erkenntnisfundament) von Kant und den Denkern des deutschen Idealismus entwickelt. Die *transzendentale* S. ist das Reich der (subjektiven) Bedingungen der Möglichkeit der Gegenstandserkenntnis. Die Sphäre der S. wird von der des DING AN SICH unterschieden. Bei Fichte wird die S. als die Fähigkeit des Ich, sich selbst und die Welt zu setzen, bestimmt. Das Objekt kann nur in seiner Beziehung zur Sphäre der S. bestimmt werden. Hegel faßt die S. (im weitesten Sinne) als das Selbstbewußtsein des Geistes im Medium der Andersheit (☞SELBSTBEWUSSTSEIN). Husserl spricht vom „Reich der reinen S."; dieses Reich ist nicht-weltlich (extramundan); die Leistungen der reinen S. konstituieren die Welt (☞PHÄNOMENOLOGIE, TRANSZENDENTALES EGO, KONSTITUTION). In einem anderen Sinne spricht man von S. als einem Gegensatz zur OBJEKTIVITÄT. Das Erkennen wird hier auf kontingente Bedingungen eines Individuums, Einzelsubjekts zurückgeführt. Die Erkenntnisse gelten dann streng genommen nur für dieses Einzelsubjekt und können meist nicht von anderen Subjekten überprüft werden (☞INTERSUBJEKTIVITÄT).

Lit.: ☞SUBJEKT, SELBSTBEWUßTSEIN

## Subjekt-Objekt-Problem:

ein Problem, das die Beziehung zwischen dem SUBJEKT und OBJEKT des Erkennens betrifft. Das S.-O.-P. entsteht streng genommen erst in der Neuzeit, in der mentalistischen Philosophie. Sein Initiator ist Descartes. Sein ZWEIFEL an der Erkennbarkeit der Welt führt ihn zum gewissen und nicht hintergehbaren Fundament der Erkenntnis, zum „Ich denke" bzw. Subjekt (☞COGITO ERGO SUM). Dem erkennenden Subjekt steht das Objekt (die ausgedehnte Welt) gegenüber. Subjekt und Objekt sind Substanzen; sie existieren getrennt voneinander, haben aufeinander keinen (kausalen) Einfluß (☞DUALISMUS). Diese Trennung (auch *Subjekt-Objekt-Spaltung* genannt) kann bei Descartes und den Okkasionalisten nur mit Hilfe eines göttlichen Vermittlungseingriffs (‚concursus dei') überwunden werden. Bei Kant kann das DING AN SICH (in der theoretischen Philosophie) vom Subjekt nicht erkannt werden. Die Objekte der Erscheinungswelt werden vom erkennenden Subjekt (mittels der Anschauungsformen und Verstandeskategorien) geordnet; sie sind Erfahrungs- bzw. Erkenntnisgegenstände für uns. „Die Bedingungen der Möglichkeit der Erfahrung überhaupt sind zugleich Bedingungen der Möglichkeit der Gegenstände der Erfahrung, und haben darum objektive Gültigkeit in einem synthetischen Urteile a priori". Für Fichte gibt es das Objekt nur in einer Beziehung zum Subjekt. Das Subjekt bzw. Ich setzt sich selbst und die (Objekt)-Welt (dies geschieht in der *Tat-*

*handlung*); es begründet in sich sogar die Differenz von Subjekt und Objekt. Für Schelling gibt es eine ursprüngliche Einheit von Subjekt und Objekt; er nennt sie das Absolute. Das Absolute kann bei Schelling nicht inhaltlich-begrifflich rekonstruiert werden. Hegel zufolge soll der Gegensatz von Subjekt und Objekt denkend ausgehalten werden. Es gibt eine dialektische Vermittlung zwischen Subjekt und Objekt (☞DIALEKTIK). Das Subjekt erfährt sich zunächst als von seinem Gegenstand getrennt. Die Natur (Gegenstandswelt) ist aber für Hegel „das Andere des Geistes", so daß im Zuge der spekulativen Vermittlung die Denkbewegung des Subjekts eine Bewegung der Sache selbst ist. Hegel spielt damit nicht Subjekt und Objekt gegeneinander aus; die Selbsterkenntnis des Geistes kann nur im Medium der Andersheit (Natur) geleistet werden.
Im 19. und 20. Jh. gibt es unterschiedliche Versuche, das S.-O.-P. zu lösen bzw. die Subjekt-Objekt-Spaltung aufzuheben. Einer dieser Versuche wird in der Lebensphilosophie unternommen. Dilthey spricht von dem ERLEBEN bzw. dem Erlebnis (die kleinste und fundamentalste Einheit des Lebens) als von einer ursprünglichen Einheit von Subjekt und Objekt. Die Trennung von Subjekt und Objekt ist eine nachträgliche Differenzierung und in erkenntnistheoretischen Zusammenhängen ein philosophischer Kunstgriff. Ähnlich argumentiert Heidegger. Er spricht von der Vorstruktur des Daseins (bzw. In-der-Welt-seins) als einer ursprünglichen Einheit von Subjekt und Objekt. Die Subjekt-Objekt-Spaltung ist für Heidegger ein (defizienter) Modus des ursprünglichen Sich-verhaltens. Für Gadamer ist das Verstehen, die Verstehensleistungen des Einzelsubjekts, immer schon in einen geschichtlichen Kontext einbezogen („Wirkungsgeschichte"). In der sprachanalytischen Philosophie des 20. Jh. wird das S.-O.-P. auf unterschiedliche Weise gelöst. Einerseits wird es als ein Scheinproblem (in der Anfangsphase der Philosophie des logischen Empirismus, z. B. bei Carnap) aufgefaßt. Zweitens wird die Sprache als eine Vermittlungsinstanz zwischen Subjekt (Sprecher) und Objekt (Welt) bestimmt. Drittens rekurriert man auf die mit einem Sprachspiel verbundene LEBENSFORM als ein Handlungs- und Verstehenszusammenhang (der späte Wittgenstein); dieses Fundament liegt der Ausdifferenzierung von Sprecher und Welt voraus.

Lit.: R. Descartes, Meditationen über die erste Philosophie, 1641; I. Kant, Kritik der reinen Vernunft, 1781, [2]1787; J. G. Fichte, Wissenschaftslehre, 1794; G. W. F. Hegel, Phänomenologie des Geistes, 1807; W. Schulz, Ich und die Welt, 1979; U. Guzzoni, Veränderndes Denken, 1985; T. Nagel, The View from Nowhere, 1986.

**Subjunktion:** ☞IMPLIKATION

## Sublimierung:

in der Psychoanalyse Freuds Bezeichnung für den Vorgang der Umsetzung verdrängter bzw. nicht realisierter sexueller Energien in eine geistige Tätigkeit (z. B. wissenschaftlicher, künstlerischer Art). Die meisten Kulturprodukte werden als Ergebnisse der S. aufgefaßt.

**Subordination** (von lat. *subordinatio*, ,Unterordnung'):
in der traditionellen Logik Bezeichnung für die Unterordnung eines Begriffs unter einen höheren Begriff.

**Subsistenz** (von lat. *subsistere*, ,standhalten'):
in der aristotelisch-scholastischen Tradition Bezeichnung für die Selbständigkeit der SUBSTANZ, also für das, was nur durch sich selbst und in sich selbst, ohne akzidentelle Bestimmungen, besteht.

**Sub specie aeternitatis**
(lat. ,unter dem Gesichtspunkt des Unendlichen'):
eine Formel von Spinoza, in der die Schau der Unendlichkeit gefordert wird (diese Schau gilt als die höchste Form der Erkenntnis).

**Substantialitätstheorie:**
Bezeichnung für eine Position, derzufolge die SEELE als eine allen seelischen Zuständen zugrundeliegende SUBSTANZ bestimmt wird.

**Substanz** (von lat. *substantia*, ,das Zugrundeliegende'):
das Zugrundeliegende, das, was in sich selbst und durch sich selbst ist, das im Wechsel der Zustände und Eigenschaften Bleibende, der bleibende Kern eines Seienden; das Beständige; das, was nicht durch ein anderes ist.
Für Aristoteles ist S. die höchste KATEGORIE des Seienden als solchen. In der aristotelisch-scholastischen Tradition unterscheidet man zwischen S. und AKZIDENS. Während die S. das ist, was in und durch sich selbst sein kann, ist das Akzidens das, was nur in einem anderen und durch ein anderes sein kann. Die S. ist selbständig, ohne Bezug auf ein anderes (☞SUBSISTENZ), das Akzidens ist immer in Bezug auf ein anderes, auf sie S.. Den Akzidentien liegt die S. zugrunde. Andererseits jedoch kann das Wesen eines Seienden mit Hilfe der Akzidentien bestimmt (definiert) werden. Eine weitere Unterscheidung in der aristotelisch-scholastischen Philosophie ist die zwischen *substantia prima* (,erste S.'; der individueller Träger der akzidentieller Bestimmungen) und *substantia secunda* (,zweite S.'; das allgemeine Wesen der ersten S.).
Descartes bestimmt S. als das, was zu seiner Existenz keines anderen Etwas bedarf. Neben der absoluten S. (Gott) gibt es zwei geschaffene S.: die denkende (☞RES COGITANS) und die ausgedehnte (☞RES EXTENSA). Spinoza bestimmt die S. als das, was in sich ist und durch sich begriffen wird. Ihm

zufolge gibt es nur eine einzige S. – Gott. Ihre Attribute sind Denken und Ausdehnung. Für Leibniz gibt es eine unendliche Vielzahl von dynamisch aufgefaßten S., den MONADEN. Für Locke ist S. Träger der Eigenschaften, für Berkeley ein Wahrnehmungsinhalt. Hume lehnt den S.-Begriff ab; die S.-Vorstellung entsteht lediglich aus einer gewohnheitsmäßigen Zusammensetzung von Eigenschaften. Nach Kant ist S. ein Verstandesbegriff. Das Ding an sich kann nicht erkannt werden. Die S. als Verstandesbegriff bezieht sich nur auf den Bereich der Erscheinungen; „S." bedeutet dann das Beharren der Eigenschaften in der Erscheinung. Bei Hegel wird S. auch als Subjekt aufgefaßt. Gott ist das absolute Wesen, die absolute S.; das Wesen ist zunächst begrifflich noch nicht rekonstruiert. Diese Rekonstruktion leistet der Mensch. In der Menschwerdung Gottes (Christus) ist die Subjektwerdung der S. angelegt. Cassirer zufolge wurde der Begriff der S. in der gegenwärtigen Philosophie und Wissenschaft durch den Begriff der Funktion abgelöst.

Lit.: Aristoteles, Metaphysik; Thomas von Aquin, Summa theologiae; R. Descartes, Prinzipia philosophiae, 1644; B. Spinoza, Ethik, 1677; G. W. Leibniz, Monadologie, 1714; I. Kant, Kritik der reinen Vernunft, 1781, ²1787; G. W. F. Hegel, Wissenschaft der Logik, 1812-16; E. Cassirer, Substanzbegriff und Funktionsbegriff, 1910; A. Quinton, The Nature of Things, 1973; W. Stegmüller, Substanz, 1977; P. M. Harman, Metaphysics and natural Philosophy, 1982; R. J. Connell, Substance and modern Science, 1988.

**Substitution** (von lat. *substitutio*, ‚Vertauschung'):
in der traditionellen Logik die Ersetzung eines Begriffs durch einen anderen, bedeutungsähnlichen Begriff.

**Substrat** (lat. ‚Unterlage'):
Grundlage, Unterlage; in der aristotelisch-scholastischen Philosophie Bezeichnung für den Träger der Eigenschaften, für die SUBSTANZ, die frei von Eigenschaften ist.

**Subsumtion** (von lat. *subsumtio*, ‚Unterordnung'):
in der traditionellen Logik die Unterordnung eines Begriffs unter einen anderen Begriff; speziell die Unterordnung des Artbegriffs unter den Gattungsbegriff. Die Extension des Subjektbegriffs wird unter die Extension des Prädikatsbegriffs subsumiert. In der Syllogistik hat ein *Subsumptionsschluß* die Form:

M – P (Alle Menschen sind sterblich)
S – M Sokrates ist ein Mensch)
P – M (Also ist Sokrates sterblich)

**Südwestdeutsche Schule:** ☞NEUKANTIANISMUS

**Summa** (lat. ‚Ganzes', ‚Zusammenfassung'):
in der spätscholastischen Philosophie Bezeichnung für eine systematische Zusammenfassung theologischer und philosophischer Lehren. Die bekanntesten Summen schrieb Petrus Lombardus, Alexander von Hales, Albertus Magnus und Thomas von Aquin.

**Summum bonum** (lat. ‚das höchste Gut'):
in der christlichen Tradition Bezeichnung für das höchste Gut – für Gott.

**Supposition** (vom lat. *suppositio*, ‚Voraussetzung'):
Voraussetzung, Annahme, Unterlegung, Unterstellung.

**Supramundan** (vom. lat. *super*, ‚über', und *mundus*, ‚Welt'):
Überweltlich. ☞TRANSZENDENZ

**Supranaturalismus** (vom lat. *super*, ‚über', und *natura* ‚Natur'):
Sammelbezeichnung für Positionen, in denen von einer übernatürlichen Ordnung ausgegangen wird; sie wird der natürlichen, weltlichen Ordnung vorgeordnet.

**Syllogismus** (griech. ‚Zusammenrechnung'):
in der aristotelischen Logik und der sich an sie anschließenden (klassischen) Logik Bezeichnung für den logischen Schluß, bei dem aus zwei Sätzen (Prämissen) auf einen dritten Satz (Konklusion) gefolgert wird. Die Lehre von dem S. heißt SYLLOGISTIK.

**Syllogistik** (vom griech. *syllogistike (techne)*, ‚Kunst des Schließens'):
Bezeichnung für das Kernstück der aristotelischen Logik, die Lehre vom logischen Schließen, und der sich an sie anschließenden klassischen Logik. Ein Syllogismus ist ein Schluß, bei dem aus zwei Sätzen auf einen dritten Satz gefolgert (geschlossen) wird. Die zwei ersten Sätze heißen *Prämissen*, der dritte Satz die *Konklusion* des Syllogismus. Der Begriff, der in beiden Prämissen enthalten ist, heißt *Mittelbegriff*. Die erste, zentrale Schlußfigur hat die folgende Form:

| | Beispiel: |
|---|---|
| 1) M – P | Alle Menschen sind sterblich) |
| 2) S – M | (Sokrates ist ein Mensch) |
| 3) S – P | ( Also: Sokrates ist sterblich) |

Die Sätze 1) und 2) sind die Prämissen, der Satz 3) die Konklusion des Syllogismus. M („Mensch“) ist hier der Mittelbegriff. Aristoteles unterscheidet weitere Schlußfiguren, bei denen der Mittelbegriff unterschiedliche Stellungen (als Subjekt oder Prädikat) einnimmt:

$$\frac{\begin{array}{c}P-M\\ S-M\end{array}}{S-P}$$

$$\frac{\begin{array}{c}M-P\\ M-S\end{array}}{S-P}$$

Später wurde noch die folgende Schlußfigur eingeführt:

$$\frac{\begin{array}{c}P-M\\ M-S\end{array}}{S-P}$$

Nach den Formen der Prämissen unterscheidet man: allgemein bejahende („Alle M sind P“), allgemein verneinende („Kein M ist P“), partikulär bejahende ( „Einige M sind P“) und partikulär verneinende („Einige M sind nicht P“) Sätze. Jede der vier Schlußfiguren hat 64 Modi, die jedoch nicht alle logisch gültig sind. In der Scholastik wurden für diese Modi Merknamen eingeführt. Man unterscheidet – je nach der Art der Sätze im Syllogismus – kategorische, hypothetische, disjunktive und lemmatische Syllogismen. Die syllogistischen Schlüsse werden heute in der Prädikatenlogik thematisiert.

Lit.: Aristoteles, Organon; J. Lukasiewicz, Aristoteles Syllogistic from the Standpoint of Modern Formal Logic, 1951; G. Patzig, Die aristotelische Syllogistik, $^{2}$1963; E.-W. Platzeck, Klassenlogische Syllogistik, 1984.

**Symbol** (vom griech. *symballein*, ‚zusammenwerfen‘): allgemein ein anschauliches (z. B. sinnlich wahrnehmbares) ZEICHEN, das etwas nicht unmittelbar anschauliches (bzw. sinnlich Gegebenes) repräsentiert. Das S. selbst (seine anschauliche Gestalt) stellt dabei meistens etwas anderes dar als das, was es repräsentiert (z. B. die sinnlich wahrnehmbare, anschaulich gegebene Taube als S. für den Frieden). S. wird als ein Sinngebilde aufgefaßt, d. h. als ein Zeichen, das ein Bedeutungsträger ist bzw. auf einen Sinn- oder Bedeutungsgehalt verweist. S. können unterschiedliche anschauliche Gestalten haben, z. B. Wörter, Gegenstände, Tätigkeiten, Handlungen, Ereignisse. Wichtig ist die Unterscheidung zwischen natürlichen und konventionellen (z. B. mathematische und logische S.) S.. Die S. spielen in allen Bereichen des Lebens eine wichtige Rolle, so z. B. in der

Alltagspraxis, Logik und Mathematik, in den Wissenschaften, in Religion und Kunst. Eine besondere Rolle spielen die S. in Bereichen, in denen ein Sinngehalt nicht anschaulich und nicht begrifflich erfaßt werden kann, z. B. in der Religion; Glaubensinhalte können nicht anschaulich bzw. begrifflich dargestellt werden; man bedarf daher religiöser S., um ihre Sinnhaftigkeit zu erschließen. In der antiken und christlichen Philosophie bedient man sich oft der S., so z. B. in Platons Ideenlehre (☞HÖHLENGLEICHNIS), in der LICHTMETAPHYSIK. Nach Cassirer ist unser Welt- und Selbstverständnis durch symbolische Formen konstituiert. Was den Menschen auszeichnet, ist die Fähigkeit, S. zu bilden und zu verstehen. Jaspers bestimmt die S. als CHIFFREN der Transzendenz, in denen sich das „Umgreifende“ offenbart. Eine zentrale Rolle spielt der Begriff des S. in der Psychoanalyse (S. Freud, C. G. Jung). S. sind Bilder, die unbewußte Erlebnisinhalte repräsentieren; sie sind sowohl individueller als auch kollektiver Art. Für Jung sind S. Urbilder (ARCHETYPEN), die zwischen dem Unbewußten und Bewußten vermitteln.

Lit.: E. Cassirer, Philosophie der symbolischen Formen, 3 Bde., 1923-31; ders., Wesen und Wirkung des Symbolbegriffs, [6]1977; K. Jaspers, Chiffren der Transzendenz, [3]1977; C. G. Jung, Symbolik des Geistes, 1948; ders., Aion, 1951; P. Tillich, Religiöser Symbolismus, in: ders., Ges. Werke V, 1964; A. Lorenzer, Kritik des psychoanalytischen Symbolbegriffs, 1970; D. Sperber, Über Symbolik, 1975; G. Gebauer, Der Einzelne und sein gesellschaftliches Wissen, 1981; M. Strauss, Empfindung, Intention und Zeichen, 1984.

**Symmetrie** (griech.):
Gleichmaß; Bezeichnung für die Möglichkeit der Umkehrung von Relationsverhältnissen; z. B.: „wenn a=b, dann b=a“.

**Sympathie** (vom griech. *sympathia*):
Mitleid, Mitempfindung, Mitgefühl; in der STOA, bei Plotin, in der MYSTIK und der Philosophie der RENAISSANCE der Zusammenhalt aller Teile des Kosmos; bei D. Hume und A. Smith das Fundament des sittlichen Handelns, auf dem die Moral und die Ethik gründen.

**Synkretismus:**
Bezeichnung für die Verbindung unterschiedlicher (auch entgegengesetzter) Positionen zu einem systematischen Ganzen.

**Synonymie** (griech. ‚vom gleichen Namen‘):
Bedeutungsgleichheit von Wörtern und Sätzen. „Zwei Ausdrücke sind synonym, falls sie sich in ihrer Laut- und Schriftform, nicht dagegen in ihrer Bedeutung unterscheiden“ (G. Grewendorf). Als Kriterium für die S. von Wörtern gilt: „Zwei Wörter A und B sind synonym genau dann, wenn man in jedem Kontext, in dem A (B) vorkommt, an Stelle von A (B) B (A) setzen

kann, ohne daß sich dadurch inhaltlich etwas ändert".

Lit.: G. Grewendorf/F. Hamm/W. Sternefeld, Sprachliches Wissen, [3]1989.

**Synopsis** (griech. ‚Zusammenfassung'):
Zusammenfassung, vergleichende Darstellung.

**Syntax** (vom griech. *syntaxis*, ‚Zusammenstellung'):
in der Linguistik die Lehre von der Satzstruktur. Gegenstand der S. ist die „adäquate Beschreibung des Strukturaufbaus von Sätzen" (G. Grewendorf). Sätze bestehen aus Teilen, die miteinander nach bestimmten Gesetzmäßigkeiten zusammengesetzt werden. Verstoßen wir gegen diese Gesetzmäßigkeiten, so bilden wir ungrammatische Sätze. In der S. fragt man nach der Struktur bzw. Beschaffenheit der miteinander zusammengesetzten Satzteile und nach der gesetzmäßigen Zusammensetzung der Teile. Es gibt heute unterschiedliche S.-Konzeptionen (z. B. die funktionale S., operationale S., Konstituentenstruktursyntax, Dependenzsyntax und die generative S.). In der formalen Logik spricht man von der *logischen* S., als von der S. eines logischen Kalküls (ein System von Kalkülregeln). Ch. Morris bestimmt in seiner Semiotikkonzeption die S. (auch *Syntaktik*) als eine Theorie der Beziehungen der Zeichen untereinander. Somit grenzt er die S. gegen die Semantik und Pragmatik ab.

Lit.: J. Ries, Was ist ein Satz?, 1931; R. Carnap, Die logische Syntax der Sprache, 1934; N. Chomsky, Aspekte der Syntax-Theorie, 1965; ders., Strukturen der Syntax, 1973; A. v. Stechow/W. Sternefeld, Bausteins syntaktischen Wissens, 1987; G. Grewendorf/F. Hamm/W. Sternefeld, Sprachliches Wissen, [3]1989.

**Synthese** (vom griech. *synthesis*, ‚Zusammensetzung'):
Zusammensetzung, Verbindung; sodann auch die Verbindung, Vereinigung von Teilen zu einer ganzheitlichen Einheit. Für Aristoteles ist S. die Verbindung von einzelnen Merkmalen zu einem einheitlichen Begriff. In der traditionellen Philosophie wird S. als die Verbindung einer Vielheit von (Bewußtseins)-Eindrücken zu einer Einheit (Wahrnehmungseinheit, Vorstellungseinheit, Begriffseinheit). Kant bestimmt S. als die Verbindung des in der Anschauung gegebenen Mannigfaltigen zur Einheit des Gegenstandes. Diese Verbindung wird als eine Verstandeshandlung aufgefaßt; der Verstand vereinigt mittels der Kategorien die in der Anschauung gegebene Mannigfaltigkeit zu einer Einheit des Gegenstandes. Kant spricht von der „synthetischen Einheit des Mannigfaltigen". Dieser Einheit liegt die „synthetische Einheit der APPERZEPTION" (das „Ich denke", das alle Vorstellungen begleiten muß) zugrunde. Für Hegel wird in der S. der Gegensatz von Thesis und Antithesis aufgehoben (☞DIALEKTIK). Die S. stellt eine höhere Einheit dar.

Lit.: I. Kant, Kritik der reinen Vernunft, 1781, [2]1787; G. W. F. Hegel, Wissenschaft der Logik, 1812-16.

**Synthetisch:**
verbindend, zusammensetzend (Gegensatz: ANALYTISCH). Bei Kant sind Urteile s., in denen der Subjektbegriff durch den Prädikatbegriff erweitert wird; die s. Urteile sind also erkenntniserweiternd. Dagegen ist für Kant in analytischen Urteilen der Prädikatbegriff im Subjektbegriff enthalten; diese Urteile sind nicht erkenntniserweiternd. Die *sythetischen Urteile a posteriori* (☞ A POSTERIORI) sind die Urteile der empirischen Wissenschaften; in diesen Urteilen rekurrieren wir auf die Erfahrung. Alle *analytischen Urteile* sind A PRIORI; sie haben keinen Bezug auf die Erfahrung. Es gibt keine *analytischen Urteile a posteriori.* Kant spricht von einer weiteren Sorte von Urteilen, von den *synthetischen Urteilen a priori*; sie sind erkenntniserweiternd und vor jeder Erfahrung. Für Kant sind fast alle mathematischen Urteile synthetisch und a priori. Die Hauptfrage in Kants „Kritik der reinen Vernunft" lautet: „Wie sind synthetische Urteile a priori möglich?". Die Beantwortung dieser Frage führt Kant zu einer Untersuchung der Bedingungen der Möglichkeit der Gegenstandserkenntnis. Für Kant sind die synthetischen Urteile a priori nur aufgrund der reinen ANSCHAUUNG möglich. Die kantische Konzeption der s. Urteile a priori wurde mehrmals kritisiert. Für die Denker des logischen Empirismus gibt es nur analytische Sätze a priori (Sätze der Logik) und synthetische Sätze a posteriori (Sätze der Erfahrungswissenschaften). Synthetische Sätze a priori gibt es nicht (auch mathematische Sätze lassen sich aus logischen Sätzen ableiten; insofern sind auch mathematische Sätze analytisch). Quine lehnt die Unterscheidung analytisch-synthetisch ab (das Problem der Zirkularität der Definition).

Lit.: I. Kant, Kritik der reinen Vernunft, 1781, [2]1787; ders., Prolegomena zu einer jeden künftigen Metaphysik, die als Wissenschaft wird auftreten können, 1783; W. V. O. Quine, Zwei Dogmen des Empirismus, in: ders., Von einem logischen Standpunkt, 1979; S. A. Kripki, Name und Notwendigkeit, 1981.

**System** (vom griech. *systema*, ‚Zusammenstellung', ‚Zusammenschluß'): allgemein Zusammenstellung, ein Zusammenschluß von Teilen zu einem geordneten Ganzen, ein Ordnungsgefüge. Den Begriff findet man zunächst in der Philosophie der STOA; er meint hier die harmonische Einheit des KOSMOS. Systematische Bedeutung erhält der Begriff in der Neuzeit. „S." meint zunächst ein Lehrgebäude, eine *systematische* Darstellung der religiösen und wissenschaftlich-philosophischen Lehren. Nach Kant ist ein S. die „Einheit der mannigfaltigen Erkenntnisse unter einer Idee". Für Kant ist die systematische Einheit das, was die Erkenntnisse erst zu einer Wissenschaft macht. Fichte zufolge ist S. das Wissen, das aus einer Grunderkenntnis, einem Grundsatz gewonnen wird. Nach Hegel kann Philosophie als Wissenschaft nur im S. dargestellt werden. Die Wirklichkeit selbst ist systematisch beschaffen. Daher muß die Erkenntnis der Wirklichkeit ebenfalls systematisch sein. Hegel behauptet, daß „das Wahre nur als S. wirklich" ist.

S. wird als ein Ganzes aufgefaßt.
In der neueren Zeit wird der idealistische S.-Begriff immer weniger verwendet. Bei Parsons bezieht sich der Begriff des S. auf: 1) ein Komplex von Interdependenzen zwischen Teilen und Prozessen und 2) ein einen einfachen Typ von Interdependenzen zwischen einem solchen Komplex und seiner Umwelt. Luhmann bestimmt S. als faktische Handlungssysteme mit einem Umweltbezug. Seit 1984 (im Anschluß an H. R. Maturana und F. Varela) entwickelt Luhmann eine Theorie der autopoietischen (geschlossenen) S..

Lit.: I. Kant, Kritik der reinen Vernunft, 1781, ²1787; G. W. F. Hegel, Enzyklopädie der Wissenschaften, 1817; A. Diemer (Hg.); System und Klassifikation in Wissenschaft und Dokumentation, 1968; T. Parsons, Social Systems, 1968; J. Habermas/N. Luhmann, Theorie der Gesellschaft oder Sozialtechnologie, 1972; F. Kambartel, Theorie und Begründung, 1976; N. Rescher, Cognitive Systematisation, 1979; R. Vogt, Die Systemwissenschaften, 1983; N. Luhmann, Soziale Systeme, 1984; J. Vuillemin, What are Philosophical Systems?, 1986; O. Schwemmer, Handlung und Struktur, 1987; G. Teubner, Recht als autopoietisches System, 1989.

**Szientismus** (von lat. *scientia*, ‚Wissenschaft‘):
im weitesten Sinne die Haltung der Wissenschaftsgläubigkeit; das Vertrauen in die Leistungen der (empirischen) Wissenschaften (die meisten Fragen und Probleme können mit wissenschaftlichen Mitteln gelöst werden). Dabei orientiert man sich an dem Ideal der exakten Wissenschaften (Mathematik und Naturwissenschaften). Der Begriff des S. wurde im sog. *Positivismusstreit* in der deutschen Soziologie (in den 60er Jahren) geprägt. Der Vorwurf des S. wurde von den Vertretern der KRITISCHEN THEORIE (Adorno, Habermas u. a.) gegenüber den Vertretern des KRITISCHEN RATIONALISMUS (K. R. Popper, H. Albert) erhoben. Kritisiert wurde u. a. die im kritischen Rationalismus erhobene Forderung nach der Wertfreiheit der Wissenschaft; dieser Forderung zufolge sollen wissenschaftliche Theorien keine Werturteile enthalten. Der S.-Vorwurf beruht auf einem Mißverständnis, da für die Vertreter des kritischen Rationalismus den Wissenschaften ein normatives Fundament zugrunde liegt. Man sollte unterscheiden zwischen faktischen (im Alltagshandeln), objektsprachlichen und metasprachlichen Wertungen. In der Objektsprache sollten keine Wertungen vorliegen. Im objektsprachlichen Bereich müssen keine faktischen und metasprachlichen Wertungen vorhanden sein.

Lit.: H. Albert, Traktat über kritische Vernunft, 1968; Th. W. Adorno u. a., Der Positivismusstreit in der deutschen Soziologie, 1969, ⁸1980.

# T

## Tabula rasa (lat. ‚unbeschriebene Tafel'):

bei Locke und anderen Empiristen Bezeichnung für den Zustand der Seele vor der Konfrontation mit den Erfahrungsdaten. Die Seele wird als T. r., als leere, unbeschriebene Tafel bzw. leeres Blatt Papier, aufgefaßt. Erst in der Konfrontation mit Erfahrungsdaten wird die Seele mit Inhalten (z. B. Vorstellungen) „gefüllt". Die Konzeption von der T. r. richtet sich gegen die Konzeption von den ANGEBORENEN IDEEN).

Lit.: J. Locke, Versuch über den menschlichen Verstand, 1690.

## Taoismus:

eine von Lao-tse begründete religiös-philosophische Lehre. Im Mittelpunkt des T. steht der Begriff „tao"; er meint das „Eine", das göttliche Prinzip der gesamten Wirklichkeit und des gesamten Geschehens, sodann auch „Weg", „Wort", „Logos". Das tao kann nicht begrifflich erfaßt bzw. bestimmt werden; es kann streng genommen nicht genannt werden. Das tao ist das Ewige, Unvergängliche, das Absolute (Unbedingte), von sich aus Seiende und Allgegenwärtige; es ist das Prinzip, die „Mutter aller Dinge". Der T. trat in eine Verbindung mit dem Buddhismus. Er entwickelte sich zu einer mystischen Lehre. Die wichtigsten Vertreter des T. außer Lao-tse sind Yang Tschu und Tschuang-tse.

Lit.: L. Yutand, Lao-tse, 1955; G. Beky, Die Welt des Tao, 1972; H. Welch (Hg.), Facts of Taoism, 1979; M. Kaltenmark, Lao-tzu und der Taoismus, 1981; H. Küng/J. Ching, Christentum und Chinesische Religion, 1988.

## Tapferkeit: ☞KARDINALTUGENDEN

## Tathandlung:

in der Philosophie Fichtes Bezeichnung für die absolute Tätigkeit, in der das ICH sich selbst und das Nicht-Ich (Welt, Natur) setzt. In der T. wird auch die Differenz von Ich und Nicht-Ich begründet. Die T. ist Ausdruck der Selbstbestimmung und Freiheit des Ich bzw. Subjekts. ☞SELBSTBEWUSSTSEIN

**Tatsache** (lat. *factum*):
allgemein eine konkrete Gegebenheit in der Welt. In der sprachanalytischen Philosophie wird T. als wahrer SACHVERHALT (auch PROPOSITION) bestimmt. T. können durch wahre Aussagen dargestellt werden. Einige Sprachphilosophen identifizieren T. mit wahren Sachverhalten (bzw. Propositionen) (z. B. R. Carnap); T. werden als eine Klasse von Sachverhalten, die Wahrheitsträger enthält, aufgefaßt. Andere Sprachphilosophen sprechen von einer Typendifferenz zwischen T. und Sachverhalten (z. B. B. Russell); T. werden z. B. als Wahrheitsbedingungen von Aussagen bestimmt; T. ist das, was einen Sachverhalt (eine Proposition) wahr macht.

Lit.: G. Frege, Der Gedanke, in: ders., Logische Untersuchungen, hg. v. G. Patzig, 1966; L. Wittgenstein, Tractatus logico-philosophicus, 1922; R. Carnap, Bedeutung und Notwendigkeit, 1972; B. Russell, Die Philosophie des logischen Atomismus, 1976; G. Patzig, Tatsachen, Normen, Sätze, 1980; J. L. Austin, Unfair to Facts, in: Phil. Papers, 1970; P. F. Strawson, Truth, in: Proceedings of the Aristotelian Society 24, 1950; F. P. Ramsey, Grundlagen. Abhandlungen zur Philosophie, Logik, Mathematik und Wirtschaftswissenschaft, 1980.

**Tautologie** (vom griech. *tauto legein*, ‚dasselbe sagen'):
in der Junktorenlogik Bezeichnung für die Verbindung von Aussagen (komplexe Aussagen), die immer logisch wahr sind. Alle T. sind ANALYTISCH, doch nicht alle analytischen Sätze sind tautologisch. In der traditionellen Definitionslehre heißt „T" eine DEFINITION, bei der das Definiens im Definiendum enthalten ist.

**Technik** (vom griech. *techne*, ‚Kunst'):
ein vieldeutiger Begriff. Das griechische Wort „techne" meint „Kunst", „Tätigkeit", „Können". „Techne" heißt bei Aristoteles eine Wissensform („technisches Können"), die dem handwerklichen Herstellen (Herstellen von Werken bzw. Gebrauchsgegenständen) zugrundeliegt. Das technische Können konstituiert sich in den vierfachen Weisen der Verursachung (☞CAUSA). Eine enge Beziehung gibt es zwischen *techne* und *poiesis* (dem künstlerischen Herstellen).
Das griechische T.-Verständnis bezog sich primär auf das handwerkliche Herstellen von (Gebrauchs)-Gegenständen. Dies ändert sich in der Neuzeit. T. wird zum Inbegriff der Mittel zur Beherrschung der Natur. Ihr Wesen wird in der Mittel-Zweck-Relation gesehen; die T. hat einen instrumentellen Charakter. Die Erkenntnisse der Naturwissenschaften sollen im Dienste der Naturbeherrschung stehen. Sowohl im experimentellen Zugriff als auch in der praktischen Anwendung der Ergebnisse der Naturwissenschaften (und anderer „technische" Wissenschaften) kommt das Wesen der T. zum Ausdruck. Martin Heidegger stellt die Frage nach dem Wesen der T.. Er geht zunächst von den gebräuchlichen Bestimmungen der T aus: T. als „Mittel zum Zweck" (die *instrumentale Bestimmung*) und T. als ein „Tun des

Menschen" (die *anthropologische Bestimmung).* Das instrumentale Wesen der T. wird – der gebräuchlichen Meinung zufolge – in der vierfachen Weise der Verusachung (☞CAUSA, KAUSALITÄT) erfaßt. Das Her-vor-bringen, das die vier Weisen der Verursachung (bei Heidegger „Veranlassung") in sich sammelt, gründet im „Entbergen". Die T. wird als eine „Weise des Entbergens" bestimmt. Das Charakteristische dieses Entbergens besteht in der Moderne im „Herausfordern" und „Stellen". Das Wesen der T. bestimmt Heidegger als das *Ge-stell;* „Ge-stell heißt das Versammelnde jenes Stellens, das den Menschen stellt, d. h. herausfordert, das wirkliche in der Weise des Bestellens als Bestand zu entbergen"; es ist ein Name für eine Weise der Unverborgenheit, die dem Wesen der modernen T. innewohnt. Im Wesen der T. als Ge-stell liegt die „Gefahr"; das Ge-stell macht alles, auch den Menschen, zum „Bestand". Das Wesen der T. bringt nach Heidegger jedoch die Möglichkeit der „Rettung". Heidegger sieht die Möglichkeit, das anfängliche Entbergen der Wahrheit in der großen Kunst zu erblicken. Das Anliegen der Kunst könnte sein, „das Rettende zum ersten Scheinen zu bringen".

Lit.: N. Berdjajew, Der Mensch und die Technik, 1943; O. Spengler, Der Mensch und die Technik, 1931; M. Heidegger, Die Technik und die Kehre, 1962; F. Rapp, Analytische Technikphilosophie, 1978; J. Mittelstraß, Wissenschaft als Lebensform, 1982; A. J. Buch (Hg.), Wissenschaft, Technik, Humanität, 1982; T. P. Durbin (Hg.), Philosophy and Technology, 1983; J. Agassi, Technology, 1985; W. Bungard/H. Lenk (Hg.), Technikbewertung, 1988; T. P. Durbin (Hg.), Philosophy of Technology, 1989.

## Technokratie:

die Herrschaft der TECHNIK in den relevantesten Lebensbereichen (z. B. Wissenschaft).

## Teil: ☞GANZHEIT

## Teilhabe:

in Platons IDEENLEHRE Bezeichnung für die Beziehung zwischen den ewigen, unveränderlichen IDEEN und veränderlichen und vergänglichen Einzeldingen. Die Einzeldinge gibt es, weil sie teil an den Ideen bzw. an dem höchsten Sein der Ideen haben. Die Ideen sind Urbilder; die Einzeldinge sind Nachbilder der Ideen. Platon bezeichnet die Beziehung zwischen Ideen und Einzeldingen als METHEXIS. Die platonische Konzeption wurde im NEUPLATONISMUS modifiziert. In der CHRISTLICHEN PHILOSOPHIE (z. B. bei Augustinus und Thomas von Aquin) spricht man von der PARTIZIPATION, von der T. des endlichen, geschöpflichen Seienden an dem unendlichen göttlichen Sein bzw. an der unendlichen göttlichen Fülle. Diese T. führt nicht zum Seinsverlust des göttlichen Seins.

Lit.: Platon, Politeia; Thomas von Aquin, Summa theologiae I. ☞Methexis, Partizipation

**Teleologie** (vom griech. *telos*, ‚Ziel', ‚Zweck', und *logos*, ‚Lehre'): allgemein die Lehre von der Ziel- bzw. Zweckgerichtetheit der gesamten Wirklichkeit und (des gesamten Geschehens) oder einiger ihrer Teile. Die Wirklichkeit bzw. das Geschehen ist auf ein Ziel gerichtet. Der Begriff wurde 1728 von Chr. Wolff eingeführt; der Sache nach gibt es jedoch teleologische Konzeptionen seit der Antike. Für Platon sind die Einzeldinge und auch das menschliche Handeln auf die IDEEN gerichtet. Die Ideen (besonders die höchste Idee des Wahren, Guten und Schönen) machen den Zweck der Einzeldinge und des Handelns aus. Als eigentlicher Begründer der teleologischen Auffassung gilt Aristoteles. Für ihn liegt der Zweck eines Seienden in ihm selbst (☞ENTELECHIE); jedem Seienden wohnt eine Form inne, nach der sich dieses Seiende seinem Wesen nach entwickelt. Von den vier Ursachen (☞CAUSA) spielt die Zweckursache eine herausragende Rolle. Alles strebt nach einem Zweck.
Die platonische und vor allem die aristotelische Auffassung wird in der christlichen Philosophie übernommen und modifiziert. Für Thomas sind alle endlichen, geschöpflichen Gegenstände auf Gott gerichtet; Gott ist sowohl der letzte Zweck als auch die erste Ursache der gesamten Wirklichkeit und des gesamten Geschehens. Eine besondere Rolle spielt der *teleologische* GOTTESBEWEIS. Mit dem Auftauchen der Naturwissenschaften und des mechanistischen Weltbildes (☞MECHANISMUS) und mit zunehmender Kritik an der mittelalterlichen Theologie zu Beginn der Neuzeit wurde der Begriff der T. allmählich verdrängt und durch den der KAUSALITÄT ersetzt (bei Bacon, Galilei, Descartes u. a.). Leibniz versucht in der Konzeption der PRÄSTABILIERTEN HARMONIE, zwischen dem mechanistischen Weltbild und dem teleologischen Denken zu vermitteln. Für Kant können mit dem mechanistisch-kausalen Modell nicht alle Naturvorgänge erklärt werden. Kant spricht vom Prinzip der T. als von einem heuristischen Prinzip; es ist kein Prinzip, das in der Wirklichkeit liegt.
In den neueren Naturwissenschaften (z. B. Physik, Biologie), den Sozial- und Geschichtswissenschaften verzichtet man weitgehend auf teleologische Erklärungen bzw. man formuliert sie – wenn sie auftauchen – in kausale Erklärungen um. Dies gilt insbesondere auch für die gegenwärtige Handlungstheorie.

Lit.: Aristoteles, Metaphysik; I. Kant, Kritik der reinen Vernunft, 1781, $^{2}$1787; H. Driesch, Philosophie des Organischen, $^{4}$1928; N. Hartmann, Teleologisches Denken, 1951; W. Stegmüller, Probleme und Resultate der Wissenschaftstheorie und Analytischen Philosophie, Bd. I, 1969; H. v. Wright, Erklären und Verstehen, 1974; A. Woodfield, Teleology, 1976; L. Wright, Teleological Explanations, 1976; H. Poser (Hg.), Formen teleologischen Denkens, 1981; R. Spaemann/R. Löw, Die Frage Wozu?, 1981; E.-M. Engels, Die Teleologie des Lebendigen, 1982; M. Schramm, Natur oder Sinn?, 1985; N. Rescher (Hg.), Current Issues in Teleology, 1986; J. Leslie, Universes, 1989.

**Teleologischer Gottesbeweis:** ☞GOTTESBEWEISE

**Telos** (griech.):
Zweck, Ziel, Ende; in der Philosophie Bezeichnung für Ziel bzw. Zweck der Gegenstände und Vorgänge, Ereignisse und Handlungen. ☞TELEOLOGIE

**Term:**
formalsprachliches Gebilde. T. haben meist folgende Eigenschaften: sie haben keine Wahrheitswerte, beziehen sich auf Gegenstände (haben eine Referenz). Meist wird der Begriff des T. mit dem des TERMINUS bedeutungsgleich verwendet (z. B. im Falle der generellen und singulären Termini).

**Terminismus:** ☞NOMINALISMUS

**Terminologie**
(von lat. *terminus*, ‚Grenzstein', ‚Endpunkt', und *logos*, ‚Lehre'):
die Gesamtheit der für ein Wissensgebiet vereinbarten bzw. festgelegten Ausdrücke und Termini; sodann auch eine besondere Fachsprache.

**Terminus** (lat. ‚Grenzstein', ‚Grenzzeichen', ‚Endpunkt'):
allgemein ein Ausdruck mit einer bestimmten, festgelegten Bedeutung; sodann auch Fachausdruck, der Ausdruck einer Fachsprache. In der SYLLOGISTIK bezeichnet man mit „T." die in einem Syllogismus vorkommenden Begriffe. Das Prädikat der Konklusion nennt man *oberer T.* (lat. ‚terminus major'), das Subjekt der Konklusion *unterer T* (lat. ‚terminus minor'); der T., der in den beiden Prämissen vorkommt, heißt der *mittlere T.* oder der *Mittelbegriff* (lat. ‚terminus medius'). In der formalen Logik und in der Sprachphilosophie sind Termini Ausdrücke, mit denen man sich auf einen einzigen oder mehrere Gegenstände (bzw. Klasse von Gegenständen) bezieht. Man unterscheidet zwischen *generellen* und *singulären* Termini (manche Autoren sprechen auch von TERMEN). Ein genereller T. wird traditionell als BEGRIFF bestimmt; er wird meist mittels eines PRÄDIKATS eingeführt. Ein genereller T. bestimmt eine Klasse von Gegenständen (z. B. der generelle T. ‚blau' bestimmt die Klasse aller blauen Gegenstände). Ein singulärer T. bezeichnet nur einen Gegenstand: Man unterscheidet im Falle der singulären T. zwischen Eigennamen (☞NAME), Pronomina (sie werden auch *deiktische Ausdrücke* genannt) wie „hier", „jetzt", „dies", „dort", und Kennzeichnungen. Eine besondere Rolle spielen singuläre T, die sich nicht auf konkrete Gegenstände, sondern auf Ereignisse und abstrakte Gegenstände beziehen.

Lit.: G. Frege, Funktion unad Begriff, in: ders., Funktion, Begriff, Bedeutung, hg. v. G. Patzig, [6]1985; P. Lorenzen, Methodisches Denken, 1968; P. F. Strawson, Einzelding und logisches Subjekt, 1972; B. Russell, Die Philosophie des logischen Atomismus, 1976; E. Tugendhat, Vorlesungen zur Einführung in die sprachanalytische Philosophie, 1976; W. V. O. Quine, Von einem logischen Standpunkt, 1979; S. Kripki, Name und Notwendigkeit, 1981; W. Künne, Abstrakte Gegenstände, 1983; E. Tugendhat/U. Wolf, Logisch-semantische Propädeutik, 1983.

**Tertium comparationis** (lat. ‚das Dritte der Vergleichung'):
in der traditionellen Logik Bezeichnung für einen Maßstab (auch eine Größe), an dem zwei Gegenstände, Sachverhalte, Ereignisse und Personen miteinander verglichen werden.

**Tertium non datur** (lat. ‚ein Drittes wird nicht gegeben'):
☞SATZ VOM AUSGESCHLOSSENEN DRITTEN

**Test:**
ein Verfahren zur Prüfung von wissenschaftlichen Hypothesen. Die T. spielen eine zentrale Rolle in den empirischen Wissenschaften. Als T. kann z. B. ein Experiment dienen. Die experimentelle Überprüfung kann eine Hypothese bestätigen oder verwerfen. T. sollten durch Objektivität (Unabhängigkeit von subjektiven Dispositionen der den T. durchführenden und auswertenden Wissenschaftlern) und Genauigkeit auszeichnen.

**Theismus** (vom griech. *theos*, ‚Gott'):
eine theologisch-philosophische Position, derzufolge es einen einzigen, persönlichen, überweltlichen Gott gibt, der der Schöpfer, Erhalter, Ordner und Lenker der Welt ist (Gegensatz: ATHEISMUS). Schon bei Platon und Aristoteles tauchen theistische Gedanken auf (☞UNBEWEGTER BEWEGER). In Teilen der christlichen Tradition wird Gott als eine welttranszendente (☞TRANSZENDENZ) Macht aufgefaßt, die jedoch in das Weltgeschehen eingreifen kann. Der T. unterscheidet sich vom DEISMUS durch die Vorstellung der Erhaltung des geschöpflichen Seienden durch Gott und die Vorstellung der göttlichen, fortwährenden Mit- und Einwirkung in der Welt. Vom PANTHEISMUS unterscheidet sich der T. durch die Vorstellung der wesentlichen Verschiedenheit Gottes und der Welt (Gott als das Unendliche gegenüber der endlichen Welt). Meistens grenzt man den T., der meist mit dem Glauben an eine einzigen Gott verbunden ist (☞MONOTHEISMUS), von dem Glauben an viele Götter (☞POLYTHEISMUS) ab.

Lit.: R. Swinburne, The Coherence of Theism, 1977; E. E. Harris, Atheism and Theism, 1977; D. Braine, The Reality of Time and the Existence of God, 1988.

**Theodizee** (vom griech. *theos*, ‚Gott', und *dike*, ‚Gerechtigkeit'):
allgemein die Rechtfertigung Gottes (seiner Allmächtigkeit, Weisheit und Güte) angesichts der Übel in der von ihm erschaffenen Welt. Der Begriff wurde von Leibniz eingeführt und diente eine Zeitlang als Bezeichnung für die theologisch-philosophische Gotteslehre. Die zentrale Frage der T. lautet: Wie kann Gottes Allmacht, Weisheit und Güte mit den faktisch in den Welt vorkommenden Übeln (Krankheit, Tod, Krieg, Folter, Haß usw.) vereinbart werden?

Lactantius schlägt in Anlehnung an Epikur vier mögliche Lösungsversuche des T.-Problems vor: 1) Gott kann und will das Übel in der Welt verhindern (die theistische Position, in der an Gott als den allmächtigen, allwissenden und allgütigen Schöpfer, Zweck und das Prinzip des Menschlichen und der Welt geglaubt wird); 2) Gott will, kann aber nicht das Übel in der Welt verhindern (dualistische Positionen, in denen zwei Grundprinzipien, das Gute und das Böse angenommen werden, die miteinander im Widerstreit stehen; z. B. im Parismus, bei J. Böhme und späten Schelling); 3) Gott kann, will aber nicht das Übel verhindern (das Übel wird als „Mangel" aufgefaßt; es kann aber nicht verhindert werden; das Übel wird von Gott als Anlaß zum „größeren Guten" genommen; Gott respektiert mit Zulassung des Übels die menschliche Freiheit; Hauptvertreter dieser Position ist Augustinus); 4) Gott kann nicht und will nicht das Übel in der Welt verhindern (das Übel ist ein Moment der Menschenwelt).

Die letzte Position wird oft Leibniz und Hegel zugesprochen. Das Übel ist für Leibniz etwas Weltimmanentes. Gott will das Gute, läßt aber das Übel zu, um die menschliche Freiheit bestehen zu lassen. Leibniz spricht von der bestehenden Welt als der „besten aller möglichen Welten", weil in ihr die Freiheit möglich ist. weil es menschliche Freiheit gibt, gibt es Übel. Die Endlichkeit der Welt und des Menschen wird als ein notwendiges *metaphysisches Übel* aufgefaßt. Das *moralische Übel* (die Schuld) ist aufgrund der menschlichen Freiheit möglich. Hegel bestimmt die T. als die „Rechtfertigung Gottes in der Geschichte".

Lit.: G. W. Leibniz, Theodizee, 1710; G. W. F. Hegel, Grundlinien der Philosophie des Rechts, 1821; F. Billicsich, Das Problem der Theodizee in der Philosophie des Abendlandes, 3 Bde., 1955-59; J. Kremer, Das Problem der Theodizee 1909; O. Lempp, Das Problem der Theodizee, 1910; B. Welte, Über das Böse, 1959; O. Marquard, Schwierigkeiten mit der Geschichtsphilosophie, 1973; L. Oeing-Hanhoff, Metaphysik und Freiheit, 1988; Kobusch/W. Jaeschke (Hg.), Theodizee, 1988.

## Theogonie:

die Lehre von der Entstehung der Götter (z. B. bei Hesiod). ☞MYTHOS, MYTHOLOGIE

## Theologie (vom griech. *theos*, ‚Gott' und *logos*, ‚Lehre'):

allgemein die Lehre bzw. Wissenschaft von GOTT. Der Begriff ‚T' taucht zuerst bei Platon auf; er bezeichnet hier die Lehre von den Göttern, die von den Mythenerzählern getragen wird. Bei Aristoteles findet man eine weitere Verwendung von „T."; sie ist ein Teil der *Ersten Philosophie*, der Metaphysik; sie umfaßt die Lehre von der ersten Ursache und dem höchsten Sein, also von dem Göttlichen (☞UNBEWEGTER BEWEGER).

Der Begriff „T" spielt eine zentrale Rolle im Christentum. In der christlichen Tradition dominiert zunächst der Begriff der Gotteslehre. Erst im 13.

Jh. setzt sich der Begriff „T." durch. Er meint hier die Wissenschaft von den christlichen Glaubensinhalten. In der christlichen Tradition des Mittelalters (☞PATRISTIK, SCHOLASTIK) wird die Philosophie (im engeren Sinne) der T. unterstellt bzw. Philosophie mit T. gleichgesetzt (☞CHRISTLICHE PHILOSOPHIE). Die Offenbarungswahrheiten stehen „höher" als die mit Hilfe der menschlichen Vernunft erfaßten philosophischen Wahrheiten. Zentral ist die zu Beginn der Neuzeit (in der Aufklärung) auftauchende Unterscheidung zwischen der *Offenbarungstheologie* (die im Mittelalter und der kirchlichen Dogmatik herrschende T.) und der *natürlichen T.*. Untersuchungsgegenstände der Offenbarungstheologie sind Glaubensinhalte und -wahrheiten, insofern sie auf Gottes Wort und Tat, d. h. auf Gottes OFFENBARUNG beruhen. Die Untersuchungsgegenstände der natürlichen T. sind Glaubensinhalte bzw. Glaubenswahrheiten, insofern sie vom Menschen bestimmt, d. h. seiner „natürlichen" Vernunft bzw. Erkenntnisfähigkeit erfaßt werden können. Über Gott können positive Aussagen gemacht werden. Die Erkenntnis Gottes ist möglich. Unter *negativer T.* versteht man eine Strömung, in der positive Aussagen über Gott unmöglich sind; nur über negative Aussagen, Bestimmungen (also über das, was Gott nicht ist) kann der Weg zu Gott gefunden werden. Die negative T. spielte eine zentrale Rolle bei Dionysios Areopagita, Thomas von Aquin, Nikolaus von Kues (☞DOCTA IGNORANTIA) und den Mystikern. Unter *dialektischer T.* versteht man eine Strömung innerhalb der protestantischen T.. In ihr wird der Gedanke der radikalen Jenseitigkeit Gottes vertreten (Gott ist der Unbekannte). Der Mensch steht vor Gott mit leeren Händen. Die Offenbarung Gottes hat einen dialektischen Charakter; Gott und Mensch, Ewigkeit und Zeit werden vereint.

Man unterscheidet heute folgende Teilbereiche bzw. Disziplinen der T: *historische T.* (Bibelexegese, Kirchen-, Dogmen- und T.-Geschichte), *systematische T.* (Dogmatik, Apologetik, Ethik) und *praktische T.* (Homiletik, Liturgie, Katechetik und Seelsorge).

Lit.: Aristoteles, Metaphysik; Thomas von Aquin, Summa theologiae I; M. Grabmann, Die Geschichte der katholischen Theologie, 1933; W. Weischedel, Der Gott der Philosophen, 2 Bde., 1971-72; W. Pannenberg, Wissenschaftstheorie und Theologie, 1973; J. Hochstaffl, Negative Theologie, 1976; R. Schaeffler, Die Wechselbeziehungen zwischen Philosophie und katholischer Theologie, 1980; J. Moltmann, Gott in der Schöpfung, 1985; A. Kenny, Reason and Religion, 1987; G. Hummel, Die Begegnungen zwischen Philosophie und evangelischen Theologie im 20. Jahrhundert, 1989. ☞PATRISTIK, SCHOLASTIK, GOTT, RELIGIONSPHILOSOPHIE

**Theonomie** (vom griech. *theos*, ‚Gott', und *nomos*, ‚Gesetz'): Bezeichnung für das moralisch-sittliche Handeln des Menschen, das von Gott bzw. göttlichen Gesetzen bestimmt ist.

**Theorem** (vom griech. *theorema*): ☞LEHRSATZ

**Theorie** (vom griech. *theoria*, ‚Schau', ‚Betrachtung'): in der griechisch-antiken Philosophie Bezeichnung für die Schau, die reine Betrachtung der Wesensstrukturen der Welt; die T. ist eine geistige,-gedankliche Schau, eine besondere Erkenntnisweise, die frei von der sinnlichen Wahrnehmung und praktischen Bezügen ist. Das Denken der Vorsokratiker wird als theoretisches Denken aufgefaßt. In einer von praktischen Angelegenheiten des Lebens befreiten gedanklichen Schau sollen die (abstrakten) Prinzipien und Strukturen des Kosmos erfaßt werden. Auch Platons Ideenschau kann als eine theoretische Betrachtung bestimmt werden; die Ideenschau ist eine besondere, die höchste Erkenntnisweise des Menschen und wird von der auf der Wahrnehmung beruhenden Erkenntnis des Menschen, der Meinung (☞DOXA) streng unterschieden. Platon zieht jedoch keine strikte Trennung zwischen theoretischer und praktischer Philosophie; die in der Ideenschau erblickten Ideen haben auch eine praktische Relevanz (Idee der Gerechtigkeit, Tugend, Tapferkeit usw.). Aristoteles unterscheidet zwischen praktischer und theoretischer Philosophie und analog dazu zwischen praktischem und theoretischem Wissen und zwischen Gegenständen der Praxis und Gegenständen der T.. Die Gegenstände der praktischen Betätigung (Werke und Handlungen) sind veränderlich und unselbständig. Daher ist über diese Gegenstände kein sicheres Wissen möglich. Gegenstände der theoretischen Philosophie (des theoretischen Wissens) sind die Gegenstände der Mathematik, Physik und der *Ersten Philosophie*, der Metaphysik. Die Gegenstände der Mathematik sind unveränderlich und unselbständig, die der Physik veränderlich und selbständig, die der Metaphysik sowohl unveränderlich als auch selbständig. Über die Gegenstände der theoretischen Philosophie ist sicheres Wissen möglich. Höchste Form der Erkenntnis und auch der Existenz des Menschen (der Mensch als „bios theoretikos") ist die theoretische Schau der ewigen Wesensstrukturen des Seienden und die Schau des Göttlichen; sie ist als Tätigkeit selbständig, selbstzwecklich (sie hat ihr Zweck bzw. Ziel in sich selbst); in ihr erfährt sich der Mensch als gottähnlich. Diese antike Vorstellung von dem Vorrang der T. wird in den meisten mittelalterlichen Konzeptionen übernommen; die VITA CONTEMPLATIVA hat eine Vorrang vor der VITA ACTIVA. Die theoretische Haltung herrscht in den in der Neuzeit aufkommenden Wissenschaften (besonders in den Naturwissenschaften) (☞WISSENSCHAFT); wissenschaftliches Denken ist theoretisches Denken. Kant spricht von dem *Primat* der praktischen Philosophie (bzw. Vernunft) vor der theoretischen Philosophie (bzw. Vernunft); im Medium der praktischen Vernunft lassen sich „Entitäten" erfassen, die im Bereich der theoretischen Vernunft nicht erkannt werden können; die praktische Vernunft leitet als normatives Fundament das theoretische Erkennen. Marx zufolge muß die T. – will sie keine IDEOLOGIE sein – auf die gesellschaftliche Praxis

bezogen sein, die Praxis liegt also der jeweiligen theoretischen Betätigung zugrunde; die wahre T. muß im Dienste der gesellschaftlichen Praxis stehen. Gedankenmotive der Marxschen Ideologiekritik wurden in der KRITISCHEN THEORIE aufgenommen.
In der neueren Zeit wird der Begriff der (wissenschaftlichen) T. in der Wissenschaftstheorie behandelt. Im logischen Empirismus (und anderen empiristischen Konzeptionen) bestehen T. aus Beobachtungssätzen und Gesetzeshypothesen. Die Gesetzeshypothesen werden durch Generalisierungen der Beobachtungssätze gewonnen (☞INDUKTION). Nicht alle Begriffe können jedoch durch Rekurs auf die Beobachtungssätze gewonnen werden. Die Konzeption einer einheitlichen, empiristischen Sprache wurde aufgegeben und durch die Konzeption einer Zweistufen-Sprache ersetzt. Eine T. enthält dann eine beobachtungssprachliche und theoretische Komponente (Bestandteile der theoretischen Sprache sind die theoretischen Terme). Die Verbindung zwischen der Beobachtungssprache und der theoretischen Sprache wird mit Hilfe von Zuordnungsregeln hergestellt. In einer axiomatischen T. geht man deduktiv vor (☞DEDUKTION); aus Axiomen werden mittels logischer Schlußregeln weitere Sätze abgeleitet. Eine axiomatische T. stellt meistens einen uninterpretierten Kalkül dar. In der neueren Zeit wurden unterschiedliche T.-Konzeptionen entwickelt. Th. S. Kuhn verweist auf den Wandel von T. bzw. auf den historischen Kontext bei der Entstehung von T.. Die Entstehung und der Inhalt von T. hängen von einem bestimmten, jeweils herrschenden PARADIGMA ab.

Lit.: Aristoteles, Metaphysik; ders., Nikomachische Ethik; I. Kant, Kritik der reinen Vernunft, 1781, $^{2}$1787; Th. S. Kuhn, Die Struktur wissenschaftlicher Revolutionen, 1967; R. Carnap, Einführung in die Philosophie der Naturwissenschaften, 1969; J. D. Sneed, The Logical Structure of Mathematical Physics, 1971; W. K. Essler, Wissenschaftstheorie, 2 Bde., 1971; W. Stegmüller, Probleme und Resultate der Wissenschaftstheorie und Analytischen Philosophie, Bd. II, 1973; F. Suppe (Hg.), The Structure of Science Theories, 1974; C. G. Hempel, Grundzüge der Begriffsbildung in der empirischen Wissenschaft, 1974; A. Schmidt, Zur Idee der kritischen Theorie, 1979; H. Rausch, Theoria, 1982; J. Hintikka (Hg.), Logic of Discovery and Logic of Discourse, 1985; E. Ullmann-Margalit (Hg.), Science in Reflection, 1988.

**Theosophie** (vom griech. *theos*, ‚Gott', und *sophia*, ‚Weisheit'):
Gottesweisheit; im weitesten Sinne die Schau des Göttlichen; ein ausgezeichnetes Wissen um das Göttliche. Viele Mystiker (z. B. J. Böhme) können als Theosophen bezeichnet werden. Im engeren Sinne heißt ‚T.' eine Ende des 19. Jh. begründete Bewegung, die sich an Elemente der indischen Philosophie (besonders Buddhismus und Brahmanismus) anschließt und mit christlichen Vorstellungen zu verbinden sucht.

**These** (vom griech. *thesis*, ‚Setzung'):
allgemein Setzung, Behauptung; in der DIALEKTIK eine Behauptung, der die Antithese (Gegenbehauptung) entgegengesetzt wird.

**Thomismus:**
Bezeichnung für die theologisch-philosophische Lehre des Thomas von Aquin und die sich an sie anschließenden Positionen. Im T. werden die Lehren der christlichen Tradition mit der aristotelischen Philosophie zu einer systematischen Einheit verbunden. Ähnlich wie Aristoteles hebt Thomas die Bedeutung der sinnlichen Erkenntnis hervor, aufgrund derer die ersten allgemeinen Prinzipien gewonnen werden können. Thomas übernimmt und modifiziert die von Aristoteles entwickelte Lehre von Energeia und Dynamis (☞AKT, POTENZ). Das Weltganze, die Ordnung des Seienden, ist hierarchisch strukturiert. Die Hierarchie setzt bei der *ersten Materie* (lat. ‚materia prima') als der bloßen Möglichkeit an und endet in der *reinen Wirklichkeit* (☞ACTUS PURUS), der reinen Aktualität Gottes. Gott ist die erste Ursache, der letzte Grund und der höchste Zweck des Seins. Er ist absolut, in sich und aus sich bestehendes Sein. Alles geschöpfliche Seiende strebt nach einer Angleichung an das göttliche Sein. Dies ist möglich, weil alles Seiende am göttlichen Sein teilhat. Ziel des Menschen ist es, sich mit seiner Erkenntnistätigkeit an die göttlichen Wahrheiten anzunähern. Thomas zieht eine scharfe Grenze zwischen Glauben und Wissen. Quelle des Glaubens ist das *übernatürliche Licht* (lat. ‚lumen supranaturale'), das in der Offenbarung bzw. in den Offenbarungswahrheiten vernommen wird; Quelle des Wissens ist das *natürliche Licht* (lat. ‚lumen naturale'), das die natürliche Erkenntnisfähigkeit des Menschen konstituiert und aufgrund dessen die Vernunftwahrheiten erkannt werden. Beide Erkenntnisquellen stehen jedoch in einem engen Zusammenhang . Die Bestimmungen Gottes können jedoch nicht direkt, sondern analog getroffen werden (☞ANALOGIA ENTIS); Erkenntnisse über Gott sind dem Menschen möglich, weil es eine Ähnlichkeit zwischen dem endlichen, geschaffenen Sein und dem ewigen, göttlichen Sein gibt. Thomas vertritt die These vom Primat des Intellekts vor dem Willen. Im Zusammenhang mit dem UNIVERSALIENSTREIT wird Thomas als ein gemäßigter Realist bezeichnet. Die ewige Seligkeit des Menschen kann in der unmittelbaren Schau Gottes im Jenseits erreicht werden. Im diesseitigen Leben soll der Mensch gemäß der Vernunftordnung handeln, die auf das göttliche Gesetz zurückgeführt wird. In seiner Staatslehre unterscheidet Thomas zwischen dem göttlichen Gesetz (lat. ‚lex divina'), Naturgesetz (lat. ‚lex naturalis') und der vom Menschen gesetzten Ordnung (lat. ‚lex positiva'). Die weltliche Ordnung basiert auf dem göttlichen Gesetz.

Die Lehre des Thomas von Aquin hatte einen großen Einfluß auf die christliche Theologie und Philosophie. Teile des thomistischen Systems wurden von der katholischen Kirche übernommen und zur offiziellen Lehre der katholischen Kirche erklärt. Im 19. und 20. Jh. entwickelte sich im Anschluß an Thomas und seine Nachfolger der sog. *Neuthomismus* (als Hauptrichtung der NEUSCHOLASTIK). Im Zentrum des Neuthomismus stehen die Analysen zum Akt-Potenz-Verhältnis, zur Hierarchie des Seienden, Naturphilosophie, zum Verhältnis von Intellekt und Wille, Verhältnis von Gott und dem endlichen Seienden. Hauptvertreter des Neuthomismus sind: Mercier, Maritain, Sertillanges, Przywara, Fröbes, Feuling.

Lit.: Thomas von Aquin, Summa theologiae; A. Keller, Sein oder Existenz?, 1968; W. Kühn, Das Prinzipienproblem in der Philosophie des Thomas von Aquin, 1982; N. Barthen, Thomistische Ontologie und Sprachanalyse, 1988; H. Kleber, Glück und Lebensziel, 1988; E. Arroyabe, Das reflektierende Subjekt, 1988; A. Zimmermann (Hg.), Thomas von Aquin, 1988; W.-U. Klünker, Selbsterkenntnis der Seele, 1990.
☞SCHOLASTIK

## Tod:

im medizinisch-biologischen Sinne das Aufhören der Lebensfunktionen eines Organismus. In einigen griechisch-antiken Konzeptionen wird der T. als das Ausscheiden der Seele aus dem Körper bestimmt. Für Platon ist der Körper der „Kerker" der Seele. Die Einzelseele existiert vor ihrem Eintreten in den Körper und nach dem Austreten aus ihm; die Seele ist also unsterblich (☞SEELENWANDERUNG). Der T. betrifft nur das Absterben des Körpers. Für die Stoiker heißt Philosophieren sterben lernen. Epikur zufolge braucht uns der T. nicht zu beschäftigen; wenn wir leben, ist der T. nicht da, und wenn der T. da ist, leben wir nicht mehr. In der christlichen Theologie wird die Trennung von Leib und Seele übernommen. Der T. wird als eine Strafe für die Sünden des Menschen aufgefaßt. Nur Gottes Gnade kann die Seele retten und sie in die Ewigkeit, Unsterblichkeit führen. Eine zentrale Rolle spielt der Begriff des T. in der EXISTENZPHILOSOPHIE. Nach Heidegger ist Dasein ein „Sein zum Tode". Der T. wird als eine Seinsmöglichkeit des menschlichen Daseins aufgefaßt, die von ihm ergriffen wird. Die Eigentlichkeit des Daseins gründet in dem „Vorlaufen in den T"; nur weil es die Möglichkeit des T. gibt, im Denken an den T., erschließt sich das Dasein zu seiner Eigentlichkeit. Für Sartre ist der T. keine Möglichkeit der Daseinsrealisierung; er ist vielmehr die Nichtung der Möglichkeiten. Unsere Geburt und unser Sterben sind absurd. Nach Jaspers ist der T. eine GRENZSITUATION, in der der Mensch seine Existenz erfährt.

Lit.: S. Kierkegaard, Die Krankheit zum Tode, 1849; M. Heidegger, Sein und Zeit, 1927; J.-P. Sartre, Das Sein und das Nchts, 1943; K. Jaspers, Chiffren der Transzendenz, 31977; E. Fink, Metaphysik und Tod, 1969. H. Ebeling (Hg.), Der Tod in der Moderne, 1979; K. Löwith, Mensch und Menschenwelt, 1981; R. Winau, Tod und Sterben, 1984; N. Hinske, Lebenserfahrung und Philosophie, 1986; H. Ebeling, Das Verhängnis, 1987; A. Nassehi/G. Weber, Tod, Modernität und Gesellschaft, 1989.

## Topos (griech. ‚Ort'):

Bezeichnung für einen *Gemeinplatz*, sodann für den allgemeinen Gesichtspunkt einer Argumentation. *Topik* heißt bei Aristoteles die Lehre von den ‚topoi' (Plural von ‚T.').

**Totalität:** ☞GANZHEIT, HOLISMUS

**Tradition** (von lat. *traditio*, ‚Übergabe'):
allgemein Bezeichnung für die Gesamtheit der überlieferten Meinungen, Sitten, Gebräuchen, Vorstellungen usw.. Der Begriff der T. spielt eine wichtige Rolle in der HERMENEUTIK Gadamers. Er bestimmt T. als ein Überlieferungsgeschehen, das für das VERSTEHEN konstitutiv ist. Er behandelt den Begriff der T. im Zusammenhang mit der Problematik der Rehabilitierung des Vorurteils und speziell der Rolle der Vorurteilsstruktur für das Verstehen. Die T. als eine Art der Autorität stabilisiert bzw. begründet die Geltung des Überkommenen.

Lit.: H.-G. Gadamer, Wahrheit und Methode, 1960; J. Habermas/D. Henrich/J. Taubes (Hg.), Hermeneutik und Ideologiekritik, 1971.

**Transfinit** (von lat. *trans*, ‚über', ‚hinaus', und *finis*, ‚Ende'):
unendlich, grenzenlos, endlos.

**Transsubjektiv:**
jenseits des SUBJEKTS, des ICH bzw. des BEWUSSTSEINS bestehend.

**Transzendent** (von lat. *transcendere*, ‚überschreiten'):
überschreitend, übersteigend; jenseits der möglichen Erfahrung liegend, die Grenzen der Erfahrung übersteigend (☞TRANSZENDENZ); auch jenseits des Bewußtseins liegend (*bewußtseinstranszendent* im Gegensatz zu *bewußtseinsimmanent*; ☞IMMANENT). Kant unterscheidet zwischen *transzendent* (jenseits der möglichen Erfahrung liegend) und *transzendental* (bezogen auf die Bedingungen der Möglichkeit der Gegenstandserkenntnis).

**Transzendental** (von lat. *transcendere*, ‚überschreiten'):
in der scholastischen Philosophie Bezeichnung für Bestimmungen des Seins, die jede kategoriale Bestimmung übersteigen und dem Seiendem als solchem zukommen (☞TRANSZENDENTALIEN). Bei Kant erfährt der Begriff eine Umdeutung. Er bestimmt den Begriff des Transzendentalen auf folgende Weise: „Ich nenne alle Erkenntnis transzendental, die sich nicht so wohl mit Gegenständen, sondern mit unserer Erkenntnisart von Gegenständen, so fern diese a priori möglich ist, überhaupt beschäftigt". „T." bedeutet nicht etwas, was die Grenzen möglicher Erfahrung übersteigt (☞TRANSZENDENT), sondern was vor jeder Erfahrung als apriorische (☞A PRIORI), im Subjekt bzw. Bewußtsein liegenden Bedingungen der Möglichkeit der Erfahrung und der Gegenstandserkenntnis gilt.
☞TRANSZENDENTALPHILOSOPHIE

**Transzendentale Ästhetik:**
bei Kant die Lehre von der Sinnlichkeit, von der sinnlichen ANSCHAUUNG und ihrer Rolle für die begriffliche ERKENNTNIS. Die „transzendentale Ästhetik“ umfaßt auch die Lehre von den ANSCHAUUNGSFORMEN Raum und Zeit.

Lit.: I. Kant, Kritik der reinen Vernunft, 1781, [2]1787.

**Transzendentale Deduktion:**
ein Bestandteil von Kants „Kritik der reinen Vernunft“. Die Deduktion betrifft bei Kant die Frage nach der Rechtfertigung („quid iuris?“, „was ist Recht?“) im Gegensatz zur Tatsachenfrage („quid facti, „was sind die Fakten?“); die zweite Frage bezieht sich auf die Erkenntnis von Tatsachen mittels der Beschreibung; die erste Frage auf die Erkenntnis derjenigen Begriffe, die Anspruch auf objektive Gültigkeit erheben (☞TRANSZENDENTALPHILOSOPHIE). Kant unterscheidet zwischen der transzendentalen D., die die Art anzeigt, wie sich Begriffe A PRIORI auf die Gegenstände beziehen können, und der empirische D., die die Art anzeigt, wie ein Begriff durch ERFAHRUNG erworben wird. Die transzendentale D. soll nachweisen, wie es möglich ist, daß die reinen Verstandesbegriffe sich auf die Erfahrung beziehen bzw. als Bedingungen der Möglichkeit von objektiver Erfahrung gelten, obwohl sie nicht der Erfahrung entstammen (☞APPERZEPTION).

Lit.: I. Kant, Kritik der reinen Vernunft, 1781, [2]1787; G. Prauss, Identität und Objektivität, 1976; M. Hossenfelder, Kants Konstitutionstheorie und die transzendentale Deduktion, 1978.

**Transzendentales Ego:**
in der PHÄNOMENOLOGIE Edmund Husserls Bezeichnung für den letzten, nicht hintergehbaren und apodiktisch gewissen Geltungs- und Konstitutionsgrund der Welt (☞KONSTITUTION). In der transzendentalen EPOCHÉ spaltet sich das Ego (lat. ‚ich‘) in ein transzendental-extramundanes (nichtweltliches) und ein mundanes (weltliches); nach der Epoché ist das transzendenale ego ein „uninteressierter Zuschauer“; es hebt alle weltlichen Interessen auf zugunsten des ihm einzig verbleibenden Interesses, zu sehen und zu beschreiben. Hat der Phänomenologe die Epoché vollzogen, die SUBJEKTIVITÄT von allem Nicht-Subjektiven (Weltlichen) gereinigt, so eröffnet sich ihm ein nicht-mundanes, reines Erfahrungsfeld, das er sehen und beschreiben kann; es ist das „transzendentale Bewußtsein“, das Reich der „reinen Subjektivität“. Das Zentrum bzw. den Grund dieses Bewußtseins bildet das transzendentale Ego.

Lit.: E. Husserl, Cartesianische Meditationen und Pariser Vorträge, hg. v. S. Strasser, [2]1963.

**Transzendentalien** (auch ‚Transzendentien‘):
in der scholastischen Philosophie Bezeichnung für die Grundbestimmungen

des Seins, die die kategorialen Bestimmungen des Seienden übersteigen und jedem Seiendem als solchem zukommen. Sie kommen dem Seiendem als solchem zu vor jeder Aufteilung in Kategorien bzw. Gattungs- und Artbegriffe. Die wichtigsten T. sind: *das Seiende* (lat. ‚ens'), *das Eine* (lat. ‚unum'), *das Wahre* (lat. ‚verum'), *das Gute* (lat. ‚bonum'). Weitere T. sind: *Etwas* (lat. ‚res'), *Bestimmtes* (lat. ‚aliquid'; weitere Präzisierung des ‚unum') und *das Schöne* (lat. ‚pulchrum'; Einheit von ‚verum' und ‚bonum'). Die T. sind über den Begriff des Seienden miteinander vertauschbar.

Lit.: Thomas von Aquin, De veritate; G. Schulemann, Die Lehre von den Transzendentalien in der scholastischen Philosophie, 1929.

## Transzendentalismus:

1) Bezeichnung für die TRANSZENDENTALPHILOSOPHIE Kants, 2) Bezeichnung für die in den USA im 19. Jh. entstandene philosophische Strömung des sog. *Neu-Idealismus* (Hauptvertreter: R. W. Emerson).

## Transzendentalphilosophie:

im weitesten Sinne eine Art der Philosophie, in der nach notwendigen, apriorischen Bedingungen der Möglichkeit der Erkenntnis, des (sittlich-moralischen) Handelns und der Argumentation gefragt wird. Als Begründer der T. gilt Kant. Für ihn ist T. „ein System aller Verstandesbegriffe und Grundsätze, aber nur insofern sie auf Gegenstände gehen, welche den Sinnen gegeben und also durch Erfahrung belegt werden können". Transzendental nennt Kant diejenige Erkenntnis, „die sich nicht sowohl mit Gegenständen, sondern mit unserer Erkenntnisart von Gegenständen, so fern diese a priori möglich ist, überhaupt beschäftigt". Die T. geht also nicht über die Grenzen der möglichen Erfahrung hinaus (☞TRANSZENDENZ), sondern sie beschäftigt sich mit den im Subjekt bzw. Bewußtsein liegenden Bedingungen der Möglichkeit der Erfahrung und der Gegenstandserkenntnis. Unsere Erkenntnis richtet sich nicht nach den Gegenständen, sondern die Gegenstände der Erfahrung richten sich nach unserer Erkenntnis; unser Erkenntnisvermögen legt fest, was Gegenstände unserer Erkenntnis sind: „Die Bedingungen der Möglichkeit der Erfahrung überhaupt sind zugleich Bedingungen der Möglichkeit der Gegenstände der Erfahrung, und haben darum objektive Gültigkeit in einem synthetischen Urteil a priori".

In der *transzendentalen* REFLEXION thematisiert Kant die notwendigen, apriorischen Bedingungen der Gegenstandserkenntnis; er thematisiert unser Erkenntnisvermögen vor seinem, auf die Gegenstände bezogenen Gebrauch. Es geht ihm um Bedingungen der Gegenstandserkenntnis, die nicht aus der Erfahrung gewonnen werden, die jedoch die Gegenstandserkenntnis erst ermöglichen. Zu den notwendigen, apriorischen Bedingungen der Möglichkeit der Gegenstandserkenntnis gehören die reinen ANSCHAU-

UNGSFORMEN Raum und Zeit und die reinen Verstandesbegriffe (☞KATEGORIE); die Anschauungsformen ordnen das in den Sinnen gegebene Material; die Verstandesbegriffe konstituieren die Erkenntnisgegenstände. Der Konstitution der Gegenstände liegt die „synthetische Einheit der APPERZEPTION" zugrunde; sie ist das Vermögen des Ich, die Mannigfaltigkeit der Vorstellungen zu einer Einheit zu verbinden und darüber hinaus die Einheit des Bewußtseins zu garantieren (☞SELBSTBEWUSSTSEIN); in der Gewißheit seiner selbst betrachtet das Ich die ihm gegebenen Vorstellungen als seine Vorstellungen. In der TRANSZENDENTALEN DEDUKTION wird die Anwendung der reinen, vor der Erfahrung gewonnenen Verstandesbegriffe, Kategorien, auf die Erfahrung vollzogen. Erst die Anwendung dieser Begriffe, die die Gegenstände der Erfahrung konstituieren, auf die Erfahrung verschafft ihnen Objektivität.

Die T. wurde im DEUTSCHEN IDEALISMUS, im KANTIANISMUS und NEUKANTIANISMUS weiterentwickelt und auf unterschiedliche Weise modifiziert. Als eine besondere Variante der T. gilt die PHÄNOMENOLOGIE E. Husserls. Eine Transformation der kantischen T. im Sinne des *linguistic turn* (der ‚sprachanalytischen Wende') wurde in der neusten Zeit von K.-O. Apel vollzogen (☞TRANSZENDENTALPRAGMATIK).

Lit.: I. Kant, Kritik der reinen Vernunft, 1781, $^{2}$1787; ders., Kritik der praktischen Vernunft, 1788; ders., Kritik der Urteilskraft, 1790; D. Henrich, Fichte ursprüngliche Einsicht, 1966; K.-O. Apel, Transformation der Philosophie, 2 Bde., 1973; H. Holz, Einführung in die Transzendentalphilosophie, 1973; D. Henrich, Identität und Objektivität, 1976; P. Bieri u. a. (Hg.), Transzendental Arguments and Science, 1979; P. F. Strawson, Die Grenzen des Sinns, 1981; R. Aschenberg, Sprachanalyse und Transzendentalphilosophie, 1982; G. Prauss (Hg.), Handlungstheorie und Transzendentalphilosophie, 1986. ☞DEUTSCHER IDEALISMUS, NEUKANTIANISMUS, KANTIANISMUS, PHÄNOMENOLOGIE, TRANSZENDENTALPRAGMATIK

## Transzendentalpragmatik:

die von K.-O. Apel entwickelte philosophische Konzeption. Apel knüpft an die kantische TRANSZENDENTALPHILOSOPHIE und an die Ergebnisse der sprachanalytischen Philosophie (☞ANALYTISCHE PHILOSOPHIE) an, so daß „die kantische Frage nach den Bedingungen der Möglichkeit und Gültigkeit wissenschaftlicher Erkenntnis als Frage nach der Möglichkeit einer intersubjektiven Verständigung über Sinn und Wahrheit von Sätzen bzw. Satzsystemen" erneuert werden kann; die „kantische Erkenntniskritik als Bewußtseinsanalyse" muß in eine „Sinnkritik als Zeichen-Analyse" transformiert werden. Ziel einer solchen Analyse wäre nicht die synthetische Einheit der APPERZEPTION, „sondern die durch konsistente Zeicheninterpretation dermaleinst zu erreichende Einheit der Verständigung in einem unbegrenzten intersubjektiven Konsens". Die T. ist eine argumentativ-reflexive Diskurstheorie (☞DISKURS); in ihr geht es um die Analyse von notwendigen, sprachlichen Bedingungen der Möglichkeit der sinnvollen Argumentation; es handelt sich hier nicht um im Bewußtsein liegenden

Bedingungen der Möglichkeit der Erkenntnis (*Apriori des Ich-Bewußtseins*), sondern um ein *Apriori der Zeichen- bzw. Sprachvermitteltheit* der intersubjektiv gültigen Argumentation (kurz: *Sprachapriori*). In der T. untersucht man jene Voraussetzungen, die wir immer schon anerkannt haben müssen, um überhaupt sinnvoll argumentieren bzw. zweifeln zu können. Nach Apel ist Argumentation das philosophisch Nichthintergehbare im Sinne der LETZTBEGRÜNDUNG. Die Bedingungen der Möglichkeit und Gültigkeit des sprachlichen Wissens sollen reflexiv (☞REFLEXION) im Rahmen des argumentativen Diskurses geklärt werden. Im Rahmen des argumentativen Diskurses sollen die universalen Geltungsansprüche der Rede (☞GELTUNG) thematisiert und begründet werden. Die Bestreitung der notwendigen Bedingungen des sinnvollen Argumentierens führt zum *performativen Widerspruch*. Wichtig für die T. ist die Erweiterung der semantischen Analyse (der zweistelligen Sprache-Welt-Relation) um die dreistellige, *triadische* Dimension der Zeichen- bzw. Sprachvermittlung (☞ZEICHEN) (Interpret-Zeichen-Welt). Der Zeicheninterpret versteht sich als Mitglied einer realen und einer „kontrafaktisch-antizipativ unterstellten idealen Kommunikations- und Interpretationsgemeinschaft".
Apel entwickelt die Konzeption der transzendentalpragmatischen Letztbegründung der Ethik (und damit der ethischen Normen). Erhebt man im Medium der sinnvollen Argumentation einen Geltungsanspruch und faßt man ihn im Prinzip für konsensfähig auf, so hat man im Vollzug des entsprechenden sprachlichen Aktes die moralischen Normen anerkannt, die für eine ideale Kommunikationsgemeinschaft maßgebend sein würden. Die Reflexion auf die Voraussetzungen (Präsuppositionen) der Argumentation geht mit der Reflexion über die Begründung von Normen einher.

Lit.: K.-O. Apel, Transformation der Philosophie, 2 Bde., 1973; ders., Sprechakttheorie und transzendentale Sprachpragmatik zur Frage ethischer Normen, in: ders. (Hg.), Sprachpragmatik und Philosophie, 1976; ders., Die Herausforderung der totalen Vernunftkritik und das Programm einer philosophischen Theorie der Rationalitätstypen, in: Concordia 11, 1987; ders., Fallibilismus, Konsenstheorie der Wahrheit und Letztbegründung, in: Forum für Philosophie Bad Homburg (Hg.), Philosophie und Begründung, 1987; ders., Diskurs und Verantwortung, 1988; W. Kuhlmann, Reflexive Letztbegründung, 1985; ders./D. Böhler (Hg.), Kommunikation und Reflexion, 1982; D. Böhler, Rekonstruktive Pragmatik, 1985; ders./T. Nordenstam/ G. Skirbekk (Hg.), Die pragmatische Wende, 1986.

## Transzendenz:

allgemein das Überweltliche, Übersinnliche; das, was den Bereich der (sinnlichen) Erfahrung überschreitet; sodann auch das, was jenseits des Bewußtseins liegt (das Bewußtseinstranszendente im Gegensatz zum Bewußtseinsimmanenten). „T." bedeutet auch den Vorgang des Überschreitens, des Überstiegs. Bei Platon werden die IDEEN als die die sinnliche Welt transzendierenden Wesenheiten aufgefaßt. Jenseits der Ideen liegt die höchste Idee, die des Guten. Der Gedanke der T. Gottes herrscht in der mittelalter-

lichen Philosophie. Gott ist das Überweltliche, Übersinnliche, das schlechthin Transzendente. Der Mensch hat die Möglichkeit, der göttlichen Wahrheit näherzukommen; er kann sich selbst transzendieren, d. h. er kann das Körperliche, Materielle im Medium seiner Seele und des Geistes übersteigen und sich dadurch Gott annäheren. Als transzendent werden auch die allgemeinsten Bestimmungen des Seins, die TRANSZENDENTALIEN, aufgefaßt, weil sie jegliche kategoriale Bestimmung des Seienden übersteigen. Im PANTHEISMUS wird der Gedanke der T. Gottes abgelehnt; Gott wird mit Welt identifiziert; er ist weltimmanent. Kant unterscheidet zwischen dem Transzendenten, das die Grenzen der möglichen Erfahrung überschreitet und daher in der theoretischen Philosophie nicht erkannt werden kann, und dem TRANSZENDENTALEN, das den Bereich der Bedingungen der Möglichkeit der Gegenstandserkenntnis ausmacht. Die Vernunftbegriffe, die regulativen IDEEN, sind nach Kant transzendent, da sie den Bereich der möglichen Erfahrung übersteigen, können sie nicht in der theoretischen Philosophie erkannt werden; sie können nur im Medium der praktischen Vernunft erfaßt werden.
Eine wichtige Rolle spielt der Begriff der T. in der Existenzphilosophie. Für Heidegger ist T. der in der Erfahrung des Nichts vollzogene Überstieg des Daseins von einzelnem Seienden zum Sein. Jaspers bestimmt das Sein als das „Umgreifende". In der T. öffnet sich der Mensch dem Sein. Die Erfahrung der T. ermöglicht die Existenzerhellung. Die T. kommt in CHIFFREN zum Ausdruck. Für Bloch liegt die T. in der Zukunft; sie drückt sich in der Hoffnung aus.

Lit.: Platon, Politeia; Augustinus, De vera religione; I. Kant, Kritik der reinen Vernunft, 1781, ²1787; M. Heidegger, Sein und Zeit, 1927; K. Jaspers, Chiffren der Transzendenz, ³1977; E. Bloch, Das Prinzip Hoffnung, 3 Bde., 1954-59.

**Trichotomie** (griech.): Dreiteilung.

## Trugschluß:
ein FEHLSCHLUSS, der bewußt einer Täuschung dient.

## Tugend:
ursprünglich die Befähigung zu einem bestimmten Tun; sodann die Disposition, das sittlich Gute anzustreben. Platon unterscheidet vier KARDINALTUGENDEN: Weisheit, Besonnenheit, Tapferkeit und Gerechtigkeit. Die GERECHTIGKEIT ist den drei anderen T. vorgeordnet. Aristoteles unterscheidet zwischen den Verstandestugenden, den *dianoetischen T* und den *ethischen T.*. Die wichtigsten dianoetischen T., die den Menschen dazu befähigen sollen, denkend die Wahrheit zu erkennen, sind: Weisheit, Klugheit, Wissen, Wohlberatenheit und Können (Kunst). Die ethischen T. wird als

die *rechte Mitte* (griech. ‚mesotes') zwischen zwei Extremen aufgefaßt, z. B. liegt die Tapferkeit zwischen Tollkühnheit und Feigheit. Für die Stoiker ist T. die der Vernunft und Natur entsprechende Lebensorientierung. Bei Epikur ist T. die Erkenntnis der Voraussetzungen der wahren Lust. In der Philosophie des Mittelalters werden den antiken T. die drei christlichen T. Glaube, Hoffnung und Liebe übergeordnet. Der Mensch muß diese T. erfüllen, um in die Seligkeit einzugehen. Kant bestimmt T. als „die moralische Stärke in der Befolgung seiner Pflicht, die niemals zur Gewohnheit werden, sondern immer ganz neu und ursprünglich aus der Denkungsart hervorgehen soll".

Lit.: Platon, Charmides; ders., Laches; Aristoteles, Nikomachische Ethik; Thomas von Aquin, De virtutibus cardinalibus; I. Kant, Grundlegung zur Metaphysik der Sitten, 1785; P. Geach, The Virtues, 1977; A. MacIntyre, After Virtue, 1981; M. Stole, Goods and Virtues, 1983; U. Wolf, Das Problem des moralischen Sollens, 1984.

# Ü

## Übel:

allgemein ein negativ bewerteter Sachverhalt; dasjenige, das als wertwidrig, schlecht usw. empfunden wird und meist im Gegensatz zum GUTEN angesehen wird. Traditionell unterscheidet man zwischen physischen (Leiden, Schmerz, Krankheit) und sittlich-moralischen Ü. (☞BÖSE, DAS). In der scholastischen Philosophie wird das Ü. als der Mangel an Vollkommenheit, Mangel an Gutem, das einem Seienden seinem Wesen nach zukommen sollte (☞PRIVATION); als Mangel an Vollkommenheit bzw. am Guten ist das Ü. eine negative, keine positive Bestimmung des Seienden. Leibniz unterscheidet neben den *physischen* (Schmerz) und dem *sittlich-moralischen* (Sünde) auch das *metaphysische Ü.* (Endlichkeit des Geschaffenen). ☞THEODIZEE

Lit.: G. W. Leibniz, Theodizee, 1710; E. L. Fischer, Das Problem des Übels und die Theodizee, 1883. P. Siwek, The Philosophy of Evil, 1951. Ch. Journet, Le mal, 1961.

## Über-Ich:

in der PSYCHOANALYSE Freuds neben ICH und ES eine Instanz des psychischen Apparats. Zu den Funktionen des Ü. gehören das Gewissen, die Idealbildung und die Selbstbeobachtung.

## Übermensch:

das Ideal des Menschen, der die ihm gesetzten Grenzen überwinden, über sich selbst und die anderen bestimmen kann. Der Ü. bricht die von der Religion bzw. Moral auferlegten Gebot. Eine besonders wichtige philosophische Bedeutung erlangt der Begriff in der Philosophie Nietzsches. Er bezeichnet hier ein Ideal des Menschen, der das Leben bejaht und dem WILLEN ZUR MACHT folgt; er bricht mit den von der Moral und Religion vorgegebenen Vorstellungen. Im Gegensatz zum Ü. steht bei Nietzsche der lebensschwache Untermensch, der Herdenmensch, der sich von Jenseitshoffnungen christlich-religiöser Art leiten läßt. Der Ü. sieht sein Vorbild (sein Ebenbild) nicht in der Gestalt Gottes; er wendet sich stattdessen sich selbst zu und macht sich zum Herrn seiner selbst; er ist seiner selbst mächtig und erhebt die Macht über die Herdenmenschen. Nietzsches Gedanke des Ü. wurde politisch mißbraucht.

Lit.: F. Nietzsche, Also sprach Zarathustra,1883-85; O. L. Schwarz, Average Man against Superior Man, 1947; M. Heidegger, Nietzsche, 1961.

**Überprüfung:**
ein wichtiger Begriff aus der WISSENSCHAFTSTHEORIE. Durch die Ü. soll allgemein festgestellt werden, ob ein Sachverhalt besteht oder nicht. Sachverhalte können durch Sätze dargestellt bzw. beschrieben werden. Ü. ist in diesem Zusammenhang ein Verfahren, bei dem die Wahrheit bzw. Falschheit von Aussagen bestimmt wird. Es gibt sehr unterschiedliche Weisen der Ü., die sich je nach der Art der Wissenschaft bzw. der Erkenntnis einteilen lassen. Nach W. Lenzen gibt es die folgende Arten der Ü.: 1) Ü. formalwissenschaftlicher Aussagen (in der Logik und Mathematik), 2) Ü. empirisch-wissenschaftlicher Aussagen (in den empirischen Wissenschaften); a) Ü. empirisch-wissenschaftlicher Hypothesen (Ü. deterministischer Hypothesen, Ü. indeterministischer Hypothesen), b) Ü. naturwissenschaftlicher Theorien, 3) Ü. geisteswissenschaftlicher Aussagen (in den Geisteswissenschaften).

Lit.: K. R. Popper, Logik der Forschung, 1935; W. Stegmüller, Probleme und Resultate der Wissenschaftstheorie und Analytischen Philosophie, Bd. 2 und 4, 1973; W. V. O. Quine, Zwei Dogmen des Empirismus, in: ders., Vom logischen Standpunkt, 1979; W. Lenzen, Überprüfung, in: J. Spech (Hg.), Handbuch wissenschaftstheoretischer Begriffe, Bd. 3, 1980.

**Übersinnliche,** das:
im weitesten Sinne das, was nicht im Bereich der sinnlichen Anschauung bzw. der Wahrnehmung gegeben, nicht über die Sinne vermittelt ist; also das, was über die sinnliche Erfahrung hinausgeht (☞TRANSZENDENZ) und nur im reinen DENKEN erfaßt werden kann. Das im reinen Denken Gegebene, das Transzendente bzw. Metaphysische (☞METAPHYSIK) wird als das Ü. angesehen. ☞INTELLIGIBEL, INTUITION

**Umfang:** ☞EXTENSION

**Umgreifende,** das:
ein von Karl Jaspers eingeführter Begriff zur Bezeichnung des „metaphysischen Seins" (☞SEIN) bzw. der TRANSZENDENZ: „Alles, was mir Gegenstand wird, tritt aus dem U. an mich heran, und ich als Subjekt aus ihm heraus." Es kommt in der Subjekt-Objekt-Spaltung (☞SUBJEKT-OBJEKT-PROBLEM) zum Ausdruck. ☞CHIFFRE

Lit.: K. Jaspers, Der philosophische Glaube angesichts der Offenbarung, 1948.

**Umwertung aller Werte:**
eine von Nietzsche aufgestellte Formulierung. Nietzsche fordert die Aufhebung der Moralwerte (besonders der christlichen Moralwerte) durch vorchristliche Lebensideale. Dabei soll an die Stelle der Sklavenmoral der

Lebensverneinung die Herrenmoral der Lebensbejahung und -steigerung treten.

Lit.: Fr. Nietzsche, Jenseits von Gut und Böse, 1886; ders., Zur Genealogie der Moral, 1887.

**Unbedingte,** das:
dasjenige, was ohne Bedingung bzw. Ursachen besteht. Meist bedeutungsgleich mit dem ABSOLUTEN.

**Unbewegter Beweger:**
ein von Aristoteles eingeführter Begriff; Bezeichnung für das die Bewegung in Gang setzende göttliche Prinzip, das selbst unbewegt ist. Aristoteles geht dabei von seiner Ursachenlehre aus (☞CAUSA). Jedes endliche Sein ist verursacht. Der Begriff der Verursachung hängt mit dem der Bewegung zusammen. Die erste Ursache (das göttliche Prinzip) ist selbst nicht verursacht. Die Kette der Verursachungen wird mit Hilfe des Konstruktes des u. B. unterbrochen.

Lit.: Aristoteles, Metaphysik.

**Unbewußte,** das:
im weitesten Sinne das im BEWUSSTSEIN nicht Enthaltene, das Nicht-Bewußte. In der Philosophie findet man einige dem Begriff des U. vorausgehende Begriffe, z. B. bei Leibniz den der unwahrnehmbaren Perzeption, bei Schopenhauer den Willen in der Natur als blinder, unbewußter Drang (auch bei C. G. Carus, Schelling u. a.). Man kann jedoch bei all diesen Autoren nicht im strengen Sinne von einem expliziten Begriff des U. sprechen. Eine Philosophie des U. entwickelte E. v. Hartmann. Das U. ist für ihn der unbewußte Wille, aus dem die Welt erklärt wird; insofern ist das U. der Grund des Seins und des Weltprozesses. Eine auch philosophische Bedeutung gewinnt der Begriff des U. in der PSYCHOANALYSE und anderen psychologischen Richtungen. Freud bezeichnet mit dem Begriff ein psychisches System; neben den bewußten Vorstellungen bzw. Erlebnissen gibt es auch unbewußte psychische Inhalte, die jedoch auf unser Bewußtsein einen Einfluß ausüben. Das U. wird als Ort der verdrängten Vorstellungen bzw. Erlebnisse bestimmt, die das Bewußtsein beeinflussen, jedoch nicht bewußt vernommen werden können. Für C. G. Jung ist das U. nicht wie bei Freud triebdynamisch zu verstehen; es ist das Fundament des seelischen und geistigen Geschehens. Das U. wird als Ergänzung zum Bewußtsein verstanden. Jung unterscheidet zwischen einem *persönlichen* (verdrängte, unterschwellige Erlebnisse, Vergessen, unterentwickelte Anlagen) und dem *kollektiven* oder *überpersönlichen U.* (das insgesamt der nicht individuellen, nicht subjektiven Urerfahrungen bzw. Grunddispositionen der Menschheit). ☞ARCHETYP

Lit.: E. v. Hartmann, Philosophie des Unbewußten, 1869; S. Freud, Die Traumdeutung, 1900; ders., Das Unbewußte, 1915; C. G. Jung, Über die Psychologie des Unbewußten, 1948; E. Rothacker, Schichten der Persönlichkeit, [7]1966; A. C. MacIntyre, Das Unbewußte, 1968; H. F. Ellenberger, Die Entdeckung des Unbewußten, 1973.

## Unendlichkeit:

allgemein Grenzenlosigkeit, Uneingeschränktheit, meist als räumliche oder zeitliche U. aufgefaßt (Gegensatz: ENDLICHKEIT). In der griechischen Philosophie wird das Unendliche als das Unbestimmtheit, Unfertige und daher das Unvollkommene, Minderwertige angesehen. Als unendlich galt bei den antiken Griechen meist das Materielle bzw. Stoffliche (☞APEIRON). Dagegen galt das Wohlgeformte, Wohlbestimmte, Begrenzte, eben das Endliche als das Vollkommene, Vollendete. In der christlichen Philosophie kommt es zu einer Neubestimmung des Begriffs der U.. Begrenztheit und Endlichkeit sind Attribute der Welt; in ihnen drückt sich nicht die Vollkommenheit der Welt (wie bei den antiken Griechen), sondern ihre Unvollkommenheit aus. Mit Hilfe der Attribute Begrenztheit und Endlichkeit kann also nicht das schlechthin vollkommene Seiende, nämlich Gott, bestimmt werden; als dem schlechthin Vollkommenen spricht man ihm das Attribut der U. zu. In der Scholastik unterscheidet man zwischen der *potentiellen* (negativen) U. (*Indefinität*) (die unendliche Teilbarkeit und Vermehrbarkeit des Endlichen; das tatsächlich Endliche ist der Möglichkeit, POTENZ nach unendlich) und der *aktuellen* (positiven) U. (*Infinität*) (die durch keine Möglichkeit bestimmte, durch keine Grenze beschränkte vollkommene Wirklichkeit).
Eine wichtige Rolle spielt der Begriff der U. in der Mathematik (Mengenlehre) und Logik (hier sind wichtig die Arbeiten von Bolzano, Cantor, Frege, Russell). ☞EWIGKEIT, KOSMOLOGIE, RAUM, ZEIT

Lit.: B. Bolzano, Paradoxien des Unendlichen, [2]1923; J. Cohn, Geschichte des Unendlichkeitsproblems im abendländischen Denken bis Kant, [2]1960; E. Levinas, Totalité et infini, 1961; J. A. Bernadete, Infinity, 1964; G. König, Konzepte des mathematisch Unendlichen im 19. Jahrhundert, 1990.

**Unität** (von lat. *unitas*): ☞EINHEIT

**Universal** (von lat. *universalis*): allgemein.

## Universalaussage:

in der philosophischen Tradition Bezeichnung für allgemeine (generelle) Aussagen. In der zeitgenössischen Logik spricht man von der ALLAUSSAGE.

## Universalien:

in der philosophischen Tradition Bezeichnung für Allgemeinbegriffe (auch Gattungsbegriffe) (Gegensatz: INDIVIDUALBEGRIFF). Die Philosophie stellt

die Frage nach der Existenz von U., d.h. die Frage, ob neben den konkreten Einzelgegenständen der realen Welt auch ideale, abstrakte Gegenstände (eben die U.) existieren, bzw. ob die idealen, abstrakten Gegenstände selbständig und unabhängig von den konkreten Einzelgegenständen existieren. Bei Platon gibt es ideale Gegenstände, die außerhalb der konkreten Einzeldinge liegen – es sind die IDEEN; sie bilden ein Reich, eine Welt der Ideen (☞IDEENLEHRE). Die Ideen haben den höchsten Seinsstatus. Die Einzeldinge sind weniger seiend und von der Wahrheit weiter entfernt als die Ideen. Die Beziehung zwischen Ideen und konkreten Einzeldingen wird bei Platon mit dem Begriff der METHEXIS (auch TEILHABE) charakterisiert; die Einzeldinge sind wirklich, insofern sie an den Ideen teilhaben.
Aristoteles revidiert die platonische Auffassung auf eine besondere Weise. Es gibt zwar nur Einzeldinge, aber den Einzeldingen wohnt eine allgemeine FORM inne; nur so können die Dinge unter BEGRIFFE fallen. Im Mittelalter werden U. als die allgemeinsten Klassifikationsbegriffe aufgefaßt: Gattung, Art, Unterschied, wesentliche Eigenschaft, unwesentliche bzw. zufällige Eigenschaft. Die oben angesprochene Frage nach der Existenz bzw. der Existenzweise der U. führte im Mittelalter zum sog. UNIVERSALIENSTREIT.

Lit.: Platon, Phaidon; ders., Politeia; Aristoteles, Metaphysik; H. Seiler (Hg.), Language Universals, 1978; J. J. Katz, Language and other abstract Objects, 1981.

## Universalienstreit:

der im Mittelalter (etwa seit dem 12. Jh.) entbrannte Streit um die Bedeutung der UNIVERSALIEN (der Allgemeinbegriffe), speziell um die Existenz bzw. Existenzweise der Universalien. Die Frage, die zum Gegenstand des U. wurde, ist die, ob neben den konkreten Einzelgegenständen der realen Welt auch ideale Gegenstände existieren, bzw. ob die idealen Gegenstände selbständig und unabhängig von den konkreten Einzelgegenständen existieren. Weiterhin fragte man nach der Beziehung zwischen den Universalien und den Einzeldingen.
Im U. lassen sich vier Hauptpositionen unterscheiden: 1) der *Begriffsrealismus*, nach dem – in Anlehnung an Platons – das im Allgemeinbegriff ausgedrückte Allgemeine (Universale) unabhängig und vor den Einzeldingen existiert („universalia sunt realia ante rem"; Hauptvertreter sind Johannes Eriugena, Wilhelm von Chapeaux, Anselm von Canterbury); 2) der *gemäßigte Realismus*, nach dem – im Anschluß an Aristoteles – das Allgemeine eine reale Bestimmung des Einzeldinges ist; es existiert nicht vor, sondern in den Dingen („universalia sunt realia in re"; Hauptvertreter sind Abaelard und Thomas von Aquin); 3) der *Nominalismus*, nach dem das Allgemeine nur ein Wort ist (ein Name für Gemeinsames); es gibt nur Einzeldinge, das Allgemeine gibt es nur im Denken bzw. Denkakt („universalia sunt in intellectu") und *nach* den Einzeldingen („universalia sunt post rem")

(Hauptvertreter sind Ruscellius und Wilhelm von Ockham); 4) der *Konzeptualismus*, nach dem das Allgemeine ein durch Abstraktion von den Einzeldingen gewonnener allgemeiner Begriff ist; das Allgemeine gibt es daher nur in unserem Denken („universale est sermo"; Hauptvertreter: Abaelard). Im 20. Jh. entbrannte ein neuer U. (man spricht auch vom *modernen U.*). Dabei treten die alten Positionen in neuen Formen auf. Die Nominalisten (z. B. Goodman) heben nur solche Variablen hervor, in deren Wertbereich ausschließlich konkrete Objekte enthalten sind. Moderne Platonisten bzw. Realisten (z. B. Church) sehen auch abstrakte Objekte als Werte von Variablen an; sie verwenden also Klassen-, Relations-, Funktions- und Zahlenvariablen. Die Konzeptualisten (Brouwer, Heyting, P. Lorenzen), die den KONSTRUKTIVISMUS vertreten, verwenden zwar Klassenvariablen, lassen jedoch die Mengenantinomien nicht zu; KLASSEN gibt es als Ergebnis eines Konstruktionsprozesses. ☞REALISMUS, KONZEPTUALISMUS, NOMINALISMUS, NAME

Lit.: G. Grewendorf, Universalien, in: E. Braun/H. Radermacher (Hg.), Wissenschaftstheoretisches Lexikon, 1978; N. Goodman, The Structures of Appearance, ²1966; N. Goodman/W. V. O. Quine, Steps towards a constructive Nominalism, in: Journal of Symbolic Logic 12, 1947; W. V. O. Quine, On Universals, in: Journal of Symbolic Logic 12, 1947; W. Stegmüller, Das Universalienproblem, 1978; N. Rescher, Conceptual Idealism, 1973; W. Künne, Abstrakte Gegenstände, 1983.

**Universalisierung:** ☞GENERALISIERUNG

**Universalismus** (von lat. *universalis*, ‚allgemein'):
im weitesten Sinne die Auffassung, derzufolge das Allgemeine, Übergreifende eine Priorität vor dem Einzelnen, Individuellen und Besonderen hat (Gegensatz: INDIVIDUALISMUS), die Erklärung der Mannigfaltigkeit aus allgemeinsten, universalen Prinzipien. In metaphysischen Konzeptionen nennt man U. die Auffassung, nach der die gesamte Wirklichkeit (das Universum) als eine Ganzheit erfaßt und das Einzelne (bzw. die Teile) von dieser übergreifenden Ganzheit her verstanden, erklärt und abgeleitet wird. Einen im weitesten Sinne universalistischen Standpunkt vertraten Platon, Aristoteles, viele Denker der SCHOLASTIK (☞UNIVERSALIENSTREIT), Hegel (und andere Denker des deutschen Idealismus).
In neueren Zeit vertritt ihn der Neorealist A. N. Whitehead im Rahmen seiner metaphysischen Kosmologie. In ethischen Kontexten entwickelte W. Wundt eine Position, nach der Gegenstand des sittlichen Handelns nicht das Einzelne, sondern Gesamtheiten sind (Völker, Staaten, die Menschheit). In der Soziologie vertrat den U. O. Spann; für ihn hat das Ganze einen Vorrang gegenüber dem Einzelnen, Individuellen. Dabei ist das Ganze (z. B. eine Menschengruppe) mehr als die Summe der Teile (der Einzelindividuen); der Gruppe, dem Volk, Staat und dgl. kommt ein höhe-

rer Wert zu als der Einzelmenschen. Das Verhalten der Einzelmenschen kann nur aufgrund ihrer Stellung im gesamtgesellschaftlichen Zusammenhang erklärt werden.

Lit.: O. Spann, Gesellschaftstheorie, [3]1930; A. N. Whitehead, Process and Reality, [2]1930.

**Universalpragmatik** (auch „formale Pragmatik"):
die von Jürgen Habermas entwickelte philosophische Position. „Die U. hat die Aufgabe, universale Bedingungen möglicher Verständigung zu identifizieren und nachzukonstruieren" (Habermas). Statt von „universalen Bedingungen" spricht Habermas auch von „allgemeinen Kommunikationsvoraussetzungen".
Wichtig für die Konzeption der U. ist die in der Linguistik übliche Unterscheidung zwischen *Performanz* und *Kompetenz* (☞KOMMUNIKATION). Unter linguistischer Kompetenz wird im Anschluß an N. Chomsky die Fähigkeit eines Sprechers verstanden, aus einer begrenzten Zahl phonetischer, syntaktischer und semantischer Elemente eine unbegrenzte Zahl von Sätzen nach grammatischen Regeln zu generieren. Unter Performanz wird die Anwendung dieser Sprachkompetenz in sozialen Interaktionen verstanden. Die Sprachkompetenz, die als abstraktes Regelsystem aufgefaßt wird, soll nach Chomsky im Rahmen der linguistischen Analyse rekonstruiert werden. Habermas betont, daß auch die Anwendung dieser Sprachkompetenz (die Umformung von grammatisch korrekt gebildeten Sätzen in Äußerungen) auf einer Regelstruktur basiert und deshalb rekonstruiert werden kann. Habermas hebt hervor, daß nicht nur phonetische, syntaktische und semantische Merkmale von Sätzen, sondern auch bestimmte pragmatische Merkmale (☞PRAGMATIK) von Äußerungen – nicht nur Sprache, sondern auch der Rede – einer rekonstruktiven Analyse zugänglich sind. Ziel der rekonstruktiven Sprachanalyse ist die Beschreibung der Regeln, die ein kompetenter Sprecher beherrschen muß, um grammatisch korrekte Sätze zu bilden und akzeptabel zu äußern.
Ein Grundmerkmal der umgangssprachlichen Kommunikation ist ihre Doppelstruktur. Eine Situation möglicher Verständigung beinhaltet, daß Sprecher und Hörer gleichzeitig auf zwei Ebenen kommunizieren: a) „Ebene der Intersubjektivität, auf der die Sprecher und Hörer miteinander sprechen, und b) die Ebene der Gegenstände, über die sie sich verständigen". Darüber hinaus beruht jede Situation möglicher Verständigung konstitutiv auf Idealisierungsleistungen der an ihr Beteiligten; wir unterstellen, wenn wir in eine Verständigungssituation eintreten, daß es „wirkliche" Verständigung gibt; diese Unterstellung geht konstitutiv in jede Kommunikationssituation ein. Zentral ist im Rahmen der U. die Theorie der Geltungsansprüche. „Ziel der Verständigung ist die Herbeiführung eines

Einverständnisses, welches in der intersubjektiven Gemeinsamkeit des wechselseitigen Verstehens, des geteilten Wissens, des gegenseitigen Vertrauens und des miteinander Übereinstimmens terminiert". Einverständnis ruht auf der Basis der Anerkennung der vier Geltungsansprüche: Verständlichkeit, Wahrheit, Wahrhaftigkeit und Richtigkeit. Jeder kommunikativ Handelnde erhebt im Vollzug einer Sprechhandlung (☞SPRECHAKT) universale Geltungsansprüche (☞GELTUNG) und unterstellt ihre Einlösbarkeit. Die vier Geltungsansprüche beziehen sich: 1) auf die Art und Weise der Formulierung einer Äußerung, 2) auf die Beziehung zwischen Sprache und Welt, 3) auf die Selbstdarstellung des Sprechers mittels einer Äußerung, und 4) auf die Herstellung einer Interaktionsbeziehung zwischen Sprecher und seinem Adressaten mittels einer Äußerung. Jede sprachliche Äußerung enthält nach Habermas einen Weltbezug, Sprecherbezug und Adressatenbezug. Mit den drei Bezügen sind jeweils unterschiedliche Geltungsansprüche verbunden: mit dem Weltbezug der Anspruch auf Wahrheit, mit dem Sprecherbezug der Anspruch auf Wahrhaftigkeit, mit dem Adressatenbezug der Anspruch auf Richtigkeit.
Die drei Geltungsansprüche sind mit jeder beliebigen Äußerung verbunden. Durch je einzelne Sprechakte werden die Geltungsansprüche jedoch verschieden gewichtet: z. B. bei Behauptungen bzw. Feststellungen liegt das Gewicht der Äußerung auf dem Anspruch auf Wahrheit (auf den Weltbezug), bei z. B. Aufforderungen vorwiegend auf dem Anspruch auf Richtigkeit (bzw. Angemessenheit), bei z. B. Beileidsbekundungen hauptsächlich auf dem Anspruch auf Wahrhaftigkeit.
Eine entscheidende Bedeutung für die Konzeption der U. hat die Unterscheidung zwischen *kommunikativen Handeln* und *Diskurs*. Im kommunikativen Handeln wird die Geltung von Sinnzusammenhängen naiv vorausgesetzt (wir tauschen hier Informationen aus), im Diskurs werden die im kommunikativen Handeln naiv vorausgesetzten Geltungsansprüche thematisiert und virtualisiert. Im Diskurs unterstellen wir die prinzipielle Möglichkeit einer idealen Sprechsituation: „Die ideale Sprechsituation schließt systematisch Verzerrung der Kommunikation aus. Nur dann herrscht ausschließlich der eigentümliche zwanglose Zwang des besseren Arguments...". Ziel des Diskurses ist es, einen universalen (für alle vernünftig Argumentierenden gültigen) Konsens herbeizuführen (☞WAHRHEITSTHEORIEN).
Die U. bildet einen zentralen Teil der gesamten Habermasschen Theorie. Sie führt zu einem sprachpragmatischen Begriff der LEBENSWELT und kann als ein Schritt zu einer Gesellschaftstheorie aufgefaßt werden.

Lit.: J. Habermas, Vorbereitende Bemerkungen zu einer Theorie der kommunikativen Kompetenz, in: ders./N. Luhmann, Theorie der Gesellschaft oder Sozialtechnologie, 1971; ders., Theorie des kommunikativen Handelns, Bd. I, 1981; ders., Was heißt Universalpragmatik?, in: ders., Vorstudien und Ergänzungen zur Theorie des kommunikativen Handelns, [3]1989; ders., Nachmetaphysisches Denken, 1988; A. Honneth/ H. Joas (Hg.), Kommunikatives Handeln, 1986.

**Universell (lat.):** ☞UNIVERSAL, GENERELL

**Universum** (lat.):
das Weltall; WELT, KOSMOS.

**Univok** (von lat. *unum*, ‚eines' und *vocare*, ‚benennen'):
U. heißt ein Wort, das genau eine Bedeutung hat. Traditionell werden u. Wörter bzw. Begriffe auch als eindeutige Wörter bzw. Begriffe bezeichnet. Vgl. ÄQUIVOK

**Unmittelbarkeit:**
allgemein eine Weise des Gegebenseins einer Sache oder eine Weise der Erkenntnis bzw. Erfahrung; etwas ist unmittelbar gegeben, erkannt, erfahren, wenn es ohne die Vermittlung z. B. einer begrifflichen Explikation, einer Überprüfung, Begründung, Beweisführung usw. gegeben, erkannt bzw. erfahren wird. Meistens zeichnet sich solche unmittelbare Erkenntnis durch evidente Klarheit aus (☞EVIDENZ). Die U. kann als ein Merkmal der intuitiven Erkenntnis angesehen werden (☞INTUITION). Eine besondere Bedeutung hat der Begriff der U. bei Hegel, der ihn im Gegensatz zum Begriff der VERMITTLUNG benutzt; die U. läßt die Gegensätze in ihrer „begriffslosen Sinnlichkeit" bzw. „nur gedachten Abstraktion" bestehen. Nach Hegel ist U. selbst schon vermittelt und erstrebt weitere Vermittlung (Selbst-Vermittlung), d. h. die Aufhebung ihrer selbst. Unmittelbare Erkenntnis, wie jede intuitive Erkenntnis, hängt von subjektiven Erfahrungen und Erwartungen ab; sie läßt sich nicht an intersubjektiven Kriterien überprüfen.

Lit.: G. W. F. Hegel, Phänomenologie des Geistes, 1807; E. Husserl, Cartesianische Meditationen und Pariser Vorträge, hg. v. S. Strasser, 1963.

**Unsterblichkeit** (auch ‚Athanasie', ‚Immortabilität'):
allgemein die Fortdauer der SEELE nach dem Tode; im religiösen Sinne das Aufgehen der Seele in Gott; in einem anderen Sinne das Weiterleben einer Persönlichkeit in Werken, im Ruhm, in den Nachkommen, in den Gedanken der Nachwelt.
Der Glaube an die U. ist schon in vielen primitiven Gesellschaften bzw. Religionen zu finden. In einigen Religionen (Inder und Orphiker) spricht man von der Wanderung der Seele vom Körper zu Körper (☞SEELENWANDERUNG). Dieser Gedanke wurde in einer anderen Form z. B. von Pythagoras, Platon, Cicero u. a. übernommen, sodann in der christlichen Philosophie (Augustinus, Thomas von Aquin), später von Descartes und Leibniz. Bei Kant ist die U. als POSTULAT der praktischen Vernunft aufzufassen. Der Gedanke der U. wird in der zeitgenössischen Philosophie

nicht mehr vertreten.

Lit.: Platon, Phaidon; I. Kant, Kritik der reinen Vernunft, 1781, $^{2}$1787; ders., Kritik der praktischen Vernunft, 1788; L. Feuerbach, Gedanken über Tod und Unsterblichkeit, 1830; H. Scholz, Der Unsterblichkeitsgedanke als philosophische Problem, $^{2}$1922; M. Scheler, Tod und Fortleben, in: Schriften aus dem Nachlaß I, $^{2}$1957; A. Wenzel, Unsterblichkeit, 1951.

**Upanischaden** (vom indisch. *upa*, ‚nahe' und *sad*, ‚sitzen'):
Textsammlungen, die als Zeugnis für die pantheistisch-mystische Philosophie des BRAHMANISMUS (☞BRAHMAN, ATMAN) und des VEDA gelten. Die U. enthalten Prosatraktate, die zwischen dem 9. Jh. v. Chr. und dem 1. Jh. n. Chr. entstanden sind. Die U. wurden von Schopenhauer rezipiert und geschätzt.

Lit.: W. Ruben, Die Philosophie der Upanischaden , 1945.

**Ursache:** ☞CAUSA, GRUND, KAUSALITÄT

**Urstoff:**
ein Ur-Seiendes, die letzte Substanz, das Grundprinzip, nach dem die VORSOKRATIKER fragten; der U. wird meist als Entstehungsgrund aller Dinge (bzw. der Welt) und meist auch als das allgemeingültige, allumgreifende Prinzip bzw. Gesetz der Welt angesehen. Nach Thales ist der U. das Wasser, nach Anaximenes die Luft, nach Heraklit das Feuer, nach Anaximander das APEIRON (das Umgreifende, Unendliche), nach Empedokles die ELEMENTE Erde, Wasser, Luft und Feuer, nach Demokrit die ATOME. ☞MATERIE

Lit.: H. Diels, Die Fragmente der Vorsokratiker, $^{18}$1989; W. Schadewaldt, Die Anfänge der Philosophie bei den Griechen, 1978.

**Urteil:**
in der traditionellen Logik Bezeichnung für die Verknüpfung eines SUBJEKTS mit einem PRÄDIKAT; dieser Verknüpfung wird durch die Kopula „ist" hergestellt; in einem U. wird also einem Subjektbegriff ein Prädikatbegriff zu- oder abgesprochen (z. B.: „Martin ist ein Student"). In der Geschichte der Philosophie werden verschiedene Urteilslehren aufgestellt, so z. B. von Aristoteles (☞SYLLOGISTIK) und Kant. Kant teilt die U. nach ihrer Quantität in allgemeine, besondere und einzelne ein, nach ihrer Qualität in bejahende, verneinende und unendliche, nach ihrer Relation in kategorische, hypothetische und disjunktive, sowie nach ihrer Modalität in problematische, assertorische und apodiktische (☞KATEGORIE). Darüber hinaus lassen sich im Anschluß an Kant weitere Urteile unterscheiden: ANALYTISCHE, SYNTHETISCHE, APRIORISCHE und APOSTERIORISCHE

Urteile. In der modernen Logik spricht man nicht mehr vom U., sondern von AUSSAGE bzw. SATZ.

Lit.: I. Kant, Kritik der reinen Vernunft, 1781, ²1787; G. Störring, Das urteilende und schließende Denken, 1926; E. Husserl, Erfahrung und Urteil, 1948; W. Stegmüller, Der Begriff des synthetischen Urteils a priori und die moderne Logik, in: Zeitschrift für philosophische Forschung VIII, 1954; B. V. Freytag-Löringhoff, Über das hypothetische Urteil, in: Zeitschrift für philosophische Forschung IX, 1955.

## Urteilskraft:

im weitesten Sinne die Fähigkeit (das Vermögen) zu urteilen bzw. beurteilen. Nach Kant steht die U. zwischen dem VERSTAND (im engeren Sinne) als dem Vermögen der Begriffs- und Regelbildung und der VERNUNFT (im engeren Sinne) als dem Vermögen, nach den Regeln zu schließen. „U. ist das Vermögen, unter Regeln zu subsumieren, d. h. zu unterscheiden, ob etwas unter einer gegebenen Regel stehe oder nicht." Kant unterscheidet zwischen *bestimmender U.* (die Unterordnung des Besonderes, des Einzelfalls unter das Allgemeine, Regeln, Prinzipien, Gesetze) und der *reflektierenden U.* (zum Besonderen, dem Einzelfall soll das Allgemeine, der Oberbegriff gefunden werden). Die reflektierende U. gliedert Kant in der „Kritik der U." in *ästhetische U.* (die Bestimmung der subjektiven Zweckmäßigkeit einer ästhetischen Vorstellung) und in die *teleologische U.* (die Betrachtung der Natur im Hinblick auf ihre objektive Zweckmäßigkeit ohne die Annahme eines metaphysischen Zwecks). Die U. kann nach Kant nur durch Beispiele geübt, nicht gelehrt werden. Der Mangel an U. ist das, was man Dummheit nennt.

Lit.: I. Kant, Kritik der reinen Vernunft, 1781, ²1787; ders., Kritik der Urteilskraft, 1790; H.-G. Gadamer, Wahrheit und Methode, 1960; W. Bartuschat, Zum systematischen Ort von Kants Kritik der Urteilskraft, 1972.

## Usia (griech.):

WESEN, So-Sein, ESSENZ (lat. ‚essentia') im Gegensatz zur EXISTENZ (lat. ‚existentia'), zum DASEIN.

## Utilitarismus (von lat. *utilis*, ‚nützlich'):

Nützlichkeitsstandpunkt, Nützlichkeitslehre; ethische Position (☞ETHIK), in der der Nutzen (bzw. die Nützlichkeit) zum Zweck des menschlichen Handelns erklärt wird, wobei entweder das Wohl des Einzelnen (*Individualutiliarismus* oder das der Allgemeinheit (*Sozialutilitarismus*) in den Vordergrund gestellt wird. Den Bewertungsmaßstab des Handelns bildet das sog. *Nützlichkeitsprinzip* (auch *Utilitätsprinzip* genannt); sein Ziel ist nach J. Bentham „the greatest happiness of the greatest number" (‚das größte Glück für die größtmögliche Zahl'). Indem der Einzelne das Wohl der Gemeinschaft fördert, fördert er auch sein eigenes Wohl. In der Ausrichtung auf das Wohl

der Gemeinschaft unterscheidet sich der Sozialutilitarismus vom HEDONISMUS und EUDÄMONISMUS. Im U. werden Handlungen nicht aus sich heraus, sondern von ihren Folgen her beurteilt. Insofern ist der U. eine Form der teleologischen Ethik und unterscheidet sich von allen Formen der deontologischen Ethik (☞DEONTOLOGIE).
Höchster Wert ist im U. die Erfüllung der Bedürfnisse, das Glück (dabei bleibt es jedem einzelnen überlassen, was für ihn Glück bedeutet). Im U. werden keine allgemeinen Handlungsnormen (im Sinne der deontologischen Ethik) aufgestellt; der Handelnde muß in jeder Situation entscheiden, welche Handlungen entweder seinem Wohlergehen oder dem der Allgemeinheit am meisten nützt (*Handlungsutilitarismus*) die konkreten Normen hängen von der jeweiligen Situation ab. Im *Regelutilitarismus* wird das Nützlichkeitsprinzip nicht auf einzelne Handlungen, sondern auf Regeln von Handlungen angewandt (hier gibt es allgemeingültige Regeln, die in allen Situationen befolgt werden müssen). Der U. verbindet rationale Elemente (das Nützlichkeitsprinzip) mit empirischen (Kenntnis über die Folgen der Handlung). Vorläufer des U. sind Th. Hobbes, D. Hume, J. Priestley, die wichtigsten Vertreter neben J. Bentham J. S. Mill, H. Sidewick, J. J. C. Smart (Handlungsutilitarismus), J O. Urmson, R. B. Brandt (Regelutilitarismus).

Lit.: J. Bentham, An Introduction to the Principles of Moral and Legislation, 1976; O. Höffe (Hg.), Einführung in die utilitaristische Ethik, 1975; N. Hoerster, Utilitaristische Ethik und Verallgemeinerung, ²1977; J. Rawls, Eine Theorie der Gerechtigkeit, 1975; G. E. Moore, Grundprobleme der Ethik, 1975; H. P. Miller (Hg.), The Limit at Utilitarianism, 1982; T. L. S. Sprigge, The rational Foundation of Ethics, 1988; R. W. Trapp, „Nicht-klassischer" Utilitarismus, 1988; J. Christman (Hg.), The inner Citadel, 1989.

**Utopie** (vom griech. *ou*, ‚nicht' und *topos*, ‚Ort'):
wörtlich Nichtort, Nirgendsland; im Anschluß an den Titel des Romans „Utopia" von Th. Morus entstandene Bezeichnung für den Entwurf eines idealen Zustands des menschlichen Zusammenlebens, der menschlichen Gesellschaft; eine solche Gesellschaft basiert auf Vernunftprinzipien und gewährleistet das Glück ihrer Mitglieder; in ihr sind die wichtigsten Ideale der Menschheit wie Gleichheit, Freiheit, Brüderlichkeit, Gerechtigkeit, Wohlstand usw. verwirklicht. Utopische Vorstellungen bzw. Denkansätze erwachsen aus dem Bewußtsein der Unzulänglichkeit der bestehenden Verhältnisse; mit utopischen Entwürfen geht meistens die Forderung nach der Veränderung der bestehenden gesellschaftlichen Verhältnisse und nach der Errichtung einer besseren Gesellschaftsordnung zusammen. Als erster utopischer Entwurf kann Platons Staatskonzeption betrachtet werden. Diese Konzeption gilt jedoch als undemokratisch (die Gesellschaft ist stark hierarchisiert, die wichtigsten Rechte sind nur auserwählten Gruppen bzw. Ständen vorbehalten).

*Religiöse* U. fordern eine radikale Veränderung der Wirklichkeit und die Verwirklichung der tausendjährigen Herrschaft Christi (☞CHILIASMUS). Christliche Ideale und die Ideale der Renaissance, des Humanismus und der Aufklärung (Gerechtigkeit, Gleichheit, Freiheit, Frieden, allgemeiner Wohlstand usw.) tauchen in sozialen U. seit dem Beginn der Neuzeit auf; diese U. werden in Staatsromanen dargestellt, meist in Form des fiktiven Reiseberichts über entfernte, historisch und geographisch nicht situierbare, ideale Gemeinschaftsgebilde. Zu dieser literarischen Gattung gehören (neben dem schon erwähnten Roman von Morus) z. B. „Nova Atlantis" von Fr. Bacon und „Der Sonnenstaat" vom Campanella. Es folgen utopische Romane der Aufklärung (von Morelly, Rétif de la Brétonne) und im 19. Jh. die utopischen Entwürfe der Frühsozialisten (Fourier, Saint-Simon, Owen, Proudhon). Die Auffassungen der Frühsozialisten werden als *utopischer Sozialismus* bezeichnet; in ihm werden die konkreten gesellschaftlichen Mißstände verurteilt, allgemeine Gerechtigkeitsvorstellungen propagiert und mit Hilfe von Experimenten die Ausführung der utopischen Entwürfe aufgezeigt.
Marx und Engels kritisieren die Frühsozialisten wegen ihrer Unwissenschaftlichkeit und Abstraktheit bei der Analyse der konkreten gesellschaftlichen Verhältnisse. Dem unwissenschaftlichen, utopischen Sozialismus setzen sie den sog. *wissenschaftlichen Sozialismus* entgegen (☞MARXISMUS, MATERIALISMUS); neben einer Analyse der bestehenden gesellschaftlichen Verhältnisse und ihrer Gesetzlichkeit wird die U. einer „klassenlosen Gesellschaft" („Reich der Freiheit") vertreten, jedoch nicht weiter positiv ausgeführt. Eine systematische Bedeutung gewinnt der Begriff der U. erst bei K. Mannheim; „U." bezeichnet hier die Wirklichkeit überschreitenden Vorstellungen, die irgendwann auf die gesellschaftliche Wirklichkeit wirken. Die U. hat die Funktion, auf eine mögliche, bessere Welt/Gesellschaftsordnung zu verweisen. Mannheim hebt den Begriff der U. von dem der IDEOLOGIE ab. Eine zentrale Bedeutung spielt der Begriff der U. in der Philosophie Ernst Blochs. Das Utopische ist ein Grundzug des Menschlichen; es drückt sich aus in den Hoffnungsvorstellungen der Religionen, in den philosophischen Gedanken, in Literatur, Musik (Kunst überhaupt), in Sehnsüchten der Jugend und in Tagträumen. Im 20. Jh. taucht im Gegenzug zu der bis dahin dargestellten, *positiven* U. die *negative* oder die *Anti-U.* auf (A. Huxley, E. Jünger, G. Orwell) in der Form der literarischen U. auf. Sie stellt die Schreckensbilder von Unterdrückung und Gewalt unter totalitärer Herrschaft dar. Meist werden hier die Mechanismen und Auswirkungen der technisierten Welt und der faschistischen und kommunistischen Schreckensherrschaft dargestellt.
In der zeitgenössischen Philosophie wurden und werden utopische Entwürfe als unrealistisch kritisiert. Außerdem führten Ansätze zu ihrer Ver-

wirklichung oft zum Gegenteil des von ihnen Beabsichtigten. Utopische Vorstellungen sollten durch realistische und berechenbare Pläne und Konzepte ersetzt werden.

Lit.: Th. Morus, Utopia, 1516; Th. Campanella, Der Sonnenstaat, 1602; Fr. Bacon, Nova Atlantis, 1621; K. Mannheim, Ideologie und Utopie, [3]1952; E. Bloch, Geist der Utopie, 1918; ders., Das Prinzip Hoffnung, 1954-59; A. Huxley, Schöne neue Welt, 1932; E. Jünger, Heliopolis, 1949; G. Orwell, 1984, 1949; M. Buber, Pfade in Utopia, 1950; J. Habermas, Erkenntnis und Interesse, 1968; W. Voßkamp (Hg.), Utopieforschung, 1982; A. Neusüss (Hg.), Utopie, 1986; B. Schmidt, Kritik der reinen Utopie, 1988; R. Marten, Abschied vom utopischen Denken, 1988; W. Braungart Die Kunst der Utopie, 1989.

# V

**Vakuum** (lat. ‚das Leere‘):
die Leere, der leere RAUM.

**Variable** (von lat. *varium*, ‚veränderlich‘, ‚wechselnd‘):
allgemein das Veränderliche, mannigfaltig Wechselnde; in der Logik ist V. die Bezeichnung einer Leerstelle für Elemente eines vorgegebenen Bereichs. Tritt die V. unter einen QUANTOR, so spricht man von *gebundener V.*; tritt sie nicht unter einen Quantor, so spricht man von einer *freien V.*. Mit Hilfe der QUANTIFIZIERUNG ist es möglich, freie V. zu gebundenen zu machen.

**Veda** (sanskr. ‚Wissen‘, ‚Weisheit‘):
Bezeichnung für die religiöse Schriftensammlung der Inder (zwischen 1.000 und 500 v. Chr. in Sanskrit übertragen). Der V. gliedert sich in 4 Sanhitas (Sammlungen): 1) Rig-V. (Hymnen), 2) Sama-V. (Opferlieder), 3) Yajur-V. (Opferformeln, Gebete), 4) Athara-V. (Zauberlieder und Beschwörungen). Diese Sammlungen werden fortgeführt in den Brahmanas (Ritualtexten) (ab ca. 1.000 v. Chr.), diese wiederum in den Aranyakas („Waldbücher“, Betrachtungen über Opfermystik und Opfersymbolik), diese wiederum in den UPANISCHADEN (Geheimlehren) (ca. 800 v. Chr.). ☞VEDANTA

Lit.: H. Oldenburg, Die Religion des Veda, 1894; H. V. Glasenapp, Die Religionen Indiens, [2]1956; ders., Die Philosophie der Inder, [2]1958.

**Vedanta** (sanskr. ‚Ende des Veda‘):
zunächst Bezeichnung für die am Ende des VEDA niedergelegten UPANISCHADEN; sodann die Bezeichnung für die philosophischen Gedankengebäude des BRAHMANISMUS, in denen die Vollendung des Sinns des Veda dargestellt wird; Zentrum dieser Gedankengebäude bildet die Lehre von der Einheit von BRAHMAN (Weltseele) und ATMAN (Einzelseele), von der SEELENWANDERUNG und von dem Illusionscharakter der Erscheinungswelt. Die Gedanken des V. spielt bis heute – in einer veränderten Form – in der indischen Philosophie eine gewisse Rolle (z. B. im System des Schankara, bei Ramakrishna, Vivekananda).

Lit.: E. Wood, Vedanta Dictionary, 1964.

## Verallgemeinerung:

allgemein der Übergang vom Einzelnen zum Allgemeinen, von einer oder mehreren Aussagen zu einer ALLAUSSAGE. ☞GENERALISIERUNG

## Veränderung:

allgemein das Anderswerden; im ontologischen Sinne der Übergang von einem Seinszustand zu einem anderen. Nach Heraklit ist alles in steter V. (☞PANTA RHEI). Nach Parmenides und anderen Eleaten (☞ELEATISMUS) ist dagegen die V. ein bloßer Schein; das Sein ist ewig und unveränderlich. Für Anaxagoras, Empedokles, Demokrit und Epikur kommt die V. durch eine Kombination (Verbindung, Trennung) unveränderlicher Elemente zustande. Platon unterscheidet streng zwischen den veränderlichen Einzeldingen der Erscheinungswelt und den unveränderlichen, ewigen IDEEN (☞IDEENLEHRE). Bei Aristoteles gibt es verschiedene Weisen der V.: substantielle, qualitative, quantitative V. und Ortsveränderung (☞DYNAMIS, AKT, POTENZ, ENTELECHIE).
In der Neuzeit wird der Begriff der V. – ähnlich wie der Begriff der Bewegung – im Rahmen der (mathematischen) Physik behandelt; V. wird hier meist als qualitative, metrische V. (auch Bewegung) aufgefaßt, die gemessen werden kann (hauptsächlich als Ortsveränderung). ☞BEWEGUNG, WERDEN, TELEOLOGIE

Lit.: Aristoteles, Physik; ders., Metaphysik; F. Kaulbach, Der philosophische Begriff der Bewegung, 1965; H. Diels, Die Fragmente der Vorsokratiker, [18]1989.

## Verantwortung:

allgemein die Zuständigkeit von Personen für ein bestimmtes Handeln (bzw. die Folgen dieses Handelns), insbesondere für das eigene Tun; das Rechenschaftgeben vor einer Instanz (z. B. vor anderen Personen, vor einem Gericht oder anderen Institutionen, vor dem Gewissen oder vor Gott). Die V. setzt die Fähigkeit voraus, aus FREIHEIT bzw. aus freiem WILLEN zu handeln, das eigene Handeln zu bestimmen und die Folgen dieses Handelns zu berücksichtigen. Die WILLENSFREIHEIT ist eine Voraussetzung für das verantwortliche Handeln. Nur so wird der Mensch zur Rechtsperson bzw. zum Rechtssubjekt und zur moralisch-sittlichen Person bzw. zum Subjekt. Das Handeln aus V. ist dann sittlich (☞SITTLICHKEIT), wenn es nicht wegen Belohnung oder Strafe geschieht, sondern wenn man sich als verantwortlich bzw. als verantwortliche Person versteht. Bedingung bzw. Voraussetzung der rechtlichen V. ist die *Zurechnungsfähigkeit*, d. h. die Fähigkeit, bewußt und freiwillig zu handeln. Wird die Zurechnungsfähigkeit beeinträchtigt (z. B. durch Gründe wie Zwang, Irrtum, Nötigung, Geisteskrankheit), so kann man der V. teilweise oder vollständig enthoben werden. ☞VERANTWORTUNGSETHIK

Lit.: Aristoteles, Nikomachische Ethik; W. Weischedel, Das Wesen der Verantwortung, [3]1958; G. Picht, Wahrheit, Vernunft, Verantwortung, 1969; E. H. Erikson, Einsicht und Verantwortung, 1971; H. Jonas, Das Prinzip Verantwortung, 1979; J. M. Fischer (Hg.), Moral Responsibility, 1986; J. M. Zimmermann, An Essay on Moral Responsibility, 1988; K.-O. Apel, Diskurs und Verantwortung, 1988.

## Verantwortungsethik:

eine von Max Weber ausgearbeitete ethische Position, die im Gegensatz zur GESINNUNGSETHIK steht. Der gesinnungsethische Handelnde beurteilt die Handlungen danach, ob sie aus den ethisch-moralischen Vorstellungen, aus einer Gesinnung entspringen, wobei die Folgen der Handlungen nicht berücksichtigt werden. Der verantwortungsethisch Handelnde berücksichtigt die Folgen seiner Handlungen und versucht, durch rationales Abwägen der Mittel seine Ziele und Ideale kompromißhaft zu verwirklichen. Der Verantwortungsethiker handelt nach bestimmten Normen bzw. Werten, er kann aber in bestimmten Situationen gegen diese Normen bzw. Werte verstoßen. In bestimmten Situationen kann man also gegen ethische Vorstellungen verstoßen; hier muß aber jeder einzelne eine Entscheidung treffen und die VERANTWORTUNG für sein Tun tragen; er soll seine Handlungen und Entscheidungen vor sich selbst und vor anderen rechtfertigen.

Lit.: M. Weber, Wissenschaft als Beruf, 1919.

## Verdrängung:

ein zentraler Begriff aus der PSYCHOANALYSE, der eng mit dem Begriff des UNBEWUSSTEN zusammenhängt. Nach Freud werden Triebrepräsentationen während der kindlichen Entwicklung ins Unbewußte verdrängt. Das Verdrängte wirkt jedoch weiter auf das Verhalten, ohne dabei als Verhaltensmotiv erkannt zu werden. Die Entstehung und das Anhalten von Neurosen werden als Wiederkehr des Verdrängten erklärt. In der psychoanalytischen Therapie soll die V. durch die Bewußtmachung des Verdrängten (das Abarbeiten der Widerstände gegen das Bewußtmachen) aufgehoben werden.

Lit.: S. Freud, Die Verdrängung, 1915; A. C. MacIntyre, Das Unbewußte, 1968.

## Verhalten: ☞BEHAVIORISMUS, HANDLUNG

## Verhältnis: ☞RELATION

## Verifikation (von lat. *verificare*, ‚die Wahrheit nachweisen‘):

allgemein die Bewahrheitung einer AUSSAGE, der Nachweis der Wahrheit einer Aussage. Eine Aussage gilt dann als verifiziert, wenn sie nicht nur wahr ist, sondern als wahr erwiesen, herausgestellt wird. Der Fall, bei dem die Aussage als falsch erwiesen wird, d. h. widerlegt wird, die als FALSIFIKATION bezeichnet. Es gibt V. in der formalen Logik und Mathematik und V. in den empirischen Wissenschaften. In der formalen Logik (speziell in einer deduktiven Logik) entspricht in einem gewissen Sinne die V. dem Beweis; eine Aussage gilt als verifiziert, wenn sie als Axiom identifiziert oder aus gewissen vorausgesetzten Axiomen abgeleitet wird (☞ABLEITUNG). Dies gilt nicht für die V. der empirischen Aussagen; sie lassen sich nur durch entsprechende Beobachtungen oder Experimente verifizieren.

Im LOGISCHEN EMPIRISMUS des frühen *Wiener Kreises* wurde versucht, mit Hilfe des Begriffs der V. ein Abgrenzungs- bzw. SINNKRITERIUM für empirische Aussagen aufzustellen. Das Verifizierbarkeitsprinzip besagt: Eine Aussage muß empirisch verifizierbar sein, um Sinn zu haben. Einige Autoren behaupteten, daß der Sinn einer Aussage durch die Methode seiner V. bestimmt ist. Besonders stark wurde die Meinung vertreten, daß die sog. Beobachtungssätze (☞BEOBACHTUNG) bzw. Basissätze für die V. besonders geeignet sind, da sie mit der Erfahrung korrespondieren. Die Frage, ob Existenzaussagen bzw. singuläre Aussagen nur aufgrund der logischen Form oder aufgrund des empirischen Aufweises des Gegenstandes verifiziert werden, bleibt bis heute kontrovers diskutiert. Existenzaussagen können wohl als verifizierbar angesehen werden. Allaussagen können nicht verifiziert, sondern nur falsifiziert werden.

Lit.: A. J. Ayer, Sprache, Wahrheit und Logik, 1970; E. Nagel, Verifizierbarkeit, Wahrheit und Verifikation, in: L. Krüger (Hg.), Erkenntnisprobleme der Naturwissenschaften, 1970; F. v. Kutschera, Wissenschaftstheorie I und II, 1972; K. R. Popper, Logik der Forschung, 1935; B. Rundle, Perception, Sensation und Verification, 1972.

## Vermittlung:

in der traditionellen Philosophie ein Moment der Erkenntnis bzw. des Erkenntnisprozesses. Im Gegensatz zur unmittelbaren Erkenntnis (☞UNMITTELBARKEIT) bedarf die Erkenntnis, die verschiedene Bereiche miteinander verbindet (☞SYNTHESE) der V. mit Hilfe eines Verbindungsgliedes. Die V. kann zwischen verschiedenen Bereichen vonstatten gehen, z. B. zwischen Subjekt und Objekt bzw. Subjekt und Welt, zwischen Denken und Erfahrung. Auch die Verbindungsglieder können verschiedener Art sein (z. B. Begriff, Sprache).

Eine wichtige Rolle spielt der Begriff der V. in der Philosophie Hegels und überhaupt in der gesamten dialektischen Philosophie (☞DIALEKTIK). Nach Hegel ist V. die „sich selbst bewegende Sichselbstheit“, die „Reflexion in sich selbst“, die „reine Negativität“ oder das „einfache Werden“. Aufgrund der V. wird der Widerspruch aufgelöst und die Erkenntnis auf eine höhere Stufe seiner selbst erhoben. In der neueren Philosophie gilt die SPRACHE als

Vermittlungsinstanz zwischen Subjekt bzw. Sprecher und Welt. Doch wird hier der Begriff der V. vermieden.

Lit.: G. W. F. Hegel, Phänomenologie des Geistes, 1807; ders., Wissenschaft der Logik, 1812-16.

## Vermögen:

allgemein eine Fähigkeit, Kraft, POTENZ, die im Denken, Fühlen und Wollen verankert ist. In der Geschichte der Philosophie werden V. unterschiedlich eingeteilt. Aristoteles teilt sie ein in *vernunftlose* (z. B. die Fähigkeit zu sehen, zu hören usw.) und *vernünftige* (z. B. die Fähigkeit, begrifflich zu denken). Kant unterscheidet drei Seelenvermögen: *Erkenntnisvermögen*, *Begehrungsvermögen* und *Gefühlsvermögen* (Lust und Unlust). ☞KOMPETENZ

Lit.: Aristoteles; Metaphysik; ders., Nikomachische Ethik; Thomas von Aquin, Summa theologiae; I. Kant, Kritik der Urteilskraft, 1790.

## Verneinung: ☞NEGATION

## Vernunft:

im weitesten Sinne das ganze höhere Erkenntnisvermögen, zusammen mit VERSTAND die Tätigkeit des Denkens bzw. des Geistes im Gegensatz zur ERFAHRUNG, besonders der SINNLICHKEIT. In einem engeren Sinne wird jedoch V. vom Verstand unterschieden; der Verstand ist DISKURSIV und bezieht sich auf sinnliche Erfahrung, die V. betrifft die nicht erfahrungsbezogene, nicht sinnliche Erkenntnis der Prinzipien und Ideen; sie bezieht sich im weiteren auf das Ganze, auf den universellen Zusammenhang aller Wirklichkeit und alles Geschehens, auf die Gesamterkenntnis und die Leitung des Handelns aus dieser Erkenntnis; sie ist die Fähigkeit bzw. das Vermögen des Erfassens von übergreifenden Ordnungs- und Sinnzusammenhängen, des Begründens aus letzten Prinzipien und des Setzens von übergreifenden Zielen und Zwecken.
Die Unterscheidung von V. und Verstand taucht schon in einer besonderen Form bei Platon auf; er unterscheidet zwischen NOUS (der Vernunftseele), durch die die IDEEN erkannt werden und der *Dianoia* (☞DIANOETISCH) (der diskursiven Verstandeserkenntnis). Aristoteles gliedert die menschliche V. (die menschliche Vernunftseele; Nous) in einen aktiven und einen passiven Teil; der passive Teil ist an ein Individuum und seinen Körper gebunden (und dadurch sterblich) und auf die sinnliche Wahrnehmung angewiesen; der aktive Teil kann als reine Vernünftigkeit bestimmt werden, die allen Individuen gemeinsam ist (sie ist nicht an den Körper gebunden und daher unsterblich). In der Philosophie der STOA wird der Begriff der Weltvernunft hervorgehoben; die Weltvernunft manifestiert sich in der Gesetz-

mäßigkeit des KOSMOS. Bei Thomas von Aquin taucht die Unterscheidung von V. und Verstand ebenfalls in einer besonderen Form auf; er unterscheidet zwischen dem *intellectus* (der Einsicht der Prinzipien in einer geistigen Schau) und der *ratio* (dem trennenden, verbindenden und abstrahierenden Verstandesvermögen). In mittelalterlichen Konzeptionen wird jedoch zwischen der unendlichen menschlichen V. und der absoluten, unendlichen, göttlichen V. unterschieden; der Mensch kann an der göttlichen V. nur begrenzt teilhaben. Dies ändert sich in der AUFKLÄRUNG. Die V. ist nichts, was der Mensch nicht erreichen könnte, keine göttliche, jenseitige V.; sie ist etwas Diesseitiges, auf den Menschen und die Welt bezogen; der Mensch verfügt über die V.; jegliche Erkenntnis soll vor das Gericht unserer V. gestellt werden.

Kant faßt das Zeitalter der Aufklärung als ein Zeitalter der Vernunftkritik auf; Vernunftkritik meint die Kritik der reinen V., die nicht auf sinnliche Erfahrung, sondern auf Erkenntnis vor der sinnlichen Erfahrung, also Erkenntnis A PRIORI bezogen ist (die reine V. wird als das „Vermögen der Erkenntnis a priori" bezeichnet). Diese reine apriorische Erkenntnis wird von der METAPHYSIK zur eigentlichen Erkenntnis erhoben. Kant will in seiner Kritik die Grenzen der Erkenntnis aufzeigen. Er fragt danach,wie SYNTHETISCHE Urteile a priori möglich sind. Nach Kant ist aber die V. kein Gegenstand unserer Erkenntnis, sondern die Bedingung der Möglichkeit derselben; man kann sie nur in ihrem Gebrauch erkennen. Die V. im weiteren Sinne wird von Kant als „das ganze obere Erkenntnisvermögen" bezeichnet; sie umfaßt die V. im engeren Sinne, Verstand und Urteilskraft. V. im engeren Sinne bezeichnet das Vermögen der Einheit der Verstandesregeln unter Prinzipien (auch das Vermögen zu schließen); Verstand bezeichnet das Vermögen der Einheit der Erscheinungen mit Hilfe der Regeln. Der Verstand bezieht sich auf sinnliche Erfahrung, die V. bezieht sich nicht auf sinnliche Erfahrung, sondern auf den Verstand; sie gibt den mannigfaltigen Erkenntnissen des Verstandes die Einheit a priori. Die V. sammelt also Verstandeserkenntnis zu einer systematischen Einheit (zum obersten Zweck); sie kontrolliert die Verstandeserkenntnis und setzt ihre Grenzen; sie ist selbst auf das Ganze der Erfahrung, die Einheit und Totalität aller Erkenntnis gerichtet. Die V. thematisiert den Verstandesapparat auf unbedingte Weise, ohne Bezug des Verstandesapparates auf die ANSCHAUUNG; sie thematisiert das *Unbedingte* das sich als höchster Begriff der V. in drei Vernunftsbegriffe aufteilt; diese Begriffe konkretisieren sich zu den Ideen *Seele*, *Welt* und *Gott*. Diese Ideen können nach Kant nur regulativ, nicht konstitutiv gebraucht werden. Nach Kant ist der Gebrauch der V. *metaphysisch*, wenn das Unbedingte nicht auf den regulativen Gebrauch der V. eingegrenzt, sondern im konstitutiven Gebrauch auf einen vermeintlichen Gegenstand bezogen wird (☞ANTINOMIE).

Dabei unterscheidet Kant zwischen der *theoretischen V.* (dem Vermögen, nach Prinzipien zu urteilen) und der *praktischen V.* (dem Vermögen, nach Prinzipien zu handeln); die theoretische V. sammelt, geleitet von den Ideen, die Erkenntnisse des Verstandes zu einer Einheit, einem Ganzen; die praktische V. postuliert die Ideen; dadurch ermöglicht sie die Übereinstimmung des Wollens und Handelns mit dem Sittengesetz; das Sittengesetz (das oberste Gesetz der reinen praktischen V.) wird nach Kant als KATEGORISCHER IMPERATIV formuliert.
Bei Hegel übersteigt die V. den auf die sinnliche Anschauung angewiesenen Verstand; in der dialektischen Bewegung hebt die V. die vom Verstand nur festgestellten Gegensätze auf und gelangt erst dadurch zum wahren, begreifenden Erkennen (☞DIALEKTIK). Die *absolute* V. durchdringt die gesamte Wirklichkeit, die Einheit von Denken und Sein. Für Hegel gilt daher: „Was vernünftig ist, das ist wirklich, und was wirklich ist, das ist vernünftig". In der Philosophie nach Hegel wird der Hegelsche Begriff der absoluten V. einer Kritik unterzogen; sie wird von verschiedenen Denkern geäußert, wie z. B. von Schopenhauer, Kierkegaard, Feuerbach, Nietzsche.
Eine andere Vernunftkritik wird in unserem Jh. von der sog. KRITISCHEN THEORIE, besonders von Th. W. Adorno und M. Horkheimer vertreten; sie liefert eine Kritik der *instrumentellen V.*, d. h. der sich an Zweck-Mittel-Relation orientierten, auf technische Verfügbarkeit, Beherrschung der Natur ausgerichteten V.. Die Orientierung an der instrumentellen V. führt nach Adorno/Horkheimer zur totalen Herrschaft und zur Barbarei. Dennoch halten Adorno/Horkheimer am Ideal einer „wahren Vernünftigkeit" fest: einer nicht-begrifflichen „Versöhnung" der Gegensätze. Habermas, der in der Tradition der kritischen Theorie steht, kreiert als Alternative zum Begriff der instrumentellen V. bzw. des zweckrationalen Handelns den Begriff der *kommunikativen V.* (auch „kommunikativen Rationalität") bzw. des „kommunikativen Handelns" (☞ARGUMENTATION, DISKURS, KOMMUNIKATION, UNIVERSALPRAGMATIK); der Vernunftbegriff betrifft hier Argumentations- bzw. Kommunikationsvoraussetzungen und die Möglichkeit der intersubjektiven Verständigung; die intersubjektive Verständigung soll im Rahmen der argumentativen Rede bzw. des rationalen Diskurses zum intersubjektiven Konsens führen (☞WAHRHEITSTHEORIEN).
Man verwendet heute nicht so sehr den Begriff der V. als vielmehr den der RATIONALITÄT. ☞RATIONALISMUS, KRITISCHER RATIONALISMUS.

Lit.: Platon, Politeia; Aristoteles, Metaphysik; Thomas von Aquin, Summa theologiae; J. Locke, Versuch über den menschlichen Verstand, 1690; I. Kant, Kritik der reinen Vernunft, 1781, ²1787; ders., Kritik der praktischen Vernunft, 1788; G. W. F. Hegel, Phänomenologie des Geistes, 1807; ders., Wissenschaft der Logik, 1812-16; ders., Enzyklopädie der philosophischen Wissenschaften, 1830; P. Hazard, Die Herrschaft der Vernunft, 1949; W. Kamlah, Der Mensch in der Profanität, 1949; M. Horkheimer, Zur Kritik der instrumentellen Vernunft, 1967; H. Albert, Traktat über kritische Vernunft, ²1969; P. Lorenzen, Theorie der technischen und praktischen Vernunft, 1978; J. Habermas, Theorie des kommunikativen Handelns, 1981; H. Schnädelbach, Vernunft, in: ders./E. Martens (Hg.), Philosophie, 1985.

**Vernunftsbegriffe:**
in der Philosophie Kants die IDEEN; sie leiten und regeln die Verstandeserkenntnis; darüber hinaus setzen sie der Verstandeserkenntnis ihre Grenzen. Nach Kant können Ideen nur regulativ, nicht konstitutiv gebraucht werden. ☞VERNUNFT

**Vernunftreligion** (auch „natürliche Religion"):
eine Strömung der christlichen Theologie (besonders der Zeit der Aufklärung), in der die Auffassung vertreten wird, daß die Religion mittels der menschlichen Vernunft begriffen werden kann. Dabei geht es insbesondere um die vernunftgemäße Erkenntnis Gottes.

**Versenkung:**
ein zentraler Begriff der MYSTIK; Bezeichnung für die in der Meditation bzw. Kontemplation erlangte Vertiefung des Menschen in sein eigenes Wesen, in das Göttliche oder die Welt.

**Verstand:**
allgemein das Vermögen zu denken, zu erkennen zu urteilen; zusammen mit der VERNUNFT das obere Erkenntnis- bzw. Denkvermögen im Gegensatz zur sinnlichen ERFAHRUNG (☞SINNLICHKEIT). Im engeren Sinne ist V. im Gegensatz zur Vernunft das DISKURSIVE Erkenntnisvermögen, das jedoch auf die sinnliche Anschauung (das sinnliche Material) angewiesen ist. V. bezieht sich also auf sinnliche Anschauung, ordnet mittels der Begriffe die Anschauung (bzw. das Mannigfaltige der Erscheinungen) zu einer Einheit (er ist das Vermögen der Einheit der Erscheinungen); die Vernunft bezieht sich auf den V., leitet, regelt und ordnet die Verstandestätigkeit bzw. Verstandeserkenntnis (sie ist das Vermögen der Einheit der Verstandesregeln unter Prinzipien; sie sammelt die Verstandesbegriffe zur systematischen Einheit); sie setzt dem V. seine Grenzen. Die Regeln und Begriffe, die der V. zum Ordnen der Erscheinungen in Anspruch nimmt, werden ihrerseits durch die Vernunft zu höchsten Zwecken verbunden. Die Vernunft regelt also die Verstandestätigkeit und setzt dabei die höchsten Zwecke; sie bezieht sich auf übergreifende, höchste Zusammenhänge und Erkenntnisziele, auf die Gesamterkenntnis, auf Einheit und Totalität der Erkenntnis, und letztlich auf das *Unbedingte*. Der V. bedarf also einerseits der sinnlichen Anschauung (des sinnlichen Materials), andererseits der leitenden, regelnden und zielsetzenden Tätigkeit der Vernunft.
Der V. hat viele Funktionen. Die Verstandestätigkeit ist eine begriffliche Tätigkeit (ein begriffliches Erkennen); der V. bildet BEGRIFFE und allgemeine Regeln; nur mittels der Begriffe können Gegenstände sinnlicher Anschauung, ihre Bedeutung und ihre Beziehungen zueinander, gedacht wer-

den. Weitere Funktionen bzw. Tätigkeiten des V. sind im weitesten Sinne die ABSTRAKTION, das Denken in ANALOGIEN, das zerlegende, analysierende Denken (☞ANALYSE), das synthetische Denken (☞SYNTHESE). ☞DENKEN, ERKENNTNIS

Lit.: D. Hume, Untersuchungen über den menschlichen Verstand, 1748; I. Kant, Kritik der reinen Vernunft, 1781, ²1787; G. W. F. Hegel, Phänomenologie des Geistes, 1807; ders., Wissenschaft der Logik, 1812-16; J. G. Fichte, Wissenschaftslehre, 1813; J. Piaget/B. Inhelder, Gedächtnis und Intelligenz, 1974.

## Verstandesbegriffe:

in der Philosophie Kants Bezeichnung für KATEGORIEN.

## Verstehen:

allgemein das Erfassen bzw. Begreifen vom Sachverhalten, Zusammenhängen jeglicher Art; sodann auch ein Sich-Hineinversetzen in die geistig-seelischen Zustände anderer Menschen und das Nachvollziehen, Nacherleben dieser Zustände; V. wird genauer auch als Erfassen von Bedeutungs- bzw. Sinnzusammenhängen (im weitesten Sinne von jeglichen Bedeutungs- bzw. Sinnträgern, also auch von Zeichnen und Wörtern) bestimmt (☞SINN) (man spricht hier auch vom *Sinn-V.*). Der Begriff des V. spielt eine wichtige Rolle in der HERMENEUTIK und in den Theorien der GEISTESWISSENSCHAFTEN. Das V. wird meist als eine Erkenntnisweise bzw. methodische Verfahrensweise der Geisteswissenschaften bestimmt, die sich grundsätzlich von dem in den Naturwissenschaften herrschenden Verfahren der ERKLÄRUNG unterscheidet.

Einer der wichtigsten Vertreter einer Theorie des V. ist W. Dilthey. Er stellt den Unterschied zwischen dem Verfahren des V. in der Psychologie und den Geisteswissenschaften und dem Verfahren des Erklärens in den Naturwissenschaften heraus. V. meint nicht das gegenständliche Erfassen, das in den Naturwissenschaften vorherrscht, sondern das Erfassen von Manifestationen des menschlichen Lebens; es bezieht sich auf den symbolischen, bedeutungsvollen Ausdruck (Zeichen, Rede, Handlung, Text) und seine Bedeutung. V. wird als das Erfassen von Bedeutungen menschlicher Ausdrucksformen bzw. Äußerungen bestimmt; dieses Erfassen ist aber nur aufgrund eines geschichtlichen, gesellschaftlichen Gesamtzusammenhangs, den die verstehenden Subjekte bzw. Personen teilen, möglich; nur weil handelnde Subjekte bzw. Personen Meinungen, Normen, Werte, Überzeugungen usw. in der gemeinsamen geschichtlichen Welt teilen, ist V. möglich. Nach Dilthey geschieht die Erfassung des Zusammenhangs von Erleben, Ausdruck und V. (also des Zusammenhangs des Lebens) durch das Sich-Hineinversetzen, Nachvollziehen und Nacherleben. Er meint aber dabei nicht den psychologischen Vorgang der EINFÜHLUNG (wie in der früheren

Hermeneutik, z. B. bei Schleiermacher), sondern das Erfassen von Bedeutung bzw. Sinn der symbolischen Äußerungen vor dem Hintergrund eines gesamten geschichtlichen Zusammenhangs. Nur so kann das spezifische Verfahren der Geisteswissenschaften im Gegensatz zum vergegenständlichten Verfahren der Naturwissenschaften (also dem Verfahren der Erklärung) bestimmt werden. Im Anschluß an Dilthey wurden unterschiedliche Theorien des V. entworfen, so z. B. von M. Weber, E. Spranger, Th. Litt, P. Häberlin, E. Rothacker.
Eine besondere Bedeutung hat der Begriff des V. in der Philosophie Martin Heideggers. Hier ist V. kein Verfahren bzw. keine Erkenntnisweise der Geisteswissenschaften, sondern ein EXISTENZIAL, ein Wesensmerkmal bzw. eine ursprüngliche Vollzugsweise des menschlichen Daseins (☞DASEINSANALYSE); der Mensch verhält sich immer schon verstehend zu sich selbst und zur Welt. Das V. zeichnet sich durch eine Zirkelstruktur aus („Zirkel des V."); jedem Verstehen liegt immer schon ein *Vorverständnis* zugrunde, das geschichtlich vermittelt ist. Im V. entwirft sich das Dasein als Sein-können nach seinen zukünftigen Möglichkeiten (das V. also einen Entwurfscharakter). Gadamer knüpft an die Heideggersche Analyse des V. an. Auch für ihn liegt jedem V. ein Vorverständnis voraus, das durch die Tradition vermittelt ist und sich durch Geschichtlichkeit auszeichnet. Als positive Bedingung des V. wird das *Vorurteil* angesehen.
In der Konzeption von Karl-Otto Apel (☞TRANSZENDENTALPRAGMATIK) und Jürgen Habermas (☞UNIVERSALPRAGMATIK) werden die Voraussetzungen und Bedingungen (Präsuppositionen) der sprachlichen Kommunikation und auch des V. geklärt. Die Entgegensetzung von V. und Erklären wird in der heutigen Philosophie und Wissenschaftstheorie weiter kontrovers diskutiert.

Lit.: K.-O. Apel, Das Verstehen, in: Archiv für Begriffsgeschichte 1, 1955; ders., Erklären: Verstehens-Kontroverse in transzendental-pragmatischer Sicht, 1979; W. Dilthey, Der Aufbau der geschichtlichen Welt in den Geisteswissenschaften, Ges. Schriften Bd 7, [6]1973; ders., Die Entstehung der Hermeneutik, in: ders., Ges. Schriften Bd 5, [6]1974; M. Heidegger, Sein und Zeit, 1927; J. Wach, Das Verstehen, 3 Bde., 1926-1933; H.-G. Gadamer, Wahrheit und Methode, 1960; G. H. v. Wright, Erklären und Verstehen in der Wissenschaft, 1988.

## Vielheit:

in der traditionellen Philosophie Bezeichnung für die Mannigfaltigkeit des Seienden (im Gegensatz zur EINHEIT). V. und Einheit bedingen sich gegenseitig; in den meisten metaphysischen Systemen setzt V. die Einheit voraus.

## Virtuell (von lat. *virtus*, ‚Vermögen', ‚Kraft'):

der Möglichkeit nach.

**Vita activa** (lat. ‚aktives Leben‘):
Bezeichnung für aktives, tätiges Leben, vom politischen und praktischen Engagement getragenes Leben.

Lit.: H. Arendt, Vita activa, 1960.

**Vita contemplativa** (lat. ‚beschauliches Leben‘).
Bezeichnung für eine beschauliche, kontemplative Lebensform; diese Lebensform wird meist als nicht praktisch bestimmt; ihr Ideal ist die theoretische Schau (☞THEORIE).

**Vitalismus** (von lat. *vita*, ‚Leben‘):
Lehre, derzufolge das organische Leben (biologische Prozesse) nicht vollständig durch physikalisch-chemische Vorgänge bestimmt, sondern durch nicht-physische Lebenskräfte entschieden bedingt wird. Der V. richtet sich also gegen den biologischen Mechanismus, in dem die biologischen Prozesse mittels des Kausalitätsprinzips (KAUSALITÄT) zu erklären versucht werden. Im V. wird die These von der Eigengesetzlichkeit des organischen Lebens behauptet. Im älteren V. wird eine besondere *Lebenskraft* (lat. ‚vis vitalis‘) angenommen; die Lebenskraft wird als ein sich der naturwissenschaftlichen Gesetzlichkeit entziehendes Prinzip bestimmt, auf das das Wirken der Lebenserscheinungen zurückgeführt wird (wichtigste Vertreter des älteren V. ist L. Dumas).
Im neueren V. (man spricht hier auch vom *Neovitalismus*), insbesondere in der Konzeption von H. Driesch, spricht man nicht mehr von einer Lebenskraft, sondern von nicht räumlichen, nicht physikalisch und theologisch wirkenden Faktoren, von den ENTELECHIEN. Diese Faktoren sind ordnungsstiftend und ganzheitsmachend; sie wirken bei den formbildenden Prozessen der Organismen. Die Lebenserscheinungen können nicht vollständig kausal-mechanisch erklärt werden. Das Lebendige ist eigengesetzlich (autonom), darüber hinaus zielstrebig und planmäßig (wichtigste Vertreter des Neovitalismus sind neben Driesch R. Wagner, E. Becher, A. Wenzel, J. v. Uexküll). Heute gilt der V. als widerlegt.

Lit.: H. Driesch, Der Vitalismus, 1905; ders., Philosophie des Organischen, [4]1928; E. Becher, Gehirn und Seele, 1911; J. v. Uexküll, Theoretische Biologie, [2]1928; A. Wenzel, Das Leib-Seele-Problem, 1933; H. Conrad-Martius, Der Selbstaufbau der Natur, 1961.

**Vollkommenheit** (lat. *perfectio*):
allgemein der Zustand der Perfektheit, Fehlerlosigkeit, Vollständigkeit usw.. In der CHRISTLICHEN PHILOSOPHIE ist V. ein ATTRIBUT Gottes; man spricht hier auch von der *absoluten V.* Gottes; alle Seinsmöglichkeiten bzw. Seinsbestimmungen werden in Gott in höchster Vollendung verwirklicht.

Dagegen hat das Kontingente, Endliche, nur *relative V.*; ihm werden einige Seinsmöglichkeiten zugesprochen, andere abgesprochen. Für das Endliche, also auch für den Menschen, ist die V. ein Ziel oder Ideal. So gibt es (vor allem seit der Renaissance) das Ideal des vollkommenen Menschen, der alle seine (positiven) Fähigkeiten, Anlagen und Möglichkeiten voll entfaltet. Die V. geschieht beim Menschen im Werden. Im Gegensatz zu Gott kann der Mensch eine relative V. in einem Prozeß erreichen. Dabei kann sich der Mensch an der V. Gottes messen oder die V. aus eigener Kraft und nicht an göttlichen Maßstäben gemessen erreichen.
V. in ethischen Kontexten ist der moralische Zustand, der dem sittlichen Ideal gemäß ist (und nicht nur dem Gebot). Eine wichtige Rolle spielt der Begriff der V. in der Ästhetik.

Lit.: Thomas von Aquin, Summa theologiae I.

**Volonté générale** (frz. ‚allgemeiner Wille'):
bei Rousseau Bezeichnung für den allgemeinen Willen (den „Willen aller", franz. ‚volonté de tous') im Gegensatz zum Willen des Einzelnen; der V. g. ist die Bedingung für das gemeinschaftliche Zusammenleben; er drückt ein Allgemeininteresse aus.

**Voluntarismus** (von lat. *voluntas*, ‚Wille'):
allgemeine Bezeichnung für jeden philosophischen Standpunkt, demzufolge das Wollen in irgendeiner Weise einen Vorrang vor dem Denken und Fühlen hat (Gegensätze: INTELLEKTUALISMUS, EMOTIONALISMUS), bzw. der WILLE einen Vorrang vor dem INTELLEKT, VERSTAND, VERNUNFT einerseits, dem GEFÜHL andererseits hat.
Im Laufe der Geschichte der Philosophie haben sich unterschiedliche Arten des V. herausgebildet. Schon Augustinus spricht von dem Primat des Wollens gegenüber dem Denken und Fühlen; seelische Tätigkeiten (Denken, Fühlen) lassen sich auf den Willen zurückführen, der die Einheit der Seele garantiert (man kann hier von einer Art des *psychologischen V.* sprechen). Im Mittelalter wird der sog. *theologischer V.* geprägt; der Verstand bzw. die Erkenntnis ist dem Willen untergeordnet. Die ewige Seligkeit des Menschen besteht nicht in der Schau Gottes, sondern in der unbedingten Erwiderung seiner Liebe (der Mensch geht in der Erwiderung der Liebe Gottes in seinem Willen auf). Gott kann man nur in einem willentlichen Glaubensakt erreichen, nicht durch Vernunfteinsicht (Duns Scotus). Das GUTE gründet in dem Willensakt Gottes; göttlicher Wille und Willkür werden gleichgesetzt (Willhelm von Ockham; ☞NOMINALISMUS).
Im Falle der kantischen praktischen Philosophie kann man von einem *ethischen V.* sprechen. Kant spricht von dem Primat der praktischen

Vernunft, die auf dem freien Willen basiert, vor der theoretischen Vernunft; im freien Willen gründet die sittlich-moralische Einstellung des Menschen. Dem *metaphysischen V.* zufolge ist der Wille das Wesen, der Urgrund, das Grundprinzip der gesamten Wirklichkeit, bei Schopenhauer als das DING AN SICH (auch als triebhafter Drang), bei Fichte als das schöpferische Prinzip der Welt. Nietzsches Position kann als *anthropologischer V.* bezeichnet werden; ihm zufolge kommt in allem Lebendigen der WILLE ZUR MACHT zum Ausdruck (interpretiert man den Willen zur Macht als moralischen Wert, so kann hier auch von einem ethischen V. gesprochen werden).

Der schon oben angesprochenen psychologischen V. wird z. B. von W. Wundt vertreten. Willentliche Vorgänge sind ursprünglicher als andere seelische Vorgänge und garantieren die Einheit der Seele. Vom *erkenntnistheoretischen* bzw. *wissenschaftstheoretischen V.* spricht man, wenn bestimmte Grundlagen, Grundannahmen des Erkennens bzw. der wissenschaftlichen Vorgehensweise, Methodologie usw. willkürlich festgesetzt werden (☞DEZISIONISMUS, KONVENTIONALISMUS). Voluntaristische Gedankenmotive treten auf beim E. v. Hartmann, H. Bergson, S. Freud, in Teilen der LEBENSPHILOSOPHIE und des PRAGMATISMUS.

Lit.: Augustinus, De libero arbitrio; D. Scotus, Distinctiones in quator liberos sententiae; I. Kant, Grundlegung zur Metaphysik der Sitten, 1785; ders., Kritik der praktischen Vernunft, 1788; A. Schopenhauer, Die Welt als Wille und Vorstellung, 1819, ³1859; Fr. Nietzsche, Also sprach Zarathustra, 1883-85; R. Knauer, Der Voluntarismus, 1907.

## Voraussetzung:

allgemein das Vorausliegende, Vorausgehende; in der Logik wird die PRÄMISSE eines Schlusses oder Beweises als V. bezeichnet; in logischen, erkenntnistheoretischen und auch wissenschaftstheoretischen Zusammenhängen wird V. oft als BEDINGUNG aufgefaßt, z. B. als Bedingung der Wahrheit einer Aussage (☞PRÄSUPPOSITION), aber auch z. B. Bedingungen der Gültigkeit eines Arguments. Die *Voraussetzungslosigkeit* ist eine Forderung der Wissenschaften bzw. ein Ideal der Erkenntnis überhaupt; wissenschaftliche Erkenntnis (objektive Erkenntnis) soll unabhängig sein oder möglichst wenig beeinflußt sein von realen V., d. h. von subjektiven Meinungen, Überzeugungen, Wünschen und Absichten, von persönlichen Lebenserfahrungen, gesellschaftlich-geschichtlichen Faktoren, politischen, religiösen Faktoren usw.. ☞GESCHICHTLICHKEIT, OBJEKTIVITÄT, DETERMINISMUS, INTERPRETATION

Lit.: E. Spranger, Der Sinn der Voraussetzungslosigkeit in den Geisteswissenschaften, 1929; F. Weidauer, Objektivität, voraussetzungslose Wissenschaft und wissenschaftliche Wahrheit, 1935; W. V. O. Quine, Von einem logischen Standpunkt, 1979.

## Vorhandenheit:

in der Philosophie M. Heideggers eine Seinsweise des Seinenden, der Dinge (im Gegensatz zur ZUHANDENHEIT); die Dinge sind uns im besorgenden Umgang zu-handen; in einem defizienten Modus, eben im Modus der V. sind uns die Dinge vor-handen, benutzbar, verfügbar; sie sind aus dem Bewandtniszusammenhang (aus dem besorgenden Umgang) herausgerissen und werden als bloße Objekte, Gegen-stände betrachtet.

Lit.: M. Heidegger, Sein und Zeit, 1927.

## Vorsokratiker:

Bezeichnung für eine Gruppe griechischer Philosophen vor Sokrates (also ca. 600 – 450 v. Chr.), also die ersten abendländischen Philosophen, und die mit ihnen verbundenen philosophischen Auffassungen. Mit *Vorsokratik* bezeichnet man allgemein die von den V. vertretene Positionen, Richtungen und Schulen, die sehr unterschiedlich sind und daher keine thematische Einheit bilden. Die Grundfragen der V. sind die nach dem Urstoff, dem Prinzip bzw. Gesetz der gesamten Wirklichkeit, nach der Entstehung und Ordnung der Welt bzw. des Kosmos (☞KOSMOGONIE, KOSMOLOGIE, NATURPHILOSOPHIE). Zählt man zu den V. auch die Sophisten (☞SOPHISTIK) – wie es einige Autoren tun –, so beinhaltet die Vorsokratik auch praktische Fragen aus den Bereichen Politik, Ethik usw. (die sog. Wende zum Menschen, zur PRAXIS, die Abkehr von der Naturphilosophie und ONTOLOGIE). Charakteristisch für die V. ist die Abkehr, Loslösung vom MYTHOS und die „Entdeckung" des bzw. die Hinwendung zum LOGOS.

Die Aufzeichnungen der V. sind uns nicht erhalten. Unsere Kenntnisse entnehmen wir aus Werken der griechischen Geschichtsschreibung und der antiken Autoren (besonders Aristoteles). Als erste V. können die ionischen Naturphilosophen (auch *Milesier* genannt) angesehen werden; zu ihnen zählen: Thales von Milet, Anaximander und Anaximenes. Alle drei fragen nach dem Urstoff der Welt, der auch als Ursprung und Prinzip der Welt und des Lebens gedeutet werden kann. Nach Thales ist der Urstoff das Wasser, nach Anaximander das Unbegrenzte (☞APEIRON), nach Anaximenes die Luft. Als weiterer V. gilt Pythagoras (seine Schüler werden Pythagoreer genannt). Ihm zufolge ist die Zahl bzw. das Verhältnis zwischen den Zahlen das Prinzip bzw. Wesen der Welt. Pythagoras vertrat die Lehre von der SEELENWANDERUNG. In der Nachfolge von Pythagoras steht Xenophanes. Er kritisiert die Gottesvorstellung des Mythos und spricht von dem einen Gott (der einen Tätigkeit) (☞MONOTHEISMUS).

Einer der bedeutendsten V. ist Heraklit aus Ephesus. Für ihn ist das Feuer der Ursprung und das Prinzip der Welt. Die Welt besteht aus Gegensätzen. Alles befindet sich in beständigem Fluß, in beständigem Wandel. Über dem

Wandel bzw. über den Gegensätzen steht alleine das Weltgesetz, die Weltvernunft (☞LOGOS, HERAKLITEISMUS). Als Gegenspieler Heraklits gilt Parmenides. Er gehört mit Xenophanes, Melissos und Zenon von Elea der *eleatischen Schule* an. Er stellt die Frage nach dem SEIN des Seienden bzw. nach dem Seienden als solchem. Die Sinnenwelt ist nur Schein. Das wahre Sein ist eins, unveränderlich, ungeworden, unteilbar. Sein und Denken sind eins. Anders ausgedrückt: Das eigentliche, wesentliche Denken, das Denken der Wahrheit ist das Denken des Seins (☞ELEATISMUS). Nach Empedokles gehören Erde, Wasser, Feuer und Luft zu den unveränderlichen Grundelementen der Welt. Die zwei Weltprinzipien (auch Bewegungsprinzipien) sind Liebe und Haß. Nach Anaxagoras wird die Welt durch den alles umgreifenden, bestimmenden und alles in Bewegung stehenden Geist gelenkt (☞NOUS). Nach dem Atomisten (Leukipp, Demokrit) besteht die Welt aus kleinsten Teilchen, den Atomen (☞ATOMISMUS).
Einige Autoren zählen – wie schon oben erwähnt – zu den V. auch die Sophisten. Sie waren Lehrer der Logik und der Rhetorik (Rhetorik in Form der Überredungskunst) und wandten sich dem Menschen und den praktischen Fragen zu.

Lit.: H. Diels, Die Fragmente der Vorsokratiker, [18]1989; Aristoteles, Metaphysik; W. Jaeger, Die Theologie der frühen griechischen Denker, 1953; O. Gigon, Grundprobleme der antiken Philosophie, 1959; K. Hildebrandt, Frühe griechische Denker, 1968; W. Nestle, Vom Mythos zum Logos, [3]1975; W. Schadewaldt, Die Anfänge der Philosophie bei den Griechen, 1978; K. Held, Heraklit, Parmenides und der Anfang von Philosophie und Wissenschaft, 1980; J. Barnes, The Prosocratic Philosophers, 1982; J. Mansfeld, Die Vorsokratiker I, 1983; C. J. Classen, Ansätze: Beiträge zum Verständnis der frühgriechischen Philosophie, 1986.

**Vorstellung** (lat. ‚repraesentatio‘):
eine Funktion des Bewußtseins, des Denkens, der Erkenntnis; nach Locke alles, was der Geist in sich wahrnimmt oder was unmittelbar Gegenstand der Wahrnehmung, des Denkens und Verstandes ist. Hume macht den Unterschied zwischen Wahrnehmung, Empfindung und V.. V. werden als Nachbilder der Wahrnehmung bestimmt. Descartes unterscheidet zwischen V., Willensakten, Gemütsbewegungen und Urteilen. V. spielen die Funktion eines Vermittlers zwischen dem Ich (Bewußtsein) und der Welt; nur über die V. kann sich das Ich auf die Welt beziehen. Kant spricht von der bewußten V.; sie bezieht sich auf das Subjekt (☞EMPFINDUNG) oder auf ein Objekt (☞ERKENNTNIS). Erkenntnis kann nach Kant eine ANSCHAUUNG oder ein BEGRIFF sein.
Man kann allgemein unterscheiden: Wahrnehmungsvorstellungen, Erinnerungsvorstellungen (die V. eines früher wahrgenommenen Gegenstandes oder Sachverhalts, also einer frühen Wahrnehmung), Phantasievorstellungen, sodann sinnliche V. und abstrakte (gedankliche) V.. Eine wichtige Analyse der Vorstellungsakte findet man in der PHÄNOMENOLOGIE Husserls.
☞DENKEN, ERKENNTNIS, WAHRNEHMUNG, INTENTIONALITÄT

Lit.: J. Locke, Versuch über den menschlichen Verstand, 1690; I. Kant, Kritik der reinen Vernunft, 1781, [2]1787; A. Schopenhauer, Die Welt als Wille und Vorstellung, 1819, [3]1859; E. Husserl, Ideen zu einer reinen Phänomenologie und phänomenologischen Philosophie, hg. v. W. Biemel, 1950; A. R. White, The Language of Imagination, 1990.

## Vorurteil: ☞Idol, Hermeneutik

## Vorverständnis: ☞Hermeneutik

# W

## Wahr:

allgemein ein PRÄDIKAT, der meist Aussagen, aber im weitesten Sinne auch Handlungen, Gedanken, außersprachlichen Entitäten, Personen („wahrer Freund") und anderen Sachverhalten zugesprochen wird. Was dabei WAHRHEIT bedeutet, wird von Philosophen und philosophischen Positionen sehr unterschiedlich bestimmt (☞WAHRHEITSTHEORIEN).
Allgemein kann unterschieden werden zwischen Aussagen, die als wahr aufgrund ihrer logischen Form und unabhängig von der Erfahrung eingestuft werden (logisch wahr, formal wahr), und Aussagen, die nur aufgrund der Erfahrung als w. eingestuft werden (material w.). In der formalen Logik ist „w." neben „falsch" ein WAHRHEITSWERT; er wird Aussagen zugesprochen oder nicht.

## Wahrheit:

ein zentraler philosophischer Begriff. Eine allen Philosophen und philosophischen Positionen gemeinsame Bestimmung des Begriffs „W." gibt es nicht. Es gibt also jeweils verschiedene Zugangsweisen zur Wahrheitsproblematik, verschiedene Bestimmungen des Begriffs „W." und des Wahrheitskriteriums.
In der neueren Zeit versucht man, die relevantesten Auffassungen von W. unter dem Stichwort WAHRHEITSTHEORIEN zu systematisieren. Auch ältere, traditionelle (antike, mittelalterliche und frühneuzeitliche) Wahrheitsauffassungen werden darunter besprochen und systematisiert. Versucht man dennoch eine möglichst umfassende Bestimmung der W. aufzustellen, so kann sie lauten: W. ist ein Merkmal von Aussagen, Sätzen (traditionell: Urteilen), aber auch des Denkens (PROPOSITION), der Erkenntnis und schließlich (bei einigen Philosophen) ein Merkmal des Seienden selbst.
Die traditionell einflußreichste Definition von W. bei Thomas von Aquin lautet: „Veritas est adaequatio intellectus et rei"; W. ist die Übereinstimmung von Verstand (auch Denken, Erkenntnis, Geist) und Sache (auch Seindem, Gegenstand, Welt, Realität). In einer sich an die Sprachphilosophie anlehnenden Formulierung spricht man von der Übereinstimmung von Aussage (Satz) und dem in der Aussage ausgedrückten Sachverhalt.

Lit.: ☞WAHRHEITSTHEORIEN

**Wahrheitskriterium:** ☞WAHRHEITSTHEORIEN

**Wahrheitstafeln:**
eine W. besteht in der zweiwertigen Logik aus schematischen Buchstaben (A, B), den Wahrheitswerten „wahr" (w), „falsch" (f) und der Verknüpfung von A und B mittels eines JUNKTORS (vgl. die W. z. B. bei der KONJUNKTION und der DISJUNKTION). Mit Hilfe der W. lassen sich die Junktoren definieren. Die Wahrheitswerte der komplexen Aussagen sind Funktionen der Wahrheitswerte der Einzelaussagen. ☞JUNKTORENLOGIK

**Wahrheitstheorien:**
Theorien, in denen versucht wird, den Begriff der WAHRHEIT zu bestimmen. Wichtig ist für eine W. außer der Definition des Begriffs der Wahrheit auch die Angabe eines Wahrheitskriteriums, mit dessen Hilfe festgestellt werden kann, ob eine Aussage wahr oder falsch ist. Der Begriff „W." ist neueren Datums; doch mit seiner Hilfe können auch die älteren (antiken, mittelalterlichen, frühneuzeitlichen) Wahrheitsauffassungen charakterisiert werden. Die wichtigsten W. sind: Korrespondenztheorie, Kohärenztheorie, Redundanztheorie, performative W., Evidenztheorie, Entbergungstheorie, pragmatische W..
Für die klassische *Korrespondenztheorie* der Wahrheit gilt der Satz: „Veritas est adaequatio intellectus et rei"; Wahrheit ist die Angleichung bzw. Übereinstimmung von Intellekt bzw. erkennendem Verstand (auch Denken, Erkenntnis, Geist) und Sache (auch Seiendem, Gegenstand, Sachverhalt, allgemeiner Welt bzw. Realität). In einer Formulierung, in der die Bedeutung der Sprache bzw. das Verhältnis Sprache-Welt hervorgehoben wird, spricht man von der Übereinstimmung von Aussage (Satz) und dem in der Aussage ausgedrückten (meist in einem gewissen Sinne außersprachlichen) Sachverhalt; Wahrheit wird hier als ein Merkmal bzw. eine Eigenschaft von Aussagen, sprachlichen Gebilden angesehen. Die Korrespondenztheorie der Wahrheit geht auf Aristoteles zurück. Ihm zufolge ist Wahrheit die Übereinstimmung von Denken (Sprache) und Sein bzw. Welt. Wichtig ist, daß die Welt eine vom Denken unabhängige Struktur hat. Das Denken konstituiert, bringt die Welt nicht hervor. Die Welt bzw. Wirklichkeit kann jedoch mittels der begreiflichen Tätigkeiten erfaßt werden. Aristoteles nimmt an, daß es eine Strukturähnlichkeit zwischen dem Denken und der Welt gibt; nur so kann die Welt erkannt werden. Die Korrespondenztheorie der Wahrheit wird von Thomas von Aquin weiter ausgearbeitet. Er prägt die bekannte Formel „Veritas est adaequatio intellectus et rei". Außer dieser korrespondenztheoretischen Variante tauchen im Mittelalter weitere Wahrheitsauffassungen auf. Vielen von ihnen ist die These gemeinsam, daß Gott die höchste, ewige Wahrheit darstellt. Außerdem taucht die Lehre von der

DOPPELTEN WAHRHEIT auf. Eine Variante der Korrespondenztheorie stellt die Auffassung von Leibniz dar. Leibniz wird aber auch als einer der Hauptvertreter der Kohärenztheorie (siehe unten) angesehen. Relationen zwischen den Zeichen und den Dingen stehen im Verhältnis der Proportion zueinander. Leibniz unterscheidet darüber hinaus zwischen den (ewigen) *Vernunftwahrheiten* (logisch-mathematische Wahrheiten), die die erfahrungsunabhängig sind, und den *Tatsachenwahrheiten*, die auf Erfahrung beruhen. Für Kant ist das DING AN SICH nicht erkennbar; daher kann es keine Übereinstimmung zwischen Denken und Wirklichkeit geben; Wahrheit liegt dann in der Übereinstimmung von Denkinhalten und Gesetzen bzw. Prinzipien des Denkens. In der neueren Philosophie wurde die Korrespondenztheorie in einer abgewandelten Form von B. Russell und K. R. Popper vertreten. Die Übereinstimmung wird hier als eine eindeutige Zuordnung von Aussagen und Wirklichkeit bestimmt. Zwischen Aussage und Sachverhalt gibt es eine Strukturgleichheit (bei wahren Aussagen). Bei falschen Aussagen besteht keine Strukturgleichheit zwischen Aussage und Sachverhalt. Eine ähnliche Auffassung vertritt auch der frühe Wittgenstein. Eine Variante der Korrespondenztheorie stellt die sog. *semantische W.* von A. Tarski dar (eine W. für formalisierte Sprachen). Wahrheit wird hier als ein Merkmal von Aussagen bzw. Sätzen bestimmt; sie liegt in dem Verhältnis zwischen der Aussage und dem, was die Aussage bedeutet. Es wird also nicht auf das Außersprachliche rekurriert. Tarski unterscheidet zwischen der *Objektsprache*, in der von Objekten die Rede ist, (z. B. der Satz: „Schnee ist weiß") und der *Metasprache*; in der Metasprache sprechen wir über die Objektsprache, z. B. im Satz: „Der Satz ‚Schnee ist weiß' ist wahr". Der Wahrheitsbegriff gehört zur Metasprache; er ist ein semantischer Begriff. Die Wahrheitsdefinition kann als Äquivalenz so formuliert werden: „wahr (p) $\leftrightarrow$ p". Z.B.: „Der Satz ‚Schnee ist weiß' ist genau dann wahr, wenn Schnee weiß ist".

Eine weitere W. ist die *Kohärenztheorie*. Ihr zufolge ist eine Aussage wahr, wenn sie mit den anderen Aussagen nicht im Widerspruch steht, mit ihnen kohärent ist. Es besteht hier nicht eine Übereinstimmung zwischen Aussage und Sachverhalt, sondern zwischen Aussage und anderen Aussagen bzw. Aussage und einem System von Aussagen. Als einer der ersten Kohärenztheoretiker kann Leibniz betrachtet werden. Auch Hegels Wahrheitsauffassung wird oft kohärenztheoretisch gedeutet. Er prägt die Formel: „Das Wahre ist das Ganze". Eine andere Form der Kohärenztheorie vertreten Schlick, Neurath, Carnap und Hempel.

Eine weitere W. wird *Redundanztheorie* genannt. Das Prädikat „wahr" ist dieser Theorie zufolge überflüssig; mit seiner Hilfe können keine Informationen angegeben werden, keine Erkenntniserweiterung kommt zustande. Die Aussage „Es ist wahr, daß Schnee weiß ist" bedeutet soviel wie „Schnee

ist weiß". Das Prädikat „wahr" ist nach Tarski in der Objektsprache überflüssig, in der Metasprache jedoch nützlich, nicht redundant. Wichtigster Vertreter der Redundanztheorie ist F. P. Ramsey.
Der *performativen W.* zufolge hat die Sprache und speziell der Begriff „wahr" nicht nur ASSERTORISCHE Funktion, sondern viele andere Funktionen; mit Sätzen stellt man nicht nur Behauptungen auf, sondern vollzieht mit ihnen Handlungen verschiedenster Art (☞SPRECHAKT). Das Prädikat „wahr" kann also auch performativ gebraucht werden. Der wichtigste Vertreter dieser Theorie ist P. Strawson.
Die *Evidenztheorie der Wahrheit* wird von einigen Philosophen als keine selbständige W., sondern als eine Variante der Korrespondenztheorie betrachtet; EVIDENZ ist hier das Kriterium für die Übereinstimmung von Aussage und Sachverhalt. Andere Philosophen (F. Brentano, E. Husserl) betrachten die Evidenztheorie als eine selbständige W.; als Wahrheitskriterium wird hier die Evidenz bestimmt (☞PHÄNOMENOLOGIE).
Heideggers Wahrheitsauffassung kann als die *Entbergungstheorie* der Wahrheit bezeichnet werden. Wahrheit ist nach Heidegger die „Unverborgenheit" (So übersetzt Heidegger das griechische Wort ‚aletheia'), die „Entbergung des Seins". In „Sein und Zeit" wird noch ein daseinsontologischer Wahrheitsbegriff vertreten (☞DASEINSANALYSE, FUNDAMENTALONTOLOGIE); die Wahrheit gibt es nur, insofern und solange Dasein ist. Beim späten Heidegger (nach der sog. „Kehre") kann die Wahrheit nur in der „Lichtung des Seins" vernommen werden; die Wahrheit wird dem Dasein, dem Menschen zugesprochen, in epochalen Schickungen zu-geschickt. Der Mensch kann sich nur auf den Zuspruch der Wahrheit vorbereiten. Er ist keine Bedingung der Wahrheit. Interessant für Heideggers Wahrheitsauffassung (sowohl in der späteren als auch in der früheren Phase) ist der Umstand, daß Heidegger den Wahrheitsbegriff bzw. die Wahrheitsproblematik nicht anhand der Subjekt-Objekt-Problematik bzw. anhand der Trennung von Geist bzw. Verstand und Welt bzw. Wirklichkeit oder Sprache und Realität erläutert; Wahrheit als Unverborgenheit ist erst die Bedingung für die oben aufgezählten Trennungen, sie geht diesen Trennungen voraus (daher stellt sich für Heidegger nicht die Frage nach einer Korrespondenz oder Übereinstimmung zwischen Verstand und Welt bzw. Sprache und Realität); Wahrheit als Unverborgenheit ermöglicht erst die Urteilswahrheit bzw. Urteilsfalschheit.
Eine Gruppe von W. stellen die sog. *pragmatischen W.* dar. Für viele von ihnen gilt die Formel: Wahr ist das, was nützlich ist, was sich bewährt, und zwar sowohl im wissenschaftlichen Erkenntnisprozeß als auch in der Lebenspraxis. Als einer der Väter der pragmatischen Wahrheitsauffassung kann Nietzsche betrachtet werden. Er hebt den Aspekt der Nützlichkeit der Wahrheit für das Leben hervor. Die Wahrheit muß im Dienst der Lebens-

steigerung, der Lebensbejahung stehen. Für Ch. S. Peirce hat die Wahrheit (in den Wissenschaften) einen hypothetischen Charakter; HYPOTHESEN sollen experimentell überprüft werden. Die Wahrheit von Aussagen kann intersubjektiv nachgeprüft werden. Die Wahrheit (in den Wissenschaften) kann „in the long run" (auf lange Sicht) aufgrund eines in der Gemeinschaft der Wissenschaftler erzielten Konsenses erreicht werden. J. Dewey und W. James vertreten ähnliche Gedanken. Wissenschaftliche Hypothesen sollen sich in der wissenschaftlichen Praxis bewähren; erst dann sind sie wahr. Hypothesen bzw. wissenschaftliche Vorstellungen sollen sich auch in der Lebenspraxis bewähren, d. h. nützliche Konsequenzen für das Leben haben. Eine weitere W., die oft zu den pragmatischen W. gezählt wird, ist die *Konsenstheorie der Wahrheit*, die in einer besonderen Form schon von Peirce formuliert wurde. Wahrheit besteht hier im Konsens (Übereinstimmung) der Wissenschaftler bzw. der an einer Kontroverse Beteiligten hinsichtlich einer Sache, eines Problems usw.. Eine Aussage ist wahr, wenn sie allgemein, möglichst von allen kompetenten Sprechern, akzeptiert wird. Meist wird jedoch behauptet, daß ein Konsens „in the long run" (auf lange Sicht) hergestellt werden kann. Eine Variante der Konsenstheorie der Wahrheit wird in der *Diskurstheorie* vertreten (J. Habermas, K.-O. Apel). Die Wahrheit liegt im Konsens, der von den Argumentierenden im ☞DISKURS erzielt wird. Wahrheitsbedingungen werden als Akzeptanzbedingungen bestimmt. Die Wahrheit bzw. Gültigkeit von Sätzen wird aufs engste mit ihrer Begründbarkeit, Rechtfertigung und Legitimität (in argumentativer Rede bzw. im Diskurs) verbunden. Der Konsens kann nur unter der leitenden Idee einer „idealen Kommunikationsgemeinschaft" (Apel) bzw. eines „herrschaftsfreien Diskurses" (auch einer „idealen Sprechsituation) erreicht werden; ☞TRANSZENDENTALPRAGMATIK, UNIVERSALPRAGMATIK).

Lit.: Platon, Politeia; ders., Kratylos; Aristoteles, Metaphysik; Thomas von Aquin, De veritate; R. Descartes, Principia philosophae, 1644; I. Kant, Kritik der reinen Vernunft, 1781, $^{2}$1787; G. W. F. Hegel, Phänomenologie des Geistes, 1807; ders., Wissenschaft der Logik, 1812-16; W. James, Der Pragmatismus, 1907; M. Heidegger, Vom Wesen der Wahrheit, 1943; E. Husserl, Cartesianische Meditationen und Pariser Vorträge, hg. v. S. Strasser, 1963; F. Brentano, Wahrheit und Evidenz, hg. v. O. v. Kraus, 1964; G. Pitcher (Hg.), Truth, 1964; W. Stegmüller, Das Wahrheitsproblem und die Idee der Semantik, 1968; A. R. White, Truth, 1971; A. Tarski, Der Wahrheitsbegriff in den formalisierten Sprachen, in: K. Berka/L. Kreiser (Hg.), Logik-Texte, 1973; N. Rescher, The Coherence Theory of Truth, 1973; W. Kamlah/P. Lorenzen, Logische Propädeutik, $^{2}$1973; G. Skirbekk (Hg.), Wahrheitstheorien, 1977; M. Dummett, Wahrheit, 1978; J. Habermas, Wahrheitstheorien, in: ders., Vorstudien und Ergänzungen zur Theorie des kommunikativen Handelns, 1981; H. Cooman, Die Kohärenztheorie der Wahrheit, 1983; L. B. Puntel, Wahrheitstheorien in der neueren Philosophie, $^{2}$1983; D. Davidson, Wahrheit und Interpretation, 1985; V. Gerhardt (Hg.), Wahrheit und Begründung, 1985; W. Künne, Wahrheit, in: E. Martens/H. Schnädelbach (Hg.), Philosophie, 1985.

## Wahrheitswert:

bei Frege ein Wert, der die Wahrheit einer Aussage bestimmt. In der klassischen Logik gibt es zwei W.; „wahr" (w) oder „falsch" (f); eine Aussage kann entweder wahr oder falsch sein (*Bivalenzprinzip*). Es gibt jedoch heute Logiken, die sog. mehrwertige Logiken, denen außer „wahr" und „falsch" auch andere W. enthalten sind. Mittels der W. werden in der JUNKTORENLOGIK die Aussagen bestimmt; die Junktoren werden mit Hilfe der WAHRHEITSTAFELN definiert. Die W. der komplexen (zusammengesetzten) Aussagen hängen von den W. der einfachen Aussagen ab.

## Wahrnehmung:

allgemein das unmittelbare Vernehmen, Gewahrwerden. Als ein Vorgang, der bewußtseinsmäßig vollzogen wird und im Erkenntnisprozeß eine entscheidende Rolle spielt, steht die W. zwischen der bloßen, sinnlichen EMPFINDUNG und dem vorstellenden und dann auch dem begrifflich-reflexiven Denken. Man unterscheidet oft (besonders in der Neuzeit) zwischen der *äußeren* und der *inneren* W.; die äußere W. betrifft die raumzeitlichen Gegenstände der Außenwelt, die innere W. betrifft die Erlebnisse (z. B. Gefühle, aber auch andere Inhalte des Bewußtseins) der Innenwelt. Bei Platon wird die Bedeutung der W. für den Erkenntnisprozeß niedrig eingeschätzt; das in der W. (Sinneswahrnehmung) Vernommene (die veränderlichen, raumzeitlichen Gegenstände) hat einen niedrigeren Wahrheitswert als das im reinen Denken Erkannte (☞IDEEN, IDEENLEHRE). Diese Geringschätzung der W. wird von Aristoteles nicht geteilt. Zwar spricht auch er vom reinen Denken (Denken des Denkens), doch ist die W. für den Erkenntnisvorgang konstitutiv; bei der W. setzt das Denken an.
Für die Empiristen, speziell die Sensualisten (☞SENSUALISMUS) wird W. zum Ausgang, zur Quelle und zum Kriterium der Erkenntnis. Kant unterscheidet zunächst zwischen der bloßen Empfindung, die ohne Bewußtseinsleistungen zustande kommt, und der W. als dem bewußtseinsmäßigen Gewahrwerden der sinnlichen Anschauung. Für Kant beginnt also mit der W. das Denken, der Erkenntnisprozeß; die W. liefert sodann dem begrifflichen Denken das (sinnliche) Material. Die SYNTHETISCHEN Urteile A POSTERIORI beruhen auf der W.. Kant nennt diese Urteile auch *Wahrnehmungsurteile*, die jedoch nicht objektiv, allgemeingültig, sondern subjektiv sind. Die Urteile A PRIORI beruhen nicht auf W.. Eine zentrale Bedeutung spielt der Begriff der W. in der PHÄNOMENOLOGIE. Husserl zufolge ist die W. entscheidend für den Konstitutionsprozeß (☞KONSTITUTION); das TRANSZENDENTALE EGO konstituiert die Welt; die erste Schicht der konstituierten Welt bildet die W., bzw. sie stellt eine der ersten Phasen der Konstitution dar. In der W. kommt es auch zur sog. WESENSSCHAU, in der das Wesen eines Phänomens erfaßt wird (vgl. auch EVIDENZ). Eine Theorie der W. entwickelte der Phänomenologe M. Merleau-Ponty. Der Begriff der W. wird außerhalb der Philosophie in der sog. *Wahrnehmungspsychologie* behandelt.

Lit.: Platon, Politeia; ders., Theaitetos; Aristoteles, Metaphysik; J. Locke, Versuch über den menschlichen Verstand, 1690; I. Kant, Kritik der reinen Vernunft, 1781, ²1787; B. Russell, Die Probleme der Philosophie, 1926; E. Husserl, Analysen zur passiven Synthesis, hg. v. M. Fleischner, 1966; M. Merleau-Ponty, Phänomenologie der Wahrnehmung, 1966; G. J. Warnock (Hg.), The Philosophy of Perception, 1967; W. Metzger, Gesetze des Sehens, 1975; ders., Psychologie, ⁵1975; B. M. Bennett, Observer Mechanics, 1989; R. Schanz, Der sinnliche Gehalt der Wahrnehmung, 1990.

## Wahrscheinlichkeit:

in der Mathematik heißt W. das Verhältnis der Anzahl der günstigen Fälle zur Anzahl der möglichen Fälle. Traditionell spricht man von zwei Formen der W.: *subjektive W.* gründet im Wissen, *objektive W.* in der Sache. Carnap entwickelt im Rahmen seiner induktiven Logik den Begriff der *logischen* W.. Dieser Wahrscheinlichkeitsbegriff bezieht sich auf Aussagen über Ereignisse. Die logische W. soll den Bestätigungsgrad (☞BESTÄTIGUNG) von Hypothesen aufzeigen. Wichtige Anregungen erhielt die Diskussion um den Wahrscheinlichkeitsbegriff u. a. von K. R. Popper und J. Hintikka.

Lit.: K. R. Popper, Logik der Forschung, 1935; R. Carnap, Logical Foundations of Propability, 1950; J. Hintikka, Induction by Enumeration and Induction by Elimination, in: I. Lakatos (Hg.), The Problem of Inductive Logic, 1968; P. Lorenzen, Konstruktive Wissenschaftstheorie, 1974; P. Horwich, Probability and Evidence, 1982; E. Agazzi (Hg.), Probability in the Sciences, 1988; L. J. Cohen, An Introduction to the Philosophy of Induction and Probability, 1989; J. Hacking, The Tamming at Chance, 1990.

## Weisheit:

in der griechischen Philosophie eine der DIANOETISCHEN Tugenden; allgemeine eine Form des Wissens und die mit ihr verbundene Lebenseinstellung. W. wird als das Wissen um das Wesentliche, um den Ursprung, Grund, Sinn und Ziel alles Seienden. Die W. ist also kein Wissen um das einzelne, kontingente Seiende. Die W. ist in die Lebenspraxis einbezogen; W. meint hier jedoch nicht die Einsicht in konkrete Handlungssituationen bzw. die Fähigkeit, konkrete Handlungssituationen, Handlungen, Regeln des Handelns und Zusammenlebens usw. zu beurteilen, sondern die Einsicht in allgemeine, übergreifende (auch letzte) Handlungsziele und -zwecke bzw. Ziele und Zwecke des menschlichen Lebens; die W. bestimmt also die geistig-sittliche, moralisch-ethische Grundhaltung des Menschen.

Lit.: J. Maritan, Science et sagnesse, 1936; J. Lenz, Vorschule der Weisheit, 1948; U. Wilckens, Weisheit und Torheit, 1959; J. D. Collins, The Lure of Wisdom, 1962.

## Wechselwirkung:

Die gegenseitige Beeinflussung von Gegenständen, Ereignissen oder Vorgängen. Newtons Bewegungsgesetz lautet: „actio = reactio" (‚Wirkung gleich Gegenwirkung'); jede Kraftwirkung eines Körpers auf einen anderen Körper ruft eine entgegengerichtete Kraftwirkung des anderen Körpers hervor. Nach Descartes gibt es eine W. zwischen Leib und Seele (☞LEIB-

SEELE-PROBLEM); Descartes situiert diese W. in der Zirbeldrüse; hier wirken Seele und Leib (leiblich-materielle Vorgänge) aufeinander ein. Nach Kant ist die W. die dritte Kategorie der Relation (☞KATEGORIE). Lotze deutet die W. metaphysisch; auf die unendliche Substanz wird die W. aller einzelnen Gegenstände zurückgeführt. Eine wichtige Rolle spielt der Begriff der W. in der ☞QUANTENMECHANIK.

Lit.: L. Busse, Die Wechselwirkung zwischen Leib und Seele, 1900; R. Reininger, Das psychologische Problem, ²1930.

**Welt** (griech. ‚kosmos', lat. ‚mundus'):
allgemein die Gesamtheit der Dinge, des Seienden; sodann auch das Ganze, die Gesamtheit des Seinenden als geordnete Einheit, das Weltall, das UNIVERSUM, der KOSMOS (☞KOSMOLOGIE, KOSMOGONIE); in anderen (meist praktischen) Zusammenhängen spricht man auch von der Alltagswelt des Menschen, also von der LEBENSWELT (meist) im Gegensatz zur W. der (Natur-)Wissenschaften bzw. zu der durch die theoretische Einstellung erschlossene Welt. Für die griechischen Philosophen der Antike galt W. (‚kosmos') als das Ganze des Seienden, die Gesamtheit des Wirklichen; W. wird als eine geordnete Einheit bestimmt; sie ist ewig und versammelt in sich harmonisch die Gegensätze. Platon unterscheidet zwischen der W. der unveränderlichen, ewigen IDEEN, der Ideenwelt (☞IDEENLEHRE) und der W. der veränderlichen, sinnlich wahrnehmbaren Dinge. Man spricht auch im ersten Fall von der INTELLIGIBLEN W. und der W. der wahrnehmbaren, endlichen Dinge bzw. der W. der ERSCHEINUNGEN. Die W. der Erscheinungen wurde von Platon als Schein, Scheinwelt bestimmt, die W. der Ideen hingegen als die wahre W..
In der christlichen Tradition wurde W. als das von Gott Erschaffene angesehen (☞SCHÖPFUNG); W. ist das Endliche, Geschaffene, Gott das Unendliche, der Schöpfer der W.. Die W. wurde dabei als die außergöttliche Wirklichkeit angesehen. In einigen Konzeptionen ist sogar von einem Gegensatz zwischen W. und Gott die Rede; W. ist das dem Gott Entgegengesetzte und die sich gegen Gott behauptende Wirklichkeit. Auch der Mensch wurde (besonders seit der Neuzeit) in einem Gegensatz zur W. betrachtet; in erkenntnistheoretischen Kontexten (z. B. Descartes) wurde das erkennende Subjekt bzw. Ich der W. entgegengesetzt. So spricht z. B. Descartes von der *res cogitans* (denkende Substanz) und der *res extensa* (ausgedehnte, auch materielle Substanz). W. wurde als die Außenwelt im Gegensatz zur Innenwelt des Menschen oder als die Objektwelt im Gegensatz zur Subjektwelt bestimmt (☞SUBJEKT-OBJEKT-SPALTUNG). Es stellt sich dabei die Frage, wie das Subjekt bzw. das Ich zur W. gelangt oder allgemein, wie das Verhältnis zwischen Subjekt bzw. Ich und W. zu bestimmen ist. Für viele Philosophen der Neuzeit gilt: Das Subjekt bzw. Ich entwirft, setzt und

konstituiert die W.; so z. B. für Descartes, Fichte (das Ich setzt das Nicht-Ich) oder Husserl (das Ich konstituiert die W.). Bei Kant ist W. der Inbegriff der möglichen ERFAHRUNG, eine transzendentale IDEE, die nicht in der Erfahrung bzw. Realität gegeben ist, sondern als die Bedingung der Möglichkeit der Erfahrung/Realität fungiert; die W. ist also kein aus der Erfahrung gewonnener Begriff; er ordnet jedoch die Erfahrung/Realität. Von Bedeutung ist der Umstand, daß (besonders seit dem 19. Jh.) W. nicht nur als NATUR (und dadurch primär als Gegenstand der Naturwissenschaften, der naturwissenschaftlichen Betrachtungsweise), sondern auch als GESCHICHTE oder Gesellschaft gedacht wird; man untersucht nunmehr verstärkt die geschichtliche, gesellschaftliche oder die soziale W..
In der Philosophie des 20. Jh. spielt der Begriff „W." eine wichtige Rolle in der PHÄNOMENOLOGIE und der EXISTENZPHILOSOPHIE. Für Husserl ist die W. das Korrelat des TRANSZENDENTALEN EGO und seiner Leistungen; das Ego (Ich) konstituiert die W. (☞KONSTITUTION), wobei im Konstitutionsprozeß sich verschiedene Schichten der W. ergeben. Nach Heidegger ist die W. ein Bedeutsamkeitszusammenhang, in den wir immer schon hineingeworfen sind und den wir immer schon erschlossen haben. Die traditionelle Ich-Welt-Spaltung bzw. Subjekt-Objekt-Spaltung wird bei Heidegger überwunden; wir brauchen keinen nachträglichen Bezug zwischen dem Ich/Subjekt und der Welt/dem Objekt herzustellen; das menschliche Dasein ist immer schon in der W.. So spricht Heidegger von dem IN-DER-WELT-SEIN bzw. von der Weltlichkeit des Daseins. Das In-der-Welt-sein ist die existenziale Bestimmung, ein Modus bzw. eine Seinsart des menschlichen Daseins, ein EXISTENZIAL des Daseins (☞DASEINSANALYSE, FUNDAMENTALONTOLOGIE). Der späte Heidegger (nach der sog. „Kehre") spricht von der W. als von dem „Geviert" von Sterblichen, Göttlichen, Erde und Himmel.
In der neueren Philosophie wird der Begriff der W. einerseits im Rahmen der Naturwissenschaften und Naturphilosophie (der Pysik und speziell der RELATIVITÄTSTHEORIE) und der modernen Kosmogonie, andererseits im Rahmen der praktischen Philosophie behandelt. Im Rahmen der praktischen Philosophie ist z. B. die Frage nach der Beherrschung und dem Schutz der natürlichen *Umwelt* von großer Bedeutung. Einen Boom erlebt in der neueren Philosophie der Begriff der LEBENSWELT.

Lit.: Platon, Timaios; Aristoteles, Metaphysik; Augustinus, De civitate dei; Nicolaus Cusanus, De docta ignorantia; R. Descartes, Principia philosophiae, 1644; I. Kant, Kritik der reinen Vernunft, 1781 · [2]1787; E. Husserl, Cartesianische Meditationen und Pariser Vorträge, hg. v. S. Strasser, [2]1963; M Heidegger, Sein und Zeit, 1927; M. Merleau-Ponty, Phänomenologie der Wahrnehmung, 1966; Th. Litt, Mensch und Welt, 1948; K. Löwith, Der Weltbegriff der neuzeitlichen Philosophie, [2]1968; H. Blumenberg, Die Lesbarkeit der Welt, 1981.

## Weltanschauung:

allgemein die die Gesamtheit von Auffassungen über Aufbau, Ursprung und

Ziel, Sinn und Wert der WELT und des menschlichen Lebens. Mit einer W. ist die Frage nach der Deutung und dem Sinn des Weltganzen und der Stellung des Menschen im Weltganzen verbunden; W. geht meistens auf das Ganze, auf die letzten und universalen Fragen der Welt und des menschlichen Lebens, beinhaltet sodann die Ideale und die obersten Grundsätze der Lebensgestaltung und hat insofern lebens- bzw. handlungsorientierende Funktion. Eine W. umfaßt die letzten Werte bzw. Wertungen (meist auch eine Rangordnung der Werte). Eine W. unterscheidet sich von einem WELTBILD; eine W. beinhaltet – wie oben erwähnt – die letzten Werte/Wertungen und die metaphysischen und religiösen Fragen nach dem Sinn der Welt und des Lebens, nach dem Weltganzen. Dagegen fehlen bei einem Weltbild solche Werte/Wertungen und Fragen; ein Weltbild ist immer an bestimmte historische Epochen gebunden; es beinhaltet traditionell eine meist theoretische und (natur-)wissenschaftliche Explikation der vorfindlichen Wirklichkeit. Oft wird jedoch behauptet (besonders in soziologischen Theorien), daß auch zum Weltbild normative bzw. auf Werte bezogene Gesichtspunkte (auch Sinnfragen usw.) gehören. In einigen Konzeptionen verschwindet so die Differenz zwischen W. und Weltbild, wobei in der neueren Zeit der Begriff „Weltbild" bevorzugt wird. Der Begriff der W. gewinnt etwa seit der Mitte des 19. Jh. an Bedeutung; hier entstehen auch die ersten Weltanschauungslehren, in denen die verschiedenen W. meist nach einem einheitlichen Prinzip systematisiert werden.

Eine der relevantesten Weltanschauungslehren wurde von W. Dilthey entwickelt. Er unterscheidet innerhalb der Philosophie drei Typen von W.: den NATURALISMUS (er umfaßt den MATERIALISMUS und den sog. POSITIVISMUS), den objektiven IDEALISMUS (hier steht der Lebenswert im Mittelpunkt) und den Idealismus der Freiheit (die Willensfreiheit, die geistig-schöpferische Tätigkeit gelten als höchste Werte). Der Begriff der W. hängt bei Dilthey eng mit dem Begriff des LEBENS zusammen (☞LEBENSPHILOSOPHIE). Weltanschauungslehren wurden u. a von Karl Jaspers, R. Müller-Freienfels und Max Scheler entwickelt.

Der Begriff der W. wird in der neueren Philosophie oft als verdächtig angesehen; zu einer W. gehören Werte/Wertungen und Annahmen, die nicht weiter hinterfragt, begründet bzw. überprüft werden können; daher werden Weltanschauungslehren bzw. -philosophien kritisiert, in denen von einem irrationalen, also nicht weiter hintergehbaren bzw. hinterfragbaren und überprüfbaren Hintergrund der W. die Rede ist. Manche dagegen behaupten zwar, daß unser Erkennen und Handeln von einem Hintergrundwissen abhängt, das unsere letzten Normen, Werte, Überzeugungen usw. enthält. Doch dieser Hintergrund kann offengelegt, rational analysiert und rekonstruiert werden. Bestimmte Überzeugungen und Normen können begründet werden. Der Begriff der W. wird heute (besonders in soziologischen

Diskussionen) immer mehr von dem einer rationalen Rekonstruktion zugänglicher Begriffe des Weltbildes ersetzt.

Lit.: K. Jaspers, Psychologie der Weltanschauung, 1919, [6]1971; W. Dilthey, Weltanschauungslehre, in: ders., Ges. Schriften, Bd. 8., 1931; M. Scheler, Schriften zur Soziologie und Weltanschauungslehre, [2]1963; E. Topitsch, Vom Ursprung und Ende der Metaphysik, 1972; G. Dux, Die Logik der Weltbilder, 1982.

## Weltbild:

die Auffassung der gesamten vorfindlichen Wirklichkeit. Ein W. beinhaltet die meist theoretische und meist (natur-)wissenschaftliche Explikation der Wirklichkeit. Es ist an historische Epochen gebunden (so spricht man z. B. vom kopernikanischen W.). Ein W. unterscheidet sich nach traditioneller Auffassung von einer WELTANSCHAUUNG dadurch, daß es frei ist von letzten Werten/Wertungen und den letzten Fragen nach Sinn, Zweck usw. des Weltganzen bzw. des Lebens. Heute wird jedoch (besonders in soziologischen Kontexten) die Meinung vertreten, daß zu einem W. auch letzte Normen und Werte (Wertsphäre) gehören. Seit der Neuzeit herrscht das sog. naturwissenschaftliche W..

Lit.: M. Weber, Gesammelte Aufsätze zur Religionssoziologie, 3 Bde., 1920; W. Schluchter, Die Entwicklung des okzidentalen Rationalismus, 1979; G. Dux, Die Logik der Weltbilder, 1982.

## Weltgeist:

allgemein die geistige, intelligible Kraft der Welt, das Prinzip der Wirklichkeit. „W." ist ein zentraler Begriff der Hegelschen Philosophie; der W. verwirklicht sich, realisiert sich in der Weltgeschichte, deren Subjekt er ist; im Prozeß der Weltgeschichte, also im Prozeß seiner Verwirklichung kommt er zu sich selbst, wird zu dem, was er an sich ist. Der W. ist übergreifender, als die individuellen Subjekte; seinWirken ist vermittelt durch die Handlungen der einzelnen Subjekte in der Geschichte.

Lit.: G. W. F. Hegel, Vorlesungen über die Philosophie der Weltgeschichte, hg. v. J. Hoffmeister, [5]1955.

## Weltseele:

im weitesten Sinne eine der Welt bzw. das Weltganze durchwaltende, einheitliche Kraft, ein Seinsgrund der Welt, ein Prinzip der (lebendigen) Wirklichkeit. Der Begriff der W. kommt bei Platon vor; die W. wird als die Bewegerin der Welt bestimmt; sie beinhaltet die Gesamtheit des Körperlichen und kann alles erkennen. In der Philosophie der STOA wird der Begriff PNEUMA, der alles durchwaltenden Kraft, zentral. Der Begriff der W. kommt auch bei Plotin vor; die W. wird bei ihm jedoch von der Weltvernunft erzeugt. Eine wichtige Rolle spielt der Begriff der W. in der Philosophie der Renaissance, besonders bei G. Bruno; er spricht von der Beseeltheit der Welt (☞PANPSYCHISMUS). Herder und Goethe sehen in der W. ein geistiges Gebilde (W. wird hier ähnlich wie der Begriff des WELTGEISTES verwendet). Schelling spricht von der unbewußt schaffenden W., die die ganze Natur zu einem Organismus verknüpft. W. wird schließlich als Gott aufgefaßt (☞PANTHEISMUS). Der Begriff der W. wird auch in einigen Konzeptionen des VITALISMUS verwendet, wobei hier die Frage nach dem Verhältnis der W. zu den Einzelseelen, des übergreifenden Organismus (als Lebens- und Ordnungsprinzip gedacht) zu den Einzelorganismen im Mittelpunkt steht.

Lit.: Platon, Timaios; Cicero, De natura deorum; Plotin, Enneaden; G. Bruno, Von der Ursache, dem Prinzip und dem Einen, 1584; F. W. Schelling, Von der Weltseele, 1798; G. T. Fechner, Über die Seelenfrage, [2]1907.

## Werden:

eine allgemeine Bestimmung des Begriffs „W." ist schwer; der Begriff hängt aufs engste zusammen mit Begriffen wie Bewegung, Veränderung, Geschehen, Entstehen, Fortschreiten usw.. Eine Bestimmung könnte lauten: W. ist ein Übergang bzw. Umschlag von einem Zustand zu einem anderen. Zu Beginn der abendländischen Philosophie stand das Verhältnis von W. und SEIN im Mittelpunkt der Auseinandersetzungen. Für Heraklit befindet sich die gesamte Welt/Weltwirklichkeit in beständigem W., in stetigem Fluß; das W. ist die Grundweise des Wirklichen; es kann nichts Festes, Beständiges, Bleibendes fixiert, festgehalten werden, es gibt keinen festen Anfang und kein vorgegebenes bzw. angestrebtes Ziel (☞HERAKLITEISMUS). Heraklit vertritt also einen dynamischen Standpunkt. Demgegenüber behaupten Parmenides und die Vertreter der eleatischen Philosophie, daß es in Wahrheit nur das eine (starre) Sein gibt, das sich der Bewegung bzw. dem W. entzieht; das W. wird als ein bloßer Schein, als ein unwesentlicher, unwahrer Modus der Wirklichkeit bestimmt (☞ELEATISMUS). Die eleatische Position zeichnet sich also durch die statische Betrachtungsweise der Wirklichkeit aus. Platon nimmt in dem Streit zwischen Heraklit und Parmenides Partei für Parmenides (er stellt jedoch das Verhältnis zwischen W. und Sein in einer viel differenzierteren Weise, als es seine Vorgänger getan haben, dar). Er unterscheidet zwischen den veränderlichen, sich im W. befindenden Welt der Einzelgegenstände bzw. der Erscheinungen und der unveränderlichen, ewigen, der Bewegung und dem W. sich entziehenden Welt der Ideen (☞IDEENLEHRE). Die ewige Welt der Ideen hat einen Vorrang vor der sich im W. befindenden Welt der Erscheinungen. Aristoteles nimmt eine neutralere Position ein. Das W. steht bei ihm zwischen dem Sein und dem Nichtsein; es spielt eine wichtige Rolle in der Beschreibung und Erklärung der Vorgänge der Welt. Doch Aristoteles setzt dem W., der bewegten Welt, einen sich im W. nicht befindenden, der Veränderung nicht unterliegenden Anfang dieser bewegten Welt voraus; diesen Anfang nennt Aristoteles den UNBEWEGTEN BEWEGER. Der unbewegte Beweger ist ewig, er entzieht sich dem W. und der Bewegung bzw. Veränderung; er ist der ewige Grund des W.. Das W. ist bei Aristoteles auf eine gewisse Weise verursacht. Entscheidend ist also die aristotelische Einsicht, daß das W. mit den verschiedenen Weisen der Verursachung zusammenhängt (☞CAUSA). Diese Einsicht wurde von der von Aristoteles geprägten scholastischen Philosophie aufgenommen und weiterentwickelt. Hier wird das W. als der Umschwung von der POTENZ zu dem AKT, also von der Potentialität zu der Aktualität (man spricht hier von den inneren Ursachen des W.). Diese W. kann aber nur durch die äußere Wirkursache (‚causa efficiens') bewirkt werden (diese Ursache kann auch vom Werdenden beinhaltet sein). Das W. hängt sodann von einer zweiten äußeren Ursache ab, von dem Ziel, dem „Weswegen" (‚causa finalis'); das Ziel kann aber auch vom Werdenden selbst – kraft seiner ENTELECHIE – vorgegeben sein. Die letzte Ursache in dem Ursachenverweisungszusammenhang ist der unbewegte Beweger, in der Scholastik Gott. Der unbewegte Beweger bzw. Gott ist der Ursprung und das letzte Ziel des W.. Wichtig für die aristotelisch-scholastische Philosophie ist die Unterscheidung zwischen dem *akzidentellen W.* (der Übergang von einer zu einer anderen Eigenschaft) und dem *substanziellen W.* (Werdegang der Substanz). In der Aufklärung wird der Begriff des W. als der des Fortschreitens (im Sinne des Fortschritts) bestimmt; das W. wird nicht mehr vom Gott gelenkt, sondern unterliegt immer mehr dem menschlichen Willen; es wird im Sinne einer geschichtlichen Entwicklung bzw. eines geschichtlichen Prozesses gedeutet, die/der von der menschlichen Vernunft geleitet wird. Für Hegel ist das W. eine der logischen Grundkategorien neben der Kategorie des *Seins* und des *Nichts*; diese Kategorien sind nicht nur logischen Kategorien im engeren Sinne, sondern auch die Kategorien der Wirklichkeit und des geschichtlichen Prozesses. Die Einheit von Sein und Nichts ist das W.; das W. entspringt aus der anfänglichen Einheit von Sein und Nichts. Der absolute Geist kommt im Prozeß des Selbstwerdens zu sich selbst. Die Wahrheit hat bei Hegel also einen prozeßhaften Charakter; sie kommt nur im W. bzw. im Prozeß des Selbstwerdens des Geistes zum Ausdruck. Hegel übernimmt von Heraklit (in einer veränderten Form) den Gedanken der Prozeßhaftigkeit bzw. des Werdecharakters der Wahrheit. Doch im Gegensatz zu Heraklit spricht Hegel von einem Ziel und der Vollendung dieses Prozesses in einem Ganzen (im absoluten Wissen). Für Heraklit gibt es keinen absoluten Anfang und kein absolutes Ziel, keine Vollendung; das W. ist kein Weg zu einem Ziel, zu einer Vollendung (wie bei Hegel); vielmehr ist es für Heraklit der eigentliche, wesenhafte Modus der Wirklichkeit.

Diesen Gedanken Heraklits übernimmt (ebenfalls in einer veränderten Form und einem verändertem Kontext) Nietzsche. Für ihn macht das

W. die Grundverfassung des Wirklichen schlechthin aus. Der Gedanke des W. spielt eine wichtige Rolle im Bereich der Geistes- bzw. Geschichtswissenschaften. So ist das W. für Droysen eine der Grundkategorien des geschichtlichen Verstehens (☞HERMENEUTIK); sowohl das historisch-geschichtliche Geschehen als auch das Verstehen dieses Geschehens setzt stetiges W. voraus; W. kann als eine Grundverfassung des Verstehenden aufgefaßt werden. Der Begriff des W. wird hier (im Rahmen der Methodologie der Geistes- und Geschichtswissenschaften und der Grundlegung einer Theorie des Verstehens), aber auch im Zusammenhang mit der naturwissenschaftlichen (meist physikalischen) Theorien oft mit dem Begriff der ZEIT in Verbindung gebracht.

Lit.: Platon, Timaios; Aristoteles, Metaphysik; Thomas von Aquin, Summa theologiae; G. W. F. Hegel, Wissenschaft der Logik, 1812-16; J. G. Droysen, Historik, 1837; F. Nietzsche, Also sprach Zarathustra, 1883-85.

## Wert:

eine allgemeine Bestimmung des Begriffs „W." ist sehr schwierig; sie könnte lauten: W. sind allgemeine Inhalte, Sachverhalte, die etwas Angestrebtes, allgemein Anerkanntes ausdrücken, und die eine lebensorientierende und handlungsleitende Funktion haben. Es gibt verschiedene Wert-Arten, so z. B. Güterwerte (Nützlichkeit, Brauchbarkeit), logische W. (Wahrheit, Falschheit), ethisch-sittliche (das Gute), ästhetische (das Schöne), religiöse (das Heilige) u. a.. Es gibt traditionell unterschiedliche Weisen, die W. zu ordnen; so z. B. können sie eingeteilt werden in Eigen- bzw. Selbstwerte (z. B. das Schöne), die „an sich selbst" bzw. „an sich" werthaft sind, und Dienstwerte, die nur durch etwas anderes (z. B. auch W.) als werthaft eingestuft werden. In der Philosophie gibt es verschiedene Bestimmungen des Begriffs „W.". Erstens können sie als Eigenschaften bzw. Merkmale von Sachen und Personen bestimmt werden; sie kommen also den Sachen und Personen selbst zu, gehören zu ihrer Grundverfassung. Zweitens können W. als selbständige, abstrakte Gegenstände, als übergreifende, überzeitliche und allgemeingültige Wesenheiten verstanden werden; hier haben W. eine absolute Geltung, sie sind „an sich" und gelten als objektiv (sie sind nicht weiter zurückführbar, also nicht weiter hintergehbar). Drittens sind W. weder Eigenschaften bzw. Merkmale von Sachen und Personen, noch abstrakte, „an sich" bestehende absolute Entitäten; W. werden als Vorstellungen oder Sachverhalte verstanden, die von Menschen gesetzt, beurteilt und angestrebt werden können; W. werden also als lebens- und handlungsleitende Richtlinien bestimmt. Positionen, die von allgemeingültigen, übergreifenden, überzeitlichen, man kann auch sagen absoluten W., ausgehen, können als *Wertabsolutismus* bezeichnet werden. Positionen, in denen auf die historische, gesellschaftliche, kulturelle Bedingtheit der W. hingewiesen wird, können als *Wertrelativismus* bezeichnet werden. Seit der Mitte des 19. Jh. tauchen unterschiedliche werttheoretische Betrachtungen auf; nehmen sie systematische Formen an, so spricht man von Wertlehre, Werttheorie und schließlich von WERTPHILOSOPHIE (auch *Axiologie*). Themen der Wertphilosophie sind: die Bestimmung des Begriffs „W.", eine Systematisierung und Klassifikation der W., eine Rangordnung der W., das Verhältnis der W. zum Sein und zur Geltungsdimension. Die wichtigsten Vertreter der Wertphilosophie sind H. Lotze, W. Windelband, H. Rickert, N. Hartmann, M. Scheler. Wichtige Überlegungen zur W.-Problematik entwickelte Nietzsche: Zum einen vertritt er eine wertrelativistische Position, indem er die Bedingtheit und Relativität der W. der abendländischen Kultur aufzeigt, und propagiert eine „Umwertung der Werte" (der abendländischen, vor allem der christlichen), zum anderen spricht er vom Leben als dem höchsten Wert (☞WILLE ZUR MACHT). In der modernen sprachanalytischen Philosophie wird im Rahmen metaethischer Untersuchungen (☞METAETHIK) die Frage nach der Bedeutung der sog. Werturteile gestellt, in denen ein W. zum Ausdruck kommt bzw. etwas beurteilt wird; genau genommen wird hier die Bedeutung der normativen Prädikate (wie z. B. „gut", „schlecht") und der normativen Urteile, in denen solche Prädikate vorkommen (z. B. „x ist gut"), behandelt. In einem weiteren Sinne werden jedoch alle wertend gebrauchten Wörter und die mit ihnen gebildeten Sätze analysiert (auch Wörter mit deskriptiver Bedeutung können gelegentlich wertend gebraucht werden; andererseits können typisch normative Wörter rein deskriptiv gebraucht werden); es kommt also auf den wertenden Gebrauch von Wörtern verschiedener Art an.

Lit.: J. E. Heyde, Gesamtbibliographie des Wert-Begriffs, in: Literarische Berichte aus dem Gebiet der Philosophie, 1928; F. J. v. Rintelen, Der Wertgedanke in der europäischen Geistesentwicklung I, 1932; M. Eberhardt, Das Werten, 1950; V. Kraft, Die Grundlagen einer wissenschaftlichen Wertlehre, ²1951; R. Frodizi, What is Value?, 1963; P. W. Taylor, Normative Discourse, 1961; R. M. Hare, Die Sprache der Moral, 1972.

**Wertethik:** ☞WERTPHILOSOPHIE

**Wertfreiheit:**
bei Max Weber die Forderung nach dem Ausschluß von Wertungen bzw. Werturteilen aus der wissenschaftlichen Forschung. ☞SZIENTISMUS

Lit.: M. Weber, Wissenschaft als Beruf, 1919.

**Wertphilosophie** (auch Wertlehre, Werttheorie, Axiologie):
im weitesten Sinne die philosophische Auseinandersetzung mit der Problematik der WERTE. Im engeren Sinne eine philosophische Richtung

(gelegentlich auch als Disziplin bezeichnet), die auf die Arbeiten von H. Lotze zurückgeht und u. a. von W. Windelband, H. Rickert, M. Scheler und N. Hartmann entwickelt wird. Die wichtigsten thematischen Schwerpunkte der W. sind: die Bestimmung des Begriffs „Wert", die Systematisierung und Klassifizierung von Werten, die Aufstellung einer Rangordnung von Werten, das Verhältnis von Wert und Sein bzw. Wert und Geltung, Bedeutung der Werte für eine Grundlegung der Ethik. Für Lotze ist die Unterscheidung zwischen Wert und SEIN wichtig; das Sein, das sich auf die empirisch erfaßbare Wirklichkeit bezieht, ist wertfrei; die Werte gehören zu einem Reich des Geltens, sie werden als Geltungen bestimmt. Nach Lotze spricht man von einer *neukantianischen* (Windelband, Rickert) und einer *phänomenologischen* (Scheler, Hartmann) W.. In der neukantianischen W. unterscheidet man zwischen der Natur, die aus Gesetzen erklärt wird und wertfrei ist, und der geschichtlichen Kultur, die von Werten konstituiert wird. Neben dem Bereich des wertfrei Wirklichen steht also ein eigenständiger Bereich der Werte. Die Wert gelten unbedingt; sie existieren aber nicht, sondern werden als das Unwirkliche oder das Geltende bezeichnet. Zu einer Verbindung der beiden Bereiche kommt es im sog. „Weltknoten", in den wertenden Akten der Individuen (Individuen schaffen Kulturgüter). Die phänomenologische W. richtet sich gegen Kants Formalismus in der Ethik.

Max Scheler entwickelt eine *materiale Wertethik*. Wert ist nichts Formales, sondern etwas Inhaltliches; es wird der Vorrang des Wertinhalts vor dem formalen Sollen betont. Nach Scheler gibt es nicht nur ein formales Apriori (☞A PRIORI), sondern auch ein materiales Apriori, und zwar ein Apriori des Emotionalen. Zentral ist für Scheler der Begriff des *Wertfühlens* bzw. des *Wertgefühls*; in Wertgefühlen gründet das Wertbewußtsein und das Werten; Werte werden erfaßt durch das „intentionale Wertgefühl", das kein intellektueller, sondern ein emotionaler Akt ist. Werte sind nach Scheler keine Gesetze oder Gebote, sondern materiale, inhaltliche und allgemeingültige (selbständige) Entitäten; sie sind „materiale Qualitäten" und keine Relationen. Scheler entwickelt auch eine Rangordnung der Werte, wobei der höchste Wert der des Heiligen ist. Die phänomenologische W. (auch die materiale Wertethik) wird u. a. von N. Hartmann weiterentwickelt. Für ihn bestehen die Werte „an sich"; sie sind selbständige Wesenheiten, wie etwa die platonischen IDEEN. Relevant ist der Umstand, daß Hartmann nicht zwischen Sein und Wert trennt; Werterkenntnis ist auch Seinserkenntnis. Die Werte haben ein anderen Seinsstatus; sie werden nicht als reales, sondern als ideales Sein bestimmt.

Lit.: M. Scheler, Der Formalismus in der Ethik und die materiale Wertethik, 1913, $^{4}$1954; H. Rickert, Vom System der Werte, 1914; N. Hartmann, Ethik, 1925; A. Messer, Deutsche Wertphilosophie der Gegenwart, 1926; O. Kraus, Die Werttheorien, 1937; R. Reiniger, Wertphilosophie und Ethik, $^{2}$1946; W. Schluchter, Wertfreiheit und Verantwortungsethik, 1971.

**Wesen** (griech. ‚usia', lat. ‚essentia'):
ein Begriff mit folgenden Bedeutungen: 1) das Sosein (die ESSENZ) eines Gegenstandes im Gegensatz zu seinem DASEIN (EXISTENZ); im W. drückt sich das aus, was ein Seiendes ausmacht (man spricht hier auch von der Washeit, dem Wassein, lat. ‚quidditas'), im Sosein/Dasein drückt sich die Frage aus, ob etwas (ein Seiendes) ist; 2) das wesentliche, eigentliche Sein eines existierenden Gegenstandes im Gegensatz zum bloßen Schein, zur Erscheinung; das wahrhaft Wirkliche, Wesenhafte (die Wesenheit), das im Wechsel der einzelnen Zustände sich als das Identisch-Bleibende, der bleibende Kern einer Sache erweist (dem W. kommen also nicht zufällige, „äußere" Eigenschaften, die Akzidentien zu, sondern seine notwendigen und allgemeinen Eigenschaften, Attribute); 3) das individuelle Sein eines Gegenstandes oder einer Person (das Einzelwesen), die Einzigkeit, die Eigenständigkeit einer Sache oder Person; das, was eine Sache oder Person auszeichnet, ihre Eigenart ausmacht, und wodurch sie sich von anderen Sachen/Personen unterscheidet; 4) das allgemeine Sein von etwas, das „Wesentliche" einer Art oder Gattung (z. B. das Wesen des Menschen), eine überindividuell-allgemeine Grundform, ein Prinzip, das den einzelnen seienden Gegenständen zugrunde liegt; das W. drückt sich aus in Allgemeinbegriffen (z. B. Gattungsbegriffen). Diese Bestimmungen des Begriffs „W." hängen aufs engste miteinander zusammen und überschneiden sich. In der traditionellen Philosophie tauchen diese Bestimmungen auf unterschiedlichste Weise auf, wobei es ebenfalls zu Überschneidungen kommt.
Bei Parmenides wird das W. mit dem einen wahren SEIN gleichgesetzt. Bei Sokrates kommt es zur Herausbildung von ALLGEMEINBEGRIFFEN, in denen sich die Wesenheiten ausdrücken, durch die Abstraktion von den Einzeldingen. Nur vor dem Hintergrund dieser Allgemeinbegriffe können wir die Einzeldinge, denen die Allgemeinbegriffe zugrunde liegen, erfassen. Platon unterscheidet streng zwischen der Welt der erscheinenden, vergänglichen Einzeldinge und der Welt der in der sinnlichen Erfahrung nicht erfaßbaren IDEEN (☞IDEENLEHRE). Das begrifflich erfaßbare W., die Wesenheiten werden als Ideen bestimmt; sie kommen zwar in den Einzeldingen zum Ausdruck (die Einzeldinge haben an den Ideen teil), existieren aber unabhängig von der Welt der Einzeldinge. Das Erfassen der Wesenheiten/Ideen wird als Wiedererinnerung an ein einstmals geschautes Urbild (die Idee) verstanden (☞ANAMNESIS). Aristoteles trennt nicht das W. von dem Einzelding bzw. der Erscheinung; das W. wird an dem erscheinenden, erfahrenden Einzelding selbst erfaßt; es macht seine eigentliche Form, seinen Kern aus; in einem Abstraktionsprozeß (im Absehen von den individuellen Bestimmungen des Einzeldings) wird das W. eines Einzeldings erfaßt, das sich in einem Allgemeinbegriff ausdrückt. Wichtig ist die von Aristoteles

eingeführte Unterscheidung zwischen Einzelwesen (z. B. diesem Menschen Martin, der sich durch seine Individualität, Eigenständigkeit von anderen Menschen unterscheidet) und dem allgemeinen Wesensgehalt, der eine bestimmte Art (z. B. die Art Mensch) festlegt und dadurch diese Art von anderen Arten abgrenzt; dieses allgemeine W. kommt jedem Individuum einer Art zu und zeigt gerade das an, was diese Art ausmacht und von anderen Arten unterscheidet. Die zweite Wesensart kommt in einem Allgemeinbegriff zum Ausdruck.

Die Unterscheidung zwischen dem Einzelwesen und dem allgemeinen W., das in Allgemeinbegriffen ausgedrückt werden kann, wird in der scholastischen Philosophie kontrovers diskutiert. Diese Diskussion führt dann zum sog. UNIVERSALIENSTREIT (hier wird um die Rolle der Allgemeinbegriffe und der mit ihnen ausgedrückten Wesenheiten gestritten). Auch die mit der obigen Unterscheidung verwandte Unterscheidung zwischen dem W. als der Essenz und dem Dasein als der Existenz wurde zum Thema der Untersuchungen. In der Tradition des EMPIRISMUS spricht man von den durch Abstraktion von den Sinnesdaten gewonnenen Begriffen, die das mehreren Gegenständen Gemeinsame enthalten.

Hegel kritisiert die These von einer Welt der Wesenheiten hinter der Welt der Erscheinungen; das W. muß sich in der Welt manifestieren, es muß erscheinen, um wirklich zu sein. Auch der Begriff, durch den sich das W. bestimmt, ist nicht abstrakt. In der Philosophie des 20. Jh. wird der Begriff des W. in die PHÄNOMENOLOGIE aufgenommen. Edmund Husserl spricht von der WESENSSCHAU als einer Art der intuitiven Erkenntnis. Das Verfahren der Wesensschau wurde von anderen, von der Phänomenologie beeinflußten Philosophen wie Max Scheler, Martin Heidegger u. a. übernommen. In den neuzeitlichen, empirisch verfahrenden (Natur-)Wissenschaften wurde der Begriff des W. immer mehr ausgeschlossen; man fragt also nicht nach dem W. der Phänomene (Erscheinungen), sondern nach dem funktionalen Zusammenhang dieser Phänomene. In einigen Richtungen der modernen sprachanalytischen Philosophie, besonders im Anfangsstadium des logischen Empirismus, wurde die Wesensproblematik als typisch metaphysische Problematik einer Kritik unterzogen; besonders deutlich wurde auf die Bedeutungs- bzw. Sinnlosigkeit des Begriffs „W.“ hingewiesen.

Lit.: Platon, Politeia; ders., Phaidon; Aristoteles, Metaphysik; Thomas von Aquin, De ente et essentia; G. W. F. Hegel, Wissenschaft der Logik, 1812-16; D. Heinrich (Hg.), Die Wissenschaft der Logik und die Logik des Wesens, 1978.

**Wesensschau** (auch „Ideation“, „eidetische Variation“):
ein von E. Husserl eingeführtes Verfahren zur Erfassung von Wesenheiten (☞WESEN). Das Verfahren bzw. die Methode der W. ist nur ein Teil der gesamten phänomenologischen Philosophie Husserls (☞PHÄNOMENO-

LOGIE). In der W. soll das „Formal-Allgemeine", das „invariant Verbleibende" (eben das Wesen) erfaßt werden. Es kommt zu einem Übergang vom Faktisch-Einzelnen zu Allgemeinen, von einem singulären Phänomen (oder singulären Phänomenen) zu allgemeinen Wesensgebilden.
L. Landgrebe beschreibt die Husserlsche W. auf folgende Weise: Die eidetische Variation „geht aus von empirisch gegebenen Umwelten und setzt probierend an die Stelle der in ihnen gegebenen Strukturen andere, bis sie an die Grenze stößt, jenseits derer das so Umgedachte gar nicht in einer nachverstehbaren Weise als eine ‚Welt' bezeichnet werden kann." Auf diese Weise wird für die (Lebens-)Welt ein „Grundbestand von Bestimmungen" gewonnen, die in „allen erdenklichen Welten" als vorausgesetzt gedacht werden müssen. Es werden allgemeine invariante Wesensstrukturen der (Lebens-)Welt erfaßt; die Wesensstruktur ist das den empirischen Erkenntnissen über die verschiedenen Lebensumwelten Gemeinsame und Zugrundeliegende, und insofern ist sie ein APRIORI für jegliche empirische Erforschung der Lebensumwelten.
Mit Hilfe der W. werden also keine empirisch-aposteriorischen, sondern apriorische Erkenntnisse gewonnen. Die W. macht nur einen Teil der gesamten phänomenologischen Methode aus; so ist z. B. die W. vor der Einführung der EPOCHÉ und vor der transzendentalen Reflexion auf das TRANSZENDENTALE EGO und seine Leistungen möglich (sie ist z. B. innerhalb einer „Ontologie der Lebenswelt" möglich). Die W. kann in der „natürlichen Einstellung" verbleiben. Man kann formal-allgemeine Wesensstrukturen der (Lebens-)Welt erkennen, ohne auf ihren Ursprung in der transzendentalen Subjektivität zu rekurrieren.
Das Verfahren der W. trägt nicht zur Gewinnung der transzendentalen Reflexion bei; schließlich ist die Methode der W. in der vorkritischen Philosophie bekannt (etwa in allen platonischen und platonisierenden Positionen). Daß wir also von einem Einzelphänomen zu allgemeinen Wesensgebilden gelangen, hat mit Transzendentalität noch nichts zu tun (☞TRANSZENDENTAL). Gleichwohl kann die transzendentale Reflexion auf das Ego und seine Leistungen die W. für sich dienstbar machen und sie – nach Husserl – „mitumspannen"; so wird in der transzendental-phänomenologischen Reflexion – nach der vollzogenen Epoche – das Wesen des transzendentalen Ego, das „Eidos-Ego" erfaßt; die Methode der W. hängt aufs engste mit der Husserlschen Evidenzlehre zusammen (☞EVIDENZ); und diese Evidenzlehre orientiert sich ihrerseits an der Möglichkeit vor-prädikativer Erfahrung: das Wesen/Eidos liegt „vor allen Begriffen". Allgemein kann die W. als eine Art der intuitiven Erkenntnis bestimmt werden (☞INTUITION). Ein unmittelbarer, direkter Zugang zum Wesen der Phänomene ist möglich.
Die Methode der W. wurde von den von der Phänomenologie beeinflußten

Philosophen (z. B. Max Scheler und Martin Heidegger) auf jeweils unterschiedliche Weise weiter nutzbar in Anspruch genommen.

Lit.: E. Husserl, Cartesianische Meditationen und Pariser Vorträge, hg. v. S. Strasser, [2]1963; ders., Die Krisis der europäischen Wissenschaften und die transzendentale Phänomenologie, 1962; ders., Erfahrung und Urteil, 1964; L. Landgrebe, Lebenswelt und Geschichtlichkeit des menschlichen Daseins, in: B. Waldenfels/J. M. Broekman/A. Pazanin (Hg.), Phänomenologie und Marxismus, Bd. 2, 1977.

## Widerspiegelungstheorie:

eine von Lenin entwickelt Theorie. Ihre Prämisse besagt: Die Erkenntnisleistungen/Erkenntnisprozesse sind Abbilder der historisch-gesellschaftlichen Verhältnisse. Diese objektiven Verhältnisse bzw. die objektive gesellschaftliche Wirklichkeit hat eine Eigengesetzlichkeit, die außerhalb und unabhängig von den Erkenntnisleistungen des Subjekts existiert. Der Erkenntnisprozeß wird von der gesellschaftlichen Praxis/Wirklichkeit in verschiedenen historischen Stadien bestimmt.
Die W. wurde mit Ausnahmen (z. B. in der Literaturwissenschaft und Ästhetik) kaum weiter entwickelt.

Lit.: W. Lenin, Materialismus und Empiriokritizismus, 1908.

## Widerspruch:

ein logischer Grundsatz. Aristoteles formuliert in logischer, aber auch ontologischer Sicht den Satz vom (ausgeschlossenen) Widerspruch (lat. ‚principium contradictionis'): „Es ist unmöglich, daß dasselbe demselben in derselben Hinsicht zukommt und nicht zukommt". Anders formuliert: „Es ist unmöglich, daß dasselbe zugleich ist und nicht ist". Zwei KONTRADIKTORISCH entgegengesetzte Aussagen können nicht zugleich wahr sein. Für Aristoteles ist der Satz vom Widerspruch nicht nur ein logisches Grundprinzip (also auf Aussagen bezogen), sondern auch ein Grundprinzip des Denkens und der Wirklichkeit, des Seins.
Für Kant gilt: „Keinem Ding kommt ein Prädikat zu, welches ihm widerspricht". Für ihn ist der Satz vom W. als ein negatives Kriterium der Wahrheit. Bei Kant können nicht nur Aussagen, sondern auch Begriffe in kontradiktorischer Entgegensetzung, im Widerspruch stehen (☞ANTINOMIE). Für Hegel ist der W. die treibende Kraft der dialektischen Entwicklung (☞DIALEKTIK), der gesamten Wirklichkeit, des Geistes und des Begriffs. Das Denken des W. ist „das wesentliche Moment des Begriffs". Der W. ist also nicht nur eine logische Kategorie, sondern auch die Kategorie des Denkens und der gesamten geschichtlichen Wirklichkeit. Das Denken soll dem W. nicht ausweichen und ihn zum Kriterium der Falschheit machen, sondern ihn aushalten. Das Ziel der Logik soll nicht die Widerspruchsfreiheit sein, sondern das begriffliche Erfassen der widersprüchlich strukturierten

Wirklichkeit. Der W. wird in der dialektischen Bewegung des Begriffs, der auch konkret ist, aufgehoben. In der dialektischen Philosophie nach Hegel wird der W. zur Grundkategorie der gesamten Wirklichkeit und Entwicklung (sei es gesellschaftliche Wirklichkeit/Entwicklung oder Naturentwicklung), so z. B. bei Marx und Engels (☞MATERIALISMUS). Es ist u. a. im Anschluß an G. Patzig zu betonen, daß es sich hier nicht um den W. im logischen Sinne des Wortes handelt (also W. zwischen zwei Aussagen), sondern eher um einen *realen Widerstreit* bzw. eine *Realrepugnanz* (diese Begriffe sind schon Kant in einem anderen Kontext bekannt). So spricht Marx von dem W. zwischen Produktionskräften und Produktionsverhältnissen oder von dem W. zwischen verschiedenen Klasseninteressen (Klassenkampf); es handelt sich hier also nicht um einen logischen W., sondern um einen dialektischen W., besser Gegensatz, Widerstreit in der gesellschaftlichen Wirklichkeit (bzw. in den realen Dingen).

In der modernen JUNKTORENLOGIK spricht man vom Satz vom W. im Falle der Konjunktion von zwei Aussagen/Sätzen der Form: $A \wedge \neg A$. Diese Konjunktion (als Aussageschema) ist immer falsch bzw. logisch falsch.

Lit.: Aristoteles, Organon; I. Kant, Kritik der reinen Vernunft, 1781, ²1787; G. W. F. Hegel, Wissenschaft der Logik, 1812-16; G. Patzig, Widerspruch, in: Handbuch der philosophischen Grundbegriffe, hg. v. H. Krings/A. M. Baumgartner, 1979.

## Widerspruchsfreiheit:

das Fehlen des WIDERSPRUCHS; die Forderung der Logik nach einem axiomatischen System bzw. einem Kalkül, das keinen Widerspruch enthalten darf.

## Wiener Kreis: ☞LOGISCHER EMPIRISMUS

## Wille:

allgemein das Vermögen des Menschen, bewußt und absichtlich Ziele zu setzen und zu verfolgen, nach den selbst gesetzten Zielen und Zwecken zu handeln. Aus dem W. bzw. Willensakt folgt eine Handlung. Der Willensakt bzw. die Willenshandlung ist ein absichtliches Tun im Gegensatz zum nicht beabsichtigten, triebhaften und instinktiven Verhalten. Daher wird der W. (die absichtliche Willenshandlung) oft im Gegensatz zum Trieb und Instinkt angesehen. Zum Willensakt bzw. Willenshandlung gehören: die Einschätzung der Handlungssituation, das Wählen des Handlungsziels, rationales Abwägen der Situation bei der Durchführung der Handlung.

Wichtig in der Philosophie ist die Frage nach dem Verhältnis von Denken bzw. Vernunft und W. bzw. Wollen. Ist der W. eine untergeordnete Funktion des Denkens? Liegt der W. „tiefer“ als das Denken? Hat das Denken bzw. die Vernunft einen Vorrang vor dem W., so spricht man vom INTEL-

LEKTUALISMUS (z. B. bei Platon, Kant, Hegel); hat der W. einen Vorrang vor dem Denken/der Vernunft, so spricht man vom VOLUNTARISMUS (z. B. bei Duns Scotus, Schopenhauer, Nietzsche). Von Bedeutung ist in der Philosophie die Frage nach der /Willensfreiheit, d.h. die Frage, ob der W. determiniert ist (☞DETERMINISMUS) oder nicht determiniert ist (☞INDETERMINISMUS). Kant stellt den W. unter die Vernunft. Schopenhauer ist W. das metaphysische Prinzip, der Urgrund der Weltwirklichkeit, das DING AN SICH. Das Denken, die Vernunft, der Verstand sind gegenüber dem W. untergeordnet. Nietzsche spricht vom WILLEN ZUR MACHT als von der Wirklichkeit und dem Leben innewohnende Kraft, dem entscheidenden Antrieb der gesamten Entwicklung, Bewegung. In der modernen sprachanalytischen Philosophie wird der Begriff des W. in der HANDLUNGSTHEORIE und Theorien der wissenschaftlichen ERKLÄRUNG behandelt.

Lit.: Aristoteles, De anima; D. Scotus, Distinctiones in quator libros sententiarum; I. Kant, Grundlegung zur Metaphysik der Sitten, 1785; A. Schopenhauer, Die Welt als Wille und Vorstellung, 1819, [3]1859; A. Pfänder, Phänomenologie des Wollens, [2]1930; L. Klages, Die Lehre vom Willen, [4]1960; A. Dihle, Die Vorstellung vom Willen in der Antike, 1985; B. Berofsky, Freedom from Necessity, 1987; A. Flew, Agency and Necessity, 1987.

## Willensfreiheit:

zunächst die Wahlfreiheit; die bewußte, absichtliche FREIHEIT der Wahl zwischen verschiedenen Möglichkeiten; dieser Wahlfreiheit liegt ein vom äußeren und inneren Zwang und Druck freier WILLE zugrunde; im metaphysischen Sinne die Ursächlichkeit, das vom Kausalgesetz (☞KAUSALITÄT) unabhängige Entscheiden und Handeln, die freie Selbstbestimmung des Menschen; in moralisch-ethischen Zusammenhängen des Handeln, das durch die reine praktische Vernunft bestimmt wird (die reine praktische Vernunft hängt aufs engste zusammen mit dem freien Willen und dem intelligiblen Charakter des Menschen), das verantwortliche Handeln aus Vernunftsgründen, aus ethischen Prinzipien. Der freie Wille, die reine praktische Vernunft bzw. das Intelligible können unabhängig von kausalen Zusammenhängen Handlungen spontan erzeugen. Im Verlauf der Philosophiegeschichte haben sich Positionen herausgebildet, die die W. leugnen (☞DETERMINISMUS), und Positionen, die die W. bejahen (☞INDETERMINISMUS).

Lit.: B. Spinoza, Ethik, 1677; I. Kant, Kritik der praktischen Vernunft, 1788; ders., Grundlegung zur Metaphysik der Sitten, 1785; W. Keller, Das Problem der Willensfreiheit, 1965. ☞DETERMINISMUS, INDETERMINISMUS, FREIHEIT, WILLE

## Wille zur Macht:

ein Grundgedanke der Philosophie Nietzsches; die grundlegende Kraft, die der gesamten Wirklichkeit und dem Leben innewohnt, der entscheidende

Antrieb der gesamten Bewegung, Entwicklung und Veränderung. Die Grundbereiche des menschlichen Lebens wie Moral, Religion, Kultur, Wissenschaft werden vom Willen zur Macht bestimmt. Nietzsche propagiert einen Willen zum Leben und zur Lebenssteigerung.

Lit.: F. Nietzsche, Also sprach Zarathustra, 1883-85.

## Wirklichkeit:

das tatsächliche Gegebene, Erfahrbare, meist im Gegensatz zum SCHEIN bzw. ERSCHEINUNG. In der Philosophie wurden verschiedene Schichten bzw. Weisen der W. angenommen. So spricht z. B. Platon von der Welt der IDEEN als der höchsten W.; die Welt der veränderlichen Einzeldinge hat dagegen einen niedrigeren Wirklichkeitsstatus. Die wahre W. macht das WESEN der Dinge aus, die Welt der Erscheinungen, die Sinnenwelt gilt dagegen als Abbild der eigentlichen W. (hier hängt der Begriff der W. mit dem Begriff der WAHRHEIT zusammen; der höchsten W. kommt eine größere Grad an Wahrheit zu). W. wird seit der Scholastik im Zusammenhang mit Wirken bzw. Wirkung gesehen. W. wird als eine der Seins-Modalitäten (Seinswesen) neben MÖGLICHKEIT und NOTWENDIGKEIT betrachtet; sie umfaßt einerseits die Realität als die inhaltliche Bestimmtheit (die Sachheit eines Seienden) und die Aktualität (Verwirklichung dieser Realität). Für Kant ist (im Rahmen de Erkenntnistheorie) das wirklich, was auf EMPFINDUNGEN bezogen ist; Wahrnehmung wird zum herausragenden Charakter der W.. Für Hegel ist W. die Einheit von Realität und Aktualität; sie sind Momente im Ganzen der W.. Der Begriff der W. hängt mit dem Begriff der ERFAHRUNG zusammen; wird der Erfahrungsbegriff eng gefaßt, so umfaßt der Wirklichkeitsbegriff entsprechend wenig; wird der Erfahrungsbegriff weit gefaßt, so umfaßt der Wirklichkeitsbegriff eine Vielheit von Bereichen (so spricht man z. B. von der Erlebniswirklichkeit, Bewußtseinswirklichkeit, gesellschaftlicher W., geschichtlicher W. usw.). Der Begriff der „W." wird heute meist gleichbedeutend mit dem der REALITÄT verwendet. „Realität" bezeichnet jedoch meist die Gegebenheitsweise der einzelnen, konkreten, z. B. materiellen Dinge. „W." bezeichnet jedoch meist andere Gegebenheitsweisen, hat also eine umfassende Bedeutung. ☞REALISMUS, IDEALISMUS

## Wirkung: ☞CAUSA, KAUSALITÄT

## Wirkungsgeschichte: ☞HERMENEUTIK

## Wissenschaft:

im weitesten Sinne der Versuch, menschliche Erkenntnisse zu sammeln, zu ordnen (systematisieren, klassifizieren) und in einem Begründungszusammenhang (bzw. Begründungszusammenhängen) nach Gesetzmäßigkeiten zu erklären; ein System von methodischen gewonnenen, allgemeingültigen Aussagen. Allgemein unterscheidet man zwischen der W. als dem Inbegriff des methodischen Erkennens, der W. überhaupt, und den Einzelwissenschaften, die sich auf einen begrenzten Gegenstandsbereich beziehen. Eine W. wird bestimmt durch ihren Gegenstandsbereich (z. B. Natur, Geschichte, Gesellschaft, Kultur), ihre Zielsetzung (z. B. Spezialisierung, Vermittlung) und nach ihrer METHODE (z. B. INDUKTION, DEDUKTION, DIALEKTIK, HERMENEUTIK).

Grundmerkmale aller W. sind: Abstraktheit und Verallgemeinerbarkeit (es wird von Einzelphänomenen abstrahiert und zu allgemeinen Gesetzen vorgedrungen), Allgemeingültigkeit und Intersubjektivität (wissenschaftliche Erkenntnisse sollen allgemeingültig sein und intersubjektiv von allen Forschenden nachprüfbar sein; ☞OBJEKTIVITÄT), Nachprüfbarkeit, Rechtfertigung und Begründbarkeit der Erkenntnis. In der Geschichte der Philosophie kommt es zu verschiedenen Bestimmungen des Begriffs W., ihrer Ziele, Grenzen, Aufgaben, Methoden usw.; es kommt zu verschiedenen Bestimmungen des Begriffes „W.", ihrer Ziele, Grenzen, Aufgaben, Methoden usw.; es kommt zu verschiedenen Klassifikationen der W.. Die alten Griechen besaßen einen einheitlichen Wissenschaftsbegriff (Einheitswissenschaft), obwohl es dort zur Herausbildung der Einzelwissenschaften kommt. Aristoteles unterscheidet zwischen den theoretischen, poetischen und praktischen W.. Aristoteles unterscheidet außerdem zwischen bestimmten Wesenswissenschaften (z. B. Mathematik) und Tatsachenwissenschaften (z. B. Historie). Im Mittelalter umfassen die *freien Künste* (lat. ‚artes liberales') das *Quadrivium* (die mathematischen W.: Geometrie, Arithmetik, Astronomie und Harmonielehre) und das *Trivium* (die Sprachwissenschaften: Rhetorik, Grammatik und Dialektik). Einen entscheidenden Schritt in der Entwicklung der W. markiert die Entstehung der neuzeitlichen, mathematischen Naturwissenschaften, vor allem der mathematischen Physik (Galilei, Kepler, Newton); ihre Merkmale sind: Mathematisierung der Erfahrung, die experimentelle Methode, das Entdecken und Erforschen der Natur Gesetzmäßigkeit. Die Entstehung der experimentell-mathematischen Naturwissenschaften veränderte entscheidend das Weltbild des Abendlandes.

Kant unterscheidet unter dem Einfluß der neuzeitlichen W. folgende Arten der W.: W., die die allgemeinen Gesetze des Denkens untersuchen (Logik oder W. vom Denken), W., die die Gesetze untersuchen, denen die Gegenstände unterworfen sind (Physik oder W. von der Natur) und W., von den Gesetzen, denen das Bewußtsein unterworfen ist (Ethik oder W. von der Freiheit). W. ist für Kant immer Gesetzes-W.. Im 19. Jh. zerfällt der einheitliche Wissenschaftsbegriff; es entstehen einerseits neue Spezial- bzw.

Einzelwissenschaften; es kommt zu einer Ausdifferenzierung der verschiedenen wissenschaftlichen Methoden, zu neuen Klassifikationen bzw. Systematisierungen der W. (nach Gegenstand, Ziel, Methode usw.).
Bedeutsam ist die von den Vertretern des sog. NEUKANTIANISMUS (Rickert, Windelband) eingeführte Unterscheidung zwischen den *nomothetischen* (gesetzerfassenden) Naturwissenschaften, in denen generalisierend wird, allgemeine Gesetze gefunden werden, unter denen Einzelfälle subsumiert werden, und den *idiographischen* Kulturwissenschaften (im weiteren Fortgang auch den Geisteswissenschaften), in denen individualisierend die geschichtliche Einzigkeit von Ereignissen, Personen usw. hervorgehoben wird. Eine weitere Einteilung von W., die die gesamte Philosophiegeschichte durchzieht, ist die zwischen Wesens- bzw. Idealwissenschaften (z. B. Logik, Mathematik, Metaphysik) und den aposterorischen empirischen Tatsachen- bzw. Realwissenschaften (Biologie, Physik, Geschichte). Weiter unterscheidet man zwischen den *exakten* (mathematischen und logischen W.) und den *deskriptiven* (morphologische Naturwissenschaften und historische Geistes- bzw. Kulturwissenschaft), sodann zwischen *erklärenden* und *verstehenden* W.. Die oben genannte Einteilung überschneidet sich zum Teil.
Seit dem Ende des 19. Jh. und dem Anfang des 20. Jh. spricht man oft von der „Krise der W.“; sie betrifft einerseits die rasante Entwicklung der (Natur-) W. und die Technisierung der Welt (☞TECHNIK), speziell die Folgen dieser Entwicklung (besonders im Bereich der Atom-W. und der Gentechnologie), andererseits die Grundlagen der W. selbst (z. B. der Verlust des Einheitscharakters der W., metaphysische Probleme).
Im 20. Jh. entsteht eine neue, eigenständige philosophische Disziplin, in der nach den Grundlagen der W. (nach ihrer „Logik“, Methode, Klassifikation usw.) gefragt wird; sie heißt WISSENSCHAFTSTHEORIE.

Lit.: Aristoteles, Metaphysik; F. Bacon, Novum Organon, 1620; I. Kant, Kritik der reinen Vernunft, 1781, [2]1787; W. Windelband, Geschichte und Naturwissenschaft, [3]1904; W. Stegmüller, Metaphysik, Wissenschaft, Skepsis, 1954; W. Kamlah, Wissenschaft, Wahrheit, Existenz, 1960; Th. S. Kuhn, Die Struktur wissenschaftlicher Revolutionen, 1967; J. Mittelstraß, Das praktische Fundament der Wissenschaft, 1972; ders., Die Möglichkeit von Wissenschaft, 1974.

## Wissenschaftstheorie:

eine eigenständige Disziplin der Philosophie, die im 20. Jh. entstanden ist; in ihr werden die Grundlagen, Voraussetzungen, Methoden, Begriffe, Aussagen, Ziele und Grenzen der WISSENSCHAFTEN bzw. der wissenschaftlichen Erkenntnis. Begriffe und Aussagen der Wissenschaften werden durch die *logische Analyse* geprüft. Zu den Hauptthemen der W. gehört die Herausarbeitung einer METHODOLOGIE der Wissenschaften (vor allem der Naturwissenschaften). Die wichtigsten Richtungen der W. sind: der LOGISCHE EMPIRISMUS, der KRITISCHE RATIONALISMUS, der KONSTRUKTIVISMUS und im Bereich der Grundlegung der Methodologie der Geisteswissenschaften die HERMENEUTIK. Darüber hinaus gibt es eine Menge von wissenschaftstheoretische Positionen, die sich als Nachfolger der oben genannten Hauptrichtungen verstehen bzw. als Überschneidungen dieser Richtungen gelten. Auch lassen sich Ansätze finden, die über die klassischen Ansätze hinausgehen und qualitativ neue Impulse angeben. Große Bedeutung hat die sog. *analytische W.* erlangt, die als Nachfolgerin des logischen Empirismus angesehen wird. Zu den Problemen der W. gehören: die Axiomatisierung der Wissenschaften (☞AXIOM), die Bedeutung der BASISSÄTZE und der Beobachtungssprache, das Verhältnis von BEOBACHTUNG und theoretischen Annahmen, die Problematik der BESTÄTIGUNG und BEWÄHRUNG von Hypothesen, die Rolle der FALSIFIKATION, VERIFIKATION, des FALLIBILISMUS, die Methodologie bzw. Methode der Wissenschaften (☞INDUKTION, DEDUKTION). Weitere wichtige Begriffe sind: ERKLÄRUNG, WAHRSCHEINLICHKEIT, GESETZ.

Lit.: H. Seiffert, Einführung in die Wissenschaftstheorie, 2 Bde., 1969-70; W. Stegmüller, Probleme und Resultate der Wissenschaftstheorie und Analytischen Philosophie, Bd. 2, 1973; H. Seiffert, G. Radnitzky (Hg.), Handlexikon zur Wissenschaftstheorie, 1989.

# Y

**Yang:**
in der chinesischen Philosophie Bezeichnung für eine der beiden kosmischen Urkräfte bzw. Prinzipien, für das männlich-schöpferisch-aktive Prinzip, das Prinzip des Lichts. Y. steht in einem Wechselverhältnis zu dem anderen Prinzip, dem des YIN.

**Yin:**
in der chinesischen Philosophie Bezeichnung für eine der beiden kosmischen, alles (die Welt und das Leben) umfassenden Urkräfte/Prinzipien, nämlich für das weiblich-empfangende, passive Prinzip, das Prinzip der Dunkelheit. Y. steht in einer Beziehung zu seinem Gegenprinzip, dem des YANG.

# Z

## Zahl:

ein Begriff aus der Mathematik und der Philosophie der Mathematik. Für Pythagoras und die Vertreter seiner Schule gilt die Z. als das Grundprinzip der gesamten Wirklichkeit und des Erkennens dieser Wirklichkeit. Für die Pythagoreer spielen nicht nur einzelne Zahlen, sondern vor allem Zahlenverhältnisse eine entscheidende Rolle bei der Erklärung der Entstehung und des Aufbaus der gesamten Wirklichkeit (des KOSMOS). Für Platon sind Z. selbständige, ideale Wesenheiten; sie sind zeitlos, unveränderlich und beständig. Die Gesetzmäßigkeiten der Erscheinungswelt werden als Abbilder der Zahlenverhältnisse aufgefaßt. Die Z. haben bei Platon einen eigenen ontologischen Status. Für Aristoteles sind Z. und andere mathematische Größen als ABSTRAKTIONEN von den konkreten Einzeldingen bzw. konkreten Verhältnisse anzusehen. Zahlenverhältnisse werden als ein der Erscheinungswelt äußerliches Maß betrachtet. Im Mittelalter werden die zwei entgegengesetzten Positionen (die platonische und die aristotelische) übernommen und weiterentwickelt. Der Begriff der Z. wird dann in der neuzeitlichen Algebra erweitert; es werden hier neue Arten (z. B. imaginäre Z.) eingeführt und die Betrachtung der Z. formalisiert. So wird bei Leibniz der Begriff der Z. im Rahmen der Logik (Z. ist ein logischer Gegenstand) und später auch im Rahmen der formalisierten Wissenschaften behandelt. Als logischer Gegenstand wird die Z. bei Frege und Russell definiert. ☞MENGE, RELATION.

Lit.: R. Dedekind, Was sind und was sollen die Zahlen?, 1888; G. Martin, Klassische Ontologie der Zahlen, 1956; P. Lorenzen, Einführung in die operative Logik und Mathematik, ²1969; H. Gericke, Geschichte des Zahlbegriffs, 1970; A. Grote, Anzahl, Zahl und Menge, 1983.

## Zeichen:

im weitesten Sinne etwas, das auf etwas anderes verweist oder etwas anderes ausdrückt (bzw. repräsentiert); Z. sind konkrete (materiale) Gegenstände, Personen, Ereignisse, Handlungen, sprachliche Gebilde wie Wörter, Sätze und auch kleinere sprachliche Gebilde (wie z. B. Präfixe oder Suffixe). Z. sind mit BEDEUTUNG verbunden; sie sind Bedeutungsträger. Z. tauchen in Relationen/Bezügen auf; ein Z. (meist als sinnlich wahrnehmbares Gebilde, z. B. ein Wort; man spricht hier auch vom *Zeichenträger*) taucht auf in einem Bezug/einer Zuordnung zu einem Objekt/Gegenstand, Ereignis usw.; auf der anderen Seite hat ein Z. einen Bezug zum Interpreten. So wird von vielen Autoren das Z. als eine triadische Relation gedeutet, also als eine Relation zwischen dem sinnlich wahrnehmbaren (sprachlichen) Zeichenträger, dem Objekt und dem Interpreten. Bei dem Objektbezug des Z. unterscheidet man zwischen dem *Ikon* (Abbild eines Objekts), *Index* (verweist auf ein Objekt und signalisiert einen kausalen Zusammenhang mit dem Objekt), *Symbol* (ein Z., das durch Konventionen bestimmt wird und einen Sinngehalt beinhaltet). Bei dem Zeichenträger (Mittel) unterscheidet man *Quali-Zeichen* (bloße Qualität), *Sin-Zeichen* (singuläre Qualität) und *Legi-Zeichen* (konventionelles Mittel der Repräsentation). Bei den Interpreten gibt es *Rhema*, *Dicent* und *Argument*. Morris unterscheidet drei Aspekte/Dimensionen des Z.: den *syntaktischen* Aspekt (die Beziehung der Z. untereinander), den *semantischen* Aspekt (die Beziehung zwischen dem Z. und dem von ihm Bezeichneten) und den *pragmatischen* Aspekt (die Beziehung zwischen dem Z. und seinem Interpreten/Benutzern). Die drei Aspekte/Dimensionen dürfen nicht als voneinander getrennt betrachtet werden; sie sind Aspekte eines einheitlichen Semioseprozesses. Ein Z. kann gebraucht werden nach syntaktischen, semantischen und pragmatischen Regeln. Die Lehre vom Z. (als eigenständige Disziplin) heißt SEMIOTIK.

Lit.: Ch. S. Peirce, Collected Papers, 1931-34; Ch. W. Morris, Zeichen, Sprache und Verhalten, 1973; M. Bense, Semiotik, 1967; ders., Semiotik, in: E. Braun/H. Radermacher (Hg.), Wissenschaftstheoretisches Lexikon, 1978. ☞SEMIOTIK

## Zeit:

allgemein die fortwährende Dauer, die Nacheinanderfolge von Jetzt-Momenten. Die Bestimmung des Begriffs der Z. hängt von der jeweiligen philosophischen Konzeption ab. Am Anfang der Philosophiegeschichte steht der Begriff der Z. in einem Zusammenhang mit den Begriffen BEWEGUNG, VERÄNDERUNG, WERDEN, EWIGKEIT, Entstehen und Vergehen. Für Parmenides ist das wahre Sein unveränderlich, ewig; es untersteht nicht der zeitlichen Abfolge. Die wahre Erkenntnis bzw. das wahre Denken besteht in dem Erfassen des ewigen, unveränderlichen Seins (das Denken des Seins wird mit dem Sein gleichgesetzt; ☞ELEATISMUS). Dagegen sind die einzelnen Gegenstände veränderlich. Die Erkenntnis dieser sinnlich wahrnehmbaren Gegenstände ist eine zufällige Erkenntnis, die bloße MEINUNG (DOXA); dieser Erkenntnis kommt keine Wahrheit zu. Für Heraklit macht die zeitliche Veränderung, das WERDEN, das eigentliche Wesen der gesamten Wirklichkeit aus; alles ist im Werden, in Bewegung; alles fließt (☞HERAKLITEISMUS). Platon unterscheidet zwischen dem zeitlosen Reich der unveränderlichen, ewigen IDEEN und den veränderlichen, der zeitlichen Abfolge unterstehenden, sinnlich wahrnehmbaren Einzeldingen.

Aristoteles bestimmt die Z. als die Zahl der Bewegung nach dem Früher oder Später. Die Zeit kann als Maß (Zeitmaß) aufgefaßt werden; Z. kann geteilt und in Zahlen gemessen werden; man spricht hier von dem physikalischen und in anderen Zusammenhängen von dem objektiven Begriff der Z.). Aristoteles unterscheidet zwischen den drei Zeitmodi: Vergangenheit, Gegenwart und Zukunft. Die Z. kann als eine Linie vorgestellt werden, die von dem Jetzt (der Gegenwart) einerseits in die Vergangenheit (das, was nicht mehr ist) zurückgeht, andererseits in die Zukunft (das, was noch nicht ist) läuft. Die Jetzt-Zeitpunkte bilden eine kontinuierliche Reihe. Der aristotelische Begriff der meßbaren (objektiven) Z. ist an dem Begriff des RAUMS gebunden. Aristoteles entwirft sodann in der Metaphysik die Konzeption des UNBEWEGTEN BEWEGERS, eines nicht-zeitlichen Anfangs der Bewegung.

Augustinus bestimmt im Anschluß an Aristoteles die Z. als Einheit von Vergangenheit, Gegenwart und Zukunft. Er bindet jedoch die Z. an die menschliche Zeiterfahrung bzw. an die menschliche Seele. Nur der Gegenwart kommt eine selbständige „Existenz" außerhalb der Seele zu. Vergangenheit und Zukunft „existieren" nur in Verbindung mit der Seele.

In der scholastischen Philosophie unterscheidet man meist zwischen der Ewigkeit Gottes und der Veränderlichkeit der endlichen, geschöpflichen Einzeldinge bzw. Personen. Die Ewigkeit wird als endlose Dauer (die Dauer unveränderlicher Wesenheiten) oder als das Jetzt, das weder entsteht noch vergeht, sondern selbständig auf sich angewiesen bzw. bezogen ist, bestimmt. „Tempus" meint die Dauer der endlichen, körperlichen Geschöpfe. Bei Thomas von Aquin und anderen gibt es neben dem ewig-absoluten Sein Gottes und dem zeitlichen Sein der vergänglichen Geschöpfe die Dauer der reinen Geister (‚aevum'); sie sind unvergänglich, jedoch veränderlich.

Newton spricht im Rahmen der neuzeitlichen physikalischen Theorie der Natur von der absoluten, wahren Z., von einem (gleichförmigen) mathematisierten Lauf der Z.: die absolute, wahre, mathematisch festgelegte Z. „verfließt an sich und vermöge ihrer Natur gleichförmig und ohne Beziehung auf irgendeinen äußeren Gegenstand". Die Bestimmung der Z. hängt mit dem Problem ihrer Meßbarkeit zusammen.

Für Kant hat die Z. – wie der Raum – keine absolute Realität; sie ist – wie der Raum – die im SUBJEKT liegende reine ANSCHAUUNGSFORM A PRIORI, die allen ANSCHAUUNGEN zugrunde liegt. Z. hat nur *empirische Realität*, aber *transzendentale Idealität*. Z. hat eine ordnende Funktion; sie ordnet das Material der sinnlichen ERFAHRUNG, so macht sie erst Erfahrung möglich. Kant spricht von der Z. als von der reinen Anschauungsform des *inneren Sinns* des Subjekts; sie ist dadurch die formale Bedingung von Erscheinungen überhaupt (der Raum ist nur die formale Bedingung von äußeren Erscheinungen); sie liegt allen Erkenntnissen zugrunde.

Eine wichtige Rolle spielt der Begriff der Z. in der HERMENEUTIK, so z. B.

bei Droysen, für den die Z. eine der Grundkategorien des geschichtlichen Verstehens ist. In der lebensphilosophischen Konzeption von Bergson wird dem mechanistisch-physikalischen Zeitbegriff der Begriff der *reinen Dauer* (‚durée pure') gegenübergestellt. Die reine Dauer ist nicht teilbar, zählbar und meßbar; sie ist eine subjektive Kategorie.
In der PHÄNOMENOLOGIE Husserls wird die Z. an das Bewußtsein gebunden; er spricht vom „inneren Zeitbewußtsein" als von einer Form aller Bewußtseinserlebnisse im Erlebnisstrom. Eine wichtige Rolle spielt der Begriff der Z. in der EXISTENZPHILOSOPHIE. Für Heidegger ist die Z. weder etwas Objektives noch etwas Subjektives, weder ein Inneres noch ein Äußeres; sie ist „das sich auslegende Gegenwärtige, d. h. im ‚Jetzt' ausgesprochene Ausgelegte"; sie ist „früher als jede Subjektivität und Objektivität, weil sie die Bedingung der Möglichkeit selbst für dieses ‚früher' darstellt". Die ursprüngliche Z. ist gegenüber dem „vulgären", in den Naturwissenschaften herrschenden Zeitverständnis der Horizont des Seinsverständnisses. Die ZEITLICHKEIT ist der Grundmodus des menschlichen Daseins; der Mensch als das Dasein entwirft sich im Horizont der Z. (Z. als das Ineinandergreifen von Vergangenheit, Gegenwart und Zukunft). In der Zeitlichkeit des Daseins vereinigen sich die drei Zeitdimensionen, wobei der Zukunft als Zeitmodus im Entwurfscharakter des Daseins eine besondere Rolle zukommt; von der Zukunft her bestimmt sich das Dasein immer schon nach seinen Möglichkeiten. In der Spätphilosophie Heideggers (nach der sog. „Kehre") wird die Zeit als das (vierdimensionale) *Ereignis* gedacht.
In den modernen physikalischen Theorien wird der Begriff der Z. in der RELATIVITÄTSTHEORIE und der QUANTENMECHANIK behandelt.

Lit.: Platon, Timaios; Aristoteles, Physik; Augustinus, Bekenntnisse; I. Kant, Kritik der reinen Vernunft, 1781, [2]1787; H. Bergson, Zeit und Freiheit, 1889; E. Husserl, Vorlesung zur Phänomenologie des inneren Zeitbewußtseins, 1928; M. Heidegger, Sein und Zeit, 1927; H. Conrad-Martius, Die Zeit, 1954; E. Minkowski, Die gelebte Zeit, 1971; P. Bieri, Zeit und Zeiterfahrung, 1972; H. Blumenberg, Die Genesis der kopernikanischen Welt, 1975; P. Mittelstaedt, Der Zeitbegriff in der Physik, [2]1980; J. G. Fraser, The Genesis and Evolution of Time, 1982; J. R. Lucas, Space, Time and Causality, 1984; H. Burger (Hg.), Zeit, Natur und Mensch, 1986; P. Ricoeur, Zeit und Erzählung, 1988; D. Braine, The Reality of Time and the Existence of God, 1988; W. Deppert, Zeit, 1989; H.-D. Zeh, The Physical Basis of the Direction of Time, 1989; G. Dux, Die Zeit in der Geschichte, 1989.

## Zeitlichkeit:

in der Philosophie M. Heideggers der Grundmodus des menschlichen Daseins (☞DASEINSANALYSE, FUNDAMENTALONTOLOGIE). Die Z. als Grundstruktur des Daseins kann als das Ineinandergreifen von Vergangenheit, Gegenwart und Zukunft bestimmt werden, wobei sich das Dasein immer schon nach seinen Möglichkeiten von der Zukunft her entwirft. Z. wird als der „Sinn der eigentlichen Sorge" bestimmt. In der Z. gründet die ursprüngliche Einheit des Daseins als Sorge.

Lit.: M. Heidegger, Sein und Zeit, 1927.

## Zen:

eine besondere Art des BUDDHISMUS, die in Indien und China entstanden ist und in Japan zur großen Wirkung gelangte. Mit Z. ist eine Meditationspraxis verbunden; mit Hilfe bestimmter Techniken und Übungen (z. B. paradoxen Fragestellungen, Ausschaltungen des Bewußtseins) gelangt man zur Erleuchtung (chinesisch ‚wu', japanisch ‚satori'), zur Aufhebung des Bewußtseins bzw. des Ich. Das Z. drückt sich nicht nur in der Weisheit (Einsicht), sondern auch in einer bestimmten Lebenspraxis aus. Das Z. hat einen Einfluß auch auf das abendländische Denken, z. B. auf E. Fromm und M. Heidegger.

Lit.: E. Herrigel, Zen in der Kunst des Bogenschießens, $^{5}$1955; A. W. Watts, Vom Geist des Zen, 1956; E. Fromm, Psychoanalyse und Zen-Buddhismus, 1960; G. Schnüffler, Die Erleuchtung im Zen-Buddhismus, 1974; K. Dürckheim, Zen und wir, 1986; H.-P. Hempel, Heidegger und Zen, 1987.

## Zeug:

in der Philosophie M. Heideggers Bezeichnung für die Gegenstände, mit denen im alltäglichen Besorgen umgegangen wird. In diesem Umgang ist das Z. dem Menschen unmittelbar vertraut. Er braucht das Z. nicht erst zu „erfassen" bzw. „erkennen", um dann mit ihm umzugehen. Der ursprüngliche Umgang mit Z. meint einen vor-theoretischen, vor-wissenschaftlichen Umgang mit der Welt, der in der Lebenspraxis (☞LEBENSWELT) gründet. ☞ZUHANDENHEIT

Lit.: M. Heidegger, Sein und Zeit, 1927.

## Ziel: ☞ZWECK, TELOS, FINALITÄT, ENTELECHIE

## Zirkelbeweis:

ein BEWEIS, bei dem das zu Beweisende im Verlauf des Beweises vorhanden ist. ☞CIRCULUS VITIOSUS

## Zirkeldefinition:

eine DEFINITION, bei der das Definierende (Definiens) einen Begriff (Terminus) beinhaltet, der in dem zu Definierenden (Definiendum) enthalten ist. ☞CIRCULUS VITIOSUS

## Zirkel, hermeneutischer: ☞HERMENEUTISCHER ZIRKEL

## Zufall:

allgemein das Eintreten unbeabsichtigter, unvorhersehbarer Ereignisse oder das unvorhergesehene Zusammentreffen zweier Ereignisse bzw. zweier Ereignisfolgen, zwischen denen keine gesetzesartige Verbindung besteht

(Gegensatz: ☞NOTWENDIGKEIT). Oft wird Z. als das ursachlose Eintreten von Ereignissen bestimmt; Zufälligkeit heißt dann Ursachlosigkeit. Hier unterscheidet man traditionell zwischen Ereignissen, die uns als ursachlos, zufällig erscheinen, weil wir die Ursachen bzw. Gründe für das Eintreten der Ereignisse nicht kennen, und der objektiven Zufälligkeit (Ursachlosigkeit) das gesamten Geschehens. Der absolute Z. setzt das Gesetz der KAUSALITÄT außer Kraft.
In einem anderen Sinne spricht man von zufälligen Eigenschaften (Eigenschaften, die einer Sache nicht wesentlich zukommen); solche Eigenschaften werden akzidentielle genannt (☞AKZIDENS) im Gegensatz zu den wesentlichen Eigenschaften (☞ATTRIBUT). Eine wichtige Rolle spielt der Begriff des Z. in der Wahrscheinlichkeitstheorie. Wahrscheinlichkeitsrechnung und statistische Gesetzmäßigkeiten können bestimmte Regelmäßigkeiten der zufälligen Ereignisse aufzeigen. Eine wichtige Rolle spielt der Begriff des Z. in der Physik und Biologie. In der Physik setzen sich die statistischen Wahrscheinlichkeitsgesetze gegenüber den deterministischen Auffassungen durch. In der Biologie wird in einigen Theorien die These vertreten, daß die Evolution des Lebens zwar notwendig war, der Ablauf der einzelnen evolutionären Prozesse aber durch zufällige Vorgänge (bzw. Ereignisse) bestimmt wurde. Evolution wird als ein Ineinandergreifen von Z. und Notwendigkeit betrachtet.

Lit.: Aristoteles, Physik; W. Windelband, Die Lehre vom Zufall, 1870; G. Just, Begriff und Bedeutung des Zufalls im organischen Leben, 1925; P. Timerding, Die Analyse des Zufall, 1915; Jacques Monod, Zufall und Notwendigkeit, 1970; M. Bunge (Hg.), Exact Philosophy, 1973; M. Eigen/R. Winkler, Das Spiel, [3]1978; P. Erbrich, Zufall, 1988.

## Zuhandenheit:

in der Philosophie M. Heideggers der Modus des besorgenden Umgangs mit Gegenständen. Im Modus der Z. sind uns Gegenstände (☞ZEUG) unmittelbar vertraut. Der Modus der Z. kennzeichnet den vor-theoretischen, vor-wissenschaftlichen Umgang mit Gegenständen (☞LEBENSWELT). Dagegen werden im Modus der VORHANDENHEIT die Gegenstände vorgestellt, in einer quasi-theoretischen Weise vergegen-ständlicht.

Lit.: M. Heidegger, Sein und Zeit, 1927.

## Zweck:

in der traditionellen Philosophie meist gleichbedeutend mit *causa finalis* (‚Zweckursache'; CAUSA, FINALITÄT); in der heutigen Philosophie bzw. Handlungstheorie dasjenige, was durch absichtliche Anwendung von Handlungsmitteln erstrebt wird. Die Anwendung bzw. der Einsatz dieser Mittel ist *zweckmäßig*, wenn sie geeignet ist, den Zweck zu erreichen. Der Begriff des Z. wird oft mit dem Begriff des Ziels gleichbedeutend gebraucht. Zur Verfolgung von Z. gehört die absichtliche Erwägung von Mitteln. Im Falle der Verfolgung von Zielen muß es nicht immer der Fall sein. Jedes Ziel jedoch, das unter Erwägung bestimmter Mittel angestrebt wird, kann als Z. betrachtet werden. Jeder Z. ist seinerseits ein Ziel, das verfolgt werden kann. Aristoteles spricht von der Zweckmäßigkeit der Natur; die Natur hat in sich ihren Z., den Z. ihrer Vollendung, Vervollkommnung (☞TELEOLOGIE). Seit der Neuzeit spricht man immer weniger von Z. in der Natur. Es setzt sich der mechanistisch bestimmte Begriff der KAUSALITÄT durch. Es entsteht die Problematik des Verhältnisses vom deterministisch verstandenen Gedanken der Kausalität in der Natur steht dem Gedanken der Freiheit (☞WILLENSFREIHEIT) entgegen. Z. sind nicht mehr der Natur inhärent; sie sind den menschlichen Handlungen eigen. Die Willensfreiheit ist im Bereich des menschlichen Handelns möglich. Frei ist derjenige, der den Z. in sich selbst sieht, der sich nicht als Mittel für die Erreichung äußerer Z. betrachtet. Der Begriff des Z. wird heute meist in der oben erwähnten Handlungstheorie behandelt.

Lit.: Aristoteles, Metaphysik; N. Hartmann, Teleologisches Denken, 1951. ☞TELEOLGIE, HANDLUNGSTHEORIE

## Zweckursache: ☞CAUSA

## Zweifel:

allgemein das In-Frage-Stellen einer Einsicht bzw. Erkenntnis, der Zustand der Ungewißheit (Gegensatz: GEWISSHEIT). Es gibt verschiedene Formen des Z.: *religiöser Z.* (das Infragestellen bestimmter religiöser Inhalte oder der Religion überhaupt), *moralischer* oder *ethischer Z.* (bezüglich einer sittlich-moralischen Überzeugung bzw. einer sittlich-moralischen Handlung), der *theoretische Z.* (allgemein das In-Frage-Stellen der Erkennbarkeit der Welt, die Unentschiedenheit hinsichtlich der Wahrheit bzw. Geltung einer Erkenntnis bzw. eines Urteils). Der theoretische Z., der als eine wichtige Stufe der Erkenntnis angesehen werden kann (z. B. bei Descartes, Augustinus), kann verschiedene Formen annehmen. Als radikaler (erkenntnistheoretischer) Z. an der Existenz der Außenwelt kann er zum SOLIPSISMUS führen. Bei Descartes spricht man vom *methodischen Z.* als vom vorläufigen Außergeltungsetzen des noch nicht Begründeten oder ausreichend Geprüften zum Zweck der Erreichung einer sicheren Erkenntnis. Mit dem Z. als methodischem Mittel soll das herausgestellt werden, was nicht mehr bezweifelt werden kann, was also gewiß ist. Descartes zweifelt zunächst an der Erkennbarkeit der Welt (was wir wahrnehmen, kann eine Täuschung sein). Woran aber nicht gezweifelt werden kann, ist der Umstand, daß er (Descartes) zweifelt bzw. denkt – „ich denke, also bin ich" (☞COGITO ERGO

SUM). Der Z. führt also zur Gewißheit (zur gewissen Erkenntnis) des denkenden Ich. Das denkende Ich ist das unbezweifelbare Fundament der wahren Erkenntnis. Der erkenntnistheoretische Z. kann zum SKEPTIZISMUS führen. Eine andere Form des Z. stellt der *existenzielle* Z. dar, der Z. an dem Sinn der menschlichen Existenz bzw. des Daseins (☞EXISTENZPHILOSOPHIE). Der Z. hat in der zeitgenössischen Philosophie einen anthropologisch-existenziellen oder einen erkenntnistheoretisch-sprachkritischen Charakter.

Lit.: R. Descartes, Meditationen über die erste Philosophie, 1641; K. Löwith, Wissen, Glaube, Skepsis, 1959; F. J. v. Tessen-Wesierski, Wesen und Bedeutung des Zweifels, 1928; E. Husserl, Cartesianische Meditationen und Pariser Vorträge, hg. v. S. Strasser, ²1963; H. Craemer, Der skeptische Zweifel und seine Widerlegung, 1974

**Zweiweltenlehre:**
Bezeichnung für Platons Auffassung, derzufolge die gesamte Welt in das Reich der vergänglichen, sinnlich wahrnehmbaren Einzeldinge (Erscheinungswelt) und das Reich der ewigen, unveränderlichen, nicht sinnlich wahrnehmbaren IDEEN (Ideenwelt) aufgeteilt wird.
☞IDEENLEHRE

**Zyklentheorie** (vom griech. *kyklos*, ‚Kreis' und *theoria*, ‚Schau'):
eine geschichtsphilosophische Auffassung, derzufolge der Geschichtsverlauf nicht geradlinig (linear), sondern zyklisch erfolgt; die Geschichte einer bestimmten Kultur wiederholt sich nach einer bestimmten Zeit. Eine solche zyklische Geschichtsvorstellung besaßen die antiken Griechen. Nietzsche übernimmt diese Vorstellung in der Formel von der „ewigen Wiederkehr des Gleichen". Die Z. wird z. B. von O. Spengler vertreten; jede Kultur durchläuft den Zyklus vom Aufstieg und Verfall. Aufstieg und Verfall als Zyklus charakterisiert die meisten Formen der Z.. Dieser Theorie ist der Gedanke des (meist gradlinigen) FORTSCHRITTS bzw. eines Ziels (☞TELOS) in der Geschichte entgegengesetzt.

Lit.: O. Spengler, Der Untergang des Abendlandes, 2 Bde., 1918-22; Ed. Spranger, Die Kulturzyklentheorie und das Problem des Kulturverfalls, 1953.

**Zynismus** (vom griech. *kynikos*, ‚schamlos'):
allgemein eine Grundeinstellung, in der die Überzeugungen, Werte, Normen und Prinzipien herabgesetzt werden. Diese Herabsetzung hat meist einen nur destruktiven, bloß verneinenden Charakter und bedient sich oft rhetorisch destruktiver Mittel.
In einem engeren Sinn bezeichnet man mit Z. bzw. *Kyniker* die philosophische, antike Schule der Kyniker. Ihre Lebenshaltung charakterisierte sich durch bewußte Verachtung der sittlich-moralischen und religiösen Über-

zeugungen (und Gewohnheiten) der damaligen Zeit und durch die absichtliche Verletzung des Anstandes und der damaligen Sitten. (☞KYNISMUS)

Lit.: P. Sloterdijk, Kritik der zynischen Vernunft, 2 Bde, 1982; H. Niehues-Pröbsting, Der Kynismus des Diogenes und der Begriff des Zynismus, 1979.